The Genealogical Companion to Rural Montgomery Cemeteries

— Maryland —

Dona L. Cuttler

HERITAGE BOOKS
2008

HERITAGE BOOKS
AN IMPRINT OF HERITAGE BOOKS, INC.

Books, CDs, and more—Worldwide

For our listing of thousands of titles see our website
at
www.HeritageBooks.com

Published 2008 by
HERITAGE BOOKS, INC.
Publishing Division
100 Railroad Ave. #104
Westminster, Maryland 21157

Copyright © 2000 Dona L. Cuttler

Original artwork by
Louise Ehlers

Other Heritage Books by Dona L. Cuttler:

Montgomery Circuit Records, 1788-1988 [Maryland]

One Man's Family

Paperclips: Selected Clippings from The Montgomery Sentinel *[Maryland], 1900-1950*

The Cemeteries of Hyattstown [Maryland]

The Genealogical Companion to Rural Montgomery Cemeteries.

The History of Barnesville and Sellman, Maryland
Dona L. Cuttler and Ida Lu Brown

The History of Clarksburg, King's Valley, Purdum, Browningsville and Lewisdale [Maryland]

The History of Dickerson, Mouth of Monocacy, Oakland Mills, and Sugarloaf Mountain [Maryland]

The History of Comus [Maryland]

The History of Hyattstown [Maryland]

The History of Poolesville [Maryland]
Dona L. Cuttler and Dorothy J. Elgin

All rights reserved. No part of this book may be reproduced or transmitted in any form or by any means, electronic or mechanical, including photocopying, recording or by any information storage and retrieval system without written permission from the author, except for the inclusion of brief quotations in a review.

International Standard Book Numbers
Paperbound: 978-0-7884-1577-7
Clothbound: 978-0-7884-7166-7

*This Book Is Dedicated to
My Grandmother
From Whom I Am Still
Learning Life's Lessons*

Ethel Louise Wolfe Hebbard

Acknowledgments

Many individuals have assisted me during this project. I wish to thank them for collecting data, verifying information, family lineage's, legwork and accommodations. Dorothy Jones Elgin provided research, genealogies and obituaries during the project. Mary Wolfe Hertel made numerous trips to cemeteries checking stones and collecting the data for Boyds Presbyterian and Mt. Zion Methodist. Howard Bodmer provided the records for Monocacy Cemetery, the largest in the area. The Montgomery County Historical Society librarians, Jane Sween and Pat Anderson, cordially assisted in research at the library. Ida Lu Brown, Mary Beth McDonough, Inez Brown, Kitty Linthicum, Almeada Norwood and posthumously Ethel Cecil Darby provided collections of obituaries, corrected errors, and guided me to the best sources of information. Rick Johnston provided information for the Upper Seneca Baptist Cemetery, and Elsie Bell Thomas gave me a guided tour of the Martinsburg Cemetery. Without her, I wouldn't have located it at all. Ann McElfresh Bolt charted the McElfresh Cemetery and braved poison ivy with me to uncover stones. Allie May Moxley Buxton kept the Montgomery Chapel (Clagettstown) families straight for me and Ritchie Lee Haney assisted with lines in Purdum and Damascus. Esther Haney reviewed the Clarksburg Cemetery records for this project. A heroic effort was made by Bernardine Gladhill Beall and Harold Bennett charting the Bethesda Cemetery at Browningsville. The map of the Friendship Cemetery was also obtained by Mrs. Beall. Sylvia Sears assisted me in data collection at Montgomery Chapel and Friendship. Michael Dwyer provided information for Montgomery Chapel between Hyattstown and Clarksburg. To all of you who assisted me, and to those who care for the cemetery's upkeep and maintenance, thank you.

The artist, Louise Ethel Hebbard Ehlers has depicted typical scenes of Montgomery County Cemeteries in this book. Some of the illustrations are specific, and some are melded views. The cover depicts the family plot at Sugarloaf Mountain Chapel Cemetery in Comus.

My interest in cemeteries and genealogy was sparked by my grandmother, Ethel Wolfe Hebbard and by her father, John Linthicum Wolfe. When I was nine or ten she took me to graves of ancestors and I also watched her research her family lines. The collection has grown from a few file cards to a database of 300,000 names. Hopefully this volume will be a useful tool, and the reader can add information to what is presented here as they research their own roots.

TABLE OF CONTENTS

References	1
Hyattstown Christian	7
Hyattstown Methodist & Community	11
Montgomery Chapel (Hyattstown)	21
McElfresh Family Cemetery	22
Hershey Family Cemetery	22
Comus Seventh-day Adventist	22
Simmons-Davis Family Cemetery	23
Sugarloaf Mountain Chapel	24
Pearre Family Cemetery	25
Mt. Pleasant Methodist	26
Awkard Family Cemetery	27
Strong Mausoleum	27
Warren Methodist [Martinsburg]	28
Hays Family	29
Barnesville Methodist Episcopal	29
St. Mary's Roman Catholic	30
Mt. Zion, Sellman	40
Chiswell Family Cemetery	42
Aud Family Cemetery	42
Monocacy	43
Poolesville Methodist	129
Fletchall Family	129
Cissel Family Cemetery	130
Elijah Methodist	131
Jerusalem Cemeteries	135
Clarksburg Methodist	137
Clark Family	147
Shaw Family	147
John Wesley Methodist	148
Boyds Presbyterian	153
St. Mark's Methodist, Boyds	161
Salem Methodist, Cedar Grove	163
Purdum Family Cemetery	170
Upper Seneca Baptist, Cedar Grove	171
Mountain View Methodist, Purdum	179
Burdett Family Cemetery	182
Pleasant Grove, Purdum	183
King Family Cemetery	184
Lewis Family Cemetery	184
Kingstead Family Cemetery	184
Bethesda Methodist	185
Lawson Family	198
Damascus Methodist	199
Mt. Lebanon, Damascus	215
Young Family, Damascus	216
Friendship Methodist	217
Montgomery Chapel, Claggettsville	222
Pleasant Grove Methodist, Frederick Co.	236
Pleasant Grove School	236
Index	237

This book is organized geographically beginning at Hyattstown, near the Frederick County line. The cemeteries have been listed alphabetically by family, so that relationships are easily traced. Where information was available parents have been listed. Some cemeteries provided their records for this project, and this allowed unmarked graves to be listed as well as those with stones. Other sources include The Montgomery Sentinel and The Frederick Post obituaries, Records of the Montgomery Circuit of Methodist Episcopal and United Methodist Churches, St. Mary's Roman Catholic Church records, the Social Security Death Index, family records provided by individuals, and Bible records. The code [AA] denotes African American cemeteries.

Hyattstown Christian Cemetery
Located on Frederick Road, Route 355 at the foot of Long Hill between Hyattstown and Clarksburg. Land for the cemetery was purchased in 1837 and it was established next to the former church building. Some of the stones predate the first interment of Andrew Dronenburg because they were moved to this location from family burying grounds. Among the stones are those of Jesse Hyatt, founder of Hyattstown, and those of the Christian Church of Hyattstown's founding fathers. Also the first two millers of the Hyattstown mill are located here. There are 165 graves listed.

Hyattstown Methodist and Community Cemetery
Located on Frederick Road Route 355 in Hyattstown, at the top of the hill, near the county line. The section directly behind the church is the Methodist Cemetery, and is separately maintained. The oldest stone is that of Arra Gaither Smith buried in 1838, wife of Philemon McElfresh Smith. The land to the right of the church was sold to the Community Cemetery Association by Rose and Carve Price. An asterisk * denotes those stone in the listing which are in the Methodist section. There are 545 graves listed, including some unmarked graves.

Montgomery Chapel Cemetery (Hyattstown)
George Butler donated this land for a church and cemetery in 1870. The church building was brought up Long Hill from the Christian Church's first site, when the congregation built a new building in Hyattstown. There are presently 17 stones remaining in the cemetery, with the most recent marker being Andrew T. Simms in 1947. [AA]

McElfresh Burying Ground
Located off Fire Tower Road on the left, in a grove of heaven trees, is the old McElfresh Cemetery. The oldest stone is dated 1808, but some graves had wooden crosses, which are long gone. There are 33 marked and unmarked graves with the most recent being that of John Philemon McElfresh in 1947.

Hershey Family Cemetery
Located off Comus Road on the old Hershey farm, the cemetery had an iron fence around it which was trampled by the cows. Eight stones were located here.

Simmons Family Cemetery
Located at the corner of Thurston Road and Linthicum Road near the county line, this small family cemetery was used by the Simmons and Davis families. The 18 stones are becoming increasingly difficult to see.

Sugarloaf Mountain Chapel
The Sugarloaf Mountain Cemetery was consecrated in 1788. The cemetery was laid out under a beautiful pin oak tree. The tree grew to be very large and after being dedicated by the Hungerford's Tavern Chapter of the D. A. R. it was hit by lightening and destroyed. In the early 1900's some remains were disinterred and moved to Monocacy. Other stones have deteriorated over the years, leaving graves unmarked. There are presently records of 83 interments here with the oldest stone being that of Emily Holland Cecil who died in 1859.

Comus Seventh-day Adventist Cemetery
Located on Old Hundred Road near the Comus crossroad the cemetery is enclosed by a fence. The church was built in 1909 and the cemetery has five interments.

Pearre Family Cemetery
Located on Barley Field Road in Comus, the Pearre Family Cemetery is on land that once belonged to the Pearre's and was sold to the Nicholson's. Many of the field stone markers have been worn down to a nub, but 14 stones are still legible.

Mt. Pleasant Methodist Episcopal Cemetery
Located on Mt. Ephraim Road between Dickerson and Sugarloaf Mountain. The Mount Pleasant Church was built in 1887 and the cemetery was consecrated at that time. Additional property was purchased for a Potter's Field in 1899. The oldest interment was that of Lula F. Price in 1890. The church closed in 1930 and some stones were moved to Monocacy Cemetery. There are 59 names listed here.

Awkard Family Cemetery
Located on Beallsville Road, this cemetery has 5 names and is located behind the parsonage. [AA]

Strong Family Vault
At the foot of Sugarloaf Mountain is the Strong Vault at Stronghold. Built by William Warfield and Albert Thomas the vault is stone with an iron gate. Col. Gordon Strong and his wife Louise are the only people there.

Warren Methodist
Located in Martinsburg, the Warren Methodist Cemetery has two separate sections. Located off Martinsburg Road where the old community of Martinsburg was originally, the cemetery is overgrown and many graves are inaccessible. Many of the graves are unmarked, but 43 names are listed. [AA]

Hayes Family Burying Ground
Located in Barnesville, the Hayes Family Cemetery has a small iron fence surrounding it. It is on private property, but is visible from the St. Mary's Church parking lot across the street. There are 7 stones remaining.

Barnesville Methodist Episcopal Cemetery
The Barnesville Methodist Episcopal Church was located on the main street, and slightly back from the road. Of the thirty-three interments, six of the stones were moved to the Monocacy Cemetery. The first burial was that of Isaac Bell in 1844. Of interest are the Civil War soldiers buried here following the battle of Barnesville. The cemetery is on private property.

St. Mary's Roman Catholic Cemetery
Located in Barnesville, the cemetery is behind the church. An earlier church building sat further back from the road, and the earliest interments date from that time. During the construction of the Chesapeake and Ohio Canal many workers died during a cholera epidemic. The Irish Catholic workers were buried together in an unmarked grave here at St. Mary's. There are 546 known interments here dating to 1820 and the burial of Zachariah Knott.

Mt. Zion-Warren Methodist Cemetery
Located off Big Woods Road in Sellman, the Mt. Zion Cemetery is associated with the church on Route 109. Many of the graves are unmarked. The oldest marked grave is that of Goldie Onley buried in 1913. There are 115 names listed including the five Owens children who died in a house fire. [AA]

Monocacy Cemetery
The Monocacy Cemetery is located at the intersection of Beallsville Road and West Hunter Road. It occupies the land that was formerly St. Peter's Episcopal Church, previously a Chapel of Ease. After the Civil War nine acres were donated to be used for the cemetery and the congregation built a new church in Poolesville. The cemetery association was chartered in January of 1872, but many stones pre-date that from the time of the original chapel. The incorporates were: Frederick Sprigg Poole, Dr. N. Brewer, William Wallace Poole, Howard Griffith, Nathan White Allnutt, John A. Jones and Isaac Young. For many years the superintendent was Charles W. Elgin. Howard Bodmer is the present superintendent. There are 4, 834 listed.

Young Family Cemetery
Located at Killmain near Poolesville, this family cemetery had it's first interment in 1820. A few of the stones were moved to Monocacy. Nine names.

Fletchall Family Cemetery
Located at "Mt. Nebo" the Fletchall Family farm, eight stones remain in the burying ground. The earliest known burial was that of John Fletchall in 1777. The last one was of his son John in 1807.

Elijah Methodist Cemetery
Located behind the Elijah Methodist Church on Elgin Road in Poolesville, this cemetery dates back to the time of the previous church building which burned down. The oldest marked grave is that of Christiana Davis who was buried in 1871. There are 200 names listed. [AA]

Jerusalem Cemetery
Located near Poolesville in the Jerusalem Community, the cemetery is in two sections. The newer section is behind the church and around the corner on Jerusalem Church Road is the older section. The oldest marked grave is that of Virgie Copeland who died in 1934. There are 63 names listed. [AA]

Clarksburg Methodist
Located on Spire Street in Clarksburg, the church was established in the 1790's. The oldest stone is that of Everline Beall, buried in 1808 and their are 566 names listed, including some unmarked graves. The field stone section of the cemetery are African American graves, but no records were available for that section and no names are legible.

John Wesley Methodist Cemetery
Located behind the church on Frederick Road Route 355, in Clarksburg, the cemetery was established in 1880's. There are 210 names listed, including unmarked graves.

Boyd's Presbyterian Cemetery
Located on White Ground Road in Boyds behind the church are two sections of the cemetery. Although the older section is not full, it has been closed due to remains in unrecorded plots. There are 389 names listed, but there are no records for the unmarked graves.

St. Mark's Methodist
St. Mark's is located on White Ground Road in Boyds. There are 93 names listed, including many Veterans. Many stones are eroded and many stake markers dot the cemetery with information having washed off the card. [AA]

Salem Methodist Cemetery
Salem Methodist is located on Ridge Road Route 27 in Cedar Grove. The cemetery has 356 interments and the tombstones are a beautiful mix of old traditional types and new artistic ones.

Purdum Family Cemetery
The Purdum Family Cemetery is located in Cedar Grove. There were 14 interments, but only five stones are present now with one stone face down and the fence in disrepair. The cemetery was active from the mid-1800's until 1901.

Upper Seneca Baptist
Located behind the Lutheran Church in Cedar Grove that was formerly Upper Seneca Baptist just off Ridge Road on Davis Mill Road. There are 383 names listed, including unmarked graves.

Mountain View Methodist Cemetery
The cemetery is located beside the church on Mountain View Road in Purdum. Property was purchased in 1875 and became perpetual care in 1967. There are 181 names listed, including unmarked graves.

Burdett Family Cemetery
Located on Purdum Road on the old James Burdett farm, this is a small cemetery set back from the road. The oldest legible stone is that of Margaret Purdum Gue who died in 1799. There are six stones there presently, and two graves with no stones.

Pleasant Grove Cemetery
Located on Mountain View Road in Purdum. The cemetery is beside and behind the church. The oldest stone is that of Hannah Mason buried in 1869. There are 59 marked graves. [AA]

King Family Cemetery
Located on Price's Distillery Road on private property, this small cemetery is enclosed by a modern fence. Three names.

Lewis Family Cemetery
Located on Price's Distillery Road, this cemetery is in poor condition. Remenants of old stones can be found with two stones legible at this time. Nine stones can be counted from fragments. The oldest stone is that of Jane Fitzgerald Lewis who died in 1814.

Kingstead Farm Cemetery
Located on Kingstead Road, this cemetery was active from the 1820's until the 1890's. The earliest known interment was that of Mary King in 1828. There are 10 names listed

Bethesda Methodist Cemetery
Located in Browningsville, the Bethesda Methodist Cemetery was consecrated in 1891. The first row of stones were moved here from family cemeteries. The graveyard previously surrounded the old church, but when the new church was built, additional ground was divided into plots. The cemetery is located on Bethesda Church Road near the Frederick County line and has 703 names listed, including unmarked graves.

Lawson Family Cemetery
Located behind the old Lawon House in the Loch Haven subdivision, this cemetery is enclosed by an iron fence. There are twenty stones here and several graves with markers eroded to the ground. One stone is down, one is broken, but the rest are in fair condition. The oldest stone is that of Ivy H. Lawson buried in 1871. 20 names.

Damascus Methodist Cemetery
Located on Woodfield Road Route 124, this is actually the second established church and cemetery. There are 888 marked graves, including those in Boyer Memorial Chapel.

Mt. Lebanon Cemetery
Site of the earlier Methodist church in Damascus, this cemetery is located on Damascus Road. The oldest stone is that of Blanche Williams buried in 1902. There are 64 names.

Young Family Cemetery
Located off Sweepstakes Road near Damascus there were three interments here with the earliest being that of Grace Young Dorres in 1871.

Friendship Methodist Cemetery
Located on Ridge Road Route 27, this cemetery is between Damascus and Clagettsville. There are two sections, with the older section dating back to 1885 and the burial of Abe Mason. Many of the older stones have no dates. 216 names. [AA]

Montgomery Chapel Cemetery (Clagettsville)
Located on Ridge Road Route 27 outside of Damascus in Clagettsville, this cemetery is behind Montgomery Chapel. There are 751 marked graves listed.

Pleasant Grove Methodist (Frederick County)
This cemetery was included even though it is over the county line because many of the people are from families of boarder communities. Four of the stones are acturally on the old Pleasant Grove School property, but have been listed with the church cemetery, which is still active. 37 names.

Some of the rural cemeteries on private property are no longer discernable. Stones have been neglected, plowed under, destroyed or removed to other cemeteries. The following is a list of some of the known burial grounds. [AA] denotes cemeteries where African Americans are buried.

Cemetery on the Cecil Farm
Off of Old Hundred Road about one mile up a private lane was the George Mortimer Cecil Farm. The land was inherited from his grandfather Samuel Cecil who had grown tobacco until the mid 1800's. The old cabin was incorporated into a house built by William T. Hilton in 1899. Along the bank were early graves of former slaves and Mrs. Cecil planted purple iris among the markers. In the late 1970's the markers were plowed up and dumped where the pond is now, by a new owner hoping to develop the land. The property is now a horse ranch. [AA]

Rollins Cemetery
Graves of freed slaves were located on Cathedral Ridge near where Slate Quarry Road meets Old Hundred Road. These graves were marked with slate and have not fared well. In 1999 a marker was discovered near the stream at the bottom of the hill. [AA]

Wilson Family Cemetery
John Wilson d. 11 Oct 1854 age 88 and was buried in the family burying ground in Comus. Other interments are not known.

Benton Family Cemetery
The Benton Family Cemetery was located off Sugarloaf Mountain Road. The four stones are barely visible now.

Price Family Cemetery
Eli and Sarah Ann Wolfe Price's farm straddled the county line near Hyattstown. Eli and Sarah Ann were the only two stones here. When the property was developed, the stone of Eli was found in the yard of one of the new houses.

Keith Cemetery
There was a cemetery on the Keith-Pearre farm off Comus Road. The stones were removed after the chestnut trees were harvested from the burial ground. Oral tradition tells us that Laura Jane Nicholson Keith, wife of James Nathan Keith was one of the interments here.

Thompson Family Cemetery
The Thompson Family Cemetery was located near the old Thompson home at Thompson's Corners. Between the location of the store and the house, Richard and Catherine Feaster Thompson were buried, along with members of their immediate family.

Shaw Family Cemetery
Located off Old Baltimore Road between Burdette and Clarksburg, the Shaw Cemetery is on a wooded hillside and there are 7 known interments.

Clark Family Cemetery
The stones from the Clark Cemetery are currently in Little Bennett Park, until the new town center in Clarksburg is finished. It is interesting to read the epitaph of one stone which suggests that the stones should not be moved. There were 6 marked graves.

Poole's Tract
Prior to construction of the church which was called Mount Pleasant M. E. South, services were held in the Poole's Tract School building across Mt. Ephraim Road. Circuit records indicate that baptisms, classes and burials took place from the school but no stones are visible at this time.

Chilton Family Cemetery
Located on the property called "The Mansion" near Martinsburg, the Chilton Family were buried here a long with several of Mr. Chilton's three wives' relatives. One of the wives was a Dyer and her father was among the interments.

Poolesville Methodist Episcopal
Poolesville Methodist Episcopal Church was located on West Willard Road. The brick church was later used as the Y. M. C. A., the town hall, and is presently the thrift store. In 1839 Ruth Eagle was the first interment here. Some of the stones were removed and placed in Monocacy Cemetery, Beallsville.

Cissell Family Cemetery
Located off Fisher Avenue, Alexander Whitaker's farm "Mt. Pleasant" was sold to the Cissel brothers. The burial grounds were later abandoned, and twenty-two stones were moved to Monocacy Cemetery in Beallsville in 1896.

Chiswell Family Cemetery
Located on Elgin Road at "Chiswell's Inheritance" this private family cemetery has no remaining markers. Many were moved to Monocacy Cemetery in Beallsville. Obituaries and family records helped to form the list of interments here.

Poole-Sellman Family Cemetery
Located near Barnesville on the former Funk Farm, the Poole and Sellman families had their burying ground a top the hill. It was located across the road from the historic Sellman house. In 1917 the property was divided and the stones were all moved to Monocacy Cemetery in Beallsville.

Williams Family Cemetery
Located outside the corporate limits of Poolesville at "Pleasant Hill" was the Williams' Family burying ground. Some of the stones were moved to Monocacy Cemetery c. 1900, but others were already deteriorated by this time.

Old Cemetery
Off 355 on the Northern edge of Clarksburg was Bone Mill Road. Down this lane was an old 'slave' cemetery. The bone mill and any signs of the cemetery are gone. [AA]

Watkins Family Cemetery
Off Davis Mill Road on the Alpha Watkins farm was a small family burial ground. After Maynard Dorsey Watkins sold the farm out of the family the remains of the Watkins were disinterred and reinterred in Upper Seneca Baptist Cemetery in the Maynard Watkins plot.

Glaze Family Cemetery
Located off Bethesda Church Road between Purdum and Browningsville, the cemetery had a seven or eight field stone markers which were removed in the 1940's. The former location of the old cabin is noted each spring when daffodils bloom around the old foundation. The road bed was recently mowed for access to the site.

Johnson Family Cemetery
Located off Piedmont Road between Clarksburg and Cedar Grove there are no stones remaining. Possibly Ephraim Johnson and members of his family were buried here.

Hyattstown Christian Cemetery
Frederick Road Highway 355
Hyattstown, Maryland

Atkins, Margaret V. 29 May 1920 - 2 May 1978

Benton, Theodore S. 1843 - 2 Oct 1889 s/o Theodore & Henrietta Benton
    w Mary Dorcas Wolfe 1840 - 2 Aug 1912 d/o Eli & Caroline Ann Hyatt Wolfe
Borum, Alice Victoria Zeigler 7 Nov 1861 - 4 Jul 1890 d/o David Alexander & Eleanor Ann Hyatt Zeigler w/o William Borum
Bosley, Leroy 5 Apr 1892 - 11 Sep 1966
    w Myrtle Virginia Day 17 Jul 1900 - 28 Sep 1951 d/o Franklin B. & Cora Dorothy Price Day
    s Leroy F. 1935 - 11 May 1937 21 months
Bowers, C. William 1859 - 22 Aug 1885 h/o Alice E. Price Bowers
Boyer, Elvie Williams died 4 Jul 1891 28-9-28
    s William Jul 1881 - 24 Aug 1889
Burdette, Allen H. Carl 1844 - 1927
    w Nellie Ann Thompson 1865 - 18 Jun 1944 d/o William N. & Julia A. Thompson
    s Carl H. 22 Jul 1874 - 17 Oct 1874 (by first wife)
Burdette, M. E. 18 Apr 1836 - 20 May 1906
Burdette, U. E. 18 Mar 1835 - 22 Jul 1906
Burdette, Webster Vorhees 28 Aug 1861 - 29 Apr 1948 s/o John Edwin & Mary Ellen Watkins Burdette
    w Mary Catherine Tabler 1 Nov 1859 - 8 Apr 1939 d/o Andrew Jackson & Martha Jane Norwood Tabler

Dangler, Kathleen C. 1969 - 1988
Davis, Charles C. 1863 - 1919 s/o George Wallace & Elizabeth Price Davis h/o Lola A. Day Davis
Davis, Charles T. 27 May 1868 - 18 Feb 1930
    w Harriet M. Lightner 20 Apr 1881 - 9 Oct 1963
    d Helen K. 27 Jun 1910 - 13 Jun 1929
Davis, George Wallace 3 Apr 1837 -18 Jan 1920 h/o Elizabeth Price s/o Eli & Rachel Morsell Davis
Davis, James William D. Jr. 1836 - 1880 s/o William D. & Charlotte Duvall Davis
    w Kate A. Baker Davis Hyatt 1846 - 1915 [married Meshach Hyatt 2nd]
Davis, M. E. 1842 - 1913
Day, Franklin Belle 4 Feb 1864 - 16 Feb 1940 s/o James Wilkerson & Sarah Wilson Beall Day
    w Cora Dorothy Price 23 Nov 1874 - 21 Feb 1934
Dronenburg, Andrew no dates, born c. 1812 died between 1845 & 1846
    w Cornelia Richards 1812 - 1899
Dronenburg, Thomas J. no dates [brother of Andrew]
Dudrow, Manurva 6 Nov 1805 - 14 Jun 1883 w/o Benjamin Dudrow
    s Jacob 27 Mar 1844 - 10 Sep 1907
        w Jane R. Williams 26 Feb 1846 - 14 Jun 1883 d/o Samuel & Catherine Lewis Williams
        s Mitchell 21 Jan 1861 - 27 Apr 1871
    s Philip C. 13 Apr 1845 - 13 Oct 1912
        w Achsah Ann 2 Nov 1848 - 13 Jun 1914
        s Joseph died 6 months "Little Joe Sleeps"
        s Otis Gilbert 9 Feb 1870 - 4 July 1946
            w Amanda S. 4 Oct 1870 - 3 Jan 1948
        s Philip Franklin 8 Mar 1875 - 16 Jan 1935
        s Newman G. 4 Oct 1881 - 14 Oct 1938
            s William C. 22 Jun 1913 - 15 Aug 1989
Duvall, Emily J. 17 Mar 1822 - 24 Jun 1889 d/o Thomas & Susan L. Richards Duvall

Fowler, Susan 26 Mar 1836 age 18 d/o William & Charlotte Hyatt Fowler

Geisler, John T. 10 Jul 1879 - 15 Dec 1962
    w Rosa Lee 16 Aug 1888 - 3 Jul 1978
    d Mildred R. 1 Aug 1914 - 30 Sep 1937
Greenfield, Carroll F. US Coast Guard WW II
Grimes, Vivian May Cunduff 12 May 1934 - 11 Sep 1976 d/o Howard & Marian McGill Cunduff w/o Edgar Grimes

Hyattstown Christian

Harris, Ephraim Gaither 5 Aug 1836 - 29 Feb 1888 s/o Zachariah Gaither & Margaret Dudderar Harris
    w Mary Ellen Zeigler 29 Aug 1846 - 8 Sep 1876 d/o David Alexander & Eleanor Ann Hyatt Zeigler
Harris, John William 30 Jun 1882 - 24 Aug 1885
Harris, Lutie Price 5 Apr 1875 - 26 Jul 1919 d/o Charles & Sarah W. Price w/o Ernest Franklin Harris
    d May V. 12 Aug 1912 - 8 Dec 1912
Hawkins, Benjamin Franklin 15 Sep 1846 - 3 Sep 1915 s/o Benjamin & Matilda Hawkins
    w Susie Richards 26 Aug 1846 - 21 Aug 1894 d/o John & Sarah Ann Norwood Richards
    s Benjamin Franklin Jr. 1899 - 1943
Hawkins, Hattie Mae King b. 22 Jan 1893 d/o Singleton Lewis & Mary Rachel Elizabeth Burdette King
    w/o James Bradley Hawkins
Hawkins, Maynard L. 1893 - Jan 1943 s/o Benjamin Franklin & Susie Richards Hawkins
    w Olive Estelle 1899 - 1966
Horine, Edwin M. 31 Aug 1864 - 11 Jun 1948
    w Minerva Cragin Dudrow 6 Dec 1866 - 22 Mar 1960 d/o Philip C. & Achsah Ann Dudrow
    s Floyd Holmes 31 May 1894 - 7 Sep 1972 WW I vet
Horman, Charles Frederick Augustus 6 Aug 1819 - 17 Sep 1880
    w Doratta Barringer 17 Sep 1814 - 22 Feb 1849
    d Ann Fowler 1842 - 9 Aug 1861
    w Ann 1817 - 0 Aug 1897 "age about 80"
Horman, Mildred Virginia Price 1902 - 1987 w/o Elmer Augusta Horman, Sr. d/o Robert Vernon & Lucy May Wilt Price
Hormann, Kathleen 10 Jan 1902 - 24 Jul 1902 d/o George & Mary Horman
Hyatt, Catherine Davis Wolfe 27 Jan 1835 - 28 Jul 1907 w/o Luther Lingan Hyatt d/o Eli & Caroline Ann Hyatt Wolfe
Hyatt, Jesse 14 Dec 1763 - 12 Jan 1813 s/o Meshach & Susannah Hobbs Hyatt
    s Jesse, Jr. 1 Jan 1825 - 14 Feb 1888
Hyatt, Ann Clarinda Wolfe 1830 - 11 Jan 1898 d/o Eli & Caroline Ann Hyatt Wolfe w/o Jesse T. Hyatt

King, Hattie Mae Dutrow 1875 - 11 May 1899 w/o Edward Carlton King
King, Ida Florence Burdette 6 Aug 1860 - 3 Jun 1895 d/o John Edwin & Mary Ellen Watkins Burditt w1/o Luther N. King
King, Pearl Clark 12 Jun 1879 - 14 Oct 1954 s/o John Middleton & Mary Keziah Layton King
    w Alice E. Price 13 Sep 1866 - 4 Oct 1926
    s Ira 6 May 1902 - 27 Aug 1932 h/o Lucille King
Kirtland, Townsend W. 1905 - 1992
    w Mary Ryan 1908 - 7 Jan 1996 d/o Charles P. & Maggie Boone Dorsey Wolfe Ryan

Lutton, Alfred D. 1867 - 1952 s/o Robert & Sarah Ann Duvall Lutton

Marshall, Albert Alan 13 Nov 1948 - 12 Dec 1982
Murphy, Eugene Shriner 21 Feb 1877 - 2 Apr 1955 s/o George Washington & Julia Ann Shriner Murphy
    w Marie Clark Wood Dec 1893 - 16 Oct 1933 d/o Henry G. & Mary Agnes Hipkins Wood

Nutter, Richard Wolfe 25 Dec 1918 - 11 Feb 1919 s/o James Richard & Mary Frances Wolfe Nutter

Price, Eli 5 Apr 1831 - 29 Feb 1904 s/o Elijah & Sarah Ann Wolfe Price h/o Rebecca Burgee Price
Price, Joseph Webster 24 Dec 1915 - Jan 1998 s/o Charles Jasper & Edna Adelia Price
    w Mary Rebecca Burdette 18 Oct 1914 - d/o Willie Lloyd & Maud Wilkins Burdette
Price, Levi 1837 - 1909 s/o Elijah & Sarah Ann Wolfe Price
    w Laura Virginia McElfresh 1838 - 1902 d/o Charles Thomas & Fanny S. Waggoner McElfresh
    d Laura E. 11 May 1871 - 12 Jul 1873
    d Cada 6 Jan 1876 - 6 Jul 1876
    d Sadie 22 Jun 1878 - 22 Feb 1879
Price, Robert Vernon 19 Jul 1862 - 6 Apr 1930
    w Lucy Mae Wilt 22 Jul 1871 - 17 Dec 1943
    s Melvin Stanton Jan 1898 - 22 Feb 1944
    s Ernest 5 Feb 1903 - 16 Aug 1931 h/o Ethel M. Price
    d Cappie M. 1904 - 1986 "Beloved Aunt"
Price, Sarah H. 1808 - 1877
Price, Thomas H. 24 Nov 1837 - 23 Mar 1911
    w Virginia E. Lewis 1840 - 29 Jun 1903

Hyattstown Christian

Price, William 1831 - 1909 s/o Elijah & Sarah Ann Wolfe Price

Ramey, Dorothy R. 1916 - 1993 w/o Harrison Ramey
Ramey, John Hamilton 22 Mar 1908 - 14 Nov 1974 PVC US Army
Reffitt, Beulah F. Hawkins 1895 - 26 May 1931 d/o Benjamin Franklin & Mary Alberta Hawkins
Richards, Florence E. 26 Dec 1831 - 15 May 1892 w/o L. H. Richards
Richards, Jacob Burton 26 Jul 1853 - 22 May 1899 s/o John & Sarah A. Norwood Richards
    w Helen B. Murphy 13 Feb 1865 - 8 May 1955 d/o George Washington & Julia Ann Shriner Murphy
    s William Clark Apr 1898 - 1927
Richards, Joseph John 1821 - 26 Aug 1887 s/o Meshach & Nancy Purdum Richards
    w Susan Ann Norwood 1823 - 13 Dec 1889 d/o Ralph & Mary Ann Hyatt Norwood
Richards, William, Jr. 1795 - 11 Aug 1877 s/o William & Lavinia Hyatt Richards
    w Charlotte Warfield 29 Mar 1796 - 22 Aug 1868 d/o Eli & Mary Ann Warfield
Riddle, Bessie Benton 17 Feb 1882 - 2 Nov 1921 w/o E. G. Riddle
Rockenhauser, Louis H. 1920 - 1978
    w Jessie R. 1919 - 1985
Ryan, Maggie Boone Wolfe 8 Jun 1879 - 17 Jun 1932 w/o Charles P. Ryan d/o Jesse & Laura Dorcas Hyatt Wolfe

Sibley, Thomas Jul 1820 - Aug 1880 h/o Ann Fowler Sibley
Smeltzer, Benjamin Franklin 18 Jan 1851 2 March 1873 s/o Jacob Richard & Airy E. Zeigler Smeltzer
Soper, Mary Belle Davis 8 May 1913 - 11 Feb 1940 w1/o William Franklin Soper, Sr.
                                d/o Charles T. & Harriet M. Lightner Davis
Stone, Lillie Burdette 29 May 1889 - 18 Jan 1978 w/o Charles R. Stone d/o Webster V. & Mary Catherine Tabler Burdette

Thompson, David H. 17 Feb 1832 - 14 Oct 1908 s/o Richard & Catherine Feaster Thompson
    w Sarah J. Hawkins 29 Dec 1832 - 5 Dec 1893 d/o Benjamin & Matilda Hawkins
Thompson, William N. 5 Mar 1829 - 26 Jan 1921 s/o Richard & Catherine Feaster Thompson
    w1 Julia A. Hawkins 12 Jan 1831 - 31 Aug 1885 d/o Benjamin & Matilda Cooley Hawkins
    w2 Gertrude Florence Price 1870 - 1947 d/o Thomas H. & Virginia Lewis Price
    s Milton 6 Nov 1900 - 22 Feb 1945

Veach, Esther Blanche Hawkins 1911 - 1943 d/o Benjamin Franklin & Mary Alberta Hawkins w/o Paul R. Veach

Ward, Carl Anthony 7 Nov 1966 - 3 Jan 1967
Ward, Gail Kelly 7 Aug 1961 - 18 Aug 1961
Washburn, Delihne Elizabeth Horine 9 Nov 1898 - 31 Mar 1966 d/o Edwin M. & Minerva C. Dudrow Horine
Watkins, Luther M. 19 Feb 1845 - 10 Apr 1908 s/o Richard & Eleanor Norwood Watkins
    w Alta Lee Davis 31 Oct 1866 - 16 Jun 1939 d/o William D. Jr. & Kate A. Baker Davis
    d Maude C. 11 Apr 1890 - 1 Jan 1896
    d Lena 12 Feb 1892 - 19 Feb 1892
Wolfe, Eli 1801 - Jun 1871 s/o George Sr. & Lavinia Hyatt Wolfe
    w Caroline Ann Hyatt 1792 - Apr 1862 d/o Jesse & Ann Riggs Hyatt
    s Eli Jr. 11 Nov 1832 - 15 Feb 1870
    s Jesse Hyatt 4 Oct 1837 - 1 May 1921
        w Laura Dorcas Hyatt 30 Jul 1848 - 29 Sep 1930 d/o Jesse & Mary Ellen Beall Hyatt
Wolfe, Garrott Davis 24 Feb 1866 - 17 Jan 1941 s/o Joel Hamilton & Annie Mary Linthicum Wolfe
    w Lillian Gertrude Cecil 18 Jan 1868 - 19 Aug 1945 d/o George Mortimer & Sarah Jane Roelke Cecil
    d Janie Roelke 12 Nov 1890 - 9 Apr 1903
Wolfe, George Jr. 20 Aug 1806 - 27 Oct 1868 s/o George Sr. & Lavinia Hyatt Richards Wolfe
    w Mary Davis 24 Apr 1806 - 1885 d/o George & Elizabeth Hyatt Davis
    s Joel Hamilton 17 May 1837 - 25 Feb 1910
        w Anna Mary Linthicum 3 Jul 1846 - 30 Aug 1889 d/o John Hamilton Smith & Julia Garrott Linthicum
        d Ethel 7 Jun 1881 - 26 Aug 1881
        c Infant b&d 30 Aug 1889
        d Myrtle Mayfield 9 Jan 1870 - 12 Jul 1934 "I Know That My Redeemer Liveth"
Wood, Henry G. 19 Mar 1859 - 19 Jan 1905
    w Mary Agnes Hipkins Oct 1858 - Dec 1939 d/o Charles David & Mary Ann Clark Hipkins

Hyattstown Christian

Zeigler, David Alexander 21 Mar 1817 - 23 Mar 1879 s/o Christopher Zeigler
    w Eleanor Ann Hyatt 13 Apr 1815 - 25 Aug 1874 d/o Asa & Mary Ann Phillips Hyatt
    s David Irene 10 Oct 1848 - 6 Jun 1881
Zeigler, Edward O. 1876 - 1927 s/o Levi Christopher & Julia Sterett Phillips Zeigler
    w Julia S. 1887 - 1929
Zeigler, Ernest A. 1872 - 1951 s/o Levi Christopher & Julia Sterett Phillips Zeigler
Zeigler, John Wilson 7 Apr 1852 - 16 Oct 1873 s/o David Alexander & Eleanor Ann Hyatt Zeigler
    w Mary Thomas McElfresh 23 Sep 1841 - 4 Mar 1874
    s Quintice 15 Dec 1872 - 15 May 1873
Zeigler, Lillian Lee 6 Sep 1881 18-6- 4 d/o Levi Christoper & Julia Sterett Phillips Zeigler

                    Epitaph of Joel Hamilton Wolfe

Think of us dearest one
All of life's work done,
We call Thy hand, missing Thy touch
And the true helping of Thy pure hand.
All through the storm and tempest
Safely anchored just on the other side,
We find Thy face looking through death's shadows,
Not changed, but glorified.

                    Epitaph of Annie Mary Linthicum Wolfe

Beautiful toiler thy work all done,
Beautiful soul into glory gone,
Beautiful life with it's crown you won,
God giveth thee rest.

Hyattstown Methodist and Community Cemetery
Frederick Road, Hyattstown, Md
[asterick denotes old Methodist section]

Anderson, Clifton E. 6 Aug 1902 - 13 Sep 1991 s/o Harry C. & Mary Frances McElfresh Anderson
    w Roxye M. Norwood 9 Dec 1904 - 23 Aug 1997 d/o Edward & Carmye Fay Day Norwood
Anderson, Crystal Lynn 30 Dec 1976 - 16 Jul 1980 d/o John Mock and Wanda Sue Anderson
Anderson, Della May Raines 7 Jan 1891 - 15 Apr 1960
Anderson, Evan T. 7 Nov 1817 - 7 Jun 1863 * s/o Joseph & Charlotte Anderson
    w Mary Ellin Norwood Nov 1824 - Oct 1921 * d/o Joshua & Martha Kemp Norwood
    s Frank C. 8 Dec 1855 - 12 Aug 1856 *
    s Willie E. May 1862 - Feb 1869 *
    s Infant no dates
Anderson, John L. 1873 - 1961 s/o Charles T. & Eliza A. Hurley Anderson
    w Edith B. Kinna 1874 - 1961 d/o Nathaniel & Jane Rebecca Pickens Kinna
Anderson, John Milton 1896 - 1987 s/o John L. & Edith Kinna Anderson
    w Pearl Burdette 1898 - 1969 d/o Luther G. & Ella Rebecca Cutsail Burdette
Anderson, Harry C. 2 Sep 1876 - 10 Nov 1948 s/o Charles T. & Eliza A. Hurley Anderson
    w Mary Frances McElfresh 13 May 1874 - 20 Aug 1949 Edmund Wagner & Mary Hamilton McElfresh
Andrews, Kenneth Lee 1944 - 1965

Baer, Norman J. 7 Jan 1913 - 20 Feb 1941
Baker, Charles V. 24 Nov 1883 - 3 Sep 1885 s/o Charles V. & Elizabeth A. Baker [at Mt. Airy Meth]*
Baker, Estelle 22 May 1884 - 3 Jan 1885 d/o Charles V. & Elizabeth A. Baker [at Mt. Airy Meth]*
Barnes, Sarah E. 1 May 1835 - 18 Oct 1850 d/o Thomas & Violetta Barnes
Beach, Charles Eugene 6 Jan 1932 - 6 Aug 1981 s/o Joseph C. & Agnes Mary Rogers Beach
    w Mary Louise Linthicum 1930 - no date
Beall, James J. 1 Sep 1859 - 22 May 1929 s/o William & Ann Linthicum Beall
    w Harriet A. Miller 6 Feb 1852 - 23 Jan 1946 d/o William & Rebecca Watkins Miller
Beall, John W. 24 Dec 1856 - 26 Aug 1917 h2/o Elizabeth Burnside Murphy Benson Beall Harris
Belt, John A. 29 May 1851 - 20 Jun 1925
    w Clara D. 4 Jun 1857 - 3 Jun 1940
    d Maude E. age 0-5-9
Benson, William Paul 11 Sep 1901 - 25 Mar 1967 s/o Jonathan Richard & Elizabeth Burnside Murphy Benson
Benton, Morgan S. 1854 - 15 Jun 1908
    w Cora Bell Dutrow 1865 - 20 Mar 1904 with Infant son- no dates
Benton, Robbie 27 Feb 1873 - 5 Aug 1873 s/o Theodore S. & Mary Dorcas Wolfe Benton*
Benton, Samuel S. 19 Jul 1812 - 11 Apr 1865 * s/o Theodore & Henrietta Benton
    w Elizabeth Ann Simmons 1813 - 24 Oct 1892 *
Bickford, Clara Henderson 20 Jul 1900 - 26 Mar 1960 d/o George P. Henderson
Brengle, John H. 1833 - 3 Apr 1900
    w Ursula Priscilla Orme Tabler 1826 - 6 Oct 1896
Brown, Andrew Jackson 26 Feb 1832 - 19 Mar 1908
    w Sarah E. 9 Sep 1843 - 16 Dec 1933
Brown, Andrew Jackson, Jr. 1869 - 1962 s/o Andrew Jackson & Sarah E. Brown h/o Amelia "Amy" Brown b. 1872
Browning, Charles T. 12 Jul 1827 - 14 Feb 1885 * s/o Perry & Elizabeth Miles King Browning
    w Mary Jane King [see Mary Jane King Burdette]
    d Florence E. (by MJ) 21 Dec 1871 - 26 Oct 1886 *
    d Mary Helen (by MJ) 1 Nov 1873 - 6 Nov 1888 *
Browning, Clarence illegible *
Browning, Florence M. 26 Feb 1888 - 7 Aug 1888 *
Browning, Lavinia 25 Dec 1886 - 29 Jul 1905 *
Browning, William 18 May 1796 - 1 Apr 1869 *
    w Mary Garrott 2 Feb 1807 - 2 Aug 1879 d/o Nicholas & Martha Burgee Garrott*
Burch, Frances J. 1907 - 1932
Burdette, Edgar Calvin 13 Oct 1909 - 1 Sep 1987 s/o Edgar Luther & Lucy Benson Burdette
    w Mildred Ardean King 9 Sep 1912 - d/o Thurston B. & Pomona Burdette King
Burdette, Edgar Luther 25 Aug 1886 - 31 Dec 1958 s/o Luther G. & Ella Rebecca Cutsail Burdette
    w Lucy Benson 23 Nov 1888 - 7 Oct 1968 d/o James S. & Mary Jane Allnutt Benson
    s Carroll A. 21 May 1918 - 27 May 1997

Hyattstown Methodist

Burdette, Luther G. 16 Jan 1863 - 31 Mar 1932 s/o Lewis G. & Catherine Beall Burdette
    w Ella Rebecca Cutsail 12 May 1865 - 25 Feb 1939 d/o John J. & Susan Rebecca McDevitt Cutsail
    d Erma V. 29 Jun 1902 - 1 Aug 1903
    s Melvin Russell 1905 - 31 Oct 1966 married on 14 Mar 1928 h/o Mildred M. Covell Burdette b. 1910
Burdette, Mary Jane King 20 May 1838 - 4 Jan 1905 d/o Singleton & Jane Rebecca Lewis King w/o Nathan Burdette
Burdette, William Edwin "Pete" 22 June 1917 - 16 Jul 1964 s/o James Franklin & Iona M. Snyder Burdette
    w Elizabeth Thomas Miles 11 Oct 1921 d/o Edward Herman & Marian Annie Cecil Miles
    s William Maurice b&d 23 June 1935
Burgee, Gabriel Lewis 14 Jul 1881 - 12 May 1935 s/o Miel Eldridge & Clara Elizabeth Lawson Burgee
    w Carrye M. Burdette 15 Sep 1891 - 8 Nov 1952 d/o Luther G. & Ella Rebecca Cutsail Burdette
    s Infant no dates

Carlin, Franklin G. 5 Jan 1929 - 25 Jun 1945 s/o Franklin C. & Pearl J. Keith Carlin
Carlin, Robert E. 31 Aug 1929 - 26 Mar 1993
Carlisle, Walter Travillah 16 Sep 1879 - 26 Jun 1944 h/o Welby N. Carlisle
    s Eugene Clarence 31 Jul 1901 - 31 Dec 1944
    w Helen Viola 22 Dec 1901 - 21 Jun 1952
Cecil, Everett Hammond 16 Jun 1860 - 21 Jan 1921 s/o Wilson Hammond & Mary E. Smith Cecil
    w Julia Mae Thompson 28 Jun 1864 - 25 Nov 1937 d/o David H. & Sarah J. Hawkins Thompson
    s Everett Linden 2 May 1891 - 11 Jan 1947
    s Harry 30 May 1878 - 23 Apr 1906
    s Elmer Eugene 28 Jan 1907 - 11 Mar 1902
    s Maurice Norman 31 Oct 1896 - 7 Feb 1929
    d Nellie 10 Sep 1882 - 14 Nov 1941
Cecil, Lawrence Lee 10 Jan 1893 - 12 Sep 1953 s/o George Mortimer & Sarah Jane Roelke Cecil
    w Anice Julia Murphy 10 Feb 1892 - 11 Jun 1985 d/o Charles Basil & Ara Gertrude Thompson Murphy
Cecil, Alice Smith 26 Jun 1881 - 31 Oct 1971 d/o George Mortimer & Sarah Jane Roelke Cecil
Cecil, Daisy 2 May 1886 - 16 Jun 1972 d/o George Mortimer & Sarah Jane Roelke Cecil
Cecil, William Wilson 11 Dec 1869 - 27 Nov 1935 s/o George Mortimer & Sarah Jane Roelke Cecil
    w Margaret "Maggie" Elizabeth Kinna 8 Mar 1875 - 4 Sep 1969 d/o Nathan & Jane Rebecca Pickens Kinna
Claggett, Charles Henry 1 Jul 1857 - 31 Jul 1940
    w Salomia V. Edmonds 6 May 1870 - 4 Feb 1952 d/o Martha J. Edmonds
Claggett, Henry H. 13 Nov 1888 - 13 Oct 1948
    w Minnie J. Herell 24 Sep 1882 - 8 Aug 1974
Collins, Barbara Jean Beach Spring d. 8 Sep 1990 d/o Charles Eugene & Mary Louise Linthicum Beach
Comegys, Cornelius R. 24 Jun 1909 - 29 Dec 1976
    w Letha C. Beauchamps 10 Jun 1909
Cooley, Beulah Virginia McDonough 21 May 1900 - 9 Jan 1968 w/o Jacob Middleton Johnson w/o George W. Cooley
    d/o Luther Caleb & Mary Etta Remick McDonough
Cooley, Maude Ann Nicholson Hawkins 9 Oct 1895 - 2 May 1973 d/o Samuel J. & Mary Elizabeth McDonough Nicholson
    w/o Claggett Watkins Hawkins w/o George W. Cooley

Darby, George A. 5 Dec 1836 - 15 Apr 1915 s/o Edwin N. & Sarah Ann Holland Darby
    w1 Elizabeth A. Soper 1835 - 8 Sep 1873 d/o Ignatius & Ann Browning Soper *
    s Robert J. no dates *
    w2 Annie Maria Gardner 26 Jul 1841 - 26 Oct 1912 d/o John & Elizabeth Ann Dorsey Gardner
    s John Gardner 12 Dec 1881 - 13 Apr 1956
Darby, Mary Jane Burdette 20 May 1838 - 4 Jan 1905
Darby, William Wootten Sep 1855 - 31 Oct 1922 s/o Samuel C. & Mary Jane Harris Darby
    w Carrie Murphy Darby Jan 1865 - 1942 d/o Horace L. & Charlotte D. Thompson Murphy
    s George Washington 1891 - 1945 h/o Evelyn B. Walker Darby
    s Clarence Milton 1895 - 1959
    s Robert Clifton 1888 - 1954
        w Ethel Jane Cecil 1894 - 1986 d/o William Wilson & Margaret Elizabeth Kinna Cecil
Davis, Adah Lee 28 Sep 1907 - 18 Jul 1908 d/o Benjamin & Ada Lee Davis
Davis, Ira Linwood 1881 - 1960 s/o George Vernon & Clara Pearre Hays Davis
    w Carrye O. Warfield 15 Dec 1887 - 2 Jun 1940 d/o Luther D. & Ella B. Tabler Warfield
Day, John Thomas 5 Sep 1890 - 17 Nov 1978 s/o George E. & Sarah Penn Day
    w Otis Edelin 22 Jul 1903 - 4 Apr 1994 d/o Harry E. & Mary A. Haynie Edelin

Hyattstown Methodist

Dillehay, John Arthur 29 Aug 1875 - 2 Oct 1971 s/o Wilford & Martha S. Purdy Dillehay
    w Bessie May Keith 28 Mar 1872 - 5 Mar 1940 d/o Edward Thomas & Mary E. Andrews Keith
        s Melvin Thomas 28 Feb 1904 - 30 Aug 1905
        s Oscar B. 21 Nov 1896 - 7 Dec 1966
Dillehay, John Thomas 6 Jun 1831 - 1921 s/o Wilford & Martha S. Purdy Dillehay
    w Charlotte Johnson 1838 - 12 Jan 1922 d/o Joseph & Honora Bennett Johnson
    d Bertha Lee 1 Dec 1872 - 14 Aug 1933
Dixon, Elmer Cleveland 9 Oct 1879 - 14 Aug 1935
    w Olivia Virginia 7 Oct 1886 - 25 Apr 1962
        s Merhl Garvice 9 Jan 1910 - 8 Sep 1966
        s Marshall Eberly Sr. 9 Feb 1920 - 10 Nov 1984 h/o Cora Alice Kessell Dixon
Dixon, Frances W. 1840 - 1893
Dixon, John T. 1849 - 1922
Dixon, Lester B. 28 Feb 1910 - 29 Jun 1912
Dutrow, Charles C. 1853 - 1917
Dutrow, William Otho 1837 - 17 Mar 1904
    w Amanda P. Browning 1831 - 6 Jun 1931 d/o Perry & Elizabeth Miles King Browning
        s William H. 1867 - 1941
            w Minnie Moore Murphy 1869 - 1950 d/o George Washington & Julia Ann Shriner Murphy
Duvall, India Beatrice Norwood 4 Oct 1898 - 15 May 1929 d/o Richard T. & Annie Norwood

Earp, Ella V. Mullineaux 1908 - 1969
Edelin, Harry E. 6 Dec 1880 - 9 Apr 1953
Edmonds, Martha J. 6 Sep 1853 - 16 Feb 1936
Edwards, Brenda Lee 22 Mar 1945 - 22 Oct 1993
Edwards, Ralph Phillip 1903 - 1983
    w Estelle Lawson 1911 - 1979 d/o Adelbert & Lillie E. Burdette Lawson

Ford, Martha 7 Jun 1777 - 3 Dec 1849 w/o Samuel Ford [buried in Benton Family Cemetery] *

Gardner, Catherine illegible *
Gardner, John 13 Sep 1803 - 11 Nov 1879 *
    w Elizabeth Ann Dorsey 9 Sep 1807 - 25 Jan 1870 * d/o Joshua & Martha Hall Dorsey
    d Alice M. 27 Dec 1852 - 1 Aug 1854 *
    s William H. 19 Feb 1850 - 27 Aug 1851 *
    s Edward Grafton 1832 - 31 Aug 1890
        w Rachel Ann Benton 1840 - 19 Dec 1916 d/o Samuel S. & Elizabeth Ann Benton
    s John Dorsey 1844 - 18 Jul 1892
        w Mary Ellen Grimes 1846 - 8 Aug 1910 d/o George W. & Mary Ann Holland Grimes
        s Edward Dorsey 22 May 1888 - 2 Nov 1932
        c Infant d. 12 Oct 1877
        d Elsie D. 30 Mar 1879 - 29 May 1944
        s George 8 Jan - 1888 19 Apr 1888
        d Mary E. Apr 1882 - 14 Apr 1882 *
        s Willie E. 1 Aug 1883 - 26 Sep 1883 *
Garrott, Nicholas (marker gone) s/o John & Mary Dawson Garrott*
    w Martha Burgee 20 Mar 1783 - 21 Dec 1850 d/o Thomas Burgee, Sr.*
Gibson, Ida M. Windsor 1856 - 1887 d/o Zachariah & Mary J. Windsor
Gingell, Bertha E. Linthicum 26 Feb 1881 - 3 Aug 1964 d/o Garrott D. & Mary Evelyn Lewis Linthicum w/o Bernard Gingell
Gover, William A. 1899 - 1968
    w1 Mary E. 1896 - 1937
    w2 Velma M. 14 Apr 1907 - 27 Jul 1959
    d Ethel 1920 - 1995
Graury, James Willis 25 May 1914 - 28 Nov 1976 s/o James & Margaret McClean Graury
Grimes, George W. 5 Mar 1817 - 5 Feb 1881 * s/o Joshua & Elizabeth Doer Grimes
    w Mary Ann Holland 1820 - 6 Jan 1884 *
H, J. R. infant stone, no dates
H., Mary E. infant stone, no dates [possibly d/o Leven C. Hobbs]

Hyattstown Methodist

Hagan, William M. 16 Dec 1826 - 8 Aug 1909 h/o Mary Hagan
Hagen, Adam 11 Jan 1791 - 22 May 1855 *
    w Cordelia 12 May 1796 - 26 Jan 1882 *
    Haines, Gertrude F. Nichols 28 May 1871 - 20 Jun 1957 w/o James E. Haines
        d/o Lee Andrew Francis & Margaret Ella Thompson Nichols
Hall, Lillian E. 26 Aug 1894 - 9 May 1956
    s R. Hampton 5 April 1924 - 14 Feb 1950
Hall, Mary Ann 8 Jun 1761 - 22 Dec 1854 * w/o Barrack Hall *
Hammitt, Savilla E. 1 Dec 1870 - 22 Jun 1898 w/o William O. Hammitt*
Hardy, Roland E. 7 May 1909 - 18 Aug 1956
Harris, John P. 2 Jan 1842 - 27 Feb 1925
    w1 Caroline Columbia King 5 Feb 1851 - 11 Feb 1900 d/o Singleton & Mary Ann Lewis King
    w2 Ella May 13 Feb 1859 - 29 Apr 1944
    d Rachel E. 25 Dec 1879 - 10 Apr 1957
    s James P. 20 Jun 1881 - 29 Aug 1957
Harris, Joseph C. D. 2 Jun 1836 - 4 Jan 1918
    w Rachel A. J. 20 Mar 1842 - 31 Aug 1918
    s Victor Grant 2 Apr 1868 - 31 Aug 1871 *
Harris, Zachariah P. 1866 - 1934 s/o Ephraim G. & Mary Ellen Zeigler Harris
Hawse, Mark 1961 - 1961
Hawse, William H. 3 Sep 1899 - 18 Jan 1965
    w Mary Ellen Keith 9 Oct 1904 - 14 Jul 1982 d/o Oliver Garfield & Laura E. Nichols Keith
    d Laura Jane 1941 - 1943
Henderson, George P. 1877 - 14 Oct 1954 s/o James & Clara Henderson
    w Mary Milton Welsh 8 May 1879 - 31 Mar 1962 d/o Warner Wellington Sr. & Anna Jane Claggett Smith Welsh
Hershberger, William C. 22 Oct 1905 - 31 Aug 1965 h/o Annie McDonough Hershberger
Higgins, Florence M. 1860 - 1950
Hill, James H. Jr. 9 Nov 1901 - 15 Nov 1975
    w Madeline J. 8 Mar 1908 - no date
Hipkins, Charles David 18 Dec 1819 - 16 Feb 1902
    w Mary Anne Clarke 11 Jun 1827 - 31 Jan 1910 d/o Daniel & Mary Ann Duvall Clarke
    s Thomas Burkett 25 Sep 1856 - 17 Mar 1940
        w Emma C. 5 Feb 1861 - 4 Feb 1907
Hobbs, Leven C. 17 Sep 1789 - 21 Dec 1862 *
    w Elizabeth Hobbs 17 Mar 1801 - 16 Nov 1883 *
Holland, Atbridge P. 27 Jul 1873 - 15 Aug 1873 d/o Richard & Jane Holland
Holliday, William J. 19 Sep 1841 in London - 25 Feb 1901 Balto
    w Mary C. 11 Sep 1847 - 9 Mar 1920
Hood, Sterling W. 10 Nov 1924 - 27 Sep 1965
Howard, Norman M. Sr. 1929 - no date
    w Barbara Spring Nichols 1931 - 1975
Hyatt, Asa 18 Dec 1787 - 20 Aug 1848 s/o Eli & Mary Ann Warfield Hyatt*
    w Mary Ann Phillips 18 Dec 1796 - 28 Apr 1859 d/o Levi & Eleanor Swearingen Phillips*

Johnson, Ernest Paul 10 Dec 1902 - 18 May 1989 s/o Jacob Israel & Beatrice V. Pope Johnson
    w Carrie Ellen Nichols 4 Sep 1906 - 11 Aug 1980 d/o Joseph W. & Sarah Katie McDonough Nichols
Johnson, Francis M. 26 Oct 1868 - 29 Sep 1950 s/o Levin B. & Sarah Catherine Browning Johnson
    w Eudora Benton Gardner 15 May 1868 - 13 Feb 1954 d/o Edward Grafton & Rachel Ann Benton Gardner
Johnson, Jacob Israel 1855 - 1919 Benjamin & Martha Elizabeth House Johnson
    w Beatrice V. Pope 1876 - 1962
    d Beatrice Virginia d. 1899
    d Minnie Ethel Johnson Kinna 1883 - 1914 w/o Raymond Hadd Kinna
    d Frances no dates
Johnson, s Oscar Perry 1893 - 1927
    w Nettie Estelle McDonough 10 Jul 1896 - 12 Feb 1920 d/o Luther Caleb & Mary Etta Remick McDonough
    s Thomas Perry 9 Feb 1919 - 4 Feb 1920
Johnson, Pearl A. 10 Sep 1880 - 30 Nov 1916 d/o Jacob & Rebecca Nicholson Johnson
Jones, Cariolen L. Swank 16 July 1921 - 28 Apr 1992 w/o Harry S. Swank

Hyattstown Methodist

Kanode, Martin L. Sr. 20 Nov 1898 - 30 Nov 1964
    w Irene Mae Lusby 6 Nov 1922 - 14 Mar 1971 d/o Archibald & Bessie I. Lusby
    s Martin L. Jr. 17 Jun 1952 - 18 Sep 1992
Keith, James Caleb 1 Jun 1878 - 16 Jul 1962 s/o James Nathan & Laura Jane Nicholson Keith
    w Ella M. Heisler 20 Mar 1882 - 26 Apr 1951
    s Edwin C. 14 Apr 1924 - 28 Oct 1925
Keith, Oliver Garfield 13 Aug 1880 - 4 Jun 1957 s/o James Nathan & Laura Jane Nicholson Keith
    w Laura Elizabeth Nichols 17 Sep - 27 Nov 1975 d/o Lee Andrew Francis & Margaret Ella Thompson Nichols
Keith, Roy Walker 3 Oct 1915 - 13 Jan 1974
Kelley, Helen 20 Feb 1904 - 4 Jan 1997
Kelly, Paul C. 1909 - 1954
Kemp, Roland B. 19 Jan 1895 - 30 Oct 1948 WW I Vet
Kinna, Homer Frederick 4 Aug 1905 - 9 Dec 1988 s/o Raymond Hadd & Minnie Ethel Johnson Kinna
    h/o Mildred Marie Dennison Holland Kinna
Kinna, Nathan 17 Feb 1843 - 19 Dec 1921
    w Jane Rebecca Pickens 3 Aug 1849 - 25 Mar 1919 d/o Jacob & Louisana Thompson Pickens
    s Samson 15 May 1877 - 26 Aug 1907
    s Raymond Hadd 22 Mar 1871 - 30 Dec 1950
    w1 Martha Rebecca Johnson 24 Sep 1873 - 7 Dec 1901 d/o Jacob Israel & Rebecca Nicholson Johnson
    w2 Rosie Virginia Morningstar 9 Jan 1872 - 22 Sep 1944 d/o William H. & Sarah A. Buckey Morningstar
    d May Elizabeth 9 Jan 1909 - 9 Aug 1911
    s Raymond Hadd, Jr. 9 Jan 1909 - 14 Aug 1909
Koehler, M. E. S no dates w/o Frederick H. Koehler [in Mt. Olivet w/2nd wife]
    s Frederick J. 12 Mar 1901 - 18 Mar 1901
    d Annie G. 3 Feb 1900 - 14 Sep 1900
    c E. A. 21 Mar 1897 - 3 Sep 1897
    s John G. 3 Feb 1900 - 11 Sep 1900
Kohlhoss, Mary d. 20 Dec 1876 *
Krantz, Mary A. 31 May 1823 - 14 Feb 1847 w/o John D. Krantz *

Lawson, Adelbert Sr. 23 Dec 1887 - 22 Feb 1945 s/o Henry C. & Laura V. Grimes Lawson
    w Lillie E. Burdette 1 Sep 1889 - 6 Mar 1945 d/o Luther G. & Ella Rebecca Cutsail Burdette
    s Harold B. 22 Jan 1915 - 20 May 1976
Lawson, Edward d. 22 Jan 1979
Lawson, Henry C. 26 Feb 1840 - 27 Feb 1945 s/o John Hamilton & Letha Ann Layton Lawson
    w Laura V. Grimes 9 Feb 1852 - 8 Nov 1907 d/o George W. & Mary Ann Holland Grimes
    s Robert 22 Dec 1873 - 7 Mar 1874
    s Charles E. 12 Sep 1876 - 19 May 1877
    s Infant d. 6 Jan 1878
    s Howard H. 13 Jun 1884 - 1 Jul 1888 *
    d Addie M. 3 Feb 1873 - 27 May 1962
    s Raymond 7 Oct 1891 - 27 Nov 1982
Lawson, Kenneth 1955 - 1977
Layton, Louisa Ann Grimes 1843 - 1892 d/o George W. & Mary Ann Holland w2/o Uriah M. Layton
    s L. Effie 1870 - 1951
Layton, Lycurgus 1841 - 1912 s/o John R. & Eliza Ann Miles Layton*
    w Mary R. 1844 - 1926
    d Annette M. 18 Jun 1880 - 5 Feb 1937
    s William O. 1883 - 1952
    d Madeline Padgett 1901 - 1968
Layton, Martha A. Gardner 29 Oct 1834-11 Oct 1864 w1/o Uriah M. Layton d/o John & Elizabeth Gardner*
Layton, Robert C. 1 Nov 1839 - 27 Apr 1900 s/o John R. & Eliza Ann Miles Layton
    w Mary Jane Darby 21 Jun 1840 - 18 Jan 1870 d/o Edwin N. & Sarah Ann Holland Darby
Layton, Robert E. DDS 1868 - 1956
Leather, Annie L. 4 Dec 1853 - 18 Dec 1931
Leather, David W. 7 Jul 1819 - 10 Oct 1907
    w Margaret R. 28 Jan 1820 - 30 May 1896
    s Edward 1836 - 26 Nov 1914
    s J. Frank 26 Oct 1848 - 28 Dec 1925

Hyattstown Methodist

Leather, Infant 11 Apr 1889 s/o Hillard Edward Harris Leather
Leather, Michael 1805 - Apr 1882 *
Lee, Bertha Dillehay 1 Dec 1872 - 14 Aug 1933 d/o John Thomas & Charlotte Johnson Dillehay
Lewis, John R. 24 Feb 1816 - 25 Mar 1879 *
Lewis, Laura Belle King d. 25 Aug 1882 w/o William Filmore Lewis d/o Luther Green & Tabitha Browning King*
Lewis, Ruth Virginia Nichols 22 May 1913 - 25 Apr 1991 d/o John W. & Della E. Nichols Nicholson w/o Charles E. Lewis
    s Paul Sedgewick "Pete" 10 Mar 1936 - 16 Apr 1997 h/o Martha E. Lewis
Lewis, Walter Thomas III 1 Jan 1947 - 5 Nov 1986
Linthicum, Cassidy Apr 1854 - 1939 s/o Charles Philemon McElfresh & Margaret Eleanor McElfresh Linthicum
    w Rachel Eleanor McElfresh Dutrow 1856 - 1921 d/o John W. & Elizabeth Ann McElfresh Dutrow
Linthicum, Charles Hamilton Jr. 29 Jul 1901 - 3 Sep 1988 s/o Charles Hamilton Sr. & Osie Burgee Linthicum
    h/o Mary Sophia Carlisle Linthicum
Linthicum, Frank Cassidy 1916 - no date s/o John Dutrow & Leona May Davis Linthicum
    w Violet Anderson Heming 1902 - 1992 d/o John L. & Edith Belle Kinna Anderson w/o Dodge Heming
Linthicum, Garrott Davis 31 Jan 1854 - 1937 s/o Frederick & Hannah Frances Garrett Linthicum
    w Mary Evelyn Lewis 1860 - 23 Mar 1931
    s Charles Frederick 13 Feb 1888 - 27 Sep 1918
    s Harvey J. 4 Jun 1893 - 12 Nov 1967
    d Mary E. 1887 - 1954
    d Myrtle A. 25 Aug 1895 - 7 Jan 1974
Linthicum, George Frederick 5 Mar 1856 - 31 Aug 1939 s/o Frederick & Mary Elizabeth Hodges Linthicum
    w1 Irene Alverta Tabler 21 Dec 1857 - 27 Aug 1897 d/o William & Harriet Smith Tabler
    d Alverta H. 1905 - 16 Feb 1989
    w2 Ollie Ruth Wolfe 9 Feb 1872 - 15 Apr 1925 d/o William E. & Hester A. Lawson Wolfe
    s Fitzhue Lee 20 May 1889 - 11 Feb 1890
    c Infant no dates
Linthicum, Philip Sheridan 26 Feb 1897 - 31 Dec 1981 s/o Cassidy & Rachel Eleanor McElfresh Dutrow Linthicum
    w Annie Mary Miles 29 Mar 1898 - 24 Nov 1992 d/o Samuel Plummer & Carrie Thomas McDonough Miles
    s Philip Lee Sr. 1925 - no date
        w Dorothy Lou Poole 1926 - 1993 d/o Walter Stone & Mabel Rebecca Hungerford Poole
Luhn, Annie Lucille Leather 9 Aug 1896 - 26 Jul 1934 w/o Lester Luhn d/o Millard F. & Harriet Smith Leather
Lusby, Archibald 12 May 1875 - 3 Nov 1941
    w Bessie Irene 13 Mar 1879 - 4 Apr 1966
Lupton, Leona May Linthicum Lyle 1912 - 1975 d/o John D. & Leona May D. Linthicum w/o Ellis Lupton w/o Travis Lyle

McClain, Frank J. 5 Aug 1902 - 9 Mar 1960
    w Frances I. Dixon 4 Mar 1913 - 24 Mar 1981
    s Craig A. 12 May 1955 - 16 Jul 1963
McClain, Joseph M. 11 Jul 1858 - 4 Feb 1933
    w Catherine 16 Nov 1860 - 20 Jan 1916
    s Russell P. 11 Jul 1899 - 12 Nov 1920
    s Jennings B. 16 Sep 1896 - 28 Nov 1949
McCrone, John Roy 1875 - 1957
    w Lillian D. 1875 - 1932
    w Emma N. 1879 - 1964
McDonough, Luther Caleb 6 Aug 1871 - 22 Feb 1963 s/o Thomas & Rachel A. Keith McDonough
    w Mary Etta Remick 15 Jul 1876 - 10 May 1950 d/o Joseph & Jane Dent Remick
McDonough, Raymond Jefferson 1905 - 1954 s/o Luther Caleb & Mary Etta Remick McDonough
    w Daisy Adessa Haines 15 Jan 1907 - no date d/o James E. & Gertrude F. Nichols Haines
    s L. Franklin 1933 - 1934
    s Raymond E. 1932 - 1953
McDonough, Vernon Thomas 1875 - 1945 s/o Thomas & Rachel A. Keith McDonough
    w Rosa P. Heisler 1885 - 1955
    s Edgar S. 1908 - 1928
    s James E. 1928 - 1929
McElfresh, eroded/stone broken *
McLain, William 27 Oct 1803 - 12 Dec 1872
    w Harriet Condon 29 Jan 1811 - 30 Jan 1855 *
McVey, Roland Glenn 26 Jan 1959 - 26 Jan 1959

Hyattstown Methodist

Marks, James Ira 19 May 1904 - 29 July 1990
 w Mabel E. Bennett 30 May 1905 - 3 Dec 1993 d/o James Titus & Anna Mary Cecil Bennett
Marshall, Melvin Eugene no dates s/o Elmer Eugene Marshall
Maxwell, Ellie Cecil 19 Aug 1883 - 20 Apr 1981 d/o George Mortimer & Sarah Jane Roelke Cecil
   w2/o George St. Maur Maxwell
Meads, John H. 24 Nov 1913 - 26 Jul 1996
 w Louise P. 26 Apr 1913 - 3 Aug 1994
Middleton, Carol Meads 6 May 1911 - 18 Jan 1983
Middleton, Frederic Andrew 21 Mar 1903 - 15 Jan 1969
Miles, Edward Herman 18 Sep 1894 - 20 Nov 1973 s/o Samuel Plummer & Carrie Thomas McDonough Miles
 w Marian Annie Cecil 31 Oct 1895 - 26 Feb 1982 d/o William Wilson & Margaret Elizabeth Kinna Cecil
 s Edward Cecil 29 Apr 1918 - 28 Aug 1952
Miles, Kenneth Sterling 21 Sep 1920 - 8 Oct 1984 s/ Sterling Thomas & Dora Estelle Nicholson Miles
 s Kenny Ray 27 Feb 1945 - 7 Feb 1969 by H. Eileen Cooley Miles
Miles, Lemuel L. 20 Sep 1845 - 2 Feb 1917 s/o James Hanson & Elvira Murray Beall Miles
 w Martha Jane Grimes 14 Jan 1849 - 12 Feb 1924 d/o George W. & Mary Ann Holland Grimes
 s Charles C. 29 Apr 1878 - 11 Jun 1947
 s Lemuel E. 21 Jan 1882 - 5 Aug 1943
Miles, Samuel Plummer 26 Oct 1866 - 30 June 1949 s/o Albert Franklin & Mary Margaret Walker Miles
 w Carrie Thomas McDonough 28 Jan 1870 - 5 May 1946 d/o Thomas & Rachel A. Keith McDonough
Miles, Sterling Thomas Jun 1889 - 13 Jun 1936 s/o Samuel Plummer & Carrie Thomas McDonough Miles
 w Dora Estelle Nicholson 7 Dec 1891 - 28 Nov 1982 d/o Franklin Smith & Anna Maria Dillehay Nicholson
Miller, Fannie Virginia 19 Nov 1848 - 5 Jan 1900 d/o Albert & Mary Miller
Mortimer, Franklin Lee d. 28 Sep 1947
 w Catherine Jane Bennett d. 12 Jan 1938
Muller, John L. 21 Nov 1896 - 24 Jun 1949
Mullican, Ernest Walter 1881 - 1935 s/o George Thomas & Mary Catherine Eunice King Mullican
 w Mary Etta Kinna 1884 - 1957 d/o Nathan & Jane Rebecca Pickens Kinna
Mullineaux, Claude F. 1889 - 1942
 w Agnes Myrtle 1890 - 1962
 s Leslie Eugene 1920 - 30 Dec 1989
Mullineaux, Elizabeth M. d. 26 Sep 1990
Murphy, George Washington 9 Apr 1836 - 11 Apr 1915 s/o Charles Hill & Julia Ann Richardson Murphy
 w Julia Ann Shriner 23 Nov 1841 - 4 May 1907
 s Charles Basil 13 Mar 1862 - 16 Jun 1925
  w Ara Gertrude Thompson 29 Nov 1871 - 14 Apr 1946 d/o David H. & Sarah J. Hawkins Thompson
 d Elsie 1890 18 Aug 1894

Neri, Joseph 2 Dec 1893 - 6 Sep 1967 h/o Rachel Ann McDonough Muller Neri
Nichols, Lee Andrew Francis d. 1923 age 73
 w Margaret Ella Thompson 1845 - 1918 d/o Mary "Ellen" Price Thompson
 d Janie 1874 - 21 Feb 1882
 s John Wesley 1882 - 1960
  w Della Estelle Nicholson 1888 - 1935 d/o Edward Wallace & Carloine Cornelia Andrews Nicholson
  s Hubert Lance 12 Oct 1914 - 4 Feb 1975
 s Joseph W. 4 Mar 1871 - 24 Jan 1951
  w Sarah Katherine McDonough 5 May 1882 - 25 Jun 1943 d/o Thomas & Rachel Ann Keith McDonough
  s Leo Thomas Sr. 1900 - 1971
   w Marie V. Spring 1905 - 1996 married 22 May 1923 d/o Raymond Kenneth & Helen Maye Spring
Nichols, Margaret 22 Jun 1803 - 28 Jun 1856 w/o Camden R. Nichols *
Nicholson, Dorsey Monroe 3 Nov 1896 - 22 Dec 1984 s/o Edward Wallace & Caroline Cornelia Andrews Nicholson
 w Annie Marie Crown 6 Jul 1904 - 23 Jan 1984 d/o Arlington & Margaret Crown
Nicholson, Edward Vent 14 Sep 1882 - 1 Sep 1935 s/o Edward Wallace & Caroline Cornelia Andrews Nicholson
 s Forney A. 14 Nov 1911 - 2 Jan 1977 s/o Sadie Nicholson
Nicholson, James Farhney 2 Jan 1880 - Dec 1959 s/o John T. & Mary E. Pickens Nicholson
Nicholson, John W. 11 Jun 1825 - 27 Apr 1898
 s Franklin Smith d. 10 Apr 1924 s/o Mary Rebecca Johnson Nicholson
  w Annie Maria Dillehay 3 Aug 1866 - 25 Aug 1892 d/o John Thomas & Charlotte Johnson Dillehay

Hyattstown Methodist

Nicholson, Lester 25 Nov 1901 - 29 Dec 1964
    w Marjorie May Smith 27 Jul 1910 - 13 Nov 1981 d/o Ellsworth McCullough & Addie Beall Smith
Nicholson, Lorenzo Dall 1887 - 18 Dec 1938 s/o Edward Wallace & Caroline Cornelia Andrews Nicholson
    h/o Minnie Viola Hessie Nicholson
Nicholson, Walter 18 Apr 1842 - 10 Nov 1901 s/o Lloyd H. & Ann M. Purdy Nicholson h/o A. Rosetta Thompson Nicholson
Norwood, Clarence W. 3 Dec 1806 - 9 Dec 1892
Norwood, Edith 28 Oct 1881 - 3 Aug 1885 d/o George W. & Emily Norwood of Kemptown
Norwood, Gilbert D. 20 Jun 1870 - 20 Nov 1934 s/o Jeremiah & Elivira Miles Norwood
    w Hattie E. Beall 29 May 1874 - 11 Mar 1943
    d Maugie M. 23 Mar 1893 - 1 Jan 1898
    d Annie M. 4 Jul 1897 - 25 Dec 1897
Norwood, Jacob Clarence 2 Dec 1868 - 10 Mar 1947 s/o Jeremiah & Elvira Miles Norwood
    w Effie I. Bell 8 Oct 1874 - 21 Jan 1937
Norwood, Otis C. 1903 - 1972 h/o Almeada Norwood
Norwood, Richard T. eroded stone s/o Jeremiah & Elvira Miles Norwood
    w Annie 23 Nov 1861 - 9 Dec 1897

Oden, Mary Minnie 1874 - 1952
Orme, Mahalia Ann Rebecca King 4 Sep 1872 d/o Middleton & Mahala E. Summers King w/o William Homer Orme*
    c twin 3 Sep 1872 - 3 Sep 1872

Padgett, Ida Margaret 14 Aug 1912 - 9 Jul 1972
Peters, Charles Otis 6 Jun 1861 - 26 Jun 1917 s/o John & Cassandra Nicholson Peters
    w Sarah F. Pearre 4 Mar 1858 - 19 Dec 1907
Peters, John R. 19 Dec 1847 - 4 Mar 1910 s/o John & Cassandra Nicholson Peters
    w Anna M. 13 Jul 1865 - 13 Mar 1926
Philips, Wilson Lee 1801 - Sep 1846 age 45 *
Phillips, Levi 1 Oct 1771 - 3 Mar 1844 *
    w Eleanor Swearingen 23 Sep 1772 - 12 Mar 1844 *
    s William E. 2 Jun 1843 - 29 May 1844 *
Phillips, Margaret Priscilla Beall 1818-30 Mar 1864 d/o John Hellen & Sarah Eleanor Potts Gantt Beall
    w/o Benjamin Franklin Phillips [in Union Bridge Mtn View]
Phillips, Wilson Lee 28 Jan 1801 - 7 Sep 1846 s/o Levi & Eleanor Swearingen Philips*
    w Martha A. 1 Jan 1820 - 12 Mar 1900 *
Poole, Frances Ellen Keith 4 Jun 1881 - 1 May 1954 d/o James Nathan & Laura Jane Nicholson Keith w2/o Lyttleton S. Poole
Price, Arnold S. 10 Jul 1904 - 10 Dec 1974
    w Frances H. Poole 26 Feb 1904 - 19 Sep 1983 d/o Littleton & Frances Ellen Keith Poole
Price, Benjamin Franklin 11 May 1908 - 13 June 1984 s/o Robert Vernon & Lucy Mae Wilt Price
    w Hilda Mae Hannum 10 Feb 1910 - 11 Feb 1989 d/o Edgar Moody & Ethel Clowser Hannum
Price, George Carvington 13 Sep 1879 - 17 Mar 1960 s/o George Wolfe & Eunice Ann Day Price
    w Rose Mary Elizabeth Tabler 4 Jun 1880 - 20 Jun 1959 d/o John H. & Mary C. Leather Tabler
Price, Joseph Howard 1868 - Feb 1943 s/o Thomas & Virginia Lewis Price
    w Luellen Kinna 1872 - 1964 d/o Nathan & Jane Rebecca Pickens Kinna
Price, Raymond P. 17 Mar 1893 - 4 Sep 1982 s/o Robert Vernon & Lucy Mae Wilt Price
    w Alice Hilda Kinna 13 Feb 1892 - 14 May 1957 d/o Nathan & Jane Rebecca Pickens Kinna
Price, Sterling 28 Sep 1894 - 6 Sep 1963 s/o Robert Vernon & Lucy Mae Wilt Price
    w Hazel Rebecca Kinna 6 Nov 1896 - 4 Jan 1986 d/o Raymond Hadd & Martha Rebecca Johnson Kinna
    s Merhle Kinna 23 May 1921 - 3 Apr 1978
Price, Willie Wade 19 Feb 1876 - 12 Aug 1956 s/o Thomas H. & Virginia Lewis Price
    w Rena Victoria Kinna 29 Aug 1886 - 12 Jan 1965 d/o Nathan & Jane Rebecca Pickens Kinna
    d Nina Kinna 22 Dec 1918 - 18 Feb 1919
Ragsdale, Wilson G. 1907 - 25 Oct 1998
    w Violet Adair Hemming 1918 - 1995 married 30 Aug 1943 d/o Dodge & Violet Anderson Heming
Raines, Norman 18 Aug 1880 - 22 Dec 1946
Ransone, Dr. Alexander L. 29 Dec 1846 - 30 Sep 1899 h/o Mary Ransone
    s John E. B. 26 May 1889 - 1 Oct 1951
    c Infant no dates
Rhodes, George 25 May 1783 - 11 Aug 1849 s/o Nicholas Rhodes, Jr.*
    w Ann Maria 1 Dec 1789 - 5 Aug 1849
Rhodes, George Jr. 13 Aug 1813 - 8 Aug 1885 * s/o George & Ann Maria Rhodes
    w Elizabeth 13 Jan 1812 - 31 Aug 1896 *

Hyattstown Methodist

Rhodes, Willis O. d. 9 Feb 1937 [no marker] s/o George & Elizabeth Rhodes
    w Mazie Morehead d. 12 Apr 1934 [no marker]
Rhodes, Warner Welsh 31 Aug 1887 - 25 Sep 1888 s/o Charles Cunningham & Mary Ann Welsh Rhodes
Riggs, Mabel L. 1911 - 1955
Runion, David Franklin 28 Jun 1864 - 23 Nov 1948
    w Anne Rebecca 17 Sep 1868 - 29 Jun 1948

S., W. H. slate marker with initials only *
Schultz, George J. 10 Oct 1885 - 7 Apr 1961
    w Mary A. Haynie 1884 - 1979 d/o John O. & Louise Burdette Haynie
Silance, James W. 1852 - 1917 s/o William S. & Miranda Peters Silance
Smeltzer, Airy E. Zeigler 15 Jan 1829 - 13 Nov 1877 w/o Jacob Richard Smeltzer d/o Christopher Zeigler *
    s Jacob Richard Thomas 18 Oct 1849 - 22 Dec 1855 *
    s Benjamin Franklin 18 Jan 1851 - 2 Mar 1873 *
Smith, Carrie Dowell 1859 - 1957 (in Warner Wellington Welsh plot) *
Smith, Joseph R. 12 Feb 1836 - 21 Jul 1909 s/o Philemon McElfresh Sr. & Arra Gaither Smith
    w Mary Ellen Hamilton Gardner 10 Feb 1837 - 13 Jan 1915 d/o John & Elizabeth Ann Dorsey Gardner
Smith, Philemon McElfresh Sr. 2 Feb 1794 - 14 Mar 1879 s/o John H. & Rachel McElfresh Smith*
    w1 Elizabeth Waters 17 Feb 1794 - 16 Mar 1824 d/o Nacey Waters *
    w2 Arra Musgrove 29 Jan 1802 - 9 Jun 1838 * d/o Nathan & Ann Connor Musgrove, 1st husb. Ephraim S. Gaither
    w3 Maranda Richards 22 Oct 1810 - 19 Sep 1880 d/o Meshach Sr. & Nancy Purdum Richards*
Sollitto, Robert Frank Jr. 5 Aug 1929 - 20 Oct 1986 s/o Robert Frank & Martha Welling Sollitto
    h/o May Louise Nicholson Sollitto
Soper, Ignatius P. Jr. 11 Apr 1832 - 5 Sep 1893 s/o Ignatius P. & Ann Browning Soper
    w Susan E. 18 Dec 1842 - 23 Feb 1905
Soper, Sarah A. 1823 - 6 Sep 1896 d/o Ignatius P. & Ann Browning Soper*
Spring, Dennis M., 4 Sep 1954 - 17 Jul 1983 h/o Barbara Jean Beach Spring
Spring, Raymond Kenneth 23 May 1899 - 18 Jun 1984 s/o James & Catherine "Mollie" Edwards Spring
    w Helen Maye 27 May 1900 - 28 Apr 1978
Swank, Harry S. 17 Jul 1914 - 9 Sep 1945 h/o Cariolen Jones Swank

Tabler, Charles A. 21 Apr 1850 - 19 Jun 1911 s/o Andrew Jackson & Martha Jane Norwood Tabler
    w Catherine A. 15 Apr 1839 - 1 Jan 1893
Tabler, Edwin Leslie 1899 - 1960 s/o Mary Minnie Tabler Oden
Tabler, James L. 1844 - 1914
Tabler, Lewis Jr. 28 Jun 1781 - 4 Aug 1847 * s/o Lewis Tabler
    w Mary Catherine Leather 9 Mar 1789 - 6 Sep 1867 d/o George & Christiana Leather *
    s Andrew Jackson 1831 - 1915 *
      w Martha Jane Norwood 1 May 1829 - 21 Jan 1866 d/o Joshua & Catherine Kemp Norwood*
    s Jacob C. 1844 - 1914
     w Mary E. 1843 - 1901
    s John H. 9 Apr 1827 - 26 Apr 1898
     w Emily C. E. Leather 1841 - 18 Nov 1924
     d Addie M. 1876 - 16 Oct 1922
Tabler, Lewis F. 1897 - 1971 s/o John Lewis & Mary Tabler
    w Ethel Virginia Hessie 1905 - 1978 d/o William W. & Rosa Ellen Mobley Hessie
    d Rosie R. 1931 - 1939
    s William F. 1928 - 1929
Tabler, Mary Elizabeth Cook 3 Sep 1821 - 29 Jan 1867 w/o George W. Tabler
Tabler, Peter 6 Apr 18?? *
Tabler, William 21 Oct 1811 - 28 Mar 1888 s/o Lewis & Mary C. Leather Tabler
    w Harriet Smith 9 Mar 1817 - 31 May 1861 d/o John & Charlotte Smith brd. Feagaville-Zion *
    d Annie M. B. Jan 1841 - 12 Oct 1877
    s Otis V. 9 Jul 1854 - 11 Dec 1883
Thompkins, Nannie Dutrow 1859 - 1931
Thompson, Luther Marshall Nov 1906 - 12 Oct 1981 s/o Joseph Douglas & Ella Nora Thompson Thompson
    w Bertha Louise Miles 21 Feb 1908 - no date   d/o Samuel Plummer & Carrie Thomas McDonough Miles

Hyattstown Methodist

Thompson, Joseph Douglas 3 1866 - 29 Mar 1936 s/o Margaret Ellen Thompson
    w Ella Nora Thompson May 1869 - 28 Nov 1953 d/o Horace & Harriet Ann Plummer Thompson
    d Harriet died in infancy 1908
    d Ruby Mabel 30 Oct 1909 - Nov 1909
    s John Perry 1900 - 1982
        w Mildred Adele King 1906 - 1990 d/o Edward Carlton & Nonie M. Lyddard King
    s Horace Melvin 1 Feb 1892 - 29 Jan 1969
        w Lula Maranda Bennett 7 May 1895 - 7 Jul 1960 d/o James Titus & Anna Mary Cecil Bennett
Thompson, Meredith Leroy 6 Jul 1939 - 5 Jan 1963

Ward, Bernard Lee 5 Aug 1905 - 5 Dec 1990
    w Pearl J. Keith Carlin 19 Jan 1909 - 6 May 1993 d/o James Caleb & Ella M. Heisler Keith
    s Joseph B. 2 Apr 1939 - 31 Jan 1966
Warfield, Garrison 1822 - 19 May 1895
    w Caroline Lewis 20 Oct 1826 - 20 Nov 1902 d/o Jeremiah & Mary Windsor Lewis
Warfield, James Latimer 25 Sep 1850 - 20 Oct 1899 s/o Mahlon H. & Sarah Ann Beall Warfield
    w Annie Elizabeth Lewis 8 Sep 1857 - 6 Mar 1944 d/o John A. & Julia Shaw King Lewis
    s Charles E. 14 Dec 1884 - 18 Apr 1958
Warfield, Luther D. 1 Jul 1852 - 24 Jun 1906 s/o Garrison & Caroline Lewis Warfield
    w Ella Belle Tabler 12 Dec 1853 - 17 Jan 1912 d/o Andrew Jackson & Martha Jane Norwood Tabler
Waters, Mary Ercel McDonough 28 Jan 1903 - 9 Aug 1994 d/o Luther Caleb & Mary Etta Remick McDonough
    w/o Earl S. Waters
Welsh, Asa Hyatt 19 Oct 1848 - 1 Feb 1919 s/o Warner Jr. & Mary Ann Hyatt Welsh
    w Mary J. Miller 31 Mar 1853 - 28 Oct 1914 d/o Albert & Mary Miller
    s Warner Miller 1877 - 1878
Welsh, Turner Wootton 2 Aug 1822 - 10 Oct 1854 s/o Warner Sr. & Marab Scott Welsh
Welsh, Warner Jr. 24 Jun 1818 - 11 Aug 1875 s/o Warner Sr. & Marab Scott Welsh *
    w Mary Ann Hyatt 25 Dec 1824 - 11 Feb 1857 d/o Asa & Mary Ann Phillips Hyatt*
    s Herbert 1855 - eroded *
Welsh, Warner Wellington 1846 - 1942 * s/o Warner Jr. & Mary Ann Hyatt Welsh
    w Anna Jane Claggett Smith 6 Sep 1852 - 30 Nov 1928 d/o Robert & Mary Elizabeth Dowell Smith*
    s Wellington Forest 8 Jun 1883 25 Sep 1886 *
    s Warner Wellington Jr. b & d 1896 *
    s Ollie Brooks d. 14 Feb 1881 age 8-2-24 *
Whetzel, Minnie Catherine Runion 9 Nov 1891 - 20 May 1976
    d Emma Whetzel Kessell 8 Nov 1921
Williams, Martha M. 1803 - 22 Aug 1883 *
Windsor, James H. 1863 - 1900
Windsor, Rebecca 1800 - 1878
    s Zachariah L. 1824 - 19 Feb 1880 s/o Alexander Windsor
        w Mary J. Stone 1826 - 21 Aug 1900 d/o John Stone
    s Edgar R. 1871 - 29 Aug 1898
Wood, Lewis Franklin 23 Sep 1931 - 8 Sep 1995
    w Joeann Miles 1928 - d/o Sterling Thomas & Dora Estelle Nicholson Miles

Zeigler, Dr. Asa Hamilton 26 Apr 1839 - 13 Dec 1882 s/o David Alexander & Eleanor Ann Hyatt Zeigler
    w Arra Elizabeth Smith 21 Nov 1843 - 28 Oct 1882 d/o Philemon McElfresh Sr. & Maranda Richards Smith

Montgomery Chapel (Hyattstown)
Frederick Road
Hyattstown, Maryland

Bowie, Mary d. 25 Dec 1908 age 87 "Rest, mother, rest in quiet sleep while friends in sorrow o'er thee weep"
Brown, Charles S. no dates
    w Sarah E. no dates
Brown, J. initial only
    d Nora Viola 11 Dec 1901 4-3-3 d/o J. H. & Susan Brown
    "Our darling one hath gone before us to greet the blissful shore"
Brown, Samuel d. 6 Aug 1??? illegible "Blessed are the dead which die in the Lord"
    w Rachel d. 6 Nov 1896 age 65
Butler, George 1839 - 1913   [he donated the property for the church and cemetery] "Our Father"
    w Martha 1832 - 1915 "Our Mother"

E., F. M. initials only

Gray, Sallie d. 27 Jul 1883 28-7-7 w/o Evan Gray "Gone but not forgotten"

Jones, Sarah d. 21 June 1893 59-5-22 "She was a kind and affectionate wife, a fond mother and friend to all"

Purdum, Julia d. Sep 1900 age 80 "Dead but not forgotten"

Rollins, Stephen H. d. 30 Aug 1922

Shern, Sarah E. d. 17 Mar 1920 58-1-13 w/o G. W. Shern "Gone but not forgotten"
Simms, Andrew T. 1896 - 1947

Wilson, Mrs. M. A. d. 29 Jan 1895 age 38
Wilson, William no dates, stake marker

There are 16 stones which have no ledgible inscription
There is a stake marker which has no name

McElfresh Burying Ground
Firetower Rd. off Frederick Road, Highway 355
Thurston, Frederick County, Md

Dutrow, Elizabeth A. 10 Sep 1817 - 30 Sep 1907 d/o Philemon Smith & Eleanor Stewart McElfresh w/o John W. Dutrow

Linthicum, Charles Philemon McElfresh 6 Dec 1825 - 13 Aug 1853 killed in RR explosion s/o Philip & Eleanor Linthicum
    w Margaret Eleanor McElfresh 24 Sep 1824 - 28 May 1919 d/o Philemon Smith & Eleanor Stewart McElfresh
    s Charles P. 1852 - 1921
Linthicum, Edwin F. age 18
Linthicum, Frederick 1774 - 1836 s/o Zachariah & Sarah Prather Linthicum
    w Elizabeth Smith McElfresh 1792 - 1836 d/o Charles & Ann Smith McElfresh
Linthicum, Hamilton age 37
Linthicum, John Hamilton Smith 20 Mar 1812 - 22 Mar 1896 s/o Frederick & Elizabeth Smith McElfresh
    w Julia Ann Garrott 17 May 1810 - 23 Oct 1887 d/o Nicholas & Martha Burgee Garrott
    s Nicholas Dawson 1849 - 1850
Linthicum, Philip 1802 - 1846 s/o Frederick & Betsy S. McElfresh Linthicum
    w Eleanor McElfresh 1803 - 1874 age 71 d/o Charles & Elizabeth Smith Chiswell McElfresh
Linthicum, William Hamilton 19 years
Lister, Charlie no dates

Macklefresh, Elizabeth Smith Chiswell 28 Oct 1780 - 7 Mar 1808 d/o Joseph Newton & Eleanor Chiswell White Chiswell
    w/o Charles Thomas McElfresh
McElfresh, Charles Philemon d. 30 Jan 1936 age 70 6th Cavalry USA s/o Edmund Sr. & Mary Hamilton McElfresh
McElfresh, Edmund Wagner, Sr. 10 Oct 1835 - 30 Dec 1921 s/o Charles Thomas & Fanny S. Waggoner McElfresh
    w Mary Hamilton 23 Oct 1836 - 7 Nov 1911 d/o Philemon Smith & Eleanor Stewart McElfresh
    s infant d. 7 Jul 1857
McElfresh, Edmund Wagner II 20 May 1864 - 30 Mar 1945 s/o Edmund Wagner & Mary Hamilton McElfresh
    w Jane Elese Simmons 24 Mar 1880 - 11 Feb 1916 d/o William H. D. & Eliza P. Harris Simmons
    s Edmund Wagner III 19 Sep 1914 - 8 Nov 1945
McElfresh, John Philemon 7 Jul 1862 - 15 Mar 1948 s/o Edmund Wagner & Mary Hamilton McElfresh
McElfresh, Nigel Dorsey 2 Jul 1867 - 8Feb 1934 s/o Edmund Wagner & Mary Hamilton McElfresh
    w Lillian Lottie R. Dixon. 1 Feb 1888 - 13 Jun 1927 d/o Dallas Dixon
McElfresh, Philemon Smith 3 Nov 1793 - 4 Aug 1841 s/o Charles & Ann Smith McElfresh
    w Eleanor Stewart 10 Dec 1797 - 12 Nov 1864
    d Annie M. 4 Aug 1825 - 23 Feb 1896
McElfresh, Rachel 2 Feb 1833 - 20 Oct 1918

Stewart, Susan 1792 - Aug 1864 d/o Mordecai & Ann Pitts Stewart
Waters, Altazero 16 Apr 1846 2-0-9 d/o Charles & Sarah E. Waters of Mt. Airy

Hershey Family Cemetery
Comus Rd. Comus, Montgomery Co., Md

Emmert, Isaac Newton, Sr. d. 1847
    Susan A. D. Hershey 6 Feb 1811 - 27 Jan 1901 d/o David N. & Christina Rohrer Hershey
Hershey, David   dates worn s/o John Hershey
    w Magdelena Hershey 1819 - 12 Sep 1852 d/o David N. & Christina Rohrer Hershey
Hershey, David N. 1784 - 11 Mar 1860
    w Christina Rohrer 1787 - 28 Aug 1857
    d Lydia A. 1821 - 20 Oct 1895 age 89 d/o David N. & Christina Rohrer Hershey
    d Christianna 1826 - April 1898 age 75 d/o David N. & Christian Rohrer Hershey

Comus Seventh-day Adventist
Old Hundred Road   Comus, Md

Dillow, Thomas W. 16 Oct 1867 - 11 Jul 1950
    w Sarah "Sally" Louise Sower 26 Jun 1861 - 22 Aug 1945 d/o William & Betty Sower
Sollito, Martha Louise Welling w/o Robert Frank Sollito Sr.
Welling, Elmer C. 11 Mar 1875 - 24 Sep 1963
    w Mary Catherine Dillow 7 Sep 1889 - 14 Nov 1963 d/o Thomas & Sarah Louise Sower Dillow

**Simmons Cemetery corner of Thurston & Linthicum Roads
across from Isaac Davis Farm
Thurston, Frederick County line, Md**

Many stones are eroded, those remaining:

Davis, Charles Wesley 15 Dec 1849 - 21 Jul 1850 s/o Isaac & Catherine Davis
Davis, Sarah Emmer 15 May 1848 - 16 Jul 1850 d/o Isaac & Catherine Davis
Davis, Martha S. 1825 - 1848

Johnson, Eliza C. 8 Aug 1856 - 16 Sep 1863 d/o Benjamin & Martha Elizabeth House Johnson
Johnson, Mary E. Holland 1843 - March 1901 w/o Rev. George W. Johnson
Johnson, "Our Babies" children of Benjamin & Martha House Johnson

Kinna, David 21 Jan 1756 - 9 Jun 1835 h/o Elizabeth Kirk Kinna
Kinna, William 26 Dec 1811 - 1 Feb 1887
    w Sarah Ellen Phelps 1 Mar 1814 - 12 Apr 1891

Peters, John 20 Mar 1818 - 27 Jun 1903 s/o John, was a wheelwright & carpenter of Thurston
    w Cassandra Nicholson 1 Jan 1824 - 21 Jun 1864 d/o Asa & Cordelia Basford Nicholson

Simmons, James S. W. no dates b. 1799
    w Mary Miller no dates b. 1798
    s John R. G. no dates
    s Samuel S. 1834 - no date
    d Sarah A. no dates
    s Victor no dates
Simmons, Sarah E. no dates

Louise Ehlers © 2000

Sugar Loaf Mountain Chapel Cemetery
Old Hundred Road Route 109
Comus, Md

Baker, Amanda A. Cecil 19 Sep 1845 - 14 Dec 1934 [w/o George Baker 1846 - 1897]
Baker, Charles H. 1824 - 3 Feb 1893
    w1 Laura V. 1826 - 21 Feb 1878
    w2 Catherine V. Cecil 1834 - 19 Mar 1887
    d Jessie May 13 Aug 1879 - 29 Aug 1879
    s George E. 21 Apr 1851 - 17 May 1905
        w Annie Elizabeth Nicholson 25 Dec 1855 - 23 May 1936 d/o John W. & Mary Rebecca Johnson Nicholson
        s Leo 23 Nov 1892 - 3 Sep 1893
        s Grover 22 Feb 1893 - 6 Aug 1893
Baker, Lillie E. 21 Feb 1881 - 23 Jul 1881 d/o Charles V. & Elizabeth A. Baker
Basford, Howard L. 1856 - 21 Aug 1890
Beall, J. Fulton 20 Jul 1891 - 3 Sep 1892 s/o James J. & Harriet A. Miller Beall

Cecil, Annie 27 Apr 1881 - 16 Sep 1881 d/o Otho Franklin & Ida J. Smith Cecil
Cecil, Catherine (twin of Annie) 27 Apr 1881 - 16 Sep 1881 d/o Otho Franklin & Ida J. Smith Cecil
Cecil, Emily Holland 7 Feb 1841 - 15 Oct 1863 8-8-22 w/o Leven B. Cecil d/o Nathan B. & Eliza A. Holland
Cecil, George Mortimer 10 Oct 1843 - 13 May 1921 s/o Wilson Hammond & Mary E. Smith Cecil
    w Sarah Jane Roelke 21 Dec 1845 - 9 Jan 1926 d/o Christian Friedrich Wilhelm & Sarah Ann Sier Roelke
    s Ira Victor 7 May 1874 - 27 Jun 1875 [pneumonia]
Cecil, Otho Upton 7 May 1808 - 6 May 1873 s/o Samuel & Honora Rhodes Cecil
    w Charlotte Howard stone gone [18 May 1807 - 23 Sept 1892]
Cecil, Samuel Cecil d. 1864 age 76 stone eroded s/o Archibald & Priscilla Willson Cecil
    w Ann C. Rice 8 Aug 1800 - 19 Apr 1884 widow of George House, Sr. d/o Perry & Catherine A. L. Rice
Cecil, Wilson Hammond 19 Sep 1820 - 8 May 1907 s/o Samuel & Honora Rhodes Cecil
    w Mary "Ellen" Smith 10 Feb 1822 - 6 Sep 1890 d/o Philemon McElfresh Sr. & Arra Gaither Smith
    d Clara V. [see George P. Hirsch]
Connelly, Thomas Jefferson 12 May 1846 - 11 Sept 1903 s/o Michael & Lucinda Jones Connelly
    w Anne Frances Maryum King 7 Jun 1850 - 18 Dec 1930 d/o Walter James & Caroline Windsor King
    s Walter Thomas 1880 - 27 Aug 1905
    s A. Lewis 1889 - 1889
    s Dorsey M. 1891 - 1891
    d Bessie 1897 - 1897
Cooley, James G. d. 20 Apr 1883 81-10-20
    w Eleanor N. d. 28 Mar 1897 85-0-11

Giesler, William T. 4 May 1845 - 27 Aug 1927 s/o William & Mary Yingling Geisler
    w Susan Ann 23 Dec 1845 - 14 Nov 1900

Hirsch, Clara V. Cecil 6 Aug 1854 - 10 Mar 1876 w/o George P. Hirsch d/o Wilson Hammond & Mary E. Smith Cecil
Hobbs, Asbury 19 Dec 1837 - 4 Mar 1909 s/o Leven C. & Elizabeth Hobbs Hobbs
    w1 Mary [stone gone]
    w2 Isabel Melvin [stone gone]
    s James S. d. 7 Aug 1897 0-0-1
Hodges, Matilda Ann Bennett 20 May 1811 - 12 Apr 1874 61-10-23 d/o William & Henrietta Benton Bennett
    s William F. 28 Dec 1833 - 12 Apr 1883 s/o Thomas Hodges
        s John F. 13 Sep 1878 - 12 Apr 1897 s/o Elizabeth Windsor Hodges
Holland, Harold Otis 13 Feb 1898 - 27 Sep 1901 3-7-19 s/o George Otis & Annie Mary Nicholson Holland
Holland, James Burnett 4 Dec 1843 - 8 Jan 1910 s/o Nathan B. & Eliza A. Holland
    w Mary Eugenia Johnson 24 Aug 1850 - 17 Dec 1924 d/o Benjamin & Martha Elizabeth House Johnson
    s James W. d. 22 Jan 1883 1-2-0
    d Dory T. d. 15 Jul 1883 0-5-0
Holland, Nathan B. d. 16 Jan 1899 85-5-1 s/o William & Sarah Holland
    w Eliza A. d. 10 Feb 1887 74-4-8
Holland, Raymond d. 7 May 1901 0-5-21 s/o George Otis & Annie Mary Nicholson Holland

Sugarloaf Mountain Chapel

Johnson, Carrie M. 25 Jan 1876 - 9 Jun 1876 d/o Samuel C. Johnson
Johnson, Clara M. 25 Jan 1876 - 9 Jun 1876 d/o Samuel C. Johnson
Johnson, Hattie E. 22 Feb 1871 - 23 Jul 1878 d/o Samuel C. Johnson
Johnson, Henry T. 1874 - 19 Nov 1948 74-4-5 s/o Jacob Israel & Rebecca Nicholson Johnson
    w Emily R. 1888 - 16 Aug 1959
Johnson, Sydney A. d. 8 May 1881 16-11-3 s/o Rev. George W. & Mary E. Holland Johnson

Linthicum, Frederick 14 Oct 1826 - 13 Feb 1909 s/o Frederick & Elizabeth Smith McElfresh Linthicum
    w Mary Elizabeth Hodges 11 Apr 1835 - 13 Feb 1910 [2d wife] d/o Thomas & Matilda Ann Bennett Hodges
    s Robert Hodges d. 13 Nov 1889 24-3-27
    d Lizze F. d. 2 Nov 1891 16-9-24 [the first wife is brd McElfresh Burying ground]

Mullican, Mary Catherine Eunice King d. 9 Aug 1889 34-5-29 w/o George Thomas Mullican [brd Browningsville]
    d/o Walter James & Caroline Windsor King

Nichols, Ann M. d 1826 age 4 years
Nicholson, Edward Wallace 1849 - 1926 s/o James A. S. & Lydia Andrews Nicholson
    w Caroline Cornelia Andrews 1854 - 1911 d/o Jerome & Sarah Ann Keith Andrews
    d S. Ellen 1880 - 1902
    s Mortimer Clinton 1884 - 1903
    d Nora C. 1890 - 1904
Norwood, Benjamin Franklin 16 Nov 1861 - 16 Nov 1935 s/o Jeremiah & Elvira Miles Norwood
    w Mary Agnes Cecil 12 Jan 1862 - 28 Jan 1914 d/o Leven R. & Mary G. Thompson Cecil
Norwood, Jeremiah 1857 - 1931 s/o Jeremiah & Elvira Miles Norwood
    w Ida Leonida Cecil 1866 - 1936 d/o Leven R. & Mary G. Thompson Cecil
    d Sadie J. d .23 Feb 1889 1-3-11
    s Jeremiah B. d. 9 Jul 7-2-10
    d Pearl d .23 Aug 1911 0-1-16

Peters, Horace Thomas 29 Dec 1851 - 28 Jul 1928 s/o John & Cassandra Nicholson Peters
    w Jemima Drucilla James Ellen King 18 Nov 1859 - 15 Mar 1932 d/o Walter James & Caroline Windsor King
    s John Thomas 12 Jan 1894 - 10 Oct 1927

Roberts, Annie H. 14 Apr 1918 - 18 Apr 1918 d/o Joseph Edward & Caroline Frances Peters Roberts
Roberts, Frances M. 1 Dec 1912 - 13 Oct 1913 d/o Joseph Edward & Caroline Frances Peters Roberts

Shaw, Charles H. d. 3 Jun 1891 15-0-19 s/o John H. & Jane L. Shaw

Thomas, John M. 1862 - 1941
    w Mary J. 1867 - 1939
    d Annie M. 1891 - 28 Feb 1896

Pearre Family Cemetery
Barley Field Rd. Comus, Montgomery Co., Md

Grunwell, Thomas b. 1838
    w Sarah Ellen Pearre 18 Aug 1828 - Feb 1895 d/o William & Katherine Maria Springer Pearre

Pearre, George Alexander, Sr. 31 Aug 1819 - May 1883
    w Mary Worthington d. 1 May 1871 d/o Reuben Worthington
    s George Alexander Jr. 16 Jul 1860 - 1948
    s James Graham d. 1915
        d Mollie L. 1865 - 27 Jul 1887
Pearre, John Alexander 9 Jan 1766 - 1830
    w Tabitha Brashears no dates
Pearre, William 13 Nov 1791 - 25 Mar 1864 s/o John Alexander & Tabitha Brashears Pearre
    w Catherine [sic] Maria Springer 10 July 1795 - 6 May 1861 d/o William & Mary Hauer Springer
Veitch, Fletcher Roberts 25 May 1822 - Aug 1893
    w Carrie Virginia Pearre 24 Sep 1836 - 2 May 1872 d/o William & Katherine Marie Springer Pearre
    s Willie 11 May 1866 - 16 May 1867

Mt. Pleasant M. E. South
Mt. Ephraim Rd. Dickerson, Maryland

Anders, Lucretia E. d. 4 Jan 1894 42-20-8 w/o George J. Andrews
Andrews, George J. d. 18 Sep 1901 70 yrs.

Bussard, Henry d. 25 Feb 1915 78-1-27
    d Hannah d. 18 Sep 1891 0-5-0 [by Elizabeth Martin Bussard in Monocacy, Beallsville]

Cecil, Ira Herbert 29 July 1905 - 9 June 1906 s/o Wilbur Emory & Ann Elizabeth Sears Cecil
Cooley, Amos J. 5 Aug 1827 - 5 Aug 1907 s/o Edward & Anastasia Austin Cooley
    w Elizabeth A. Mitchell 28 Mar 1836 - 6 Dec 1916
Cosgrave, Frances C. 1886 - 1932 w/o William D. Cosgrave, stone moved 27 Nov 1941 to Monocacy
    d Rose Marie 1911 - 1913 stone moved 27 Nov 1941 to Monocacy
Cosgrave, Joseph W. d. 6 Dec 1903 71-8-20
    s Charles F. 10 Sep 1888 - 16 May 1911 s/o J. W. & Alice Cosgrave

Dixon, Calvin S. d. Jan 1919 stone moved to Monocacy 18 Sep 1935
Dixon, Grover Cleveland 6 Nov 1885 - 1 Sep 1906 s/o William & Elizabeth Dixon

Edwards, Catherine J. 1 Jul 1846 - 13 Mar 1887 w/o David Edwards

Ford, Richard Henry d. 13 May 1951 age 62 s/o James & Elizabeth Ford

Jewell, Marie M. 21 Apr 1935 "lived 6 hours"

Keith, Charles T. 15 Dec 1871 - no date s/o Edmund T & Margaret E. Andrews Keith
    w Florence Z. d. 2 Jul 1898 31 years
King, Emeline Price 20 Dec 1837 1913 - 18 Jun 1898 w/o Walter James King

Lenhart, Elmer 31 Aug 1913 - 20 Sep 1914 s/o Eugene & Laura Lenhart
Luhn, George Christopher Sr. 17 Aug 1820 - 22 Jan 1896 stone moved to Monocacy
    w Annie Eliza Rebecca Sellman 26 Nov 1825 - 22 Jun 1911 stone moved to Monocacy
Luhn, Sarah Catherine McLain 23 Mar 1857 - 10 Aug 1880 w/o Charles Andrew Luhn d/o James McLain
                                                                         stone moved to Monocacy
Maxwell, James Stevenson 20 Sep 1844 - 3 Aug 1892 s/o Alexander & Elizabeth Hopkins Maxwell drowned in Monocacy
    d Maggie Blanche 12 Dec 1877 - 21 Jun 1895 by Sarah Frances Beall stone moved to Monocacy
Miller, James S. 1933 - 1934
Mobley, Laura Cole d. 2 Aug 1904 39-4-25 w/o Mahlon F. Mobley
    s Arthur 4 Jun 1900 - 26 Jul 1918
    s Frank 6 Dec 1888 - 12 Mar 1915
    s George d. 9 Mar 1911 27-5-9
    s Henry d. 18 May 1903 18-4-24
Mobley, Mary J. Selby d. 3 Mar 1918 82-4-13 w/o John Mobley
Montgomery, Baby 1966
Moreland, Edward T. Co B. 35 Va Bn CSA 2 Oct 1841 - 19 Dec 1909
Mossburg, Infant d. 1 Aug 1895 d/o Samuel & Ida V. Mossburg

Nichols, Harriett Lucretia 1863 - 1909 w/o Charles E. Nichols
    s George W. d. 14 Jul 1901 0-8-15
    d Hattie E. d. 26 Mar 1907 14-9-24
Nicholson, John T. d. 1 Aug 1893 53-5-4 s/o Lloyd S. Nicholson
    w Annie Rebecca Nicholson 19 Apr 1845 - 22 Mar 1913 "Grandmother"

Price, William H. d. 13 Apr 1896 69-2-2
    w Ann R. Webster 16 Dec 1830 - 17 Oct 1907 d/o William T. & Elizabeth Davdson Webster

Mt. Pleasant

Price, Children of W. D. and Sarah F.
    Lula F. 30 Aug 1890 - 27 Nov 1890
    Charles N. d. 17 Aug 1894 1-0-14
    Daniel F. d. 16 Sep 1898 0-10-16

Redmon, Lash 1878 - 1958 [Elisha Redmond]
    w Mollie E. J. 1885 - 1944
Redmond, Arthur 29 Mar 1920 - 28 Apr 1940
Rhodes, Stg. John C. Co K 91 NY Vol. 27 May 1841 - 29 Jul 1965
    w Catherine E. 15 Feb 1847 - 29 Jun 1928 "Our Mother"
Richardson, Mary E. 6 Apr 1902 4-4-16 d/o James L. & Mary E. Cosgrave Richardson
Rinker, Alice Virginia 8 Sep 1877 - 4 Jul 1909 w/o Samuel P. Rinker
    d Margaret V. d. 20 Apr 1905 7 months

Selby, Annie S. R. 12 Dec 1887 - 29 Jan 1906
Selby, Jessie M. d .1 Feb 1908 2-5-2 d/o G. W. & H. H. Selby
Shumaker, Carrie 20 Feb 1889 - 23 Apr 1909 w/o W. S. Shoemaker stone moved to Monocacy
Studebaker, Rebecca d. Mar 1921 stone moved to Monocacy

Thompson, William H. 21 Apr 1861 - 26 Sep 1902 h/o Nettie Thompson
    s C. Dempsey 27 Jun 1895 - 2 Dec 1902 s/o Nettie G. Thompson

Awkard Family Cemetery

Awkard, Rev. Elijah d. 4 Dec 1883 76-8-3
    w Annie d. 26 May 1880 73-2-23
    c C. age 12 years
    c J. age 25 years
    c I. age 30 years

Strong Family Mausoleum

Strong, Col. Gordon 3 Jun 1869 - 26 Feb 1954 s/o Henry & Marcy Comstock Strong
    w Louise Snyder 14 Apr 1875 - 1949 d/o A. N. & Margaret Snyder

Warren Methodist
Off Martinsburg Road
Martinsburg, Maryland

Bell, no name or dates
Bell, Eleanor no dates
Bell, Grant Ulyses Bell, Sr. 1901 - 1957
    w Ida Mae 12 Oct 1906 - 20 Apr 1997
    s Earl M. 1935 - 1967
Bell, Inez 11 Feb 1892 - 28 Dec 1921
Bell, Lewis no dates
Betters, John P. 28 Oct 1892 - 25 Apr 1975
    w Eleanor stone is gone
Betters, 1885 - 1958
Biggus, Elizabeth V. 31 Dec 1890 - 30 Oct 1983 "Mother"
Branison, Ollie M. 1919 - 1995
Butler, Alberta E. 6 Mar 1940 - 28 Jan 1973
Butler, Joseph d. 28 Apr 1960

Cann, Gene S. 1946 - 1982 s/o Macey A. Scott
Coleman, James F. 16 Apr 1925 - 15 Oct 1980 Pvt US Army WWII
Craven, Dorothy A. 1931 - 1994

Dorsey, Rev. Clarence 22 Oct 1885 - 29 Dec 1965
Dorsey, Seymour 1904 - 1972

Elliott, Johnny 21 Feb 1960 - 3 Sep 1980 s/o Seymour E. Jr. & Emma L. Elliott

Fairfax, Henry C. 10 Mar 1901 - 28 ___ 1980
    w Emma J. 9 Sep 1909 - 9 Mar 1983
Fairfax, John Richard 18 Jun 1903 - 28 Jun 1986 s/o Robert H. & Sarah Johnson Fairfax

Graham, Catie N. dates illegible
Graham, Lemuel 19 Jan 1894 - 13 May 1988 Pvt US Army WW I
Graham, Joyce dates illegible

Howard, Margaret no dates

Nailor, George F. 20 Sep 1980 - 30 Dec 1980
Nelson, John Earl Dec 1882 - Jan 1969
Nelson, Mildred V. 17 Sep 1927 - 6 Mar 1992
Nelson, Richard d. 15 Jan 1976 75 years

Palmer, Norwood S. d. 16 Oct 1977

Scott, Macey A. 1904 - 1985 h1 = William Simms
Scott, Mary 1872 - 27 Apr 1928 w/o Henry Scott
S., T. no dates [in Scott plot]
Simms, Gladys R. 1926 - 1985
Simms, William 1902 - 1994

T., J. no dates [in Scott plot]
Terley, Virgie 1861 - 1920
Twyman, Albert V. dates illegible

Warren, Edward C. 1 Feb 1918 - 20 Oct 1980 w/o Viola Warren
Wright, Delmas no dates
Wright, Mariah no dates

10 Graves with stake markers that have no names on them, 5 Graves with stones that are illegible, 4 Graves with no stone

Hayes Family Burying Ground
Barnesville, Maryland

Hayes, Leonard Isaac Sr. d 14 Sept 1822 aged 63 s/o William Hays
    w Eleanor Simmons d 25 Oct 1833 aged 73 d/o Abraham & Abigail Simmons
Hays, Samuel Simmons 2 Apr 1787 - 5 Sept 1857 s/o Leonard Isaac & Eleanor Simmons Hays
    w Anna Rawlins 7 Sept 1796 - 8 Mar 1855 d/o Thomas Rawlins
    d Sarah 28 Dec 1823 - 17 Jan 1847
    d Martha M. Nichols d 1 Sept 1840 aged 17 w/o John T. Nicholls

Trundle, Elizabeth Hays 22 Feb 1818 - 30 Jan 1855 d/o Leonard & Eleanor Hays w/o John A. Trundle

Barnesville M. E. Cemetery

Alexander, William Corp Co H 6th US Cavalry d. 10 Sept 1862

Bell, Isaac of NY d 17 Aug 1844 aged 35 mother was a Poole
Browne, Hatton 28 Jan 1801 - 28 Dec 1871
    w Deborah Shanks 16 Feb 1866 aged 73

Edelin, James 27 Mar 1777 - 21 Mar 1852
    w Eleanor 18 Nov 1780 - 28 Sep 1852

Feaster, Elizabeth Bennett 30 Jul 1858 aged 70 w/o Jacob Feaster

Harris, Williminer 22 Jan 1848 aged 54
Hawkins, Elizabeth M. d 19 Jun 1867 aged 22
Hays, John H. T. 8 Oct 1813 - 23 Jun 1857 h/o Eleanor M. Jones Hays s/o Samuel Simmons & Anna Rawlins Hays
Hays, Leonard Isaac Jr. 30 Jul 1793 - 24 Apr 1864   s/o Leonard Isaac & Eleanor Simmons Hays *
    w Eliza Poole 28 Jun 1807 - 21 Jul 1874 d/o John II & Mary Priscilla Woodward Sprigg Poole *
    d E. Madora 11 Feb 1836 - 18 Jan 1859
Hays, Thomas Leonard 20 Nov 1816 - 4 Oct 1873 h/o Mary Tabitha Pearre Hays s/o Samuel S. & Anna Rawlins Hays
Howard, Elisha d 27 Apr 1874 aged 84 *
    w Eleanor Hays 12 Jul 1791 - 8 Feb 1873 d/o Leonard Isaac & Eleanor Simmons Hays

Larman, James 1813 - 8 Mar 1899

McAbee, Hester Ellen Smith d 17 Jan 1848 aged 18 w/o John T. McAbee

Nicols, Jacob E. 2 Oct 1788 - 25 Nov 1857
    w Sarah Rawlins 19 Feb 1798 - 27 Apr 1867

Offutt, Colmore 7 Feb 1855 aged 54
    w Mary Anne Offutt 6 Feb 1788 - 2 Sep 1845

Plummer, Mary 4 May 1817 - 18 Jun 1874
Plummer, Philemon N. 16 Dec 1815 - 26 Oct 1861 s/o John Plummer
    w Sarah Ann d. 19 Jul 1866 age 35 years
Plummer, Sarah Ann 20 Sep 1820 - 26 Feb 1873 d/o Solomon & Cordelia Plummer
Pyles, Laura V. Hawkins 6 Nov 1842 - 17 Sept 1865 d/o Joseph & Mary Jane Trail Hawkins w/o Richard T. Pyles
    d Mary 1877 - 16 Sep 1879
Smith, John 18 Dec 1801 - 19 Jul 1872

Trail, Abigail 5 Jun 1789 - 10 May 1857 w/o William Trail

Wade, James Perry 7 Aug 1825 - 15 Apr 1858 *
    w Harriet Ann Nichols 16 Feb 1828 - 26 Jan 1906 * d/o Jacob E. & Sarah Rawlins Nichols
White, Sarah Ellen Nichols d. 15 May 1856 age 26 w/o Benjamin Stephen White
        d/o Jacob E. & Sarah Rawlins Nichols*
* indicates stone was moved to Monocacy Cemetery in Beallsville, Montgomery Co., Md

St. Mary's Roman Catholic
Barnesville, Maryland

Abercrombie, Lawrence Allen 11 Oct 1897 - 3 May 1973 Rear Adm USN WWI, WWII, Korea
    w Laurette J. St. Laurent 1903 - 23 Apr 1999 d/o Joseph & Delia Lesard St. Laurent
Allison, Lucille Gardiner 1892 - 1972
Allnutt, Annie E. Jarboe 1831 - 1902 d/o Samuel & Sarah Maria Gibson Jarboe w/o Colemore B. Offutt & John H. Allnutt
Ambrose, Harold F. Jr. "Bud" 27 Apr 1936 - 21 Dec 1988
    w Mary E. 16 May 1914 - 23 May 1982 "Mother"
Anderson, James H. 20 Jul 1937 - 13 Aug 1967
Arnold, Andrew Brooke 3 May 1863 - 27 Apr 1929 s/o Andrew J. & Sarah M. Smith Arnold
    w Emma A. Wade 21 Jul 1866 - 30 Mar 1919 d/o Aloysius William & Mary A. Grant Wade
    d Ivy R. 8 Nov 1892 - 15 Oct 1918
    d S. Lorraine 12 Feb 1907 - 24 Oct 1920
    s Harold Leo 3 Oct 1904 - 18 Dec 1980
Arnold, D. Bernard 25 Jun 1880 - 9 Jun 1923 s/o Andrew J. & Sarah M. Smith Arnold
Arnold, Mary Elizabeth 12 Apr 1859 - 16 Apr 1924
Arnold, Sarah M. d. 10 Feb 1920 in her 81st year w/o Andrew J. Arnold
Austin, J. Harrington d. 16 Jun 1993 h/o Bertha M. Austin
Austin, James H. 28 Jul 1856 - 25 Apr 1936 s/o John H. & Jerusha A. Rabbitt Austin
    w Rhoda A. Stewart 13 Jun 1864 - 14 Feb 1924 d/o Jonathan & Wilhelmina E. Hilton Stewart
    d Willey Elizabeth 8 Jun 1885 - 5 Apr 1948
    d Mary J. 17 Jul 1887 - 11 Sep 1957
    d Rosa V. 16 Jun 1891 - 27 Nov 1907
    d Edith G. 18 Feb 1896 - 21 Jun 1967
Austin, John H. d. 12 Apr 1877 73-11-10
    w Jerusha Ann Rabbitt 3 Dec 1892 75-10-27
    d Mary Jane 1835 - 1923 by Henrietta Austin
Austin, Otto T. 15 Apr 1833 - 6 Feb 1860 s/o John H. & Henrietta Austin
Austin, Stephen Richard 1848 - 1917 s/o John H. & Jerusha A. Rabbitt Austin
    w1 Joanna V. d. 13 July 1875 aged 20
    w2 Mary Elizabeth Smtih 1853 - 1917 d/o James W. & Theresa A. Lowe Smith

Baker, John O'Hora 6 Sep 1913 - 9 Jan 1994
Ballard, James Henry 1905 - 1956 s/o James Henry & L. A. Ballard h/o Helen Lucille Offutt Ballard
Ballas, Anna Mary 28 Apr 1897 - 15 Aug 1986
Ballerini, Joseph Thomas Sr. 5 Jan 1947 - 14 Mar 2000 s/o Romolo & Nancy Pallotta Ballerini
Beall, John 23 Dec 1781 - 26 Aug 1831 s/o L. Beall
    w Charlotte Jones 18 Feb 1787 - 23 Jan 1867
    s John R. 8 Sep 1823 - 19 Sep 1845
    s James H. 27 Feb 1829 - 9 Oct 1911
        w Susan C. Hoyle d. 19 Dec 1890 in her 64th year
Beall, John W. 22 Oct 1842 - 13 Mar 1913
    w Mary Elizabeth Clements 20 Mar 1857 - 19 Mar 1947 d/o Peter Henry & Mary Ellen Beall Clements
Beall, Lizzie d. 5 Apr 1897 age 68
Beall, Louise M. Neitzey 1895 d/o Hammett D. & Nannie F. Neitzey
Bednarek, Sylvester J. US Marine Corps WWII 15 Oct 1923 - 4 Oct 1991
Belferman, Mary Winifred Anne 16 Jul 1956 - 31 Oct 1997
Bowie, Mary C. 17 Mar 1882 - 12 Dec 1929 [may be Proctor, on Charles D. Proctor stone]
Bowlen, George W. Dr. d. 8 Jan 1907 79 years
    w1 Felicia Edmonia Candler 7 Jul 1837 - 24 Mar 1891 d/o William Candler
    w2 Laura J. Hayes 17 Apr 1845 - 10 Oct 1924 d/o John T. & Ellena M. Hayes
Brenkus, Emil V. 1947 - 1991 "Coach"
Brenner, James Earl 23 May 1924 - 29 May 1985
    w Mary Rickard 28 5 1924 - 13 May 1982
Brodt, Stella Cerra 18 Oct 1918 - 29 Jun 1981
Brooks, Michael D. 12 Jul 1915 - no dates
    w Virginia Burgess 3 Aug 1915 - 30 May 1982
Brosius, Charles Thomas, Sr. 1 Oct 1847 - 14 Dec 1923 s/o John S. & Margaret Ann Maria Jarboe Brosius
    w Laura Virginia Trundle 4 Apr 1851 - 30 Jul 1927 d/o John Alexander & Elizabeth Eleanor Hays Trundle
    s Leonard Jarboe 26 Jul 1888 - 14 Mar 1910

St. Mary's

Brosius, Edwin Rawlins 5 May 1891 - 1974 married 2 Jun 1916 s/o Charles Thomas Sr. & Laura Virginia Trundle Brosius
    w Bertha Adell Schaeffer 10 Jun 1896 - 1964 d/o William L. & Katie L. Schaeffer
        s Bernard Trundle 1893 - 1955
Brosius, Infant d. 30 Nov 1914 0-0-2 s/o Charles Thomas Jr. & Genevieve Darby Brosius
Brosius, Mary Clapham 1907 - 1973
Browning, Peter S. 1866 - 1940 s/o Mahlon & Sarah Frances Smith Browning
Browning, Sara Jane 20 Mar 1875 - 27 Nov 1948 d/o Mahlon & Sarah Frances Smith Browning
Burch, Albert A. 1920 - 1989
Burkhart, Charles E. 18 Jul 1891 - 2 Sep 1891 s/o William T. and M. I. Burkhart
Burkhart, Ida d. Dec 1896 w/o William Burkhart
Buttell, Marie G. 2 Nov 1898 - 18 Nov 1973 PFC US Marine Corps
Bylsma, Rein Patrick b & d 7 May 1978
Byrd, Anna Mary Waters 1898 - 1934 d/o William A. & Mary Hoyle Waters w/o Warren F. Byrd
        s Infant d. 12 Nov 1928

Campbell, James 17 Mar 1837 - 27 Mar 1909
Carlin, Catherine 15 Feb 1806 - 19 Dec 1885 w/o Hon. James Carlin of Frederick
Carlin, James Walter d. Apr 1934 age 66   s/o James S. & Mary C. Carlin
    w Florence V. Angevine d. Apr 1941 age 71 d/o William Henry Angevine
Carlin, John 1815 - 5 Jan 1892 77 years
    w1 Maria Knott 5 Sep 1808 - 5 Jan 1879 70 years
    w2 Mary C. d. 25 Aug 1877 32 years
    s James S. 15 Feb 1839 - 4 Jan 1913
Carlin, John Thomas 4 Jul 1835 - 20 Dec 1911 s/o John & Maria Knott Carlin
    w1 Addie E. 2 Aug 1848 - 17 Sep 1870
        s John L. d. 3 Jun 1870 5 years
    w2 Frances R. Hamill 4 Apr 1853 - 15 Aug 1915
        s Maurice S. 22 Sep 1883 - 18 Nov 1951
        s Clay Thomas d. 5 Apr 1947 age 58
Carlin, William Douglas 15 May 1932 - 13 Nov 1997
    w Eleanor Melvin 26 Mar 1939 - no date
Carlin, William Kenneth 9 Jan 1887 - 28 May 1969 s/o John T. & Frances R. Carlin
    w Emma Rebecca Larman 22 Nov 1898 - 16 Mar 1960 d/o William & Catherine Larman
        s William Kenneth Jr. 7 Oct 1923 - 6 Sep 1979
Carlin, William T. 17 Feb 1876 - 22 Jun 1946 s/o James S. & Mary C. Carlin
    w Clara M. 7 Jul 1881 - 24 Jun 1948
Carlton, Harold O. 1905 - 1980
    w Gladys A. 1908 - 1976 married 45 years
Carlton, Peter Allen 29 Mar 1914 - 3 Apr 1996
    w Arlene Davis King 22 Apr 1944 - no date
Childs, William A. 1902 - 1977 s/o Fielder Bowie & Mollie M. Childs
    w Charlotte A. Regina Walter 1919 - no date d/o George C. Walter
Claggett, Charles E. 1854 - 1928
    w Edmonia 1860 - 1958
    d Alice E. Feb 1896 - 10 Jul 1913
Clapp, Constance Popp 19 Apr 1958 - 22 Oct 1984
Clements, George Howard 16 Apr 1835 - 16 Jan 1887 s/o Andrew & Ann C. Howard Clements
    w1 Sarah Ellen Jones 21 Feb 1839 - 14 July 1871 aged 32 d/o Lloyd Stephen & Teresa Ann Beall Jones
    w2 Emily Jane Jones 13 Apr 1845 - 30 Aug 1918 d/o Lloyd Stephen & Teresa Ann Beall Jones
    d Marie d. 27 Feb 1888 age 4 years
    d. Minnie d. 22 Apr 1888 age 9 years
    s Francis A. d. 15 Feb 1908 25 years
Clements, Henry L. Clements 8 Apr 1855 - 8 Jul 1935 s/o Peter H. & Mary E. Beall Clements
    w1 Nellie M. Nicholson d. 27 Jan 1893 27 years 9 months d/o Thomas & Rebecca Nicholson
    w2 Mary O. Beall 17 Feb 1865 - 11 Dec 1936 d/o Collington & Elizabeth Beall
Clements, Peter Henry 8 Oct 1819 - 31 Oct 1906
    w Mary Ellen Beall 27 Jun 1826 - 22 Jan 1897
    d Clara Louise 1858 - 6 Aug 1947
    d Frances Gertrude 1862 - 1926
    d Sarah A. 1864 - 18 Jan 1891
    s Charles Ambrose 1866 - 1943
Colbert, Ray Wallace 8 Apr 1947 - 21 Jun 1980 "Father" s/o Roy V. & Elizabeth B. Colbert h/o Elizabeth M. Colbert
Colpo, James L. 14 Jan 1913 - 19 Sep 1991
    w Ruth E. 22 Feb 1922 - no date

St. Mary's

Conlon, Thomas Aloysius 17 Nov 1890 - 18 Sep 1977 s/o James & Josephine O'Leary Conlon
    w Laura Goldin Wessells 15 Jun 1891 - 30 Jan 1985 d/o William H. & Laura Goldin Wessells
Cooley, Jennie E. 24 Feb 1910 - 22 Feb 1912 d/o C. B. & Lucy E. Cooley
Cooley, John Edward 24 Dec 1876 - 4 Jul 1949
Cooley, John Franklin 1844 - 1931 s/o John Garrett & Eleanor Jane Gleason Cooley
    w Mary Catherine Nicholson 29 May 1842 - 4 May 1900 d/o Baker & Mary Ann Cropley Nicholson
    d Mazie R. 18 Dec 1881 - 10 Aug 1966
    d Estelle A. d. 14 Aug 1882 7-9-7
Cooley, Richard E. 26 May 1836 - 4 Nov 1906 s/o Edward & Anastasia Austin Cooley
    w Louisa 1841 - 1918
Cooley, Russell W. 1922 - 1977 Pvt US Army WWII

Darrieulat, Francois S. Mar 1868 - Apr 1940
    w Marie Louise Roux Oct 1881 - Dec 1963
    d Marguerite M. Mar 1919 - Oct 1919
    s Francois S. Oct 1922 - Nov 1924
Debelius, John W. 1926 - 1984 "Husband, Father, Patriot & Counselor at Law"
    w Mary N. 1926 - 1981
Defouloy, Josee Gregoire Nee 1 Jan 1939 - 30 Mar 1992
de Sterkenburg, Cornelius R. Kneppelhout 1883 - 1967
De Vriendt, Vincent Joseph 24 May 1947 - no date
    w Laura Winner 2 Aug 1949 - no date
    s Alexander Nicholas 20 Oct 1979 - 2 Mar 1982
Dorsey, James D. Jr. 1922 - no date
    w Catherine C. 1928 - no date
Drescher, John Marion 22 Dec 1923 - no date
    w Christine McCabe 9 Jun 1926 - no date
Drescher, Joyce Bernadette 4 Mar 1948 - 20 Oct 1995
Dutrow, Lloyd 7 Feb 1896 - 18 Feb 1896

Edelin, William d. 8 May 1841 aged 56 h/o Julianna Knott Edelin
Edwards, Mrs. d. Mar 1903 age 35 y w/o Winfield Edwards
Esposito, Michael N. 1923 - 1978
    w Anna M. no dates

Fahlgren Robert Patrick 10 Apr 1958 - 5 Sep 1980 Pvt US Army
Fauth, Joseph Thomas 12 Mar 1968 - 7 Sep 1995
Fisher, J. Spencer 1894 - 1960
    s Frances B. 1896 - 1968
Fisk, Henry Clay 2 Oct 1876 - 31 May 1960 "Father"
    w Margaret Eulalia Shreve 25 Feb 1874 - 10 Jan 1955 "Mother" d/o Daniel Trundle & Margaret E. Jones Shreve
Fisk, Irving L. 1907 - 1953 s/o Henry Clay & Margaret Eulalia Shreve Fisk
    w Mary Virginia Jones 1908 - 1980 d/o Lloyd James & Elizabeth Eleanor Brosius Jones
    s infant d. 19 Oct 1935
Fitzsimmons, Arunah I. 1875 - 1939 s/o James & Nannie Fitzsimmons
    w Lucy C. Kessler 1875 - 1955 d/o John H. & Lucy Kessler
Flammer, Mary E. Shreve 1864 - 1929 w/o George Flammer
Francon, Marie E. 3 Apr 1911 - 16 May 1988

Gaither, Virginia Claggett 1881 - 1942 d/o Charles E. & Edmonia Ambush Claggett w/o Richard T. Gaither
Ganley, Frances Laverne 4 Oct 1937 - 4 Nov 1937
Ganley, Frances M. 1920 - 1973
Ganley, Joseph Mackin 1888 - 22 Jun 1944 "Father" s/o James & Sarah Ellen Nicholls Ganley
    w Nettie V. Schwartzback 1896 - 1993
    d Mary E. M. 1913 - 1993
Ganley, James 19 Nov 1844 - 1 Dec 1935
    w Sarah Ellen Nicholls 20 Mar 1851 - 3 Feb 1933 d/o Samuel P. & Amanda E. Phillips Nicholls
    d Inez Marie d. 13 Apr 1902 20-8-0
    d Sarah C. d. 8 Dec 1894 0-5-6

St. Mary's

Ganley, Nellie T. d. 21 Dec 1896 29 years w/o Philip A. Ganley
    d Catherine C. 14 Aug 1886 - 25 Aug 1887
Gardiner, Louis G. 1860 - 1947
    w Marie Antoinette "Nettie" Bowlen 1869 - 1961
    s George Louis 24 Oct 1890 - 7 Apr 1891
    d Edmonia 1 Oct 1893 - 8 Jul 1894
Gay, Agnes, V. 1915 - 1990
Gleason, Helen Regini Garver d. 10 Mar 1997
Gloyd, Albert Ligouri 27 May 1900 - 28 Dec 1986 s/o S. Arthur & Sarah Clements Gloyd
    w Hannah Marie Schwartz 14 Sep 1903 - 26 Dec 1990 d/o Edward P. & Hannah Wade Schwartz
Greer, Aaron Francis 23 Mar 1982 -4 May 1932
Greer, Margaret Luce 1893 - 4 Mar 1967
Groht, Jeremy Kent 22 May 1985 - 24 May 1985
Guastella, S. Charles 1904 - 1982
    w Mary R. 1909 - no date   married 12 Jun 1932
Gurski, Thomas Vincent 20 May 1967 - 21 May 1985

Hamilton, Eugene A. 1927 - no date
    w Margaret B. 1927 - 1985
Harding, Margie M. d. 5 Jun 1898 0-0-7 d/o William & Mary E. Harding
Hartman, Joseph A. 16 Sep 1906 - 21 May 1970 Cpt USNR WWII, Korea
    w Harriet L. 29 Jul 1910 - 8 Jul 1981
Hawse, Albert B. 29 Sep 1903 - 1 Mar 1968 s/o James C. & Gertrude E. Hawes
    w Alice May Larman 14 Mar 1910 - no date married 23 Dec 1926
Hayden, Roger Alexander 27 Dec 1920 - 17 Feb 1991 s/o Charles L. & Jesse Waters Hayden
    w Mary Frances 30 May 1922 - no date
Hayes, Eleanor Mary Jones 13 Nov 1820 - 21 Apr 1900 "Our Mother" w/o John T. Hayes d/o Brooke & Teresa Jones
    d Harriet Lavanda 5 Jul 1853 - 25 Jul 1926
Hays, Thomas Leonard 6 Jun 1854 - 27 Mar 1902 s/o Thomas L. & Mary T. Pearre Hays
    w Mary Alice Hayes 15 Aug 1850 - 30 Dec 1925 d/o John T. Eleanor M. Jones Hayes
    s Leo d. Jul 1944 age 61
Henderson, Edward Albert 10 Nov 1906 - 11 Oct 1996 s/o Edward O. & Ida May Cowell Henderson
    w Dorothy S. Turlington 3 May 1902 - 10 Feb 1998 d/o William B. & Mary Fitzpatrick Turlington
Higgins, Abigail b. in Cloyne, County Cork, Ireland d. 22 Oct 1833 aged 25
Hopta, Catherine 1 Nov 1891 - 1 Jan 1983 "Nana"
Hoyle, George Ernest 11 Dec 1859 - 30 Mar 1952 s/o Joseph Henry Clay & Charlotte Ann Jones Hoyle
    w Rosa B. Clements 8 Jun 1860 - 16 Nov 1933 d/o Peter H. & Mary Ellen Beall Clements
    d Mary Charlotte 2 Feb 1900 - 30 Mar 1900
Hoyle, Joseph Henry Clay 12 Oct 1831 - 15 Apr 1925 "Father" s/o George & Altha Ann Childs Hoyle
    w Charlotte Ann Jones 19 Nov 1836 - 16 Apr 1926 "Mother" d/o Lloyd Stephen & Teresa Ann Beall Jones
Hoyle, William Linwood 25 Feb 1872 - 11 May 1942 "Father" s/o Joseph Henry Clay & Charlotte Ann Jones Hoyle
    w Mary Nellie Jones 1 Feb 1874 - 30 Mar 1944 "Mother" d/o William Thomas & Alice Fechtig Jones
    d infant d. 17 Jul 1905
Hsu, Mary Yun Hwa 22 Nov 1927 - 18 May 1993
Hudson, Julia Valita 25 May 1931 - 30 Oct 1988

Ingleton, Dean Clark 13 Feb 1964 - 24 Feb 1982

Jackson, Kent Logan 30 Aug 1949 - 9 Jun 1993
Jamison, Alexander F. 1804 - 1890
    w Teresa A. Harding 1825 - 1909 d/o Lloyd F. & Sophia M. Hall Harding
    d Teresa Ann 1856 - 1932
    s Lloyd I. 1845 - 1878
    s Alexander T. 13 Mar 1852 - 13 Aug 1909
        w M. Annie Knott 6 Jun 1859 - 6 Jan 1917 d/o Stanislaus & Bridgett A. Graham Knott
Jamison, Charles C. 1860 - 1947 s/o Alexander F. & Theresa A. Harding Jamison
    w Sarah Margaret Harris 1871 - 1948 d/o Abraham S. & Mary E. Taylor Harris
    s infant b & d 1911

St. Mary's

Jamison, Charles Harris 28 May 1911 - 8 Aug 1995 s/o Charles C. & Sarah Margaret Harris Jamison
    w Laura Conlon 19 Sep 1918 - no date   d/o Thomas Aloysius & Laura Goldin Wessells Conlon
Jarboe, Eliza A. 1820 - 1904
Jarboe, Samuel 27 4 1804 - 2 Apr 1883 h/o Sarah Maria Gibson Jarboe
    s Eugene Edwin 14 Sep 1846 - 19 Nov 1899
        w Mary Eleanor Jones 15 Mar 1853 - 28 Apr 1939 d/o John Lewis Trundle & Cornelia Elizabeth Johnson Jones
        d Nora T. 17 Jun 1877 - 12 Mar 1957
Jarboe, Samuel Raphael 14 Nov 1849 - 24 Dec 1961 s/o Samuel & Sarah Maria Gibson Jarboe
    w Ellen Howard 2 Feb 1883 - 1949
    s Samuel Howard 17 Aug 1913 - Sep 1942
    d Martha 4 Feb 1915
Jones, Brook d. 19 July 1850 aged 73
    w Teresa 1785 - 20 July 1876
Jones, Henry 20 Mar 1778 - 3 Dec 1830
    w Mary Eleanor Trundle 3 Aug 1778 - 23 Apr 1844 d/o John IV & Ruth Lewis Trundle
Jones, Henry Robert Sr. 20 Feb 1850 - 16 Feb 1879 s/o Lloyd Stephen & Teresa Ann Beall Jones
    w Mary Eloise Scholl 29 Feb 1852 - 8 Feb 1911 d/o Henry & Caroline R. Murphy Scholl
    s Reginald Bernard 13 Jun 1877 - 1 Oct 1961
        w Margie Virginia Brosius 6 Oct 1876 - 18 Jun 1950 d/o Charles Thomas & Laura Virginia Trundle Brosius
Jones, John Lewis Trundle 17 May 1812 - 1 May 1881 s/o Henry & Mary Eleanor Trundle Jones
    w1 Sophia Catherine 1827- 10 Jul 1849 22 years
    s H. Brook d. 28 Aug 1863 14 years
    w2 Cornelia Elizabeth Johnson 8 Mar 1830 - 11 Jul 1918 d/o William & Rebecca A. Lamar Johnson
    d Sophia Catherine 1 Apr 1960 - 25 Mar 1862
Jones, Lloyd James 19 Nov 1878 - 18 Oct 1954 s/o Lloyd Stephen Mercer & Sarah Elizabeth Trundle Jones
    w Elizabeth Eleanor Brosius 30 Sep 1881 - 7 Jun 1952 d/o Charles Thomas & Laura Virginia Trundle Brosius
    s Lloyd James, Jr. 12 May 1911 - 7 Aug 1978
        w Louise Hersberger 4 Oct 1911 - 23 Apr 1976 d/o Elmer & Anna Hersberger
Jones, Lloyd Stephen 4 Aug 1807 - 9 Feb 1863
    w Teresa Ann Beall 14 Dec 1811 - 25 Feb 1890
    d Mary E. 1843 - 1922
Jones, Lloyd Stephen Mercer 18 Aug 1847 - 12 Oct 1929 s/o Lloyd Stephen & Teresa Ann Beall Jones
    w Sarah Elizabeth Trundle 10 Jun 1844 - 28 Jun 1899 d/o Hezekiah William & Emily Ann Jones Trundle
Jones, Mary A. 19 Apr 1814 - 19 Apr 1864
Jones, Richard Henry 17 Aug 1808 - 6 Aug 1892 s/o Henry & Mary Eleanor Trundle Jones
    w Emiline Blake Beall 25 Nov 1812 - 11 Jan 1873 d/o James & Margaret Smith Benson Beall
    s James Henry 20 Dec 1838 - 12 May 1939
Jones, Richard Lawrence 28 May 1939 - 27 Mar 1941 s/o Reginald Bernard Jr., & Helen J. Jones
Jones, William Trundle 8 Nov 1851 - 16 May 1943 s/o John Lewis Trundle & Cornelia Elizabeth Johnson Jones
    w Alice Fechtig d. 23 Dec 1919 64 years d/o Lewis R. & Elizabeth Henry Travers Fechtig
    s Louis Hartley 5 Jan 1877 - 7 Aug 1878
    s Henry Travers 6 May 1882 - 3 Jan 1964
    d Cornelia Elizabeth 24 Nov 1886 - 10 Jul 1887
Jordan, Anna L. 1901 - 1981

Karnes, Patrick Anthony 7 Sep 1952 - 14 Nov 1967
Kelly, Mary McBride 10 Jun 1931 - 2 Jun 1977
Kerner, Morgan A. 7 Jan 1928 - no date
    w Kathryn A. 3 Jan 1932 - 10 Jul 1982
Kessler, Herbert V. 1873 - 1960
    w Mary R. 1889 - 1960
    s William Henson 8 Aug 1908 - 14 Aug 1908
Kessler, Margaret Virginia Jones 16 Dec 1913 - 16 Jul 1950 age 37 d/o Bernard & Marjorie Jones h/o Wm. Thomas Kessler
King, Cordelia Ann d 25 Apr 1899 68th year
King, Deanna Elizabeth 1 Aug 1971 - 8 Oct 1980
King, James H. 13 Oct 1872 - 12 Nov 1943
    s Upton R. 11 Feb 1916 - 10 May 1919
Kingsbury, Ambrose Celestine 22 Jul 1885 - 14 Jan 1962 s/o Charles T. & Mary E. Reid Kingsbury
    w Myrtle Elizabeth Walter 25 Aug 1891 - 11 Nov 1953 d/o George M. & Charlotte E. Walter

St. Mary's

Kingsbury, Charles T. 17 Nov 1847 - 7 Aug 1933 s/o William Owen & Eleanor A. Kingsbury
    w1 Mary E. Reid d. 26 Mar 1890 37-5-22 d/o Aloysius William & Sarah A. Thompson Reid
    w2 Alice C. Reid 18 Jun 1854 - 10 Aug 1926 d/o Aloysius William & Sarah A. Thompson Reid
    s William Aloysius 26 May 1877 - 25 Oct 1949
    d Bernadette O. 16 Sep 1878 - 12 Dec 1961
    s Charles Albert 1882 - 1937
    d Alice Virginia 23 Jun 1887 - 19 Jun 1949
    d Mary A. d. 23 Jun 1893 1-3-13
Kingsbury, Elsie M. 11 Aug 1884 - 14 Nov 1957
Kingsbury, Gerald A. 19 Mar 1926 - 20 Mar 1994 s/o Ambrose Celestine & Myrtle E. Walter Kingsbury
    w Nancy P. 15 Oct 1932 - no date   married 12Aug 1950
Kingsbury, Joseph Manning 6 Oct 1893 - 23 Feb 1979 s/o Charles T. & Alice C. Reid Kingsbury
    w Maud Wagner 28 Jul 1897 - 14 Sep 1966
Kingsbury, Marion L. 12 May 1880 - 16 Jan 1915 s/o Charles T. & Mary E. Reid Kingsbury h/o Mary E. Bradley
Kingsbury, William Owen 16 Jan 1825 - 31 Jan 1885 s/o Albert T. Kingsbury
    w Eleanor A. 6 Apr 1828 - 18 Mar 1911
    d Mary V. 7 Sep 1861 - 19 Sep 1949
    d Ida Cecelia 1865 - 1938
Klappert, Holly 10 Nov 1992 "Beloved Mother"
Knott, Frank P. 1838 - 30 Apr 1906 - 68 years
    w Mary Jane Cecil d. 17 Feb 1925 81 years d/o Hammondotha & Mary A. Thompson Cecil
Knott, James 1855 - 1931 s/o Stanislaus & Bridgett A. Graham Knott
    w Alice Frances Cooley 1867 - 1957 d/o John Franklin & Mary Catherine Nicholson Cooley
Knott, John W. 22 Feb 1831 - 3 Mar 1908 s/o John B. & Ann M. Campbell Knott
    w Sarah E. 26 Sep 1844 - 12 Feb 1919
    s Thomas Eugene 3 Dec 1871 - 5 Apr 1955
    d Katherine S. 2-0-24
    d Minnie A. 11-5-10
Knott, Stanislaus d. 28 Dec 1865 72 years s/o Zachariah & Jane Knott
    w Bridgett A. Graham d 14 Mar 1904 75 years
    s Zachariah M. 1851 - 1933
    d Mary Jane 1866 - 17 Dec 1935
Knott, William D. d. 5 Oct 1936 age 69 h/o Annie Blanche Carlin Knott
Knott, Zachariah d. 23 Nov 1820 aged 79 h/o Jane Knott
    s Leonard J. d. 25 Oct 1828 h/o Lucy Burgess Offutt Knott
Kolesar, John 21 Apr 1912 - 2 Nov 1988
    w Anna M. 26 May 1918 - no date
Kyle, Laura Coleen 7 Dec 1982 - 11 Mar 1983

Lamar, Catherine R. 18 Apr 1867 - 6 Aug 1931 w/o William E. Lamar
Lillie, Andrew Dougall 29 Jan 1936 - 26 Mar 1995
    w Mary Ann Kingsbury 16 Jan 1939 - 25 Apr 1997
Lynch, George W. 20 Feb 1841 - 14 Mar 1907
    w Rosa E. Plummer 24 Apr 1830 - 26 May 1915
    s Richard G. 15 Feb 1869 - 16 Apr 1904
Lynch, John H. 24 Jul 1831 - 10 Dec 1916 s/o Thomas & Sarah Lynch
    w Maria Cecelia Smith 13 Mar 1841 - 26 Dec 1913 d/o Charles T. & Mary A. Young Smith
    d Anna M. 4 Dec 1881 - 3 Oct 1918
Lynch, Kathryn b&d 19 Jan 1982
Lyons, John H. 29 Oct 1919 - 26 Oct 1986 1st Lt US Army Air Corps WWII
    s Dorothy A. 23 Nov 1923 - no date

McGee b. County Down, Ireland 25 Jul 1855 aged 55
McGinnity, Molly K. d. 3 Dec 1996 infant
McKone, John William Jr. 19 Apr 1941 - 3 Oct 1993
McMurtry, Albert J. 1906 - 1968

Manion, Victor Lawrence 1800 - 1954 s/o Kiernon & Mary R. Manion

St. Mary's

Marks, Richard Powell Sr. 18 Oct 1907 - 21 Feb 1961
    w Eleanor H. 22 Mar 1912 - 29 Nov 1990
Martyniuk, Pauline V. 24 Sep 1917 - 27 Oct 1980 "Mother"
Melvin, Walter P. 19 Jul 1908 - no date
    s Clara M. 27 Jan 1915 - 11 May 1966
Mills, Joseph Mason 6 Aug 1916 - no date
    w1 Agnes E. 27 Mar 1919 - 19 Jun 1986
    s Joseph P. 26 Nov 1940 - no date
    w2 Dorothy Reid Zoebelein 30 Jun 1921 - 10 Jan 1998 d/o Joseph & Edna Staples Reid
Mills, Martha E. 27 Feb 1956 - no date
Mitchell, Christopher 9 Oct 1982 - 16 Nov 1982
Monard, J. Nichollas d. 9 Mar 1937 75 years
    w Mary A. d. 25 Mar 1937 82 years
Moore, James 6 Jun 1789 - 18 Aug 1870
Muir, Helen Draprey 3 May 1909 - 10 Dec 1982
Muldoon, John P. 1937 - 1992
    w Patricia A. 1936 - 1994
Muldoon, Michael C. 13 Mar 1960 - 3 Sep 1979
Murphy, Donald T. 15 May 1916 - 8 Mar 1994 1st Lt US Army WWII Korea
    w Dorothy 1921 - no date
Murphy, William d. 15 Mar 1855 70th year
    w Anna d. 29 May 1852 70th year

Neel, Catherine Hoyle 17 Jan 1858 - 13 May 1937 d/o Joseph Henry Clay & Charlotte Ann Jones Hoyle w/o James B. Neel
Neel, Helen Rose 21 Nov 1889 - 21 May 1982
Neitzey, Hammett D. 1895 - 1972
    w Nannie R. 1900 - no date
Neville, Nora Edith Giovennella d. 16 Jul 1994 age 72 years w/o Francis Eugene d/o William & Edna Giovennella
Nicholls, Camden R. 7 Apr 1856 - 24 Apr 1912 s/o Samuel P. & Amanda E. Phillips Nicholls
Nicholls, John B. 1861 - 1923

O'Connell, Daniel Edward 26 Aug 1913 - 4 Oct 1986 s/o Dennis J. O'Connell
    w Genevieve Alice Kingsbury 7 Sep 1918 - no date d/o Joseph M. & Maud Wagner Kingsbury
Offutt, Clarence Colemore 1883 - 1967 s/o William Jerome & Annie Rebecca Jones Offutt
    w Lucille Clements 1887 - 1973
Offutt, Clarence Colemore Jr. 1916 - 1968 s/o Clarence Colemore & Lucille Clements
    w Catherine Gloyd Slicer d. 12 May 1989 d/o Harry & Clara Gloyd Slicer
Offutt, Leonard Jerome 7 Jun 1910 - 24 Apr 1992
    w Mary Loretta Davis 18 Nov 1911 - 13 Aug 1998 married 29 May 1934 d/o Notley H. & Mary L. Brosius Davis
    s Jerome Stephen 27 Feb 1945 - 24 Sep 1958
Offutt, Margaretta Loretta 27 Jun 1909 - 27 Dec 1909 d/o Raphael Thomas & Mary Florence Conroy Offutt
Offutt, Mary Emma 5 Jan 1915 - 19 Jul 1916 d/o Raphael Thomas & Mary Florence Conroy Offutt
Offutt, William Jerome 1850 - 23 Feb 1932 s/o Colmore & Annie E. Jarboe Offutt
    w Annie Rebecca Jones 1855 - 1924 d/o John Lewis Trundle & Cornelia Elizabeth Johnson Jones
Ortman, Francis Joseph 1915 - 1994
    w Regina Weston 1918 - 1983

Pearre, Elvira E. Cooley 9 Apr 1872 - 29 Jan 1953 d/o John Franklin & Mary Catherine Cooley h/o Charles Pearre
Pendergast, William R. 5 Apr 1881 - 5 Sep 1968
    w Helen H. 9 Feb 1886 - 11 Jan 1968
Pendleton, Dan 9 Sep 1922 - 10 Jan 1997
Phillips, Mary Lucile Kessler d. 17 Dec 1994 d/o Herbert V. & Mary R. Clements Kessler
Plummer, Mary 9 Oct 1803 - 19 Apr 1882 w/o Solomon Plummer
Podojil, Jerome J. 1931 - 1997
    w Kareen L. 1932 - no date
Power, Robert T. b. Waterford, County Duncaven, Ireland d. 29 May 1851 aged 58
Prichard, Jane Marie 28 years d/o Walter & Audrey M. Prichard
Proctor, Charles D. 18 Nov 1880 - 2 Aug 1932
Proctor, Laura V. 20 Jul 1861 - 18 Apr 1948

St. Mary's

Proctor, Sarah E. 5 Jan 1850 - 16 Nov 1922 w/o David L. Proctor
    s Edward d. 5 Apr 1897 19-0-20
Punchak, Aimee Elizabeth 31 Aug 1967 - 17 May 1989

Quang, Georgette Phan 20 Oct 1935 - 12 Nov 1977

Redmond, Rebecca Murphy d. 26 Sep 1829 age 20 d/o William Murphy w/o George Redmond
Reid, Aloysius William 7 Apr 1824 - 17 Nov 1898 s/o James B. & Mary R. Reid
    w Sarah Ann Thompson 6 Dec 1828 - 9 Apr 1898
        d Martha A. 17 Nov 1862 - 5 Feb 1940
        s John Aloysius 1871 - May 1943
        s Ambrose B. 1 Mar 1868 - 1 Feb 1946
Reid, James B. d. 15 Mar 1863 75 years
    w Mary R. 28 Jan 1852 aged 68
    s James d. 22 Mar 1885 65 years
Reid, James C. 1856 - 1940 s/o Aloysius William & Sarah Ann Thompson Reid
    w Anna Mary Browning 1859 - 1927
        s Francis R. 1901 - 1901
        s Vergil A. 1904 - 1926
Reid, Jay H. Jr. 1915 - no date
    Virginia Galliher 1928 - 1993
Reid, Lillian M. 8 Sep 1903 - 16 Jun 1979 "Mother"
Reid, Mrs. Mary Ann d. Feb 1837 in Virginia 22 years
Reid, Mary Rosa Carlin 19 Mar 1874 - 23 Aug 1896 w/o Stephen A. Reid d/o James S. & Mary C. Carlin
Reid, Matthias d. Jun 1942 age 75
Reid, Paul X. 3 Jul 1895 - 16 Apr 1957 s/o James C. & Anna M. Browning Reid
    w1 Myrtle I. Creamer 24 Sep 1892 - 16 Apr 1937 d/o John T. Creamer
    w2 Lucy E. Fitzsimmons 30 Nov 1902 - 6 Jan 1973 Arunah I. & Lucy C. Fitzsimmons
    s Paul X. Jr. 3 Jul 1940 - 14 Feb 1989
Reid, Samuel E. 7 Jun 1858 - 11 Mar 1937 s/o Aloysius & Sarah Ann J. Reid
    w Sally L. Darby 23 Apr 1857 - 13 Apr 1910
        s Thomas Darby 27 Sep 1886 - 13 Feb 1968
        d Anna Grace d. 8 Dec 1895 4-4-8
Reid, William d. 27 Mar 1879 66-7-9
Reid, William no dates
    w Ann Sophia Austin d. Sep 1896 d/o John H. & Henrietta Austin
        d Mary d. 1921 age 65 years
        d Rosa R. 1867 - 4 Oct 1885
Reid, William S. 6 Jul 1865 - 12 Apr 1939 s/o Aloysius William & Sarah A. Thompson Reid
    w Alice E. Browning 20 Jul 1872 - 5 Feb 1947 d/o Mahlon & Sarah Frances Smith Browning
        s Bernard T. 16 Nov 1895 - 24 Jul 1911
        s Gilbert S. 6 May 1904 - 1 Mar 1979 74 years
Renneberger, Evelyn G. 1908 - 1 Sep 1952 w/o Robert H. Renneberger
Roco, Rufina V. 28 Feb 1916 - 2 Jan 1986
Ruhe, Joyce S. 23 May 1926 - 1 Aug 1983
Rusher, headstone only, no dates
Ryba, Vincent J. 9 Jul 1929 - no date
    w Mary A. 24 Dec 1933 - 11 Sep 1991

St. Laurent, Joseph 1876 - 1967
Schrader, Claire P. 1913 - 1988 "Mother"
Shreve, Charles William M. D. 1834 - 24 Nov 1914 s/o Benjamin Franklin III & Mary Elizabeth Trundle Shreve
    w Annie Elizabeth Jones 1837 - 1912
        s Daniel Lee d. 9 Oct 1864 1-8-10
        s Charles Elgin 1869 - 1940
        s Henry Jones 6 Nov 1869 - 1 Sep 1870
        s Thomas Bradley 1871 - 1944
        s Grafton Louis 1874 - 1941 66-9-5 h/o Hattie Shreve
        s Dr. William A. 12 May 1878 - 2 Jan 1954 h/o Emma R. Shreve

St. Mary's

Shreve, Captain Daniel Trundle d. 15 Oct 1874 44-7-17 s/o Benjamin Franklin III & Mary Elizabeth Trundle Jones
    w Margaret E. Jarboe d. 10 Nov 1884 50-7-10
    d Annie Gertrude d. 13 Jun 1887 29-2-13
    d Ella Beall d. 18 Oct 1878 13-10-5
    d Mary E. 12 Dec 1853 - 25 Jul 1872
    s Carroll Austin 27 Sep 1862 - 9 Oct 1955
    s Arthur Bernard 25 Nov 1871 - 10 Sep 1942
    d Nora Blake 5 Sep 1858 - 20 Jan 1935
Smith, William Leo 21 Apr 1915 - 2 May 1975
    w Henrietta Dols 20 Oct 1914 - 12 Feb 1998
Smoot, Charles Wood d. 13 Dec 1913 61-9-16 s/o Robert Wood & Margaret Ann White Smoot
    w Richard Florence Shreve d. 27 Jun 1910 55 years d/o Daniel Trundle & Margaret E. Jarboe Shreve
Smythe, George H. Jr. 11 Sep 1946 - 17 Apr 1996 h/o Anna E. Smythe s/o George H. Sr. & Gloria Leggett Smythe
Snyder, William H. 1912 - 1975
    w Bernice K. 1920 - no date
Stocklinski, Edward 18 Oct 1918 - no date
    w Margaret 15 Jun 1924 - 5 Jul 1980

Tennant, Christian Emmanuel 19 Apr 1995 - 2 Jan 1996
Thompson, Elizabeth R. 11 Aug 1911 - 25 Feb 1971 "Grandma"
Thompson, Richard T. 18 Sep 1824 - 24 Dec 1904 s/o Richard & Catherina Feaster Thompson
    w Ann R. Smith 23 Aug 1829 - 10 Dec 1910 d/o John & Elizabeth Gleason Smith
    s John H. 9 May 1856 - 5 Oct 1865
    s Oliver R. 8 May 1861 - 18 Oct 1865
    s James B. d. 16 Jan 1882 21-3-21
Trundle, Hezekiah William 20 Mar 1810 - 20 Apr 1863 s/o John & Ruth Lewis Trundle moved from Cissel Farm, Poolesville
    w Emily Ann Jones 21 Dec 1814 - 7 Nov 1878 d/o Henry & Mary E. Trundle Jones
    d Eleanor Ann Trundle 22 Dec 1839 - 20 Oct 1860 w/o James Otho Trundle
Trundle, Mary Eleanor Jones 21 Feb 1830 - 9 May 1862 d/o Henry & Mary Eleanor Trundle Jones
                      w1/o Thomas Newton Trundle
Turner, Mary Frances 12 Nov 1944 - 19 May 1981 "Wife and Mother"

Umstead, Richard Sylvester 1824 - 1890 s/o John & Mary Mockbee Umstaddt
    w Frances E. Austin 1831 - 1913 d/o John H. & Henrietta Austin
    s Richard Sylverster Jr. d. 13 Jul 1923 age 50
Umstead, Russell A. 24 Dec 1908 - 1999 s/o Maurice A. & Bertha Umstead
    w Louise Gertrude Molyneaux 27 Feb 1915 - 22 Apr 1996 married 20 Aug 1938

Viviani, Anthony J. 1924 - 1987
    w Modelle B. 1918 - no date   TS: parents of Debbie, Donna, Diane, Denise, Toni Lee and Yvette

Wade, Finley V. Sr. 1909 - 1971
    w Gertrude P. 1921 - 1973
    s J. Paul d. 4 Oct 1946
Wade, Mary Eliza 1 Jun 1853 - 23 Feb 1937 d/o James Perry & Harriet Ann Nichols Wade
Wade, John C. d. 22 Aug 1894 33-2-16
Wade, Marcellus Eugene III Feb 1924 - 18 Mar 1944 s/o Marcellus Eugene Jr. & Evelyn Wade
Wallace, Columbus F. 7 Feb 1862 25 years
Walter, Catherine Kingsbury 18 Oct 1896 - 10 Oct 1922 d/o Charles T. & Alice C. Reid Kingsbury
Walter, Elmer B. d. 21 Jul 1969 90-8-21 s/o George M. & Charlotte E. Walter
    w Agnes Mae Austin d. 10 Mar 1933 52-10-7 d/o Stephen R. & Mary E. Smith Austin
Walter, George C. 6 May 1889 - 8 Nov 1955 s/o George M. & Ethel Zimmerman Walter
    w Ethel M. Zimmerman 28 Nov 1888 - 19 Jul 1971 d/o Edward J. & Amanda M. E. Zimmerman
    d Ethel d 1926 in childhood
    d Catherine d. 1927 in childhood
Walter, George M. d. 23 Dec 1925 75-8-27
    w Charlotte E. d. 23 Dec 1917 63-7-12
    d Ida May 5 Nov 1882 8-5-4
    d Sabie Olevia d. 13 Jan 1916 29-1-28
    s John R. 1876 - 1935

St. Mary's

Walter, Norman Oswald 8 Jul 1913 - 9 Mar 1979 s/o George C. & Ethel M. Zimmerman Walter
    w Thelma Virginia Bosley 4 Sep 1914 - 20 Nov 1999 d/o Howard W. & Mozella Tabler Bosley
Walter, Robert B. 8 Feb 1860 - 14 Apr 1932
    w1 Sarah D. Austin 28 Sep 1858 - 2 Aug 1932 d/o John H. & Jerusha A. Rabbitt Austin
    w2 Genevieve G. 29 Aug 1874 - 9 Dec 1934
    s Robert V. d. 13 Jul 1891 0-16-28
Walter, Robert E. d. 14 Apr 1955 age 95 s/o John & Mary Hobbs Walter h/o Nellie Hobbs Walter
Walther, David F. d. 9 Jan 1948
    w Lucile E. d. 30 Jul 1953
Ward, Amanda J. Thompson 28 Sep 1851 - 21 Apr 1882 w/o Thomas J. Ward
Ward, Charles Mortimer 21 Feb 1857 - 10 Jun 1926 s/o Thomas H. & Mary Eliza Trundle Ward
    w Addie Sarah Bennett 28 Jan 1870 -2 Jul 1956 d/o Samuel F. & Sarah C. Thompson Bennett
    s Joseph L. 3 Jun 1900 - 5 Aug 1927
    s G. Roland 28 Oct 1911 - 17 Oct 1938
    d Eleanor M. 29 Dec 1895 - 12 Feb 1981
Ward, Daniel Richard 6 Jun 1993 - 14 Jun 1993 s/o Robert and Martha Ward
Ward, David Silas 1851 - 1918 s/o Thomas H. & Mary Eliza Trundle Ward
    d Mary M. d. 1898 infant [by Rosa Virginia Morningstar]
    s Charles E. 1902 - 1904 [by Rosa Virginia Morningstar]
Ward, Thomas H. d. 19 Oct 1913 86 years s/o Silas & Matilda Knott Ward
    w Mary Eliza Trundle d. 5 May 1878 in her 55th year d/o David J. & Ann Trail Hempstone Trundle
Warther, Edmund G. 7 Jan 1901 - 18 Mar 1989 s/o Fred & Charlotte Schlers Warthen
    w Kathleen B. no dates
Waters, Mary Hoyle 27 Apr 1875 - 20 Nov 1942 w/o William A. Waters d/o Joseph Henry Clay & Charlotte Ann Jones Hoyle
    s Joseph Horace 7 Mar 1904 - 2 Jan 1905
    s Cornelius Etchison 20 Feb 1908 - 6 Jul 1908
    d Catherine Lorraine 12 Mar 1912 - 19 Aug 1914
Watkins, Nicholas O'Byran d. 1979 infant
Watkins, Wilbur Day Jr. 27 Sep 1923 - no date s/o Wilbur Day & Ruth Selby King Watkins
    w Agnes Jeanette Walter 2 Jan 1930 - no date
Watts, Butchie 25 Oct 1962 - 20 Oct 1980
Weller, Louis Parker 6 Nov 1914 - 24 Apr 1986 s/o Parker L. & Mary Victoria Surratt Weller
    w Vivian V. Boswell 28 Nov 1918 - 29 Jan 1994 d/o Lee & Mildred Pierce Bosley
Weston, Marie 1899 - 1981
Windolph, John Francis 1 Jun 1907 - no date
    w Emma Virginia 2 Mar 1913 - 17 Jun 1984
Winner, Harry Edward 1882 - 2 Apr 1955 h/o Anna M. Winner
    w Dora Lorretta 1879 - 1922
    s Donald V. 1905 - 1980
Worthmiller, Mary Elizabeth d. 10 Oct 1952
Wu, Johnson 1937 - 1992

Young, Charlotte K. 5 Mar 1998 "Our Beloved Baby"

Zajdel, Michael R. 13 Jun 1983 - 8 Apr 2000 s/o Thomas J. & Mary Richards Zajdel
Ziebarth, Thomas Arthur 1928 - 1990

Mt. Zion-Warren Methodist
Beallsville Road
Sellman, Maryland

Barnes, George L. Sr. 1921 - 1986
Barnes, Larry E. 3 Nov 1949 - 10 Apr 1987
Beasley, Goldie J. 1941 - 1977
Brooks, Dorothy Ann Randolph 26 May 1937 - 13 Jul 1988
Brooks, Kateri L. 1973 - 1999
Brown, Mamie L. 22 Sep 1920 - 13 Nov 1987
Brown, Stanley Leo 25 Feb 1935 - 6 May 1970 MD A3C 3450 Fld Maint. Sgt USAF Korea

Campbell, Clyde T. 3 Sep 1924 - 23 Feb 1993 US Navy WWII
Campbell, Cora A. Bell 14 Feb 1931 - 25 Feb 1988
Campbell, Gregory E. 22 Feb 1959 - 16 Aug 1998 SFC US Army
Claggett, Earl Leo 1 Oct 1898 - 6 Jan 1976
Cole, Lila V. 6 Jun 1869 - 28 Jul 1915
Cole, Rev. James S. 21 Jun 1865 - 2 Jul 1926
Crampton, Donald C. 1932 - 1999
Crampton, Elvira Elizabeth 1930 - 1987
Crampton, Roland Henry 18 Sep 1959 - 2 Feb 1989
Craven, Lilly I. 1897 - 1978
Craven, Walter L. 1918 - 1981

Dorsey, Mary C. 1915 - 1981
Dorsey, Nettie Geraldine 1914 - 1980
Duffin, Arthur Thomas 18 Jun 1915 - 22 Aug 1996

Fisher, Maurice Kemp 1876 - 1954 "Father"
    w Dara E. 1886 - 1976 "Mother"
    s Maurice Kemp Jr. 1914 - 1977 TEC 5 US Army WWII
Fisher, Samuel A. 1917 - 1983
Fuller, A. Elizabeth 1917 - 1984

Graham, Rev. Alonzo 17 Apr 1905 - 2 Jul 1999 s/o Major & Florence Peters Graham
    w Ethel M. 1913 - 1984
Green, Coleen J. Green 1921 - 1977
Greene, Pauline J. 1921 - 1977

Hackett, Irwin 1918 - 1998
Hale, Larry 4 Sep 1947 - 7 Sep 1987
Hallman, Charles Henry 12 Jul 1921 - 2 Dec 1968
Hallman, Edward Lee 8 Feb 1952 - 29 Feb 1988
Hallman, Family Stone three small stones, no names
Hallman, Florence A. 1901 - 1999
Hallman, Richard M. 12 Apr 1890 - 5 Feb 1933 "Gone But Not Forgotten"
Hallman, Russell D. 7 Dec 1966 - 9 Aug 1991
Hallman, Theodore Roosevelt 18 Mar 1929 - 3 Dec 1969 MD Pvt Co G 5th Cavalry Regt. Korea
Hamilton, James A. d. 30 Nov 1941 MD Pvt 808 Pioneer Inf.
Hamilton, Washington M. 28 Jan 1892 - 10 Sep 1988
    w Nettie Mae 19 Apr 1893 - 13 Jul 1922
Hood, William R. 23 Apr 1895 - 25 Dec 1988

Jackson, George R. 17 Aug 1927 - 25 Oct 1994
Jackson, James 1929 - 1977
Jackson, Nancy L. 10 Dec 1932 - 1 Jun 1983
Johnson, Elbert M. 1892 - 1970
    w Annie L. 1893 - 1981
    d Emily G. 1919 - 1970

Mt. Zion

Johnson, George T. Jr. 19 Dec 1919 - 27 Mar 1990 Pvt US Army WWII
    w Annie V. Owen 15 Jan 1919 - 8 Feb 1998 d/o Dennis & Mozella Owen
Johnson, Howard E. Sr. 14 Feb 1923 - 24 Mar 1995
Johnson, Jessie M. 1940 - 1978
Johnson, Warren F. 20 Nov 1956 - 13 Aug 1988

King, Dana 1904 - 1970
King, Richard E. 24 Nov 1878 - 8 Oct 1967
    w Bertha E. 26 Oct 1887 - 30 Mar 1970 "Always In Our Hearts"

Lee, Lizzy no dates on stone
Lee, Noah no dates on stone

Mercer, Mary G. 1915 - 1981

Onley, Atlee F. 1911 - 1983
Onley, Brooks McKinley 1897 - 1973
Onley, Clarence R. 15 Apr 1902 - 30 Nov 1920 s/o James & Sarah Onley
Onley, David E. 29 Oct 1892 - 10 Jun 1950
Onley, Goldie B. d. 12 Feb 1913 4 years 2 months d/o James & Sarah Onley
Onley, Henry d. Sep 1960
Onley, John A. 9 Jan 1891 - 4 Apr 1927 Beloved Husband of Laura Onley
Onley, John T. d. 6 Sep 1941 68 years
    d Sarah E. d. 23 Jul 1917 16-10-25
Onley, Rev. Lawrence C. 19 Oct 1897 - 2 Jun 1958
Onley, Olive L. 19 Aug 1897 - 28 Apr 1966
Onley, Oswald Jerome 1938 - 1981
Onley, Sarah Eleanor 21 Oct 1926 - 15 Jan 1987
Onley, Thomas Eugene 1933 - 1978 US Army Korea
Owens, Charles Edward 22 Oct 1895 - 23 Apr 1963
Owens, Dennis Sr. 1893 - 1983
    w Mozella 1898 - 1965
    s William 1926 - 2 Apr 1937
    d Alberta 1926 - 2 Apr 1937
    d Mabel 1928 - 2 Apr 1937
    d Rebecca 1929 - 2 Apr 1937
    d Mildred 1932 - 2 Apr 1937
Owens, Ethel Pauline Graham 6 Jul 1934 - 5 May 1997 w/o Dennis Owens Jr. d/o Rev. Alonzo & Ethel M. Graham
Owens, Gary L. 1954 - 1972
Ownes, George H. 1899 - 1955
    w Augusta H. 1900 - 1985
Owens, Solomon "Pull" 29 Feb 1896 - 26 Jan 1994 s/o Dennis & Martha Dorsey Owens
Oyers, Henry 30 Nov 1922 - 11 Feb 1991

Randolph, Benjamin F. Sr. 26 Nov 1911 - 15 Nov 1986
Randolph Pearl E. 12 May 1940 - 22 Nov 1993
Ricketts, Wilbur A. 1926 - 1970
    w Dorothy E. 1926 - no date
Riggs, Samuel no dates on stone

Schools, Charles H. 23 Apr 1920 - 19 Jun 1996
    w Mabel L. 27 Jan 1920 - 17 Dec 1988
Schools, Willie L. 1915 - 1978
Sway, Anice K. 10 May 1900 - 11 Apr 1945

Talley, Viola E. 1924 - 1978
Taylor, Robert M. 7 Apr 1941 - 20 Apr 1993 A2C USAF Vietnam
Thomas, Rev. Allen H. 1924 - 1982

Mt. Zion

Thomas, Berthina E. 8 May 1914 - 31 Dec 1992
Thomas, Donald E. 2 Jun 1943 - 26 Oct 1984
Thomas, Robert G. 10 May 1910 - 5 Jan 1993
Thornton, Ella T. 1928 - 1979 "Wife and Mother"
Tibbs, Charles H. 5 Jun 1896 - 2 Jul 1975 PFC US Army WWI
    w Alice L. Hamilton 18 Jul 1905 - 9 Dec 1993
Tibbs, Clarence R. II 3 Jul 1926 - 13 Dec 1981 Pvt US Army WWII
Tibbs, Herman 1920 - 1983
Tibbs, Viola E. 1914 - 1978
Tyson, Annie E. 6 Mar 1873 - 26 Jan 1970
Tyson, Charles E. d. 28 Nov 1950 NJ Pvt 153 Depot
Tyson, John T. 18 Feb 1866 - 25 Apr 1950
Tyson, Raymond 26 Apr 1902 - 14 Jul 1959

Chiswell Family Cemetery
Chiswell's Inheritance
Poolesville, Maryland

Chiswell, Joseph Newton 13 Apr 1747 - 9 Apr 1837 s/o Stephen Newton & Sarah Odell Newton Chiswell
    w Eleanor Chiswell White 25 Apr 1750 - 23 Mar 1831 d/o Benjamin & Elizabeth Smith White
    s Stephan Newton 28 Nov 1788 - 22 Jul 1794
    d Hester White 7 Apr 1790 - 1837
Chiswell, Stephen Newton 1721 - 18 Jun 1804 s/o William & Mary Newton Chiswell
    w Sarah Odell Newton 28 Aug 1721 - 1793 d/o Joseph & Ann Odell Newton

Dawson, Sarah Newton Chiswell 29 May 1754 - 15 Nov 1806 d/o Stephen Newton & Sarah Odell Newton Chiswell
    w/o Robert Doyne Dawson

Jones, Ann Newton Chiswell 15 Nov 1786 - 5 Jan 1857 d/o Joseph Newton & Eleanor Chiswell White Chiswell
    w/o Joseph James Wilkerson Jones stone was moved to Monocacy

Matthews, William 1806 - 7 Feb 1889
    w Sarah Fletchall Jul 1817 - 7 Dec 1898 d/o George Walter & Eleanor White Fletchall

Aud Family Cemetery
West Willard Road
Poolesville, Maryland

Aud, Asa 1791 - ?
    w Catherine 1797 - Dec 1887
there were other stones here that are now gone

Monocacy Cemetery
19801 West Hunter Road
Beallsville, Maryland

Adkins, Claude S. 1905 - 29 Dec 1968
    w Rebecca F. Hawkins 1912 - 13 Dec 1968 d/o Thomas Clinton & Annie Gertrude Hawkins
Ainsworth, Judah Troope 11 Jun 1866 - 9 Oct 1948
    w Mary Sellman 6 Sep 1873 - 6 Apr 1948 d/o Charles & Lucy Veirs Sellman
    s Infant d. May 1895
    d Ruth Sellman 27 Feb 1898 - 22 May 1977
    s Troope 11 Oct 1896 - 27 Jul 1897
    s J. Trent 1903 - 29 Dec 1936
    c Infant d. Oct 1904
Allan, David Wayne d. 3 Feb 1965
Allan, John P. 1906 - 23 Apr 1978
    w Catherine F. W. 30 Sep 1907 - 31 Aug 1987
Allan, Viola Moxley 20 Mar 1913 - 31 Jul 1994 d/o Marion E. & Nannie Estelle Moxley
Allison, Cora 1843 - Mar 1896 w/o Lewis Allison
Allison, Rose Alberta L. 28 Mar 1891 - 20 Jan 1984
Allnutt, Benjamin White 4 Dec 1837 - 16 Feb 1915 s/o Lawrence Jr. & Eleanor Smith White Allnutt
    w Rachel Ann White 25 Nov 1835 - 7 Mar 1926 d/o Benjamin & Rachel Chiswell White
    s Albert Sydney 7 Dec 1867 - 1 Apr 1898
    s Benjamin White Jr. 1 Nov 1869 - 15 Nov 1869
    d Rachel Ann 23 Nov 1870 - 25 Aug 1963
    s Lawrence 2 Sep 1873 - 12 Sep 1873
    d Infant b&d 12 Aug 1882
Allnutt, Benoni 2 Jan 1835 - 30 May 1899 s/o Lawrence Jr. & Eleanor Smith White Allnutt
    w Emily Augusta Dawson 15 Apr 1835 - 21 Oct 1908 d/o Benoni & Sarah Ann Newton Jones Dawson
    d Eleanor "Nellie" 1861 - 2 Sep 1923
    s Lawrence Edward 28 Oct 1871 - 1 May 1948
    s Benoni Dawson 18 Nov 1872 - 9 Mar 1941
    d Sarah Anne "Sadie" 27 Aug 1876 - 9 Nov 1890
Allnutt, Benoni Dawson 22 Apr 1917 - no date s/o Robert Wilkerson & Mary Alice Thomas Allnutt
    w1 Lucille Johnson 1916 - 22 Nov 1949 d/o Wayne & Cora Frances Johnson
Allnutt, Charles Edward Sr. 31 Oct 1869 - 5 Jan 1929 s/o Benoni & Emily Augusta Dawson Allnutt
    w Effie Miller 2 Jun 1873 - 25 Nov 1952 d/o William Miller
    s Charles Edward Jr. 20 Jan 1904 - 12 Apr 1962
    d Julia Miller 19 Oct 1905 - 5 Nov 1990
Allnut, Edwin Ruthvin 26 Jan 1854 - 9 May 1920 s/o Nathan White & Margaret Eleanor White Allnutt
    w Hester Anna Chiswell 3 Jul 1858 - 19 Oct 1939 d/o Joseph Newton & Eleanor White Chiswell
    s Oscar 16 Nov 1881 - 2 Feb 1883
    d Eleanor Chiswell 8 Apr 1888 - 10 Apr 1888
    s Joseph Frank 1 Apr 1890 - 15 Nov 1976
    s Arthur W. 14 Dec 1898 - 19 Nov 1950
        w Elzey Duncan 1896 - 19 Apr 1966
Allnutt, Edward Ruthvin Jr. 26 May 1892 - 28 Dec 1958 s/o Edward Ruthvin & Hester Anna Chiswell Allnutt
    w Carrie Wheeler Williams 11 Apr 1895 - 28 Jun 1987 d/o Charles McGill & Prudence Jane Waters Williams
    s Edwin Ruthvin III 9 Jul 1925 - 30 Nov 1938
Allnutt, Elizabeth L. 8 Jul 1788 - 6 Aug 1872 d/o James & Verlinda Hawkins Dawson Allnutt
Allnutt, Ernest Chiswell 21 Jan 1884 - 13 Jan 1928 s/o Edwin Ruthvin & Hester Anna Chiswell Allnutt
    w Lucille Warren Gott 2 Aug 1887 - 12 Oct 1968 d/o Benjamin Collison & Elizabeth L. Allnutt Gott
    s Ernest C. Jr. 1918 - no date
    s James Gott 1921 - 20 Oct 1921
Allnutt, Frederick Augustus 7 Jan 1868 - 31 Jul 1915 s/o Benoni & Emily Augusta Dawson Allnutt
    w Ada Ruth Perry 23 Jul 1873 - 5 Jan 1964 s/o Pierce & Laura Perry
Allnutt, Frederick Augustus Jr. 18 Feb 1904 - 3 Feb 1973 s/o Frederick Augustus & Ada Ruth Perry Allnutt
    w Gladys Mae Bauserman 3 Oct 1901 - 21 Nov 1996
Allnutt, Guy Francis 27 Jan 1894 - 15 Mar 1982 s/o Joseph Newton & Lucie White Williams Allnutt
    w Hilda Perry Allnutt 26 Nov 1902 - 23 Jan 1980 d/o Frederick Augustus & Ada Ruth Perry Allnutt

Monocacy

Allnutt, Henry White 14 Jan 1875 - 20 Sep 1956 s/o Benjamin White & Rachel Ann White Allnutt
    w Prudence Jane Williams 14 May 1887 - 1 Sep 1978 d/o Charles McGill & Prudence Jane Waters Williams
    s Benjamin White 19 Aug 1919 - 2 Jun 1976
Allnutt, Herbert Thomas 26 Apr 1897 - 23 Mar 1975
    w Nena Reed 8 Jun 1908 - 26 Aug 1989
Allnutt, James Mears 21 Aug 1791 - 1 Jun 1854 s/o James & Verlinda Hawkins Dawson Allnutt
    w Barbara Ann Dawson 28 Feb 1812 - 27 Feb 1876 d/o Robert Doyne & Henrietta Lowe Dawson
    d Henrietta Minerva 6 Mar 1836 - 21 Dec 1836
    s James Robert 19 Jul 1838 - 27 Mar 1841
    d Elizabeth Virginia 15 Feb 1841 - 18 Mar 1841
    d Juliana Virlinder 1 Mar 1843 - 12 Jun 1844
    s James Mears, Jr. 12 Jun 1846 - 23 Jul 1920 h/o Mary Louise Marlow Allnutt
    s Robert Henry Clay 10 Feb 1848 - 23 Nov 1922
Allnutt, John Hanson 13 Nov 1813 - 2 Apr 1900 s/o Thomas D. & Elizabeth Gott Allnutt h/o Elizabeth Jane Allnutt Allnutt
Allnutt, John Hanson Jr. 1867 - 1911 s/o John Hanson & Anna Elizabeth Jarboe Allnutt [2nd wife]
    w Bettie Maude Padgett 1875 - 27 Aug 1962 d/o Thomas Edgar & Clara J. Ford Padgett
    d Edith L. 1896 - 27 Oct 1997
    s Warner Stutler 1901 - 1966
Allnutt, Joseph Kenneth 19 Aug 1903 - 6 Sep 1977 s/o Joseph Newton & Lucie White Williams Allnutt
    w Evalyn Darby 10 Feb 1905 - 22 Oct 1966 d/o Joseph Newton & Mary Eleanor Chiswell Darby
Allnutt, Joseph Newton 19 Jan 1864 - 10 Jul 1957 s/o Benoni & Emily Augusta Dawson Allnutt
    w Lucie White Williams 15 Feb 1869 - 7 Feb 1948 d/o Richard Walter & Hester Chiswell White Williams
    d Sarah Lucile "Sadie" 20 Nov 1891 - 14 Feb 1948
    d Dorothy Williams 9 Jun 1895 - 20 Aug 1896
    s Walter Doyne 3 Mar 1899 - 20 Oct 1899
    d Emily Dawson 12 Oct 1901 - 2 Oct 1986
Allnutt, Lawrence Jr. 6 Feb 1796 - 20 Aug 1859 * s/o Lawrence & Eleanor Louise Dawson Allnutt
    w Eleanor Smith White 6 Feb 1802 - 22 May 1860 * d/o Nathan Smith & Margaret Presbury Chiswell White
    s Edwin Ruthvin 27 Feb 1833 - 9 Oct 1853 *
Allnutt, Lawrence Sr. 20 Jul 1750 - 18 May 1825 s/o James & Sarah Lawrence Allnutt *
    w Eleanor Louise Dawson 24 Apr 1750 - 29 Oct 1832 d/o Thomas & Elizabeth Hawkins Lowe Dawson
    s James 27 Feb 1777 - 21 Feb 1838 *
        w Verlinder d. 3 Sep 1838 *
    s Benoni 5 Nov 1785 - 4 Aug 1859 *
Allnutt, Lawrence A. 19 Oct 1859 - 12 Aug 1930 s/o Nathan White & Margaret Eleanor White Allnutt
    w Ella Virginia Thomas 21 Feb 1873 - 31 Oct 1959 d/o Franklin Charles & Annie Matilda Jones Thomas
    d Mildred Thomas 21 Feb 1903 - 9 Mar 1905
    d Franklin Thomas 4 Mar 1904 - 2 Apr 1981
    d Margaret Valeria 3 Feb 1905 - 2 Jan 1907
    s James Lawrence 8 Jul 1915 - 11 Mar 1980 h/o Carolyn Hale Cannaday Allnutt
Allnutt, Lewis Phillip 2 Jan 1875 - 11 Jan 1978 s/o Benoni & Emily Augusta Dawson Allnutt
    w Maria Louisa "Lutie" Chiswell 16 Sep 1879 - 18 Feb 1963
                                d/o Joseph Thomas Jr. & Caroline Wheeler Hilleary Chiswell
    s Lewis Phillip Jr. 25 Sep 1910 - 28 Aug 1989 h/o Evelyn Elizabeth Souder Allnutt
Allnutt, Nathan White 16 Dec 1826 - 24 Oct 1901 s/o Lawrence Jr. & Eleanor Smith White Allnutt
    w Margaret Eleanor White 3 Aug 1831 - 20 Jun 1920 d/o Nathan Smith & Evelina Wailes White
    d Estelle 3 Nov 1857 - 21 Jul 1862
    d Sarah 6 Apr 1884 - 10 Apr 1884
    d Margaret 6 Apr 1884 - 9 Apr 1884
Allnutt, Margaret Eleanor 16 Sep 1897 - 30 Mar 1899 d/o Nathan Smith & Myra Eliza Compton Allnutt
Allnutt, Reginald Cecil 17 Jul 1898 - 11 Jan 1985
    w Edna Warfel 11 Apr 1898 - 11 Jan 1985 d/o Clarence O. & Lizzie Maud Lillard Warfel
Allnutt, Richard Walter 31 Jan 1907 - 19 Mar 1982 s/o Joseph Newton & Lucie White Williams Allnutt
    w Sarah Elizabeth Brown 16 Jun 1915 - 14 Apr 2000 d/o William Clifton & Emily Poole Darby Brown
Allnutt, Robert Wilkerson 12 Apr 1866 - 27 Aug 1947 s/o Benoni & Emily Augustus Dawson Allnutt
    w Mary Alice Thomas 17 Apr 1875 - 31 Jul 1949 d/o Franklin Charles & Annie Matilda Jones Thomas
    d Annie Lee 11 May 1897 - 3 Apr 1978 [con't.]

                * indicates stone was moved from "Mother's Delight"

Monocacy

  s James Russell 9 Sep 1900 - 29 Dec 1966
  s Benjamin Nourse 15 Sep 1902 - 1 Jan 1972 h/o Elsie Lee Chiswell Allnutt
  d Nelva Thomas 28 Mar 1908 - 30 Mar 1979
  s Thomas Dawson b&d 7 Apr 1915
  s Americus Dawson 6 Dec 1919 - 5 Nov 1937
Allnutt, William Baker 12 Nov 1898 - 10 Feb 1978 s/o Robert Wilkerson & Mary Alice Thomas Allnutt
  w Harriette Sproul 8 Dec 1901 - 28 Nov 1976
Anders, Dave Joshua 3 Dec 1930 - 2 May 1964 h/o Julia Anders Hawkins
Anders, Willie Joshua 1 Jun 1910 - 7 Aug 1994 s/o Dave & Frances Stout Anders
  w Callie Frances 30 Jan 1907 - 27 Dec 1973
Anderson, Alde B. 15 Mar 1897 - 3 Sep 1973
  w Evelyn Poole Hersperger 14 Nov 1904 - 1 Jan 1984 d/o Elmer Clayton & Anna Poole Sellman Hersberger
Anderson, Carl E. 1900 - 13 Oct 1967
  w Marian E. 1912 - no date
Anderson, David Barber 1931 - 1995 h/o Rosemary S. Anderson
Anderson, Hugh 22 Jan 1848 - 15 Feb 1933
  w Elizabeth E. 1 Jul 1841 - 11 Mar 1896
  d Daisy Irene 20 Jan 1881 - 28 Mar 1898
  d Jessie I. d. 31 Dec 1932
  s Claude d. 30 Mar 1957
Anderson, James Harvey 3 Jul 1915 - 14 Mar 1969
  w Mae Seline Whisman 29 Apr 1918 - 13 Jul 1989
Anderson, John W. 16 Dec 1939 - 7 Aug 1940
Anderson, Martin 19 Aug 1888 - 27 Feb 1972
  w Martha Waesche 17 May 1895 - 2 Apr 1976
Anderson, Roger Lee Jr. 22 Jun 1954 - 11 Dec 1981
Anderson, Virginia Hays 1851 - 28 Apr 1930 d/o Thomas Leonard & Mary Tabitha Pearre Hays
Andrews, Martha A. Kendall d. 8 Feb 1921 h1 Ellis Kendall
Antonelli, Lauren Christine 3 Nov 1987 - 16 Jun 1994
Archer, Raymond Lee 25 Nov 1945 - 22 May 1990
Arrington, J. Guy 14 Jan 1909 - 3 Apr 1997 h/o Nina Kay Bowman Arrington & w2 Iona Browne Arrington
Arrington, John Thomas 1864 - 16 Jan 1935
  w Bessie V. 1874 - 11 Nov 1971
Astlin, George R. d. 18 Jan 1908
  w Mary Matthews 15 Apr 1859 - 15 Nov 1941
Astlin, George Woodrow Sr. 28 Nov 1912 - 12 Nov 1999
Astlin, James Richard 12 Aug 1889 - 5 Feb 1980 s/o George R. & Mary Matthews Astlin
  w Mary B. 8 May 1890 - 24 Dec 1918
  c Infant d. 24 Dec 1918
Astlin, James Walter 4 Aug 1908 - 8 Jun 1972
  w Mary Ellen 24 Jan 1904 - 6 Jan 1983
Astlin, Richard B. d. Apr 1884
  w Eliza Ann Hinton d. 10 Mar 1884
  s Walter W. 10 Jun 1845 - 5 Jul 1918
   w Indiana 22 Feb 1846 - 17 May 1905
Atterton, Marie Ann Nicholson 1934 - 11 Jul 1991
Atwell, Sarah E. d. 21 Aug 1905
Atwell, Walter K. 5 Jan 1925 - 28 Dec 1993 h/o Dorothy A. Atwell
Aud, Edgar T. 8 Jan 1902 - 30 Jan 1931 h/o Ena M. Aud
Aud, Grace Susan 22 Jul 1905 - 1 Sep 1978 w/o William E. Aud
Aud, Seneca Veirs 23 Dec 1866 - 9 Mar 1943 s/o William Thomas & Susan Ann Veirs Aud
  w Laura T. Pugh 12 Sep 1886 - 15 Dec 1970
Aud, Trujean Handy 10 Nov 1870 - 23 Apr 1940 s/o William Thomas & Susan Ann Veirs Aud
  w Eva Louise 3 Oct 1879 - 9 Mar 1970
  d Kathleen Louise 7 Nov 1903 - 16 Sep 1988
  d Susan E. 3 Aug 1905 - 1 Sep 1978
Aud, William Lee 25 Dec 1863 - 15 Oct 1957 s/o William Thomas & Susan Ann Veirs Aud
  w Carrie Virginia 11 Oct 1885 - 14 Feb 1944

Monocacy

Aud, William Thomas 22 May 1822 - 18 May 1895
    w Susan Ann Veirs 5 Aug 1930 - 21 Feb 1898 d/o Jesse Veirs
Austin, Catherine 21 Apr 1890 age 84
Austin, Dennis Eric 4 Jan 1923 - 4 Oct 1988
    w Dorothy Claire Sirk 6 Oct 1931 - 20 Feb 1997
Austin, William Charles 21 Dec 1912 - 5 May 1997
    w Mildred Warfield no dates
Ayers, John Wakeman 29 Apr 1888 - 12 Mar 1936
    w see Julia Sophia Lewis Ayers Burroughs

Babington, Harriet A. 28 Apr 1878 - 23 Apr 1966 w/o George L. Babington
    d C. Anna d. 1906
Backman, Elizabeth Lucille d. 4 Dec 1982
Backus, Anne Griffith 11 May 1918 - 18 Jun 1993
Bagley, Marion LeRoy 22 Jan 1902 - 27 Jan 1990
    w Dorothy S. 31 May 1901 - 15 Feb 1984
Baisey, Thomas G. Sr. 21 Dec 1907 - 31 Aug 1980 s/o Mark A. & Sue Clark Baisey h/o Virginia M. Baisey
Baker, Charles Russell d. 5 Jan 1919
    w Katherine Virginia d. 10 Aug 1947
Baker, Harriet Abigail Hays 5 Apr 1826 - 16 Jul 1910 d/o Thomas Leonard & Anna Rawlings Hays w/o Edward Baker
Baker, Henry Curtis 25 Jan 1903 - 14 May 1949
    w Ethel Irene Roberts 27 Jun 1904 - 7 Jan 1986 d/o Charles E. & Maggie Bussard Roberts
Baker, Infant d. 4 Oct 1948 c/o William & Viola Elizabeth Whisman Baker
Baker, James Bruce 18 Apr 1938 - 16 Jan 1988 s/o Harry & Mattie Baker
Baker, James Edward d. 12 Sep 1925 h/o Helen Beach Baker
Baker, Raymond Harvey Sr. 10 Aug 1925 - 20 Nov 1981 s/o Denzle D. & Ina McLin Baker
Baker, Sarah E. d. Apr 1897
Baker, Walter d. 2 May 1944
Baker, William Claude 1892 - 28 Apr 1965
    w Rose 1893 - 8 Jul 1961
    s William Claud Jr. 1919 - 20 Aug 1957
    s Ellis Lee 1923 - 14 Aug 1963
Baker, William Russell 4 May 1924 - 21 Apr 1971 CPL US Army WWII
    w Viola Elizabeth Whisman 1 Sep 1930 - 21 Apr 1971 d/o Stewart C. & Flora Mae Gravley Whisman
Baker, William Russell III 23 Dec 1976 - 14 Dec 1991 s/o William Russell Jr. & Sherry K. McGraw Baker
Ball, Garnett Cawood 3 Nov 1912 - 2 Sep 1981 h/o Sarah Newton Chiswell Darby Ball
Ball, Infant d. Nov 1908 c/o G. M. & Sarah Louise Ball
Ball, Twins d. 14 & 28 Jul 1923 c/o Ambrey Lewis Ball
Ballenger, Ernest B. 25 Feb 1872 - 9 Jul 1941 s/o Luther Albert & Sarah A. Ballenger
    w Lillie May Kinna 28 May 1879 - 10 Nov 1942 d/o Nathan & Jane Rebecca Pickens Kinna
Ballenger, Irving Thompson Apr 1890 - 5 Jan 1919
    d Carol Hope d. 29 Apr 1943 d/o Nellie Holland Ballenger
Ballenger, Luther Albert Sr. 6 Jun 1847 - 13 Jun 1920
    w Sarah A. 27 Jun 1848 - 25 Jun 1909
    s Luther Albert Jr. 7 Apr 1875 - 5 Oct 1921
Barnes, Nettie W. Walter d. Jun 1896 d/o James P. & Harriet L. Reed Walter w/o Jonathan Barnes
Barnhouse, Carroll Clifton Sr. 19 Aug 1921 - 1 Jan 1987 s/o Ernest C. & Catherine Cooper Barnhouse
    w Rachel Virginia Best 14 Aug 1923 - 20 Aug 1980 d/o John L. & Ethel May Lowe Best
    s Glenn Edward 1956 - 11 Jan 1986
Barnhouse, Dewayne C. d. 22 Nov 1966
Barnhouse, Thomas Larry d. 30 Dec 1957
Barnhouse, Wanda Jean d. 25 Dec 1957
Barr, William Lincoln 1864 - 12 May 1945
    w Emma Whitman 1867 - 7 Jan 1946
Barr, Harold Bryan 1895 - 17 Feb 1978 s/o William Lincoln & Emma Whitman Barr
    w Estelle Marie Jamison 1902 - 19 Mar 1976
Barrick, Ellen Straughan 22 Feb 1900 - 13 Apr 1975

Monocacy

Bassford, Marion Isaac 15 Apr 1868 - 8 Apr 1957
    w Bessie May Wire 23 Mar 1873 - 25 Sep 1965
    c Child d. Jun 1900
    d Gladie d. Jun 1907
Bastable, Harriet Griffith 15 Jan 1877 - 9 Mar 1949 d/o Charles G. & Caroline V. Hempstone Griffith w/o Alvin B. Bastable
Baugher, Michele Rene b&d 24 Jan 1961 d/o Thomas H. & Patricia M. Baugher
Baugher, Nikki C. d. 16 Oct 1961 d/o Thomas H. & Patricia M. Baugher
Bauman, Mahlon C. d. 28 Apr 1974 s/o Hettie Bauman Weaver h/o Betty Bauman
    d Kathleen Fern d. 21 Apr 1974 age 13
Baxter, Andrew James 1836 - 1902
    w Frances Metzger 1836 - 2 Apr 1920 d/o William & Harriet Morehead Trail Metzger
Beach, Denia C. 15 Sep 1964 - 6 Jul 1999
Beach, John C. 4 Mar 1894 - 12 Feb 1970
    w Agnes Mary 29 Apr 1906 - 29 Nov 1975
    s James Norman 8 Sep 1925 - 10 Oct 1992 h/o Hisle Geneva Beach
Beach, John R. 30 Nov 1922 - 22 Oct 1977 s/o John C. & Agnes Mary Beach
    w Virginia Myrtle Davis no dates d/o Ray & Effie B. McDonough Davis
Beacht, Charles M. d. 14 Dec 1898
    w Mollie d. 4 Oct 1933
    d Effie B. d. Oct 1903 21-7-7
Beacht, Roy Thomas 8 Aug 1906 - 29 Mar 1907 s/o Edward & Nellie Beacht
Beall, Barthomew d. 2 Nov 1877 h/o Mary E. Beall
Beall, Catherine Ann 1818 - 1897 d/o James & Margaret Smith Benson Beall
Beall, Catherine E. 1 Mar 1882 - 18 Mar 1940
Beall, Charles R. 14 Oct 1906 - 21 Aug 1988
    w Lucie Frances Rutter 2 Oct 1903 - 10 Jun 1987
Beall, Elias Thompson 27 Mar 1859 - 9 Nov 1938 s/o Hamilton Simpson & Savilla Ruth Beall
    w Ida Pyles 8 Jun 1857 - 1 Apr 1921
Beall, Emma Virginia 11 Jan 1851 - 1 Jan 1946 d/o Alexander & Elizabeth Hopkins Maxwell w/o Lemuel Thomas Beall
Beall, Erwin O. 12 Jun 1887 - 10 Mar 1967 s/o Elias T. & Ida B. Pyles Beall
    w Bessie Frances 18 Aug 1887 - 13 Feb 1972
    s William H. 28 Mar 1872 - 21 May 1917 8-3-14
Beall, Frank T. 21 Aug 1886 - 26 Jun 1953
Beall, Henry Brooks d. 29 Sep 1904
Beall, James M. 22 Jun 1845 - 29 Dec 1924
    w Catherine V. d. 26 Feb 1899 in her 53rd year
    s John Alvin 1 Sep 1899 - 3 Nov 1925
    s James Maurice d. 15 Jun 1946
Beall, John William 19 Sep 1881 - 21 Apr 1957 s/o Elias Thompson & Ida Pyles Beall
    w Caroline Thomas Young 29 Apr 1878 - 14 Oct 1919 d/o Mortimer Theodore & Mary Ellen Amanda Shaw Young
    s Lester Erwin 15 Jun 1909 - 25 May 1962
Beall, Lemuel Larkin 1 Jul 1814 - 30 Aug 1881 s/o James & Margaret Smith Benson Beall
    w Mary Elizabeth Hillard 26 Mar 1830 - 2 Jan 1862 d/o James Hillard
Beall, Margaret d. 9 Apr 1952
Beall, Marion W. 1876 - 27 Apr 1951
    w Pearl A. Selena 1886 - 24 Oct 1973
Beall, Marion Wilson 21 Sep 1914 - 21 May 1974
    w Helen Rutter 23 Mar 1922 - 6 Sep 1976
    s Charles Wilson 11 Sep 1942 - 11 Oct 1967 MD SPA 444 Trans. Co. WWII
Beall, Marion Templeman 30 Apr 1877 - 1 Jun 1963 s/o William Rudolph & Eliza C. West Beall
    w Caroline Eleanor Gott 28 Jan 1884 - 15 Oct 1970 d/o Benjamin Nathan & Anna Mary Scholl Gott
    s Rudolph Gott d. 5 May 1909
    d Dorothy Gott d. 5 Oct 1912
    d Rebecca School d. 6 Aug 1912
Beall, Roger William d. 27 Feb 1971 h/o Helen S. Beall
Beall, William Rudolph 1835 - 16 Mar 1906
    w Eliza C. West 1835 - 1 Feb 1917
    s E. Rudolph 1876 - 5 Nov 1913

Monocacy

Beall, William Thomas 13 Mar 1907 - 27 Sep 1970 h/o Evelyn D. Knowles Beall
                                               s/o John William & Caroline Thomas Young Beall

Beall, Winfield Scott 1848 - 6 Feb 1937
        w Melissa Moulden 1843 - 1930

Beauchamp, Thomas Peter d. Sep 1998 is/o Thomas M. Beauchamp

Beck, William Christian 1865 - 12 Dec 1937
        w Nellie Saxton 1867 - 12 Dec 1945
        d Marjorie Saxton 1905 - 10 Jun 1965

Beck, William Christian Jr. 1894 - 22 Mar 1970 s/o William Christian & Nellie Saxton Beck
        w Katherine Hughes 1892 - 16 Aug 1975

Beever, Annie G. Norris 29 Apr 1886 - 7 Jun 1980 w/o James Marshall Norris & Beever

Behers, Walter d. Apr 1905

Beitzel, George Randall 11 Apr 1916 - 22 Jan 1967 h/o Leora M. Beitzel

Belcher, Dorothy J. 3 Apr 1928 - 18 Jul 1928 d/o H. F. & D. L. Belcher

Belcher, Infant 26 Aug 1935 - 27 Aug 1935 d/o H. F. & D. L. Belcher

Belcher, James Walter 25 Mar 1886 - 7 Feb 1978 s/o Samuel & Cora Rollin Belcher
        w Hattie B. 30 May 1904 - 23 Jun 1969
        d Alberta M. 7 Jun 1927 - 22 Jun 1965
        s Claude Hicks 9 Jan 1929 - 12 Feb 1950 MD 38 INF 2 INF DIV Korea
        s Donald Lee 21 Feb 1933 - 29 Apr 1935

Bell, Betty Kennedy 5 Dec 1923 - 24 Mar 1999

Bellman, Consuelo N. 28 Oct 1899 - 16 Feb 1917

Belt, Child d. 1889 c/o Ashby Belt

Belt, John Richard 14 Feb 1816 - 16 Jun 1884
        w1 Ann Amelia Eagle 25 Aug 1819 - 29 Sep 1855 d/o William & Elizabeth Eagle reinterred
        w2 Mary Barbara 2 Aug 1832 - 8 Mar 1917
        d Mary E. d. Mar 1877

Belt, Virginia Lee 21 Jun 1866 - 16 Jan 1914

Bennett, Catherine E. 6 Nov 1871 - 21 Oct 1906 "Beloved Daughter"

Bennett, Constance Duplessie 14 Mar 1938 - 6 Jun 1973 w/o John Bonifas Bennett II

Bennett, Corrine C. Waldhuetter 25 Apr 1906 - 27 Nov 1979 w/o John Bonifas Bennett

Benson, Allen M. 1826 - 1897 s/o Thomas R. & Isabella A. Broome Benson
        w1 Mary M. Brashears 7 Mar 1834 - 22 Apr 1878
        w2 Bretania "Anne" Walters d. 23 Mar 1899 d/o William T. & Luta C. Walters

Benson, Charles E. 1871 - 26 Nov 1955 s/o James S. & Mary Jane Allnutt Benson
        w Annie "Addie" M. Marlow 1875 - 6 Nov 1942

Benson, James Wade 18 May 1895 - 27 Mar 1941
        w Temperance M. 19 Aug 1896 - 10 Nov 1955

Benson, Annie Belle Williams 25 Dec 1921 - 21 Mar 1989 w/o James Wade Benson, Jr.
                                     d/o Richard Raymond & Lee Blanche Parker Williams

Benson, Emma V. 1856 - 11 Jan 1881

Benson, Jonathan d. 10 Sep 1873

Benson, Mary A. 23 Feb 1833 - 1 Jun 1872

Benson, Mary M. 23 Feb 1833 - 1 Jun 1872 d/o Thomas R. & Isabella A. Broome Benson

Benson, Nellie Holland Ballenger 1888 - 12 Jul 1964 w/o Irving Thompson Ballenger

Benson, Walter R. d. 25 Jan 1993

Benson, William Bruce 1890 - 14 Dec 1968 h/o Laura E. Mobley Benson

Benson, William P. 11 Sep 1901 - 22 Mar 1967
        w Lillian Polen d. 22 Mar 1967

Benson, William H. 10 Sep 1862 - 20 Mar 1948 s/o Allen M. & Mary M. Brashears Benson
        w Henrietta Grimes 16 Jan 1869 - 20 Dec 1940
        d Elizabeth Jul 1873 - 24 Aug 1873
        s Thomas P. B. Jul 1873 - 21 Jul 1873

Betson, Harry G. d. 23 Feb 1950
        w Sallie E. Fields 1895 - 16 Apr 1974 d/o Clayton Spencer & Frances Wood Fields
        s William Clayton 7 Dec 1916 - 19 Mar 1967 TSgt Hq Co 2679 PW Bn MD WWII
        sEdward Arlington 28 Jan 1928 - 27 Nov 1962 h/o Elizabeth Betson
        s Clayton d. 10 Sep 1933 [con't.]

Monocacy

    c Infant no dates
      s Helen Elizabeth 11 Jul 1915 - 13 Oct 1918
        gd Donna Marie d. 8 Mar 1950 infant
Betteridge, Terrence Francis 2 Oct 1920 - 20 Oct 1997 h/o Emma Louise Betteridge
Billek, William 13 Apr 1933 - 30 Dec 1988 s/o Andrew & Alice Schlenter Billek
Binnix, George W. Sr. 16 Sep 1894 - 19 Sep 1983
Bittinger, Catherine Moxley 1909 - 3 Feb 1994 d/o Marion E. & Nannie Estelle Moxley
Black, Harvey O. 23 May 1900 - 26 May 1936 h/o Elizabeth Elgin Black Ware
Bladen, Thomas C. Jr. 1941 - 1 Apr 1999
    s Daryl Lynn 1960 - 13 Aug 1972
Blair, Samuel Joseph 1921 - 19 Feb 1977 s/o George B. & Laura Dururly Blair h/o Elizabeth Adelle Lydanne Blair
Blanchard, Jena Charles Edmond 19 Oct 1812 - 18 Oct 1891
Blevins, Robert H. 1890 - 7 Jun 1946
Blood, John F. 13 Aug 1917 - 20 Nov 1985 h/o Hester Ayers Blood
Bobb, Robert Alexander 1 Mar 1952 - 23 Aug 1979
Bodmer, Charles Rozier 15 Nov 1892 - 3 Jul 1966 MD PFC 313 AMB Co 79 Div WWI SS s/o Jacob & Carrie Melissa Bodmer
    w Zada Florence Ryman 1901 - 17 Jan 1994
Bodmer, Charles Wesley 30 Jul 1919 - 22 Apr 1993
    w Virgie G. Howser 5 Nov 1922 - 20 Feb 1985 d/o Jack & Nellie Fisk Howser
    s Wayne Wesley 3 Aug 1963 - 31 Aug 1980
Bodmer, Debra Kay 26 Oct 1960 - 21 Jun 1961 d/o Ray C. & June Roberson Bodmer
Bodmer, George Jacob 19 Jul 1917 - 26 Feb 1995
    w Dorothy Virginia Cooley 21 Apr 1917 - 10 Feb 1985 d/o George Fulton & Betty Columbia Wood Cooley
Bodmer, Henry LeRoy 13 Nov 1887 - 2 Jun 1948 s/o Jacob & Carrie Melissa Wiles Bodmer
    w Mollie Monard Cubitt 20 Jun 1887 - 23 Dec 1977 d/o George Washington & Mary Christine Monard Cubitt
    d Marjorie G. d. 31 Jan 1918 3-1-18
    s John Davis 30 Jan 1926 - 1 Aug 1935
Bodmer, Jacob 18 May 1856 - 26 Sep 1928 s/o Jacob & Mary Bodmer
    w Carrie Melissa Wiles 30 May 1861 - 29 Mar 1939
    d Lyda 7 Jun 1890 - 14 Jul 1928
Bodmer, James Roberson 13 Jun 1923 - 1 Oct 1998
Bodmer, Mary Catherine 28 Dec 1986 - 27 Mar 1874
Bodmer, William LeRoy 14 Jul 1913 - 11 Jun 1984 s/o Henry Leroy & Mollie Monard Cubitt Bodmer
    w Catherine Ricketts 26 Jan 1914 - 24 Apr 1994
    s William Eugene 18 Dec 1936 - 21 Jan 1948
Bolinger, Adam Lewis 24 Jul 1844 - 26 Nov 1916 s/o Warner & Mary Bolinger
    w Emma Jane Hall 1852 - Mar 1912 d/o John W. & Louisa Veirs Hall
    s Wilbur Warner b&d 21 Sep 1874
    s Clayton Lewis 1 Nov 1877 - 7 Apr 1878
    d Elsie May 3 Jul 1879 - Feb 1880
    d Ethel 3 Apr 1881 - 28 Jun 1881
Bolinger, Warner 20 Apr 1814 - 15 Nov 1877
    w Mary 17 Oct 1813 - 28 Oct 1879
    s William H. 27 Feb 1836 - 26 Sep 1883
Booty, Amos Perkins 22 Mar 1894 - 25 Jul 1973 Indiana 2nd Lieut. USMC WWI
    w Florence A. 3 Mar 1900 - 8 Jun 1993
Bosley, George W. 1856 - 29 Jul 1913
    w Annie Laura Brown 1861 - 24 Feb 1940
Boswell, James Montgomery Jr. 10 Oct 1912 - 28 Nov 1993 s/o James M. Sr. & Cecilia Grimes Boswell h/o Helen Heeter
Boswell, James W. d. Oct 1895
Bouic, John Peter 23 Jan 1825 - 6 Nov 1895 s/o Peter A. & Sarah H. Trundle Bouic
    w Susan Ellen Trundle 10 Apr 1849 - 5 Apr 1900 d/o Perry Lewis J. & Barbara E. Dawson Trundle
    d Ella H. 8 Oct 1876 - 14 Aug 1900
    d Lelia May 5 May 1878 - 21 Feb 1891
Bouic, Joseph Elwood 11 Mar 1919 - 6 Jun 1950 s/o Paul & Edna Bouic
Bourke, Eleanor Chiswell d. 29 May 1969
Bouslin, Francis 1811 - 4 Jul 1829

Monocacy

Bourne, Trube Terry 24 Jul 1896 - 22 Nov 1980 PVT SU Army WWI s/o James C. & Oregan Bourne
    w Thelma Gilliam 10 May 1906 - 15 Jun 1986 d/o Ira Howard & Margaret Suitor Gilliam
Bower, Larry Mack 15 Mar 1955 - 11 Feb 1972 s/o John & Belva Bower
Bowers, Barbara J. 2 Jun 1944 - 2 Feb 1986 "Mother"
Bowers, George Raymond 7 May 1921 - 11 Aug 1928
Bowles, Charles A. H. 11 Aug 1844 - 10 Aug 1863
Bowman, Basil 9 Feb 1917 - 11 Apr 1979 PVT US Army WWII
Bowman, Benjamin Franklin 1 Apr 1839 - 9 Feb 1923 s/o Frederick & Ruth R. Darby Bowman
    w1 Mary Elizabeth d. 29 Jan 1924
    w2 Martha Ellen 19 Oct 1850 - 29 Apr 1896
Bowman, Dock B. 31 Oct 1925 - Apr 1989
Bowman, John Darby 30 Nov 1880 - 28 May 1954 s/o Richard Hamilton & Elizabeth Jane Darby Bowman
    w Evelyn Talbott Glascott 25 Dec 1885 - 19 Nov 1953
Bowman, Richard Hamilton 28 Feb 1841 - 5 Mar 1914 s/o Frederick & Ruth R. Darby Bowman
    w Elizabeth Jane Darby 9 Jan 1845 - 28 Jan 1909 d/o John William & Ruth Ellen Edelen Darby
    s Frederick d. 19 May 1884 [reinterred]
Bowman, Ruth Gue 15 Aug 1780 - 16 Sep 1873 [reinterred] w/o Rezin Bowman
    s Frederick 7 Jan 1810 - 4 Dec 1900
        w Ruth R. Darby 10 Aug 1810 - 1 Jun 1860
    s John H. 17 Dec 1837 - 16 Sep 1896
Bowman, William Harrison 10 Jun 1842 - 31 Jul 1923 s/o Frederick & Ruth R. Darby Bowman
    w Catherine Elizabeth Darby 1844 - 14 Nov 1934 d/o Edwin & Sarah Darby
    s William Arthur 1872 - 8 Jan 1952
    s Frederick E. 1883 - 18 Jan 1942
Boxer, John S. 1850 - 22 Mar 1927
    w Ida Walter d. 12 Jul 1932
Boyce, Thomas W. 1 Jun 1885 - 11 Apr 1938
Bradley, Infant b&d 8 Dec 1997 c/o John Bradley
Bradshaw Maurice E. 7 Jul 1906 - 21 Jun 1978
    w Tressie E. Dove 22 Apr 1914 - 12 Dec 1954
Brady, Margaret L. Astlin 8 Jul 1911 - 3 Oct 1983 d/o James & Mary Walters Astlin
Brady, Robert Edward d. 19 Nov 1951 81 years
Brewer, Charles M. 15 Jul 1908 - 30 Mar 1984 PFC US Army WWII s/o George William & Bettie Williams Brewer
    w Lucille B. Weller 21 Dec 1917 - 25 Mar 2000 d/o Parker L. & Mary Victoria Surratt Weller
Brewer, Harry Spencer 16 Jun 1922 - 20 Oct 1989 "Dad" h/o Edith Fink Brewer
Brewer, George William 3 Sep 1878 - 12 Nov 1950
    w Bettie Williams 6 Jan 1883 - 2 Sep 1954 d/o Charles McGill & Prudence Jane Waters Williams
Brewer, George William 9 Feb 1822 - 4 Jun 1908 s/o William & Mary Robertson Chiswell Brewer
    w Aletha T. Young 12 Feb 1826 - 9 Oct 1899 d/o Samuel & Sophia V. Young
Brewer, James Burch 29 Oct 1892 - 23 Jul 1955 s/o William G. & Ida White Brewer
    w Mary McDonnell 1888 - 15 Sep 1984
Brewer, Dr. Nicholas 29 Aug 1818 - 25 Sep 1880 s/o William & Mary Robertson Chiswell Brewer
    w1 Martha Plater Williams 2 Apr 1828 - 2 Mar 1854 d/o Elisha W. & Jane Plater Williams
    s Arthur 20 Jun 1851 - 22 Jan 1886
    s William Oct 1853 - 31 Aug 1854
    w2 Ruth E. W. Jones 1838 - 25 Jun 1905 d/o Daniel Trundle & Mary Sellman Jones
Brewer, Stephen Newton 2 Jun 1897 - 18 Jun 1974 s/o William George & Ida White Brewer
    w Hester Ruth Chiswell Apr 1900 - 28 Apr 1989 d/o Lawrence Allnutt & Hattie Maguire Hersberger Chiswell
    s Lawrence Newton 19 Oct 1928 - 25 Jun 1996
Brewer, Dr. William 24 Jul 1777 - 14 Oct 1861 s/o William & Rebecca Newton Brewer reint. from Family Cemetery
    w Mary Robertson Chiswell 13 Dec 1782 - 2 Feb 1867 d/o Joseph Newton & Eleanor Chiswell White Chiswell
    s Joseph 17 May 1812 - 10 Mar 1863 reinterred from Family Cemetery at "Oakwood"
        w Warnetta Sellman 9 Oct 1815 - 12 Dec 1859 d/o William & Ruth Shipley Sellman reinterred from Family Cem
    s Cornellus no dates reinterred from Family Cemetery at "Oakwood"
    s Camillus 22 Jun 1817 - 1838
Brewer, William George 15 Jan 1850 - 6 Dec 1944 s/o George William & Aletha T. Young Brewer
    w Ida White 2 Jul 1852 - 29 Jul 1930 d/o Benjamin Stephen & Sarah Ellen Nichols White
    s Infant 15 Apr 1886 - May 1886

Monocacy

Brill, Helen F. 17 Apr 1899 - 23 Jan 1977
Brill, Martin William 20 Jul 1962 - 30 Nov 1986
Brodnax, James Henry 1865 - 18 Jan 1940
    w Minnie Cooley 1875 - 13 Jul 1955 d/o William Henry & Maria Belt Cooley
Brooks, James Evans 12 Apr 1902 - 16 Aug 1979 s/o Lewis & Mary Katherine Litton Brooks
    w Anna Mary Titus 17 Aug 1905 - 9 Nov 1998 d/o John Franklin & Annie Viola Frye Titus
    d Mary Ann 11 Feb 1931 - 4 Mar 1931
Brooks, Dr. Lewis Franklin 9 Nov 1868 - 15 Mar 1934
    w Mary Katherine Litton 17 Sep 1870 - 5 Dec 1958
    d Margaret Elizabeth 17 May 1892 - 16 Oct 1952
    s Leo Franklin 15 Jul 1896 - 5 Dec 1964
    d Mary Margaret 1907 - 20 Feb 1943
    d Lois 2 Jan 1909 - Aug 1909
    s Harold B. 14 May 1912 - 22 Oct 1970 h/o Estelle White Brooks
Brosius, Charles Thomas Jr. 27 Mar 1879 - 19 Apr 1938 s/o Charles Thomas & Laura Virginia Trundle Brosius
    w Genevieve Mattingly Darby 23 Feb 1888 - 15 Jun 1970 d/o Remus Riggs & Antoinette Griffith Chiswell Darby
Brosius, Charles Thomas III 20 Nov 1916 - 10 Dec 1990 s/o Charles Thomas & Genevieve Mattingly Darby Brosius
    w Ellen Trundle Ayers 2 Sep 1916 - 9 May 1984 d/o John Wakeman & Julia Sophia Lewis Ayers
    s Charles Thomas IV 8 Jul 1940 - 13 Dec 1996
Brosius, Dorothy Gott 10 Jan 1903 - 14 Jan 1968 d/o James Perry Sr. & Lillian Pearl Atwell Gott w/o Bernard Trundle Brosius
Brosius, Edward Rawlings Jr. 2 Jun 1918 - 30 Aug 1999 s/o Edward Rawlings & Bertha Schaeffer Brosius
Brosius, John William 14 Nov 1884 - 17 Jun 1945 s/o Charles Thomas & Laura Virginia Trundle Brosius
    w Louise Pearre Davis 14 Nov 1884 - 19 Oct 1968 d/o John Wallace & Harriet Abigail Hays Davis
Brosius, Mildred Lewis 1898 - 15 Mar 1994 d/o William Motzer & Sarah M. Lewis
Brown, Andrew Clinton 29 Feb 1852 - 27 Nov 1922
    w Annie M. 29 Jan 1855 - 29 Apr 1919
    s James W. 23 Aug 1876 - 8 Feb 1892
    d Sallie M. 23 Feb 1880 - 21 Jan 1969
Brown, Erma Louise Hubble 19 Feb 1922 - 6 Mar 1989 w1/o Richard Poole Brown
                           d/o George Grady & Aubra Viriginia Thompson Hubble
Brown, Ethel Moore King 1908 - 14 Sep 1962
Brown, Hatton Darby 2 Jan 1890 - 26 May 1961 s/o William Clifton & Mary George Darby Brown
    w Mary Waters Poole 2 Aug 1890 - 20 Mar 1978 d/o Algernon & Mary Willson Waters Poole
    c Infant b&d 12 Feb 1920
Brown, Infant d. Aug 1904 c/o H. C. Brown
Brown, John Herbert 23 Aug 1876 - 2 Jan 1929 s/o William Clifton & Mary George Darby Brown
    w Elizabeth Oxley 12 Jun 1893 - 25 Feb 1982
    c Infant d. 18 Mar 1922
Brown, John William 28 Nov 1826 - 17 Apr 1913 s/o Hatton & Deborah Shanks Brown
    w Mary Elizabeth Shaw 10 Oct 1829 - 8 Feb 1929 d/o William & Elizabeth Shaw
Brown, Pearl M. 2 Jun 1898 - 9 Mar 1969
Brown, William Clifton 1854 - 30 Jan 1894 s/o John W. & Mary Elizabeth Shaw Brown
    w Mary George Darby 1854 - 11 Sep 1928 d/o John William & Ruth Ellen Edelin
Brown, William Clifton, Jr. 8 Feb 1882 - 17 Nov 1939 s/o William Clifton & Mary George Darby
    w Emily Poole Darby Clark 24 Oct 1880 - 7 May 1960 d/o Remus Riggs & Antoinette Griffith Chiswell Darby
Brown, William Curtis 25 Dec 1859 - 24 May 1938
Browning, William W. d. 10 Dec 1954
Brubaker, Louis Creglo 21 Jul 1898 - 6 Sep 1979
    w Beulah Brooks 30 Sep 1900 - 13 Nov 1990
Bruner, Americus E. 31 Dec 1861 - 31 May 1937 s/o William L. & Julia A. Miller Bruner
    w Catherine E. Fawley 29 Oct 1877 - 2 Jul 1917 d/o William B. & Margaret Anne Wright Fawley
    s George William 1899 - 19 Mar 1916
    d Malista C. 1900 - 10 Aug 1918
Brunner, Michael d. 3 Apr 1828 78 years
    w Elizabeth d. 28 Jul 1842 59 years
    d Catherine 1 Jul 1802 - 21 Apr 1877
    s Joseph 14 Aug 1803 - 12 Jun 1874
    d Lydia 24 Jan 1806 - 5 Jul 1866

Monocacy

Brunner, William L. 10 Jul 1835 - 27 Nov 1895
    w Julia A. M. 20 Feb 1841 - 17 Sep 1924
    s George W. 26 Mar 1864 - 8 Apr 1889
    d Malista C. 1880 - 1886
Bryant, William Penn 27 Dec 1924 - 28 Apr 1992 US Army WWII
    w Janice Baune Dunnigan 2 Jun 1924 - 19 Apr 1999 d/o Arthur Blaine & Bess Blanche Leffel Dunnigan
Buckey, Charles Wesley 1860 - 9 Mar 1940
    w Maggie J. 1864 - 11 Jan 1914
Bucknam, Estella C. 13 Jun 1874 - 22 Mar 1969
Bunge, Clarence Edward 1914 - 23 Dec 1975 Major USAF h/o Frederica M. Bunge
Burch, Charles W. 19 Apr 1873 - 27 Jun 1948 s/o Francis E. & Henrietta Burch
    w Lulu W. Astlin 26 Apr 1880 - 1 Jul 1955
    d Dora Luellen 9 Aug 1899 - 1 Dec 1920
    s George W. 18 Jan 1902 - 26 Apr 1973
        w Elizabeth C. 31 Jan 1905 - 27 Feb 1996
    s Francis Albert 27 Feb 1906 - 11 Nov 1925
Burch, Francis E. 1823 - 1898 75 years CSA Veteran of the Civil War
    w Henrietta 1831- Jan 1906
Burch, Henry Clay 14 Apr 1854 - 19 Dec 1930 s/o Francis E. & Henrietta Burch
    w Mary Rebecca Hall 8 Aug 1864 - 19 Sep 1929 d/o Cincinnatus & Rebecca Hall
Burch, Infant d. 17 Oct 1933 s/o Carroll A. & Edith Burch
Burdette, Charles Grover 11 Sep 1893 - 23 Sep 1973 MD PVT US Army WWI
Burdette, David D. 4 Mar 1938 - 27 Oct 1998
Burdette, George McClellan 12 Mar 1870 - 17 Dec 1918
    w Anna Eliza Smith 9 Aug 1872 - 9 Jan 1919
    s John Russell 31 Mar 1901 - 22 Feb 1964 h/o Helen Mulligan Burdette
    s Otis McClellan 2 Feb 1902 - 28 Dec 1965
Burdette, James T. 9 Oct 1898 - 17 Jun 1975
Burdette, John Douglas 19 Feb 1935 - 30 Apr 1972
Burdette, Lloyd Wilkens 9 Dec 1916 - 27 Aug 1991
    w Helen E. Carlisle no dates d/o James Maurice & Bettie Columbia Fields Carlisle
Burdette, Susan Campbell 16 Nov 1957 - 4 May 1994 d/o John & Rose Majeskie Campbell w/o Terry M. Burdette
Burgner, Infant d. 3 Nov 1995
Burke, Catherine A. 3 May 1940 - 21 May 1986 w/o Earl E. Burke
Burkhart, Mary Morningstar d. 6 Apr 1939 64-11-14 w/o William Burkhart
Burlingame, Fred H. 1863 - 1 Jan 1920
    w Della Jones Merson 1876 - 15 Apr 1967 d/o Edward Simpson & Georgianna Merson
Burress, Ida D. 9 Apr 1919 - 23 Sep 1999 w/o Horace Burress
Burress, Judith Teresa 23 Feb 1956 - 28 Aug 1994
Burriss, Mary Magaline Moses 30 Mar 1906 - 19 Aug 1989 h/o Thomas Matthew King & Horace C. Burriss
        d/o Charles C. & Mary Jane Moyer Moses
Burroughs, Julia Sophia Lewis 9 Jul 1893 - 20 Mar 1989 h1 = John Wakeman Ayers
Burroughs, Nettie Lee Jones 27 Sep 1940 d/o Arthur Lee & Bettie L. Wood Jones w/o Leonard N. Burroughs
Burroughs, S. Eleanor 1806 - 23 Dec 1886 d/o George & Rebecca Burroughs
Burrows, John Thomas 1836 - 13 Sep 1891
    w Elizabeth Spreadbury 1823 - 11 Apr 1882
Burrus, Elizabeth d. 17 Feb 1898 age 69 w/o Thomas Burrus
Bussard, Elizabeth "Bettie" W. 18 Jan 1858 - 22 Jan 1934 "Mother"
    s Robert Lee 4 Feb 1883 - 18 Jun 1963
Bussard, Elnor Frances d. 29 Sep 1917
Bussard, George David 21 Feb 1885 - 6 Dec 1931 s/o Elizabeth W. Bussard
    w Annie K. 11 Aug 1884 - 4 Jul 1970
    s David H. 13 Mar 1921 - 19 Dec 1970
Bussard, John Maurice b&d 3 Dec 1949 s/o W. J. & Ophelia L. Bussard
Bussard, Joseph Henry 1887 - 2 Mar 1933
    w Elsie Naomi 1895 - 1 Aug 1953
    s Charles Arthur 1920 - 12 Nov 1966

Monocacy

Bussard, Olga Lou d. 2 Aug 1946 d/o L. T. & Thelma C. Bussard
Bussard, Tracy 22 Jul 1834 - Jul 1910
Bussard, William W. 10 Jul 1848 - 10 Sep 1934
    w Margaret A. 29 Feb 1860 - 31 Oct 1921
      s Enos C. d. 21 Jan 1916 32-0-16
      s John W. 12 Oct 1889 - 30 Dec 1919
Butcher, William T., d. 27 Dec 1939 age 87 years
Butler, Charles Martin 15 May 1843 - 12 Apr 1918 s/o Charles M. & Elizabeth F. Butler
    w Frances Thomas Spates 4 Aug 1847 - 2 Jul 1918
      d Corrie F. 23 Oct 1876 - 12 Mar 1953
      s William George 20 Jun 1879 - 11 Mar 1948
      d Lula C. 14 Dec 1882 - 14 Nov 1970
      s Rosser Eugene 10 Jun 1887 - 12 Jul 1964
Butler, Charles Spates 11 Jan 1868 - 20 Jan 1961 s/o Charles Martin & Frances Thomas Spates Butler
    w Hattie Alice Brunner 12 Dec 1875 - 4 May 1949 d/o William L. & Julia A. Margaret Miller Brunner
      s George R. 7 Feb 1913 - 9 Nov 1979 h/o Cinderella Titus Butler
Butler, George W. 1844 - 1890 CSA Civil War Veteran s/o Charles Butler
Butler, Gorman Lee 27 Aug 1918 - 6 Jun 1986 s/o Joseph Gorman & Ruth Ann Butler
    w Lucille Irene Cox 23 Mar 1917 - 15 Feb 1988
Butler, Harry Lee 23 Apr 1871 - 17 Oct 1914
    w Jennie I. Brunner 9 Jul 1878 - 14 May 1909
      d Lucile 7 Mar 1901 - 13 Jul 1902
      s Charles Martin 16 Dec 1903 - 24 Apr 1972
        w Virginia Clark 27 Oct 1910 - 23 Nov 1989
Butler, Joseph Gorman 4 Aug 1884 - 18 Mar 1951 s/o Charles Martin & Frances Thomas Spates Butler
    w Ruth Ann 16 Jul 1891 - 14 Mar 1983
Butler, Richard Thomas d. 11 Jan 1952 s/o Charles Martin & Frances T. Spates Butler
    w1 Rose A. Brunner 23 Jul 1870 - 19 Dec 1903 d/o William L. & Julia A. Brunner
    w2 Emma Reese d. 9 Jan 1930
      d Kathleen Mabel 20 Aug 1907 - 31 Jan 1928
    w3 Elspet Garen d. 14 Oct 1959
Butler, Walter Mason 3 May 1871 - 23 Mar 1951
    w Rosa May Cubitt 26 Jan 1882 - 5 Oct 1960 d/o George Washington & Mary Christine Monard Cubitt
      s Walter Mason Jr. 26 Jun 1915 - 20 Mar 1952
Butt, Charles Upton Sr. 15 Nov 1909 - 9 Aug 1969
Butt, Irene Gertrude 16 Jan 1916 - 1 Oct 1986 w/o Ernest Lee Butt
Butt, Kenneth P. 28 Jun 1921 - 28 Jul 1993 h/o M. Estelle Butt
Butt, Perry Oliver 8 Jan 1929 - 27 Feb 1996 s/o Luther Aldridge & Eva Dorton Butt h/o Susanna Butt
Byrd, John B. 4 Oct 1829 - 24 Oct 1904 s/o George & Ann Dyson Byrd
    w Sarah T. Veirs 1845 - 6 Aug 1916
      s Samuel D. 1863 - 21 Jul 1926
      s George W. 1866 - 11 May 1936
      d Clara 5 Aug 1868 - 13 Jan 1903
      d Annie 1870 - 1 Mar 1923
      d Mary Jane 1874 - 14 May 1953
      s John B. Jr. 1877 - 15 May 1916
      d Elsie May 1881 - 20 Aug 1949
      s William L. 1884 - 1884
Byrd, Joseph Dyson 2 Aug 1880 - 8 Jan 1958 s/o John B. & Sarah T. Veirs Byrd
    w Lillian Brewer 25 Mar 1886 - 29 Dec 1974 d/o William G. & Ida White Brewer
Byrnes, James Franklin 19 Aug 1858 - 25 Apr 1923
    w Sarah Elizabeth Jones 19 Jul 1868 - 15 Jun 1960 d/o Leonidas & Elizabeth Isabel King Jones

Cady, William Appleton 24 Apr 1819 - 28 Apr 1861 42-0-4
    w Sarah Ellen Poole 1 May 1830 - 23 Oct 1904
      d Mary 4 Mar 1857 - 8 Dec 1857
      d Josephine d. 13 Apr 1864 4-11-2
Calaventinos, Frances M. 4 Mar 1912 - 22 Sep 1995

Monocacy

Callahan, Stephen M. Jr. 1 Feb 1922 - 17 Feb 1997
    w Constance M. 11 May 1920 - 9 Jul 1987
Campbell, Blanche Virginia Cross 1912 - 17 Nov 1952 d/o Reginald Whalen & Emma Irene Cross
Campbell, Fred Munger 1899 - 27 Apr 1986
    w Jessie Bodmer 1897 - 12 Apr 1989 d/o Jacob & Carrie M. Wiles Bodmer
Campbell, William C. 16 Jun 1866 - 13 May 1948
    w Nell James Mundy 22 Feb 1880 - 19 Sep 1954
Carlin, William Melvin 2 Sep 1898 - 27 Jul 1978 s/o Walter & Florence V. Angevine Carlin
    w Virgie M. Beall 21 Mar 1899 - 12 Feb 1990 d/o Eldridge W. & Annie Elizabeth Hager Beall
    d Infant b&d 25 Jan 1936
Carlisle, Christiana A. Spalding 1814 - 1901 w/o James Allen Carlisle
Carlisle, George Richard 25 Apr 1888 - 9 Sep 1931
Carlisle, Grover C. d. Jan 1889
Carlisle, James Maurice 4 Mar 1889 - 19 May 1959 s/o Richard Clarence & Frances C. Appleby Carlisle
    w Bettie Columbia Fields 14 Sep 1898 - 29 Aug 1989 d/o Clayton S. & Frances Wood Fields
Carlisle, James Maurice Jr. no dates   s/o James Maurice Sr. & Bettie Columbia Fields Carlisle
    w Mary Ann Poole 10 Jun 1936 - 18 Jun 1991 d/o Roger Raymond & Alta Bertha Young Poole
Carlisle, James William 24 May 1842 - 20 Apr 1925
    w Anna Virginia Brown 2 0 Apr 1848 - 20 Nov 1905 reinterred from Rock Creek Cem. Washington, DC
Carlisle, Richard Clarence 6 Jan 1849 - 19 Jul 1921 s/o James A. & Christiana A. Spalding Carlisle
    w Frances C. Appleby 5 Dec 1852 - 17 Dec 1923 d/o Walter & Deborah Watkins Appleby
    s Richard Vernon 23 Aug 1877 - 2 Nov 1934
    d Lucy Lavinia 28 Mar 1880 - 2 Aug 1958
Carlisle, William O. d. 5 Dec 1936
Carr, Nannie Davis 10 May 1879 - 12 May 1905 w/o Arthur B. Carr d/o Horace Morsell & Mary Emma Williams Davis
Carr, Terry Annette 6 Jul 1976 - 19 Nov 1976 d/o William H. Carr
Carter, Brandon George 11 Oct 1985 - 13 Jan 1986 s/o George F. & Sherry A. Carter
Carter, Brenda Lou Selby 11 Feb 1949 - 8 Dec 1969
Carter, Catherine C. 7 Dec 1919 - 19 Aug 1981
Carter, Claud Augustus 1907 - 28 Jul 1963 s/o Will Carter
Carter, George Henry 8 Sep 1822 - 7 Jun 1902
    w Elizabeth Ann 4 May 1826 - 4 Apr 1907
    d Laura A. G. d. May 1877
Carter, Infant d. Feb 1891 c/o Burrel Carter
Carter, James A. 25 Jan 1859 - 29 Mar 1933
    w Jane E. 3 Jun 1859 - 23 Jun 1926
    d Elsbey 26 Sep 1879 - 6 Sep 1907
Carter, Joseph E. 20 Mar 1855 - 21 Jan 1939 s/o George Henry & Elizabeth Ann Carter
    w Mary Virginia 3 Nov 1861 - 18 Sep 1931
    s John Jacob 20 Feb 1883 - 4 Aug 1919
        w Anna Lucille 14 Nov 1883 - 6 Oct 1956
    s David H. 5 May 1885 - 14 May 1906
    s Joseph L. 8 Oct 1889 - 19 Dec 1971
    d Molly d. Apr 1889
    s Grover Cleveland Dec 1892 - 7 Mar 1893
    c Infant d. Mar 1893
    d Mary E. 11 Jul 1900 - 11 Sep 1901
Carter, Lester Franklin d. 13 Apr 1971
Carter, Martin Slemp 10 Sep 1911 - 18 Jan 1904
Carter, Samuel Henry 31 Dec 1868 - 27 Dec 1926
    w Virginia M. Whitaker 9 Jul 1866 - 31 May 1929
Carter, Thomas H. 23 Jan 1881 - 27 Aug 1967 s/o Joseph E. & Mary V. Carter
    w1 Carrie Virginia Fox 3 Dec 1884 - 3 Jan 1942 d/o Charles E. & Martha Ellen Fry Fox
    w2 Maude Wilt d. 24 Sep 1968 d/o John William & Cora Hawes Wilt
Caton, Della M. d. 28 Jul 1932 w/o Timothy Caton
Catron, James A. 5 May 1899 - 8 Dec 1947 h/o Carrie E. Smith Catron-Cole
Catron, Raymond Luther 2 Mar 1926 - 26 Apr 1987 S2 US Navy WWII

Monocacy

Cassedy, Miller Aiken 8 Oct 1887 - 10 Feb 1948
    w Mabel Claire Gott 10 Apr 1889 - 31 Dec 1941 d/o Benjamin Nathan & Anna Mary Scholl Gott
Cassell, Robert N. 1875 - 11 Jan 1950
    w Augusta Rogers 1877 - 28 Jul 1971
Catalano, Salvatore Vincent 26 Feb 1907 - 26 Jul 1971 h/o Dorothy Virginia Astlin Burch Catalano
Cator, Samuel Holland 1851 - 1890 reinterred from Cissel Farm, Poolesville
    w Margaret S. Thompson 1851 - 10 Jan 1915 reinterred from Cissel Farm, Poolesville
    s Richard T. 11 Feb 1887 - 16 Feb 1971
        w Carrie W. 1 Jan 1890 - 23 Aug 1952
Cecil, Luther E. 9 Sep 1846 - 18 May 1919 s/o Wilson Hammond & Mary E. Smith Cecil
    w Mary C. Hawkins 5 May 1849 - 16 Oct 1918 d/o Joseph & Mary Jane Trail Hawkins
    d Clara L. "Callie" Sep 1880 - 25 Aug 1958
Cecil, Oscar Thomas 20 May 1871 - 30 Dec 1922 s/o Luther E. & Mary Claire Beall Hawkins Cecil
    w Selma E. Gibson 5 Aug 1884 - 24 Jan 1966 d/o Robert F. & Florence Maude Thompson Gibson
Chalmers, Alice A. d. 3 May 1944
Chambers, William Lee d. 26 Aug 1933
    w Laura Ligon d. 13 Jul 1918
    d Louise Lanier 6 Nov 1885 - 10 Feb 1918
Chambers, Children of William H. & Hathaway
    d Annie Laurie 21 Jun 1910 - 11 Sep 1910
    s William Leo d. 4 Jan 1914
    d Hathaway 7 Jan 1916 - 5 Apr 1916
    c Infant d. 7 Aug 1918
    s David Clopton d. 21 Sep 1923
Chapman, Children of Robert H. Sr. & Mabel C. Chapman
    d Barbara Jean 16 Aug 1941 - 6 Jan 1942
    s Robert H. Jr. 5 Feb 1942 - 18 Nov 1948
    d Elizabeth Claire 9 Jul 1950 - 2 Nov 1962
    d Dorothy Anne Beall 16 Aug 1953 - 15 Aug 1953
Chisolm, Julian J. 1895 - 21 Feb 1965
    w Isabel C. 1918 - 13 Sep 1992
Chiswell, Byron Walling 6 Aug 1894 - 22 Jan 1974 William Greenberry & Lulu Helen Lyons Chiswell
Chiswell, Carroll Thomas 28 Mar 1899 - 16 Apr 1982 s/o Joseph Thomas & Verlinda Catherine Lucretia Young Chiswell
    h/o Mary Elizabeth Fyffe Chiswell
Chiswell, Edgar Burns 16 Sep 1885 - 6 Jan 1957 s/o Joseph Thomas & Caroline Wheeler Hilleary Chiswell
    w Haddie Donagan Smith 26 Aug 1885 - 3 Jun 1957 d/o Robert P. & Kate D. Schwartz Smith
    s Thomas Hilleary 28 Apr 1920 - 19 Jan 1946 M/Sgt.
Chiswell, Lt. Edward Jones 2 Jun 1836 - 21 Sep 1906 s/o Thomas Fletchall & Mary Eleanor Jones Chiswell
    w Eveline White Allnutt 3 Oct 1840 - 22 Nov 1937 d/o Lawrence Jr. & Eleanor Smith White Allnutt
Chiswell, Edward Lee 19 Mar 1873 - 17 Oct 1946 s/o Edward Jones & Eveline White Allnutt Chiswell
    w Naomi W. North 23 May 1875 - 18 Oct 1942
    c Infant no dates
    s Edward Fowler 9 Sep 1913 - 7 Sep 1977 h/o Helen Louise Moran Chiswell
Chiswell, George Walter 6 Mar 1819 - 10 Jun 1882 s/o William & Sarah Fletchall Chiswell
    w Leah Griffith 21 Mar 1826 - 1 Dec 1891 d/o Greenberry & Prudence Jones Griffith
    s William Greenberry 13 Feb 1848 - 27 Dec 1903
        w Lulu Helen Lyons 12 Apr 1859 - 27 Jan 1920
    d Sarah Prudence 10 Apr 1850 - 21 Jan 1921
    d Elizabeth Ellen 23 Nov 1852 - 17 Jul 1951
Chiswell, Dr. George William 23 Sep 1892 - 9 Jan 1987
    w Carrie Bodmer 16 Dec 1893 - 14 Mar 1978 d/o Jacob & Carrie Melissa Wiles Bodmer
Chiswell, John Augustus 30 Dec 1851 - 7 Jun 1924 s/o John Augustus, Jr. & Sarah Rebecca Phillips Chiswell
    w Elizabeth Susan Gott 21 Jul 1852 - 3 Dec 1926 d/o Thomas Norris & Eleanor White Chiswell Gott
    d Eugenia Gott 16 Sep 1883 - 6 Mar 1933
    d Mary Collison Feb 1886 - 12 Sep 1961
    d Margaret White 7 Dec 1887 - 11 Jan 1919

Monocacy

Chiswell, Joseph Thomas 18 Sep 1855 - May 1912 s/o George Walter & Leah Griffith Chiswell
    w Verlinda Lucretia Young Jun 1864 - 9 Feb 1914 d/o Isaac & Margaret R. Young Young
    d Olivia Marguerite 18 Jul 1892 - 12 Jul 1983
    s Joseph Thomas Jr. 1897 - 1898
    d Ruby A. 1904 - 1911
Chiswell, Joseph Thomas Jr. 9 Jun 1849 - 24 Mar 1931 s/o Thomas F. & Mary E. Jones Chiswell
    w Caroline Wheeler Hilleary 5 Jan 1850 - 26 Jan 1919 d/o Thomas & Sarah Odell Wheeler Hilleary
    d Maggie M. 6 Oct 1883 - 18 Oct 1883
    d Sallie D. 5 Nov 1884 - 26 Nov 1884
Chiswell, Lawrence Allnutt 2 Apr 1869 - 1 Aug 1937 s/o Edward Jones & Eveline White Allnutt Chiswell
    w Hattie Maguire Hersberger Jul 1875 - 29 Jan 1960 d/o Aaron Bucher & Hester Ann Catherine Whipp Hersberger
Chiswell, Maurice Hersperger 22 Aug 1896 - 17 Jan 1966 s/o Lawrence Allnutt & Hattie Maguire Hersperger Chiswell
    w Lillian Marguerite "Marjorie" Waters 17 Jul 1898 - 27 Oct 1973 d/o Charles E. & Maud A. Gingell Waters
Chiswell, Maurice Waters 28 May 1927 - 23 Feb 1993 s/o Maurice Hersberger & Lillian Marguerite Waters Chiswell
    h/o Jean Dangerfield Knox Chiswell
Chiswell, Thomas Hilleary 19 Dec 1880 - 28 Oct 1954 s/o Joseph Thomas Jr. & Caroline Wheeler Hilleary Chiswell
    w Elizabeth Goldsmith 28 Mar 1882 - 24 Nov 1922
Chiswell, Thomas Franklin 21 Mar 1871 - 7 Mar 1955 s/o Edward Jones & Evelyn White Allnutt Jones
    w Eloise Wootton 16 Sep 1873 - 20 Nov 1956 d/o Edward & Betty O'Rhea Wootton
    d Mildred Thornton 8 Dec 1904 - 17 Jul 1952
Chiswell, William Augustus 26 Jan 1783 - 8 Oct 1846 s/o Joseph Newton & Eleanor Chiswell White Chiswell
    w Sarah Fletchall 14 Sep 1787 - 20 Mar 1863 d/o Thomas & Elizabeth Walter Fletchall
Christie, Alfred 30 Apr 1893 - 16 Dec 1963
    w Helen M. 18 Apr 1894 - 7 May 1966
Christie, Carlton Lee d. 21 Nov 1924
Christie, Esther May 16 May 1918 - 8 Nov 1931
Christie, Marjorie Ann d. 1 Apr 1985
Christmas, A. Mabel Mae Norris 25 Jan 1861 - 1951 d/o John T. & Margaret Ann King Norris
Christov, George 1 Dec 1919 - 5 Dec 1999
Cissel, Eugene E. 1847 - 23 Apr 1928 s/o William & Rachel Sarah Williams Cissel
Cissel, Philip A. 15 Mar 1798 - 6 Nov 1861 reinterred from farm in Poolesville, s/o Zephaniah & Catherine Jones Cecil
Cissel, Richard Humphrey 14 Jul 1849 - 6 Dec 1911 s/o William & Rachel Sarah Williams Cissel
    w Julia Griffith 4 Sep 1853 - 11 Dec 1924 d/o Thomas Howard & Sarah Newton Chiswell Griffith
    s William Howard 5 Jun 1876 - 5 Jul 1900
    d Georgia Newton 13 Apr 1883 - 19 Apr 1888
    s Elmo 13 Aug 1886 - 16 Aug 1886
    s Charles LeRoy 9 Jan 1897 - 8 Aug 1922
    s Philip A. d. 6 Mar 1858
Cissel, William 9 Aug 1803 - 15 Mar 1883 s/o Zephaniah & Catherine Jones Cecil stone moved from Poolesville farm
    w Rachel Sarah Williams 12 Aug 1812 - 8 Jun 1861 broken stone, mved in 1896 d/o Humphrey & Sarah Beall Wms
    s Philip A. 6 Feb 1831 - 6 Mar 1858 reinterred from Cissel Farm, Poolesville 1896
    d Elizabeth 6 Feb 1833 - 8 Dec 1835
    d Mary Eleanor 22 Jan 1845 - 4 Apr 1926
Cissel, William Griffith 18 Dec 1895 - 20 Jun 1930 MD 304 Corps Sanitary Train 79 Div
        s/o Richard Humphrey & Julia Griffith Cissel
    w Pauline Claire Jones 1 Aug 1898 - May 1978 d/o John Augustus & Edna Manakee Jones
Claggett, Richard G. 17 Jan 1916 - 25 Sep 1985 h/o Minnie Mae Flood Claggett
    d Laura LaVonne Jan 1965 - 8 Jan 1965
    d Linda Mae Jan 1965 - 11 Jan 1965
Clapperton, Anita Dora Donn 20 May 1890 - 7 Mar 1893 d/o Francis Cookman & Anne Estelle Sellman Donn
Clark, Alice L. H. d. 3 Feb 1962
Clark, Infant d. 9 Jul 1931 c/o Morrison & Blanche Griffith Clark
Clark, Elizabeth d. 26 Jan 1977 94 years
Clark, Emily Poole Darby Brown 24 Oct 1880 - 7 May 1960 d/o Remus Riggs & Antoinette Griffith Chiswell Darby
       h1 William Clifton Brown
Clark, James Brent d. 4 Dec 1966
Clark, Margaret d. 8 Nov 1942

Monocacy

Clark, Myrna Livingston Jones 28 Feb 1923 - 11 Apr 1970 w/o Henry Thomas Clark, Jr.
                           d/o Samuel Creighton & Constance Beulah Nicholson Jones
Clements, Thomas Henry 28 Feb 1885 - 20 Sep 1959
    w1 Edna G. 1 Dec 1888 - 1 Feb 1920
    c Infant d. 30 Jan 1920
    w2 Leona L. Waddell 18 Aug 1908 - 21 Aug 1989
Clements, William Joseph 7 Jun 1882 - 30 Nov 1960
Cline, Mary Louise Stream 16 Jun 1939 - 9 Aug 1960
Clipper, Christine Kohlhoss 1902 - 24 Jul 1930
Clothier, Archie Ball 20 Sep 1894 - 27 Apr 1968 DC Mech 644 Aero SQ WWI
    w Sarah Pauline Hays 1 Jun 1892 - 1 Oct 1954 d/o Richard P. & Elizabeth G. Batson Hays
Clothier, Horace Truman 1891 - 22 Jan 1951
Clopton, David d. 8 Jan 1933
Clugston, Samuel Nelson 1856 - 15 Apr 1937
Coates, Clarence J. 1876 - 21 Nov 1956
    w Eleanor Elgin 1874 - 8 Feb 1937
Cochran, George C. 1 Feb 1903 - 14 Mar 1983
Cole, Annie M. d. 3 Feb 1936
Cole, Carrie E. Smith Catron 25 Jan 1906 - 24 Nov 1970 w/o James A. Catron
Cole, Charles Lee 27 Jun 1920 - 28 Sep 1975 Pvt US Army WWII
Cole, Ezra E. 1843 - 1902
    w Martha Ann 1844 - 24 Feb 1917
    s Richard 1867 - 8 Feb 1942
    s Charles Albert 1875 - 30 Dec 1936
Cole, John Edward 26 Apr 1877 - 13 Nov 1938 s/o Ezra E. & Martha Ann Cole
    w Mary Elizabeth Nichols 7 Nov 1885 - 14 Apr 1946 d/o Frank Pierce & Sarah Ella Nicholson Nichols
    s John Morris Apr 1904 - May 1904
Cole, John Walter 19 Jul 1914 - 12 Nov 1999
Cole, Leonard S. 21 Feb 1911 - 23 Mar 1974 s/o John Edward & Mary Elizabeth Nichols Cole
    w Ellen M. 17 Oct 1913 - 3 Jun 1985
    s Douglas Raymond b&d 3 Feb 1941
Cole, Margaret I. Hubble 24 Jun 1920 - 10 Sep 1978 d/o George Grady & Aubra Virginia Thompson Hubble
Cole, Minnie Pearl Smith 1917 - 19 Jan 1979 w/o Paul M. Cole
Cole, Myrtle E. d. 14 Jun 1928
Cole, Norman 1882 - 6 Aug 1938 h/o Ida C. Cole
Cole, Norman R. 17 Mar 1912 - 26 Jul 1973 MD Pvt US Army WWII
Cole, Robert Eugene 7 Apr 1959 - 19 Oct 1990 SP 4 US Army s/o William E. & Mary Elizabeth Cole
Cole, Thomas E. 17 Sep 1907 - 11 Dec 1977 s/o John Edward & Mary Elizabeth Nicholson Cole
    w1 Bertha M. 25 Mar 1913 - 13 Apr 1954
    d Margaret Ann 28 Aug 1933 - 8 Nov 1990
    w2 Maggie E. Cooley 7 Feb 1912 - no date
Cole, William U. 5 Jun 1915 - 11 Jan 1979 US Army WWII
Collier, John W. 30 Nov 1849 - 12 May 1908 s/o Richard H. & Mary F. Collier
    w Annie C. Padgett 20 Apr 1855 - 26 Jul 1900
    s John 1880 - 26 Jul 1895
    d Beulah L. 11 Apr 1892 - 30 Dec 1918
    d Ruth L. 24 Jan 1894 - 4 Apr 1901
    s William d. Apr 1898
    s William F. 9 Oct 1886 - 5 Apr 1929 h/o J. T. Collier
        d Olga Hume 1 Nov 1909 - 29 Oct 1910
Collier, Richard H. Sr. 17 Apr 1823 - 1 Jun 1894
    w Mary F. 1 Jan 1824 - 12 Jun 1904
    s Henry L. d. 27 Dec 1929
Collier, Richard H. 30 Apr 1865 - 17 Aug 1917 s/o Richard H. Sr. & Mary F. Collier
    w Theresa Walters 1870 - 4 Jul 1955
    s Marcus S. 1891 - 5 Mar 1936
    d Carrie M. 8 Apr 1890 - 8 Oct 1980
    d Mary Louise 1896 - 6 Feb 1969

Monocacy

Collier, Thomas Peyton 23 Feb 1858 - 19 Feb 1922 s/o Richard H. & Mary F. Collier
    w Martha Virginia d. 23 Sep 1930
    s William Peyton d. 8 Aug 1882   0-4-18
Colwell, Abbie Mae 1872 - 2 Feb 1952
Comer, Emory L. Jr. 21 Sep 1970 - 21 Oct 1983
Compher, Miriam Kutz d. 22 Feb 1971 w/o W. Clinton Compher d/o Edward J. & Rose Fetzer Kutz
Compher, Samuel P. 16 Sep 1873 - no date
    w Nettie Lee Cooley 3 Jun 1876 - 30 Dec 1906 d/o Zachariah Garrett & Martha Maria Johnson Cooley
    d Eva May d. 16 Mar 1918
Compher, Zachariah M. 20 Nov 1884 - 9 Jan 1969 s/o Jonas C. & Henrietta Compher
    w Ruth Ellen Beall 3 Jul 1894 - 27 May 1954 d/o Elias Thompson & Ida Pyles Beall
Conley, John W. d. Sep 1877
Conlon, Ruth Irving 13 Dec 1921 - 10 Aug 1998 d/o James Henry & Lucy Hoopes Irving
Conlon, Thomas Aloysius Jr. 28 Mar 1920 - 1 Apr 1984 s/o Thomas Aloysius Sr. & Laura Wessell Conlon
Connelly, Barbara M. 11 Jun 1813 - 6 Jun 1887
Connelly, John W. 1850 - 19 Jun 1915
    w Margaret E. 1858 - 13 Nov 1930
    s Horace b&d 1886
    s Clark b&d 1889
Conwell, Infant d. May 1884 c/o Seymorus Conwell
Cook, Howard Lee Sr. 13 Aug 1905 - 3 Jun 1981
    w Helen Louise 15 Aug 1906 - 22 May 1978
Cooley, Brown d. 27 May 1893 in his 39th year
Cooley, Claude O. Aug 1874 - no date s/o Zachariah Garrett & Martha Maria Johnson Cooley
    w Laura Jane Hall 1869 - 24 Apr 1938 d/o Quintis Cincinnatus & Rebecca M. Piles Hall
    d Gladys Lee 21 Jul 1897 - 7 Mar 1899
    c Infant d. Apr 1899
Cooley, Charles Garrett 5 Apr 1904 - 17 Aug 1979 s/o George Fulton & Betty Columbia Wood Cooley
    w Nellie Boteler White 8 Dec 1908 - 3 Nov 1975 d/o Harry & Sarah Elizabeth Bowman Boteler
Cooley, Charles L. Jr. d. 23 Feb 1976 s/o Charles L. & Beulah Frances Cooley h/o Barbara A. Cooley
Cooley, Charles L. 24 Jan 1928 - 20 Jan 1989 s/o Sterling T. Cooley
    w Beulah Frances d. 19 Oct 1960
Cooley, Charles T. 1869 - 7 Jul 1930
    w May Etta 1877 - 3 Mar 1964
Cooley, Elgie N. 5 Jul 1896 - 25 Dec 1960 w/o Charles L. Cooley
Cooley, Eugene d. 30 Jun 1913 s/o Robert T. & Mary A. Cooley
    w Mary A. "Nannie" Stallings d. 23 Mar 1898
    d Lucy d. 8 May 1896
Cooley, George Fulton 18 Apr 1881 - 15 Nov 1967 s/o Zachariah Garrett & Martha Maria Johnson Cooley
    w Betty Columbia Wood 24 Aug 1879 - 14 Sep 1965 d/o Charles Worth, Jr. & Columbia Whalen Wood
Cooley, Martin S. d. 10 Jun 1930
Cooley, Mitchell W. 27 Nov 1911 - 11 Sep 1981 s/o Eli Garrett & Effie Miles Cooley
    w Ella Mossburg 22 Aug 1910 - 5 Jan 1982 d/o Maurice Milton & Esther Mary Compher Mossburg
    d Carol Jean 8 Mar 1942 - 9 May 1945
Cooley, Nathan S. 17 Apr 1871 - 28 May 1953 s/o Amos & Elizabeth Cooley
    w Lillie May Sears 11 Oct 1875 - 13 Nov 1964 d/o William Thomas & Sarah Jane Nichols Sears
    s Roy G. 21 Jul 1898 - 22 Aug 1954
    s Eldridge M. 3 Aug 1905 - 23 Dec 1929
    d Alice May 13 Sep 1907 - 30 Nov 1953
    s Vernon Thomas 3 Mar 1912 - 28 Feb 1988
    s Herbert William 2 Feb 1914 - 31 Aug 1979 PFC US Army WWII
Cooley, Otho B. 10 Apr 1878 - 12 Dec 1967 "Father"   s/o Edward & Louisa Cooley
    w Lucy Elizabeth Sullivan 27 Mar 1885 - 23 Nov 1956 "Mother"
    w2 Mary Lizzie Jordon 6 Dec 1913 - 7 Jan 2001 d/o Willie Howard & Ethel Short Jordon
    s John Bernard 5 Jun 1911 - 24 May 1931
    s Earl Calvert 22 May 1922 - 1 Sep 1977 PVT US Army WWII
        d Sandra L. 2 Aug 1944 - 14 Feb 1945

Monocacy

Cooley, Robert T. 8 Mar 1820 - Apr 1911 s/o James & Ann Cooley
 w Mary A. Selby d. Mar 1901
 s Calvin d. Jul 1894
 c Infant d. Jun 1895
Cooley, Robert T., Jr. 1849 - Apr 1907 s/o Robert T. & Mary A. Cooley
 w Annie M. Poole [Willett] 1863 - Sep 1884
Cooley, Sid d. Dec 1909
Cooley, Sterling T. 1902 - 10 Feb 1934 s/o Charles T. & May Etta Cooley h/o Naomi B. Cooley
Cooley, William Henry 3 Aug 1843 - 2 Dec 1921
 w Maria E. Belt 3 Dec 1844 - 1 Nov 1926
 s H. Herbert 1868 - 6 Jan 1934
 d Maggie E. d. 3 Jan 1876 3-11-0
 d Wynona 1880 - 1885
 d Mollie D. 18 Oct 1870 - 3 Mar 1871
 s Horace d. 1886 inf.
 s Master Clark d. 1889 inf.
Cooley, Zachariah Garrett 21 May 1849 - 24 Sep 1928 s/o John Garrett & Eleanor Jane Gleason Cooley
 w Martha Maria Johnson 1 Apr 1853 - 19 Feb 1929 d/o Benjamin IV & Martha Elizabeth House Johnson
 s William Smith Aug 1887 - 11 Aug 1973
  w Isabella Virginia d. 18 Dec 1963
Cooper, Arthur Berkley 2 Oct 1895 - 11 Jul 1963 Va PFC Co B Bn Tank Crops WWI
 w Martha Annie Phelps 25 Feb 1898 - 10 Dec 1954 d/o Andrew Wilson & Annie E. Phelps
 c Infant d. 14 Oct 1933
Cooper, John H. 28 Mar 1911 - 27 Jun 1985
 w Elva G. Munday 26 Apr 1909 - 3 Sep 1980 d/o Charles S. & Martha Frances Humphries Mundy
 d Frances L. 25 Nov 1932 - 9 Jan 1952
Corbin, Ella James d. 1 Dec 1919 d/o Robert L. & Evelyn Corbin
Cornwell, James A. 1835 - 13 Sep 1915
Cornwell, Lafeyette A. 1849 - 1931
 w Ada Belle 1871 - 22 Mar 1949
 d Mollie D. Dec 1869 - Mar 1871
 d Maggie E. 3 Jan 1872 - 3 Jan 1876
Cornwell, Mary Virginia 20 Apr 1858 - 6 Mar 1935 w/o John L. Cornwell
Corse, Barbara Lee 1934 - 29 Jul 1971 w/o William C. Corse
 c Infant d. 2 Mar 1964
 s Thomas P. 1961 - 6 Feb 1963
Cosgrave Lawrence Snowden 1890 - 9 Sep 1948
 w Ada Viola 1891 - 17 Dec 1967
Cosgrave, William D. 1874 - 15 Nov 1941
 w Frances C. 1886 - 1932 stone moved from Poole's Tract, Dickerson
 c Infant no dates
 d Rose Marie 1911 - 1913 moved from Poole's Tract, Dickerson
Covert, Newton J. 5 Oct 1889 - 15 Feb 1984
 w Mabel Elizabeth 21 Jul 1905 - 22 Jan 1996
Cowell, Rev. Frank B. 20 Dec 1880 - 10 Oct 1918 h/o Alona Burns Cowell
Cranford, Joseph Winfield 6 Jan 1880 - 9 Jun 1952 h/o Ida J. Moxley Cranford
Creger, Charles C. 3 May 1878 - 6 Aug 1944
 w Margaret R. L. d. 21 May 1923
 d Lottie Argirtha 17 May 1898 - 24 Mar 1925
 s Floyd Bascum 31 Dec 1901 - 9 Jan 1971
  w Margie A. Harner 17 Jun 1911 - 26 Jan 1995 d/o Elijah & Sarah Musser Harner
Cregger, Esther Thelma 1910 - 24 Feb 1955 w/o Ray Cregger
Cregger, Floyd W. 1905 - 19 Dec 1985 s/o Eli & Mae Thompson Cregger
 w Bertha Mae Pennington 1909 - 19 Nov 1992
Cregger, Infant d. 10 Jan 1946
Cregger, Linda Carroll d. 31 Jul 1944
Cregger, Kenneth Floyd d. 8 Apr 1953
Cregger, Steven Mark d. 20 Nov 1963 Infant
Crissey, James Beverley 19 Sep 1855 - 6 Nov 1922
 w Bertha A. d. 21 Nov 1930

Monocacy

Cromwell, Cleveland 4 Mar 1873 - 6 Nov 1952
    w Mary Elizabeth Fitzsimmons 11 Jul 1873 - 7 Aug 1937
    d Pearl B. 31 Jul 1903 - 2 May 1908
    s Arthur Hays 17 Jan 1905 - 1 Nov 1923
Cromwell, Richard 1880 - 2 Nov 1968
    w Grace Olivia Hoyle 13 Aug 1879 - 9 Feb 1962 d/o Joseph H. & Charlotte A. Jones Hoyle
Crone, Charles B. 2 Jun 1902 - 23 Apr 1975
    w Kathryn Elizabeth Soper 22 Aug 1906 - 23 Aug 1980 h1 = Samuel Creighton Jones
                         d/o William Oscar & Mary Summerville Duvall Soper
Cross, John D. 25 Aug 1782 - 14 Oct 1854 72-1-19
    w Mary d. 6 Feb 1842 52 years
    s John d. 13 Sep 1838 25-7-23
    s Joseph Thomas d. 4 Sep 1842 25-4-0
    d Anastatia 29 Mar 1831 - 8 Aug 1855
    d Sarah Elener d. 17 Feb 1841 17-6-0
Cross, Mary 22 Jan 1815 - 8 Aug 1855
Cross, Reginald Whalen 1875 - 9 Jun 1960
    w Emma Irene 1877 - 24 Feb 1947
    s Reginald Whalen Jr. d. 9 Jun 1960
    s Charles Upton d. 26 Jul 1964
Cruit, Edwin D. 1836 - 25 Mar 1921
    w Charlotte E. Morrison 1838 - 13 Jun 1924
    d Alice Maude 1871 - 24 Jun 1937
    s Thomas D. 1877 - 5 Oct 1918
    d Edith Ellen 1866 - 20 Jul 1950
    s Russell C. H. 1882 - 31 Mar 1957
Cruit, Luther Reed 1876 - 3 Jan 1942 s/o Edwin D. & Charlotte E. Morrison Cruit
    w Katherine W. 1887 - 15 Jan 1955
    d Charlotte C. 1914 - 16 Jan 1915
    d Alice Nora 1920 - 25 Jan 1921
Cubitt, Dorothy Ann Cubitt, Frank Edward 29 Jul 1889 - 21 Aug 1986 s/o George Washington & Mary Christine Monard
    w Elizabeth Rebecca Luhn 12 Feb 1891 - 9 Jan 1971 d/o Randolph & Sarah Elizabeth Price Luhn
Cubitt, George Washington 26 Mar 1842 - 26 Sep 1937 US Army Civil War
    w Mary Christine Monard 7 Feb 1853 - 30 Apr 1926
    s John Allen 1873 - 30 Jun 1930
Cubitt, Isaac Davis 21 Aug 1891 - 15 Dec 1962 MD Cook Co C 326 Infantry WWI, PH
                               s/o George Washington & Mary Christine Monard Cubitt
    w Edna Lee Dodd 25 May 1901 - 21 Dec 1975 d/o William H. & Phebe Ella Dodd
Cubitt, James O. d. 11 Jun 1914 36-9-23
    s Millard O. d. 28 Sep 1928 by Carrie V. Cubitt
    s Rodney William 1908 - 27 Sep 1992
Cubitt, John Isaac 22 Apr 1928 - 7 Feb 1994 s/o Isaac Davis & Edna Lee Dodd Cubitt
    w Dorothy Ann 3 May 1929 - 6 Oct 1999
Cummings, Joseph Franklin Jr. 16 Jul 1851 - 30 Mar 1912 s/o Joseph Franklin Sr. & Ann Mildred Jones Cummings
Cunningham, Evelyn Wooten 25 Jan 1905 - 25 Sep 1998
Curtis, Robert Elmer 26 Jul 1903 - 26 Sep 1972
    w Annie Cooley 2 Feb 1909 - 5 Aug 1981 d/o Charles T. & May E. Hawkins Cooley

Dade, Children of Alexander & Susan Ann White Dade [buried in Kentucky]
    d Mary Ruth 5 May 1855 - 11 Sep 1863
    d Serena Elizabeth 25 Jan 1860 - 4 Feb 1863
    s Wade Hampton 10 Oct 1862 - 12 Feb 1863
    s Thomas Collison 21 Feb 1863 - 27 Oct 1863
    s Alonzo 10 Feb 1871 - 30 Jun 1871
Dade, Annie M. 2 Dec 1852 - 7 Nov 1935 d/o Robert T. & Catherine H. Dade

Monocacy

Dade, Charles Grason 1859 - 28 Aug 1924 s/o John H. & Sarah Elizabeth Jones Dade
    w Viola 1866 - 20 Jan 1940
        s John Liston 1889 - 10 Aug 1945
        s Frank Bond 1892 - 9 Mar 1956
        s Thomas 11 Jun 1898 - 14 Apr 1968
Dade, John H. 9 Mary 1819 - 13 Sep 1905 s/o Robert T. & Ruth Simmons Dade
    w Sarah Elizabeth Jones 9 Jan 1828 - 28 Jul 1903 d/o William Jones
        s Edwin Franklin 31 Mar 1852 - 20 Jul 1863
        d Anna Laura 1861 - 21 Aug 1939
Dade, Col. Robert Townsend 11 Oct 1786 - 17 Feb 1873 1812 Vet. s/o Townshend Dade, D. D., M. D.
    w Ruth Simmons d. 11 Mar 1864 74 years
        c infant no dates
        s William Franklin 29 Jan 1828 - 14 Sep 1905
Dade, Robert Townsend 27 Nov 1817 - 3 May 1881 s/o Robert Townsend & Ruth Simmons Dade
    w Catherine H. 20 Dec 1818 - 22 Oct 1859
Dade, Rev. Townsend d. 6 Nov 1822 age 80 Revolutionary Patriot
Dahn, Frank W. 26 Nov 1913 - 13 Jan 1984
    w Norrine Norris 1893 - 20 Jun 1972 d/o James Henry & Nonie E. Dutrow Norris
Dailey, James F. 18 Apr 1901 - 4 Mar 1985
Daniel, William Aglionby 11 Jul 1878 - 1 Nov 1965
    w Elsie Lee White 24 Apr 1889 - 24 Aug 1969 d/o Mansfield Smith & Ella Roberta Whitmore White
        s William Aglionby Jr. d. 20 Aug 1943 MD 2Lieut Air Corps h/o Bonnie Anton Daniel
        s Mansfield White 13 Jun 1918 - 20 Mar 1994 h/o Mary White Daniel
Darby, Albert Allnutt 20 Oct 1904 - 1 Mar 1986 s/o Lawrence Allnutt & Julia Allnutt Darby
    w Alice Harrison 22 Jan 1905 - 28 Nov 1985 d/o Alden & Hattie Lawrence Harrison
Darby, Charles R. Oct 1856 - 19 Jun 1920 s/o Samuel C. & Mary Jane Harris Darby
    w Sarah "Sallie" Virginia Hendren 1855 - 19 Jun 1920
        s William Hendren 10 Sep 1882 - 18 Oct 1889
        d Nellie Vaughn 11 Nov 1886 - 1 Feb 1887
Darby, Emily Inney 19 Feb 1919 - 23 May 1999
Darby, George 17 Mar 1799 - 30 Nov 1866 s/o Basil & Rebecca Allnutt Darby
    w Verlinda Allnutt 28 Apr 1791 - 16 Mar 1851 d/o Lawrence & Eleanor Louise Dawson Allnutt
        s Basil 27 Mar 1824 - 25 Oct 1850
Darby, George Milton 7 Mar 1859 - 7 Nov 1931 s/o Lawrence Allnutt & Sarah Anne Chiswell Darby
    w Margaret Eleanor Allnutt 22 Mar 1873 - 15 Jul 1944 d/o Nathan White & Margaret Eleanor White Allnutt
Darby, Harry Clay 5 Sep 1872 - 11 Feb 1954
    w Katie Dyson 1 Sep 1876 - 18 Oct 1961 Benjamin Franklin & Catherine Jane Piles Dyson
        d Catherine Vaughn 9 Nov 1910 - 19 Oct 1978
        d Elizabeth b&d 1911
Darby, Harry Dunbar, Jr. 1947 - 4 Oct 1955 s/o Harry Dunbar & Tienny Darby
Darby, James Washington 26 Oct 1851 - 10 Jan 1925 s/o John William & Ruth Ellen Edelen Darby
    w1 Mary "Mollie" Jeanette Dade 4 Jun 1853 - 12 Sep 1885 d/o John H. & Sarah E. Jones Dade
        c Child d. Apr 1879
        d Nellie 1876 - 1877
        s Harry 1879 - Jul 1879
    w2 Gertrude E. Dade Feb 1863 - 8 Jul 1929 d/o John H. & Sarah E. Jones Dade
        c Infant 1885 - 1885
        s Lee W. 1889 - 1890
        s Grayson Dade d. Nov 1894
        s Thomas P. 1901 - 1901
Darby, John Edwin 17 Sep 1884 - 1 Aug 1975 s/o Remus Riggs & Antoinette Griffith Chiswell Darby
    w Olive Gertrude Hyatt 9 Feb 1876 - 25 Mar 1972 d/o John & Alice A. Bevard Hyatt
        d Infant 4 - 16 Jan 1897
        d Ruth Ellen 17 Dec 1890 - 10 May 1897
Darby, John Riggs 18 Jan 1910 - 10 Jun 1988 s/o John Edwin & Olive Gertrude Hyatt Darby
    w Helen W. Pyles 18 Jun 1913 - 22 Aug 1995 d/o Walter Williams & Emma Talbott Williams Pyles

Monocacy

Darby, John William 8 Mar 1822 - 22 Feb 1889 s/o George Washington & Mary Riggs Darby
    w Ruth Ellen Edelen 16 Sep 1819 - 11 Mar 1896 d/o James & Eleanor Davis Edelen
    d Eva W. 6 Jul 1849 - Oct 1873
Darby, John William Jr. 20 May 1859 - 19 Nov 1910 s/o John William & Ruth Ellen Edelen Darby
    w Virginia Lee Dorsey 25 Jun 1865 - 23 Feb 1914
    c Infant d. Sep 1891
Darby, Joseph Newton 5 Jan 1864 - 15 Sep 1951 s/o Thomas Dawson & Sarah Elizabeth Dawson Darby
    w Mary Eleanor Chiswell 4 Jul 1880 - 26 May 1952 d/o Edward Jones & Eveline White Allnutt Chiswell
    d Mary Eleanor b&d 28 Feb 1911
    s Edward Spencer b&d 21 Feb 1917
    d Infant b&d 26 Mar 1919
Darby, Lawrence Allnutt 1 Jan 1829 - 22 Nov 1914 s/o George & Verlinda Allnutt Darby
    w Sarah "Sallie" Anne Chiswell 13 Mar 1834 - 24 Jun 1913 d/o Thomas Fletchall & Mary Eleanor Jones Chiswell
    d Mary Verlinda 14 Oct 1857 - 24 Dec 1924
    d Susan Elizabeth 10 Jan 1861 - 5 Oct 1937
    d Grace Newton 27 Jun 1863 - 15 Aug 1931
    s Edward 20 Sep 1868 - 8 Aug 1945
    s Roger William 27 Feb 1878 - 28 Jun 1950
Darby, Lawrence Allnutt Jr. 19 Nov 1875 - 26 Jul 1949 s/o Lawrence Allnutt & Sarah Ann Chiswell Darby
    w Julia Allnutt 20 Nov 1877 - 2 Nov 1956 d/o Benjamin White & Rachel Ann White Allnutt
    s Lawrence Allnutt III 28 Aug 1908 - 5 Aug 1979
        w Anglea Loretta Elberth 19 Nov 1907 - Oct 1998
Darby, Rebecca Dawson Allnutt 29 Jan 1795 - 16 Jun 1822 w/o Thomas Darby *
                                  d/o James & Verlinda Hawkins Dawson Allnutt
Darby, Reginald James May 1882 - 28 May 1941 s/o James Washington & Mary Jeanette Dade Darby
    w Mary D. Hays 12 Aug 1882 - 27 Apr 1983 d/o Frederick Poole & Ida Lee Hempstone Hays
Darby, Remus Riggs 25 Aug 1847 - 10 Jul 1916 s/o John William & Ellen Ruth Edelen Darby
    w1 Antoinette Griffith Chiswell 26 Aug 1858 - 24 May 1893 d/o George Walter & Leah Griffith Chiswell
    w2 Clara Irene Fowler 4 Aug 1860 - 14 Dec 1938
    s Lawrence Jones 22 Sep 1898 - 4 Jun 1987
Darby, Richard Edwin 10 Dec 1862 - 18 Sep 1938 s/o John William & Ruth Ellen Edelen Darby
    w1 Nellie Hall 10 Apr 1864 - 30 Nov 1897
    w2 Cora John Whitaker Apr 1863 - 28 Jan 1926
    d Ruth Ellen 27 Dec 1902 - 14 May 1919
    d Infant 6 Oct 1907 - 9 Oct 1907
Darby, Samuel C. 3 Jan 1824 - 14 Dec 1897
    w Mary Jane Harris 24 Jul 1820 - 20 Mar 1897
    s Zachary T. 1847 - 11 Aug 1847
    d Sallie stone illegible
    s John E. 24 Jan 1852 - 30 Sep 1874
    s Samuel Porter d. 11 Jan 1959
Darby, Thomas Chiswell 8 Jul 1866 - 15 Oct 1952 s/o Lawrence Allnutt & Sarah Anne Chiswell Darby
    w Estelle Allnutt 4 Nov 1868 - 13 Jul 1941 d/o Nathan White & Margaret Eleanor White Allnutt
    d Valeria Wailes 9 Jan 1898 - 25 Oct 1976
    s Infant d. Jun 1900
    d Mary Elizabeth 25 Aug 1902 - 21 Jan 1992
    d Margaret Eleanor 19 Nov 1904 - 3 Jul 1991
    d Estelle Allnutt 3 Apr 1908 - 28 Jun 1992
Darby, Thomas Dawson 15 May 1826 - 5 Jun 1894 s/o George & Verlinda Allnutt Darby
    w Sarah Elizabeth Dawson 1 Jan 1831 - 19 Mar 1910 d/o Benoni & Sarah Ann Newton Jones Dawson
    d Bessie Dawson 29 Aug 1862 - 8 Feb 1940
    s George Dawson 7 Mar 1865 - 6 Jun 1865
    d Susan Augusta 17 May 1866 - 16 Aug 1866
    s Thomas Dawson Jr. 29 Oct 1867 - 21 Jun 1940
    s Robert Doyne 4 Aug 1869 - 1 Mar 1962
    s Benoni Dawson 13 Dec 1871 - 27 Mar 1871
    d Sarah Ann Valinda 9 Jan 1874 - 16 Aug 1874

Monocacy

Darby, Thomas Gordon Sr. 26 Oct 1912 - 4 Jun 1987 s/o Joseph Newton & Mary Eleanor Chiswell Darby
    w2 Maude Gross 19 Mar 1904 - 8 Jan 1991 d/o Martin T. & Minnie Stapher Gross
Darby, William LeRoy 13 Sep 1896 - 29 Mar 1963 s/o Remus Riggs & Clara Ireland Fowler Darby
    w Laura Allnutt 26 Apr 1896 - 28 Dec 1989 d/o Nathan S. & Myra Eliza Compher Allnutt
    d Natalie A. 4 Jul 1921 - 22 Aug 1922
Darby, William Washington 9 Oct 1853 - 10 Dec 1932 s/o F. Edwin & Sarah Ann Holland Darby
    w Laura Jones 12 Mar 1842 - 25 Feb 1923 d/o John Jones
Darne, Thomas Franklin 17 Aug 1867 - 22 Mar 1945 s/o Alexander & Catherine Darne
    w Isabel E. Mossburg 17 Sep 1868 - 25 Feb 1949 d/o Peter Kurtz & Margaret L. Philips Mossburg
    s Dorian Prentiss 10 Jul 1897 - 3 Jun 1988
        w Cora Arnelia Hurley 1 Sep 1895 - 31 Aug 1976 d/o Harry Mankin & Rosie E. Brown Hurley
Davidson, John Edward Jr. 3 Jul 1946 - 12 Jul 1995 s/o Hans & Johanna Paulsen Davidson h/o Gladys Carlson Davidson
Davis, Arundel Thomas 1847 - 8 Feb 1937
    w Sarah Ellen Gott 29 Jun 1846 - 25 Jan 1936 d/o Thomas Norris & Eleanor White Chiswell Gott
    s Harold Thomas d. 24 Aug 1872 0-0-28
Davis, Calvin C. 1907 - 24 Mar 1977 h/o Mildred Davis
Davis, Charles Horace 20 Nov 1911 - 28 Nov 1987 s/o Frank Isaac & Susan Boyd Griffith Davis
    h/o Esme Edythe Sharpe & Mabel Dorothy Coatsworth
Davis, Chester H. 17 Feb 1906 - 16 Dec 1993 s/o John & Annie Ruth Brown Davis h/o Anna A. Davis
    w2 Mildred Lucile Briggs 15 Oct 1911 - 13 May 1937
    d Frances Lucille 13 Jun 1936 - 4 May 1941
Davis, Edward M. d. 16 Dec 1997
Davis, Francis E. 23 Sep 1870 - 14 Feb 1940 s/o Charles E. & Catherine Davis
    w Lula Haslip Hager 14 Sep 1873 - 4 May 1947 d/o Jacob & Sarah E. Gue Hager
    s Francis E. 14 Apr 1900 - 22 Jan 1941
    s Reginald W., 1909 - 1967
Davis, Frank Isaac 4 Sep 1885 - 7 Feb 1960 s/o Howard Morsell & Mary Emma Williams Davis
    w Susan Boyd Griffith 23 Jun 1886 - 15 Jun 1975 d/o Charles Greenberry & Caroline Virginia Hempstone Griffith
    d Carolyne Virginia 17 Oct 1909 - 26 Jul 1910
Davis, George Alfred 1885 - 22 Nov 1955
    w Margaret Nolia d. 19 Jul 1967
Davis, George F. 8 Jan 1848 - 18 Jul 1928
Davis, George Vernon 3 Feb 1857 - 19 Apr 1924 s/o Isaac Howard & Catherine S. Miles Davis
    w Clara Pearre Hays 7 Mar 1859 - 13 Feb 1927 d/o Thomas Leonard & Mary Tabitha Pearre Hays
Davis, Dr. Horace Morsell Jr. 15 Jul 1881 - 8 Feb 1935 s/o Howard Morsell & Mary Emma Williams Davis
    w Lucile Skinner Dodson 2 Oct 1878 - 16 Feb 1965 d/o R. .A. Dodson
Davis, Harry J. 30 Jul 1891 - 23 Sep 1966
Davis, Howard Morsell Sr. 11 Jun 1851 - 9 Oct 1936 s/o Isaac Howard & Catherine S. Miles Davis
    w Mary Emma Williams 16 Dec 1955 - 25 Apr 1932
Davis, Isaac Howard 12 Jun 1818 - 5 Mar 1901 s/o George & Elizabeth Hyatt Davis
    w Catherine S. Miles 2 Oct 1822 - 5 Jul 1897
    s Rufus Hamilton 1 Feb 1846 - 18 Jan 1933
        w Victorine Smith Jan 1849 - 3 Dec 1934 d/o Nacey W. & Anna A. Anderson Smith
Davis, James Lynn Jr. 19 Mar 1849 - 29 Jan 1903 s/o James Lynn & Elizabeth Garland Hamner Davis
    w Jane Plater Brewer 1851 - 7 Jan 1891 d/o Nicholas & Martha Plater Williams Brewer
    d Mary Brewer 25 Oct 1881 - 2 Mar 1968
    d Nannie Hamner 19 Dec 1885 - 28 Apr 1893
Davis, Jesse Wilson 23 Nov 1912 - 21 May 1976 s/o John & Ruth Davis
    w Ruth H. Young 25 Jul 1912 - 23 Jun 1987
Davis, John J. 1863 - 15 Jan 1949
    w Annie Ruth Brown 1874 - 2 Jan 1969 d/o Andrew Jackson & Sarah E. Peters Brown
Davis, John Wallace 17 Aug 1854 - 6 Aug 1933 s/o Isaac Howard & Catherine S. Miles Davis
    w Harriet Abaigail Hays 22 Apr 1861 - 22 Apr 1925 d/o Thomas Leonard & Mary Tabitha Pearre Hays
    s Notley Hays 19 Dec 1883 - 1 Jun 1953
        w Mary Loretta Brosius 22 Mar 1886 - 19 Apr 1968 d/o Charles Thomas & Laura Virginia Trundle Brosius
Davis, John Wallace Jr. 8 Oct 1887 - 20 Jul 1971 s/o John Wallace & Harriet Abigail Hays Davis
    w Margaret Jane Magruder Van Sise 12 Apr 1893 - 11 Sep 1988 d/o Walter Van Sise
    d Harriet Jane 19 Oct 1921 - 19 Oct 1923

Monocacy

Davis, Leonidas Wilson 18 Oct 1862 - 18 May 1947 s/o Isaac Howard & Catherine S. Miles Davis
    w Mary Harrison Griffith 1864 - 24 Jan 1937
Davis, LeRoy 1931 - 14 Jan 1978 s/o Ray & Effie B. McDonough Davis
Davis, Mary E. Young 1853 - 12 Nov 1906 d/o Samuel C. & Eugenia T. Young
Davis, Nina R. Mobley d. 23 May 1935 d/o Howard S. & Mollie E. Mobley
Davis, Robert 24 Aug 1917 - 25 Feb 1918
Davis, Solomon d. 10 Jul 1822 48 years
Dawson, Americus 15 Jan 1820 - 5 Jul 1891 s/o James Mackall & Ann Allnutt Dawson
    w Rachel Ann White Trundle 20 Jan 1840 - 21 Apr 1910 d/o Otho Wilson & Sarah White Trundle
Dawson, Dr. Benoni 27 Oct 1797 - 11 Jan 1851 s/o Robert Doyne & Sarah Newton Chiswell Dawson
    w Sarah Ann Newton Jones 23 Mar 1808 - 17 Apr 1879 d/o Jos. Jas. Wilkerson & Ann Newton Chiswell Jones
Dawson, Charles E. 27 Jun 1863 - 1 Jan 1910
Dawson, Eleanor 12 Feb 1869 - 28 Feb 1878 *
Dawson, James Mackall 11 Jun 1775 - 11 Jan 1867 s/o Nicholas Lowe & Mary Mackall Dawson *
    w Ann "Nancy" Allnutt 6 Sep 1779 - 5 Aug 1854 d/o Lawrence & Eleanor Louise Dawson Allnutt *
    d Susan d. 23 Nov 1880 56 years
Dawson, James Mackall Jr. 13 Sep 1812 - 1 Aug 1888 s/o James Mackall & Ann Allnutt Dawson
    w Louisa V. Hepburn 5 Apr 1829 - 23 Nov 1906
    s James P. 18 Mar 1858 - 31 Oct 1863
    d Mary E. 1860 - 8 Jul 1913
    d Virginia O. d. 12 Sep 1955
    s James Mackall III 2 Dec 1871 - 12 Dec 1871
Dawson, John Hollyday 2 Aug 1905 - 3 Oct 1995
    w Dorothy Wootton 25 Jun 1913 - 13 May 1993
Dawson Nicholas Lowe 21 Jul 1804 - 17 Apr 1890 s/o James Mackall & Ann Allnutt Dawson
    w Cyanne Prince 1 Sep 1819 - 30 Oct 1895
    s Thomas G. 26 Mar 1858 - 28 Mar 1932
Dawson, Robert Doyne 10 Jul 1758 - 13 Aug 1824 s/o Thomas & Elizabeth Hawkins Lowe Dawson
    w1 Sarah Newton Chiswell 29 May 1754 - 13 Nov 1806 reinterred from Chiswell Farm in Poolesville 1905
                                d/o Stephen Newton & Sarah Odell Newton Chiswell
    d Mary Doyne d. 7 Feb 1784 age 12 years *
    d Mary Elizabeth 22 Jul 1794 - 4 Feb 1852 reinterred
    s Joseph Newton 20 Feb 1796 - 10 Jul 1869
    s George Washington 28 Nov 1799 - 26 Dec 1874 reinterred
    w2 Henrietta Lowe 9 Mar 1779 - 31 Mar 1855
    d Henrietta 24 Mar 1818 - 17 Mar 1837
    d Rebecca 15 Jan 1820 - 14 Apr 1824
Dawson, Thomas 20 Feb 1787 - 15 Apr 1852 65-1-25 s/o Robert Doyne & Sarah Newton Chiswell Dawson
    w Susanah Hawkins Allnutt d. 1 May 1826 37-5-15 d/o Lawrence & Eleanor L. Dawson Allnutt
Dawson, William Cyrus d. 23 Sep 1816 s/o Nicholas Lowe & Mary Mackall Dawson *
    w Elizabeth Allnutt 28 Apr 1782 - 14 Feb 1839 d/o Lawrence & Eleanor Louise Dawson Allnutt *
    s William Cyrus d. 14 Dec 1824 age 12 years *
Dawson, William Prince 21 Jan 1853 - 16 Jul 1918 s/o Nicholas Lowe & Cyanne Prince Dawson
    w Emma C. Veirs 18 Aug 1854 - 15 Jan 1940 d/o Edward M. & Sarah A. Riley Veirs
    s Nicholas Lowe 23 Apr 1885 - 16 Sep 1944
    s William Veirs 17 Jun 1890 - 26 Feb 1959
        w Virginia Mays 1896 - 18 Jul 1975
Day, Charles William 16 May 1918 - 25 Jan 1994 s/o Edward & Mary Elizabeth Profitt Day
    w2 Mary Louise Brown 24 Feb 1918 - 27 Nov 1981 d/o Bernard & Grace Kidd Brown
Day, James Edward 1914 - 29 Oct 1996 h/o Mary Louise Day
    s James Edward Jr. 11 Dec 1948 - 5 Nov 1975 ATN 1 US Navy
Day, Lynne Rush 18 Jun 1938 - 15 Dec 1988
Day, Mary Elizabeth 1881 - 4 Jan 1954
Deadrick, Louanna Stottlemyer 1 Aug 1941 - 9 Oct 1994 w/o Robert Deadrick d/o Harry & Mildred Poole Stottlemyer
Deadrick, Raymond M. 9 Jul 1896 - 21 Jul 1965
    w Juanita Brownlee 10 Aug 1897 - 31 May 1978 d/o William & Mary Jane East Brownlee
    s Joseph William 26 Jun 1928 - 29 Nov 1989

                                * indicates stone moved from Allnutt Family Cemetery at "Mother's Delight"

Monocacy

Dean, Charles Earle 23 May 1898 - 9 Nov 1993
    w Mildred Waters 17 Feb 1904 - 11 Sep 1981
Dean, Smith P. 1891 - 28 Jan 1968
    w Lucille Fox 1901 - 10 Aug 1986 d/o Thomas B. & Sally Fox
DeAtley, Helen 20 Dec 1903 - 17 Jan 1994
de Beck, Thomas O. 1897 - 23 Mar 1944 WW I Veteran
    w Gail Wade 1895 - 28 Feb 1980
    s Infant d. 14 Jun 1965
deCarlo, Jean Frances Kaemfer 7 Oct 1949 - 27 Jan 1966 w/o Joseph Nicholas deCarlo d/o Charles V. & Mary B. Pillette

Derr, Hannah R. 1859 - 24 Dec 1942
Derr, Harriet A. 1858 - 5 Apr 1938 d/o Frederick & Elizabeth Derr
Devilbiss, I. A. 22 Dec 1831 - 4 Sep 1910
    w Caroline 5 Jul 1826 - 24 May 1896
Dickerson, Alonzo 14 Sep 1874 - 21 Aug 1879
Dickerson, Charles Milton 13 Aug 1867 - 29 Nov 1944
Dickerson, Eugenia T. 16 Apr 1877 - 15 Jul 1897
Dickerson, George H. 3 Jun 1871 - 23 Apr 1960
    w Myrtle M. 2 Dec 1878 - Feb 1922
Dickerson, Martha H. 23 Aug 1870 - 4 Jun 1944
Dickerson, Mary Margaret 16 Dec 1811 - 7 Oct 1888 d/o Nathan S. & Margaret Turnbull Dickerson
Dickerson, Nathan Cook 1810 - 14 May 1891 s/o Nathan S. & Margaret Turnbull Dickerson
    w Christy A. Hempstone d. 20 Jun 1884 d/o Christian T. & Mary R. Hempstone
    s William Harrison 28 Jun 1838 - 19 Jul 1912
        w Elizabeth Ellen Trundle 10 Nov 1842 - 16 Sep 1926 d/o Otho Wilson & Sarah White Trundle
    s Nathan Cook D. 26 Oct 1859 - 16 Feb 1905
Dickerson, William Harrison 28 Jun 1838 - 19 Jul 1912 s/o Nathan Cook & Christy A. Hempstone Dickerson
    w Elizabeth Ellen Trundle 28 Nov 1842 - 16 Sep 1926 d/o Otho Wilson & Sarah White Trundle
    s E. Milton 24 Nov 1867 - 16 Apr 1943
    d Edith 7 Sep 1870 - 14 Dec 1933
    d Lillian 24 Dec 1871 - 15 Dec 1951
    s Edwin Trundle 6 Nov 1878 - 5 Feb 1958 h/o Jennie R. Bier Dickerson, Judge of Supreme Bench, Balto.
Dickerson, William Harrison Jr. 1869 - 14 Dec 1930 s/o William Harrison & Elizabeth Ellen Trundle Dickerson
    w Moselle Jarboe Nov 1875 - 20 Feb 1957 d/o Eugene Edwin & Mary Eleanor Jones Jarboe
Dickinson, Carol LaRue Norris 1900 - 22 Jun 1941
Dill, Elmer B. 11 Jan 1908 - 2 Oct 1969
    w Catherine Morningstar 5 Jun 1907 - 26 Jan 1992 d/o Edgar John & Agnes Honore Manion Morningstar
Dixon, Albert Sidney 1866 - 5 Feb 1936
    w Margaret F. 1869 - 26 Feb 1936
    s Calvin S. d. 1919 reinterred from Mt. Pleasant Methodist
    s John Paul d. 24 Nov 1965
    s Sidney E. 19 Dec 1902 - 13 Nov 1979
        w Esther Macie 23 Jul 1908 - 29 Oct 1962
Dixon, Eberle Thomas 17 Feb 1871 - 14 Oct 1953
    w Zora Viola Peters 28 Oct 1887 - 2 Mar 1975 d/o Horace Thomas & Jemima Drucilla James Ellen King Peters
Dixon, Eugene Dewitt d. 16 Jan 1998
Dixon, Irving Doyle 4 Jul 1922 - 21 May 1990 M SGT US Army WWII, Korea h/o Irene F. Dixon
Dodd, William H. 21 May 1876 - 17 Jul 1943
    w Phebe Ella 12 Jun 1880 - 13 Dec 1925
    d Ocie Ella 15 Jun 1903 - 30 Nov 1964
    s Harry H. 1921 - 4 Sep 1926
Dodson, Burgess E. 1904 - 15 Jul 1967
    w Dollie T. 3 Nov 1904 - 16 Oct 1953
    s Upton Leon Sr. 27 Oct 1923 - 25 Mar 1993 h/o Mary L. Dodson
    s Robert Edison 6 Sep 1937 - 9 Aug 1948
    d Ida d. 20 Oct 1944

Monocacy

Donn, Francis Cookman 1842 - 1908
    w Anne "Nannie" Estelle Sellman Nov 1860 - 11 May 1934
        d/o William Oliver & Ann Priscilla Woodward Sprigg Sellman
Dorsett, Telfair Bowie 20 Jan 1900 - 25 Apr 1967
    w Helen Elizabeth Jeffery 26 Feb 1907 - 29 Nov 1986 d/o Simon Jr. & Bessie Call Jeffrey
Dorsett, William Newman 26 Jun 1928 - 23 Oct 1999
Douglas, John d. 2 Nov 1832 age 36 years of Castle Stewart, Wigtonshire, Scotland
Dove, John Harvey 21 Sep 1877 - 25 Dec 1957
    w Martha Etta 4 Nov 1884 - 19 Aug 1962
Downs, James Robert 22 Feb 1922 - 4 May 1982 s/o Maurice C. & Sarah F. Downs
    w Clara N. 11 Apr 1924 - 22 Jan 1981
Downs, Leona Sadie 1908 - 7 Nov 1998
Downs, Maurice Allen 5 Jul 1952 - 11 Aug 1982
Downs, Maurice C. 7 Feb 1885 - 17 Aug 1971
    w Sarah F. 21 Jun 1885 - 9 Dec 1971
    s Maurice W. 14 Aug 1906 - 8 May 1966
Doyne, Henrietta 24 Mar 1818 - 17 Mar 1837
Driver, Charles Wilson 1877 - 2 Sep 1938
    w Myra Munger 1876 - 2 May 1964
Dronenburg, Harry Nicholas 2 Aug 1924 - 7 Jun 1968 s/o Harry Allnutt & Sarah Whitmore Dronenburg
    w Mary Frances Poole 19 Oct 1935 - no date d/o Frances Marion & Mary Virginia Young Poole
Duff, Corrine Dawson 23 Nov 1883 - 2 May 1925 d/o William Prince & Emma C. Veirs Dawson
Duffy, Harold Arthur 17 May 1912 - 13 Aug 1984
    w Margaret Estelle 7 Dec 1916 - 14 Sep 1995
Dugan, Phebe d. Dec 1881 w/o John Dugan
Dulcan, James Newman Brown 1 Oct 1944 - 2 Jun 1989 h/o Suzanne P. Dulcan
Dunnigan, Arthur Blaine 22 Nov 1894 - 24 Sep 1942
    w Bess Blanche Leffel 28 Feb 1886 - 29 Nov 1980 d/o Lewis E. & Julia Thornton Leffel
Dutrow, B. Hershey 1866 - 14 Mar 1924
    w Lulu Belle Williams 1870 - 23 Feb 1954 d/o James E. & Sarah Jane Burdette Williams
Duvall, William D. 7 Feb 1852 - 10 Aug 1901 [reinterred from Mt. Pleasant]
    w Malinda Eliza 21 Mar 1853 - 28 Apr 1932
Dyson, Benjamin Franklin 7 May 1829 - 5 Dec 1910 s/o Jeremiah & Tephenas Veirs Dyson
    w Catherine Jane Piles 7 Jul 1838 - 27 Mar 1912 d/o Hilleary & Matilda Brunner Piles
    s Joseph Brunner Piles 1 Feb 1864 - 10 Feb 1930
    d Mary Jane 31 Aug 1865 - 12 Jan 1934
    s Benjamin Franklin 1868 - 28 Dec 1923
    s William Jerry 12 Oct 1869 - 4 Feb 1946
    s Elijah Veirs 13 Apr 1871 - 13 Aug 1871
    d Matilda Tephanas 30 Nov 1874 - 11 Feb 1926
    s Paul 12 Oct 1877 - 4 Dec 1934
    s Eddy 31 Mar 1879 - 7 Aug 1880
    c Infant 1881 - Oct 1881
Dyson, Harry K. d. 10 Sep 1931
    w Clara Manakee 1875 - 3 Apr 1939 d/o William & Georgeanna Mannakee
Dyson, Joseph 23 Nov 1827 - 29 Mar 1898 s/o Jeremiah & Tephenas Veirs Dyson
Dyson, Samuel 5 Dec 1811 - 26 Mar 1882 s/o Jeremiah & Tepenas Veirs Dyson
Dyson, Dr. Vernon H. 24 Dec 1866 - 5 Oct 1923 s/o Benjamin Franklin & Catherine Jane Piles Dyson
    w Lena M. Warfield 7 May 1872 - 15 Aug 1940 d/o Israel G. & Maria Griffith Warfield

Eader, Paul L. 25 Aug 1915 - 21 Oct 1987 h2/o Frances Ella Umstead Sears Eader
Earl, George Russell 24 May 1888 - 10 Dec 1966
    w Essie R. Gardner Stephens 10 Apr 1893 - 13 Feb 1980 w/o Robert Edgar Stephens
        d/o James W. & Eliza Harman Gardner

Monocacy

Eaton, James H. 1868 - 2 Mar 1929
    w Ella May 16 May 1886 - 9 Feb 1927
    s Lawrence Campbell 30 May 1907 - 18 Mar 1972 MD PVT US Army WWII
Edmonston, Ann Elizabeth Williams 26 May 1870 - 1 Mar 1976 d/o John Henry & Sarah White Williams
Edwards, Winfield Scott 1876 - 8 Nov 1960
Elgin, Arthur Carpenter 29 Mar 1906 - 22 Nov 1982 s/o Arthur Gorman & Diana Evans Carpenter Elgin
    w Ellen Dawson Allnutt 21 Apr 1907 - 12 Jul 1996 d/o Lawrence A. & Ella Virginia Thomas Allnutt
Elgin, Arthur Gorman 4 Oct 1877 - 6 Mar 1959 s/o Charles F. & Helen Douglas Smith Elgin
    w1 Diana Evans Carpenter 23 Aug 1881 - 27 Nov 1920 d/o John Evan & Rachel Johnston Carpenter
    s Clifford Howard 18 May 1912 - 8 Apr 1934
    w2 Mary Sterling Aldridge 7 Sep 1896 - 24 Jul 1970 d/o John & Susan Cameron Aldridge
Elgin, Charles Fenton 1832 - 5 Apr 1914 s/o William S. & Mary Garrett Elgin
    w Helen Douglas Smith 1837 - 29 Mar 1911 d/o George Washington Hunter & Mary E. Rice Smith
    s John Thomas 23 Sep 1869 - 29 Aug 1952
    s Edward Wootton 19 Nov 1871
    d Cleopatra 1875 - 1877
Elgin, Charles William Sr. 18 Sep 1915 - 18 Jan 1997 s/o Arthur Gorman & Diana Evans Carpenter Elgin
    w Dorothy Ann Jones 29 Oct 1919 - no date d/o John Augustus Jr. & Mary Jane Pyles Jones
Elgin, James Burton d. 27 Jun 1920 81-2-12 s/o William S. & Mary Garrett Elgin
    w Sarah Taylor d. 12 Feb 1917 62-2-4 d/o Benjamin & Nancy Taylor
    d Fannie C. d. 27 Feb 1934
    d Hattie K. 24 Feb 1868 - 21 Jan 1947
    s Charles Ogelbie 22 Mar 1870 - 11 Nov 1948
Elgin, John Edward 17 Mar 1908 - 25 May 1984 s/o Arthur Gorman & Diana Evans Carpenter Elgin
    w1 Emily Blandford 17 Sep 1911 - 30 May 1955 d/o Douglas & Emily Yellot Blanford
Elgin, Dr. William Franklin 16 Sep 1861 - 18 Apr 1938 s/o James Burton & Sarah Taylor Elgin
    w Mary Estelle White 18 Dec 1861 - 27 Feb 1963 d/o Thomas Henry & Mary Ellen Gott White
    d Franklyn Estelle 3 Jul 1899 - 1 Mar 1968
Elkins, George R. d. 15 Dec 1928
    w Catherine d. 30 Nov 1945
    s Joseph Milton d. 30 Mar 1934
Elliott, Clara Virginia Poole 27 Aug 1930 - 18 Feb 1953 w/o Grafton E. Elliott
        d/o Roger Raymond & Alta Bertha Young Poole
Elliott, George Thomas 1879 - 23 Apr 1935
Elsdon, Bruce Harry 20 Mar 1945 - 5 Feb 1963
Elsdon, Robert M. 16 Jun 1910 - 3 Nov 1947
Elsdon, Thomas 1874 - 26 Sep 1953
    w Mary G. Reid 1875 - 14 Sep 1952
Elton, Reuel W. 9 May 1890 - 11 Jan 1944
    w Ellen Reid 1903 - Dec 1983 d/o Stephen A. & Eliza Estelle Young Reid
Embrey, Helen 1928 - 3 May 1969
Emerson, Edward Simpson 9 Sep 1849 - 18 Sep 1914
    w Georgiana 8 Apr 1850 - 19 Mar 1907
    s Worthington B. 26 Jan 1881 - 9 Jul 1881
    s Benjamin Lee 1883 - 4 Apr 1933
    d Lulu Thompson 1884 - 3 May 1940
    s Grover C. 1887 - 3 Nov 1954
Emerson, Maurice A. 1 Jan 1871 - 14 Oct 1949 s/o Edward Simpson & Georgiana Emerson
    w Etta Bready 14 Nov 1874 - 22 Mar 1973
English, Paul P. 9 May 1901 - 16 Aug 1982 s/o Paulger & Della Sayer English
    w Grace Clark Poole 22 Sep 1905 - 5 Jan 1998 d/o Algernon & Mary Willson Waters Poole
Ensor, Harry McLain Jr. 11 Feb 1925 - 1 Feb 2000 s/o Harry McLain & Martha C. Luhn Ensor h/o Frances Carlisle Ensor
Evans, Alvin Lee 16 Jan 1925 - 27 Oct 1981 h/o Wilma E. Evans s/o Daniel & Mary Thomas Evans
Evans, Fred Samuel 9 Oct 1913 - 23 Apr 1978
    w Louise B. Warfield 4 Sep 1916 - 17 May 1999 d/o William Garrett & Bette E. Harding Warfield
Evans, Joseph 12 Jun 1904 - 13 Jan 1973
    w Ola Lee 24 Mar 1909 - 6 Oct 1977

Monocacy

Evans, Walter Lee Jr. 1 Feb 1964 - 25 May 1985
Everett, William Bowers III 28 Jun 1870 - 14 Nov 1944
    w Anne Duvall White 27 Jul 1895 - 3 Mar 1978 d/o Lawrence Allnutt & Annie Oliver Belt White
Everhart, Catherine Davis 5 Oct 1902 - 6 Jun 1992
Everhart, Daniel H. d. 12 Jun 1915

Fawcett, Alfred d. Dec 1883
Fawley, Charles William 1879 - 16 Dec 1961 "Father" s/o William B. & Margaret Anne Wright Fawley
    w Ada Catherine 1880 - 18 Jun 1935 "Mother"
    s Charles William Jr. 24 Jul 1905 - 1 Sep 1972
    s Robert Berkley 11 Apr 1907 - 27 Aug 1979
        w Eileen B. 12 Feb 1901 - 20 Jul 1982
Fawley, Harland Berkley 7 Jan 1884 - 8 Apr 1964 s/o William B. & Margaret Anne Wright Fawley
    w Virgie O. Matthews 12 Feb 1884 - 4 Feb 1971 d/o John Edwin & Annie Sibyll Mossburg Matthews
    s C. David d. 26 Aug 1907 1-2-18
    d Olivia Virgie d. 18 Jul 1909 0-3-2
Fawley, Harry B. 12 Sep 1893 - 18 Mar 1944 s/o William B. & Margaret Anne Fawley
    w Lillian Lee Luhn 9 Apr 1899 - 3 Apr 1921 d/o Randolph & Sarah Elizabeth Price Luhn
    c Infant d. 20 May 1939
Fawley, William B. 12 Dec 1853 - 7 May 1939
    w Margaret Anne Wright 5 Feb 1857 - 23 Dec 1938
Feeney, John A. 17 Jul 1873 - 23 Mar 1949
    w Ida Marie Wright 5 Feb 1878 - 17 Jan 1963 d/o Samuel P. Wright
Ferril, Dorothy Edna Clements 11 May 1917 - 28 Nov 1993 w/o Dale Ray Ferril d/o Thomas H. & Edna Phelps Clements
Ferris, Charles 1930 - 23 Sep 1991 USAF Korea h/o Patricia A. Ferris s/o Richard B. & Mildred Warner Ferris
Ferris, Doris Marie 22 May 1925 - 3 Oct 1996
Ferris, Helen Violette 14 Jul 1911 - 27 Nov 1961 w/o Clarence Alfred Ferris d/o Arthur & Katie Howard Violette
Field, Mary Story 15 Oct 1871 - 25 May 1910 d/o Thomas S. & Sidonia Frances Hilton Story
Fields, Clayton Spencer 11 Jun 1857 - 18 Mar 1927 s/o Judson G. & Elizabeth Ann West Fields
    w Frances Wood 19 Feb 1866 - 27 Jan 1929
    s Armstead W. 17 May 1892 - 12 Jun 1958
    s Charles G. d. Feb 1892
    s Roger E. 9 Jun 1893 - 20 Sep 1945
    c Infant d. Sep 1894
    c Infant d. Apr 1896
    s Infant d. Sep 1896
    s Clayton Spencer, Jr. 7 Jul 1897 - 29 Feb 1956
        w Gladys Mae Hawkins 17 Feb 1901 - 4 Jan 1991 d/o Joseph Charles & Margaret Watkins Hawkins
    c Infant d. Dec 1902
Fields, Judson G. 4 Jun 1821 - 4 Dec 1903
    w Elizabeth Ann West 19 Oct 1830 - 7 May 1913
Fike, Denzil Raymond 28 Oct 1898 - 20 Feb 1991
    w Mary E. Hawkins 2 Oct 1901 - 6 Jun 1950 d/o Thomas C. & Annie Gertrude Hawkins
Fink, Charles Ernest 1900 - 5 Feb 1974 s/o Milton Colfax & Lillie B. Fink
    w Sarah W. 22 Jun 1905 - 17 Jul 1981
Fink, Milton Colfax 1868 - 14 Sep 1954 s/o Walter & Sallie Eloise Cooley Fink
    w Lillie B. Norris 1871 - 26 Jan 1927
    d Clara Edith 28 Feb 1897 - 18 Oct 1995
    s Paul M. 1901 - 11 Feb 1956 h/o Mary Fink
Fink, Walter Lee 28 Feb 1904 - 9 Sep 1967 s/o Milton Colfax & Lillie B. Fink
    w Sallie Eloise Cooley 4 Nov 1906 - 25 May 1996 d/o Claude & Jane Cooley
    d Doris Jeanette 6 Jul 1925 - 11 Jun 1943
Fisher, Albert Boyd 1 Aug 1871 - 5 Jul 1938 s/o George C. & Sarah Agnes Spates Fisher
    w Laura Willard 14 Jan 1876 - 29 Apr 1951
    s Albert Boyd Jr. 1903 - 28 Sep 1964
        w Ruth M. 1902 - 30 Jul 1979
    d Agnes Lauretta 29 Jun 1907 - 5 Mar 1910
    d Anita Willard 20 Jan 1913 - 30 Jul 1913

Monocacy

Fisher, Carl T. 2 Dec 1902 - 17 Feb 1967 s/o Jacob T. & Lelia H. Fisher
    w Ruth Feaga 6 Feb 1903 - 13 Aug 1972 d/o Luther E. & Bertie Bare Feage
Fisher, Frank S. 9 Sep 1908 - 19 Apr 1993 s/o Thomas S. & Mary Catherine Allnutt Fisher
    w Helen D. 18 Jul 1914 - 4 May 1992
Fisher, George C. 11 Mar 1838 - 5 Jun 1910
    w Sarah Agnes Spates 20 Jul 1851 - 13 Jan 1916 d/o George W. & Ann Boyd Field Spates
    d Lulu 1 Dec 1875 - 26 Oct 1876
Fisher, Infant d. 17 Mar 1900 d/o C. A. & Anna M. Fisher
Fisher, Jacob T. 17 Aug 1880 - 8 May 1967 s/o George C. & Sarah Agnes Spates Fisher
    w Lelia Gertrude 2 Mar 1881 - 8 Nov 1962
Fisher, Joseph R. 15 Feb 1819 - 17 Apr 1862 s/o Martin T. & Priscilla Poole Jones Fisher
    w Mary V. Carlley d. 3 Apr 1885
    s Herbert L. d. Dec 1880
    s John G. 8 Jul 1851 - 31 Jul 1851 reinterred
Fisher, Martin T. 16 Dec 1789 - 18 Feb 1832 reinterred
    w Priscilla Poole Jones 3 May 1798 - 3 Feb 1880 d/o Hanbury & Elizabeth Poole Jones
    s Herbert I. 21 Jan 1812 - 16 Jun 1912
    s Joseph R. 29 Jun 1815 - 13 Jul 1816 reinterred 9 Dec 1880
Fisher, Martin T. 6 May 1833 - 30 Mar 1890 reinterred
Fisher, Thomas S. 10 Feb 1873 - 6 Sep 1920
    w Mary Catherine Allnutt 3 Sep 1870 - 2 Nov 1950
    s George Allnutt 16 Feb 1898 - 17 Mar 1973
Fisk, Mary Virginia Johnson 9 Apr 1920 - 19 Mar 1995 d/o Jacob Middleton & Beulah Virginia McDonough Johnson
    w/o Richard Carroll Fisk
Fitzgerald, Charles W. 6 May 1899 - 21 Feb 1982
    w Virginia Jones 12 Nov 1895 - 1 Apr 1987
Fitzsimmons, Paul B. 1910 - 1990
    w Caroline Beall 1913 - no date
Fletchall, Arthur Poole 13 May 1857 - 18 Jan 1936 s/o John Thomas & Mary S. Poole Fletchall
    w Lulu Jane Beecher Hall 1862 - 21 Dec 1941 d/o Thomas Randolph & Clarinda Beecher Phillips Hall
    d Genevieve d. 5 Mar 1890
    d Bertha Estelle 18 Jul 1893 - 3 Jan 1963
    s John Thomas 1896 - 12 Jan 1981
    d Annette Rose 19 Jul 1900 - 26 Aug 1966
Fletchall, John Thomas 11 Aug 1824 - 11 Dec 1893 s/o George Walter & Eleanor White Chiswell Fletchall
    w Mary S. Poole 30 Oct 1825 - 30 May 1903 d/o Benjamin & Ann Willett Poole
    s John b&d 26 Mar 1851
    d Harriet Aug 1852 - 7 May 1853
    s George Walter 1853 - 14 Apr 1903
    s William Thomas 1854 - 27 Feb 1856
Fling, George Thomas 10 Oct 1910 - 16 Jan 1982 s/o Howard & Bertha Simpson Fling h/o Elizabeth L. Fling
Fogle, Marie Edith Leppo 1924 - 14 Dec 1989 d/o Charles H. Leppo w/o Gilbert Fogle
Ford, Altus Lacy 23 Jul 1925 - 30 Mar 1977
    w Betty Ann 15 Sep 1926 - 29 Nov 1994
    s Lewis Eugene 27 Jul 1950 1 Mar 1982 "Son"
Ford, Henry W. 1870 - 26 Oct 1964
    w Ida Mae 1882 - 11 Feb 1954
    c Infant 27 Dec 1915 - 28 Dec 1915
    d Infant b&d 27 Dec 1916
Ford, James d. 16 May 1913 72 years
    w Ellen F. d. 21 Nov 1929 82 years
    s Daniel F. 1872 - 22 Sep 1959
    s John J. d. 16 Sep 1910 25-8-0
Ford, Judith Mary Cox 25 Aug 1946 - 21 May 1991 d/o Joseph & Mildred R. Cox w/o Joseph D. Ford
Ford, Lee N. 1880 - 12 Aug 1943
    w Mary Elizabeth Fox 5 Jun 1889 - 8 Nov 1983 d/o Charles Edward & Martha Ellen Fry Fox
    s William H. 1920 - 1974
    s Aubrey Thomas Nov 1921 - 22 Nov 1983
    c Infant d. 22 Aug 1922

Monocacy

Ford, Pearl Dean 15 Jul 1895 - 2 Apr 1971 "Father"
    w Violet Estella 1905 - 27 Oct 1989 "Mother"
Ford, Thomas Davis 1882 - 16 Apr 1944
    w Lottie E. Fox 1893 - 1977 d/o Charles Edward & Martha Ellen Fry Fox
Forrest, Julius Crawford d. 15 Dec 1972
    w Margaret Ann Norris 1873 - 21 Oct 1966 d/o John T. & Margaret Ann King Norris
Foster, Francis 18 Dec 1909 - 9 Aug 1965 MD CY US Navy WWII h/o Virginia Lydanne Darby Foster
Fowler, Charles Grundy 19 Apr 1907 - 24 Feb 1967
    w Jennie Marie 15 Aug 1908 - 27 Dec 1951
Fowler, Elizabeth Ann 10 Oct 1979 - 11 Oct 1990 d/o Carl Sr. & Deborah Gravley Fowler
Fox, Charles Edward d. 9 Aug 1940 age 91
    w Martha Ellen Fry d. 26 Feb 1938
    s George d. 1940 48-5-7
    s Owen Stanley d. 25 Oct 1927
    s John Henry d. 13 Mar 1932
Fox, Charles Edward Jr. 6 Jun 1883 - 18 Jun 1954 s/o Charles Edward & Martha Ellen Fox
    w Emma M. d. 3 Apr 1937
Fox, Emma L. 5 Dec 1888 - 2 Apr 1937
Fox, Thomas Benton 1872 - 8 May 1934
    w Effie C. Munger 1878 - 1 Jul 1975
Fox, William Guy 30 Dec 1910 - 6 Mar 1975
Frazier, Alice Georgeanna Hawkins 12 Jul 1911 - 28 Jul 1955 d/o Thomas Clinton & Annie Gertrude Hawkins
Freeman, Rosalie Jones 20 Jan 1908 - 14 May 1995 w/o Dr. Julian D. Freeman
Freeman, William Edmund 1887 - 15 Feb 1955
    w Anna Lee Poole 26 Jul 1888 - 11 Feb 1961
    s William Edmund Jr. 11 Feb 1914 - 2 Aug 1990
Fritz, Charles W. 23 Mar 1905 - 17 Mar 1972
    w Lana Fisher 31 Aug 1908 - 3 May 1986 d/o Jacob T. & Lelia Gertrude Fisher
Frye, Caroline 1871 - 25 Jan 1957
Frye, Herman Leon 17 May 1900 - 12 May 1975 s/o Mason Lewis & Mary I. Carlisle Frye
    w Nina E. Trail 11 Apr 1901 - 20 May 1993 d/o Henson Edward & Ida Mae Dora Andrews Trail
    s Herman Leon Jr. 5 Dec 1938 - 18 Dec 1938
Frye, Howard 1872 - 19 Oct 1964
    w Alice Beall 1880 - 11 Mar 1963 d/o Winfield Scott & Melissa Moulden Beall
Frye, Mason Lewis 25 Jul 1868 - 11 Feb 1936
    w Mary I. Carlisle 5 Nov 1872 - 11 Oct 1932 d/o Richard Clarence & Frances C. Appleby Frye
Fulton, Richard J. Sr. 3 Apr 1926 - 31 Oct 1994 US Navy WWII
    w Jane Pollock 20 Sep 1925 - 21 OCt 1993 d/o George Findlay Jr. & Grace Amelia Dutrow Pollock
Fulton, Ward Alexander 30 Nov 1898 - 28 Mar 1980 s/o William Cyrus & Margaret Sharp Fulton
    w Jennie Coleman 1 May 1898 - 28 Feb 1981
Furr, Turner 7 Jan 1929 - 24 Dec 1999 s/o Lawrence Richard & Mary Bellar Furr
Fyffe, Isaac 27 May 1874 - 6 Aug 1947 s/o Thomas & Mary E. Offutt Fyffe
    w Elizabeth Dade Darby 25 Jul 1874 - 19 Nov 1956 d/o James Washington & Mary Jeanette Dade Darby
    d Evelyn Darby 1910 - 4 May 1913
Fyffe, Joseph Lee 20 Nov 1910 - 2 Aug 1995
Fyffe, Walter B. 19 Jan 1878 - 15 Sep 1919
Fyffe, Walter Lawrence 7 Nov 1907 - 14 Jul 1995
Fyffe, Thomas 28 Aug 1841 - 16 Oct 1908
    w Mary E. Offutt 10 Nov 1847 - 3 May 1929 d/o Colmore & Ann E. Poole Offutt
    s Thomas E. 28 Mar 1872 - 5 Aug 1873
    d Sarah Aldah 1875 - 25 Jun 1947
    d Agnes Willet 17 Sep 1882 - 10 Mar 1890
    s Benjamin Richard 24 May 1890 - 14 Jan 1920
    s John Thomas 5 Apr 1906 - 1 Dec 1977
        w Martha Columbia Cooley 5 Aug 1908 - 26 Aug 1980 d/o George Fulton & Betty Columbia Wood Cooley

Monocacy

Gallion, Albert N. 17 Jan 1831 - 5 Oct 1906
Ganley, John T. d. Jan 1897
    w Mrs. John T. d. 24 Jan 1897
Gardner, Hunter Lindsay 1919 - 9 Mar 1978 s/o John C. & Margaret Neal Gardner h/o Mary Ellen Gardner
Garrett, Harry F. 1877 - 15 Apr 1929
    w Addie Florence 1877 - 9 Mar 1952
Gassaway, William Augutus 11 Sep 1837 - 3 Oct 1909
    w Mary Elizabeth 7 Mar 1843 - 31 Aug 1905
Gattis, Lilly Belle Price 5 Dec 1888 - 29 Dec 1981 d/o Elias & Mary Frances Price
Gause, Elsie Mae Pearson Green 4 Oct 1903 - 27 Dec 1994 d/o Alfred & Lilly Pearson w/o Walter R. Gause
Geiger, Elizabeth Ann d. Jan 1895 age 28 w/o Washington Geiger
Getzendanner, Dr. Joseph Thomas 4 May 1817 - 19 Sep 1875
    w Mary Jane Sellman 21 Aug 1844 - 19 Sep 1907 d/o William Oliver & Ann Priscilla Woodward Poole Sellman
Gibson, Peggy Janet 20 Jan 1960 - 19 Feb 1960
Gibson, Robert F. 6 May 1861 - 13 Sep 1931 s/o John H. & Mary Lucinda Murphy Gibson
    w Florence Maude Thompson 16 May 1865 - 16 Nov 1942 d/o Richard & Ann R. Thompson
Giddings, Edward Francis 1905 - 1934
    w Virginia Stonestreet 18 Jul 1900 - 28 Dec 1978 d/o Joseph Harris & Gertrude Worthington Stonestreet
Gilchrist, Ralph Alexander 1896 - Mar 1983
    w Eleanor Waters 1893 - 5 Apr 1951
    s Charles Waters 1937 - 24 Jun 1999
Gilliam, Infant d. 27 Jan 1921 s/o L. C. & L. G. Gilliam
Gilliam, Ira Howard 2 Sep 1877 - 22 Jan 1954
    w Margaret M. Suitor 20 Sep 1879 - 17 Nov 1967
Glick, Alice 30 Mar 1914 - 15 Feb 1998
Gochenour, Sarah Frances Moler 2 Jul 1922 - 20 Jun 1977 d/o Helen Gertrude Byrnes Moler
Goldsborough, James Claud Jr. 28 Aug 1941 - 26 Aug 1990
Goodwin, Austin M. Sr. 15 Mar 1932 - 11 Apr 1987 RD 1 US Navy Korea
Gordon, Susie Mae Anderson 7 Dec 1940 - 17 Apr 1994 w/o Franklin D. Gordon d/o James & Mae Whisman Anderson
Gossard, Isaiah Franklin 26 Dec 1895 - 4 Oct 1920
    w Marguerite E. Knott 24 Mar 1899 - 26 Aug 1973 w/o John Mortimer Young
        d/o William D. & Annie Blanche Carlin Knott
Gott, Benjamin Collison 28 May 1814 - 23 Apr 1887 s/o Richard & Sarah Collinson Gott
    w2 Mariel Rebecca Cissel 17 May 1837 - 15 Mar 1927 d/o William & Rachel Sarah Williams Cissel
    d Ann E. 1858 - 10 Oct 1885
    d Elizabeth Beall 26 Feb 1871 - 21 Nov 1970
Gott, Benjamin Collison Jr. 20 Apr 1866 - 12 Sep 1946 s/o Benjamin Collison & Mariel Rebecca Cissel Gott
    w Elizabeth L. Allnutt 18 Sep 1867 - 23 Feb 1969
    s Benjamin Collison III 14 Apr 1903 - 2 Aug 1904
Gott, Benjamin Nathan 29 Oct 1856 - 20 May 1928 s/o Thomas Norris & Eleanor White Chiswell Gott
    w Anna Mary Scholl 23 Apr 1859 - 20 May 1935 d/o Henry & Caroline R. Murphy Scholl
Gott, Cora Norris 1871 - 8 Oct 1950
Gott, James Perry Sr. 17 Feb 1861 - 11 Feb 1937 s/o Benjamin Collison & Mariel Rebecca Cissel Gott
    w1 Annie Laurie Covington 16 Feb 1864 - 30 Nov 1896
    w2 Lillian Pearl Atwell 25 Dec 1877 - 23 Apr 1940
    s Richard V. 18 May 1907 - 27 Jul 1978
        w Marguerite Hayden 4 Jun 1903 - 1 Apr 1985
Gott, John Forest 10 Sep 1879 - 27 Jan 1953
Gott, John S. 1848 - 17 Aug 1923 s/o M. Richard & Mary Elizabeth Trundle Gott
    w Florence E. Hays 1851 - 27 Sep 1921 d/o John H. T. & Eleanor M. Jones Hays
    d M. Luella d. 21 Sep 1888
    s Samuel Roger 23 Jun 1882 - 28 May 1919
        w Ethel Fenwick Wood 30 Dec 1881 - 4 Dec 1957 d/o Dr. R. Vinton & Virginia Ann Wood

Monocacy

Gott, M. Richard Sr. 24 Oct 1807 - 23 Aug 1853 reinterred 29 Aug 1886 s/o Richard & Sarah Collinson Gott
    w Mary Elizabeth Trundle 10 Apr 1816 - 29 Sep 1886 d/o John Lewis & Mary Sarah Veatch Trundle
    d Susan A. 16 Jan 1840 - 2 Mar 1862
Gott, Nathan Elwood 13 Jul 1868 - 11 Oct 1917 s/o Benjamin Collison & Mariel Rebecca Cissel Gott
    w Chloe Annie Warfield 15 Sep 1873 - 5 Jan 1964 d/o John Thomas & Rachel Virginia Dorsey Warfield
Gott, Richard Brook 1874 - 18 May 1961 s/o John Spinks & Florence Elizabeth Hays Gott
    w Ellen Claire McDonald d. 19 Jun 1944 age 69
Gott, Dr. Richard Thomas 17 Oct 1844 - 26 Nov 1908 s/o Thomas Norris & Eleanor White Chiswell Gott
    w Alice Hyde Poole 1 Oct 1851 - 12 Jan 1913 d/o Thomas W. & Emily Wailes Hyde Poole
    d Infant b&d 24 Nov 1874
Gott, Thomas B. 23 Apr 1885 - 15 Apr 1942
Gott, Thomas Norris 1 Apr 1818 - 5 Sep 1903 s/o Richard & Sarah Collinson Gott
    w Eleanor White Chiswell 18 Sep 1822 - 17 Jan 1897 d/o William A. & Sarah N. Fletcall Chiswell
    s William Chiswell 14 Dec 1847 - 31 Jul 1937
    d Ann Mary 28 Mar 1850 - 25 Feb 1922
    d Eugenia 13 Jan 1854 - 18 Dec 1934
Grant, Martha E. K. Reed 8 Oct 1908 - 2 May 1943 d/o Frederick A. & Martha L. Reed
Grant, Norman A. 17 Apr 1915 - 19 Jul 1982
    w1 Genevieve K. 1912 - 29 Jul 1963
    w2 Eileen J. d. 5 Sep 1994
Gravley, Hosley James Jr. 26 Apr 1930 - 9 May 1996 s/o Hosley James & Clarice Whisman Gravley w/o Virginia M. Gravley
    s Donald Ray 7 Mar 1959 - 25 Jan 1992 h/o Kathy L. Gravley
Gravley, Hosley James Sr. 2 Jul 1909 - 19 Dec 1990 SP 4 US Army s/o Lewis & Matilda May Rankin Gravley
    w Clarice Whisman 31 May 1915 - 4 Apr 1994 d/o Marco Marion & Perlina Elizabeth Waddell Whisman
Gravely, Rebecca Dawn 10 May 1985 - 26 May 1985
Gray, Ethel 1890 - 5 Mar 1924
Gray, Gustavus Robert 1889 - 4 Jan 1950
    w Margaret Williams 2 Jan 1894 - 20 Sep 1990 d/o Harry McGill & Sarah Eleanor "Nellie" White Williams
Gray, Jerome B. 1850 - 27 Sep 1923
    w Martha Kelley 1844 - 1890
Gray John R. d. 26 Jun 1898 s/o John R. & Sallie E. Gray
Gray, Joseph Alexander Jr. 7 Sep 1897 - 19 Nov 1968 s/o Joseph Alexander & Augusta Young Gray
    w Evelyn Wardlaw White 1 Aug 1897 - 19 Dec 1984 d/o Lawrence Allnutt & Annie Oliver Belt White
Gray, Joseph B. 1871 - 8 Oct 1959 s/o Jerome B. & Martha Kelley Gray
    w Ida Cooley 1872 - 20 Jan 1960
Gray, Mason W. III d. 30 Sep 1950 s/o Mason & Beryl Gray h/o Florence White Gray
Gray, Richard H. 1848 - 14 Mar 1918
    w Mary C. 1844 - 12 Jan 1936
Greer, Margaret Luce 1893 - 4 Mar 1967
Greer, Virginia N. Dodd 4 Oct 1916 - 13 Jun 1965 d/o William H. & Phebe Ella Dodd
Gregg, Edgar Ernest 23 Nov 1898 - 6 Jun 1988
    w Evalina Duvall 10 Apr 1890 - 26 Jun 1971 d/o William D. & Malinda Eliza Duvall
Griffith, Armistead Hempstone 29 Jan 1881 - 7 Nov 1943 s/o Charles Greenberry & Caroline Virginia Hempstone Griffith
    w Sarah Marcylean Hersberger 14 Nov 1883 - 3 Mar 1967
        d/o Aaron Bucher & Hester Ann Catherine Whipp Hersberger
Griffith, Maj. Charles Greenberry 20 May 1787 - 18?? s/o Howard & Jemima Jacob Griffith
    w Prudence Jones 5 Nov 1796 - 7 Dec 1881 d/o Charles Jones
    d Jemima A. 29 Dec 1814 - 21 Jul 1872
    s David Porter 22 Jan 1835 - 9 Jan 1903 h/o Margaret C. Grifftih
        s William Thomas 1864 - 31 Aug 1934
Griffith, Charles Greenberry Jul 1849 - 5 Nov 1931 s/o Thomas Howard & Sarah Newton Chiswell Griffith
    w Caroline Virginia Hempstone 3 Jul 1853 - 26 Apr 1914 d/o Armistead T. & Harriet B. Luckett Hempstone
    d Bettie b&d 29 Aug 1875
    s Willie 29 Aug 1875 - 23 Nov 1876
    d Lutie 1884 - 11 Jan 1933
    s Raymond 8 Aug 1891 - 18 Mar 1892
Griffith, Child d. Nov 1908 c/o J. Howard Griffith

Monocacy

Griffith, Francis Moore 14 Jun 1831 - 20 Jan 1908 s/o Charles Greenberry & Prudence Jones Griffith
    w Elizabeth Dickerson 26 Jun 1836 - 6 Apr 1904 d/o Nathan Cook & Christie A. Hempstone Dickerson
    s Francis Moore Jr. 10 Jun 1870 - 8 Dec 1889
Griffith, Harry W. 3 Jan 1890 - 15 Nov 1936 h/o Florence V. Ayers Griffith
Griffith, Howard 22 Jun 1878 - 27 Dec 1942 s/o Charles Greenberry & Caroline Virginia Hempstone Griffith
    w1 Lutie Brewer 19 Aug 1876 - 20 Feb 1904 d/o William George & Ida White Brewer
    w2 Elizabeth Perry 17 Feb 1879 - 10 Dec 1959
    s Charles Howard 30 Aug 1907 - 19 Feb 1997
        w Gustava LaMond 1912 - 7 Jul 1997
Griffith, Nathan C. d. Feb 1905
Griffith, Thomas Howard 20 Mar 1821 - 5 Mar 1897 s/o Charles Greenberry & Prudence Jones Griffith
    w Sarah Newton Chiswell 18 Sep 1822 - 17 Mar 1859 d/o William & Sarah Fletchall Chiswell
Griffith, Thomas Perry 27 Jul 1913 - 7 Apr 1986
Griffith, William Franklin 1899 - 17 Jan 1978
    w Alice Rebecca Darby 29 Mar 1900 - 4 Oct 1995 d/o Remus Riggs & Clara Irene Fowler Darby
    s William Robert 26 Mar 1931 - 3 Jan 1985 h/o Mary Lowe Griffith
Griffith, William Thomas 1 Mar 1856 - 17 Apr 1931 s/o Thomas Howard & Sarah Newton Chiswell Griffith
    w Elizabeth Darnell Dade 1858-31 Mar 1941
    s William Howard 11 Jul 1887 - 22 Nov 1890
    s Columbus Dade 22 Dec 1888 - 25 Nov 1943
    s Infant 2 Sep 1890 - 8 Sep 1890 0-0-6
Griffiths, Amy Maria 1 Jan 1987 - 26 Feb 1987 d/o Dave Griffiths & Catherine Butts Griffith
Griggs, Rev. Walter Porter 24 Aug 1858 - 29 May 1930
    w Sallie Cummins Gassaway 25 Nov 1861 - 15 Oct 1896 d/o William Augustus & Mary Elizabeth Gassaway
    s Rev. Walter Gassaway 1896 - 3 Jan 1955
Grimes, John R. d. 5 Feb 1876 age 37-8-3 w/o Lucy Ann Darby Grimes
Grimes, John R. d. Mar 1898
    w Bertie Estelle d. Jul 1884
Grimes, Lola Wade Oct 1884 - 2 Jan 1889 d/o Charles T. & Mary Grimes
Grimes, Lucinda "Lula" d. 16 Sep 1895 age 21
Grimes, Lucy d. Mar 1898 age 60
Grimes, Ruth V. Streams 25 Sep 1931 - 12 Feb 1967
Grimes, Samuel D. d. 6 Feb 1945
Grimes, William W. d. 20 Jun 1927
Groff, Morris Claire 12 Nov 1894 - 29 Apr 1949
    w Buna E. 19 Aug 1895 - 5 Mar 1973
Grubb, Fannie Eaton 27 Feb 1905 - 4 Mar 1985 d/o James H. & Ella May Eaton
Grubb, Carrol Edgar d. 24 May 1958 s/o John Edgar & Margaretta C. Neer Grubb
    w Sarah E. Ludwig d. 20 Jun 1931
Grubb, Harry Daniel 31 May 1885 - 11 Apr 1973 s/o John E. & Margaretta C. Neer Grubb
    w Bettie Lorene Padgett 25 Oct 1884 - 24 Feb 1963
    s James Edgar 1 Jun 1914 - 9 Apr 1988 h/o Ruth Wynne Grubb
    s Harold Dunbar 3 Nov 1917 - 9 Apr 1988
Grubb, John Edgar 15 Feb 1850 - 27 Mar 1909
    w Margaretta C. Neer 7 Nov 1849 - 5 Apr 1932
    d Elizabeth Neer 18 Aug 1875 - 2 Dec 1957
Grubb, Leah Roberta "Berta" 14 Mar 1854 - 26 Mar 1919
Grubb, Thomas Lloyd 28 Jul 1877 - 9 May 1950 s/o John Edgar & Margaretta C. Neer Grubb
    w1 Margaret E. 10 Feb 1882 - 6 Apr 1930
    w2 Catherine 18 Mar 1885 - 26 Jun 1966 h1 = Byron Walling Chiswell
Grubb, Raymond Lloyd Jr. 21 Oct 1951 - 24 Jul 1993 s/o Raymond Lloyd & Thelma E. Harvey Grubb, D. D.
Grunwell, S. Elizabeth 26 Jul 1880 - 28 Dec 1947
Gue, Ruth d. 15 Aug 1780
Gumaer, Sarah Ann 1817 - 1842 w/o Elias Gumaer
Guthrie, James A. 19 Oct 1922 - 14 Aug 1998 h/o Iva Ruth Flynn Guthrie
    s/o Lawrence Rawlin & Mary Cornelia Tuthill Guthrie
Guthrie, Lawrence Rawlin 11 Sep 1881 - 19 Mar 1974 s/o George Washington & Mary Alice Veatch Guthrie
    w Mary Cornelia Tuthill 25 Nov 1885 - 10 May 1972

Monocacy

Gutherie, Mary Alice Veatch 6 Jun 1856 - 20 Feb 1940 d/o Peter & Sarah Veatch w/o George Washington Gutherie

Haddox, Dr. Horace B. 10 Jan 1867 - 24 Feb 1930
    w Mary Lee Waters 27 Jun 1875 - 11 Jun 1969
Hagan, Annie Virginia d. Feb 1894
Hagan, Robert Gordon 25 Mar 1937 - 4 Jul 1984 h/o Janet Spates Hagan
Hagy, Rev. Charles Lee 1 May 1930 - 31 Jul 1981
Hall, Edward Earl 13 Dec 1914 - 18 May 1975 h/o Madeline G. Hall

Hall, Elizabeth Owens 1906 - 23 Feb 1940
Hall, Ira Montgomery 3 Dec 1884 - 29 Nov 1954
    w Emily Williams Lydanne 21 Sep 1884 - 7 May 1956
Hall, John M. 1847 - 1924
Hall, John R. 29 Mar 1832 - 9 Jun 1880 s/o Thomas R. &Rebecca Poole Piles Hall
    w Sarah C. 21 May 1840 - 13 Mar 1886
    s Luther 6 Apr 1871 - Jul 1871
    d Sallie illegible stone
    d Minnie illegible stone
    d Rebecca 1869 - 30 Sep 1945
    d Dora C. 1871 - 10 Jun 1949
    d Infant d. Oct 1877
Hall, Julius 1870 - 16 Feb 1947 s/o John R. & Sarah C. Hall
    w Mary Margaret Dudrow 1876 - 1 Jan 1957 d/o Philip C. & Achsah Ann Dudrow
    d Margaret Rebecca 24 Apr 1909 - 6 Jun 1912
    s John R. 1911 - 30 Sep 1985
Hall, Louisa Veirs 1816 - 21 Aug 1883 w/o John William Hall, Sr.
    s Solomon V. 1845 - 1909
    s John William, Jr. 1847 - 8 Apr 1924
        w Sallie d. 12 Mar 1886
    s Edwin T. d. Aug 1898 age 50
Hall, Joseph 1820 - 20 Feb 1891
Hall, L. Cincinnatus 1841 - 1910 s/o John William & Louisa Veirs Hall
    w Rebecca M. Piles 1841 - 1908 d/o John & Rebecca Pooles Jones Piles
Hall, Susie Elizabeth 1843 - 25 May 1933 d/o John William & Louisa V. Hall
Hall, Thomas Randolph 6 Dec 1828 - 18 Oct 1884 s/o Thomas Hall
    w Clarinda Beecher Phillips 11 Dec 1842 - 21 Apr 1914
    d Minnie E. 10 Feb 1861 - 10 Oct 1863
    d Abigail 4 Sep 1867 - 12 Sep 1869
    s Mortimer Beecher 1875 - 8 Jul 1937
Hall, Thomas Randolph Jr. 1871 - 12 Dec 1927 s/o Thomas Randolph & Clarinda Beecher Phillips Hall
    w Beulah B. White 24 Feb 1880 - 5 Dec 1969 d/o Samuel R. & Sarah E. Bouic White
    s Thomas Randolph III 11 Nov 1907 - 31 Dec 1976 stone only, buried in Golconda, IL
Hall, William T. d. 1878
Haller, Carl Joseph 14 Apr 1905 - 20 Apr 1992 s/o Joseph Z. & Alice Gertrude Titus Haller
    w Sally Shelton 8 Sep 1907 - 26 Apr 1994
Haller, Joseph Z. 1873 - 23 Feb 1951
    w Alice Gertrude Titus 1873 - 24 May 1952
Haller, Robert Lee 1911 - 6 Nov 1978 s/o Joseph Z. & Alice Gertrude Titus Haller
    w Gladys S. 1905 - 28 Jul 1967
Hallman, Raymond S. 31 Jan 1912 - 20 Oct 1973
    w Neva Blanche Queen 8 May 1904 - 30 Jun 1985 d/o Floyd D. & Josephine Griffith Queen
Halmos, Elizabeth Ann Cummings 2 Jan 1916 - 7 Jan 1984 w/o Eugene E. Halmos d/o Raymond & Bertha Beck Cummings
Halvosa, Albert C. 1903 - 12 Mar 1969
    w Margaret Hughes 1897 - 22 Jul 1982
Hamlett, Lewis Bohannon 31 Aug 1915 - 16 Jun 1968 DC HA1 USNR WWII
    w Margaret Warner 23 Dec 1907 - 31 Mar 1995
Hammann, Reid Leroy 21 Oct 1899 - 12 Sep 1971
    w Anna L. Hoyle 2 Mar 1900 - 11 Aug 1985 d/o Joseph Clayton & Mary Ann Holland Hoyle
Hammett, Margaret Geiger 1855 - 27 Apr 1950

Monocacy

Hammett, William F. 10 Sep 1886 - 27 Apr 1977
    w Nancy E. 18 Aug 1898 - 6 Jan 1929
Hammill, Rev. Henry Phelps 1853 - 4 Jul 1931 50 years a Methodist Preacher
    w Sarah E. Corcoran Jones 1858 - 21 Aug 1927
Hammontree, Dorcas d. 21 Feb 1836 37-11-12 w/o William W. Hammontree
Handley, Austin B. d. 7 Sep 1912 s/o Charles F. & Sarah P. Handley
Handley, John P. 5 Sep 1901 - 26 Oct 1918 s/o Charles F. & Sarah P. Handley
Hankins, Louie 1859 - 2 May 1938
    w Louise Williams 1859 - Mar 1909
    d Mary Douglas Poole 1871 - 11 Feb 1939
Hanson, Joseph S. 1905 - 1977 LCDR US Navy WWII
    w Harriet Morningstar 1905 - 1989 d/o Algie & Fannie Maude Morningstar
Hardcastle, Edmund L. 1867 - 2 Mar 1936
    w Sarah R. Hall 1866 - 9 Aug 1932 d/o Thomas R. & Clarinda Beecher Phillips Hall
Harding, Cosmos M. d. 29 Jan 1919
Hardy, Mary E. Hayes 6 Jun 1927 - 5 Oct 1956
Harris, Abraham Simmons 13 Mar 1834 - 31 Jan 1907 s/o William N. & Sarah Grimes Harris
    w Mary E. Taylor 1846 - 28 Dec 1932
    d Nettie Irene 13 Feb 1874 - 23 Mar 1939
    s Harvey Joseph 5 Mar 1880 - 23 Oct 1951
    s Charles Abner d. 19 Jun 1953
    s Alfred John 7 Feb 1887 - 25 Feb 1950
    s Estelle Mae 27 Aug 1889 - 6 Dec 1960
Harris, Mildred Moore 1904 - 22 Mar 1942 d/o James S. & Susan Ann Moore
Harrison, Raymond B. 1907 - 20 Jan 1959
    w Helen Hildebrand 1910 - 11 Sep 1977 d/o Nathan Davis & Nellie Selby Hildebrand
Harvey, Linda Sue b&d 26 Apr 1964 d/o Charles & Neva Harvey
Harvey, Raymond K. 27 Mar 1901 - 10 Dec 1980 s/o John C. & Josephine Mossburg Harvey
    w Laura Irene Chick 1902 - 31 Jul 1991 d/o William Michael & Rosie Emma Poole Chick
Hash, Robert Lee 1889 - 14 Dec 1963 h/o Ella May Hash
Hastings, Robert Hathaway 7 Jun 1926 - 31 Jan 1985
    d Lynn H. 22 Feb 1953 - 14 Aug 1971 d/o Lois Hastings
Hauver, William Eugene Jr. 26 Nov 1913 - 13 Jan 1984 Lt Sg US Navy WWII h/o Eloise Dahn Hauver
Havener, Minnie G. 10 Mar 1866 - Jan 1892 w/o Philip A. Havener
    d Iva Viola 27 Oct 1895 - 31 Oct 1897
Hawkins, Algie Raymond 1884 - 3 Feb 1963 s/o Charles Hawkins
    w Clara M. 1889 - 20 Apr 1962
    d Lucille b&d 27 Aug 1919
    d Myra Lorraine 19 Jul 1923 - 3 Jun 1924
Hawkins, Charles Jr. d. 21 Mar 1927
Hawkins, Gilmer Richard 15 Jun 1891 - 5 Jul 1957
    w Lucy Viola 12 Mar 1893 - 27 Apr 1956
    s Windsor T. 25 Oct 1927 - 17 Mar 1935
    s David Hubert 11 Apr 1930 - 8 Dec 1981 h/o Arlene Comegys Hawkins
Hawkins, John T. 1 Jan 1835 - 28 Oct 1915 s/o Benjamin & Matilda Hawkins
    w Annie Elizabeth Thompson 23 Aug 1838 - 5 Mar 1915
    d Laura F. 6 Nov 1859 - 21 Oct 1923
    s Joseph Charles d. 11 Jan 1947 age 85
Hawkins, Mary Jane 1832 - 25 Sep 1906 "Mother" stone broken
Hawkins, Sidney Smith 1879 - 22 Mar 1954
    w Mary A. Case 1877 - 23 Feb 1957 d/o Richard & Mary A. Federline Case
    s Wilson S. 1914 - 9 Jan 1959
    d Annie Elizabeth 2 Dec 1915 - 18 Jan 1996
Hawkins, Thomas Clinton 11 Mar 1869 - 27 Jan 1946 s/o John T. & Annie Elizabeth Thompson Hawkins
    w Annie Gertrude 12 Nov 1870 - 27 May 1947
    s John R. 6 Feb 1908 - 13 Jan 1980
Hayes, Thomas Preston 20 Jan 1910 - 25 Nov 1981 CBM US Navy WWII

Monocacy

Hays, Frederick Albert Jan 1889 - 21 Oct 1959 s/o Richard Poole & Elizabeth G. Batson Hays
    w Alice R. Cole 24 Nov 1919 - 29 Sep 1990 d/o John E. & Mary E. Nichols Cole
Hays, Frederick Procorus 18 Mar 1846 - 20 Mar 1921 s/o Leonard Isaac & Eliza Poole Hays
    w Ida Lee Hempstone 21 Oct 1854 - 2 May 1946 d/o Christian T. & Mary R. Dade Hempstone
    s Robert Townley 1887 - 18 Aug 1939 h/o Cora Coster Hays
    s Lawrence Dade 30 Sep 1890 - 30 Sep 1966
    s William Reginald 1884 - 27 May 1913
Hays, Frederick Poole. Jr. 31 Oct 1892 - 27 Apr 1983 s/o Frederick Poole & Ida Lee Hempstone Hays
    w Kathryn Elizabeth White 23 Oct 1896 - 2 Oct 1985 d/o Harvey Jones & Ida Dyson White
    s F. Leonard d. Jul 1942 56-8-26
Hays, Frederick Sprigg 23 Jul 1893 - 17 Oct 1973 s/o Leonard Isaac & Mary Elizabeth Sprigg White Hays
    w Eleanor Ray Merryman 24 Nov 1899 - 26 Aug 1994 d/o Benton & Elizabeth Ray Merryman
    s Frederick Sprigg Jr. 27 Sep 1928 - 22 Aug 1952 KIA, buried in Korea
Hays, George Rawlings 1827 - 13 Nov 1888 s/o Samuel Simmons & Anna Rawlings Hays
    w Sarah A. Thomas 1830 - 1894 d/o Otho & Harriet Elizabeth Rawlings Thomas
    s Otho T. 1861 - 1884
    d Sarah Ida 1863 - 26 Apr 1927
    s Samuel Edward 1873 - 6 Sep 1932
Hays, Leonard Isaac Jr. 30 Jul 1793 - 24 Apr 1864 s/o Leonard Isaac & Eleanor Simmons Hays stone moved from Barnesville
    w Eliza Poole 28 Jun 1807 - 21 Jul 1874 d/o John II & Mary Priscilla Woodward Sprigg Poole " " "
Hays, Dr. Leonard Isaac IV 28 Aug 1889 - 9 May 1982 s/o Leonard Isaac III & Mary Elizabeth Sprigg White Hays
Hays, Leonard Isaac Jones 8 Sep 1838 - 20 Aug 1901 s/o Leonard Isaac & Eliza Poole Hays
    w Mary Elizabeth Sprigg White 2 Oct 1867 - 15 Jan 1960 d/o Richard Thomas & Mary Elizabeth Waters White
    s Richard Shirley Sep 1891 - 3 Aug 1973
Hays, Minnie Abigail Davis 23 May 1890 - 5 Jun 1980 w/o Samuel Brook Hays
                      d/o John Wallace & Harriet Abigail Hays Davis
    d Virginia Lorraine 31 Jul 1919 - 6 Jun 1970
Hays, Richard Poole 18 Dec 1840 - 8 Apr 1912 s/o Leonard Isaac & Eliza Poole Hays
    w Elizabeth G. "Bettie" Batson 25 Mar 1855 - 23 Feb 1923 d/o Leonard & Elizabeth S. Hoyle Batson
    c Infant d. Feb 1878
    c Infant d. Dec 1879
    d Nana P. 16 Jan 1880 - 19 Jul 1926
    d Elizabeth Z. 13 Feb 1882 - 1 Sep 1926
    s Leonard Batson 26 Mar 1884 - 27 Dec 1947
    s Richard Kenton 5 Jan 1886 - 5 Jul 1952
    s Robert Lee 8 Sep 1895 - 25 Mar 1920
Hays, Samuel Simmons Jr. 2 Apr 1826 - 16 Jul 1910 s/o Samuel Simmons & Anna Rawlings Hays
Hays, Thomas Leonard 20 Nov 1816 - 4 Oct 1873 stone moved from Barnesville Methodist
                      s/o Samuel Simmons & Anna Rawlings Hays
    w Mary Tabitha Pearre 18 Feb 1826 - 9 Apr 1884 stone moved from Barnesville Methodist
                      d/o William & Katherine Maria Spinger Pearre
    d May 10 Aug 1848 - 10 Sep 1918
Hays, William Notley 18 Mar 1834 - 9 Feb 1909 s/o Samuel Simmons & Anna Rawlings Hays
Hazelwood, Fred 4 Apr 1899 - 20 Jul 1987
    w Frances Carter 30 Dec 1898 - 23 Dec 1994 d/o Samuel Henry & Virginia M. Whitaker Carter
Headley, Bradford Nelson 27 Mar 1888 - 12 Dec 1956
    w Anna Louise Williams 16 Sep 1899 - 31 Jan 1997 d/o William McKendree & Sarah Griffith White Williams
    s Bradford Nelson Jr. 12 Oct 1922 - 23 Oct 1929
Headley, Louis Taliaferro 3 Jan 1890 - 15 Jan 1942
    w Claire Beecher Williams 21 Apr 1891 - 13 Apr 1979 d/o Stephen N. & Sarah R. Hall Williams
Heap, Earl Nicklin Jr. 18 Feb 1898 - 29 Oct 1969
    w Olga Terecia 17 Apr 1897 - 12 Jul 1981
Heaton, Patricia June Heap 21 Jun 1928 - 6 Feb 1989 d/o Earl Nicklin & Olga Terecia Heap
Hedge, Ivan 2 Jan 1904 - 12 Mar 1991 86 years s/o John G. & Mary J. Hedge
    w Matilda Fox 24 Apr 1904 - 11 Dec 1988 d/o Thomas Benton & Effie C. Munger Fox
Heffner, Daniel T. 1817 - 29 Jan 1876 h/o Mary A. Heffner
Heffner, John T. 12 Jul 1839 - 14 Jul 1905 s/o George & Frances Ann Vinson Heffner
    w Susan Addie Welling Feb 1875 - 25 Dec 1948

Monocacy

Heffner, Edward d. 3 May 1936 s/o Lucinda Rebecca Beall Heffner
Heffner, John Thomas 20 Jun 1839 - 14 Jul 1905 re. from Shreve Family Cem. s/o George & Frances Ann Vinson Heffner
    w Martha Jane Trundle 28 Apr 1841 - 1 Aug 1933 d/o David Henry & Clarissa Ann Offutt Trundle
    s Jacob Henry b&d 4 Jun 1863 reinterred from Shreve Family Cemetery, moved on 20 Jun 1916
    d Clara Stephen 10 Jun 1864 - 23 Jun 1911
    s Harvey Chandler 3 Mar 1868 - 13 Aug 1868 reinterred from Shreve Family Cemetery
    s John Thomas Jr. b&d 1872   reinterred from Shreve Family Cemetery
Heflin, Herbert H. 10 Arp 1880 - 18 Feb 1962
    w Maggie L. 18 Apr 1885 - 26 Feb 1968
    s Herbert Marshall 18 Oct 1906 - 19 Jan 1941 h/o Ethel Payne Heflin
    d Carrie Gibson 7 Jun 1913 - 17 Apr 1989
Heflin, John 12 Mar 1908 - 5 Mar 1996
    w Goldie Matthews 15 Feb 1909 - 21 Jun 1996 d/o Arthur & Grace Matthews
    d Dorothy Lucile 20 Nov 1932 - 6 Jul 1938
Hefner, Walter Calvin 12 May 1910 - 24 Jan 1987
    w Mildred C. Fawley 6 Jun 1912 - 11 Jan 1992
Hefner, Warrick W. Stephens 1866 - 29 Jun 1928
    w Kathryn Robertson 1885 - 4 Nov 1948 d/o Robert & Elizabeth Cameron Robertson
Heil, Robert d. 23 Jun 1951
    w Marjorie Augusta Heffner d. 13 Dec 1945 d/o John T. & Addie Welling Heffner
Hempstone, Christie Dade 5 May 1850 - 2 May 1886 d/o Christian Townley & Mary Rebecca Dade Hempstone
Hempstone, Mary M. 1813 - 8 Jul 1891
    s Samuel Harris 1844 - 1886
    s Flavius Braden 29 May 1850 - 17 Jun 1924
    s Snowden Lee 9 Jun 1852 - 3 Jan 1929
Hempstone, Vernon 16 Jan 1851 - 2 Jan 1929
    w Ann Elizabeth Poole 31Aug 1855 - 15 Oct 1922 d/o Thomas H. & Sarah A. Fisher Poole
    s Infant d. 1880
    s Vernon Stanley b&d 23 Jun 1888
    s Townley b&d 23 Jun 1888
    s Robert Whitney 22 Jun 1893 - 9 Feb 1970
Hempstone, William Revolutionary War Veteran MD Militia
    s Amistead T. 28 Jul 1814 - 8 Apr 1894
        w Harriet B. Luckett 10 May 1821 - 2 Jan 1881
        s Harry D. 30 Nov 1853 - 11 Aug 1900
Hempstone, William A. 1855 - 3 Jul 1929 s/o Armistead T. & Harriet B. Luckett Hempstone
    w Lutie A. Norris 24 Oct 1862 - 28 Feb 1944 d/o John L. & Margaret Norris
Henderson, Evelyn Mae 4 Jul 1915 - 17 Oct 1984
Henderson, Howard Woodland 19 Jun 1909 - 7 Jan 1936 h/o Mary Louise Mattingly Henderson
Henderson, John B. 1857 - 2 Dec 1930 s/o William & Rachel Henderson
    w Mollie E. d. 21 Aug 1943
    d Maggie 1880 - 1896
    d Carrie 1886 - 1896
    s Chester 1893 - 1894
    d infant d. Apr 1894
Hendron, Anne Louise d. 21 Nov 1946
Henry, Edwin D. 1875 - 23 Oct 1927
    w Annie Mildred Jones 2 Apr 1866 - 19 Jan 1944 d/o Leonidas & Elizabeth Isabel King Jones
Herbert, Mary A. 27 May 1850 - 2 Mar 1921
Herring, Helen C. 10 Feb 1909 - 23 Dec 1996
Hersberger, Aaron Bucher 7 Mar 1836 - 2 Jan 1907
    w Hester Ann Catherine Whipp 25 Apr 1846 - 28 Apr 1921
    s Infant 9 Sep 1872 - 1872
    s Infant b&d 1874
    d Julia Eliza 22 Aug 1878 - 7 May 1960
    d Hesterell 12 Aug 1882 - 15 Oct 1882
    s Infant Jan 1883 - 24 Jul 1883
    s Infant b&d 1884
    d Nellie Rebecca 4 Feb 1889 - 15 May 1925

Monocacy

Hersberger, Arthur Cropley 16 Feb 1876 - 1 Sep 1945 s/o Aaron Bucher & Hester Ann Catherine Whipp Hersberger
    w Verlinder Allnutt Jones 14 Oct 1874 - 12 Jun 1950 d/o John Augustus Sr. & Rose Maria Darby Jones
Hersberger, Elmer Clayton 5 Sep 1866 - 22 Sep 1941 s/o Aaron Bucher & Hester Ann Catherine Whipp Hersberger
    w Anna Poole Sellman 15 May 1878 - 25 Apr 1923 d/o Charles & Lucy Veirs Sellman
      s Webb Sellman 1 Mar 1902 - 18 Jun 1933
        w Virginia Gatrell 1901 - 7 May 1997
Hersberger, John Augustus 10 Feb 1915 - 17 Sep 1997 h/o Cecelia Eve Dronenburg Hersberger
        s/o Arthur Cropley & Verlinda Allnutt Jones Hersberger
Hersberger, John Augustus, Jr. 22 Nov 1947 - 17 Jun 1965 s/o John Augustus & Cecilia Eve Dronenberg Hersberger
Hersberger, Marshall 22 Mar 1880 - 23 Jun 1957
    w Edna Earle Davis 10 Apr 1880 - 6 Mar 1972 d/o Horace Morsell & Mary Emma Williams Davis
Hershey, Christian Rohrer 17 May 1820 - 8 Oct 1905 s/o David N. & Christina Rohrer Hershey
    w Victoria Amelia Young 10 Dec 1838 - 7 Dec 1922 d/o John & Mary Catherine Schaeffer Young
Hershey, James Edward 29 Sep 1920 - 16 Jun 1921 s/o David Rohrer & Lelia Ethel Mumma Hershey
Hershey, Margaret E. 4 Sep 1925 - 14 Sep 1925 d/o David H. Rohrer & Lelia Ethel Mumma Hershey
Hewitt, Charles Richard d. 23 Apr 1973 s/o James P. Gilly Farver Hewitt
Hewitt, Virginia Reeder d. 23 May 1960
Hibler, Susan Adelaide Allnutt 6 Sep 1904 - 20 Jan 1944 w/o C. Arthur Hibler
        d/o Lewis Phillip & Maria Louisa Chiswell Allnutt
Hickerson, Henry C. 30 Jul 1829 - 12 Apr 1894
    w Elizabeth Frances Rudasill 30 Aug 1830 - 28 Jan 1920
    s Virgil M. 5 Jan 1857 - 24 Mar 1880
    d Marcie W. 5 Jul 1862 - 14 Oct 1889
Hickerson, Infant d. Oct 1907 c/o M. C. Hickerson
Hickerson, Infant d. Jan 1902 c/o J. B. L. Hickerson
Hickerson, Lindsay R. 23 Oct 1863 - 7 Mar 1943 s/o Henry C. & Elizabeth Frances Hickerson
    w Clara V. Mort 19 Dec 1876 - 2 Oct 1969 d/o James M. & Sophia Mort
    s Henry V. d. Jan 1909
    d Mary L. d. Jul 1907 age 0-2-20
    d Catherine S. d. Oct 1910 age 0-6-25
    d Lucy Frances d. 20 Feb 1914 age 2-1-0
Hickerson, Sophie C. d. May 1911
Hickman, James Buchanan 16 Jan 1857 - 9 Feb 1912
Hickman, John W. 12 Sep 1887 - 17 Dec 1966
    w Beulah K. Morningstar 10 Mar 1887 - 3 May 1967
    d Carolyn R. 4 Feb 1913 - 26 Mar 1997
Hickman, Lula d. Nov 1901
Hickman, Margaret A. 29 Mar 1818 - 20 Mar 1900 w/o William T. & Eleanor Hickman
    s Richard Hazel d. 15 Jan 1909
      w Mollie B. Magaha d. Aug 1898
    d Blanche 27 Nov 1884 - 29 Dec 1884
    s Purnell d. Sep 1899
    c Allie d. Jan 1906
Hickman, Thomas A. Dec 1843-1912 s/o William T. & Eleanor Hickman
    w Mary Ida Trundle Aug 1854 - 23 Feb 1920 d/o Perry Lewis J. & Barbara E. Dawson Trundle
    d Ida Marie Apr 1883 - 26 Sep 1959
Hickman, Thomas Trundle 7 Apr 1885 - 9 Mar 1941 s/o Thomas A. & Mary Ida Trundle Hickman
    w Della Trundle 25 Jul 1895 - 10 Nov 1985 d/o Willliam & Della Brunner Trundle
    d Nancy Lee 28 Jul 1942 - 5 Aug 1942
Hicks, Dr. James Robert 1854 - 9 Jun 1933
    w Eliza Virginia Walker 1865 - 13 Sep 1955
    s Robert K. 1900 - 6 Jul 1929
Hicks, Hubert Nelson 4 Feb 1886 - 5 Oct 1954
    w Jane "Jennie" Davis d. 11 Jun 1962 d/o James Lynn Jr. & Jane Plater Brewer Davis
Hicks, Saunders Lee 1861 - 19 Jan 1933
    w Hattie Susan Walker 1876 - 7 Jul 1964
Higgins, Bertha d. May 1863 d/o Jesse T. & Rebecca Higgins
Higgins, George T. d. Jul 1861

Monocacy

Higgins, James L. 1851 - 12 Apr 1939 s/o Montgomery P. & Sarah Jane Higgins
    w Alice Cross 1854 - 3 May 1938
    d Maude Virginia 1883 - 18 Feb 1961
Higgins, Joseph R. d. 19 Jun 1967
    w Ellen Rawlins d. 19 Jun 1967
Hightman, Dorothy I. Morningstar 9 Mar 1909 - 28 Nov 1997 d/o Murrel J. & Bessie Mobley Morningstar
    w/o Garland Z. Hightman
Hildebrand, George Luther 1859 - 11 Jun 1932
    w Ruth Margaret Elizabeth 1858 - 27 Nov 1926
    d Anna Mae 1887 - 26 Mar 1978
Hildebrand, Nathan Davis 19 Jun 1885 - 4 Jul 1972 s/o George Luther & Ruth Margaret Elizabeth Hildebrand
    w Nellie Selby 11 Jan 1892 - 30 Dec 1976 d/o William & Kathryn Ricketts Selby
Hill, Dorothy A. 26 Feb 1920 - 6 Jul 1982
Hill, Hugh Peter Sr. 1873 - 13 Feb 1964
    w Eleanor Medora Hays 1875 - 29 May 1959 d/o Richard Poole & Elizabeth G. Batson Hays
Hillard, James W. d. 23 Jan 1954
    w Gertrude E. V. d. 1953
    d Erma White d. 16 Aug 1898 0-0-1
    c infant d. Aug 1901
Hillard, John W. 1825 - 1895
    w Helen E. Boland 1836 - 1878
Hillard, Rebecca Stallings d. 12 Jan 1894
Hillard, Robert T. 1832 - 1896
    w1 Jane S. d. 1850
    s Edward C. d. 11 Jan 1877
    w2 Cecilia V. 1850 - 19 Dec 1915
    s Carroll E. b&d 1876
Hillard, Thomas Boland 3 Oct 1869 - 4 Jul 1958 s/o John W. & Helen E. Boland Hillard
    w Hattie Miles 14 Jun 1876 - 26 Sep 1939 d/o Charles & Rebecca Miles
    c infant d. Sep 1897
    c infant d. Oct 1901
Hilleary, Infant d. Jul 1883 c/o Thomas Hilleary
Hilleary, Aldrige G. 10 Dec 1860 - 25 Sep 1925
    w Lelia N. 15 Mar 1870 - 20 Sep 1956
    s John Thomas 1904 - 21 Feb 1963
Hilleary, Mary d. 20 Jun 1816 32 years w/o Capt. Clement T. Hilleary
Hilton, Clagett C. 24 Feb 1867 - 4 Jan 1933 s/o William T. & Frances Rebecca Snyder Hilton
    w Anne Alonine Brosius 14 Aug 1874 - 18 Dec 1950 d/o Charles Thomas & Laura Virginia Trundle Brosius
Hilton, Rufus E. G. 1840 - 1897 s/o John & Harriet Hilton
    w Mary J. Appleby 1837 - 2 Dec 1926
Hilton, William Brosius 26 Apr 1903 - 24 Feb 1977 s/o Clagett C. & Anne Alonine Brosius Hilton
    w Sarah Constance Chiswell 3 Apr 1906 - 7 Oct 1982 d/o Lawrence Allnutt & Hattie Maguire Hersperger Chiswell
Hilton, William Thomas 31 May 1829 - 26 Jan 1909 s/o John & Sarah Ann Hilton
    w Frances Rebecca Snyder 5 Nov 1830 - 16 Jun 1912 d/o Jacob R. & Dorothea M. Snyder
    s Henry Mortimer 9 Jan 1854 - 18 Sep 1934
Hines, Soper 1860 - 7 Jul 1926
Hird, Colin 13 Sep 1944 - 19 Jul 1997 h/o Margaret Hird
Hitchcock, Dale O. 8 Jan 1952 - 24 Oct 1987
Hitt, Flora Elkins Shry 11 Sep 1882 - 10 Mar 1966
Hobbs, George Willard 1856 - 9 May 1921
    w Margaret Emma Piles 1851 - 18 May 1914 d/o William Francis & Ruth Elizabeth Beall Pyles
Hoffacker, Edward Maurice 21 May 1903 - 27 Sep 1984 s/o Oliver & Celesta Garrett Hoffacker
    w Mary I. 22 Jan 1902 - no date
Hoffacker, Kristin Georgeann 30 Mar 1979 - 2 Jun 1979 d/o Larry & Ginger Bodmer Hoffacker
Hogman, Ernest Paul 1882 - 24 Sep 1961
Holcomb, Clem Lee 26 May 1910 - 24 Feb 1974
    w Helen Gilliam 27 Jan 1917 - 15 Oct 1958
    s Clemens Riley 13 Jun 1945 - 2 Mar 1973

Monocacy

Holland, Christine G. 8 Aug 1917 - 14 Mar 1997
Holland, George Otis 13 Oct 1874 - 2 May 1951 s/o James Burnett & Mary Eugenia Johnson Holland
    w Annie Mary Nicholson 27 Oct 1875 - 23 Aug 1947 d/o John L. & Martha Johnson Nicholson
    s Earl L. 23 Sep 1902 - 24 May 1949 h/o Mildred Marie Dennison Holland-Kinna
Holland, James W. 11 Apr 1908 - 28 Oct 1978
    w Daisy Elizabeth Bussard 18 Nov 1907 - 20 Jun 1962
Holland, Richard Waters 27 Apr 1819 h/o Mary Jane Harris Holland
    s John W. Dec 1840 - 18 Nov 1922
        w Emily Ann Jones Trundle Feb 1847 - 30 Nov 1916 d/o Hezekiah William & Emily Ann Jones Trundle
        s Charles Ernest Jul 1872 - 16 Sep 1917
        s James Boyd Dec 1877 - 26 Dec 1956
Holmes, Della M. 18 Jul 1878 - 9 Aug 1968
Hominal, Louise deCostella 1873 - 16 May 1964
Hood, Myrtle Burch 11 Aug 1904 - 11 Sep 1977 w/o Wilbur C. Hood
Hopkins, Hollis Edward Sr. 26 Jul 1918 - 14 Feb 1976 h/o Dorothy Butler Hopkins
Hopkins, Samuel Arthur 9 Dec 1938 - 2 Feb 1980 "Buddy" s/o Horace & Macie Hopkins
Horine, John Philip 24 Jan 1889 - 7 Jun 1968 s/o Edwin M. & Minerva C. Dudrow Horine
    w Bessie Erdine Douglas 8 Oct 1889 - 28 Jul 1945 d/o James & Clara Douglas
    s Douglas Edwin 21 Nov 1911 - 13 May 1982
        w Emma Grace Umstead 31 Mar 1912 - 19 Jul 2002 d/o John Jacob & Sarah Elsby White Umstead
Hoskinson, Thomas 19 Feb 1852 - 23 Sep 1931
    w Mary Gertrude Fletchall 22 Feb 1854 - 27 Oct 1923 d/o John Thomas & Mary S. Poole Fletchall
    s William T. 8 Oct 1877 - 18 Dec 1935
    s Walter M. 6 May 1879 - 15 Oct 1966
    d Mary Dorcas 3 Mar 1881 - 8 Oct 1965
    d Stella Gertrude 14 Aug 1883 - 18 Aug 1977
    d Lula B. 12 Jun 1885 - 1 Dec 1962
    s John Fletchall 19 Aug 1890 - 4 Nov 1890
Hoskinson, William C. 7 Feb 1850 - 18 Feb 1934
Hottinger, Agnes Jane Offutt 1920 - 30 Apr 1992 w/o Virgil Hottinger
Hough, Henry Clyde 18 Jun 1913 - 11 Aug 1971 s/o John W. & Mary Virginia Hough h/o Ruth H. Hough
Hough, Infant d. 11 Oct 1940 c/o Mortimer & Margaret Tetlow Hough
Hough, Jasper Fox 1899 - 17 Oct 1971 s/o John Wesley & Mary Virginia Barrett Hough
    w Myrtle Lee 17 Aug 1902 - 2 Aug 1998 d/o Washington & Clara Thompson Burdette
Hough, Mortimer B. 6 Feb 1908 - 19 Jan 1980 s/o John W. & Mary Virginia Hough
    w Margaret Gertrude Tetlow 1913 - 16 Oct 1993 d/o Stanley C. & Nora R. Tetlow
Houser, Harry C. d. 1 Oct 1936
    w Mary E. d. 30 Nov 1941
    s Harry C. Jr. 15 Aug 1910 - 28 Nov 1993
Howard, Daniel M. d. 23 Jun 1932 age 84
    w Frances M. Thompson d. 25 Sep 1929 d/o Richard & Catherina Feaster Thompson
    s Daniel F. 13 Oct 1870 - 13 Sep 1895
    s Brooklin 24 Jan 1880 - 21 Dec 1899
Howard, Elisha 1790 - 27 Apr 1874 stone moved from Barnesville Methodist Episcopal
    w Eleanor Hays 13 Jul 1791 - 8 Feb 1873 d/o Leonard Isaac & Eleanor Simmons Hays stone moved from Barnesville
    d Eliza Medora Hays 11 Dec 1836 - 18 Jan 1859 stone moved from Barnesville Methodist Episcopal
Howe, Dr. John Stewart 8 May 1908 - 10 Mar 1989
    w Myra Hicks 16 May 1905 - 26 Mar 1986 d/o James Robert & Eliza Virginia Walker Hicks
Hoyle, Arthur Gloyd 17 Feb 1907 - 24 Jul 1991 [foster son of Hoyles, born Gloyd]
    w Anna Lee Hicks 1901 - 17 Jan 1998 d/o Dr. James Robert & Eliza Virginia Walker Hicks
Hoyle, Elmer Eugene 17 Dec 1876 - 4 Aug 1964 s/o Joseph Henry Clay & Charlotte Ann Jones
    w Alda Brent White 15 Aug 1886 - 3 Dec 1969 d/o Joseph Thomas & Anna Frances Duke White
    d Mary Lee 7 Feb 1917 - 27 Jan 1918 1-11-20
Hoyle, Franklin Jones 1 Jun 1870 - 20 Oct 1960 s/o Joseph Henry Clay & Charlotte Ann Jones Hoyle
    w Sarah Trussell 17 Feb 1875 - 19 Oct 1947 d/o James & Virginia Trussell
    s Joseph Henry 9 Jan 1914 - 4 Apr 1970

Monocacy

Hoyle, James T. Sr. 16 Sep 1912 - 31 Dec 1998
    w Margaret Bowers 9 Dec 1918 - 30 Jan 1981 d/o Hazel M. Bowers
Hoyle, Joseph Clayton 15 Feb 1868 - 4 Mar 1966 s/o Joseph Henry Clay & Charlotte Ann Jones Hoyle
    w Mary Ann Holland 12 Aug 1874 - 11 Mar 1926 d/o John W. & Emily Ann Jones Trundle Holland
Hubbard, Infant d. 1901 c/o James H. Hubbard
Hubbard, Mary Steele 8 Aug 1918 - 20 Feb 1998
Hubble, George Grady 20 Sep 1891 - 7 May 1963
    w Aubra Virginia Thompson 10 Jan 1899 - 21 Mar 1976 d/o Robert & Anna Thompson
    s Donald Thompson 15 Dec 1935 - 23 Oct 1949
Hubble, Otis Knox Sr. 15 Feb 1882 - 21 Nov 1953
    w Sophia E. 9 Apr 1884 - 9 Jun 1939
Huey, Samuel Robert 7 Oct 1893 - 9 Apr 1984
    w Hester Carter 27 Nov 1895 - 30 Mar 1975 d/o Samuel Henry & Virginia M. Whitaker Carter
Hughes, Dr. Benjamin Edward 25 Aug 1820 - 26 Apr 1880 reinterred from Poolesville M. E. Cemetery
    w Catherine S. Young 3 Nov 1825 - 19 Feb 1903 d/o Henry Sr. & Margaret Chiswell Young reinterred
    s Edgar 6 Apr 1857 - 1 Jun 1929
    d Elizabeth E. 14 Nov 1866 - 12 Aug 1867 reinterred
    s Preston Brooks 29 May 1871 - 27 Jul 1872 reinterred
Hughes, Catharine Heffner 1800 - 15 Nov 1874 w/o John H. Hughes
Hughes, George Edward 17 Jul 1854 - 7 Aug 1927 s/o Benjamin Edward & Catherine S. Young Hughes
    w Louisa Dutrow 26 Jul 1853 - 24 Oct 1933
Hughes, Joseph Adolphus 17 Apr 1844 - 20 Sep 1907
Hughes, William Arthur 1858 - 30 Oct 1929 h/o Alice Julia Hughes
Hull, Edward Seabrook 1899 - 29 Mar 1969
Hunt, Dorothy Juanita 1941 - 20 Jun 1955
Hunt, Frances Lucille 1937 - 17 Jun 1951
Hunt, Joyce Anne 11 Nov 1954 - 6 Apr 1955
Hunt, Rachel d. 23 Apr 1961
Hunt, Robert L. d. 30 Sep 1967
Hunt, Woodrow Wilson d. 5 Mar 1973 h/o Elizabeth Hunt
Hunter, John R. 30 Nov 1913 - 16 Jul 1999 h/o Sadie Dye Hunter
Hunter, William Pierce 22 Nov 1877 - 16 Aug 1955
    w Mattie L. 14 Sep 1882 - 14 Jun 1962
Hunter, William Pierce Jr. 11 Aug 1911 - 5 Nov 1970 s/o William Pierce & Mattie L. Hunter
    w Catherine Bowman White 7 Apr 1912 - 2 Jul 1989 d/o William L. & Mary V. Bowman White
Hurd, Eugene Sr. 26 Mar 1907 - 2 Jan 1983
    w Hager Mills 27 Aug 1910 - 28 Aug 1991 d/o John & Elizabeth Brooks Mills
    s Eugene Jr. 27 Jun 1937 - 3 Jun 1989
Hurt, Eugene William 25 Jul 1894 - 21 Dec 1958 Pvt Co A 108 MG Bn Va WWII s/o John S. & Emma R. Lambert Hurt
    w Della M. 24 Jun 1898 - 6 May 1991
Hurt, Flora Mae Gravley Whisman 1913 - 12 Apr 1993 h1 Stewart C. Whisman h2 Paul Hurt, d/o James A. Gravley
Hurt, George W. 12 Jan 1841 - 28 Jun 1932
    w Sallie Bone 15 Dec 1840 - 1 Feb 1926
Hurt, John Stephen 12 Dec 1868 - 1 Apr 1959 s/o George W. & Sallie Bone Hurt
    w Emma R. Lambert 22 Nov 1875 - 10 Apr 1953
Hurtt, Herbert Marple 5 Jul 1877 - 7 Apr 1907
    w Bessie E. Griffith 17 Jun 1877 - 6 Sep 1961 d/o Francis Moore & Elizabeth Dickerson Griffith
Hyatt, c/o Carson McNulty and Ann Willett Offutt
    s Alvin L. d. 15 May 1905 31-1-6
    d Mary E. d. 7 Apr 1897 18-1-1
Hyde, Thomas W. 2 Feb 1797 - 31 Jul 1887
    w Emily Wailes 1 Jun 1799 - 19 Oct 1836

Iglehart, Basil R. 5 Feb 1851 - 23 Dec 1935
    w Ellen Ruth Darby 2 Dec 1856 - 19 Sep 1938 d/o John William & Ruth Ellen Edelen Darby
Irwin, Reginald Herbert 17 Aug 1914 - 28 Mar 1988
    w Ida Ann Shreve 17 Feb 1933 - 6 Sep 1996 d/o Daniel Herbert & Margaret N. Brewer Shreve

Monocacy

Isherwood, Infant d. Apr 1884 c/o Robert J. & Isabella A. Darby Isherwood
Israel, Charles Reid Jr. 5 Nov 1885 - 19 Oct 1949 s/o Charles Reid & Deborah J. Burdette Israel
    w Alice Grace Linthicum 13 Aug 1890 - 6 Sep 1956 d/o Charles G. & Alice B. Purdum Linthicum
    s Charles Franklin 21 Aug 1912 - 16 Jul 1971
        w Lillian Brent Hoyle 21 Oct 1910 - d/o Elmer Eugene & Alda Brent White Hoyle

James, Mary Astlin d. 6 Jan age 78 d/o Thomas & Nora McGrath Walsh w/o James M. James
Jarboe, Elizabeth Ann Poole 6 Jun 1822 - 16 Oct 1892 w/o Colmore Offutt & Raphael T. Jarboe stone moved
Jarboe, Thomas H. 1880 - 6 Jun 1951
    w Susie Ella 1880 - 21 Jun 1938
    s Raymond H. 1904 - 5 Feb 1967
    s Thomas L. 13 Feb 1912 - 21 Sep 1992 h/o Ethel M. Jarboe
Jarrett, Ola M. 1 Mar 1990 - 30 Sep 1991
Jarvis, Jerry Lee 1949 - 24 Jan 1971 h/o Linda Moore Jarvis s/o Forest Jarvis
Jeffcoat, Errol Wilson 1917 - 8 Sep 1983 h/o Frances Chisholm Jeffcoat
Jeffers, Mark Pulliam 23 Jan 1895 - 12 Dec 1958
    w Julia Elizabeth Crist 9 Nov 1898 - 9 Jul 1993 d/o William & Alice Crist
    s Richard William 18 Jan 1921 - 29 Jun 1987 h/o Blanche Pauline Poole Jeffers
Jeffery, Bessie O. 27 Feb 1871 - 3 Dec 1944
Jenkins, Garland Thomas 24 Dec 1910 - 9 Oct 1974
    w Mary Edrie 26 Dec 1907 - 2 Dec 1980
Jenkins, William McKinley 6 Aug 1901 - 3 Oct 1984
    w Glaytha Virginia Tibbs 17 Jan 1911 - 27 Jan 1999 d/o James C. & Flora Edna Atwell Tibbs
Jennings, Charles C. 19 Jan 1888 - 9 Jun 1971
    w Clara C. 27 Jun 1881 - 8 Mar 1970
Jennings, Joseph E. 1861 - 1890 reinterred
Jerrell, Linda Lou Leith 20 Oct 1947 - 9 Dec 1988 d/o Samuel & Ruby Leith w/o John P. Jerrell
Jewel, Samuel Edgar 8 Aug 1882 - 15 Aug 1962
    w Edna Leola McGaha 11 Jul 1880 - 26 Mar 1961
    d Mamie E. d. 18 Feb 1918 age 12-11-8
    d Elizabeth Blanchard 29 Mar 1914 - 8 Jan 1959
Jewell, Edgar Guy 1 Sep 1901 - 2 Mar 1984 s/o Samuel Edgar & Edna Leola McGaha Jewell
    w Olivia Pauline Linthicum 5 May 1902 - Oct 1980 d/o Garrott Davis & Mary Evelyn Lewis Linthicum
Johns, William Brook II 1926 - 23 Nov 1974
    w Marilyn Whittaker 6 Jan 1928 - 19 Dec 1984
Johnson, Charles M. 13 Aug 1867 - 29 Nov 1944 s/o Leven B. & Sarah Catherine Browning Johnson
    w Martha H. Shaw 23 Aug 1870 - 4 Jun 1941
Johnson, Charles W. IV 21 Jul 1948 - 10 Mar 1977 s/o Charles W. & Mary Ann B. Johnson
Johnson, George d. 9 Feb 1895
    c Infant d. Nov 1877
    d Infant d. 2 Feb 1895
Johnson, George Haslip 3 Jun 1871 - 23 Apr 1960 s/o Leven B. & Sarah Catherine Browning Johnson
    w Myrtle Mary Johnson 2 Dec 1878 - 26 Feb 1922 d/o Jacob Isarael & Rebecca Nicholson Johnson
Johnson, Harry C. 22 Jun 1895 - 14 Jul 1953
    w Blanche McCloud Whalen 20 Aug 1895 - 5 Feb 1953 d/o John & Blanche Whalen
Johnson, Infant Twins d. 21 Jun 1964 s/o Robert Johnson
Johnson, Jacob Middleton Sr. 23 Feb 1900 - 27 Aug 1977 s/o Jacob Israel & Beatrice V. Pope Johnson
    w2 Mary Elizabeth Ricketts 3 Jun 1909 - 25 May 1993 d/o Maurice & Bertha Sedonia Warfield Ricketts
Johnson, John Thomas d. 18 Jun 1910 age 71 years
Johnson, Leven Benjamin 2 Dec 1839 - 31 Aug 1929 s/o Joseph & Honora Bennett Johnson
    w Sarah Catherine Browning 24 Feb 1843 - 15 Nov 1917 d/o William G. & Mary Garrott Browning
    s Alonzo 14 Sep 1874 - 21 Aug 1879 stone moved from Mountain Chapel, Comus
    d Eugenia Tyson 16 Apr 1877 - 15 Jul 1897 stone moved from Mountain Chapel, Comus
    d Martha "Mattie" Browning 30 Sep 1878 - 14 Jul 1968
Johnson, Lule d. 1895
Johnson, Luther Eugene Sr. 5 May 1926 - 18 Mar 1997 s/o Jacob Middleton & Beulah Virginia McDonough Johnson
    w Mary Elizabeth Roberson no dates d/o Newton Gilbert & Grace Elizabeth White Roberson
    s Luther Eugene Jr. 29 Apr 1949 - 20 Sep 1954

Monocacy

Johnson, Nora C. Miller 25 Feb 1915 - 3 May 1988 w/o Luther S. Johnson d/o George & Barbara Loyle Miller
Johnson, Richard Edwin 23 May 1898 - 29 Mar 1956 s/o Oliver Granville & Ida Jane Kuster Johnson
    w Sarah Ann Morningstar 4 Jul 1901 - 9 Jan 1983 d/o Philip & Anna Mary Geisler Morningstar
    d Marie d. 26 Jul 1921
    d Marian L. d. 28 Sep 1936 in her 11th year
    c Infant d. 20 Jan 1937
Johnson, Sarah Ann 20 Jan 1794 - 31 Aug 1856 w/o Dr. William J. Johnson
    s William T. 17 Feb 1818 - 18 Jul 1861
Johnson, Thomas M. 26 Mar 1905 - 4 Jan 1962 s/o Jacob Israel & Beatrice V. Pope Johnson
    w Effie L. 27 Jun 1907 - 7 Aug 1971
Jones, Arthur Lee 24 Feb 1873 - 26 Jul 1930 s/o Frederick & Henrietta L. Hempstone Jones
    w Bettie L. Wood 3 Mar 1880 - 22 Jan 1920 d/o Robert & Virginia A. Wood
    c Infant 21 Jan 1920 - 22 Jan 1920
    s Arthur Lee Jr. 21 Jan 1920 - 31 Dec 1973
Jones, Benjamin John 24 Oct 1840 - 7 May 1909 s/o Lloyd Steven Mercer, Sr. & Theresa Ann Beall Jones
    w Anna Virginia Gott 28 Mar 1845 - 25 Feb 1922 d/o M. R. & Mary E. Trundle Gott
    d Mary Alta 14 Oct 1869 - 15 Jun 1873 reinterred
    s Herbert Leon 26 May 1879 - 10 Jul 1899
Jones, Charles Robert 28 Jan 1918 - 5 Jul 1995 s/o Reginald Bernard Sr. & Margaret Virginia Brosius Jones
    w Reva Alexander 10 Oct 1918 - no date d/o John H. Alexander
Jones, Daniel Trundle 1811 - 4 Feb 1897 s/o Henry & Mary Eleanor Trundle Jones
    w Mary Sellman 1817 - 8 Feb 1897 d/o William & Ruth Shipley Sellman
Jones, David Trundle 30 Sep 1817 - 18 Nov 1893 s/o Henry & Mary Eleanor Trundle Jones *
    w Mary Ann Dawson 23 Mar 1814 - 18 Aug 1855 d/o James Mackall & Ann Allnutt Dawson *
    d Mary Alice 11 Sep 1842 - 13 Nov 1919
    d Ann Maria d. 19 Aug 1846 5-9-25 *
    d Laura Virginia 26 Jun 1845 - 12 Apr 1864
    s David Trundle Jr. d. 7 Apr 1855 1-7-6
Jones, E. Medora 8 Nov 1879 - 20 Jan 1966
Jones, Earl Manakee 27 Jun 1900 - 19 Dec 1990 s/o John Augustus & Edna Manakee Jones
    w Margarete A. 1902 - 1978
Jones, Edward 8 May 1737 - 25 Nov 1790 s/o Richard Jones stone moved from family cemetery
    w Sarah White 2 Nov 1742 - 6 May 1816 d/o Benjamin & Elizabeth Smith White stone from family cemetery
Jones, Dr. Eugene 27 Sep 1873 - 22 Sep 1931 s/o William T. & Elizabeth R. Jones
    w Clara B. Conley 30 May 1872 - 24 Dec 1943 d/o Charles W. & Martha L. Conley
    s Charles Conley 24 Aug 1899 - 11 Sep 1957
Jones, Eugene Phillips 22 Jul 1865 - 11 Jun 1942
    w Lottie C. d. 7 Feb 1891
    s Alfred Leroy d. 30 Oct 1924
Jones, Frederick 18 Nov 1846 - 20 Oct 1917
    w Henrietta "Nettie" L. Hempstone 9 Nov 1848 - 26 Dec 1899
    d Nettie Lee Burroughs 17 Jun 1907 - 27 Nov 1940 w/o Leonard Burroughs
    s Frederick Armistead 17 Apr 1881 - 28 Jul 1950
        w Lottie Eleanor White 16 Mar 1884 - 25 Dec 1967 d/o Lawrence Allnutt & Annie Oliver Belt White
Jones, George Darby 6 Dec 1866 - 23 Jan 1895 s/o John Augustus Sr. & Rose Maria Darby Jones
    w1 Evelina Wailes Allnutt 4 Mar 1866 - 1 Mar 1906 d/o Nathan White & Margaret Eleanor White Allnutt
    s Lee Allnutt 18 Nov 1892 - 6 Dec 1959 MD PVT Co G 71st Inf WWI
    d Eleanor May 12 Jan 1910 - 3 Dec 1984 by w2 Alethea Brewer Jones-White
Jones, George Gleeves 14 Jan 1911 - 19 Mar 1976
    w Helen Elizabeth 17 Nov 1916 - 23 Jun 1995
Jones, George Lawrence 10 Jan 1895 - 25 Jul 1981 s/o George Darby & Evelina Wailes Allnutt Jones
    w Ara Lee Hicks 11 Jan 1897 - 23 Sep 1982 d/o Dr. James Robert & Eliza Virginia Walker Hicks
Jones, Hays b&d 1909 infant s/o Leonard Hays & Mary Kellogg Jones
Jones, Issac Thomas 10 Dec 1831 - 17 Apr 1885 s/o John William & Mary Elizabeth Darnell Jones
    w Mary Leona Beall 17 Apr 1840 - 20 Apr 1901
    s Athur Thomas Jun 1870 - 29 Jul 1917

*indicates stone moved from Allnutt Family Cemetery at "Mother's Delight"

Monocacy

Jones, James Henry 14 Aug 1848 - 12 Aug 1924 s/o David Trundle & Mary Ann Dawson Jones
    w Katherine Lazielia Barbee 8 Oct 1864 - 19 Aug 1948
    s Americus Dawson 1 Apr 1889 - 17 Oct 1880
    s David Kirtley 21 Aug 1893 - 20 Jul 1931
Jones, John Augustus 4 Oct 1870 - 31 Aug 1959 s/o Leonidas & Elizabeth Isabel King Jones
    w Edna Manakee 17 Jun 1871 - 25 Feb 1940 d/o William H. & Georgia Knowles Manakee
Jones, John Augustus Sr. 28 Sep 1821 - 17 Jan 1896 s/o Joseph James Wilkerson & Ann Newton Chiswell Jones
    w Rosa Maria Darby 7 Oct 1834 - 9 May 1896 d/o George & Verlinda Allnutt Darby
Jones, John Paul 1898 - 6 Jan 1932
Jones, John Rufus 7 Aug 1865 - 12 Dec 1930 s/o Isaac Thomas & Mary Leona Beall Jones
    w Adelia Louise Heffner 10 Apr 1874 - 19 Jun 1945 d/o John Thomas & Martha Jane Trundle Heffner
    s Linwood Thomas 17 Nov 1891 - 9 Aug 1974
        w Frances Lavinia Cross 11 Dec 1903 - 7 Mar 1962
    s Maurice R. 1898 - 2 Aug 1942 h/o Leona M. Ward Jones
    s Leo Lawrence 10 Apr 1904 - 4 Mar 1905
Jones, John William Jr. 22 Nov 1838 - 3 Apr 1916 s/o John William & Mary Elizabeth Darnell Jones
    w Mary Martha Poole Hays 19 Feb 1849 - 10 Nov 1929 d/o Leonard Isaac Jr. & Eliza Poole Hays
    s John Frederick 27 Jun 1874 - 4 Aug 1875
    d Mary Poole 16 Nov 1875 - 4 Jul 1940
    d Ann Estelle 16 Jan 1889 - 16 Sep 1890
    s Reginald Sprigg 1895 - 10 Feb 1907
Jones, John William Sr. d. 16 Feb 1870 68 years s/o Hanbury & Elizabeth Poole Jones stone moved from family cemetery
    w Mary Elizabeth Darnell d. 28 Nov 1863 61 yrs stone moved from family cem. d/o Th. & Marietta Fish Darnell
Jones, Joseph James Wilkerson 18 May 1776 - 15 Dec 1840 s/o Edward & Sarah White Jones stone from family cemetery
    w Ann Newton Chiswell 15 Nov 1786 - 5 Jan 1857 d/o Jos. Newton & Eleanor C. White Chiswell " "
Jones, Leonidas 27 Jan 1827 - 26 Apr 1902 s/o Joseph James Wilkerson & Ann Newton Chiswell Jones
    w Elizabeth Isabel King 14 Oct 1830 - 7 Nov 1916 d/o Warren & Mary Ann Belt King
    s Joseph Warren 18 Dec 1853 - 23 Apr 1921
    d Helen Newton 22 Sep 1855 - 20 Jul 1955
    s William Edward 25 Oct 1857 - 13 May 1884
    s Edgar Hartley 31 Oct 1859 - 3 Apr 1862
Jones, Louis John 3 Oct 1881 - 15 Apr 1952 s/o William Thomas & Alice Fechtig Jones
    w Nellie Jane Titus 8 Jul 1881 - 1 Nov 1959 d/o Mary C. Titus
    s William T. 5 Dec 1919 - 28 Jun 1990 h/o Frances Nicholson Jones
Jones, Marilou 12 Jul 1941 - 15 Nov 1991
Jones, Mary Jane 1944 - 11 Aug 1979 w/o Robert N. Jones
Jones, Mary Margaret 19 Sep 1834 - 1868 d/o Isaac Poole & Sarah Elizabeth Poole Jones
Jones, Priscilla John 8 Dec 1835 - 16 Feb 1921 d/o Isaac Poole & Sarah Elizabeth Poole Jones
Jones, Rebecca "Beckie" 26 May 1861 - 6 Aug 1862 d/o Andrew Jackson & Sallie I. Cissel Jones
Jones, Richard Edwin Sr. 7 Feb 1873 - 3 Jan 1951 s/o Benjamin John & Anna Virginia Gott Jones
    w Anna Elizabeth Mayer 15 Apr 1875 - 6 Feb 1962
    s Richard Edwin Jr. 19 Jan 1907 - 1 May 1907
    s Frederick 24 May 1910 - 30 Dec 1988 PVT US Army WWII
    d Laura Kathleen 31 Oct 1911 - 8 Aug 1916
Jones, Samuel Creighton 23 May 1888 - 3 Nov 1944 s/o William Thomas & Alice Fechtig Jones
    w Constance Beulah Nicholson 15 Jul 1889 - 3 Jun 1931 d/o Lawrence Baker & Elizabeth Ann Cooley Nicholson
Jones, Sarah L. 1836 - 1910
    s Charles H. 1855 - 1886 reinterred
Jones, Thomas Lloyd 12 Dec 1811 - 2 Jan 1873 s/o Hanbury & Elizabeth Poole Jones
    w1 Mary Thomsey Poole 23 Jun 1821 - 16 Feb 1849 d/o John II & Mary Priscilla Woodward Sprigg Poole
    s Edwin no dates reinterred
    d Josephine no dates reinterred
    d Martha E. no dates reinterred
    d Mary Tomsey no dates reinterred
    s Poole no dates reinterred
    s Sprigg no dates reinterred
    w2 Sarah Elizabeth Poole 16 Mar 1812 - 12 Feb 1905 w/o Isaac Poole Jones
Jones, Walter Gant 27 Apr 1895 - 2 Feb 1896 s/o F. C. & Abbie Walter Jones

Monocacy

Jones, William John Sr. 31 Jan 1800 - 5 Jun 1876 s/o Hanbury & Elizabeth Poole Jones
    w Airy Ann Hodges 12 May 1802 - 1 Sep 1876 d/o Walter Hodges
    d Airy Ann 2 Sep 1829 - 27 Jul 1888
    s William Thomas 22 Aug 1833 - 27 Dec 1910
    d Columbia 20 Jun 1835 - 20 Feb 1882
    s John J. Isaac 23 Oct 1838 - 13 Dec 1897
Jones, William T. 27 Sep 1822 - 5 May 1903 stone moved from family cemetery
    w1 Acshah D. Waters 25 Feb 1825 - 14 Apr 1866 stone moved from family cemetery
    d Eleanor Woodward no dates stone moved from family cemetery
    s John Blake no dates, stone moved from family cemetery
    d Mary McCubbin 1863 - 8 Nov 1937
    w2 Elizabeth R. Jones 16 Aug 1833 - 27 Apr 1905
    d Nannie 5 Apr 1869 - 22 Jul 1877 stone moved from family cemetery
Jones, William T. 15 Aug 1838 - 6 Mar 1898 s/o W. C. Jones
    w Alethea A. 25 Mar 1833 - 13 Jan 1909
    s James W. 24 Oct 1861 - 15 May 1929
      Julia Ada 19 Jan 1867 - 13 Aug 1936
    s Harvey T. 4 Jan 1879 - 6 Jun 1907
Jordan, Margaret Estelle 1 May 1873 - 8 Jul 1934 w/o W. W. Jordan
Justus, Alda d. 22 Mar 1966 s/o Sarah Justus h/o Irene S. Justus
Justus, Betty Jo d. 14 Jul 1962
Justus, Mark Steven d. 27 Mar 1970
Justus, Michael B. 9 Aug 1964 - 23 Jul 1966

Kamman, Debra Patricia 5 Sep 1961 - 6 Jan 1992
Karayianis, Nick 17 Aug 1931 - 25 Feb 1989
Kargrt, Frances R. White 20 Jul 1898 - 23 May 1960
Katcher, Gladys Uhl 8 Feb 1910 - 11 Feb 2000
Kauffman, Jesse D. 12 May 1908 - 16 Mar 1946
Kay, Thomsey W. Lilly Jul 1906 - 5 Mar 1981
Keeney, James Samuel 1 Jul 1931 - 30 Oct 1971 s/o Ephraim & Margaret Smith Keeney h/o Meredith D. Kifer Keeney
Keesee, George Sureace 24 Dec 1893 - 25 Jul 1994 s/o John T. & Sally M. Bourne Keessee
    w Georgia Gray Thompson 25 Jun 1898 - 19 Jul 1958 d/o James M. & Fannie O. Thompson
    d Lois Jean 6 Jul 1929 - 13 Aug 1931
Keller, Eugene M. d. 23 Dec 1966 h/o Virginia B. Keller
Keller, Ira E. d. 3 Feb 1961
    w Margaret Turner d. 26 Feb 1971
    s Alton Higgins 9 Jul 1912 - 8 Feb 1959
Kendale, Joseph Franklin 11 Oct 1937 - 9 Jul 1996
Kendall, Ellis d. 26 Mar 1924
    w Laura E. d. 12 Jul 1899
Kennedy, Henry 22 Feb 1869 - no date
    w Emma I. 31 Mar 1863 - 6 Mar 1927
Kenyon, Robert Rowlodge 25 Jan 1911 - 7 May 1968 MD SK3 USNR WWII
    w Audrey Virginia 6 Mar 1911 - 10 Jun 1991
Kephart, Leonard Wheeler 10 Jan 1892 - 10 Feb 1988 s/o Horace & Laura Mack Kephart
    w Frances Frazer 23 Jun 1887 - 26 Jun 1971
Kidd, Joseph Eugene 16 Aug 1953 - 14 Mar 1974
Kidd, Marvin B. 27 Sep 1929 - 7 Dec 1997 h/o Ardell R. Kidd s/o William F. & Mary Effie Burress Kidd
Kidd, Walter Steve 10 Jul 1893 - 31 Jul 1957 Ohio Pvt 495 Aero Const. Squad WWI
    w Virginia H. Lambert d. 11 Apr 1982 d/o Ellis & Ollie Baker Lambert
    s Ellis Saunders 9 Aug 1932 - 8 May 1965
Kidd, William Frazier d. 27 Aug 1952
    w Mary Effie Burress 1900 - 19 Jun 1992 d/o Ray Robert & Maggie Winn Burress
Kimball, Margaret Ireland 10 May 1878 - 11 Jun 1974
Kimmerling, Jennie Cecile Butler d. 9 Feb 1977 d/o Charles S. & Hattie Alice Brunner Butler w/o John Kimmerling
King, Dorothy E. Thomas 5 Apr 1916 - 26 Oct 2001 d/o John & Bertha Taylor Thomas w/o Andrew W. King
King, Luther Roland 1891 - 22 Oct 1945 h/o Ethel Moore King-Brown
King, Thomas Lee 1933 - 1986

Monocacy

King, Thomas Matthew 27 Jun 1908 - 19 Dec 1978 s/o Robert H. & Minnie Moore King
    w Mary Magaline Burriss 30 Mar 1906 - 19 Aug 1989
King, Warren 31 Jan 1794 - 12 Jan 1871
    w Mary Ann Belt 13 Jan 1794 - 9 Jul 1885 d/o Carlton & Elizabeth Jones Belt
Kinna, Russell James 5 Apr 1911 - 26 Oct 1984 s/o Raymond Hadd & Minnie Ethel Johnson Kinna
    w Gladys Irene Morningstar 14 Aug 1913 - 18 Dec 1978 d/o Algie G. & Fannie Orme Morningstar
      s Thomas Russell 4 Apr 1933 - 8 Feb 1959 MD FN US Navy
Kinney, Jane H. 7 Sep 1893 - 20 Feb 1926
Kirsch, Dr. Robert 1930 - 17 Aug 1996
Kitts, Daughters of Vaden and Lulu Whisman
    d Bettie Lou d. 9 Dec 1940
    d Doris Elizabeth d. 6 Feb 1944
Kitts, Infant d. 2 Nov 1964
Klaess, John William d. 19 Jun 1979 h/o Mary Frances Klaess
Klippel, Shelly Rae 29 Mar 1963 - Feb 1986
Kneesi, Ellen 22 Feb 1942 - 27 Jun 1994
Knill, Annie Neal 23 Sep 1918 - 7 Sep 1954 w/o Charles E. Knill Jr.
Knott, Hazel Rudolph d. 8 Dec 1927
Kohlenburg, John Charles d. 12 Dec 1968
Kohlenburg, William Thomas 1872- 17 Jun 1946 h/o Georgia Kohlenburg
Kohlhoss, Charles 1840 - 28 Apr 1914
    w Ellen Jane Carlisle 1840 - 1893
    s Harry 1874 - 24 Mar 1957
      w Minnie S. "Carrie" Bean 1880 - 19 Feb 1945
Kohlhoss, Charles Edward Munsey 1869 - 23 Nov 1921 s/o Charles & Ellen Jane Kohlhoss
    s Charles Edward 21 Sep 1901 - 17 Jul 1957
      w Emma Mae Haller Thornton 29 Mar 1907 - 1 Dec 1994 d/o Joseph Z. & Alice Gertrude Titus Haller
      s Charles Edward Jr. 9 Mar 1929 - 28 Jan 1983 h/o Winifred Steiner Kohlhoss
Koss, Dorothy Darby Brosius 3 Dec 1922 - 20 Jan 1985 d/o Charles Thomas Jr. & Genevieve Mattingly Darby Brosius
      w/o Joseph Paul Koss
Kraft, Alice A. Metzger 17 Apr 1844 - 27 Apr 1872 d/o William & Harriet Morehead Trail Metzger w/o J. G. Kraft
Kubeck, Frederick J. 27 Apr 1965 - 6 Jun 1988 s/o Thomas & Eleanor Marye Allnutt Kubeck

Lacey, John Stinson 22 Oct 1907 - 8 Aug 1995
    w Mary Catherine Fisher 5 Sep 1912 - 31 Aug 1986
Ladson, Barbara Moore 27 Mar 1918 - 24 Oct 1984 d/o James S. & Susan Ann Moore
Lagasse, Nettie Mae Orme 9 Feb 1910 - 8 Nov 1968 d/o Charles Clinton & Daisy D. Miles Orme w/o Alfred Henri Legasse
Lamarr, Edgar Carl 14 Jan 1925 - 29 Dec 1962
Lambert, James C. 2 Oct 1910 - 2 Jul 1994 h/o Evelyn Cubitt Lambert
Lambert, Paris Wesley 25 Sep 1890 - 31 May 1973
    w Elsie Pearl 29 Jul 1902 - 9 Jul 1970
    s Jasper Thomas 16 Nov 1930 - 8 Aug 1986
Lambert, Thomas Benton 16 Dec 1864 - 20 Oct 1935
    w Viola Virginia 9 Apr 1866 - 8 Nov 1958
    d Martha A. 2 Oct 1896 - 4 Jul 1992
    d Virginia F. 7 Mar 1904 - 4 Mar 1920
Lambert, William Wesley 10 Mar 1925 - 1 Jun 1992 h/o Mary Jane Lambert
    s William Wesley Jr. 26 Mar 1954 - 14 Sep 1981
Lane, Jesse Melvin 1909 - 2 Sep 1966
Langley, Larry Thomas 15 Jul 1943 - 20 Oct 1997 h/o Ruby C. Langley
Lannan, Scytha 1795 - 1874 w/o Thomas Carr Lannan
Larman, Benjamin H. d. 26 Mar 1969 s/o George F. Larman
    w Bessie Violet Monard d. 19 Oct 1962 d/o J. Nicholas & Mary A. Monard
Larman, Charles 1825 - 2 Jan 1892
    w Mary A. d. 3 Jan 1902 66-10-4
    s Charles A. d. 24 Feb 1934
    s James R. d. 12 Dec 1929

Monocacy

Larman, George F. d. 14 Feb 1943 s/o Charles & Mary A. Larman
    c Infant d. 3 Feb 1914
Larman, Henry Milton d. 29 Sep 1948
    w Elizabeth May Thompson d. 30 Oct 1946 85 years d/o James & Elizabeth Thompson
Larman, Infant d. Mar 1906 c/o Edward Larman
Larman, William Edward 1866 - 14 Dec 1938 s/o William H. & Mary Anna George Larman
    w Catherine no dates
        s William Clifton 20 Aug 1894 - 22 Jul 1957 WWI Veteran
        s Frank E. 27 Oct 1896 - 3 Oct 1944
        s Joseph Edgar 19 Nov 1907 - 7 Sep 1941
Larman, William H. 1842 - 17 Mar 1923
    w Mary Anna George 1845 - 23 Jan 1926
    d Fannie Elizabeth 15 Jul 1867 - 9 Mar 1946
Lawrence, Clayton Eugene 16 May 1939 - 1 Mar 1999
Lawrence, Hannah 25 Dec 1784 - 25 Feb 1865
Lawrence, William R. 18 Oct 1940 - 20 Jan 1987
Lawson, Annie E. d. 9 Dec 1955 w/o Alfred S. Lawson
Lazell, Katherine E. Oxley 18 Oct 1887 - 8 Jan 1916
Leapley, George N. 1811 - 15 Dec 1876
    w Margaret A. D. Hughes 1828 - 26 Jan 1859
    s George Randolph 1850 - 7 Dec 1852
    d Margarett Avilda 1851 - 31 Mar 1935
    s George Franklin 1854 - 24 Apr 1937
    d Catherine Jennie 1858 - 4 Oct 1953
Leapley, George W. 1837 - 28 Nov 1894
    w Margaret d. 9 May 1914
    s George Edward
    d Infant no dates
    d Infant no dates
Leapley, Infant d. Sep 1888 c/o P. F. Leapley
Leapley, Infant d. Jul 1889 c/o P. F. Leapley
Lee, Estelle Perry 14 Aug 1871 - 7 Jan 1949
Leith, Douglas Ray 23 Apr 1949 - 10 May 1952
Leith, Eppie H. 4 Jun 1905 - 19 Jul 1986
    w Etta Cochran Grimes 4 May 1905 - 1 Oct 1983 "Mother" d/o James & Etta Grimes
Leith, Samuel H. 11 Jun 1928 - 9 Jul 1993 "Father"
    w Ruby Ellen Lyddard 24 Oct 1927 - 12 May 1993 "Mother" d/o Samuel & Annie Nicholson Lyddard
    s Michael Dale 13 Aug 1961 - 15 Oct 1973
Leith, Ruth E. Baker 1 Jun 1913 - 7 Aug 1988 d/o Denzel D. & Ina McLinn Baker w/o Thomas G. Leith
    s Jerry Moore d. 2 Jun 1994
    s David Harrison 9 Mar 1949 - 23 May 1971
Lemar, Frances I. Cregger 21 Dec 1930 - 15 Sep 1979 d/o Floyd W. & Bertha Mae Pennington Cregger
Leopold, Max 1893 - 7 Nov 1974
    w Erna H. 1897 - 25 Feb 1977
Leppo, Charles H. d. 25 Sep 1969
Leppo, Ida Jane Fox 26 Aug 1964 - 2 Apr 1997 h/o Joseph Leppo
Leslie, Leon S. 28 Jun 1901 - 10 Jul 1974
    w Bernice Elizabeth 25 Sep 1909 - 14 Dec 1987
Lester, Chester E. d. 16 Jul 1950 age 70
    w Maude M. d. 29 Jan 1940
Levol, Susan Marie Kamman 9 Sep 1959 - 16 Dec 1993
Lewis, Alma Dennie 23 Jan 1889 - 24 Jan 1962
    w Irene Lindig 22 May 1893 - 4 Aug 1979
Lewis, Earl Wendell 8 Mar 1928 - 10 Oct 1995 s/o Guy V. & Lottie Mainheart Lewis
    w Doris Matthews 20 Dec 1927 - no date d/o Walter Kirts & Eleanor Mae Luhn Matthews

Monocacy

Lewis, John Edward 12 May 1892 - 25 Nov 1970 MD PVT Co F 63 Infantry WWI
  w Mary Hughes 11 Mar 1895 - 17 Oct 1989 d/o George Edward & Louisa Dutrow Hughes
Lewis, Walter Jackson 19 Oct 1919 - 16 Apr 1979 "Pop" s/o David T. & Ella Asbury Lewis
  w Lena Mae Wright 28 Jun 1921 - 28 Dec 1986 d/o Steve & Martha Greene Wright
Lewis, Dr. William Latane 19 Dec 1860 s/o Thomas Waring & Anne Ursula Lewis
  w Margaret Darby 15 Nov 1870 - 15 Mar 1952 d/o Lawrence Allnutt & Sarah Ann Chiswell Darby
Lewis, William Motzer 1856 - 20 May 1934
  w Sarah "Sallie" M. Trundle 1862 - 17 Jan 1933
Lillard, James Robert 1848 - 28 Jul 1920
  w Mary Ellen Bowie 1851 - 1904
  d Ernest L. 1874 - 13 Jan 1913
  s William E. 1879 - 1902
  d Bessie B. 1890 - 1905
Lilly, Kelly J. 18 May 1878 - 13 Jun 1926
  w Bertha Jackson Reed 27 Nov 1880 - 17 Oct 1933
  s Homer Johnson 3 Sep 1899 - 25 Apr 1975
Linde, Douglas B. 5 Oct 1946 - 7 Oct 1946
Lindig, Adolphus 23 Dec 1835 - 10 Mar 1902 b. Saxony, Germany
  w Annie S. 7 Nov 1844 - 8 May 1884
  d Anna 5 Mar 1877 - 30 Aug 1934
  s Frederick J. 2 Apr 1880 - 30 Aug 1881
  d Estelle 5 Feb 1883 - 8 Feb 1884
Lindig, Henry M. 1863 - 2 Apr 1946 s/o Adolphus & Annie S. Lindig
  w Sarah Elizabeth Norris 1869 - 28 Jun 1949 d/o Henry J. & Margaret A. Norris
Linthicum, Charles Gorman 30 Apr 1893 - 3 Apr 1983 s/o George Frederick & Martha Elizabeth Best Linthicum
  w Ethel Rose Reid 25 Jan 1894 - 4 Feb 1980 d/o John T. & Annie R. Cooley Reid
Linthicum, John Dutrow 17 Jul 1881 - 8 Aug 1953 s/o Cassidy & Rachel Eleanor McElfresh Linthicum
  w Leona May Davis 20 Mar 1885 - 9 Oct 1960 d/o John Wallace & Harriet Abigail Hays Davis
Linton, Julia Frances 9 Apr 1928 - 14 Sep 1989
Littlefield, George E. 1881 - 11 Mar 1959
Littlepage, James Hemenway 3 Dec 1910 - 28 May 1989
  w Mabel Griffith 1922 - 29 Aug 1998
Livingston, John Cope 5 Jul 1908 - 13 Dec 1981
Lombarde, Irene 24 May 1958 - 24 Jun 1998
Lonergan, Lucy Ellen 1943 - 24 Mar 1978
Lonergan, Lucy Waters 18 Dec 1883 - 15 Jan 1950
Long, Elizabeth A. 1882 - 25 Oct 1944 w2/o George W. Long
Long, Mary Carpenter 1872 - 19 Feb 1917 w1/o George W. Long
Loos, Emily Doyne Allnutt 8 Aug 1904 - 25 Jan 1988 d/o Robert Wilkerson & Mary Alice Thomas Allnutt
Louden, George W. 1865 - 2 Jul 1944
Lowe, Henry L. 1817 - 13 Feb 1895
Lowe, Louis Richard 10 May 1878 - 8 Aug 1931
Lowe, Melvin George 11 Sep 1882 - 2 Jan 1956
  w Clara L. 15 Sep 1874 - 6 Aug 1966
Lowe, Richard H. d. 19 Apr 1888
  w Sarah E. Astlin d. 31 Jan 1892
Loy, Albert F. d. 17 Sep 1928
  w Lelia V. Poole d. 5 Apr 1958
  d Marie V. 4 Apr 1909 - 12 Aug 1909
  d Mary V. 4 Apr 1909 - 19 Aug 1909
  s Albert F. d. 6 Jan 1969
  s Thomas Johnson 1918 - 10 Aug 1974 h/o Thelma L. Loy
Loy, Catherine Rebecca 1859 - 25 Feb 1945 w/o Claude Edward Loy
Loy, Claude Edgar 1889 - 29 Dec 1972 s/o Joseph F. & Catherine Rebecca Loy
  w Mary Margaret 1886 - 6 Feb 1968

Monocacy

Loy, Joseph F. 1843 - 26 Nov 1917
    w1 Mary C. 1851 - 1884
    d Minnie E. 1876 - 3 Jan 1919
Loy, Luther F. d. 18 Jun 1931 h/o Jessie Irene Hilton Loy
Lucas, Children of Charles & Mary
    s Alfred T. 4 Jan - 4 Apr 1915
    c Infant d. 28 Feb 1916
Luhn, Arthur Price 9 Sep 1881 - 8 Feb 1950 s/o Randolph & Sarah Elizabeth Price Luhn
    w Elizabeth Ellen 14 Oct 1883 - 25 Jul 1921
    d Hazel V. 10 Sep 1915 - 24 Jul 1937
Luhn, Charles Andrew 31 Dec 1849 - 20 Jun 1942 s/o George Christopher Sr. & Anna Eliza Sellman Luhn
    w Sarah Catherine McLain 23 Mar 1857 - 10 Aug 1880 d/o James stone moved from Mt. Pleasant, Dickerson
    s Charles McLain 1880 - 10 Jan 1919
Luhn, George Christopher Jr. 14 Nov 1856 - 20 Nov 1935 s/o George Christopher & Anna Eliza Rebecca Sellman Luhn
    w Alice Elizabeth McLain 23 Jul 1855 - 10 May 1950 d/o James McLain
    s William Alexander 27 Jul 1869 - 19 Feb 1949
Luhn, George Christopher Sr. 17 Aug 1820 - 22 Jan 1896 [stone moved from Mt. Pleasant, Dickerson]
    w Anna Eliza Rebecca Sellman 25 Nov 1825 - 22 Jun 1911
Luhn, George Washington Sr. 26 Jun 1864 - 24 Jan 1940 s/o George Christopher Sr. & Anna Eliza Rebecca Sellman Luhn
    w Amelia Mae Reid 17 Apr 1868 - 26 Dec 1950
    s Thomas 1882 - 31 Jul 1926
    s Leslie L 5 Jan 1889 - 10 Jul 1889
    s Thomas E. 24 Jan 1890 - 24 Oct 1949 h/o Ena M. Luhn
    d Helen Virginia 4 May 1895 - 30 Dec 1895
Luhn, Infant no dates c/o Wilbur Luhn
Luhn, Lawrence W. 11 Aug 1894 - 1 May 1976 s/o Randolph & Sarah Elizabeth Price Luhn
    w Clara Belle 11 Aug 1896 - 28 Jan 1970
Luhn, Maynard Clark 28 Apr 1905 - 6 Apr 1978 s/o George Washington Sr. & Amelia Mae Reid Luhn
    w Eula L. Wynne 22 Oct 1905 - 5 Apr 1994
Luhn, Randolph 29 Sep 1852 - 15 Feb 1940 s/o George Christopher Sr. & Anna Elizabeth Rebecca Sellman Luhn
    w Sarah Elizabeth Price 23 Jul 1858 - 10 Jul 1930 d/o William H. & Ann R. Webster Price
Luhn, Stonestreet Wilson 17 Oct 1908 - 14 Sep 1988 s/o George Washington Sr. & Amelia Mae Reid Luhn
    w Agnes Virginia Dixon 6 Oct 1908 - 14 Sep 1988 d/o Eberly Thomas & Zora Viola Peters Dixon
Lydanne, Charles William 19 May 1908 - 9 Nov 1978 s/o Charles J. Lydanne
    w Alda Frances Hoyle 13 Aug 1912 - 7 Nov 1996 d/o Elmer Eugene & Alda Brent White Hoyle
Lyddard, Annie V. 23 Nov 1908 - 19 Dec 1987
Lyddard, Thomas I. 27 Jul 1901 - 26 Jan 1955
Lynch, Martha L. 14 Apr 1933 - 5 Jan 1937
Lynch, Raymond Joseph 19 Nov 1968 - 21 Jun 1996 s/o Bartholomew & Katherin Lynch h/o Eva L. Lynch

MackIntosh, Maria Moulden and two children no dates w/o Charles O. MacIntosh
McAtee, Susie V. Savage 9 Sep 1892 - 12 Dec 1980 d/o George D. & Martha Virginia Ballenger Savage w/o Clifford McAtee
McAuliffe, James Stephen 16 Jan 1907 - 31 Oct 1996 h/o Ida Claudia McAuliff [w1]
    w2 Grace Morningstar 1911 - 2 Sep 1967 d/o Edgar J. & Mary Florine Morningstar
McClasson, Jennie E. T. d. 21 Sep 1991
McFarland, Alexis Layton 10 Aug 1996 - 15 Sep 1997 d/o Ernest Alan McFarland
McKimmey, Lorraine Roberts 30 May 1930 - 31 Oct 1994
McLeod, Joseph Wilkinson 1 Jan 1848 - 23 Jul 1852 s/o Patrick H. & Mary C. Jones McLeod
McLeod, Mary Elizabeth 31 Jan 1846 - 20 May 1852 d/o Patrick H. & Mary C. Jones McLeod
McGinley, John Francis 1 Sep 1939 - 1 Feb 1999 s/o Allyn Selden & Leo F. McGinley
McGlothlin, Eloise Mattie Robbins 23 Apr 1921 - 4 Oct 1990 d/o Rufus Ayers & Ethel Wells Robbins
McGovern, Gerald d. 6 May 1917
    w Charlotte Wilhelmina Lindig 1871 - 11 Feb 1964 d/o Adolphus & Annie S. Lindig
    s Gerald 30 Nov 1903 - Dec 1903
McGovern, Anna L. 30 Nov 1903 - 4 Mar 1980
McGrady, William Crawford 6 Jan 1933 - 3 Nov 1995 s/o Grover & Lola McGrady
    w Mary E. White 1941 - May 1989 d/o Walter C. & Effie Thore White

Monocacy

McIntosh, Annie Maria 1862 - 26 Dec 1927
    d Annie Virginia 1895 - 7 Jul 1926
McKeever, William Galen 22 Oct 1900 - 8 Nov 1986 s/o Albert F. & Julia Orr McKeever
    w Alice Antoinette Darby 8 Sep 1908 - 1 Jul 1975 d/o John Edwin & Olive Gertrude Hyatt Darby
McMillian, Edna Pearl 1937 - 26 Sep 1998
McNeir, Florence Gassaway d. Jun 1900 d/o William Gassaway w/o Rev. Robert Lee McNeir
McRoberts, Jesse 1893 - 30 May 1947

Macabee, Margaret d. Apr 1882 no dates
Mace, Eric Turley 19 May 1972 - 21 May 1972 s/o William H. Mace
Magaha, Archie T. F. 31 Dec 1924 - 15 Jan 1999 s/o Thomas H. & Nellie Marcus Magaha h/o Virginia B. Magaha
    s Franklin Henry 9 Feb 1949 - 25 Mar 1973
Magaha, Charles W. d. 27 Dec 1919
Magaha, John 1 Jul 1822 - 1 Dec 1891
    w Savilla 11 Jul 1827 - 28 Mar 1890
    s Walter S. 17 Apr 1855 - 23 Jan 1900
Magaha, John Wesley 3 Oct 1898 - 18 Nov 1920 s/o John & Savilla Magaha
    w1 Maria H. 13 Oct 1846 - 13 Dec 1881
    w2 Manzella E. Smith 21 Jan 1861 - 25 Oct 1902
    c Infant d. Oct 1902
Manaia, George Westley 1936 - 14 Oct 1976 h/o Barbara Manaia Repass
Manion, Annie Edna Carlisle 18 Dec 1874 - 10 Apr 1950 d/o Richard Clarence & Frances C. Appleby Carlisle
    w/o James O. Manion
    s William Vernon 9 Sep 1899 - 7 Jun 1958
Manly, John d. 25 Nov 1816 age 64
    w Mary d. 18 Jun 1823 age 52
    s John S. d. 8 Mar 1817 in his 48th year
Mann, Dr. Arthur Howard Jr. 29 Oct 1869 - 26 Sep 1919
    w Mary Elizabeth Elgin 25 Sep 1865 - 17 Dec 1957 d/o Charles Fenton & Helen Douglas Smith Elgin
Mann, James Harold 23 Nov 1913 - 26 May 1985 s/o James & Margaret Walker Mann
    w Margaret Blackwell 1919 - 8 Jun 1995
Manuel, Agnus T. Jun 1900 - 3 Jul 1909 d/o Harry & Carrie T. Manuel
Martin, James Franklin 1885 - 22 Mar 1956
Martin, John R. 10 Nov 1929 - 21 Jan 1960 h/o Janet Martin
    s Joseph Alan 2 Jan 1960 - 21 Jan 1960
Martin, Joseph A. 1867 - 19 Jul 1949
    w Annie E. 1874 - 16 Sep 1951
Martin, Maitland Rex d. 23 Oct 1956
    w Annie C. d. 7 Feb 1960
Mason, Henry Clay 1840 - 1911 49th Inf VA Cavalry
Mason, Dr. Lyle Millan 4 May 1891 - 13 Feb 1957
    w Evelyn Wailes Brewer 9 May 1895 - 4 Sep 1958 d/o William G. & Ida White Brewer
Mason, Wilbur Gray III 19 Oct 1916 - 30 Sep 1950 h/o Florence Jones White Mason
Matthews, Armistead d. 24 Mar 1955
    w Gertrude Lowe d. Aug 1901
Matthews, Charles Maynard Jr. 15 Dec 1928 - 31 Jan 1981 s/o Charles Maynard Sr. & Isabell Mariah Matthews
    h/o Ruby Mundy Matthews
Matthews, Charles Maynard Sr. 9 Sep 1895 - 5 Dec 1977 s/o Armistead & Gertrude Lowe Matthews
    w Mariah Isabell Waddle 27 Jul 1906 - 28 Dec 1989 d/o Prentice & Sara Totten Waddell
Matthews, James B. 8 Feb 1856 - 4 Nov 1926
    w Elsie d. 9 Aug 1915
Matthews, John Edwin 29 Mar 1859 - 11 Jun 1891 s/o William & Sarah Fletchall Matthews
    w Annie Sibyll Mossburg 11 Sep 1859 - 3 Jun 1912 d/o Peter Kurtz & Margaret L. Philips Mossburg
    s George Edwin d. 9 May 1888 5-9-22
    s Edward d. Jun 1886
Matthews, Walter Kirts 2 Oct 1889 - 1 Sep 1969 s/o John Edwin & Annie Sibyll Mossburg Matthews
    w Eleanor Mae Luhn 30 Mar 1889 - 14 Mar 1976 d/o Randolph & Sarah Elizabeth Price Luhn

Monocacy

Mattingly, William Francis Jr. 23 Oct 1875 - 22 Aug 1936 s/o William Francis & Mary Louise Mattingly
    w Evelyn Gertrude Darby 5 Mar 1880 - 15 Mar 1950 d/o James Washington & Mary Jeanette Dade Darby
Maxwell, James Stevenson 20 Sep 1844 - 3 Aug 1892 from Mt. Pleasant s/o Alexander & Elizabeth Hopkins Maxwell
    w Sarah Frances Beall 21 Sep 1851 - 11 Aug 1926 d/o Emory Montgomery & Margaret Pyles Beall
    d Maggie Blanche 17 Dec 1877 - 21 Jun 1895 reinterred from Mt. Pleasant
Meem, Harry Cloriviere 14 Jul 1870 - 8 Jul 1940 s/o Cloriviere Edward & Mary Jane Moe Meem
    w Nora Gittings Sellman 20 Sep 1872 - 14 Sep 1960 d/o Frederick Oliver & Damaris Almira Sellman Sellman
Mejia, Paul Franklin 6 Nov 1938 - 28 Dec 1974
Mejia, Richard Carlisle Sr. 30 Sep 1937 - 7 Dec 1992
Mellott, Jacob B. 27 Oct 1864 - 7 Oct 1924
    w Ida Madeline 5 Apr 1867 - 30 Oct 1958
    c Infant d. May 1907
Mentzer, Julia Ellen 2 Apr 1896 - 10 Jul 1971 "Mother"
    s Harry Lee 16 May 1923 - 10 Feb 1990
    c Infant d. 21 Nov 1929
Merhcant, John O. 1813 - 4 Feb 1907
    w Margaret E. Mullican 18 Mar 1826 - 3 Nov 1883 d/o Susannah Mulligan
Mercier, Richard G. 17 Oct 1842 - 1 Feb 1920
    w Emily D. 13 May 1852 - 8 Jul 1918
Metzger, Gerhard 2 Mar 1810 - 5 Sep 1844 [reinterred]
    w Elizabeth Ann 7 Feb 1813 - 12 Jun 1881
    d Sarah Ellen 21 Sep 1841 - 11 Oct 1841
    s John H. 26 Mar 1843 - 8 Aug 1843
Metzger, William 17 Oct 1805 - 19 Aug 1874
    w Harriet Morehead Trail 22 Feb 1811 - 23 Sep 1894
    d Hannah Virginia 4 Oct 1832 - 25 Jan 1895
    s Nathan T. 11 Jun 1842 - 23 Oct 1875
    s Philip 8 Jan 1846 - 29 Mar 1862
    s Charles 17 Jun 1848 - 27 Sep 1898
    s Percival 22 Feb 1855 - 19 Nov 1922
    s George d. 5 Mar 1872
Metzger, William W. 10 Sep 1840 - 9 Nov 1906 s/o Gerhard & Elizabeth Ann Metzger
    w Amanda E. Cashell 1837 - 25 Oct 1915 d/o Hazel Butt & Caroline Grooms Cashell
    s Nathan Hazel 1877 - 11 Oct 1918
Michael, Dorothy How d. 12 Aug 1925 w/o Arthur Michael
    c Infant d. 29 Jun 1925
Miles, Elisha d. 1 Oct 1933
Miles, Hanson Thomas 25 Mar 1850 - 18 Jun 1926 s/o James Hanson & Elvira Murray Beall Miles
    w Mary Catherine 23 May 1855 - 11 Feb 1917
    d Mary Katherine d. 27 Oct 1916
    c Infant d. Dec 1894
    s Howard Montgomery 12 Sep 1879 - 17 Dec 1952
        w Della Mae 29 Apr 1882 - 10 Nov 1959
    c M. M. no dates
    s Infant d. Jul 1885
Miles, James Hanson 1810 - 5 May 1891 s/o Charles & Elizabeth Beall Miles
    w Elvira Murray Beall d. 30 Jul 1899 age 90 d/o James & Margaret Smith Benson Beall
Miles, James Uriah 8 Oct 1831 - 7 Jan 1912 s/o James Hanson & Elivira Murray Beall Miles
    w Sarah A. Benson 14 Apr 1832 - 13 Jan 1905 d/o Thomas R. & Isabella A. Broome Benson
    d Mary Catherine 8 Sep 1855 - 2 Mar 1865
Miles, James R. 18 Dec 1844 - 6 Nov 1914 s/o Allen M. & Mary L. Trail Miles
    w Sarah Lucretia Mossburg 10 May 1847 - 28 Dec 1922 d/o Harry & Ann Elizabeth Benson Mossburg
    d Alice May 11 Jun 1877 - 13 Aug 1882 2-2-5
    s Jonathan Benson d. Apr 1886 age 9-10-19
    s Charles Edgar 19 Jan 1882 - 9 Sep 1888
Miles, John Jacob 28 Nov 1907 - 1 Sep 1925
    w Ellen Frances 13 Dec 1874 - 16 Jul 1916

Monocacy

Miles, Thomas 25 Sep 1911 - 12 Mar 1998 h/o Janet Etchison Miles
Milford, Thomas 5 Jun 1816 - 7 Jan 1884
    w Cleyland Veirs 18 Jun 1826 - 9 Jun 1894 d/o John Thomas & Eleanor Reid Veirs
    d Mary Ella 16 Oct 1856 - 21 Apr 1932
    d Jennie 15 Apr 1862 - 11 Nov 1937
    s Samuel B. 5 Feb 1864 - 10 Jun 1956 D. D. S.
        w Elizabeth Byrd 1872 - 28 Dec 1955 d/o John B. & Sarah "Sallie" T. Veirs Byrd
    d Cora V. 12 Jul 1872 - 11 Jan 1929
Millar, Christopher 8 Jul 1957 - 28 Mar 1989 s/o Jack W. & Jane B. Millar
Millard, Mary Eloise Hays Gott 4 Feb 1887 - 26 Jul 1955 d/o Benjamin Nathan & Anna Mary Scholl Gott
Miller, Edith d. 30 Jan 1957
Miller, Dr. William C. 1 May 1880 - 24 Sep 1967 h/o Mabel Baker Miller
    d Alma Mae 9 Sep 1925 - 22 Jun 1931
Mills, Esker 4 Nov 1912 - 1 Mar 1999 s/o John Esker & Elizabeth Brooks Mills
    w Oma Mae Herrell 8 Feb 1925 - 9 Aug 1969
Milne, Andrew K. 1852 - 2 May 1947
    w Mary E. Walter 1865 - 24 Jun 1947
    d Elsie May d. 27 Sep 1893
Milne, Audrey Lee Moler 22 Feb 1918 - 23 Jan 1992 d/o Helen Gertrude Byrnes Moler
Minter, Nelson John 15 Sep 1957 - 3 Dec 1993
Mobley, Ernest Dorsey d. 9 Mar 1946 h/o Mary Kuster Nicholson Mobley
    w1 Cornelia Carter Stang d. 22 Mar 1911 44-1-25 h1 = Martin Stang
Mobley, Howard S. 20 Jun 1856 - 6 Dec 1896
    w Mollie E. 6 Jan 1862 - 6 Oct 1920
    s Howard Victor 22 Nov 1894 - 29 Jun 1956 DC S2 USNR WWI
Mockbee, William Thomas 1838 - 30 Sep 1909 s/o Richard & Dorcas Mockbee h/o Maggie Sumner Jones Mockbee
Molby, Frank Lewis 10 Mar 1867 - 28 Feb 1939
    w Grace Kelly 9 Mar 1875 - 6 Nov 1965
    s Richard VanDyke 24 Nov 1895 - 21 Oct 1943
Moler, Helen Gertrude Byrnes 1893 - 7 Aug 1945 d/o James Franklin & Sarah Elizabeth Jones Byrnes
Moler, Ronald G. Oct 1908 - 15 Mar 1983 h/o Edna D. Moler
Money, James H. 16 Jul 1836 - 14 Aug 1901
    w Rose Anna Jarvis 15 Oct 1833 - 3 Mar 1908 d/o Hilleary & Elizabeth Pearce Jarvis
    s Franklin J. 14 Jan 1860 - 23 Jul 1930
    s James E. 2 Oct 1863 - 21 Mar 1918
Monroe, William Henry 14 May 1915 - 6 Oct 1997 h/o Sheila M. Monroe
Moore, Alvin 18 May 1899 - 21 Jun 1972
    w Elizabeth W. Titus 14 Sep 1919 - 3 Nov 1988 d/o John F. & Annie V. Frye Titus
    s Alvin Dean 11 May 1953 - 17 Jun 1965
Moore, James S. 7 Feb 1864 - 29 Feb 1935
    w Susan Ann 23 May 1878 - 2 Jan 1934
Moore, John White 16 Jul 1919 - 4 Apr 1975 US Army WWII h/o Kathleen Moore s/o Elizabeth Virginia Moore
Moore, Joseph Collinson 6 Apr 1910 - 14 Apr 1993 s/o John William & Virginia White Moore
    w Edna Donohoe 30 Jun 1919 - 5 Mar 1986 d/o John & Edna Jones Donahoe
Moore, Milward F. 1885 - 4 Mar 1969
Moran, William J. 16 May 1877 - 16 Jan 1903
    w Katie Lindig 1879 - 25 Jan 1975 d/o Adolphus & Annie S. Lindig
Morningstar, Algie Thomas 1879 - 22 Sep 1958 s/o William H. & Sarah A. Buckey Morningstar
    w Fanny Maude 1879 - 31 Oct 1948
    s Arthur Sylvester 1910 - 11 Sep 1960 "Father"
Morningstar, Charles W. 1875 - 1 Apr 1960 s/o William H. & Sarah A. Buckey Morningstar
    w Annie Mary 1877 - 17 Nov 1949
    c Infant d. Jul 1909
    s Archie M. d. Mar 1912
Morningstar, Clark 1906 - 8 Apr 1942 s/o Archie Michael & Florine Morningstar
Morningstar, Della Virginia 18 Feb 1875 - 28 May 1950

Monocacy

Morningstar, Edgar J. 1888 - 4 Oct 1964
    w Mary Florine 1878 - 21 Sep 1955
    s Hazel Edgar 1908 - 14 Nov 1939
Morningstar, Edgar John 5 Jul 1875 - 29 Apr 1954 "Father" s/o George H. & Harriet E. Morningstar
    w Agnes Honore Manion 13 Sep 1874 - 15 Aug 1965 d/o Kiernon & Mary R. Manion
    d Mary Agnes 21 Apr 1905 - 5 Feb 1999
Morningstar, Herbert V. d. 1 Jul 1947
Morningstar, Marshall C. 6 Apr 1897 - 25 Nov 1939 4th Inf WW I s/o Daniel & Ollie Morningstar
    w Anna Mary Larman 31 Aug 1897 - 5 Jan 1978 d/o James & Elizabeth Thompson Larman
Morningstar, Minnie Irene 1886 - 16 Sep 1920
Morningstar, Murrel J. 27 Jan 1885 - 22 Jul 1954 s/o Daniel & Amanda Morningstar
    w1 Bessie I. 30 Mar 1887 - 23 May 1924
    w2 Emma M. J. Reich 26 Jun 1888 - 14 Apr 1962
    d Elizabeth M. 13 Feb 1929 - 28 Feb 1995
Morningstar, Susie E. 21 Apr 1874 - 31 Apr 1982 w/o Edward A. Morningstar
Morris, Clayton 20 Apr 1904 - 27 Feb 1979 s/o Sebert & Clementine Knight Morris
Morris, Jesse James 2 Jun 1902 - 29 Apr 1990 s/o Sebert & Clementine Knight Morris
    w Nettie Ola Shifflett 12 Jan 1910 - 22 Nov 1981 married on 7 Jun 1927 d/o Martin L. & Victoria Knight Shiflett
Morrison, George W. 28 Dec 1869 - 5 Feb 1941
    w Mary McGlue 11 Jun 1870 - 6 Aug 1936
    d Esther E. 28 Oct 1897 - 4 Aug 1929
Morrison, Sarah A. 10 Sep 1844 - 1 Nov 1898 w/o James W. Morrison
    s Charles V. 2 Dec 1867 - 25 May 1915
      w Mary Frances Money 14 Jan 1868 - 20 Mar 1947 d/o James H. & Rose Anna Jarvis Money
      s Charles 1 Jul 1892 - 22 Sep 1892
      s George V. 20 Apr 1899 - 22 Apr 1899
Morton, Eugene J. 18 Sep 1938 - 14 Sep 1998
Morton, Frank Edwin 9 Mar 1909 - 14 May 1975
    w Lola E. Jackson 17 Apr 1907 - 12 Jun 1982
    s Claude David 3 Jul 1945 - 31 Jan 1953
Mossburg, Charles Henry 1891 - 31 Aug 1942
    w Lelia Ellinor Poole 20 Oct 1892 - 20 Apr 1970 d/o John William & Mary Effie Allnutt Poole
Mossburg, Claude Eugene 6 Nov 1875 - 22 Nov 1964 s/o Philip Francis & Annie Mary Griffith Hyatt Mossburg
    w1 Agnes Beatrice Cropper 1891 - 2 May 1923
    w2 Lela Marie 29 Jun 1895 - 7 Feb 1974
    s Raymond Hyatt 14 Mar 1894 - 21 Aug 1894
Mossburg, Edward Clinton 10 Jan 1872 - 25 Sep 1926 s/o Philip Francis & Annie Mary Griffith Hyatt Mossburg
    w Carrie May d. 22 Jun 1948
    s Irving E. 11 Apr 1899 - 9 Aug 1899
    s William E. 21 Jul 1904 - 24 Aug 1904
    s Reuben G. 24 Aug 1905 - 3 Oct 1905
Mossburg, George P. 1857 - May 1910 s/o Peter Kurtz & Margaret L. Phillips Mossburg
    w Sara Elizabeth Hoyle 2 Mar 1861 - 5 Apr 1896 d/o John Thomas & Jane A. Phillips Hoyle
    d Alice L. 7 Mar 1891 - 28 Sep 1903
    s George Le Roy 1892 - 25 Feb 1925
Mossburg, Henry William 1817 - 27 Oct 1877 s/o Johannes & Catherine Kurtz Masberg
    w Ann Elizabeth Benson 1828 - Apr 1882
Mossburg, Infant d. Jul 1884 c/o Mrs. H. Mossburg
Mossburg, Mary 1815 - 23 Feb 1896 d/o Johannes & Catherine Kurtz Masberg
Mossburg, Maurice Milton 7 Sep 1869 - 17 Sep 1954 s/o Philip Frances & Annie Mary Griffith Hyatt Mossburg
    w Esther Mary Compher 6 Jul 1879 - 4 Apr 1962 d/o Jonas C. & Henrietta Compher
    s Maurice C. 6 Jan 1909 - 3 Mar 1910
Mossburg, Peter Kurtz 3 May 1825 - 1 Jun 1904 s/o Johannes & Catherine Kurtz Masberg
    w Margaret L. Phillips 4 Jul 1828 - 8 May 1885
Mossburg, Philip Francis 30 Jun 1851 - 24 Feb 1922 s/o Peter Kurtz & Margaret L. Phillips Mossburg
    w Annie Mary Griffith Hyatt 28 Mar 1852 - 22 Nov 1939 d/o Jesse T. & Mary Ellen Ball Hyatt
    s Jesse Kurtz 1886 - 30 Dec 1959
Mossburg, Thomas Gilbert 1861 - 1933 s/o Peter Kurtz & Margaret L. Phillips Mossburg
    w Clara Bell Hillard 1864 - May 1941 d/o John & Helen Hillard

Monocacy

Moulden, Elias 1823 - 22 Feb 1893
    w Mary E. 1845 - Oct 1893
    d R. Etna 1855 - 30 Oct 1882
    d Mary Lilly 1858 - 1 Nov 1915
Moulden, Grace Magaha Jewel 10 Sep 1913 - 14 Sep 1989
Moxley, Emma S. Magaha 15 Oct 1879 - 10 Aug 1901 d/o John Wesley & Maria H. Magaha w/o Marion E. Moxley
Moxley, George Bradley 24 Dec 1925 - 30 Sep 1998
    s David Samuel 4 Aug 1959 - 11 Apr 1967 by Mabel Marie Stream Moxley
Moxley, Marion E. d. 24 Jul 1917 43-7-28 s/o Thomas E. & Annie E. Riley Ridgeway Moxley
    w Nannie Estelle Magaha d. 25 Nov 1959 80-10-27
    s Frank d. 27 Feb 1917 1-11-16
Moxley, Thomas Edward 7 Feb 1845 - 5 Mar 1910 stone moved from Mt. Pleasant Methodist, Dickerson
    w Annie E. Riley Ridgway 14 Jun 1849 - 27 Dec 1914
    s Everett Glenwood 5 Oct 1882 - 4 Feb 1952
    s George Buckingham 10 May 1885 - 24 Nov 1977
    s Oliver G. stone moved from Mt. Pleasant Methodist, Dickerson
Muir, Wallace 30 Oct 1906 - 5 Apr 1968
    w Dorothy Troth 31 Jul 1905 - 6 Jun 1988
Mulligan, Pearl Rebecca d. 11 Dec 1976
Mulligan, Susannah 24 Sep 1780 - 23 May 1873
Mumford, John M. 1881 - 3 Jul 1917
    w Dorothy L. 1888 - no date
Mumma, Minnie Pearl 9 Mar 1949 - 23 Mar 1976
Munger, John B. 17 Apr 1842 - 18 Sep 1941
    w Eliza 1842 - 6 Jan 1924
    d Cora Ellen 18 Jul 1868 - 16 May 1952
    d A. Beulah Mae 12 Dec 1881 - 8 Jan 1961
Munger, Ormand Surber 27 Apr 1912 - 10 Apr 1989
    w Mary L. d. 8 Jul 1977
Murphy, Grace d. 19 Oct 1988
Musser, Carl R. 1845 - 3 Nov 1951 s/o John Musser
Myerly, Rev. Harry Stockton 8 Dec 1897 - 23 Nov 1988 s/o Jesse Gilbert & Elizabeth P. Anderson Myerly
    w Minnie Louise Bodmer 1895 - 25 May 1996 d/o Jacob & Carrie Melissa Wiles Bodmer

Nash, Geneva M. d. 9 Jun 1930
Neal, Hubert Sherman 19 Feb 1905 - 6 Nov 1990 h/o Ida Wynn s/o Andrew B. & Sally Sarver Neal
Nealon, Mitchell Lee 16 Apr 1947 - 17 Jun 1985 s/o Jack T. Nealon
Neel, Clarence Sidney 10 Jan 1916 - 17 Jun 1977 h/o Julia L. Neel
Neel, Herbert O. 30 Aug 1903 - 23 Aug 1959 s/o Lewis Wiley & Della M. Stowers Neel
    w Mary M. 25 Aug 1906 - 2 Mar 1968
Neel, Lewis Wiley 10 Oct 1881 - 1 Oct 1948
    w Della M. Stowers 29 Nov 1883 - 6 Jun 1951
    s Samuel Robert 9 May 1914 - 28 Dec 1975 Corp US Army WWII
    s Archie Clifton 25 Apr 1912 - 12Mar 1977 Pvt US Army WWII
Neel, Thompson Gregory 7 Jun 1906 - 10 Sep 1953
Nevin, David John d. 5 Feb 1928
    w Katherine Hoyle 22 Nov 1882 - 23 Jul 1972
    s James Hoyle d. 27 Aug 1931
Newman, Michael Edward 16 May 1954 - 27 Dec 1970
Newman, Claude Hutspeth 3 May 1905 - Sep 1935
    w Elizabeth "Bettie" Williams Jones 5 Oct 1905 - 12 Feb 1990 d/o John Augustus & Mary Jane Pyles Jones
    s Thomas E. 23 Feb 1929 - 14 Dec 1982
Newton, Thomas N. 7 May 1859 - 26 Feb 1949
Nicewarner, Sean Russell d. 13 Jun 1996
Nichols, Charles S. 29 Jun 1845 - 24 Feb 1907
    w Louise Hempstone 1847 - 1908 s/o Zadock & Mary Mildred Harris Hempstone
    s Edward Alton 14 Feb 1869 - 6 Mar 1869
    d Daisy Louise 3 Jun 1886 - 2 Apr 1902

Monocacy

Nichols, Clarence N. 24 Apr 1888 - 5 Sep 1969
    w Hilda M. 18 Oct 1889 - 16 Nov 1975
Nichols, Clinton R. 1874 - 30 Apr 1965
    w Delma Bridget 7 Oct 1880 - 20 Aug 1942
Nichols, George Frederick 20 May 1882 - 19 Dec 1941
    w Florence Ellen d. 6 Apr 1944
Nichols, Joseph Deets 10 Mar 1919 - 6 Sep 1978 TEC 5 US Army WWII s/o Joseph W. & Sarah Catherine McDonough Nls.
    w Nellie Ivy Ballenger 22 Apr 1919 - 5 Dec 1982 d/o Irving Thompson & Nellie Holland Burdette Ballenger
Nichols, Kenneth D. 13 Nov 1907 - 21 Feb 2000 age 92 s/o Wilbur L. Nichols
    w Jacqueline Darrieulat 13 Aug 1910 - 9 Mar 2000 d/o Francois & Marie-Louise Roux Darrieulat
Nicholson, Arthur Purnell 10 Dec 1885 - 9 Jan 1919 s/o Lawrence Baker & Elizabeth Ann Cooley Nicholson
    w Susan Virginia Oland 2 Feb 1886 - 7 Jul 1973 d/o Charles Franklin & Clara Virginia Carter Oland
    s Arthur Baker 29 Oct 1915 - 14 Jun 1986
    s William Douglas 7 Jul 1918 - 25 May 1988 h/o Charlotte Werking Nicholson
Nicholson, George Edward 9 May 1877 - 19 May 1936 s/o John L. & Martha Johnson Nicholson
    w Mary Cornelia Whipp 25 Jul 1882 - 13 Mar 1970 d/o George Calvin & Mary Mobley Whipp
Nicholson, James Brawner Jr. 6 Oct 1908 - 7 Jun 1979 h/o Elizabeth White
Nicholson, John L. 9 Apr 1845 - 5 May 1917 s/o James A. S. & Ellen Maria Medley Nicholson
    w Martha Johnson 18 Aug 1843 - 11 Feb 1934 d/o Joseph & Honora Bennett Johnson
Nicholson, John Vernon 20 May 1880 - 10 Jul 1970 s/o John L. & Martha Johnson Nicholson
    w1 Martha Jean "Jennie" Dillehay 12 Dec 1868 - 24 Feb 1932 d/o John Thomas & Charlotte Johnson Dillehay
    s Vernon Leroy 14 Mar 1908 - 15 Jan 1995
    w2 Annie V. Heffner 14 Sep 1885 - 16 Apr 1970 d/o John & Annie Duvall Heffner
Nicholson, Lawrence Baker 16 Mar 1846 - 1 Jul 1904 s/o Baker & Mary Ann Cropley Nicholson
    w Elizabeth Ann Cooley 9 Apr 1851 - 24 Jan 1926 d/o John Garrett & Eleanor Jane Gleason Cooley
    s Linwood Burton 27 Apr 1874 - 19 Sep 1954
        w Carrie Roberson 19 Nov 1886 - 7 Nov 1977 d/o Benjamin Franklin Jr. & Mary Frances Purdy Roberson
    s Lawrence Baker Jr. 22 Mar 1879 - 20 Sep 1911
    s Franklin B. 7 Mar 1893 - 15 Sep 1915
Nicholson, Linwood Burton 27 Apr 1874 - 19 Sep 1954 s/o Lawrence Baker & Elizabeth Ann Cooley Nicholson
    w Carrie E. Roberson 19 Nov 1886 - 7 Nov 1977 d/o Benjamin Franklin Jr. & Mary Frances Purdy Roberson
Nicholson, Wilfred Donald 15 Feb 1918 - 26 Dec 1967 s/o George Edward & Mary Cornelia Whipp Nicholson
    w Gladys Estella Nichols 20 Oct 1918 - no date d/o John Wesley & Della Estelle Nicholson Nichols
    s Donald Hubert 2 Sep 1938 - 10 Dec 1980
Nicholson, William Meredith 18 Feb 1884 - 31 May 1968
    w Annie Ellis 22 Jun 1900 - 19 Oct 1981
Nicolaisen, Jane Allnutt 2 Dec 1925 - 28 Oct 1996 d/o Reginald Cecil & Edna W. Allnutt
Norris, Barnett T. 1803 - 24 Jun 1888 s/o John E. Norris
    w Ann R. Fyffe 20 Sep 1801 - 19 Feb 1860
    s Charles William T. 1833 - 15 Apr 1888
    s James Lawson 3 May 1836 - 8 Jan 1918
Norris, Charles J. 28 Feb 1871 - 4 Dec 1926
    w Cora Ellen Bowman 9 Sep 1880 - 8 Oct 1966 d/o William Harrison & Catherine Elizabeth Darby Bowman
Norris, Charles William Jr. 2 Jun 1934 - 31 May 1995 s/o Charles William & Vera DeEtte Dahl Norris
    w Shirley Ann Cubitt 6 Apr 1936 - 11 Feb 1989 d/o Frank Edward & Elizabeth Rebecca Luhn Cubitt
Norris, Charles William Sr. 15 Feb 1908 - 20 Dec 1967 s/o Charles J. & Cora Ellen Norris
    w Vera DeEtte Dahl 15 Dec 1911 - 10 Aug 1985 d/o Peder & Elizabeth Brown Dahl
    d Joni Lynn b&d 11 Oct 1956
Norris, Clarence L. 10 Dec 1907 - 6 Oct 1982
    w Hazel Hickman 10 May 1911 - 15 May 1983
Norris, Dorothy Mae d. 23 Dec 1935
Norris, Henry Josiah 1838 - 17 Dec 1909 s/o Barnett & Ann R. Fyffe Norris
    w1 Margaret A. 1843 - 9 Jul 1881
    d Mary Magdeline 1861 - 11 Sep 1932
    s Josiah 1865 - 24 May 1882 aka Jocyrus Norris
    w2 Laura B. Imlay 1858 - 31 Jan 1884
    c Infant d. 31 Jan 1884

Monocacy

Norris, Henry Josiah, Jr. d. 16 Jan 1944 s/o Henry Josiah & Margaret A. Norris
    w1 Mrs. d. 31 Jan 1884
    w2 Lillie Ashby d. Dec 1899
    s Thomas A. 1886 - Dec 1886
Norris, James C. d. 30 Oct 1934 s/o Henry Josiah & Mary Magdeline Imlay Norris
    w Sarah C. Lowe d. 12 Apr 1926 d/o Henry L. Lowe
    d Carol LaRue 1886 - Dec 1886
    d Ida M. 1890 - Apr 1898
Norris, James Henry 1863 - 28 Apr 1947 s/o Henry Josiah & Margaret A. Norris
    w Nonie E. Dutrow 1870 - 24 Sep 1956 d/o Jacob & Janie R. Williams Dutrow
    s James Walter 14 Jul 1887 - 4 Nov 1924
    s Clifton Hershey 2 Jan 1892 - 23 Oct 1918 h/o Rosemary H. Norris
Norris, James Marshall 8 Jul 1874 - 31 Aug 1941
    c Infant by Annie G. Norris Beever
    d Kathleen S. 6 Mar 1924 - 7 Aug 1935 d/o Annie G. Norris Beever
Norris, John T. 1832 - Aug 1898 s/o Barnett & Ann R. Fyffe Norris
    w Margaret Ann King 13 Mar 1840 - 26 May 1908 d/o Warren & Mary A. Belt King
    s Warren King 1 Jul 1865 - 1909
    s Marion A. 26 Aug 1866 - 1906
    s Clinton A. 14 Oct 1868 - 16 May 1892
    s F. M. d. Sep 1905
    s James Elmer 1877 - 1 Jul 1928
    s Charles Olin 1879 - 8 Feb 1931
Norris, Thomas Howard Jr. d. 25 Dec 1935
Norwood, Bradley d. 3 Jan 1929
    w Margretta d. 2 Jan 1940 age 73
    s William Henry d. 29 Jan 1949 age 44
    d Frances Elizabeth d. 24 Jul 1941
Norwood, Lelia M. 24 Apr 1902 - 11 Dec 1926 w/o B. Edward Norwood
    c Infant d. 6 Nov 1928
Noyes, Judge Alfred Dunkin 27 Aug 1907 - 4 Nov 1998 h/o Kathryn M. Spear N. s/o Edmond S. & Jeanette Dunkin Noyes
    w2 Anna Fawcett 27 Mar 1901 - 20 Jan 1986 d/o William F. & Elizabeth Sudduth Fawcett
Nunnally, Frances W. Fields 10 Jan 1900 - 8 Dec 1935 w/o Brick Nunnally d/o Clayton Spencer & Frances Wood Fields

Oaks, George Lawrence d. Jul 1941
Oaks, Twin of Forrest d. 22 Jul 1925
Ochs, Karl William 4 May 1904 - 15 May 1988
    w Hazel Wood 29 Jul 1915 - no date d/o Albert Worth & Jessica C. Phillips Wood
Oden, Lena Ballenger 1 Aug 1877 - 29 May 1941 d/o Luther Albert Sr. & Sarah A. Ballenger w/o Charles F. Oden
O'Donnell, Patrick d. 29 Mar 1978
    w Minnie S. Ryman 23 Nov 1895 - 13 Aug 1973
Offutt, Charles E. 15 Aug 1907 - 22 Nov 1981
    w Elsie Lusher 11 Apr 1910 - 9 Jan 1990 d/o Andrew & Nettie Carter Lusher
Offutt, John Bernard 28 Dec 1889 - 14 Mar 1975 s/o William Jerome & Anne Rebecca Jones Offutt
    w Martha Maria Jones 15 Jul 1895 - 8 Mar 1988 d/o John Rufus & Adelia Louise Heffner Jones
    d Marie Moore b&d 30 Apr 1928
    s Roger Delano b&d 5 Jun 1935
Offutt, Linwood T. no dates s/o John Bernard & Martha Maria Jones Offutt h/o Helen Celeste Walter Offutt
    s Infant 16 Aug 1940 - 20 Aug 1940
    s George Edward b&d 17 Nov 1944
Offutt, Mattie Marie Mobley 2 Apr 1893 - 15 Feb 1975 w/o Elmer Offutt d/o Ernest & Cornelia Mobley
Offutt, William Ernest 12 Oct 1887 - 10 Mar 1955 h/o Marjorie B. Offutt
    w Lucy Morrissey 14 Feb 1888 - 4 Dec 1953
O'Hanlon, Ardie Patrick 11 Sep 1909 - 22 Apr 1977
Orme, Ann d. 9 Jan 1892 age 74 d/o Dr. Richard J. Orme
Orme, Charles Clinton 21 May 1871 - 10 Sep 1957 s/o Allen S. & Harriet Ann Smith Orme
    w Daisy D. Miles 10 Aug 1876 - 6 Feb 1934

Monocacy

Orme, Charles Elmer 6 Mar 1914 - 8 Nov 1988 s/o Charles Clinton & Daisy Miles Orme h/o Vivian Matthews Orme
Orme, Charles Henry Crab age 49 reinterred on 24 Oct 1902
    w Deborah Brook Pleasants d. 6 May 1860 d/o Basil B. and Phebe Pleasants reinterred
    s Richard I. 1842 - 21 Feb 1862 reinterred
    d Phoebe Anna 1858 - 4 Jun 1862 reinterred
    d Catheran Eliza d. 30 May 1874 reinterred
    s Edgar Thomas age 2 reinterred on 24 Oct 1902
Orme, Charles Lindburgh "Lindy" 3 Oct 1927 - 16 May 1995 s/o Charles M. & Irene V. Bosley Orme
    w Jean L. Muir 16 Apr 1930 - 25 Jun 1999
Orme, Charles M. 7 Mar 1892 - 14 Jul 1970 MD PFC Co. A 304 Supply Tn WWI
    w Irene V. Bosley 1898 - 2 Aug 1985
Orme, George Ervin 7 Oct 1903 - 9 Jul 1971 s/o William A. & Laura E. Orme
    s Arthur T. d. 24 Apr 1935 by Mary A. Orme
Orme, Maurice 1864 - 29 Sep 1949 s/o Allen S. & Harriet Ann Smith Orme
    w Bertha 1874 - 7 Feb 1950
    s Allen S. d. Nov 1909
Orme, Robert S. d. 31 Oct 1918
Orme, William A. 5 Nov 1864 - 3 Feb 1933
    w Laura E. 22 Apr 1875 - 6 Aug 1956
Osborn, Harry Oscar 3 Jan 1921 - 16 Apr 1992 MM1 US Navy WWII h/o Louise H. Osborn
Owens, Annie d. 8 Dec 1907 d/o Richard S. & E. H. Owens
Owens, Richard d. 8 Dec 1907 s/o Richard S. & E. H. Owens
Oxley, Charles W. 17 Aug 1856 - 28 Jan 1929 s/o Thomas & Emily J. Oxley Oxley
    w1 Annie E. Wampler 12 Jan 1857 - 4 Mar 1912
    s C. Gilbert 4 Mar 1891 - 19 May 1911
    w2 Catherine A. 24 May 1861 - 22 Jul 1925 d/o J. Herbert & Elizabeth Oxley Brown
Oxley, John Edgar Sr. 27 Nov 1899 - 18 Oct 1973
    w Ann Virginia Branson 10 Jun 1914 - 25 May 1970 d/o Bruce S. Branson
Oxley, Thomas 18 Mar 1817 - 10 Apr 1889 [72-24-0]
    w Emily J. C. Oxley d. 21 Jan 1887 age 65 years
    s Edgar F. 17 Nov 1844 - 20 Nov 1915
        w Sallie E. d . 1 Mar 1887 41-11-6
    s John E. 7 Nov 1846 - 10 Dec 1907
    d Elizabeth C. 5 Feb 1849 - 3 Apr 1919
    d Louisa V. 28 Feb 1854 - 10 Jul 1894
    d Mary A. 26 Apr 1860 - 4 Mar 1905
    s Robert W. 16 Mar 1862 - 18 Sep 1939
Oxley, Thomas Cummings 7 Jan 1889 - 13 Dec 1980 age 91 s/o Charles W. & Annie E. Wampler Oxley
    w Emily Byron Williams 9 Dec 1889 - 15 Mar 1981 d/o Charles McGill & Prudence Jane Waters Williams
Oxley, Viletter 13 Sep 1824 - 10 Apr 1892 w/o Edward Oxley

Padgett, Arthur J. 1858 - 16 Dec 1903 s/o John E. & Ann Virginia Reintzell Padgett
    w Fannie M. Stephens d. Feb 1908
    c Infant d. Oct 1889
    d Infant d. Aug 1900
    c Infant d. 15 Dec 1903
Padgett, James 18 Jun 1818 - Mar 1887 h/o Rachel A. Whalen Padgett
Padgett, James Alonzo 1843 - 27 Aug 1916 s/o John E. & Elizabeth Whalen Padgett
    w Jane R. 1850 - 1908
    d Della M. 1872 - 1883
    d Maymie A. 1873 - 19 Jan 1938
    s Algernon James 1878 - 13 Mar 1927
    d Elsie 10 Mar 1880 - 1880
    s Edwin Earl 1882 - 4 Jan 1919
    s Frank H. 1891 - 17 Sep 1957
    s Dunbar D. 1895 - 1943

Monocacy

Padgett, John E. 17 Apr 1822 - 20 Nov 1902
    w1 Elizabeth Whalen 1819 - 1 Apr 1879
    w2 Ann Virginia Reintzell d. May 1886
    s Thomas Edgar 8 Dec 1849 - 31 Aug 1915
        w Clara J. Ford 26 Aug 1853 - 21 Apr 1921
Padgett, Mary Frances Roderick 8 Mar 1885 - 12 Dec 1971 d/o William L. & Mary Frances Hough Roderick
        w/o Algernon Padgett
Painter, Clarence E. 30 May 1889 - 19 Apr 1975
    w Nellie Pearl 2 Apr 1888 - 24 Feb 1952
Painter, Elmer Lee 1894 - 12 Apr 1977 s/o Ambrose & Nancy Alger Painter
    w Bertha Helen Hildebrand 1892 - 29 May 1959 d/o George Luther & Ruth Margaret Elizabeth Hildebrand
Painter, Garland Edward 24 Oct 1917 - 28 Jan 1997 h/o Anne Elizabeth Daniel Painter
    s Infant d. 25 Aug 1945
Palmer, Joan Gamble 26 Apr 1938 - 13 Jan 1983 d/o Townley & Mabel Griffith Gamble w/o David Rulison Palmer
Pangle, Frederick Newton 18 Oct 1888 - 2 Jul 1962
    w Gracie Pearl 18 Jan 1890 - 26 Nov 1957
    d Helen Louise 1920 - 13 May 1934
Parker, Sharon Lee 27 Nov 1964 - 29 Nov 1964 d/o Theodore C. Parker, Jr.
Parks, Ona 7 Mar 1933 - 31 Dec 1997 w/o Albert Frederick Parks d/o George C. & Minnie Ross Parks
    s Billie Gene 30 Nov 1953 - 21 Sep 1989 h/o Kathy D. Parks
Parrish, Eldon Matron "Skip" 18 Oct 1920 - 20 Oct 1994 s/o Eldon M. & Marye Jones Parrish Sr. h/o Glenda Lee Parrish
Parsley, Clarence 25 Aug 1908 - 27 May 1982 s/o James R. & Estelle Ray Parsley h/o Sarah E. Parsley
Pasti, Nicholas 24 May 1922 - 29 Dec 1995
    w Hilda Marie Hagan 4 May 1929 - 26 Feb 1981
Patterson, Charles R. 10 Aug 1919 - 14 Sep 1986
Patterson, Ruth Kyle 4 Oct 1920 - 12 Aug 1997
Patton, Edna Allnutt 1899 - 10 Feb 1938 d/o John Hanson & Bettie Maude Padgett Allnutt
Paxson, Robert L., Jr. 27 Oct 1934 - 7 Mar 1980 US Army s/o Margaret A. Hamlett h/o Betty A. Paxson Pearson
Payne, William Wilson 25 Nov 1906 - 18 Jan 1971
    w Ruby Cubitt 7 Jun 1905 - 29 Dec 1996
Pearre, Marie Dade Sellman 29 Mar 1877 - 30 Jan 1943 w/o George Alexander Pearre
        d/o John Poole & Ann M. Hempstone Sellman
Pearson, Alfred 4 Sep 1859 - 9 Feb 1947
    w Lillian Anne Joy 7 Jun 1865 - 29 Sep 1928
    s John A. 28 Dec 1896 - 18 Aug 1921
    d Lily Ann d. 6 Jul 1937
    s Eugene H. 16 Jul 1899 - 18 Aug 1921
    s Ernest H. 4 Jun 1901 - 6 Jun 1987
Pearson, Charles Harold Jr. 24 Jan 1944 - 28 Oct 1984 s/o Charles Harold & Margaret Louise Kidd Pearson
Pearson, Charles Harold Sr. 21 Jul 1909 - 18 Nov 1988 h/o Margaret Louise Kidd Pearson s/o Alfred & Lillian Joy Pearson
Pearson, Myrtle d. 4 Mar 1976 w/o Alfred Lee Pearson
    s Alfred Lee 23 Apr 1910 - 28 Apr 1974
Pearson, William R. 13 Jan 1918 - 10 Oct 1987 s/o Robert B. & Grace Martz Pearson US Army WWII
Pearthree, Frank Gerald McGovern 1 Oct 1929 - 7 Apr 1912 s/o Evelyn McGovern Pearthree
Penn, Melvin Stanley 14 Jul 1891 - 25 Aug 1970
    w Sarah Ethel Price 27 Oct 1878 - 29 Sep 1946 d/o Elias & Frances Price
    c Infant d. 27 Jan 1904
Penn, Minnie May Fyffe 18 Feb 1874 - 3 Jan 1952
Penrod, Shirley June Eaton 24 Jan 1936 - 3 Sep 1980
Perell, Susie F. Sullivan 24 Jan 1894 - 18 Feb 1939 s/o Samuel Perell d/o John M. & Louisa J. Sullivan
Perkins, Thomas Eldridge 4 Feb 1895 - 16 Jul 1933
Perry, Jane Dawson Allnutt 1 Aug 1782 - 12 Oct 1857 d/o James & Verlinda Hawkins Dawson Allnutt w/o John Perry
Perry, Thomas W. 20 Oct 1883 - 13 Oct 1962
    w Mary Alice 8 Jul 1900 - 5 Sep 1990
Perry, Walter E. 16 Nov 1874 - 17 Aug 1957
    w1 Sallie Fontaine 2 Oct 1882 - 20 Nov 1931
    w2 Willie Greene Day 28 Mar 1897 - 14 Dec 1969
Perry, William Griffith 6 Nov 1987 - 10 Feb 1988 s/o William H. & Emily Jane Williams Perry

Monocacy

Pessou, Carrie Newsom 23 Feb 1865 - 28 Jan 1922
Pettitt, Charles F. 4 Apr 1868 - 22 Feb 1936
    w Maria Cole 23 Apr 1870 - 10 Feb 1938
Phelps, Andrew Wilson 1853 - 1920
    w Annie E. 1861 - 12 Mar 1938
    s Archie C. 1885 - 15 Jan 1928
Phelps, Edna d. 30 Aug 1923
Phelps, George Herbert 11 Mar 1921 - 18 Jan 1984 PFC US Army WWII
    w Margaret Verna Lewis 16 Jan 1926 - 2 Feb 1986
Phelps, Patricia Ann Mar - Sep 1946
Phelps, Richard Martin 2 Jun 1887 - 29 Jun 1957 PVT USA DC WWI
    w Estella L. 30 Sep 1898 - 5 Oct 1992
Phillips, Bruce P. d. 1 Dec 1998 s/o Milton W. & Algye Poole Phillips h/o Patricia W. Phillips
Phillips, Douglas Eugene 7 Apr 1952 - 27 Jul 1995
Phillips, Elsie Fink 1895 - 18 Nov 1962
Phillips, James Arthur 24 Sep 1910 - 15 Sep 1976 h/o Viola M. Phillips s/o Willie G. & Isabell Phillips
Phillips, James E. 1850 - 13 Feb 1904 s/o Philip L. & Matilda Phillips
    w1 Susan 1846 - 5 Apr 1893
    c Infant d. Sep 1885
    c Infant d. Aug 1891
    w2 Lucille C. d. Jul 1910
    s Edgar d. 31 Jan 1931
Phillips, James E. Jr. 14 Sep 1904 - 18 Feb 1960 s/o Milton W. & Algye Poole Phillips
    w Hazel H. 6 Dec 1901 - Sep 1983
Phillips, Milton W. 1879 - 26 Mar 1934 s/o James E. & Susan Phillips
    w Algye Poole 1877 - 1 Aug 1950 d/o Richard K. & Lucretia W. Poole
    s Jennings Bryan 27 Mar 1900 - 9 Oct 1944 h/o Mary Brunner Phillips
Phillips, Maria K. Frances 1 Oct 1936 - 8 Apr 1997
Phillips, Matilda 1803 - 21 Apr 1885 w/o Philip L. Phillips
    d Mary Elizabeth 18 Jan 1820 - 13 Feb 1885
Pierce, John James 8 Apr 1962 - 22 Oct 1998
Pierce, Robert G. 13 May 1963 - 27 Jan 1994
Pierre, Nellie Tommie Dixon 9 Jan 1901 - 27 Sep 1982 d/o James & Amanda Copeland Dixon
Pifer, Betty Lou Reed 30 Nov 1933 - 3 Feb 1990 d/o Frederick A. Jr. & Luella Eader Reed
Piles, Hilleary 1803 - 30 Mar 1866
    w Matilda Bruner 5 Jan 1805 - 24 Dec 1890
Pleasants, Basil Brook age 71 reinterred
    w Harriet Newel age 27 reinterred on 24 Oct 1902
    s D. S. age 2 reinterred
    d Deborah age 2 reinterred
    s Miflion reinterred
Pleasants, Jane Plater Williams 17 Mar 1799 - 9 May 1881 w/o 1 Elisha Williams, w/o 2 Snowden Pleasants
    s James Snowden 1817 - 1863 in his 46th year
Poe, Carrie Norma Price 1881 - 1 Oct 1955 d/o Elias & Mary Frances Price
Poetzman, Melanie Joy 28 Jan 1965 - 5 Sep 1976 d/o Robert L. & Margery L. Ford Poetzman
Polen, Frances A. d. 27 Jan 1910
Pollock, George Findlay 31 Dec 1860 - 6 Jul 1909 s/o John Pollock
    w Cora Lee Williams 28 Jul 1867 - 4 Feb 1931 d/o James E. & Sarah J. Burdette Williams
    s George Findlay Jr. 5 Jun 1899 - 1 Mar 1989
        w Grace Amelia Dutrow 8 Apr 1892 - 29 Sep 1989 d/o B. Hershey & Lulu Belle Williams Dutrow
Poole, Algeron 1856 - 1906 s/o William Thomas & Eleanor Leonard Hays Poole
    w Mary Willson Waters 13 Aug 1864 - 18 Dec 1951 d/o Wm. Augustus & Mary E. L. Willson Waters
    s Algernon 2 Dec 1891 - 26 Mar 1892
    d Sarah Dickerson 23 Nov 1893 - 19 May 1985
    s Edward b&d 21 May 1893
    s Franklin E. no dates
    d Mildred 23 Dec 1902 - Dec 1904
    c Child d. Apr 1904

Monocacy

Poole, Benjamin 28 Sep 1773 - 6 Dec 1843 age 71 s/o John Poole I
    w Ann Willet d. 18 Oct 1832 58 years
Poole, Benjamin F. 2 Apr 1882 - 9 May 1949
    w Mamie L. Poole 29 Nov 1884 - 14 Mar 1952 d/o John William II & Mary Effie Allnutt Poole
Poole, Benjamin R. 6 May 1831 - 16 May 1906
    w Jane Elgin 6 Oct 1834 - 27 Jun 1917 d/o William S. & Mary Garrett Poole Elgin
Poole, Benjamin T. 8 Jan 1850 - 4 Mar 1926
    w Mary Cecilia Cooley d. 8 Jun 1937 age 84
Poole, Catherine V. 1 Jan 1866 - 20 Dec 1883
Poole, Charles E. d. 15 Feb 1908 61-8-12
    w Rachel Virginia Houfe d. 23 Nov 1904 54-9-14
Poole, Charles Edgar 26 Sep 1854 - 23 Dec 1937 s/o James Franklin & Annie Hoskinson Poole
    w Laura Virginia Hays 1859 - 26 Jan 1930
    d Elsie May 10 Aug 1880 - 21 Sep 1881
Poole, Charles Edward 11 Jan 1880 - 18 Nov 1969
    w Emma Gertrude Young 27 Jun 1884 - 1 Apr 1957 d/o Alfred & Lavinia Darr Young
    s William Alfred 28 Dec 1909 - 6 Mar 1970
    s Martin Leroy 25 Feb 1913 - 24 Sep 1995
Poole, Charles Irving 18 Jul 1869 - 20 May 1928 s/o John W. & Mary M. Stiles Poole
    w Sarah Agnes Beall 2 Mar 1875 - 3 Jun 1947 d/o James H. & Catherine V. Morrison Beall
    s Roger Raymond 29 Aug 1908 - 12 Feb 1944 h/o Alta Bertha Young Poole
Poole, Charles Wade Jr. 23 Jun 1898 - 1 Oct 1984 s/o John Elgin & Annie Elgin Poole
    w Edna Mildred Beall 31 Jan 1905 - 21 Aug 1995
    s Charles E. 28 Jun 1923 - 6 Jun 1924
    s James Alfred 17 Jan 1929 - 16 Apr 1968
Poole, Elizabeth Dickerson 11 Feb 1831 - 28 Dec 1831 d/o William Dennis & Rebecca Dickerson Poole
Poole, Emma R. d. 13 Dec 1904 d/o B. E. & Mary C. Poole
Poole, Ernest Bollen 7 Aug 1890 - 18 Jun 1966 s/o Richard K. & Lucretia W. Poole h/o Aleatha V. Poole
    w Daisy Flynn 10 Feb 1887 - 5 Sep 1951
    d Helen 15 May 1916 - 27 Jan 1917
Poole, Ethel L. Payne 4 May 1904 - 1 Apr 1999 d/o Appleton & Emma Nora Kirby Payne
    w/o Herbert Marshall Heflin & John E. Poole
Poole, Francis Marion 1901 - 12 Aug 1979 s/o Charles Irving & Sarah Agnes Beall Poole h/o M. Virginia Young Poole
    d Anna Mae 9 Oct 1937 - 20 Sep 1949
Poole, Frederick Sprigg 19 Jun 1809 - 8 Jun 1886 s/o John II & Mary Priscilla Woodward Sprigg Poole
    w Mary Tillard Douglas Willson 1812 - 22 Jan 1883 70-5-18 d/o Richard & Eleanor Shekells Willson
    s Cumberland Willson 27 May 1834 - 23 Nov 1836
    s John Frederick Sprigg 3 May 1836 - 28 Nov 1838 2 years
    s Robert Willson 3 Mar 1838 - 13 Dec 1838 0-8-0
    d Fannie E. 31 Mar 1840 - 11 Mar 1860
    s Frederick Sprigg Jr. 21 Aug 1842 - 29 Oct 1843 1-2-0
    d Mary Gertrude 10 Mar 1847 - 20 May 1833
    d Blanche 30 Apr 1848 - 25 Jan 1850
    s Willson 1 Dec 1849 - 20 Jan 1850
Poole, Grafton Eugene 11 Aug 1922 - 2 Jan 1981 PFC US Army WWII
Poole, Howard Eugene 5 Sep 1903 - 3 Feb 1978
Poole, Infant d. Jul 1898 c/o Frederick H. Poole
Poole, Infant d. Jun 1900 c/o F. W. Poole
Poole, Isaac Richard 26 Jul 1815 - 18 Sep 1844 s/o John II & Mary Priscilla Woodward Sprigg Poole reinterred S-P
    w Mary E. 4 Sep 1811 - 9 Oct 1846 reinterred from Sellman-Poole Family Cemetery, Barnesville
Poole, James Franklin 18 Aug 1831 - 1901 s/o William T. & Harriet B. Hempstone
    w Annie Eliza Hoskinson 4 May 1837 - 1910
    s Frank Leven 16 Oct 1863 - 6 May 1865
Poole, John II 1770 - 30 Mar 1828 s/o John Poole, Sr. reinterred from Sellman-Poole Family Cemetery, Barnesville
    w Mary Priscilla Woodward Sprigg 21 Apr 1780 - 2 May 1866 d/o Frederick & Deborah Sprigg reinterred
    d Martha Deborah 23 Jun 1821 - 28 Dec 1838 reinterred from Sellman-Poole Family Cemetery, Barnesville
Poole, John III 16 Aug 1801 - 27 Sep 1849 s/o John II & Mary Priscilla Woodward Sprigg Poole
    w Sarah "Sally" Dickerson 24 Sep 1802 - 22 Aug 1836 d/o Nathan S. & Margaret Turnbull Dickerson

Monocacy

Poole, John Dickerson 4 Sep 1828 - 6 Jan 1876 s/o John & Sally Dickerson Poole
Poole, John Elgin 5 Sep 1863 - no date   s/o Benjamin R. & Jane Elgin Poole
    w1 Anna Elaine Elgin 22 Dec 1869 - 23 May 1900 d/o John Olgivie & Martha Dorcas Haley Elgin
    w2 Laura Ellen Reed 9 Oct 1881 - 2 Oct 1961
    s W. Walter 1906 - 11 Apr 1910
    d A. Myrtle 29 Apr 1909 - 27 Aug 1910
    s Thomas Jefferson 7 Mar 1920 - 18 Apr 1962
    s Raymond Lee 1 May 1928 - 4 May 1928
    s John Elgin Jr. d. 3 Mar 1944
    s Charles J. 7 Dec 1865 - 21 Oct 1894
        s Infant d. Oct 1894
    s James Harvey 15 May 1871 - 6 May 1874
Poole, John Ethan 15 Feb 1897 - 29 Mar 1957
    w Sarah Anna Beall 24 Jul 1909 - 5 May 1992 d/o Marion W. & Pearl Austin Beall
Poole, John Sprigg 5 Aug 1846 - 11 Sep 1914 s/o William Dennis & Rebecca Dickerson Poole
    w Annie Evelyn Jones 27 Aug 1858 - 30 Apr 1936 d/o Evan Aquila & Rachel Griffith Riggs Jones
    d Martha Sprigg 20 Jan 1890 - 23 May 1972
    d Katherine Riggs 19 Sep 1891 - 11 Oct 1982
Poole, John William II 5 Feb 1858 - 12 Feb 1932
    w Mary Effie Allnutt 5 Mar 1865 - 22 Jan 1936 d/o John Hanson & Anna Elizabeth Jarboe Allnutt
    s John Hanson 4 Mar 1886 - 22 Jul 1909
    s Raymond Jerome 31 Mar 1895 - 17 Nov 1916
Poole, Lewis W. 12 Jun 1869 - 1 Jul 1936 s/o Richard K. & Lucretia W. Poole
    w Eleanor Nettie White Nicholson 12 Apr 1873 - 25 Dec 1944 d/o John L. & Martha Johnson Nicholson
    c Infant no dates
    d Nettie White d. 2 Jul 1909
Poole, Lyttleton Stewart 13 Apr 1881 - 3 Feb 1937 s/o Richard K. & Lucretia W. Poole
    w1 Deborah Jane 20 Nov 1886 - 29 Oct 1918
Poole, Margaret D. 18 Jun 1837 - 12 Apr 1838 d/o William Dennis & Rebecca Dickerson Poole
                    reinterred from Barnesville M E. Church
Poole, Margaret Fox 19 Aug 1906 - 27 Oct 1943 d/o Thomas Benton & Effie C. Munger Fox
Poole, Mary C. d. 5 Jun 1937
Poole, Mary M. d. Aug 1907
Poole, Mary Virginia 1 Jul 1910 - 10 Jan 2000
Poole, Nathan Dickerson 8 Jan 1845 - 5 Nov 1912 s/o William Dennis & Rebecca Dickerson Poole
      w1 Virginia Lee Hopkins 12 Sep 1850 - 7 Sep 1895 d/o Thomas S. & Sallie L. Hopkins
      w2 Rosa Lee Hopkins d. 4 Mar 1911 d/o Thomas S. & Sallie L. Hopkins
Poole, Oscar K. 7 Feb 1875 - 21 Aug 1918 s/o Richard K. & Lucretia W. Poole
    w Katie Dorsey Davis d. 17 Feb 1946 81 years
Poole, Raymond 1865 - Nov 1895
Poole, Raymond Benjamin "Happy" 8 Jun 1904 - 13 Apr 1981 s/o Elgin & Laura Reed Poole
    w Claudia K. Ellen Johnson 1 Oct 1906 - 25 Sep 1995
Poole, Raymond E. 1935 - 10 Jun 1997 h/o Nettie Poole s/o Walter Stone & Mabel Rebecca Hungerford Poole
Poole, Reginald D. 1883 - 24 Aug 1961 s/o Richard K. & Lucretia W. Poole
    w Adaline G. 1887 - 11 Nov 1968
Poole, Richard 1843 - 13 Jan 1906 s/o Frederick Sprigg & Mary Tillard Douglas Willson Poole
    w Florence Priscilla Poole 1844 - 23 Jul 1930
Poole, Richard K. 15 Sep 1847 - 2 Nov 1930
    w Lucretia W. 15 Sep 1849 - 17 May 1913
    s Melvin M. 26 Aug 1886 - 9 Mar 1935 "Brother"
Poole, Robert Willson 13 Sep 1762 - 4 Nov 1835 s/o John Poole I
    w Eleanor Willson 21 Jul 1773 - 21 Aug 1857
Poole, S. Agnes Jones no dates reinterred d/o Thomas Lloyd & Mary Thomsey Poole Jones
Poole, Samuel Dixon 16 Aug 1888 - 19 Sep 1942
Poole, Sarah Gertrude Matthews 14 Jul 1927 - 30 Dec 1994 w/o John Franklin Poole, Jr.
                    d/o Charles Maynard & Isabella Waddell Matthews
    s John Franklin III 28 Aug 1950 - 5 Aug 1981 s/o John Franklin Jr. & Sarah Gertrude Matthews Poole

Monocacy

Poole, Shirley White 5 Aug 1905 - 27 Nov 1998 d/o Charles Ernest & Eva Maxine Ruffner White w/o Charles L. Poole
Poole, Thomas H. 9 Nov 1847 - 20 May 1861
Poole, Thomas Hempstone 14 Jun 1823 - 21 Apr 1891 s/o William & Harriet Hempstone Poole
    w1 Sarah Ann Fisher 31 Jan 1819 - 19 Jan 1875
    s William Thomas 23 Dec 1856 - 27 Mar 1909
    w2 Christie E. Fisher 14 Feb 1811 - 9 Dec 1898
    s Harriet Thomas 25 Aug 1879 - 1880
Poole, Dr. Thomas Sprigg 11 Jul 1803 - 17 Mar 1870 s/o John II & Mary Priscilla Woodward Sprigg Poole
    w1 Sarah Ann E. Willson 15 Apr 1808 - 21 Jan 1844 d/o Richard Willson
    s Reginald 4 Mar 1833 - 9 Apr 1861
        w Priscilla John Hays 9 Feb 1835 - 27 Jul 1909 d/o Leonard Isaac & Eliza Poole Hays
    d Jane Clark 31 Aug 1835 - 7 Sep 1837
    w2 Evalina Wailes Hyde 1821 - 25 Nov 1904 d/o Thomas W. & Emily Wailes Hyde
    d Mary Wilson 20 Jul 1854 - 29 Nov 1884
    s Dr. John Sprigg 20 Oct 1862 - 23 Apr 1904
        w Georgia Rebecca 27 Aug 1868 - 9 Sep 1941
Poole, Walter Stone 1883 - 12 Jun 1976
    w Mabel Rebecca Hungerford 1889 - 16 Mar 1957
    s Maynard S. 12 May 1910 - 14 May 1910
    s Thomas W. 13 Apr 1911 - 25 Apr 1911
    d Rachel Ann 12 Jul 1924 - 20 Sep 1924
    s James Robert 12 Jul 1924 - 17 Sep 1924
    s Harry L. 29 Sep 1925 - 15 Oct 1972 MD SFC US Army WWII, Korea
    s Walter Stone Jr. 1931 - 25 Feb 1945
Poole, William 1788 - 29 Jun 1878 s/o Joseph & Mary Sarah McCauley Poole
    w Harriet Hempstone no dates
    s William Trail Hempstone 16 Sep 1821 - 29 Jun 1881
Poole, William Dennis 8 Aug 1801 - 3 Apr 1869 s/o John II & Mary Priscilla Woodward Sprigg Poole
    w Rebecca Dickerson 29 Apr 1808 - 29 Dec 1880 d/o Nathan S. & Margaret Turnbull Dickerson
    d Martha 20 Jul 1839 - 29 Dec 1880
Poole, William Wallace 1 Nov 1833 - 19 May 1899 s/o William Dennis & Rebecca Dickerson Poole
    w1 Alvida Ann Allnutt 8 Jan 1834 - 29 Sep 1894 d/o James Mears & Barbara Anne Dawson Allnutt
    d Gertrude A. 9 Mar 1861 - 5 Dec 1861
    w2 Sarah Agnes 8 Nov 1847 - 13 Mar 1905
Poole, William Wallace Jr. 24 Feb 1874 - 9 Apr 1957 s/o William Wallace & Alvida Ann Allnutt Poole
    w Carrie Lucille Williams 23 May 1874 - 13 Mar 1932
    s William Wallace III 12 Jun 1905 - 31 Mar 1932
    s John W. 1907 - Jan 1908
Poole, William Thomas 1 Nov 1830 - 2 Mar 1884 s/o John & Sally Dickerson Poole
    w Eleanor Leonard Hays 19 Nov 1831 - 20 Oct 1891 d/o Leonard Isaac & Eliza Poole Hays
    s Leonard Hays 1858 - 11 Feb 1912
Poole, William Thomas 4 Apr 1867 - 15 Nov 1893 s/o Thomas Poole
Poole, William Vernon 20 Jan 1861 - 28 May 1877 s/o T. W. Poole
Poole, Wilson Clarke 1898 - 2 Apr 1958 s/o Algernon & Mary Willson Waters Poole
    w Lois Vera Willson Saunders 28 Jun 1902 - 23 Nov 1986 d/o William & Catherine Verell Saunders
Pope, Mary Gertrude Fyffe 3 Oct 1870 - 16 Jun 1921 w/o Benjamin Franklin Pope d/o Thomas & Mary E. Offutt Fyffe
Porter, Mary E. Catlett 1 Jan 1817 - 4 Jul 1906 d/o Grandison & Mary Gassaway Dorsey Catlett
    d Wilhelmina E. 1841 - 6 Apr 1883 d/o David William Porter
Potter, Texanna Elkins d. 9 Apr 1953 d/o George R. & Catherine Elkins
Powers, Sadie Lee 22 Aug 1935 - 18 May 1997 w/o Willard Powers
Powers, Winfield Scott 1885 - 11 Mar 1957
    w Virginia Lee 1884 - 7 Oct 1970
Pratt, Dr. Charles E. 27 Dec 1851 - 2 Oct 1916
    w Mary Elizabeth White 21 Aug 1856 - 18 Feb 1939 d/o Joseph & Anna Veirs White
Price, Clarence d. Sep 1912 age 44
    w Ida M. d. 17 Apr 1927
    s Wilford d. 1899
    d Mary E. H. d. Oct 1910

Monocacy

Price, Elias 14 Feb 1840 - 24 Jul 1904 s/o Daniel & Sarah Howard Price
    w Mary Frances Carlisle 15 Fen 1844 - 21 Dec 1936 d/o James Allen & Christiana A. Spalding Carlisle
        d Clara L. 1871 - 15 May 1951
        d Cora 1873 - 1 Mar 1959
        d Gertrude Virginia 1876 - 16 Jul 1947
Price, Jessie Virginia Hilton Jun 1860 - 13 Jan 1944 d/o William Thomas & Frances Rebecca Snyder Hilton
        w/o George Thomas Price
Price, Lawrence Hilton 24 Nov 1892 - 23 Aug 1970 s/o George Thomas & Jessie Virginia Hilton Price
    w Deborah Jane Burdette 31 May 1892 - 8 Aug 1938 d/o Thomas Allen & Sarah Pauline Darby Burdette
Price, Linwood Samuel 9 Dec 1915 - 11 Nov 1956 MD PFC Co B 757 MP Nb WWII
Price, William T. 1856 - 10 Oct 1943 s/o Charles T. & Mary E. White Price
    w Algerene Turner 16 Jul 1862 - 21 Mar 1919
Pridgen, Sallie Sutphin Tolbert 5 Jul 1916 - 14 Jun 1985 w/o Leonard N. Tolbert
Pugh, Mary Stewart 23 Apr 1885 - 7 Apr 1951 w/o David Pugh
Pullum, Glen Allan 3 Aug 1956 - 23 Mar 1978 s/o Joseph B. & Opal A. Nicholson Pullam
Pyles, Benjamin Franklin 18 Nov 1840 - 17 Aug 1896 s/o Hilleary & Matilda Brunner Piles
    w Sara R. Dade 11 Fen 1840 - 3 Apr 1919 d/o Lee M. & Anne E. Veirs Dade
Pyles, Charles Thomas 4 Aug 1885 - 20 Dec 1948 s/o Michael Thomas & Ann Elizabeth Williams Pyles
    w Mary Elizabeth Griffith 16 Jun 1886 - 31 Dec 1951 d/o William Thomas & Elizabeth Darnell Dade Griffith
      s William Griffith 4 Mar 1913 - 8 Oct 1959 h/o Nellie Jenkins Brewer Pyles
Pyles, Claggett 27 Dec 1859 - 30 Jul 1911
    w Mary V. 18 Aug 1871 - 31 Oct 1937
Pyles, Isaac Jones 14 Nov 1837 - 5 Jul 1895
    w Lucinda Rebecca Heffner 22 Dec 1851 - 8 Dec 1913 d/o Lucinda Rebecca Beall Heffner
Pyles, James Edward 24 Aug 1849 - 3 Mar 1923 s/o William Francis & Ruth Elizabeth Beall Pyles
    w Ruth Olive Roberts 6 Jul 1869 - 30 Jun 1963
      s Enon Kenneth d. 10 Sep 1895 5-6-0
      d. Annie E. b&d Jul 1896
      d Catherine Beall 11 Oct 1866 - 5 Jul 1902
Pyles, John O. 13 Nov 1882 - 27 Apr 1952
    w Laura Anna Darby 29 Sep 1884 - 25 Oct 1964 d/o William Washington & Laura Darby
      s William Darby 29 Jul 1916 - 31 Jan 1989
Pyles, Joseph Brunner 1 Apr 1833 - 2 May 1863
Pyles, Michael Thomas 6 Mar 1838 - 10 Oct 1907
    w1 Ann Elizabeth Williams 20 Jun 1849 - 25 Mar 1887 d/o Richard Walter & Mary Jane Dyson Williams
      s Joseph Brunner 27 Jan 1877 - 26 Sep 1948
        w Sarah Ellen "Nellie" Brewer 9 Jun 1880 - 1 Nov 1981 d/o William George & Ida White Brewer
    w2 Mary Florence Williams 2 Nov 1838 - 30 May 1924 d/o Richard Walter & Charlotte Carolyn Larned Williams
Pyles, Richard Jan 1820 - Mar 1875 s/o Francis & Sarah Poole Piles
    w Susan Benson Apr 1823 - 9 Jun 1898
      s William Clagett d. 24 Nov 1929
      d Mary Virginia d. 15 Mar 1932
      s John R. d. 31 Mar 1940
Pyles, Richard Thomas 16 Jan 1812 - 13 May 1889 s/o John & Rebecca P. Jones Piles
    w Frances Ellen Hawkins 21 Mar 1847 - 4 Jan 1919 d/o Joseph & Mary J. Trail Hawkins
      s Percy Lee 15 Nov 1871 - 27 Oct 1932
      d Lotta V. 19 Nov 1879 - 10 Jul 1956
      s Dr. Richard Grover 3 May 1885 - 2 May 1935
Pyles, Walter Williams 2 Jul 1878 - 5 Jul 1934 s/o Michael Thomas & Ann Elizabeth Williams Pyles
    w Emma Talbott Williams 7 Jan 1879 - 11 Nov 1967 d/o John H. & Sarah White Williams
      s Thomas Walter 20 Apr 1917 - 11 Aug 1991
        w Beatrice Howard 22 May 1921 - 9 Dec 1978 d/o Clifton L. & Lucie Galleher Howard
Pyles, William Francis 12 Dec 1825 - 16 Feb 1902 s/o Francis & Sarah Poole Pyles
    w Ruth Elizabeth Beall 12 Dec 1825 - 12 May 1906 d/o James & Margaret Smith Benson Beall

Rachel, Russell James 12 Sep 1920 - 11 Jul 1997 s/o James & Emma White Rachel h/o Gladys Poole Rachel
Rakusja, Eva Kristina Olsen 25 Jun 1924 - 14 May 1978 d/o Anders & Asta Bekk Olsen w/o Joseph Rakusja
Ramseur, Ervin 1 Jul 1924 - 21 Dec 1973 h/o Eleanor V. Ramseur

Monocacy

Randall, Ernest d. 19 May 1967
Randall, Leslie Jackson 24 Jan 1907 - 29 May 1976
Rasin, Unit 3 Jan 1882 - 6 May 1951
    w Martha Davis 3 May 1878 - 21 Feb 1960 d/o James Lynn Jr. & Jane Plater Brewer Davis
Ratliff, William E. 14 Dec 1911 - 24 Sep 1983 s/o Joseph Sidney & Elizabeth Catron Ratliff
Rawlins, Joshua Hamilton 1847 - 13 Feb 1918 s/o Thomas & Jane R. Rawlins
    w Laura Lee Chiswell 3 Dec 1848 - 9 Mar 1910
    d Margaret C. 12 Sep 1876 - 8 Oct 1907
Rawlins, Medora C. 24 Sep 1898 - 8 Aug 1946
Rawlins, Thomas 1 Mar 1804 - 20 Aug 1891
    w Jane R. 16 Feb 1810 - 15 Oct 1848
    d C. Jane 2 Jul 1834 - 18 Aug 1917
Ray, Lola Annie d. 14 Feb 1918
Reamy, Elvira M. d. 28 Jan 1920
Reddick, George W. 22 Feb 1855 - 16 Feb 1912
    w Addie May Spurrier 29 May 1869 - 28 Mar 1961 d/o John H. & Martha J. Spurrier
Reed, Benjamin Franklin d. Aug 1874 "Father"
    w Susan Rebecca d. 21 Jan 1907
    c Infant d. Aug 1873
    d Bertie age 2 months
    s Charlie age 2 months
    d Helen Smallwood d. 24 Jul 1930
    d Ada d. 6 Jan 1959
Reed, Charles C. 27 Apr 1889 - 1977
    w Annie M. Allnutt 16 Aug 1898 - 1984
    c Infant d. 13 Oct 1918
    s Infant d. 1919
    d Anna d. 30 Jul 1928
Reed, Charles Thomas Sr. 9 Oct 1913 - 8 Dec 1995 h/o Grace V. Reed
    s Charles Thomas Jr. 20 Dec 1944 - 20 Aug 1999
Reed, Clownie E. 10 Mar 1910 - 23 May 1987 s/o Clownie Russell & Leona Josephine Lilly Reed
    w Pearl Elizabeth Pangle 19 Feb 1910 - 27 Oct 1964 d/o Frederick Newton & Grace Pearl Pangle
Reed, Frank Levin 18 Nov 1865 - 27 Mar 1949
    w Lulu Lucretia Miles 18 Dec 1884 - 28 Sep 1979 d/o James R. & Sarah L. Mossburg Miles
    d Ruth N. 20 Jan 1906 - 21 Aug 1906
Reed, Frederick A. 20 Sep 1879 - 24 Mar 1977
    w Martha Ella 31 May 1883 - 6 Jul 1947
    s Frederick A. Jr. 12 Jan 1910 - 19 Feb 1997 h/o Luella J. Reed
    d Gertie d. Sep 1912
    s Woodrow Wilson d. 1 Sep 1913
    s Upton D. 4 Mar 1921 - 26 Sep 1992 US Coast Guard WWII h/o Ruth M. Reed
    d Etta Prescott d. 23 Feb 1923
    d Clara I. d. 4 Jul 1923
    s Lewis T. d. 30 Apr 1923
    c Twins d. 22 Jul 1925
    d Dorothy Beatrice d. 9 Jan 1931
    d Helen Louise d. 31 May 1934
    s George Lawrence d. 30 Jul 1941
Reed, George L. 2 Apr 1905 - 29 Jan 1938
Reed, Infant d. Jul 1897 c/o Thomas I. Reed
Reed, James Thomas 11 Seo 1883 - 8 Jan 1961 s/o Thomas J. & Harriet A. Norris Reed
    w Etta Mallie 19 Feb 1891 - 15 Dec 1953
    s James Thomas Jr. d. 12 May 1956
Reed, James W. 17 Nov 1836 - 31 Mar 1905
    w Jennie L. 17 Oct 1848 - 27 Feb 1912
    s Charles H. d. 6 Jul 1871 0-9-25

Monocacy

Reed, Julia Etta Phillips 1818 - 1876 broken stone w/o Thomas J. Reed
    d Lena L. May 4 Mar 1874 - 12 Dec 1876
Reed, Mary Arlene Lowe Griffith 28 Oct 1946 - 3 Dec 1995 d/o Alva B. & Laura V. Rose Cook
Reed, Mary Geneva 1855 - 1 Dec 1940
Reed, Philip, Sr. 1804 - 1873
    w Amanda 1809 - 1879
    d Infant no dates reinterred
    d Sarah Ann 1835 - 1872
Reed, Richard Randolph d. 30 Jan 1938 s/o Clifford & Hattie Reed
Reed, Robert D. 19 Nov 1893 - 16 Dec 1924 s/o Thomas J. & Harriet A. Norris Reed
    w Greeta I. 6 Jul 1937 - 30 Aug 1973
    s Wayne D. 14 Feb 1955 - 24 Mar 1955
Reed, Russell Clownie 1878 - 29 May 1936
    w Leona Josephine Lilly 1879 - 15 May 1962
    s Cecil Layman 1902 - 11 May 1956
    s Dewey Alton 1913 - 18 Jan 1945
Reed, Thomas J. 25 Sep 1846 - 23 Feb 1924
    w Harriet A. Norris 26 Mar 1861 - 10 May 1945 [m2 Duley]
Reed, Zachariah F. d. Aug 1912
    w Ruth Elizabeth d. 7 Sep 1936
    s Charles C. d. Oct 1907
Reesch, Albert D. 29 Sep 1900 - 22 Apr 1982
    w Betty Warnetta White 2 Aug 1911 - 23 Apr 1991 d/o Charles Ernest & Abbie May Specht White
Reid, Alice Irene Young 1868 - 22 Jun 1938 w/o William O. Reid, Sr.
    s William Oakley 31 Jan 1905 - 24 Jan 1971 h/o Nina G. Reid
Reid, John A. Stone: buried in Barnesville
Reid, John Henry 1865 - 1 Jan 1956 s/o John A. & Eliza A. Reid
    w Rhoda C. Stewart 16 Dec 1869 - 15 Feb 1943
    s John W. 1890 - 1891
    s Henry Lee 1898 - 19 Nov 1905 7-4-18
    s Clifton S. 1904 - 1904
Reid, John T. 7 Jan 1863 - 16 Feb 1937 s/o George W. & Ann D. Plummer Reid
    w Annie "Nannie" R. Cooley 7 Jan 1870 - 8 Dec 1951
Reid, Nina Gertrude 7 Aug 1905 - 16 Oct 1999
Reid, Roy O'Dell 1891 - 14 Oct 1969 s/o John Henry & Rhoda C. Stewart Reid
    w Eliza A. White d. 29 Jul 1913
Reid, Stephen A. 1870 - 17 Jan 1944 s/o George W. & Ann D. Plummer Reid
    w Eliza Estelle Young 1876 - 6 Feb 1935
    s Mark 13 Jul 1916 - 4 Dec 1996 h/o Marion Virginia Martin Reid
Remsberg, Daniel Steven 2 Nov 1866 - 5 Jun 1936
    w Clara 30 Jun 1864 - 26 May 1913
    s Daniel T. no dates
    s William no dates
    s Samuel Young d. 17 Jul 1931
    s George Brewer d. 1 Jun 1962
Repass, Marjorie M. Loy 1919 - 8 Feb 1998 d/o Albert F. & Lelia V. Poole Loy
Reynolds, Lois d. Feb 1988
Rhodes, Clinton Monroe 9 Dec 1875 - 20 May 1959 s/o John C. & Catherine E. Rhodes
Rhodes, Oscar G. 6 Oct 1885 - 19 Feb 1951 s/o John C. & Catherine E. Rhodes
Rhodes, William M. 12 Oct 1870 - 30 Sep 1955 s/o John C. & Catherine E. Rhodes
Rhoton, Isaac T. 1879 - 11 Oct 1944
    w Laura Louise 1884 - 19 Apr 1966
Rice, Annie C. 4 Oct 1866 - 6 Feb 1902 w/o Winfield Scott Rice
    c six infants between 1892 - Feb 1902, one buried with her
Rice, John Andrew Jr. 1 Feb 1888 - 16 Nov 1968 h/o Anna Beall Rice s/o John Andrew & Anna Bell Smith Rice
Rice, Leona d. Apr 1908
Rice, Margaret A. d. 6 Apr 1917
Rice, Rebecca "Betsy" Hartshorn 25 Dec 1929 - 16 Dec 1991 w/o Craig Shelby Rice

Monocacy

Rice, Richard Alonzo d. 11 Feb 1952
Rice, William O. d. May 1907
Richardson, James Augustine 28 Feb 1902 - 2 Aug 1961 h/o Louise H. Richardson Hurd
Richey, Dr. Stephen Olin 1849 - 8 Oct 1919
    w Sarah Rebecca White 2 Aug 1838 - 19 Jan 1880 d/o Joseph Chiswell & Mary Collinson Gott White
Ricketts, Grace I. Sauerwein 1897 - 7 Apr 1955 d/o George W. & Catherine S. Sauerwein
Ricketts, John Tyler Jr. 22 Aug 1924 - 28 Oct 1974 Capt US Army s/o J. T. Sr. & Mary Brogan Ricketts h/o Mildred Frank
Ricketts, Mary A. d. 24 Dec 1967
Ricketts, Maurice E. 2 Sep 1881 - 30 Jan 1961
    w Bertha Sedonia Warfield 20 Oct 1886 - 17 Mar 1922
    s Charles E. 28 Oct 1904 - 28 Mar 1976
Riley, Marion d. 19 Feb 1943 age 82
    w Agnes d. 16 Feb 1925
    d Effie Savilla 4 Aug 1897 - 17 Sep 1890
    c Infant d. Sep 1899
    c Infant d. Aug 1900
Riley, Richard John 10 May 1896 - 26 May 1950
Rinker, Grace Belle 29 Dec 1900 - 22 Dec 1978
Rinzel, Joshua Matthew d. 12 Jul 1985
Rippeon, Floyd Leslie Sr. 7 Feb 1900 - 16 Dec 1950
    w Annie Laurie Ricketts 2 Apr 1907 - 14 Jun 1995 d/o Maurice Edward & Bertha Sedonia Warfield Ricketts
    s William Maurice 17 Dec 1934 - 23 Oct 1983
Rinehart, Henry d. Aug 1890
    w Emma Williams d. Feb 1889
Ritchey, Jessie Virginia Elgin 23 Aug 1873 - 1 Feb 1966 d/o Charles Fenton & Helen D. Smith Elgin w/o Charles A. Ritchey
Roberson, Benjamin Franklin Jr. 11 Oct 1857 - 6 Oct 1935 s/o Benjamin Franklin & Mary Ann Butcher Roberson
    w Mary Frances Purdy 20 Sep 1862 - 16 Mar 1927
Roberson, Charles Otho 18 Apr 1889 - 19 Jan 1964 s/o Benjamin Franklin Jr. & Mary Frances Purdy Roberson
    w Vada Amanda Knill d/o Charles & Dailey Knill
    s Charles L. d. 30 Oct 1918
Roberson, David Franklin 1 Nov 1900 - 1 Oct 1951 s/o Benjamin Franklin & Mary Frances Purdy Roberson
    d Winona d. 24 Mar 1934 d/o Iva Jane Ruffner Roberson
Roberson, Howard Calvin 31 Jul 1885 - 9 Jul 1961 s/o Benjamin Frankline & Mary Frances Purdy Roberson
    w Mary Elizabeth Bussard 22 Feb 1893 - 8 Apr 1980 d/o Henry B. & Bettie Martin Bussard
Roberson, Kevin Ellsworth 15 Jul 1957 - 16 Jul 1957 s/o Ellis Lee & Barbara Ann Thompson Roberson
Roberson, Leo 1 Jul 1902 - 20 Sep 1989 s/o Benjamin Franklin Jr. & Mary Frances Purdy Roberson
    w Elizabeth Hicks 21 Jln 1899 - 27 Nov 1984 d/o Dr. James Robert & Eliza Virginia Walker Hicks
    s William Walker 29 Nov 1933 - 5 Nov 1975 CTI US Navy h/o Helen Grace Woodward Roberson
Roberson, Marshall Knill 5 May 1917 - 14 Apr 1986 s/o Charles Otho & Vada Amanda Knill Roberson
    w Edith E. 2 Aug 1920 - 2 Aug 1984 d/o William & Betty Harden Warfield
Roberson, Newton Gilbert 23 Oct 1904 - 10 Jan 1972 s/o Benjamin Franklin Jr. & Mary Frances Purdy Roberson
    w Grace Elizabeth White 3 Oct 1905 - 5 Apr 1995 d/o Henry Boteler & Sarah Elizabeth Bowman White
Roberson, Paul 27 Sep 1896 - 9 Oct 1936 s/o Benjamin Franklin Jr. & Mary Frances Purdy Roberson
    w Mary Heffner 18 Sep 1898 - 24 Oct 1996
Roberson, William Edgar 14 Feb 1884 - 26 Dec 1960 s/o Benjamin Franklin Jr. & Mary Frances Purdy Roberson
    w1 Rosa May Virts d. 9 Nov 1917
    s Edward Virts 1909 - 14 Apr 1941
    s James Sedrick d. 9 Apr 1915
    w2 Ruth Margaret Tobery 20 Aug 1896 - 13 Oct 1983 d/o Otho Tobery
Roberts, Caroline Frances Peters 8 Mar 1899 - 10 Jul 1985 w/o Joseph Edward Roberts
        d/o Horace Thomas & Jemima Drucilla James Ellen King
Roberts, Charles Edward 17 Aug 1872 - 11 Jul 1942
    w1 Clara V. 19 Jan 1874 - 9 Sep 1897 reinterred
    w2 Maggie May 11 Jan 1882 - 26 Jun 1938
Roberts, Charles William 7 Sep 1902 - 28 Nov 1969
    w Mildred Luhn 15 Mar 1903 - 13 Fen 1995 d/o Randolph & Sarah Elizabeth Price Luhn
    d Barbara Anne 14 Jul 1927 - 13 Jul 1933
    d Infant b&d 28 Apr 1933

Monocacy

Roberts, George Allan 9 Oct 1910 - 19 Feb 1977 s/o Charles William & Maggie Bussard Roberts
    w Cleta Alma Dove 7 Nov 1911 - 26 Jun 1976
Robertson, Amy d. 9 Mar 1865 70-0-5
Robertson, Atlee R. 18 Oct 1902 - 6 Nov 1973 h/o Mary B. Robertson s/o James Milton & Lillie Middleton Robertson
Robertson, George 21 Feb 1836 - 24 Oct 1908
    w Annie L. Hillard 14 Feb 1836 - 24 Oct 1908
Robertson, John d. Oct 1879
Robertson, Robert 1847 - 25 Apr 1929
    w Elizabeth Cameron 1854 - 8 Jan 1931
    d Mary H. 1889 - 28 Dec 1955
Rogers, Emily Hartley 1870 - 23 Nov 1945
Rogers, Merrill 1892 - 1 Nov 1964
    w Joy Young 1891 - 10 Dec 1953 d/o Ludwick Craven & Virginia Saunders Young
Rogers, William J. 9 Sep 1888 - 9 Mar 1932
    w Mary R. Cator 6 May 1884 - 3 Jul 1942 d/o Samuel Holland & Margaret S. Moulden Cator
Rohman, Edna Ann Chisolm 16 Dec 1926 - 23 Mar 1995 d/o Julian J. & Isabel C. Chisolm
Rollinson, Charles Edward 1885 - 27 Jun 1936 s/o John Carter & Audrey Marie Rollinson
    w Laura Bell 1894 - 6 Jul 1943
Rollinson, John Carter d. 25 Mar 1930 s/o William H. & Harriet Rollinson
    w Audrey Marie d. 12 Jan 1929
Rollinson, William H. 6 Jun 1836 - 23 Dec 1900
    w Harriet 1838 - 1911
Ropp, Kathleen Moran d. 27 Jun 1952 d/o William J. & Katie Lindig Moran
Ross, Leslie Lee 8 Aug 1936 - 5 Feb 1940
Rotruck, Gerald Marvin 2 Sep 1916 - 5 Apr 1984 h/o Edythe Orme Rotruck s/o Harry & Lucy Jackson Rotruck
Rowe, Earl William d. 20 Dec 1960
Ruble, A. Bertie 2 Mar 1880 - 29 Jun 1974
Ruble, Elbert Kyle 27 Feb 1883 - 15 Dec 1962
    w Nora E. 1 May 1879 - 30 Nov 1970
Ruble, Elbert Kyle Jr. 25 Mar 1913 - 3 Sep 1985 s/o Elbert Kyle & Nora E. Walker Ruble
    w Claire Elizabeth Painter 30 Nov 1914 - 21 May 1987 d/o Clarence E. & Nellie Pearl Painter
Ruble, Ralph Walker 17 Nov 1911 - 16 Jan 1973 s/o Elbert Kyle & Nora E. Walker Ruble
    w Elvira Rudasill 21 Jul 1908 - 1 Jun 1998 d/o Rev. Lewis S. Sr. & N. Elizabeth Slusser Rudasill
Ruby, Martha Virginia 10 Aug 1911 - 28 Oct 1987
Rudasill, Lewis S. 9 Oct 1919 - 1 Jun 1998 s/o Rev. Lewis S. Sr. & N. Elizabeth Slusser Rudasill w/o Betty G. Rudasill
Rullman, William 4 Jun 1883 - 27 Dec 1945
    w Ollie D. 9 Mar 1891 - 2 Jun 1944
Rush, Emerson Stone 1892 - 4 May 1942
    w Rachel Gott 1906 - 1990 d/o James Perry & Pearl Lillian Atwell Gott
Russell, Everett James 1914 - 22 Jun 1999
Russell, Mervale B. 16 Dec 1913 - 17 May 1992
Rutter, John W. 4 Sep 1877 - 27 Mar 1958
    w Gertrude Downs 27 Aug 1883 - 29 Aug 1979 d/o Charles H. & Lucy Foster Downs
    s Charles Henry 15 Jun 1905 - 10 Jul 1966 h/o Nellie Beall Rutter
    s Phillip Henry 29 Dec 1951 - 4 Jan 1952
Rutter, Stella Elizabeth 6 Mar 1910 - 10 Nov 1983
Ryman, Homer K. 1871 - 12 Oct 1958
    w Cora A. 1873 - 25 Feb 1958

Sauerwein, George W. 1859 - 4 Jan 1923
    w Catherine S. 1863 - 28 Dec 1939
    s Howard C. 1899 - 17 Mar 1974
Sauerwein, George William 1901 - 19 Nov 1971 s/o George W. & Catherine S. Sauerwein
    w Lucille F. 1897 - 5 Feb 1992
    s George William Jr. 14 Feb 1925 - 13 Mar 1999

Monocacy

Saunders, John 29 Dec 1816 - 3 May 1884
    w Emily Catherine Wailes White 30 Aug 1833 - 27 Sep 1883 d/o Nathan Smith II & Evelina Wailes White
Savage, Charles P. 14 Apr 1964 - 9 Nov 1981 "Rick" s/o Donald & Gloria K. Savage
Savage, George D. 1849 - 31 Jan 1934
    w Martha Virginia Ballenger 1855 - 16 Sep 1922
Savage, Harry Randolph 1879 - 22 Jan 1956
    w Osie Bertha Poole 1891 - 1 Feb 1960
    s Melvin Randolph 17 Mar 1919 - 4 Apr 2000 h/o Mary Ann Poffinberger Savage
    s Samuel K. 1934 - 1968
Savage, Helen d. 23 Jul 1922
Savage, Kenneth S. 22 Jul 1933 - 9 Jul 1968 h/o Greta M. Savage
Savage, Leonard Michael Upton d. 20 Oct 1929
Savage, LeRoy Edward 1 Dec 1913 - 1 Jul 1986
Savage, Joseph M. "Bunny" 5 Oct 1895 - 27 Oct 1975
    w Margaret M. 1 Sep 1905 - 10 May 1969
    s George F. d. 16 Dec 1964
Schaeffer, Dr. Thomas H. d. 15 Jun 1888
    w Margaret Elizabeth Young 30 Nov 1840 - 16 Feb 1915 d/o Henry Sr. & Margaret Chiswell Young
    s Thomas L. Jan 1873 - 3 Jan 1873
    d Margaret Elizabeth 1 May 1873 - 16 Aug 1901
Schaeffer, William A. 31 Jan 1831 - 23 Jan 1917 h/o Emily A. Gallion Schaeffer
    s Frank Gallion 1859 - 23 Oct 1938
      w Sallie Coleman 1860 - 2 Jan 1949
      s Frank William 28 Sep 1899 - 23 Nov 1983
      s Thomas Murray 2 Dec 1901 - 10 Aug 1902
Schaeffer, William Light 1858 - 20 Apr 1937
    w1 Katie L. 1862 - 7 Jul 1914
    w2 Edith Clugston 1884 - 24 Mar 1968
Schneider, Norman Lee 1924 - 17 May 1974
    w Eleanor Stout 23 Nov 1912 - 17 Apr 1980 d/o Robert W. & Claudia C. Stout
Scholl, Louis B. 1857 - 11 Sep 1934 s/o Henry & Caroline R. Murphy Scholl
Schwerin, Laura Effa Johnson 30 Apr 1873 - 18 Feb 1937 d/o Leven B. & Sarah Catherine Browning
               w/o William Elmer Schwering
Scott, Charles Elcon 26 Jun 1948 - 4 Jan 1975
Scott, Clifton Harold 6 May 1908 - 24 Feb 1972
    w Pauline Eleanor 26 Jun 1909 - 25 Dec 1951
Scott, Owen Legrand 1898 - 27 Aug 1985 h/o Marguerite Martini Scott
Scrimeger, John d. 7 Nov 1830 23 years
Seabolt, Samantha Jean 10 Feb 1984 - 11 Jan 1986 d/o Beverly Shry Seabolt
Sears, Faith Virginia 1940 - 23 Dec 1948 d/o Fulton Duvall & Dorothy Perry Plunkard Sears
Sears, Ira Thomas 1877 - 20 May 1955 s/o William Thomas & Sarah Jane Nichols Sears
    w Lottie V. Duvall 12 Jun 1878 - 15 Feb 1940 d/o William D. & Malinda Eliza Duvall
Sears, William Henry 28 Mar 1872 - 21 Aug 1939 s/o William Thomas & Sarah Jane Nichols Sears
    w Airy Victoria Duvall 22 Nov 1878 - 22 Feb 1979 d/o William D. & Malinda Eliza Duvall
    s William Linwood 29 Nov 1900 - 12 Jan 1971
      w Frances Ella Umstead 11 Nov 1907 - 10 May 1995 d/o John Jacob. & Sarah Elsby White Umstead
    d Marjorie V. 1 Jun 1904 - 29 Jun 1976
Sears, Willie Millard 1902 - 23 Dec 1984 s/o Ira Thomas & Lottie V. Duvall Sears
    w Anna Elizabeth Plunkard 11 May 1916 - 7 Jun 2000 d/o Felix Lorenzo & Mamie Cutsail Plunkard
Sears, William Thomas 1844 - 6 Jun 1916
    w Sarah Jane Nichols 1848 - 2 Jul 1921 d/o William H. & Anne E. Taylor Nichols
    d Florence Ellen 1873 - 19 Jan 1943
    s Edward Charles 1885 - 3 Aug 1955
Selby, Helen Wilson 16 Mar 1920 - 3 Jan 1956
Selby, Sarah Catherine 1858 - 18 Jan 1930
Sellman, Ada May d. 8 Aug 1904 66-0-1 d/o John & Amanda C. Summers Sellman eroded stone

Monocacy

Sellman, Alonzo 17 Sep 1844 - 27 Oct 1878 s/o Robert Sr. & Sarah Ann Dade Sellman
    w Sarah Isabelle Neel 23 Jul 1845 - 9 Jan 1917 d/o Thomas & Mary E. L. Willson Neal
       d Mary Serena 15 Jul 1876 - 10 Mar 1904
       s William Arthur 17 May 1875 - 24 Aug 1961
Sellman, Alvin Gassaway d. 21 Aug 1901 13-6-19
Sellman, Charles 19 Apr 1848 - 5 May 1902 s/o William Oliver & Ann Priscilla Woodward Poole Sellman
    w Lucy Veirs 8 Apr 1854 - 5 Mar 1913 d/o Franklin & Ann E. Hall Veirs
       s Charles 11 Apr 1875 - 4 Feb 1881
       s William 14 Jan 1877 - 21 Jul 1877
       s Benjamin G. Feb - Sep 1881
       s Roger Brooks 2 Apr 1883 - 16 May 1956
       s Howard Maynard 19 Jun 1885 - 7 Mar 1925
Sellman, Charles Byron 22 Jan 1881 - 28 Feb 1947 s/o Charles & Lucy Veirs Sellman
    w Sarah Newton Griffith 14 Jun 1884 - 30 Oct 1963 d/o Charles G. & Carolina V. Hempstone Griffith
       s Charles Griffith 1 Oct 1912 - 13 Sep 1997
Sellman, Della Shaluly 22 Feb 1931 - 27 Sep 1997
Sellman, Frederick Oliver 19 Sep 1842 - 20 Feb 1904 s/o William Oliver & Ann Priscilla Woodward Poole Sellman
    w Damaris Almira Sellman 4 Apr 1843 - 4 Sep 1912 d/o Gassaway & Juletta Gittings Sellman
       s Oliver Gassaway 18 Oct 1866 - 26 Oct 1898
Sellman, John Poole 11 Dec 1840 - 22 Jun 1908 s/o William Oliver & Ann Priscilla Woodward Poole Sellman
    w Ann M. Hempstone 17 Feb 1844 - 23 Apr 1928 d/o Christian Townley & Mary Rebecca Dade Hempstone
       d Florence May 1 May 1867 - 9 Oct 1945
       d Ida Lee 14 Dec 1870 - 19 Aug 1893
       d Ann Estelle 28 Jul 1880 - 9 Apr 1894
Sellman, John Poole, Jr. MD 16 Jun 1874 - 19 Aug 1943 s/o John Poole & Ann M. Hempstone Sellman
    w Elizabeth Laethern Young 1872 - 11 Feb 1960 d/o John L. & Amelia Hunton Young
       s Hunton Dade 20 May 1900 - 16 Jun 1992
Sellman, Richard Brooke 12 Feb 1915 - 8 Feb 1997
    w Margaret Burns 31 May 1917 - 9 Oct 1985 d/o L. Floyd & L. C. Burns
Sellman, Richard Edward 1865 - 15 Jul 1895 s/o William Thomas & Margaret Virginia Holland Sellman
    w Mary Isabel Jones 1861 - 9 Jun 1954 d/o Leonidas & Elizabeth Isabel King Jones
       d Isabel Elizabeth 30 Jun 1891 - 28 Mar 1892 0-9-8
       s Ellis Thomas 21 Oct 1892 - 29 Jun 1893 0-8-10
       d Marian Louise 9 Mar 1890 - 2 Feb 1976
       s Edward Jones 1 Aug 1894 - 11 Jan 1914
Sellman, Children of Robert Jr. & Elizabeth Gould Sellman
    c Infant 1881
    s Willie no dates
    d Helen Gould 23 Feb 1886 - 6 Mar 1887
    d Lizzie Gould 22 Jul 1888 - 2 Mar 1889
Sellman, Robert Sr. 27 Oct 1818 - 29 Jul 1886 s/o William & Ruth Shipley Sellman
    w1 Sarah Ann Dade 31 May 1823 - 20 Sep 1852 d/o Robert Townsend & Ruth Simmons Dade
    s Wallace 2 Nov 1842 - 22 May 1863
    s William Arthur 25 Jan 1852 - 2 Aug 1852
    w2 Serena Dade 31 Jan 1814 - 9 Nov 1891 d/o Robert Townsend & Ruth Simmons Dade
Sellman, William 1 Feb 1786 - 31 Dec 1857 reinterred from Family Cemetery
    w Ruth Shipley 9 Dec 1780 - 31 Dec 1857 reinterred from Family Cemetery
    s Gassaway 4 Feb 1811 - 6 Apr 1857 reinterred from Family Cemetery
       w Julletta Gittings 3 Jan 1811 - 12 Mar 1854 d/o Major Thomas & Christiana A. Perry Gittings, reinterred
       d Susan Gittings 24 Jun 1839 - 30 Jan 1862
       s Benjamin G. d. 25 Feb 1851 reinterred from Family Cemetery on 30 Sep 1881
Sellman, Captain William Oliver 5 Aug 1814 - 23 Jul 1884 s/o William & Ruth Shipley Sellman
    w Ann Priscilla Woodward Poole 6 Jul 1818 - 7 Feb 1890 d/o John II & Mary Priscilla Woodward Sprigg Poole
    s William 30 Aug 1839 - 1 Jul 1859 reinterred from Family Cemetery, Barnesville
    s Gassaway 1 Jul 1850 - 6 Feb 1862
    s Lewis L. 10 Jan 1852 - 23 Jul 1904
    c Infant 30 Dec 1858 - 5 Jul 1859
Senat, Mary Ellen Elgin 9 Dec 1889 - 16 Feb 1987 d/o Dr. William Franklin & Mary Estelle White Elgin

Monocacy

Sexton, Richard d. 22 Nov 1968
Seyferth, Oswald 4 Jun 1839 - 22 Nov 1920
    w Ruth E. 7 Feb 1851 - 6 Apr 1935
Seymour, Carolyn Irene Mossburg 8 Jan 1901 - 6 Apr 1925 d/o Edward Clinton & Carrie May Mossburg
Seymour, William 21 Feb 1919 - 14 Aug 1998 h/o Vera Flood Seymour s/o William P. & Carolyn Mossburg Seymour
Shaff, Child d. 7 Jan 1882 c/o George P. Shaff
Shannon, Adam S. 1886 - 25 Sep 1856
    w Margaret B. "Maggie" 1888 - 7 Dec 1960
    s Adam S. Jr. 29 Dec 1916 - 8 Aug 1985 h/o Ethel Grubb Shannon
    s Rev. James Lee 23 Sep 1918 - 1 Apr 1988 h/o Catherine Fry Shannon
Sharkey, Thomas Leo 12 Apr 1899 - 27 Apr 1952
    w Eleanor McKay Allnutt 27 Dec 1901 - 20 Apr 1984 d/o Robert Wilkerson & Mary Alice Thomas Allnutt
Shaw, Anna R. 18 Dec 1897 - 10 Apr 1971
Shawver, Charles Stephen 27 May 1889 - 1 Aug 1965
    w Vannie Elizabeth Leffel 3 Apr 1892 - 1 Jan 1979 d/o Jacob P. & Fannie Walker Leffel
    s Samuel Stephen 29 Jun 1927 - 27 Jan 1950 PFC CAC MD WWII
Shawver, Elizabeth W. Heflin 7 Nov 1918 - 31 May 1978 w/o Charles E. Shawver d/o Herbert H. & Maggie Hefflin
Shawver, Saunders Lee d. 25 Apr 1951 s/o Benjamin & Victoria Compton Shawver
    w Alice L. d. 13 Sep 1931
Sheppard, Hilton Lawson Jr. 19 Sep 1928 - 20 Sep 1928 s/o Hilton Lawson & Minnie Brooks Sheppard
Sheron, Walter D. 8 Nov 1919 - 16 Feb 1993
    w Mary Ann 18 Jan 1925 - 12 Feb 1990
Shipley, Frank Sterling 5 Jan 1866 - 29 Jul 1954
    w Nora Hawkins 17 Feb 1874 - 18 Jul 1952 d/o John T. & Annie Elizabeth Thompson Hawkins
Shoemaker, James William 8 Feb 1914 - 20 Nov 1977 s/o Owen & Floria Kidwell Shoemaker
    w Louise M. Fawley 19 Sep 1911 - 20 Oct 1990
    c Infant d. 1 Jun 1938
Shoemaker, Pamela Sue House d. 27 Mar 2000 d/o Nevan & Donna Durst House
Shreve, Benjamin Franklin 15 Mar 1804 - 25 Sep 1861 s/o Benjamin Franklin & Nancy Thrift Shreve
    w Mary Elizabeth Trundle 26 Mar 1811 - 23 Oct 1855 d/o Samuel Daniel T. & Esther Belt Trundle
    s Benjamin Franklin 28 Nov 1831 - 23 Mar 1916
    d Mary Elizabeth 2 Aug 1844 - 4 Feb 1862
Shreve, Benjamin Franklin 8 Mar 1862 - 26 Apr 1947 s/o Daniel Trundle & Margaret E. Jones Shreve
    w Laura Simpson 8 Jun 1862 - 31 May 1924
Shreve, Daniel Herbert 3 Apr 1893 - 10 Jan 1954 s/o Daniel Trundle & Effie Charity Hammond Shreve
    w Margaret N. Brewer 19 Jul 1889 - 3 Feb 1991 d/o William George & Ida White Brewer
Shreve, Thomas Jefferson 12 Jul 1870 - 1 Feb 1940 s/o Daniel Trundle & Margaret E. Jones Shreve
    w Claudia Estelle Heffner 16 Jul 1881 - 11 Apr 1952 d/o John Thomas & Martha Jane Trundle Heffner
    s Earl Thomas 15 Nov 1909 - 16 Dec 1965 h/o Virginia Evelyn Foster Shreve
Shry, Infant b&d 9 Nov 1915 d/o Sydney W. & Laura I. Shry
Shry, Infant Son d. 4 Sep 1934
Shry, Nelson Fillmore 1887 - 21 Dec 1951
    w Bessie Mae 1891 - 19 May 1967
Shumaker, Carrie 20 Feb 1889 - 23 Apr 1909 w/o W. S. Shoemaker * stone moved from Mt. Pleasant
Silcott, Elizabeth 1836 - 23 Aug 1918
Simon, Catherine Ann 23 Feb 1959 - 3 Jan 1969 d/o Peter Simon
Simpson, Henry R. 22 May 1857 - 9 May 1928
    w Annie Eliza 20 Jan 1855 - 12 Feb 1916
Simsar, Mehmed A. 14 Aug 1902 - 11 Apr 1981
    w Louise Dean 14 Feb 1900 - 19 Nov 1986
Sirk, Lynn Alison 1 Jul 1961 - 21 Jul 1983
Small, Andrew F. 9 Jun 1856 - 3 Aug 1910
Smith, Bennie L. 22 Dec 1955 - 30 Jul 1997
Smith, Charles Edward Sr. 23 Jul 1920 - 23 Nov 1988 TEC 5 US Army WWII s/o William F. & Corrie Ida Kegley Smith
    s Charles Edward Jr. 4 Jul 1945 - 12 Jul 1993 by Alice F. Smith

Monocacy

Smith, Cleveland C. 1882 - 12 Mar 1961
Smith, Evelyn A. Tascher 22 Sep 1905 - 14 Feb 1998
Smith, Floyd d. 22 Feb 1970
Smith, Franklin Lee 1906 - 4 Jul 1949 s/o William & Irene Smith h/o Beulah Isabel Nichols Smith
Smith, Maj. George Washington Hunter 12 Mar 1812 - 21 Apr 1898
    w Mary E. Rice 21 Jun 1818 - 10 Feb 1874
    s George Washington Hunter, Jr. 12 May 1849 - 9 Dec 1872
Smith, Dr. Gordon Murdoch 2 Jul 1918 - 24 Jun 1995 h/o Lillian Hubble Smith s/o Guy Murdoch & Elizabeth Slade Smith
Smith, Howard M. 16 Jul 1926 - 31 Jul 1989 COX US Navy WWII h/o Mary Frances Poole Dronenburg Smith
Smith, James Preston 28 Apr 1891 - 15 Oct 1964
Smith, James Robert 11 Aug 1939 - 23 Apr 1995 h/o Elizabeth Nancy Smith s/o Lee & Beulah Nichols Smith
Smith, John Henry 30 Apr 1904 - 8 Aug 1954 Pvt Co B 309 Inf. MD WWII
    w Martha Norma 4 May 1922 - 3 Nov 1970
    d Jennette 2 Jul 1950 - 11 Apr 1953
Smith, Joseph F. 1 Jun 1878 - 10 Aug 1954
    w Annie E. 27 Feb 1833 - 1 Apr 1947
Smith, Joseph I. Jr. d. 24 Feb 1986
    w Barbara Lee d. 9 Jul 1994
Smith, Keith A. 22 Aug 1982 - 8 Apr 2000 s/o Ernest J. Sr. & Darlene Mills Smith
Smith, Mildred Poole 1 Dec 1907 - 5 Dec 1991 d/o John Elgin & Laura Ellen Reed Poole
Smith, Robin Ellis 11 Dec 1953 - 9 Feb 1954 s/o Franklin & Elizabeth C. Smith
Smith, Roderick Gordon 12 Jan 1932 - 19 Jul 1994 US Navy
Smith, Russell Franklin 10 Oct 1937 - 17 Jul 1987 s/o Lee F. & Beulah Nichols Smith
Smith, William F. 3 May 1879 - 10 May 1935 age 86 years
    w Ida L. Kegley 2 Mar 1884 - 24 Aug 1935
Smith, William F. d. 8 May 1965
Smolley, Therese R. 12 May 1944 - 26 Feb 1985 w/o Donald M. Smolley
Smoot, Brian William 9 Nov 1975 - 24 Jul 1979 s/o William S. & Heidi D. Smoot
Smoot, Robert Wood 1823 - 9 Aug 1883
    w Margaret Ann White 15 Sep 1830 - 25 Dec 1912 d/o Stephen Newton Chiswell & Ann Belt Trundle White
    s Henry G. 1858 - 23 Oct 1918
    d Harriet Ann 1861 - 3 Jul 1955
    s Thomas C. 1872 - 20 Aug 1936
        w Julia M. Fillebrown 11 Jan 1875 - 21 Jun 1940
Smoot, William Sothoron 2 Mar 1886 - 9 Sep 1936
    w Elizabeth Jones 18 May 1886 - 18 Dec 1969
Smythe, Laura 28 Mar 1923 - 30 Jan 1989 w/o John W. Smythe
Snyder, Rev. Jacob H. 1896 - 12 Dec 1967
    w Florence Brooks 1904 - 17 May 1964
Snyder, Robert F. d. 12 Jan 1993
Soper, Elias Perry Oct 1830 - Mar 1908 s/o John Thomas & Sarah A. Layton Soper
    w Mary E. "Mollie" Baker Oct 1838 - 30 Sep 1921
    s Oliver 2 Nov 1877 - 25 Jul 1948
    s Cornelius Nov 1881 - no date
    c Infant d. Mar 1905
Soper, Henry Elias Perry 8 Nov 1868 s/o Elias Perry & Mary E. Baker Soper
    w Mary Priscilla White 21 May 1868 - 4 Sep 1945 d/o John C. & Anne E. Boteler White
    s Lingan Dow 24 Jan 1900 - 15 Jul 1980
        w Alice Louise Haller 1 Jun 1903 - 30 Mar 1969
    s Paul Mackley 25 May 1906 - 14 May 1907
Soper, James M. 1875 - 3 Apr 1945 74 years s/o Elias & Mary E. Baker Soper
    w Georgia K. d. 30 Oct 1940
Southwick, Susan B. 6 Sep 1923 - 5 Jul 1999 w/o Paul Southwick
Spahr, M. R. d. Mar 1896
    d Isabel d. Apr 1902
Sparrough, Benjamin Franklin 19 Aug 1844 - 9 May 1914
    w Catherine A. 2 Feb 1852 - no date
Spates, Alfred W. 6 Sep 1918 - 12 Sep 1998

Monocacy

Spates, Clara C. 12 Nov 1886 - 24 Nov 1886
Spates, George Edward 22 Apr 1911 - 31 May 1986
    w Dorothy Ruth 1912 - 29 Jan 1962
Spates, George W. Sep 1825 - 18 Mar 1883
    w Ann Boyd Fields 4 Nov 1825 - 17 Dec 1878
Spates, Howard Jetson 23 Jul 1877 - 11 Apr 1938
Spates, John R. 22 Oct 1910 - 15 Apr 1995
    w Jeanette C. 1915 - 7 Mar 1995
Spates, Joseph Roger 8 Nov 1881 - 4 Sep 1950
    w Annie Essie d. 28 Mar 1975
Spates, Nellie Elizabeth 21 Feb 1890 - 12 Aug 1890
Spates, Richard Fremont 17 May 1850 - 10 Feb 1930
    w Clara Elizabeth Karn 30 Sep 1859 - 9 Nov 1905
Spates, Roger William 25 Dec 1939 - 12 May 1992
Spates, William Outerbridge 9 Oct 1878 - 4 Jul 1918
Specht, Lewis Altha L. 12 Jun 1868 - 20 Jan 1940 Alice M. Specht
    s Lewis Edward 5 May 1895 - 5 Jan 1939
Spencer, Viola Clarihe d. 3 Apr 1962
Spratt, Harvey George 16 Jun 1855 - 9 Aug 1929
    w Sarah D. A. 1 Apr 1874 - 5 Jun 1943
Spratt, James Perry 27 Aug 1850 - 3 Jan 1931
Spreadbury, Harry d. 15 Apr 1883 in his 51st year h/o Elizabeth Spreadbury
Spurrier, Howard Wilson 3 Jul 1874 - 22 May 1956 s/o John H. & Martha J. Spurrier
    w Ethel Grubb 18 Jan 1874 - 17 Feb 1963 d/o John Edgar & Margretta C. Neer Grubb
Spurrier, John H. 12 Jul 1846 - 8 Apr 1915
    w Martha J. 9 Nov 1841 - Jun 1896
    s Guy H. 7 Jun 1877 - 11 Aug 1896
    s William Brunner 6 Dec 1871 - 14 Mar 1895
Staggs, Erwin Brown 2 Mar 1924 - 22 Oct 1978
Stallings, Child d. Sep 1889 c/o Robert L. Stallings
Stallings, Lucy d. 11 Nov 1880 w/o John S. Stallings
    c Infant d. 15 Jun 1894
Stallings, Richard S. d. Feb 1911
    w Eleanor d. 8 Apr 1928
    s Richard d. Oct 1876 died in childhood
    c Infant d. Apr 1878
    c Infant d. May 1881
    s John William d. 22 Dec 1940
Stallings, Robert F. d. 1 Sep 1889 in his 24th year
Stang, Frederick A. d. 27 May 1944 s/o Joseph H. & Ann Stang
    w Rose Mossburg d. 15 Apr 1903
    s Robert L. 30 Jan 1878 - 30 Dec 1882
Stang, Joseph F. 29 Apr 1856 - 10 Apr 1934 s/o Joseph H. & Anna Stang
    w Annie May Joy 28 Apr 1856 - 23 May 1934
    c Infant no dates
Stang, Joseph H. no dates
    w Anna May Joy d. 7 Feb 1897 82-1-25
    s Frederick C. 13 Mar 1846 - 19 Jul 1928
    s Martin J. 26 Sep 1848 - 31 Oct 1885 "Father"
        s Oscar Francis 5 Jan 1889 - 6 Apr 1971 s/o Cornelia Carter Stang
Stang, Peter Joseph 7 Jun 1851 - 31 Mar 1922 s/o Joseph & Anna May Joy Stang
    w1 Henrietta Mossburg 7 Dec 1853 - 13 Sep 1877
    w2 Anna Olive Hoffman 5 Oct 1865 - 18 Oct 1944 d/o George & Georgie Hoffman
    c Infant d. Sep 1881
    c Infant d. Nov 1882
    s Walter Hoffman 12 Jan 1888 - 3 Feb 1888
    s Edward Ludwig 29 Dec 1890 - 27 Dec 1906
Stanton, Stanley 7 May 1903 - 1 Dec 1995
    w Dorothy Meem 21 Aug 1905 - 3 Jul 1993 d/o Harry Cloriviere & Nora Gittings Sellman Meem

Monocacy

Starkey, Gregory Andrew 16 Nov 1922 - 8 Jan 1996
Starkey, Sarah Rebecca Price 12 Dec 1918 - 13 Mar 1984 w/o Joseph Napolean Starkey, Jr.
                              d/o Lawrence Hilton & Deborah Jane Burdette Price
Staub, Charles Newton 28 Jul 1920 - 13 12 2000 s/o George A. & Jennie C. Butler Staub
        w Ida Marie Cooley 27 5 1918 - 17 Oct 2000 d/o George Fulton & Bettie Columbia Woods Cooley
Staub, Isaac Newton 27 Sep 1855 - 23 Jun 1924
        w Mary Ann Brunner 24 Dec 1860 - 27 Aug 1940 d/o William & Julia A. Margaret Miller Brunner
        s Newton d. 19 Dec 1894
        s William E. 30 Nov 1882 - 6 Dec 1955
        s George A. 5 Aug 1880 - 7 Sep 1944
            w Jennie C. Butler 30 Aug 1899 - 7 Feb 1977 h2=John Kimmerling
Steele, Clarence Fogleman 14 Oct 1896 - 18 Apr 1958 MD PVT Co E 11 Ammunition TN WWI
        w Mary Lambert 25 Feb 1898 - 18 May 1991 d/o Thomas Benton & Viola Virginia Lambert
Steele, Edward Wade, Jr. d. 20 Apr 1924
Steele, Frank E. d. 8 Aug 1975
        w Mary A. 1894 - 11 Sep 1962
        d Joyce Ann d. 20 Apr 1950
Steiner, James E. . 14 May 1978 s/o Charles J. Steiner
Stephens, Cabble Carr 8 Dec 1883 - 26 Nov 1948
        w Mabel C. 16 Jul 1885 - 17 Jun 1961
        d Edith Virginia d. 17 Aug 1957
Stephens, Charles E. 22 Mar 1867 - 18 Nov 1947
        w Nora Blake Talbott 1 Jun 1871 - 17 Feb 1942
Stephens, Isabel Padgett 11 Apr 1861 - 17 Dec 1886 w/o Robert Stephens d/o John E. & Elizabeth Padgett
Stephens, James A. d. 28 May 1943
        w Catherine T. d. 10 Apr 1909
        d Lola Lee 19 Apr 1899 - 16 Jul 1899
        d Mollie E. d. 22 Jun 1945
Stephens, Robert Edgar 1882 - 24 Sep 1961
        w Esther Cooley 1873 - 20 Feb 1954
        d Mary Lou 19 Mar 1925 - 23 Feb 1997
Stevens, Infant d. Mar 1895 c/o Charles Stevens
Stevens, Robert T. 11 Jun 1934
Stevens, Rufus W. 10 May 1849 - 17 Nov 1928
        w Mary E. 8 Mar 1846 - 28 Apr 1922
Steward, Mary Louise Darby 21 May 1876 - 14 Jan 1910 w/o Willard Gilbert Steward
                              d/o Thomas Dawson & Sarah Elizabeth Dawson Darby
Stewart, Lyman Robert 19 Sep 1925 - 30 Apr 1995
        w Eleanor Crumrine 19 Sep 1925 - 30 Apr 1995
Stock, Charles Edward d. 12 Nov 1993 age 44
Stock, Edward Lilley Jr. 8 Jan 1906 - 21 Mary 1991
        w Mary H. Wright 14 Nov 1904 - 2 May 1993
Stokes, Sally Ann Truscott 12 Sep 1941 - 15 Jan 1990 d/o David & Jean Truscott w/o Larry D. Stokes
Stoner, Alfred W. 17 Feb 1903 - 2 Nov 1978
        w Doris Bodmer 15 May 1911 - 2 Apr 1971 d/o Rosier & Molly Cubitt Bodmer
Stonestreet, Dr. Joseph Harris 17 Aug 1862 - 13 Jan 1909 s/o B. G. Stonestreet
        w Gertrude Worthington Wood 1876 - 12 Jan 1960 m2 Thomas Reeder Gough
        s Joseph Harris 1905 - 24 May 1957
            w Mae Montgomery 8 Sep 1903 - 8 Aug 1980 d/o John C. & Nettie Niten Montgomery
            d Virginia Mae 8 Apr 1928 - 12 Feb 2000 former w/o Sidney Thompson
Storm, Katie May 1882 - 15 Mar 1906
Storm, Martin L. 1888 - 12 Jul 1929
        w Nellie M. 1887 - 31 Oct 1966
        s Howard William 1915 - 4 Jul 1941
Story, Mary W. 20 May 1899 - 14 Feb 1991 d/o Henry Wingert & Lillian Story
Story, Thomas S. 15 May 1835 - 8 Mar 1914
        w1 Sadie Wilds d. 27 Dec 1876 d/o Francis & Mary H. Wilds
        w2 Sidonia Frances Hilton 13 Jul 1858 - 27 Jan 1917 d/o William Thomas & Frances Rebecca Snyder Hilton
        s Frank W. 22 Jun 1873 - 24 May 1956
        s Edward H. 23 Oct 1891 - 5 Jun 1970

Monocacy

Stottlemyer, Alice C. Murphy 16 Sep 1869 - 16 Feb 1926 d/o Horace L. & Charlotte D. Thompson Murphy
    d Rosalie Marie 12 Jun 1906 - 12 Mar 1925 d/o Martin L. Stottlemyer
    s Grayson Edward 12 Feb 1908 - 1 May 1971
    s Roland K. 8 Jan 1910 - 14 Jan 1975
Stottlemyer, Harry F. 1845 - 5 Sep 1907
    w Mahala C. Shaeffer 15 Feb 1846 - 4 Aug 1932
    s William L. 1874 - 13 Mar 1948
      w Viola Agnes Thompson Nov 1871 - 1 Jun 1938 d/o Richard & Ann R. Thompson
Stottlemyer, Harry J. Sr. 20 Jun 1905 - 12 Jan 1968
    w Mildred V. Poole 22 Sep 1916 - 14 May 1995 d/o Walter Stone & Mabel Rebecca Hungerford Poole
    s Harry J. "Sammy" Jr. 18 May 1932 - 10 Jan 1968 SGT CORP MD Korea h/o Louise Stottlemyer
Stottlemyer, Milton Urner 1876 - 1955
Stouffer, Albert F. d. 4 Nov 1943
Stouffer, Charles Henry 26 Nov 1866 - 26 Jul 1942
    w Georgia A. Spates 3 Mar 1865 - 17 Oct 1925 d/o George W. & Annie Boyd Fields Spates
    s Charles Henry Jr. 17 Sep 1897 - 28 Dec 1976
Stouffer, Grace 27 Oct 1902 - Jul 1990
Stout, Harry L. 14 Nov 1881 - 22 Jun 1927
    w Bessie M. 10 Oct 1883 - 3 Aug 1947
Stout, Robert W. 18 Jun 1861 - 10 Nov 1938 s/o John & Margaret Stout
    w1 Mamie F. Willard 1875 - 4 Sep 1893 d/o Mary F. Willard
    w2 Claudia C. Offutt 1880 - 27 Aug 1972 d/o William J. & Anne R. jones Offutt
    d Annie Rebekah 1906 - 9 Dec 1920
Stowers, Charles Wade Sr. 14 Apr 1908 - 20 Aug 1979 PVT US Army WWII s/o John & Olie Leffel Stowers
    w Edna Warfield [living]
Stowers, John W. 12 Oct 1877 - 30 Sep 1928
    w Ollie I. 10 Mar 1881 - 9 Oct 1959
    s George W. 16 Jan 1905 - 8 May 1959
Strange, Andrew Roscoe 31 May 1882 - 4 Dec 1898 s/o Andrew & Susan Strange
Stream, David Franklin Jr. 30 Jun 1943 - 1 May 1983 h/o Marilyn A. Stream
Stream, Paul Luther 7 Jul 1924 - 25 Sep 1988 TEC 5 US Army WWII s/o Paul Henry & Sarah Catherine Taylor Stream
                          h/o Gladys Marie Shover Sream m. 29 Dec 1953
Stream, Robert Andrew 24 Jun 1953 - 5 Jul 1985
Stream, Tom Henry 10 Jul 1920 - 17 Jun 1991 CPL US Army WWII s/o Paul Henry & Sarah Catherine Taylor Stream
                          h/o Margie Tubbe
Stuart, Elizabeth Ann 26 Sep 1936 - 6 Oct 1990 d/o Vance & Eva May Root Fought w/o Leonard D. Stuart
Studebaker, Rebecca d. Mar 1921 reinterred from Mt. Pleasant Methodist
Stunkle, Infant d. Mar 1904 c/o William Stunkle
Stuart, Elizabeth Ann Fought d. 6 Oct 19?? age 54 d/o Vance & Eva May Root Fought w/o Leonard D. Stuart
Sullivan, John M. 4 Sep 1857 - 17 Sep 1931
    w Louisa J. 16 Jun 1861 - 22 May 1932
    d Alexandra W. 27 Jul 1886 - 8 May 1929
Sutherland, Viola 9 Jun 1900 - 20 Jun 1989
Swain, Robert L. 20 Sep 1905 - 3 Jun 1967
    w Virginia M. 16 Oct 1915 - 6 Jun 1992
    s Frederick O. no dates
      w Patricia Ann 8 Aug 1941 - 16 Dec 1990
Swank, William Samuel 5 Jan 1879 - 23 Nov 1950 h/o Mary Carter Swank
    s Roy William 25 Jul 1908 - 26 Jan 1954
    c Infant d. 1 Feb 1916
    w2 Jessie Irene Hilton 6 Apr 1879 - 22 Mar 1941 d/o Rufus E. G. & Mary J. Appleby Hilton
Sweeney, Wayland Whitney Jr. 26 Jan 1913 - 9 Jul 1990 Lt. Col. US Army WWII
    w Kathryn Leigh Chiswell no dates d/o Edgar Burns & Haddie Donagan Smith Chiswell

Tadlock, Charles Guy 15 Aug 1912 - 14 Nov 1973 h/o Edna F. Tadlock
Talbott, Emma Gertrude 8 Jun 1869 - 29 Apr 1960
Talbott, Ernest Linwood 22 Nov 1865 - 1 May 1944
    w Rose Elizabeth 26 Jul 1869 - 15 Oct 1959

Monocacy

Talbott, Roy Linwood 10 Jun 1892 - 5 Jun 1966 s/o Ernest Linwood & Rose Elizabeth Talbott
    w Mary J. Snouffer 16 Oct 1904 - 14 May 1980 d/o John H. & Julia McKindless Snouffer
Talbott, Henry W. 12 Nov 1789 - 7 Feb 1859 age 69-4-0
    w Sarah Benson d. 25 Jan 1883 age 90 d/o Cephas Benson
      s Nathan T. 19 Nov 1819 - 13 oct 1902
        w Sarah Pauline Hays 21 Feb 1829 - 7 Oct 1892 s/o Leonard Isaac Jr. & Eliza Poole Hays
      d Henrietta B. d. Jan 1908
Talbott, Jonathan 10 Jan 1832 - 31 Dec 1914
    w Sarah F. d. 25 Jan 1883 88-7-11
    d Fannie B. d. 1865 0-10-6
    c infant d. 12 Jan 1872
Talbott, Joseph Nathan 1 Jun 1871 - 13 Jul 1932
    w Hattie M. d. 25 Feb 1902 25-7-24
    s Joseph Nathan, Jr. 8 Jun 1901 - 3 Oct 1956
      w Hilda Virginia 5 Jan 1902 - 7 Dec 1979
Talbott, Nathan J. 19 Nov 1819 - 13 Oct 1902
Talley, Alice Nevin 27 Aug 1909 - 27 Jan 1995
Tanner, Eva Bardach 12 Oct 1912 - 2 Jul 1977 w/o Adam S. Tanner
    d Patricia Sara Alise 6 Jan 1958 - 1 May 1974
Tanner, Gladys B. 18 May 1933 - 4 Oct 1993
Tanner, Harold James 1 Jun 1910 - 17 Dec 1986
Tascher, Wendell Russell 1898 - 24 Nov 1964 h/o Evelyn A. Tascher
Taylor, Joe Early d. 22 Jan 1958
Taylor, John W. 31 Dec 1816 - 5 Jul 1876 s/o Asbury & Rhoda Taylor
    w Sarah R. 1821 - 28 Sep 1905
    d Sarah Jane 15 Nov 1843 - 28 Sep 1849
    d Ann Mary 27 Mar 1846 - 27 Sep 1849
    s James William 19 Aug 1848 - 23 Oct 1902
Taylor, Leona Madelin Ward 20 Oct 1903 - 9 Oct 1984 w/o Maurice R. Jones
Taylor, Robert W. 4 Oct 1929 - 23 Aug 1985 h/o Judi W. Taylor
Tedore, Dorothy Louise 28 Mar 1919 - 11 Apr 1987
Tedore, Genevieve 6 Mar 1917 - 12 Apr 1996
Tedore, Joseph 12 Dec 1877 - 16 Mar 1928
    w Bessie Cole 2 Feb 1887 - 16 Mar 1925
    s Thomas E. 18 Jan 1908 - 1 Apr 1953
Temple, Marcus L. 16 Apr 1912 - 28 Feb 1988
    w Virginia Beall 14 Sep 1914 - 15 Nov 1965
Testerman, Herbert Lee 26 Apr 1915 - 4 Mar 1999
Tetlow, Stanley C. 1881 - 19 May 1952
    w Nora R. 1882 - 8 May 1956
Thierles, Fannie d. Mar 1898
Thom, Gertrude Emma 1893 - 17 Feb 1965
Thomas, Albert Melvin 13 Jul 1884 - 12 Jan 1973
    w Katherine Lee Leaman 22 Jan 1890 - 13 Jul 1860 d/o Mary Rebecca Luhn Leaman
Thomas, Anna Hays Trundle 12 Mar 1844 - 21 Apr 1925 d/o John Alexander & Elizabeth Eleanor Hays Trundle
    s Charles Purnell 27 Jul 1875 - 4 Nov 1965 s/o Levin Thomas
Thomas, Rev. Henry 19 Sep 1852 - 26 Feb 1921 s/o Dr. John C. Thomas
    w Rosalie Poole 20 Apr 1866 - 12 Jun 1905 d/o William Wallace & Alvida Anne Allnutt Poole
Thompson, Bowie Franklin 21 Jan 1914 - 4 Oct 1986 s/o William Franklin & Lola Thompson Thompson
    w Nettie Lee Holland 24 Mar 1919 - 17 Oct 1998 d/o George Otis & Annie Mary Nicholson Holland
Thompson, Byron Walling 20 Jun 1916 - 7 Mar 2000 s/o Sidney & Katherine Walling Thompson
    w Marne Stewart 9 Sep 1922 - 13 May 1953 w1/o Byron W. Thompson
    d Infant d. 22 Jan 1957 d/o w/2 Kathryn Sasse Thompson
Thompson, Dr. Charles Waters 30 Jun 1915 - 23 Oct 1995 LCDR US Navy WWII Physician & Teacher
Thompson, Elizabeth Nichols 25 Feb 1917 - 14 Nov 1995
Thompson, James M. 27 Apr 1865 - 21 Oct 1943
    w Fannie O. 28 Nov 1863 - 7 Apr 1933
    s Wayne Eugene d. 5 Apr 1960

Monocacy

Thompson, Dr. Joseph Lawn 16 Oct 1873 - 3 Sep 1946
    w Ann Waters 12 Feb 1881 - 25 May 1960
        s Dr. Joseph Lawn Jr. 30 Mar 1909 - 8 Dec 1994 h/o Cassie Parker Thompson
Thompson, Leroy 30 Dec 1919 - 13 Oct 1994 s/o Robert Bruce & Etta Wagner Thompson h/o Dorothy M. Walter Thompson
Thompson, Sidney 13 Oct 1893 - 2 Jun 1962 s/o John L. & Anne Price Thompson
    w2 Katherine Walling 8 Mar 1891 - 1 Jan 1962 d/o Byron W. & Emily W. Poole Walling
Thompson, Wife d. Mar 1892
    c Infant d. Mar 1892
Thurston, Robert Lamont 7 Jul 1904 - 19 Mar 1986 s/o Harry & Caroline Thurston
    w Mary Eleanor White 25 Jul 1904 - 26 Oct 1970 d/o William Lingan & Mary Virginia Bowman White
Tighe, John Gilman 25 Dec 1906 - 30 Apr 1996 h/o Charlotte S. Tighe
Tillett, Annabel Lee 16 Jun 1892 - 22 May 1980 d/o John W. & Isabella Dean Tillett
Tipton, Charles Muzzy 1885 - 13 Dec 1955
    w Sarah Elizabeth White 22 Sep 1986 - 26 Jun 1982 d/o Mansfield Smith & Ella Roberta Whitmore White
    s Wellstood White 6 May 1926 - 2 Sep 1999 h/o Elizabeth Ann Tipton
Titus, Edward W. 17 Jan 1907 - 12 Aug 1959
Titus, George Randolph 17 Dec 1902 - 26 Dec 1982
    w Margaret Merithew 26 Nov 1906 - 10 Dec 1982
Titus, James G. 12 Dec 1914 - 17 Apr 1967
Titus, John Franklin 11 Feb 1877 - 18 Jun 1945
    w Annie Viola Frye 1877 - 7 Dec 1968
    s David 9 May 1917 - 19 Mar 1991
    s John McKimmy 9 May 1917 - 9 Dec 1972 h/o Mildred Geisbert Titus
Tobery, George Basil 1890 - 1973
    w Marie Louise Roberson 27 Sep 1896 - 29 Jul 1987 d/o Benjamin Franklin Jr. & Mary Frances Purdy Roberson
    d Dorothy Marie L. 1918 - 3 Sep 1918
    s George Prentice 20 Jul 1919 - 17 Jul 1963 MD PFC 110 AAA GUN Bn CAC WWII
Tobias, Priscilla 26 Aug 1902 - 25 Aug 1983
Tobias, Priscilla Ann 15 Sep 1928 - 2 Oct 1993
Tolbert, Leonard M. 1912 - 5 Jan 1971
    d Jeanette Dean 11 Oct 1943 - 1 May 1990 d/o Sallie Sutphin Tolbert Pridgen
Tolle, Bettie Fyffe 2 Mar 1869 - 4 Apr 1896 d/o Thomas & Mary E. Offutt Fyffe w/o Henry C. Tolle
Trail, Nathan L. d. 1882 age 63
    w Hannah Lawrence 25 Dec 1784 - 25 Feb 1865
Trail, Richard F. 10 Apr 1820 - 4 Jul 1876
    w Elizabeth E. 1821 - Feb 1837
Trail, Sarah E. d. 1873 age 47 years
Tregoning, Myrtle E. Luhn d. 10 Aug 1938 d/o Edward Wilbur Luhn
Trout, Florence Ann Eisele Rhodes 7 Nov 1893 - 4 Oct 1993 d/o Andrew & Emma Spinner Eisele w/o Oscar G. Rhodes
Trundle, Americus Dawson 2 Aug 1883 - 4 Jan 1971 s/o James Thomas & Ellen Chiswell Trundle
    d Gail Dawson 30 Mar 1925 - 6 Oct 1930
Trundle, Barbara Jennings 10 Oct 1898 - 8 Nov 1970
Trundle, David Henry 9 Jan 1808 - 21 May 1847 s/o John Lewis & Mary Sarah Veatch Trundle
    w Clarissa Ann Offutt 20 Jul 1811 - 7 Apr 1885
    s James E. no dates reinterred from Shreve Family Cemetery
Trundle, Horatio 1849 - 19 Sep 1925 age 80
Trundle, James Thomas 23 Feb 1841 - 16 Feb 1918 s/o Perry Lewis & Barbara E. Dawson Trundle
    w Elizabeth Eleanor Chiswell 23 Nov 1852 - 21 Sep 1918 d/o George Walter & Leah Griffith Chiswell
Trundle, John Horatio d. 6 Mar 1926 s/o Perry Lewis & Barbara E. Dawson Trundle
    w1 Lulu Boyd Spates d. 1 Jun 1885 in her 23rd year d/o George W. & Ann Boyd Fields Spates
    w2 Clara Brunner 30 Sep 1871 - 19 Feb 1918 d/o William L. & Julia A. M. Brunner
    s David 13 Jan 1910 - 24 Jun 1965 s/o Clara Jennings Trundle
    s John R. d. 1 Oct 1919
    s Perry Lewis d. 1900
Trundle, Perry Lewis J. 8 Mar 1817 - 13 Feb 1881 s/o John Lewis & Mary Sarah Veatch Trundle reinterred from Family Cem
    w Barbara E. Dawson 9 Nov 1816 - 11 Jun 1884 d/o James Mackall & Ann "Nancy" Allnutt Dawson reint.
    d Anna Virginia 5 Oct 1839 - 30 Apr 1844 reinterred from Shreve Family Cemetery
    d Clara I. Sep 1855 - 2 Feb 1859

Monocacy

Trundle, William Beauregard d. 16 Dec 1924 s/o Perry Lewis & Barbara E. Dawson Trundle
    w Idella Rebecca Brunner d. 16 Feb 1924 d/o William L. & Julia A. M. Brunner
Trundle, Robertus 12 Sep 1845 - 15 Apr 1889 s/o Perry Lewis & Barbara E. Dawson Trundle
    w Margaret E. Butler 2 Aug 1848 - 5 Jul 1913 d/o George W. & Sophia Butler
    d Mamie E. 29 Nov 1871 - 27 Jul 1872
Trundle, Samuel Daniel T. 13 Mar 1778 - 17 Mar 1831 s/o John IV & Ruth Lewis Trundle
    w Mary Esther Belt 23 Apr 1789 - 24 Oct 1854 d/o Carlton & Ann Campbell Belt
Trundle, William Bryan 20 Jun 1904 - 29 May 1974 s/o Americus Dawson Trundle
    w Helen Kessler 28 Dec 1907 - 16 May 1979 d/o Charles E. & Ella Lambath Kessler
    s William Bryan Jr. 3 Jul 1935 - 6 Oct 1979 h/o Linda R. Trundle
Tsing, Chang Liu 1921 - Apr 1998
Turner, Annie L. Aud 11 Mar 1868 - 30 Dec 1931 d/o William Thomas & Susan Ann Veirs Aud
Turner, John William 9 Aug 1905 - 7 May 1978
    w Zelma Catherine 5 Nov 1908 - 24 Aug 1993
Turner, Oliver P. 16 Apr 1865 - 4 Aug 1950
    w Isabel Irene 29 Jan 1881 - 1 Jun 1933
Tuxhorn, D. Bruce reinterred from St. Mary's Cemetery Washington, DC h/o Roma O'Hanlon Tuxhorn
Tyler, Frank Ames Jr. 12 Aug 1906 - 23 Sep 1973 h/o Ruby Gott Tyler

Uhl, Alexander Herbert 11 Jun 1899 - 24 Aug 1976 h/o Gladys Uhl
Umstead, Frances Ella 23 Aug 1868 - 26 Feb 1945 d/o Richard S. & Frances E. Austin Umstead
Umstead, John J. 29 Jan 1872 - 17 Mar 1941
    w Sarah Elsby White 10 Jul 1880 - 11 Nov 1966 d/o John C. & Ann E. Boteler White

Vail, Holis Brock 1923 - 17 Oct 1998
    w Ruth M. 1928 - 1967
VanDerCook, Wesley M. 8 Feb 1910 - 10 Jan 1974 MD S. SGT Army WWII
    w Helen Butler 15 Feb 1909 - 22 Feb 1999
Vance, William Foust 12 Sep 1943 - 7 Jun 1995 s/o James F. & Sarah Vance h/o Janet H. Vance
VanHoozer, Joseph Robert 1909 - 9 Jul 1978
    w Lorena Mae Jones 7 May 1913 - 26 May 1995 d/o John & Laura Myers Jones
Van Horn, Sadie d. 21 Apr 1923
Vann, Dr. Homer King 21 Jan 1902 - 12 Jun 1969
    w Mary Beall Bridges 20 Dec 1904 - 20 Mar 1973
Vaughn, Bettie I. 1840 - 12 Jan 1925
Veihmeyer, Susie Emma Jones 30 Sep 1873 - 27 Dec 1946 w/o Albert Veihmeyer d/o Leonidas & Eliz. Isabel King Jones
Veirs, Benjamin Franklin d. 23 May 1911
    w Emiline d. 7 Aug 1896
    d Ann T. d. Apr 1890
    s Lorenzo d. 7 May 1909
    s Turner d. 2 Aug 1917
Veirs, Henry B. 6 Sep 1833 - 13 Apr 1903 s/o John Thomas & Eleanor Reid Veirs
Veirs, J. Montgomery d. 8 Oct 1891
    w Elizabeth A. Rhodes 1843 - 4 Jan 1930 d/o George & Elizabeth Rhodes
    d Georgia Lee 1863 - Jul 1863
Veirs, Jesse 13 May 1793 - Mar 1871
    w Sophia Veirs 1811 - Dec 1875
    d Lavinia C. 14 Mar 1833 - 24 Mar 1904
    d Maria Louisa 1836 - 7 Feb 1912
    s William Seneca 8 Aug 1837 - 1 Mar 1908
    d Mollie E. 1839 - Dec 1877
    d Rose Ann 1842 - 6 Apr 1928
    s Elijah 9 Jan 1846 - 4 Feb 1900
    d Minerva Jane 1846 - 6 Aug 1930
    d L. Dorcas d. 22 Nov 1905
    d Elmira May 1855
Veirs, Samuel Edward 13 Sep 1848 - 19 Oct 1939 s/o Michael Edward & Sarah Anne Riley Veirs
    w Valeria Wailes Allnutt 16 May 1852 - 14 Mar 1911 d/o Nathan White & Margaret Eleanor White Allnutt

Monocacy

Veirs, William Turner 6 Feb 1796 - 1886 s/o Elijah & Ann Swann Veirs
Vickers, Ben F. 30 Aug 1903 - 26 Oct 1973
Vickers, Beryl F. 15 Jun 1909 - 14 Aug 1978 h/o Kathryn Vickers
    s Michael G. 1935 - 13 May 1997
Vinson, Ann d. 4 May 1862 73 years
Vinson, Eliza W. d. 22 May 1932
Vinson, Harriet 1812 - 10 Sep 1850 38 years w/o John T. Vinson
Vinson, John William d. 18 Mar 1951
Vinson, Mary d. 11 Nov 1861 75 years
Vinson, Thomas Wernel 1836 - 22 Jan 1900 s/o William B. & Louisa Vinson
    w Annie E. 1845 - 1874
    s William R. d. 15 Jan 1880
    s Elmer P. 14 Jan 1886 - 26 May 1886
    s John d. Oct 1890
Vinson, William B. 12 Jan 1812 - 13 Sep 1901
    w Louisa M. 23 Jul 1819 - 3 Sep 1880
    s William R. 10 Nov 1846 - 15 Jan 1880
    s Benjamin Franklin 1856 - 1906
Violette, Arthur 6 Mar 1869 - 4 Feb 1962
    w Katie Howard 25 Jun 1876 - 19 Nov 1964 d/o Daniel M. & Frances M. Howard
Vogel, Judith Ann 6 Oct 1939 - 14 Dec 1992
    d Kathryn "Trini" Lynne 10 Nov 1965 - 7 Apr 1978 by Hall Vogel

Wacker, John Frederick Herman 10 Apr 1886 - 25 Jul 1941
    w Kitty Morrissey 19 Jul 1884 - 25 Aug 1959
Waddell, Annie E. 1 Jul 1936 - 8 May 1939 d/o Stewart & Dorothy Waddell
Waddell, Prentice Clements May 1884 - 23 Apr 1966
    w Sarah Anderson Apr 1889 - 27 May 1966
    d Annie E. 6 Aug 1912 - 13 Mar 1930
Waddell, Reese A. 1877 - 16 Feb 1966
    w Aura Elmeda 1888 - 21 Oct 1973
Waddle, Sofronia E. 1856 - 20 Feb 1929
Waddell, Woolwine Monsey "Woolie" 29 Aug 1915 - 4 May 1997 s/o Prentice Clements & Sarah Anderson Waddell
    w Julia Blakenhorn 17 Oct 1907 - 6 Nov 1994 d/o John & Barbara Marty Blankenhorn
Wade, J. Paul d. 4 Oct 1946 age 48 s/o Marcellus Wade Sr. & Zourie P. Young Wade
    w Courtney Anne Burdette d. 20 Feb 1958 d/o Allen H. Carl & Nellie Ann Thompson Burdette
Wade, James Perry 7 Aug 1825 - 15 Apr 1858 stone moved from Barnesville M. E.
    w Harriet Ann Nichols 16 Feb 1828 - 26 Jan 1906 d/o Jacob E. & Sarah Rawlins Nichols stone moved from B. ME.
    s William Wallace 24 Nov 1850 - Sep 1935 h/o Delia Offutt Wade stone moved from Barnesville M. E.
    d Mary Eliza 1 Jun 1853 - 23 Feb 1937 stone moved from Barnesville M. E.
    d Alice 10 Dec 1855 - 30 Oct 1889 stone moved from Barnesville M. E.
    s James Perry Jr. d. 31 Aug 1858 1-2-10 stone moved from Barnesville M. E.
Wade, Marcellus Eugene d. 15 Jan 1928 age 69 "Father"
    w Zourie P. Young d. 13 Apr 1946 "Mother" d/o Crawford F. & Mary Ellen Young
    s Crawford Francis d. 19 Apr 1964
    d Emma Frances d. 19 Mar 1948
Wade, Marcellus Eugene Jr. d. 14 Mar 1954 s/o Marcellus Eugene & Zourie P. Young Wade
    w1 Evelyn Welsh d. 26 Dec 1934 age 34 d/o John S. & Gertrude Welsh
    w2 Philemeia M. McNeil 1905 - no date
Waesche, George Ernest 1876 - 1 Sep 1934
    w Alice Lakin 1876 - 12 Mar 1961
Waesche, Henry Theodore 1870 - 5 Dec 1955
    w Lucy Peyton 1870 - 11 Apr 1927
    s Hugh Henry 1904 - 23 Apr 1969
Waesche, J. Richard 1872 - 7 Mar 1938 s/o John F. & Margaret Elizabeth Belt Waesche
    w M. Elizabeth 1875 - 23 Dec 1939
Waesche, John F. 5 Oct 1834 - 5 Apr 1923
    w Margaret Elizabeth Belt d. 30 Aug 1891 [con't.]

Monocacy

    d Margaret Belt 1868 - 15 Mar 1950
    s Charles E. 7 Jan 1879 - Mar 1879
    s Infant d. Mar 1879
Waesche, Wife and Infant d. Sep 1891 of Thomas Waesche
Waesche, William H. 21 Feb 1832 - 26 Sep 1913
Waesche, William L. 7 May 1863 - 23 Oct 1902 s/o John F. & Margaret Elizabeth Belt Waesche
    s John William d. 16 Feb 1901 0-9-14 s/o Mamie A. Waesche
Wainwright, Mable C. Long 1910 - 5 May 1932 d/o George W. & Mary Carpenter Long
Walden, Richard Edward 6 Nov 1915 - 20 Feb 1998 s/o Robert E. & Maud Nunn Walden h/o Ilene A. Walden
Walker, Charles E. d. 9 Aug 1956
    w Mary F. d. 5 Apr 1942
Walker, Dorothy Annette Chiswell 12 Dec 1922 - 16 Sep 1990 w/o Richard Garrott Walker
        d/o Maurice Hersberger & Lillian Marguerite Waters Chiswell
Walker, Laura Elizabeth 25 May 1980 - 6 Jun 1980 d/o Richard Garrott Jr. & Barbara J. Gosbee Walker
Walker, William Hughes 27 Aug 1901 - 24 Jan 1962 s/o Nathan Asbury & Frances Willard Hughes Walker
    w1 Mabel V. Poole 4 Feb 1904 - 24 May 1948 d/o Oscar K. & Katie Dorsey Poole
    w2 Hallie G. 13 Mar 1910 - 29 Aug 1969
Wall, Lawrence Dade 1881 - 15 Oct 1927 s/o William Edward & Mary Catherine Dade Wall
    w Virginia Blanks 1893 - 1 Jul 1966
    s Lt. Robert Dade 17 Sep 1921 - 25 Feb 1945 KIA
Wall, Nena J. 11 Nov 1890 - 3 Aug 1982
Wall, William Edward 27 Jul 1846 - 26 Jul 1929
    w Mary Catherine Dade 6 Jan 1849 - 7 Jul 1932 d/o Robert Townsend & Ruth Simmons Dade
    s Malcolm 28 Dec 1877 - 26 Aug 1888
    d Mazie 7 Jan 1883 - 28 Jun 1884
    s William Guy 7 Aug 1875 - 16 Jan 1941
       w Helen Wessel 22 Jan 1884 - 5 Nov 1953
Wallace, Virginia Poole 19091 - 15 Jun 1969 d/o William Wallace, Jr. & Carrie Lucille Williams Poole
Wallach, Donaline Mae Baker 17 May 1931 - 9 Feb 1995 d/o Grover W. & Ressie Canfield Baker
        w/o Edward H. Wallach Jr. m. 2 Sep 1948
Walling, Dr. Byron W. 6 Aug 1852 - 14 Nov 1938
    w Emily W. Poole 29 Aug 1858 - 9 Feb 1908 d/o Dr. Thomas Poole
    c Infant d. 23 Nov 1883
Walter, George Benjamin Franklin 1837 - 14 Jul 1916
    w Mary Ann 1840 - 1 Sep 1915
    s George T. 1868 - 11 Jan 1925
    d Nettie d. 22 Jun 1877 3-0-17
Walter, James P. d. Oct 1900
    w Harriet L. Reed d. Jul 1905
    c Infant d. Aug 1873
    c Infant d. Aug 1880
    s Jesse d. 18 Sep 1881
    s Daniel d. Dec 1893
    d Elizabeth d. 31 Aug 1894 age 20
    d Dora d. Mar 1901
Walter, Mary Ann 1892 - 1 Sep 1915
Walter, Thomas d. 5 Dec 1877
    w Wife of Thomas d. 7 Dec 1877 [buried in one grave together]
Walter, William T. 1828 - Mar 1909
    w Luta C. d. 1866
    s William T. d. 1861
    s E. no dates
    s Maurice d. 3 Dec 1892 age 22
    d Stella d. Apr 1911
Ward, Arthur Harry 1887 - 9 May 1956
    w Hazel A. Larman 5 Apr 1903 - 22 Apr 1988 d/o Harry & Catherine Larman
Ward, Austin Louis 16 Apr 1916 - 7 Jul 1993
    w Flora Belle Woods 27 Jul 1934 - 13 Oct 1994 d/o Robert E. & Mary Waddell Woods

Monocacy

Ward, Byron LeRoy 11 Dec 1930 - 13 May 1990 h/o Irene Ola Ward
Ward, Carson William 1 Jan 1905 - 6 May 1990 s/o David Silas & Rosa Virginia Morningstar Ward
    w Dorothy Louise Spring 23 Nov 1907 - 25 Jun 1979 d/o James Elias & Mary Catherine Edwards Spring
Ward, David Thomas 22 Sep 1897 - 5 Feb 1976 s/o David Silas & Rosa Virginia Morningstar Ward
    w Alice Rebecca Nicholson 25 Mar 1906 - 15 Sep 1983 d/o George Edward & Mary Cornelia Whipp Nicholson
Ward, Elmer Charles Sr. 7 Oct 1907 - 19 Sep 1986 s/o David Silas & Rosa Virginia Morningstar Ward
    w Mary Myrtle Nicholson 1 Mar 1912 - 17 Apr 1987 d/o George Edward & Mary Cornelia Whipp Nicholson
    s Elmer Charles Jr. 10 Apr 1934 - 11 Nov 1989 AMH 3 US Navy Korea
Ward, Infant d. 3 May 1929
Ward, John Henry 28 Jan 1860 - 14 Aug 1844 s/o Thomas H. & Mary Eliza Trundle Ward
    w Claudia Hillard 1865 - 10 Aug 1951 d/o John W. & Helen E. Boland Hillard
Ward, John Newton 21 Nov 1900 - 29 Aug 1977 s/o David Silas & Rosa Virginia Morningstar Ward
    w Annie Eleanor Nicholson 17 Aug 1904 - 15 Jan 1988 d/o George Edward & Mary Cornelia Whipp Nicholson
    d Annie Elener b&d 12 Aug 1931
    s Thomas Newton 3 Apr 1936 - 19 Apr 1936
Ward, Michael Wayne d. 13 Jun 1992 s/o Vernon E. & Verna Queen Ward
Ward, Sabrina Lynn 1973 - 26 Mar 1973 d/o Gary Lynn Ward
Ward, Vernon Eugene 11 Jun 1955 - 13 Jun 1997
Ward, William Harrison 17 Feb 1898 - 29 Feb 1980 s/o Harrison Gilmore & Ara Matilda Thrift Ward
    w Mary Virginia Darby 25 Jun 1893 - 4 Jun 1973 d/o John W. & Virginia L. Dorsey Darby
    s Infant b&d 27 May 1924
Ward, Wilson Stewart 28 Aug 1879 - 28 Jun 1939 s/o Nanthan M. & Isabelle Wilson Ward
    w Sarah John Williams 10 Mar 1881 - 14 Jan 1963 d/o John Henry & Sarah White Williams
Ware, Clayton Ellms 4 Feb 1901 - 14 Oct 1990
    w Harriet Arrington 27 Sep 1902 - 24 May 1989 d/o John Thomas & Bessie V. Arrington
Ware, Elizabeth Elgin Black 4 Jun 1907 - 18 Nov 1988 d/o Charles Ogelbie Elgin w/o Harvey O. Black
Warfield, Mabel Poole 11 Apr 1895 - 11 Mar 1941 d/o Algernon & Mary Willson Waters Poole
    w/o Robert Leroy Warfield
Warfield, William G. 25 Feb 1883 - 10 Mar 1940 s/o L. L. & Hannah Warfield
    w Bettie E. Harding 15 Mar 1891 - 28 Aug 1962
    s David Donald 28 Sep 1928 - 25 Feb 1945
    d Shirley Ann 23 Nov 1934 - 27 Dec 1939
Waters, Bowie Jennings 14 Sep 1908 - 13 Dec 1963
    s Bowie Barton 7 Oct 1940 - 11 Feb 1942
Waters, Charles Clark 2 Jul 1866 - 31 Jan 1934 s/o William Augustus & Mary E. L. Willson Waters
    w Maud Estelle Getzendanner 4 Apr 1868 - 28 Dec 1930 d/o Joseph Thomas & Mary Jane Sellman Getzendanner
    d Maria Elizabeth 8 Oct 1895 - 19 Dec 1970
Waters, Dr. Charles H. 1 Jul 1849 - 21 Jan 1920 Primitive Baptist Minister
    w Ella Yates 21 Feb 1848 - 2 Jun 1921
    s Dr. Charles Lewis 11 Mar 1879 - 17 Jun 1931
    d Alice May Allnutt 12 Sep 1873 - 17 Sep 1893
    s Perry Davis 26 Jun 1885 - 22 Apr 1888
    s Allnutt Hess d. 27 Aug 1889
    d Eleanor Allnutt 16 Nov 1889 - 9 Aug 1890
Waters, Emily Howard Griffith 6 Dec 1818 - 1 Oct 1903 w/o Henry W. Dorsey Waters
Waters, Joseph Henry 1885 - 28 Jul 1925
    d Doris Hammond 1915 - 2 Jan 1916
Waters, Norma Marie Lilly 24 Nov 1911 - 25 Sep 1983 d/o Kelly J. & Bertha Jackson Lilly
Waters, Thomas 1 Nov 1835 - 12 Mar 1914 s/o Samuel & Mary Waters Waters
    w Martha Maria Dawson 4 Mar 1842 - 12 May 1903 d/o Benoni & Sarah Ann Newton Jones Dawson
Waters, Samuel Devers 1891 - 10 Sep 1964
Waters, William 12 May 1864 - Jul 1865
Watson, George Hugh 25 Feb 1914 - 3 Jan 1992
    w Freda Bryant 1 Feb 1916 - 14 Oct 1994
Webber, Nicole Marie d. Dec 1983 d/o Sue Ann Webber
Webster, George 21 Jun 1829 - 29 Nov 1904
    w E. d. Dec 1903
Webster, M. W. no dates
Webster, Maggie L. 1 Sep 1888 - Jul 1911 d/o Harvey & Annie M. Webster

Monocacy

Webster, Mrs. E. d. Dec 1903 65 y
Webster, Raymond E. 16 Jun 1897 - 28 Sep 1917 s/o Harvey & Annie M. Webster
Weinlein, Anthony Gerard 1 Jun 1913 - 18 Dec 1979
Weinlein, Mary Elizabeth 11 Dec 1922 - 4 Jan 1981
Weinlein, Robert Andrew 30 Dec 1954 - 25 Jul 1972
Welch, Betty d. 19 Jun 1940
Welch, Evangeline 3 May 1928 - 11 Oct 1980
Weller, Frank Harlow 14 Jun 1913 - 27 Feb 1972 MD LCDR USNR WWII h/o Amelita Alfaro Weller b. 23 Dec 1917
Weller, Geno D. 1870 - 5 Aug 1934
Weller, Parker L. 28 Feb 1875 - 2 Dec 1958
    w Mary Victoria Surratt 7 Oct 1885 - 14 Jun 1962
Wells, Clinton F. Sr. 1892 - 1961
    w Elizabeth 1893 - 1965
Welsh, Infant d. Apr 1919 c/o George Welsh
Wettengel, Lucy Ann Young 8 Aug 1905 - 11 Mar 1983 d/o Robert L. & Lucy Anna Wade Young
Whalen, John C. d. 26 Dec 1926 s/o Thomas & Mary E. Whalen
    w Fannie F. Collier 2 Apr 1858 - 2 Nov 1911 d/o Richard H. & Mary F. Collier
    s John A. 13 Mar 1886 - Apr 1887
    d Mary C. 21 May 1880 - Jul 1881
Whalen, William d. Jul 1908
Whipp, Amos d. 13 May 1919 MD Private
    w Alice V. Webster d. 17 Apr 1917 d/o George & Mary E. King Webster
Whipp, Paul Cole 6 Aug 1921 - 6 Jul 1996 s/o William & Mamie Cole Whipp
    w Beulah Isabel 26 Sep 1908 - 21 Mar 1984
Whipp, Mattie Arbanna 16 Jan 1905 - 28 May 1984
Whisman, Frank 13 Aug 1907 - 8 Aug 1989 s/o Marco Marion & Perlina Elizabeth Waddell Whisman
    w Annie Harrison 5 Oct 1910 - 25 Oct 1950
    s Frank W. Jr. 23 Jul 1930 - 19 Dec 1991 h/o Ruth A. Whisman
Whisman, Marco Marion 8 Oct 1884 - 21 Apr 1971
    w Perlina Elizabeth Waddell 13 Apr 1885 - 21 Apr 1971
Whisman, Rose Anne May d. 3 Oct 1957
Whisman, Stewart C. 1912 - 29 Jun 1966 h/o Flora Mae Whisman-Hurt
Whisner, Phillip W. 17 Apr 1943 - 24 Feb 1984 s/o Charles W. & Mae Elizabeth Mills Whisner
Whitaker, Algernon L. 1 Jul 1829 - 4 Nov 1906
    w Hester Ellen Trundle 23 Aug 1836 - 19 Jan 1925 d/o John Alexander & Elizabeth Eleanor Hays Trundle
    d Harriet Elizabeth 17 Sep 1857 - 8 Sep 1929
    d Beulah 25 Sep 1868 - 16 May 1959
    d Theresa 2 May 1871 - 11 Mar 1952
White, Alvin H. 1927 - 8 Feb 1929
White, Arthur 14 Nov 1854 - 13 Feb 1941 s/o Joseph & Ann Veirs White
White, Benjamin 15 Oct 1786 - 15 Apr 1862 s/o Nathan Smith & Margaret Presbury Chiswell White
    w Rachel Chiswell 7 Mar 1794 - 7 Mar 1862 d/o Joseph Newton & Eleanor Chiswell White Chiswell
White, Benjamin 3 Oct 1825 - 16 Feb 1907 s/o Stephen Newton & Mary Elizabeth Veirs White
    w Sarah Elizabeth Jones 16 Feb 1841 - 24 Jun 1894 d/o John William & Mary Elizabeth Darnell Jones
    d Flora Darnell 18 Feb 1872 - 19 Aug 1872
    d Anna Dade 10 May 1873 - 28 Jan 1879
    d Lutie 19 Aug 1874 - 2 Jul 1876
    s Marshall 8 Mar 1877 - 29 Jan 1879
    s Infant d. 8 Dec 1879
White, Benjamin Jr. 23 Sep 1875 - 17 Apr 1976
    w Sarah Graves 14 May 1885 - 18 Jan 1975
White, Benjamin Franklin 1 Aug 1826 - 31 Aug 1887 s/o Benjamin & Rachel Chiswell White
    w Margaret Ann Allnutt 8 May 1828 - 20 Dec 1891 d/o Lawrence Jr. & Eleanor Smith White Allnut
White, Benjamin Franklin 1851 - 23 May 1931 s/o Joseph & Ann Veirs White h/o Charlotte E. Kilgour White
White, Benjamin Rush 28 Oct 1828 - 10 Feb 1913 s/o Stephen Newton Chiswell & Ann Belt Trundle White
    w Mary Ella Florence Matthews 1842 - 4 Jun 1918 d/o William & Avondale Purdum Matthews

Monocacy

White, Benjamin Stephen 11 Mar 1828 - 21 Mar 1891 [stone moved from Barnesville M. E. Cemetery]
    w Sarah Ellen Nichols d. 15 May 1856 26-1-19 [stone moved from Barnesville M. E. Cemetery]
    d Sarah Ellen Nichols d. 11 Aug 1856 0-3-21 [stone moved from Barnesville M. E. Cemetery]
White, Dr. Byron Dyson 10 Feb 1895 - 5 Feb 1963 s/o Harvey Jones & Ida Dyson White
    w Matilda Thompson 1 May 1901 - 21 Feb 1986 d/o Alexander C. & Clara Barnard Thompson
White, Charles Ernest Jr. 19 Feb 1913 - 31 Oct 1991 "Dad" s/o Charles Ernest Sr. & Abbie May Specht White
    w Maxine E. Ruffner 24 Dec 1916 - 24 Feb 1972 "Mom"
White, Charles Ernest Sr. 14 Feb 1876 - 24 Oct 1944 s/o John Collinson & Ann Ellen Grace Boteler White
    w Abbie May Specht 1874 - 17 Mar 1964
    s John Collinson Dec 1908 - 23 May 1937
    s Donald Coplan D. D. 25 Mar 1915 - 19 Nov 1994 US Army h/o Gertrude H. Ganley White
White, Edith Blanche 8 Apr 1899 - 29 Aug 1984 d/o Harry B. & Sarah Elizabeth Bowman White
White, Dr. Elijah Wootton 5 Mar 1882 - 29 May 1942 s/o Benjamin & Sarah E. Jones White
    w Florence Pyles 6 Jun 1882 - 13 Apr 1968 d/o Thomas & Ann Elizabeth Williams Pyles
    s Elijah Wootton Jr. 1 Aug 1916 - 30 Oct 1990
        w Catherine Boland 25 Feb 1915 - 28 Nov 1985 d/o Glenn & Edith Welsh Boland
White, Harvey Jones 9 Mar 1869 - 28 Feb 1950 s/o Benjamin & Sarah Elizabeth Jones White
    w1 Ida Dyson 24 Jul 1872 - 19 Oct 1919 d/o Benjamin Franklin & Catharine Janes Piles Dyson
    c Infant d. Mar 1906
    w2 Nannie Dickerson Poole 10 nov 1869 - 8 Feb 1928 d/o William Wallace & Alvida Anne Allnutt Poole
    w3 Alethea Brewer 20 Jan 1875 - 7 Jan 1979 d/o William George & Ida White Brewer
White, Helen V. 25 Jan 1906 - 25 Jun 1943
White, Henry Whitmore 15 Jan 1893 - 16 Jun 1980 s/o Mansfield Smith & Ella Roberta Whitmore White
    w Mary Ethel Garner 14 Jun 1903 - 11 Jan 1984 d/o Vernon & Nancy Thompson Garner
White, Howard 1857 - 1904
    w Alice V. 1857 - 25 Aug 1916
    s Thomas 1886 - 12 Apr 1921
White, Infant d. Nov 1908 c/o G. M. & Sarah Louise White
White, John Collinson 3 Dec 1833 - 10 Aug 1910 s/o Joseph Chiswell & Mary Collison Gott White
    w Ann Ellen Grace Boteler 24 Apr 1841 - 20 Mar 1917 d/o Harry & Martha Priscilla Boteler
White, John Russell 12 Mar 1883 - 30 Mar 1884 s/o Benjamin & Sarah Elizabeth Jones White
White, Joseph 11 Jan 1825 - 26 Feb 1903 s/o Benjamin & Rachel Chiswell White
    w Ann Veirs White 4 Mar 1827 - 5 Mar 1903 d/o Stephen Newton & Mary Elizabeth Veirs White
    d Rachel Ann d. Jun 1901
    s Elijah 8 May 1863 - 28 Feb 1913
    s Stephen N. Jr. d. Dec 1901
White, Joseph Chiswell 15 Aug 1798 - 6 Dec 1886 reinterred s/o Benjamin & Rebecca Odell Chiswell White
    w Mary Collison Gott 14 Jun 1804 - 4 Oct 1890 d/o Richard & Sarah Collinson Gott
White, Joseph Collinson Jr. 21 Jan 1874 - 9 Sep 1947 s/o John Collinson & Ann Ellen Grace Boteler White
    w1 Mary Lucile Jones 27 Dec 1880 - 30 May 1964 d/o Benjamin John & Anna Virginia Gott Jones
    w2 Jenny Katherine Westesson 12 Jul 1893 - 13 Mar 1972
White, Joseph Furr 26 Sep 1860 - 15 Apr 1949 s/o Joseph & Ann Veirs White White
    w Maria Louise Hilleary 7 Nov 1857 - 27 Sep 1900 d/o Thomas & Sarah Odell Wheeler Hilleary
    s Joseph Roger 16 Nov 1889 - 18 Mar 1951
White, Dr. Joseph Meade 26 Nov 1884 - 18 Dec 1963 Virginia Major Med. Corps. Spanish Am. War & WWII 99th Inf Div
    w Crezensa Dorothea Lauterwasser 26 Nov 1884 - 18 Dec 1963
White, Joseph Newton 1853 - 15 Jan 1921 s/o Joseph & Ann Veirs White
    w Mary Everline Pratt 1867 - 8 Feb 1950 d/o Julian & Mary Brown Pratt
White, Joseph Thomas 1 Apr 1854 - 11 Jun 1927 s/o Stephen Newton Chiswell & Elizabeth Gott White
    w1 Anna Frances Duke 24 Dec 1851 - 18 Jul 1887 d/o Robert Newton & Anna Newton Moler Duke
    d Ida D. 7 May 1877 - 15 Apr 1886
    s Robert Newton 8 Jul 1882 - 18 Jul 1882
    d Emma Frances 10 Nov 1883 - 30 Nov 1885
    w2 Laura Annette McGarry 26 Nov 1860 - 7 Sep 1890
    d Amy R. 1893 - 15 Feb 1971 d/o w3 Margaret C. White
    s Thomas Henry Jr. b&d 22 Nov 1895 s/o Margaret C. White
    s Alvin E. 1896 - 1898 s/o Margaret C. White

Monocacy

White, Julian Newton 26 Jun 1901 - 30 Aug 1965 s/o Joseph Newton & Mary Everline Pratt White
    w Bessie S. 13 Aug 1904 - 11 Oct 1989
White, Lawrence Allnutt 23 Jul 1854 - 16 Apr 1933 s/o Benjamin Franklin & Margaret Ann Allnutt White
    w Annie Oliver Belt 19 Apr 1853 - 6 Nov 1940 d/o John Lloyd & Sarah Eleanor McGill Belt
White, Leonard D. d. 8 Jan 1967 h/o Eva White
    s Joseph Thomas Jr. 28 Feb 1904 - 12 Aug 1904 s/o Margaret Caroline Urner White
White, Mansfield Smith 9 Jan 1859 - 30 Jan 1951 s/o Benjamin Franklin & Margaret Ann Allnutt White
    w Ella Roberta Whitmore 30 Apr 1857 - 9 Feb 1927
White, Michael Sr. 3 Oct 1909 - 27 Sep 1998
White, Nathan Smith II 28 Feb 1798 - 5 May 1881 s/o Nathan Smith & Margaret Presbury Chiswell White
    w Evelina Wailes 13 Jul 1801 - 6 Jun 1871
    d Rachel Ann 1 May 1838 - 27 Sep 1885
    s Nathan Smith 28 Mar 1840 - Jul 1885
        w Ella Clarke Bouic 16 Dec 1849 - 20 Sep 1931
White, Nathan Smith V. 13 Jan 1852 - 11 Aug 1934 s/o Stephen Newton Chiswell & Elizabeth White Gott Chiswell White
    w1 Sarah Aldah Offutt 2 Aug 1854 - 9 Nov 1911 d/o Colmore & Elizabeth Ann Poole Offutt
    w2 Florence May Williams d. 30 Mar 1949 d/o James E. & Sarah Jane Burdette Williams
White, Richard Gott 22 Oct 1826 - 3 Jan 1879 s/o Joseph Collison & Mary Collinson Gott White
    w Huldah A. Piles 28 Sep 1830 - 19 Dec 1910 d/o Hilleary & Matilda Brunner Piles
    s Albert 1 Jan 1876 - 13 Aug 1879
    s Herndon 1 Jan 1876 - 13 Aug 1879
White, Richard Thomas 18 Nov 1829 - 10 May 1917 s/o Nathan S. & Evelina Wailes White
    w Mary Elizabeth Waters 3 Jul 1830 - 23 Oct 1890 d/o Samuel & Ann D. Williams Waters
    s Washington Waters 4 Nov 1858 - Dec 1903 h/o Mytle King White
    s Richard Thomas Jr. Mar 1866 - 5 Oct 1943
White, Samuel Chiswell 17 Aug 1841 - 3 Aug 1874
                s/o Stephen Newton Chiswell & Elizabeth White Gott Chiswell White
    w Margaret Chiswell 26 Jan 1846 - 17 July 1925 d/o Thomas Fletchall & Mary Eleanor Jones Chiswell
White, Stephen Newton 1793 - 16 Oct 1865
    w Mary Elizabeth Veirs 1794 - 6 Jun 1855 d/o Elijah & Ann Swann Veirs
    d Mary Elizabeth 1826 - 22 Feb 1839
White, Dr. Stephen Newton Chiswell 29 Oct 1800 - 11 Mar 1860 s/o Nathan Smith & Margaret Presbury Chiswell White
    w1 Ann Belt Trundle 3 Feb 1805 - 10 Jun 1835 reinterred from the Allnutt Cemetery at "Mother's Delight"
    w2 Elizabeth White Gott Chiswell 21 Mar 1816 - 28 Dec 1884 " " " " " "
    s Arthur d. 6 Feb 1847 stone moved from "Mother's Delight"
White, Thomas Henry 20 Sep 1831 - 19 Jan 1930 s/o Joseph Collison & Mary Collinson Gott White
    w1 Mary Ellen Gott 14 Oct 1834 - 26 May 1890 d/o M. R. & Mary E. Trundle Gott
    s Henry 24 Feb 1858 - 23 Mar 1862 reinterred
    s Willis 26 Sep 1859 - 2 Aug 1863
    s Joseph T. 1863 - 14 Oct 1933
    d Sallie Estella 27 Nov 1868 - 5 Jan 1929
    s Maurice 20 Jun 1875 - 31 Jul 1876
    s Oliver Collinson 14 May 1878 - 22 Jun 1880
    s William Rodney 1890 - 6 Sep 1953
    w2 Laura Richard Gott 11 Sep 1850 - 22 Feb 1926 d/o M. R. & Mary E. Trundle Gott
White, Thomas Oliver 20 Aug 1862 - 15 Dec 1934 s/o Richard Gott & Huldah A. Piles White
    w Annie Estelle Pyles 25 Nov 1861 - 7 Feb 1934 Richard T. & Laura V. Hawkins Pyles
    d Laura V. 2 Jan 1886 - 21 May 1968
White, Wellstood Whitmore 22 Oct 1885 - 18 Nov 1980 s/o Mansfield Smith & Ella Roberts Whitemore White
    w Rosalie Carr 5 Feb 1888 - 26 Mar 1987
White, William B. 1868 - 30 Apr 1937
    w Ollie Miles 1866 - 6 Oct 1932
White, William Lingan 13 Jan 1872 - 19 May 1939 s/o John Collison & Ann Ellen Grace Boteler White
    w Mary Virginia Bowman 13 Jun 1876 - 29 Dec 1943 d/o William H. & Catherine E. Darby Bowman
    s William Marshall 20 Oct 1908 - 4 Apr 1991
        w Margaret Eleanor Linthicum 11 Dec 1908 - 8 Feb 1993 d/o John Dutrow & Leona May Davis Linthicum
White, William Lingan Jr. 10 Nov 1916 - 7 Nov 1983 s/o William Lingan & Mary Virginia Bowman White
    c Infant d. 6 Jun 1939 c/o Margaret Lucille White
    d Infant d. 7 Dec 1953 d/o Margaret Lucille White

Monocacy

Whittaker, Florence Allnutt 1900 - 1992
Whorton, Bradford 30 Apr 1900 - 30 May 1966
    w Edna Louise Shreve 29 Mar 1907 - 7 Nov 1983 d/o Thomas Jefferson & Claudia Estelle Heffner Shreve
Wiggins, Mary Emma Hays 15 Jan 1868 - 3 Feb 1913 d/o George Rawlings & Sarah A. Thomas Hays
    w/o Joseph St. Clair Wiggins
Wilkenson, Dean Sylvester 8 Feb 1955 - 14 Oct 1998
Wilkins, Katherine Sue 14 Nov 1963 - 26 Jan 1990
Wilkinson, Gilbert Dean 1899 - 21 Nov 1936
Willard, Charles Victor 27 Jul 1884 - 7 Dec 1963 s/o Charles & Mary F. Willard
    w Annie Catherine Cubitt 1 May 1884 - 4 Apr 1960 d/o George W. & Mary Christine Monard Cubitt
Willard, Dewalt Josephus 1843 - 24 Feb 1932
    w Sarah Etta 1844 - 22 Jul 1933
    s Dewalt Josephus, Jr. 21 Feb 1873 - 30 Jun 1873
    s Maurice 1876 - 14 Dec 1934
    s George D. 1868 - 19 Sep 1948
      w Mary M. Farr 1863 - 15 Jul 1950
    s Earnest Garfield 1881 - 30 Aug 1968
Willard Ellis A. 8 Nov 1880 - 2 Dec 1954 s/o Charles & Mary F. Willard
Willard, Harry L. 23 Aug 1871 - 30 Jul 1943
    w Delores A. Dutrow 13 Mar 1879 - 25 Nov 1956 d/o Philip C. & Achsah Ann Dutrow
    s Dewalt Joseph 26 Aug 1909 - 24 Jul 1991
Williams, Anna Mariah Talbott 3 Jun 1817 - 23 Mar 1889 d/o Henry W. & Sarah Talbott w/o John Thomas Williams
Williams, Arthur 21 Sep 1853 - 15 Mar 1923
    w Annie E. Dawson 21 Dec 1856 - 14 May 1934
    s James Dawson 28 Oct 1882 - 16 Oct 1918 h/o Molly Z. Pescon Williams
Williams, Arthur White d. 21 Sep 1976 h/o Bertha R. Williams
Williams, Belle Reed d. 19 Apr 1954
Williams, Bernard D. 1902 - 26 Sep 1994
    w Emma Katherine Rachel White 4 Oct 1895 - 11 Nov 1981 d/o Frank & Virginia Cordell White
Williams, Charles McGill 9 Oct 1852 - 16 Jan 1924
    w Prudence Jane Waters 6 Sep 1853 - 27 Jan 1923 d/o Henry W. Dorsey & Prudence Jane Griffith Waters
    d Emily Howard Apr - 2 Jun 1877
    s Charles d. Jun 1879
    s Dorsey Waters 9 Aug 1880 - 1 Jun 1971
    d Elizabeth d. Aug 1883
    s Arthur McGill 11 Apr 1892 - 21 Jun 1976
      w Julia Nanette White 5 Dec 1892 - 1 May 1940 d/o Lawrence Allnutt & Annie Oliver Belt White
Williams, Colmore W. 21 Feb 1787 - 11 Apr 1857
    w Mariel H. 7 Feb 1799 - 4 Jan 1875
    d Sarah Ann E. 21 Mar 1821 - 11 Feb 1875
    d Catherine Amelia 7 Jan 1831 - 27 Jan 1925
    d America 3 Jun 1835 - 2 Sep 1854
Williams, Elisha W. d. 1 Sep 1854 76 years
    d Florence Ray d. Jul 1867 14 years d/o Jane Plater Williams Pleasants
Williams, Francis Thomas 30 Aug 1845 - 3 Nov 1906 CSA 35th Virginia
    w1 Georgia Griffith Sep 1851 - 16 Mar 1891 reint. d/o Thomas Howard & Sarah Newton Chiswell Griffith
    d Julia May 17 Nov 1882 - 20 Nov 1882 stone moved to Monocacy
    w2 Mary Louise Dawson 21 Jun 1855 - 13 Jul 1932
    s Francis G. 25 Jun 1898 - 16 Jul 1898
Williams, Golden Ellsworth 28 Nov 1903 - 9 Apr 1974 h/o Ida Frances Beall Williams
Williams, Harry McGill 25 Aug 1867 - 15 Sep 1950 s/o John H. & Martha S. White Williams
    w Sarah Eleanor "Nellie" White 6 Oct 1867 - 7 Jun 1946 d/o Benjamin Franklin & Margaret Ann Allnutt White
    s Henry Ralph 27 Mar 1896 - 25 Feb 1968
      w1 Mary Whaling 1893 - 15 Feb 1960
      w2 Elizabeth Stinson 8 Oct 1907 - 19 Aug 1998
Williams, Infant d. 16 Jul 1898 c/o Frank Williams

Monocacy

Williams, Rev. John Edwin 8 Jan 1921 - 18 Sep 1968 Rector of St. Peter's Episcopal Church 1960-1968 h/o Pauline Williams
Williams, John Henry 2 May 1842 - 7 Nov 1909 s/o John Thomas & Ann Mariah Talbott Williams
    w Sarah White 15 Jan 1842 - 7 Mar 1928 d/o Stephen Newton Chiswell & Elizabeth White Gott Chiswell White
    s Vernon 1 Dec 1868 - 6 Jan 1869
    c Infant d. Sep 1873
    d Mary Chiswell 22 Aug 1875 - 25 Dec 1918
    s Dr. Francis T. 5 Mar 1887 - 9 Dec 1966
Williams, John Thomas 21 Jan 1884 - 20 May 1972 s/o Arthur & Annie E. Dawson Williams
    w Sarah "Sadie" Newton Cissel 18 Dec 1884 - 22 Dec 1946 d/o Richard Humphrey & Julia Griffith Cissel
    d Julia Elizabeth 5 Dec 1907 - 31 Dec 1934
Williams, Kelly Prevo 17 Jun 1894 - 11 Aug 1971
    w1 Frankie Alberta 6 Nov 1897 - 21 Sep 1961
    s Arnold Melvin 22 Sep 1926 - 3 Jun 1970
    w2 Myrtle Marie Tibbs Catron 18 Jun 1909 - 24 Apr 1988 d/o James C. & Flora Edna Atwell Tibbs
                                            w/o Martin Luther Catron
Williams, Kelly Orville III 11 Sep 1973 - 8 Apr 1975 s/o Kelly Orville & Karen S. Williams
Williams, Milo Woodbridge Jr. 1959 - 16 Feb 1970 s/o Milo Woodbridge & Bea Williams
Williams, Richard Walter, Sr. 21 Oct 1814 - 31 Jan 1890
    w Hester Chiswell White 1 Jun 1834 - 5 Feb 1917 d/o Benjamin & Rachel Chiswell White
    s Walter 3 Jan 1872 - 16 Sep 1946
        w Anna Cost Poole 7 Aug 1874 - 4 Sep 1946 d/o Richard & Florence P. Poole Poole
Williams, Dr. Rodger Walter 23 May 1885 - 5 Jul 1970 s/o Charles M. & Prudence J. Waters Williams
    w Mable Stuart White 6 Jun 1887 - 15 Jul 1920 d/o Mansfield S. & Ella R. Whitmore White
    s Rodger Walter Jr. 25 Feb 1914 - 10 Feb 1987 h/o Mary Shaw Brown Williams
Williams, Sarah Florence 19 Apr 1901 - 29 Jun 1968
Williams, Stephen d. Dec 1889
Williams, William Edward 16 May 1912 - 14 May 1971 s/o William White & Frances Poole Williams
    w Rachel Ann Perry 1914 - 5 Apr 1995
Williams, William Jeremiah 30 Dec 1854 - 21 Jul 1924
    w1 Elizabeth Della Schaeffer 1861 - 26 Oct 1892 d/o W. A. Schaeffer
    s Richard Walter 9 Sep 1886 - 3 Nov 1925 h/o Archilbelle Annette Williams
    d Mary V. 7 Dec 1889 - Mar 1891
    w2 Mary Virginia Schaeffer Getzendanner 17 Oct 1863 - 6 Apr 1939 h1= Daniel Getzendanner
    c Infant d. 28 Nov 1902
Williams, William McKendree 14 Sep 1875 - 10 Jun 1948 s/o James E. & Sarah Jane Burdette Williams
    w Sarah Griffith White 17 Jul 1880 - 16 Aug 1949 d/o Joseph Thomas & Anna Frances Duke White
    s Robert McKendree 22 Jul 1904 - Sep 1955
        w Rebecca Gott 20 Mar 1905 - 5 Jul 1994 d/o James Perry & Pearl Lillian Atwell Gott
Williams, William White 2 Apr 1877 - 9 Jan 1926 s/o James Henry & Sarah White Williams
    w Frances Poole 2 Feb 1878 - 8 Feb 1958 d/o Richard Poole
    s Richard Poole 9 Sep 1908 - 26 Sep 1910
    d Helen d. 3 Jul 1915
Willis, Richard T. 5 May 1913 - 13 Feb 1977
Willson, Robert 13 Sep 1762 - 4 Mar 1835
    w Eleanor 21 Jul 1773 - Aug 1851
Windsor, Edward R. 1901 - 1994
    w Catherine A. Hall 1906 - 28 Feb 1973 d/o Julius & Margaret M. Dutrow Hall
Wingate, Rebecca d. 27 Jan 1948
Wise, Martin Irenius 11 May 1890 - 28 Oct 1962
    w Anna Genevieve Mossburg 31 Dec 1895 - 15 Sep 1980 d/o Philip Francis & Annie Mary Griffith Hyatt Mossburg
Wiseman, Martin Andrew 25 Mar 1922 - 14 Dec 1988 s/o Martin A. & Nellie Cook Wiseman
    w Anna Elizabeth Roberson 22 Sep 1927 - 16 Oct 1993 d/o Benj. Howard Calvin & Mary Elz. Bussard Roberson
Wolfe, Norman Dorsey Hyatt 4 Jul 1880 - 21 Mar 1969 s/o Jesse Hyatt & Laura Dorcas Hyatt Wolfe
    w Dora M. Padgett 1874 - 5 May 1940 d/o James Alonzo & Jane R. Padgett
    s Infant b&d 1913
Wolfrey, Bert B. 1 Jan 1899 - 24 Mar 1967
    w Leona F. 19 Oct 1889 - 29 May 1970

Monocacy

Wolfrey, Philip Lee 12 May 1922 - 18 Jan 1993 s/o Bert B. & Leonia F. Wolfrey
    w Hilda May Suddath 25 Sep 1920 - 19 Sep 1995 d/o Emory & Marie Suddath
Wolfrey, Reubin C. 12 Dec 1919 - 5 Jun 1977
Wolfrey, William T. 21 Aug 1925 - 30 Dec 1978 h/o Patricia A. Wolfrey
Wood, Albert Worth 16 Mar 1874 - 6 Jul 1941 s/o Charles Worth & Columbia Whalen Wood
    w Jessica C. Phillips 6 Sep 1884 - 19 Feb 1967
    s Stanford Edward 3 Aug 1910 - 15 Dec 1940
    s Infant d. 7 Oct 1924
Wood, Charles Worth Jun 1836 - 19 Jun 1907 s/o Charles Worth, Sr. & Teresa Cary Wood
    w Columbia Whalen May 1840 - 10 May 1909 d/o Thomas & Mary E. Whalen
    s Ernest Dayton 17 Sep 1872 - 12 Jan 1938
      w1 Mary L. G. 19 Oct 1870 - 27 Sep 1900
      w2 Ada C. Finneyfrock 6 Nov 1882 - 12 Oct 1918 d/o Samuel Finneyfrock
Wood, George Thomas 29 Jul 1898 - 25 Jul 1980 s/o Claude M. & Martha Morris Wood
    w Diana Tennis 31 Jan 1900 - 30 Jun 1992
Wood, Ida Cole 1888 - 1918 w/o Norman Cole
Wood, Dr. R. Vinton 26 Jun 1845 - 3 Feb 1889 s/o Joseph Wood
    w Virginia Ann Worthington 17 Feb 1847 - 29 Sep 1935 d/o Thomas & Henrietta Worthington
    d Katie 9 Mar 1878 - 26 Aug 1879 reinterred
Woods, Robert William E. 1911 - 5 Aug 1956
    w Mary Virginia Waddell 1913 - 18 Jun 1990 d/o Reese & Elmeada Sparks Waddell
    s Robert William E. Jr. 15 Jan 1933 - 17 Mar 1988 h/o Martha Woods
    d Ollie Virginia b&d 18 Oct 1944
Woodward, Charles W. 21 Feb 1895 - 16 May 1969
    w Clarine Fletchall 13 Mar 1891 - 22 Dec 1978 d/o Arthur Poole & Lulu Jane Beecher Hall Fletchall
Woodward, Mary Elizabeth 19 Feb 1873 - 9 Mar 1939
Wootton, Albert 29 Jun 1882 - 24 Nov 1954
    w Josephine Dawson 4 Jan 1888 - 27 Dec 1980 d/o William Prince & Emma V. Veirs Dawson
    d Emma V. 3 May 1918 - 25 Apr 1995
Wootton, Dr. Edward 1839 - 1910 CSA s/o Turnor & Olivia Caroline Wootton
    w Bettie O'Rhea 1844 - 1932
    s Henry Edgar 4 Sep 1867 - 15 Dec 1887
    d Lutie d. 2 Mar 1871 21 m 8 d
    d Bettie d. 5 Jul 1872 1 m 10 d
    s Hugh Hampton d. 4 Jun 1887 3-7-15
    s Alan d. 5 Nov 1876 0-1-2
    d Alice d. 2 Sep 1877 0-5-10
    s Roland 19 Apr 1881 - 22 Dec 1961
Wootton, Norman 22 Jun 1869 - 14 Feb 1940 s/o Edward Wootton & Bettie O'Rhea Wootton
    w Edith Chiswell 31 Mar 1882 - 5 Aug 1973 d/o Edward Jones & Evelyn White Allnutt Chiswell
Wootton, Norman Douglas 29 Dec 1908 - 27 Jun 1974 s/o Norman & Edith Chiswell Wootton
    w Lola H. 1911 - 29 Nov 1958
Wootton, Tah-Wee-Nah M. 29 Sep 1917 - 17 Feb 2000
Wootton, William Turner s/o Norman & Edith Chiswell Wootton
    w Mary Sheppe 1914 - 11 Sep 1993
Wright, Berry Thurman Jr. 15 Aug 1924 - 24 Jun 1997 s/o Barry Thurman & Catherine France Wright
    w Jane Francis 14 Dec 1928 - 12 Aug 1987 d/o Wilbur & Catherine Morris Francis
    s Berry Thurman III 9 Jan 1955 - 5 Dec 1972
Wright, Dora Hall Cooley 21 Aug 1900 - 20 Dec 1985 w/o Clifton W. Wright d/o Claude & Jane Hall Cooley
Wright, Florence Hamilton 15 Jul 1881 - 23 Jun 1975 w/o E. Nisbet Wright
Wright, Irvin N. 17 Jun 1903 - 27 Dec 1983
    w Margaret Kimball 19 Nov 1903 - 14 Aug 1979 d/o Margaret Ireland Kimball
Wright, Jack C. 1928 - 1983
Wright, Jesse Eugene d. 12 Jun 1934
Wright, John Robert 15 Feb 1881 - 8 Dec 1957
    w Laura L. 9 Feb 1884 - 11 May 1950
Wright, Robert Silas 28 Aug 1908 - 29 Dec 1970
    w Frances M. 16 Sep 1913 - 20 Jun 1987

Monocacy

Wright, Roy Leslie 17 Mar 1887 - 29 Dec 1964
    w Rella Grace 5 Apr 1890 - 23 Sep 1940
    s Jacob Franklin 20 Dec 1919 - 21 May 1941
    d Lula Bee b&d 27 Apr 1921
Wright, Owen F. 9 Jul 1884 - 10 May 1954
    w Nettie E. Linthicum 25 Jun 1891 - 20 Oct 1966 d/o Garrott Davis & Mary Evelyn Linthicum
    c Infant d. Jun 1911
    c Infant d. Mar 1913
Wright, Rush Lee 6 Jan 1870 - 30 Jul 1956
    w Rachel Ella 15 Aug 1874 - 8 Feb 1942
    d Rose Claggett 23 Jul 1911 - 29 Oct 1912
Wright, Samuel P. 12 Aug 1845 - 7 Jul 1922
    d Margaret America Ann 9 Nov 1884 - 24 Aug 1918
Wynn, Irene Darby 5 May 1912 - 3 Jul 1962 d/o Harry Clay & Katie Dyson Darby
Wynne, Edward Johnson 1873 - 12 Apr 1942
    w Ida Lake 1882 - 17 Sep 1939
    s Edward Buford 25 Oct 1909 - 12 Sep 1992 h/o Ella Mae Lester Wynne
    s James Wiley 17 Jan 1912 - 17 Aug 1926
    d Ethel 1916 - 10 Dec 1932
Wynne, Rev. Lewis B. 30 Jun 1815 - 3 Feb 1883 "Minister of Primitive Baptist Church"
    w Harriet J. d. 30 Apr 1898
Wynne, Lola Imogene Williams 28 Sep 1923 - 2 Apr 1988 d/o Kelly Prevo & Frankie Atwell Williams w/o Ralph W. Wynne

Yates, Adelaide Reed 23 Dec 1873 - 25 Mar 1941
Yates, Edwin Langhorn 5 Jan 1903 - 14 Apr 1972
    w Dorothy Haddox 5 May 1903 - 23 Jul 1990 d/o Dr. Edwin B. & Mary Lee Waters Haddox
Young, Charles LeRoy 1937 - 25 Sep 1976 h/o Carol Ann Young
Young, Courtney Richard Jr. 1918 - 6 Mar 1968 s/o Courtney Richard & Zourie Petzman Young
    w Jessie Lowe 1921 - 21 Nov 1992
Young, Courtney Richard Sr. 1897 - 7 Feb 1975
    w1 Zourie Petzman 1900 - 13 Oct 1918
    w2 Eleanor Maughlin 5 Mar 1903 - Jul 1983 d/o James B. & Eleanor M. Ray Maughlin
Young, Dora Alta 18 Jul 1910 - 23 Apr 1998
Young, Druscilla Trundle d. 22 Dec 1921
Young, Emily A. 14 Aug 1832 - 10 Dec 1905 d/o Samuel & Sophia V. Young
Young, Ernest Lee 26 Jul 1905 - 22 Jan 1996
    w Lula May Pearson 28 Jun 1926 - 15 Feb 1984 d/o Alfred & Lillian Ann Joy Pearson
Young, Harold Alfred 23 Jul 1924 - 22 Nov 1996
Young, Henry Jr. 18 Aug 1829 - 27 Jul 1918 s/o Henry & Margaret Chiswell Young
    w1 Sarah Ellen Allnutt 31 Dec 1831 - 1861 d/o Lawrence & Eleanor Smith White Allnutt
    d Ardell Rebecca "Ann" Sep 1873 - 16 Dec 1964
    s Edwin M. 1861 - 1862 reinterred from Cissel farm
    w2 Martha Ann Cissel Mar 1839 - 1 Jun 1924 d/o William & Rachel Sarah Williams Cissel
    d Mary Ellen Cissel 26 Oct 1872 - 2 Sep 1873 reinterred from Cissel farm
    s Henry Cissel 16 Sep 1879 - 26 Dec 1969
Young, Isaac 25 Jan 1828 - 7 Apr 1895 s/o David & Matilda Chilton Young stone moved from Killmain
    w Margaret R. Young 18 Aug 1829 - 1 Jul 1906 d/o Henry Sr. & Margaret Chiswell Young
    d Ella Lee Mar 1863 - 5 Aug 1863 stone moved from Killmain
    d Irene 11 Jan 1870 - 25 Jul 1870 stone moved from Killmain
Young, Irving Rodney 1 Aug 1909 - 13 May 1985 s/o Llewellyn & Stella M. Robinson Young
    w Esther I. Carlisle 8 May 1908 - 9 May 1982
Young, John Sr. 1790 - 1862 stone moved from Killmain
    w Mary Catherine Schaefer 1802 - 25 Jul 1876 stone from Killmain
    s Amos Schaeffer 1842 - 3 Jan 1915
    d Annie Mary 1833 - 13 Feb 1896
Young, John L. 27 Jun 1836 - 7 Dec 1919 s/o John & Mary Catherine Schaeffer Young
    w Minnie Hunton Leache 29 Jul 1842 - 26 Nov 1892 50-3-27 d/o Dr. J. Willet Leache
    d Jane Hunton 14 Oct 1868 - 7 Jun 1952
    d Irene Mary 4 Nov 1876 - 24 Apr 1895

Monocacy

    d Victoria Hampton 14 Sep 1881 - 11 May 1894
Young, John Mortimer 10 Nov 1899 - 10 Jan 1967 s/o Llewellyn & Stella M. Robinson Young
    w Marguerite E. Knott 24 Mar 1899 - 26 Aug 1973 d/o William D. & Annie Blanche Carlin Knott
    s Leonard Upton 19 Oct 1925 - 2 Oct 1929
    s John Rodney 1 Jul 1930 - 6 Jul 1996
Young, John William 14 Jan 1869 - 27 Jul 1929 s/o Mortimer Theodore & Mary Ellen Amanda Shaw Young
    w Emma D. Campbell 15 Jan 1879 - 14 Mar 1971
Young, Lester Shaw 4 Sep 1885 - 23 Jul 1960 s/o Mortimer Theodore & Mary Ellen Amanda Shaw Young
    w Nellie Virginia Hickman 9 Sep 1892 - 26 Jun 1913 d/o Richard Hazel & Mollie B. McGaha Hickman
    s Theodore Hazel 30 Dec 1911 - 18 Feb 1960
Young, Llewellyn 19 Nov 1874 - 22 Jul 1935 s/o Mortimer Theodore & Mary Ellen Amanda Shaw Young
    w Stella M. Robinson 20 Mar 1877 - 1 Apr 1946
    s Albert Edward 29 Feb 1908 - 27 Sep 1973
      w Madeline Louise Roberts 16 Oct 1914 - 17 Sep 1994 d/o Joseph Edward & Caroline Frances Peters Roberts
    s George Llewellyn 20 Oct 1910 - 9 Dec 1910
Young, Ludwick Craven 31 Oct 1841 - 7 Nov 1930 s/o Samuel & Sophia V. Young h/o Virginia Craven Young
    d Harriet Oden 28 Sep 1861 - 11 Nov 1938
    d Louise Bayard 8 Oct 1892 - 23 Mar 1988
    d Matilda Nesbit 14 Apr 1898 - 1 Apr 1989
    d Mary Ryan 1900 - 15 Jan 1959
Young, Mary no dates
Young, Mary Bertha 27 Jul 1870 - 13 Apr 1937 d/o Mortimer Theodore & Mary Ellen Amanda Shaw Young
Young, Paul Thompson 30 Sep 1937 - 1 Dec 1992 s/o Paul & Etta Brown Young
Young, Richard Thomas 1906 - 24 Sep 1977 h/o Zora Dove Young
    s Ernest A. d. 29 Nov 1943
Young, Robert L. 1862 - 27 Aug 1937 s/o C. T. Young
    w Lucy Anna Wade 1864 - 15 Mar 1936
    s William "Tom" Malcolm 1892 - 23 Jul 1955 h/o Naomi Bogley Young
    d Mary Ethel 1894 - 12 Apr 1920
    d Alice Irene 26 May 1903 - 9 May 1992
Young, Roy Ernest Jr. 18 Aug 1979 - 25 Feb 1980 s/o Roy Ernest & Sandra Rupert Young
Young, Samuel C. 1809 - 17 Oct 1877
    w2 Eugenia T. 1832 - 1907
Young, William Leroy d. 8 Dec 1913
    w Agnes E. d. 17 Aug 1913

Zimmerman, Edward J. d. 6 Mar 1908 62 years
    w Amanda M. E. d. 5 Mar 1908
    d Harriett F. S. 8 Nov 1867 - 21 Mar 1932
    s D. Howard d. 24 Feb 1930 58-3-4
    s Charles J. 29 May 1875 - 7 Nov 1935
    d Susan B. d. 14 Jan 1906 27-6-0
    s Maurice H. 8 Nov 1880 - 19 May 1944
      w Margaret A. 8 Feb 1895 - 12 May 1979
Zimmerman, Helen Moore 1 Oct 1906 - 26 Sep 1941 d/o James S. & Susan Ann Moore
Zittle, Jessie Vernia 30 Aug 1868 - 9 Apr 1929

Young Family Cemetery
Killmain, Poolesville, Maryland

Young, David 27 Sep 1796 - 21 Aug 1879 s/o Ludwick III & Mary Catherine Schaeffer Young
    w1 Matilda Chilton 1800 - Mar 1836 d/o Joshua & Nancy Chilton
    w2 Phoebe R. Donohoe 1797 - 1 Sep 1888
Young, Isaac 25 Jan 1828 - 7 Apr 1895 h/o Margaret R. Young stone moved to Monocacy
    d Ella Lee Mar 1863 - 5 Aug 1863 stone moved to Monocacy
    d Irene 11 Jan 1870 - 25 Jul 1870 stone moved to Monocacy
Young, Ludwick III 1765 - 24 Sep 1820 s/o Ludwick II & Mary Magdelene Simons Young
    w Mary Catherine Schaeffer 1760 - 27 Oct 1825 d/o John Nicholas & Barbara Miller Schaeffer

Old Poolesville Methodist Episcopal Church
West Willard Road
Poolesville, Maryland

Cooley, Mary E., 1825 - 1845

Eagle, Ruth Ann Cooley 1817 - 1839 w/o William Eagle
Eversole, A. P. 27 Apr 1836 - 13 Aug 1864

Fechtig, Mary Alcinda 20 Jan 1850 - 28 Mar 1850 d/o Dr. Lewis R. & Elizabeth Henry Travers Fechtig

Heffner, Daniel 1782 - 29 Jun 1861
       w Mary Ann d. 7 Jun 1854 age 68
Hiser, Ellen 4 Sep 1808 - 10 Jun 1850
Howland, Melvin d. 27 Aug 1861 age 22 Co K
Hughes, George H. d. 3 Jan 1862 age 4 days s/o William D. and Elizabeth Hughes
Hughes, Jane d. 7 Aug 1857 age 57 d/o John and Catherine Heffner Hughes
Hughes John H. d. 12 Jul 1855 age 66
Hyatt, Mary Ellen Ball d. 27 Mar 1854 age 25 d/o John W. Ball w/o Jesse T. Hyatt
Hymes, Mr. d. 15 Jul 1864

Kelly, Patrick d. 15 Oct 1861 15 Massachusetts Co F

Leapley, Margaret A. D. Hughes d. 26 Jan 1859 age 31 w/o George N. Leapley
Leipley, Elizabeth R. Cooley 17 Jul 1827 - 20 Sep 1847

Reed, Ann West d. 5 Jul 1862 age 32 w/o James W. Reed

Shanks, Nancy 2 Sep 1835 - illegible
Spates, Richard P. 25 Dec 1792 - 3 Mar 1863
       w Amelia 1795 - 19 Jul 1855

Ware, Edward F. d. 23 Sep 1861 15 Massachusetts Co F
Wood, Benjamin Franklin d. 24 Nov 1861 0-2-1

Fletchall Family Cemetery
Mt. Nebo, Maryland

Fletchall, name worn off 18 ___ 1791 - Dec 1794
Fletchall, Eleanor White Chiswell 15 Nov 1795 - 28 Jul 1878 w/o George W. Fletchall
               d/o Joseph Newton & Eleanor Chiswell White
Fletchall, John 9 Aug 1727 - 21 Apr 1777
       w Betty Hickman 27 Dec 1731 - 14 Apr 1785
       d Ann 11 Jan 1757 - 11 Aug 1798
       d Cinthia Ramon 7 May 1766 - 8 Mar 1787
       s John 18 Aug 1770 - 5 Oct 1807
Fletchall, Thomas no dates

Cissel Cemetery
Humphrey Cissel Farm, Poolesville, Maryland

Cator, Mary Francis 28 Oct 1842-8 Nov 1862 d/o Samuel and Mary Ann Cross Cator
Cissel, Philip A. 15 Mar 1798 - 6 Nov 1861 s/o Zephaniah & Catherine Jones Cecil
Cissel, William 9 Aug 1803 - 15 Mar 1883 s/o Zephaniah & Catherine Jones Cecil
    w Rachel Sarah Williams 12 Aug 1812 - 8 Jun 1861 d/o Humphrey & Sarah Beall Williams
    s Philip A. 6 Feb 1831 - 6 Mar 1858
    d Elizabeth 6 Feb 1833 - 8 Dec 1835
    d Mary Eleanor 22 Jan 1845 - 4 Apr 1926

Miles, Jane Rebecca Cator no dates w/o William H. Miles d/o Samuel and Mary Ann Cator
Miles, Mary Frances 23 Aug 1864 - 6 Sep 1864 d/o William H. and Rebecca Jane Cator Miles

Studin, Dr. brought from England in a metal casket to be buried in this cemetery. no dates

Trundle, Hezekiah William 18 Jan 1792 - 30 Apr 1856 s/o John Lewis and Mary Sarah Veatch Trundle
    s Andrew J. 15 Nov 1815 - 7 Oct 1823 s/o Christiana Whitaker Trundle
    d Ruth A. 24 Mar 1826 - 1 Mar 1839
    d Hester E. W. 19 Jul 1828 - 8 Apr 1836
    d Sarah A. 13 Mar 1834 - 21 Feb 1855

Viers, ch/o Franklin and Luta C. Veirs
    s Levi d. 30 Sept 185?
    d Ann E. 16 Sep 1849
    d Luta d. 30 Sep 1852 1-3-0
    d Ann E. d. 2 Jun 1857 age 25
    s Franklin d. 21 Aug 1857 age 21
Viers, William A. W. 13 Oct 1811 - 28 Feb 1870

Walter, Ann Elizabeth Hall d. 12 May 1885 in her 59th year h1=Franklin Veirs, h2=William T. Walter

Elijah Methodist Cemetery
Elgin Road
Poolesville, Maryland

____, Charles A. d. 1883
____, Eliza J. 1830 - 1889
____, Elizabeth d. 1928
____, Ida S. d. 1887
____, Marjorie 1896 - 1988
____, Nelson 1834 - 1904
____, Peter H.
____, William d. 1886

A., Rosanna E. 1888 - 1956

Bailey, Mary d. 13 Mar 1900 44 years
Barnes, D. Gradie 1877 - 1945
    w Lucy C. 1877 - 1964
Barnes, William J. 14 Feb 1916 - 22 Nov 1990
Bell, John W. 10 Feb 1891 - Jan 1973
Bell, Rosalie 6 Jul 1906 - Apr 1990
Bolden, Clarence, Sr. d. 1963

Chaney, Isaac d. 20 Mar 1885 44 years
    w America d. 21 Oct 1903 60 years
Clarke, Raymond R. 1913 - 1963
Coles, Kathlyn Davis d. 1938
Cooper, Herman 9 Feb 1922 - Apr 1980
Cooper, Purnell d. 1962
Crampton, Carrie d. 1966
Crampton, Clarence E. 22 Feb 1882 - 8 Oct 1918
    w Emma M. 26 Sep 1885 - 1 May 1918
Crampton, Della G. 1875 - 1915 w/o John V. Crampton
Crampton, Harry C. 1880 - 1903
Crampton, Harry G. 2 May 1860 - 1 Jan 1903 s/o Lewis & Sally Crampton
Crampton, Leonard C. d. 1965
Crampton, Sarah J. 20 Aug 1863 - 22 Aug 1926
Crampton, William J. 1871 - 1881
Crawford, Annie 1841 - 1916

Davis, Christiana 1790 - 1871
Davis, Clarence Henry 28 Oct 1895 - 9 Sep 1951
Davis, Eliza J. 25 Aug 1850 - 12 Nov 1889
Davis, James Henry d. 1975
Davis, Lawrence Preston d. 1965
Davis, Peter H. d. 22 Apr 1920 age 83 years
Diggs, Charles Perry d. 1952
Diggs, Laura d. 1949
Diggs, William R. d. 1955
Dorsey, Elvira 10 Feb 1885 - Dec 1977
Dorsey, Martha L. 29 Jan 1893 - May 1980
Doswell, Kathleen 29 Nov 1927 - 23 Jun 1982
Driver, Golden C. Jr. 15 Jan 1908 - 21 Mar 1980
Duffin, Joshua no dates
    Mahalia no dates
    Fannie no dates
    James T. no dates
Dyson, Bertha d. 1967
Dyson, Florence E. d. 1960

Foreman, Howard L. II d. 1983

Elijah Methodist

Foreman, Mabel E. 13 Aug 1918 - Feb 1994

Genus, Elizabeth Lucinda 7 Mar 1883 - Aug 1984
Genus, James Horace 1880 - 1984
Gough, Ruth d. 1957
Graham, Joseph 9 Oct 1913 - 20 Feb 1981
Graham, Paul C. 20 May 1942 - Aug 1978 US Army Vietnam
Gross, George Theodore 12 Jan 1948 - 27 May 1974
    w Florence no dates

Hackney, William d. 1948
Hall, Bertha E. 1 Apr 1902 - Apr 1986
Hall, Elizabeth 1917 - 16 Mar 1976
Hallman, John H. 4 Nov 1865 - 27 Feb 1955
Hallman, John Henry d. 1953
Hallman, Nannie J. 27 Jun 1890 - Jan 1972
Hallman, Roger M. 5 Apr 1891 - 18 Jan 1959
Hallman, William P. d. 18 Feb 1968 13 years
Hamilton, Edward d. 1959
Hamilton, Horrace 10 Mar 1879 - 14 Jul 1954
Hamilton, Louis G. d. 1952
Hamilton, Mary Lee 1943 - 1985
Hamu, H. d. 1951
Harper, Alice 18 Jun 1898 - Jun 1975
Harper, Chester B. d. 2 Nov 1965 76 years
Harper, Columbus G. 17 Mar 1846 - 18 Jun 1924
Harper, James E. 1952 - 1994
Harper, Joseph J. 29 Feb 1897 - 10 Jun 1962
Harper, Lauresse d. 1964
Harper, Lee C. 6 Jun 1879 - 10 Oct 1948
Harper, Lucie 1907 - 24 Mar 1979
Harper, Martha E. 25 Feb 1897 - 8 Feb 1925
Harper, Mary G. d. 2 May 1973 63 years
Harper, Ralph M. 18 Mar 1900 - Sep 1974
Harper, Richard W. 1884 - 1943
    w Cora B. 12 Apr 1887 - Apr 1987
Harris, Gertrude G. 18 Apr 1901 - 7 Feb 1972
Harris, Sally no dates
Hebron, Lewis H. 24 Aug 1915 - Jan 1973
Hebron, Rufus P. 1922 - 1958
Hebron, Sylvester d. 1968
Honemond, Cecil W. 24 May 1934 - Jun 1976
Hurt, Edith d. 1938

Imes, John Wesley d. 1958
Ivory, Lawrence 20 Jul 1899 - Apr 1979

Jackson, Charlotte no dates
Jackson, Cora E. d. 23 Jul 1918 17 years w/o Henry R. Jackson
Jackson, Dora E. 1901 - 1918
Jackson, Ellis L. 22 Aug 1910 - Sep 1986
    w Mary V. 1908 - 1981
Jackson, Erin H. 1986 - 1986
Jackson, Havana B. 28 Apr 1907 - 7 Jun 1982
Jackson, Ida Mae 1907 - 1982
Jackson, Martha A. d. 1952
Jackson, Roosevelt T. 6 Feb 1906 - Oct 1974
    w Beatrice A. 4 Apr 1896 - Apr 1987

Elijah Methodist

Jackson, Vilda Ellen d. Dec 1952
Johnson, A. no dates
Johnson, Clarence no dates
Johnson, Darlington L. 7 Nov 1930 - Aug 1975
Johnson, George T. d. 1965
Johnson, Margaret G. 28 Mar 1890 - 2 Nov 1944
Johnson, Martha M. 9 Feb 1902 - 7 Dec 1987
Johnson, Robert Clarence d. 1952
Johnson, William d. 1953
Jones, Caroline 1836 - 14 May 1901 65 years w/o Joseph Jones
Jones, Christy D. d. 1938
Jones, Eugene Elmer 4 Jan 1888 - 24 Feb 1969
Jones, George W. d. 1954
Jones, H. no dates
Jones, Hannah E. 9 Nov 1902 - Aug 1984
Jones, Worthington C. 1920 - 1994

Lee, Infant son d. 1976
Lowry, Sarah no dates
Lowry, Virginia no dates
Lyles, Charles E. d. 1969
Lyles, Clarence W. 1913 - 1925
Lyles, Florin E. 1921 - 1942
Lyles, George Thomas 18 Apr 1893 - 30 Jan 1954
Lyles, George W. 1865 - 1935
Lyles, Howard B., Sr. 25 Feb 1918 - 18 Jul 1980
Lyles, John W. 14 Mar 1892 - Jan 1978
Lyles, Julius M., Sr. 17 Apr 1915 - 11 Nov 1994 h/o Doris R. Lyles
Lyles, Marjorie 15 Mar 1896 - 14 Jun 1988
Lyles, Mary F. 1870 - 1938
Lyles, Ora Stetson 27 Apr 1894 - Mar 1988
Lyles, Rosanna B. d. 1986

McPherson, Jospehine d. 1935
McYoung, Annie d. 25 Dec 1944

Marbury, Matilda d. 1958
Miles, Mary C. d. 1957

Nolan, Lula d. 1964
Nolan, Verreda E. d. 1951

Onley, Thelma E. d. 14 May 1976 46 years
Owens, Clarence d. 1967
Owens, Lula d. 1959
Owens, Sarah E. d. 1975
Owens, Solomon d. 1966

Payne, Garnett d. 1977
Payne, George Lewis W. 1894 - 1914
    w Martha E. 1903 - 1989
Payne, Julia Anna 1876 - 1925
Payne, Virgie M. 1894 - 1954
Payne, Wilhelmina O. 1904 - 1936
Plummer, Edna S. d. 1969
Plummer, George d. 9 Aug 1965 68 years

Elijah Methodist

Plummer, Perry T. 1838 - 1900
    w Mary V. 1838 - 1921
    s George G. 1865 - 1908
Prater, Nelson L. 1830 - 1902
Prather, Anna E. 1934 - 1992
Prather, George 20 Mar 1921 - 1 Feb 1990
Prather, Richard d. 1966

Richardson, Maggie d. 1962
Robinson, Charles E., Sr. 1884 - 1961
    w Laura I. 1887 - 1957
    s Charles E. Jr. 1912 - 1939
    d Louretta S. d. 1958
Robinson, Emma G. d. 1980
Robinson, Paul 8 Apr 1923 - 28 Oct 1995
    w Hilda D. 1924 - 27 Dec 1975
Robinson, Sallie E. 1882 - 1970
Robinson, William A. d. 1959
Robinson, William H. 6 Mar 1845 - 25 Feb 1915
Root, Arthur L. d. 1963
Ross, Daisy E. 18 Oct 1872 - 14 Apr 1950

Savage, no name or dates
Scott, Aaron Jarrod 1979 - 1994 s/o William E. & Alice F. Scott
Sims, John I. 24 Dec 1898 - 21 Jan 1989
Sims, Marion Hall d. 1955
Smith, Virginia D. d. 1990
Snow, Infant daughter d. 1977
Summerville, Morris d. 10 Apr 1962 15 years
Summerville, Raymond 3 Jun 1898 - Dec 1972
Summerville, Walter E. 6 Mar 1894 - 3 May 1973

Thomas, Lottie d. 1947
Thomas, Mary Elizabeth d. 26 Jan 1923
Thompson, Elijah J. 1994 - 1994
Twyman, Grace L. d. 1969
Twyman, Lucille no dates

Walker, Henry Canfield 1882 - 1958
Williams, Hesta B. 1891 - 1941
Williams, John H. 1890 - 1961
Wims, Claggett, d. 1956
Wims, Dorothy E. 12 Sep 1909 - Jun 1991
Wims, Eleanor E. d. 1983
Wims, George 5 Apr 18?? - 15 Apr 1890 s/o William H. & Amanda Wims
Wims, George William 25 Apr 1903 - Apr 1963
Wright, Anna Mae 27 May 1923 - Feb 1983

Young, Annie M. McPhersen 1876 - 1944
    s Zane Harris 1933 - 1950

Jerusalem Cemeteries
Jerusalem Road and Jerusalem Church Road
Poolesville, Maryland

_____, Lucy 20 May 1904 - 16 Aug 1957
Adams, Hattie H. 26 Aug 1888 - 26 Feb 1986

Clark, Benjamin R. 1942 - 1970
Clarke, Beulah L. 1911 - 1999
Clarke, James F. 1932 - 1999
Clarke, Mollie E. 13 Mar 1891 - 22 Apr 1958
Clarke, Noah E. 18 Sep 1878 - 7 Jul 1958
Clarke, Samuel E. 6 Nov 1914 - 25 Sep 1987 TEC 5 US Army WW II
Copeland, Adrian 5 Aug 1919 - 27 Dec 1943
Copeland, David O. 2 Mar 1878 - 30 Jun 1966
Copeland, Gilbert Vernon 7 Feb 1931 - 16 Aug 1977 US Army Korea
Copeland, Herbert L. 17 Aug 1926 - 2 Sep 1995 Pvt 1Cl WWII US Army
Copeland, Virgie 20 Aug 1897 - 31 Dec 1934

Davis, Green P. 1913 - 1996
Dorsey, Rosa E. 4 Jun 1893 - 14 Sep 1979
Dorsey, William H. 1923 - 1999

Frazier, Roger D. 3 Aug 1917 - no date
    w Lillie M. 13 Sep 1920 - 11 Oct 1995

Genius, Henry H. 1892 - 1962
    w Lillian I. 1894 - 1987
    s Leo H. 1914 - no date

Hamilton, Fannie M. 1918 - 1997
Harper, Charles A. 28 Sep 1933 - 16 May 1998 2C US Air Force Korea
Harper, Cole C. 30 Jun 1911 - 7 Dec 1980
    w Beulah C. 3 Aug 1911 - 4 Feb 1978
Harper, Joseph C. 1908 - 1999
Hebron, Statia Perlina C. 1886 - 1980

Imes, Jerry 1931 - 1985

Jackson, Dorothy M. 1923 - 1990
Johnson, William R. 30 Dec 1918 - 14 Jul 1981 Pvt US Army WW II
Jones, Corey A. 1973 - 1994

Lee, Myrtle I. 1913 - 1982
Lee, Wilson J. 27 Feb 1923 - 15 Oct 1989

Moore, George H. 1915 - 1999
Moore, Harry L. 2 Mar 1918 - 11 May 1979
Moore, Henrietta F. 3 Jun 1916 - 20 Dec 1978 w/o Charles H. Moore
Moore, Lola 1 Jun 1919 - 9 May 1998
Moore, William L. 18 Aug 1910 - 19 Jun 1995
    w Ethel M. 1916 - 1996
Morgan, Cornell Prather 11 Nov 1983 - 29 Nov 1993
Morrison, Emma J. 1907 - 1996

Owens, Frank T. 16 Feb 1893 - 18 May 1977
    w Mae I. 3 May 1898 - 11 Oct 1990
Owens, Harry L. 15 Dec 1919 - 10 Dec 1991 "Father" Pvt US Army WW II
    w Gwendolyn H. 1930 - 1997 "Mother"

Jerusalem Cemeteries

Payne, Bainum 15 Mar 1903 - 15 Jan 1954
    w Alberta 15 Mar 1902 - 12 Mar 1996
Payne, Michael Jerome 2 Jul 1959 - 7 Apr 1970

Ricketts, Allen S. 19 Jan 1952 - 30 May 1995
Ricketts, Marvin 3 May 1930 - 10 Oct 1969
Ricketts, Percy T. 1935 - 1975 Cpt. US Army
Ricketts, Sterling M. 7 Jan 1939 - 22 Dec 1993 SP5 US Army
Ricketts, Worthington T. 6 Jan 1905 - 20 May 1993
    w Emma H. 11 Apr 1909 - 30 Dec 1993

Smith, Irvin C. 1 Jan 1914 - 21 Aug 1988 "Beloved Father"

Thomas, Callie 19 Nov 1903 - 20 Nov 1986 "Beloved Wife and Mother"
Thomas, Truman H. Jr. 1949 - 1991
Tindal, Roby H. 1905 - 1996
Turner, Charles 1905 - 1998
Turner, Marie 22 Oct 1913 - 30 Oct 1997
Turner, Vernon B. 1904 - 1969
    w Ruth E. 1905 - 1998

White-Vaughan, Indika Nicole 26 Aug 1977 - 28 Jun 1994

Clarksburg Methodist Church
Rte 355 Frederick Road
Clarksburg, Maryland

_____. Catherine B. or V. d. 29 Sep 1822

Adams, Emily d. 31 Aug 1916
Anderson, Charles Thomas 1828 - 1898 s/o Joseph & Charlotte Anderson
    w Eliza Ann Hurley 1829 - 1908
Anderson, Pearl M. 8 Sep 1896 - 30 Nov 1990
Andrews, Joseph Sr. 18 Sep 1926 - 1 Apr 1985 SC3 US Navy WWII
    w Lucille D. 25 May 1929 - no date
Andrews, Matilda d. 29 May 1906 age 86 d/o James & Ann Selah Cecil Andrews
Andrews, George M. 15 Feb 1863 - 8 Dec 1917 s/o Samuel & Caroline Keith Andrews
    w Emily Annie Hawkins 16 Dec 1865 - 2 Dec 1939
    s John T. 17 Oct 1896 - Jul 1980
        w R. N. no dates
        s Joseph F. 4 Apr 1893 - 19 Feb 1950
Araby,   [name and dates worn]
Ashton, John A. 24 Sep 1825 - 15 Apr 1911 85-6-21
    w Emily Lee Mills 17 Sep 1832 - 13 Aug 1913 80-11-14

B, C. C. d. 1808 [slate marker, initials only]
Babies no other name or date
Babule, William d. May 1859
Barber, Nancy Ann Williams 1805 - 23 Apr 1873 aged 68 d/o William & Eleanor Holland Williams w1/o Hezekiah Barber
Barr, Elwood E. 1888 - 1940 h/o Edith Lillian Purdum Barr
Beall, Euthea d. 28 Dec 1836 4-10-0 d/o Robert Beall
Beall, Everline d. 22 Feb 1808 25-6-28 d/o John Wesley & Catherine Rine Beall w/o Basil Barry Beall
Beall, George Nelson 4 Nov 1833 - 1 Mar 1892 57 years s/o John Wesley & Catherine Rine Beall
    w Margaret Ellen Barber 6 Apr 1837 - 22 Sept 1906 69-5-16 d/o Hesikiah & Nancy Ann Williams Barber
    d Annie E. 1866 - 18 Nov 1880
Beall, John Wesley 11 Mar 1803 - 5 Sep 1866 age 63 s/o William Simpson & Elizabeth Ellen Walker Beall
    w Catherine Rine 22 Aug 1812 - 29 Dec 1882
Beall, Regina Pearre 1917 - 1926 d/o William & Alice S. Pearre
Beam, Martha J. d. 28 Dec 1836 4-10-0 d/o Robert T. & C. Beam
Bennett, Charles Thomas Dec 1859 - 11 Nov 1933 s/o Samuel F. & Sarah C. Thompson Bennett
Bennett, James Titus 1853 - 1935 erected s/o Samuel F. & Sarah C. Thompson Bennett
    w Anna Mary "Mollie" Cecil d. 18 Apr 1906 40-2-17 d/o Samuel Thompson & Anna Mary Nicholson Cecil
    s Russell C. 4 Sep 1900 - 6 Jul 1991
        w Ella M. 31 Aug 1906 - 23 Oct 1971
Bennett, Leroy F. 18 Aug 1919 - 13 Sep 1994
    w Helen Belle Shipley 27 Jul 1922 - no date d/o Frank Wilson & Helen May Hilton Shipley
Bennett, Marshall W. 1911 - 1978 s/o Joseph A. & Minnie Bennett
    w Delia E. Lantz 1915 - 1968 d/o Leonard E. & Virgie A. Lantz
Bennett, Samuel F. 29 Sep 1820 - 27 Sep 1899 s/o Ruth Ann Bennett
    s Joseph A. 1860 - Oct 1944 s/o Sarah C. Thompson h/o Minnie Bennett
    w2 Ann E. Summers 18 Aug 1850 - 22 Feb 1898 d/o Cephas & Mary A. Summers
    s Fletcher D. 15 Feb 1884 - 5 Apr 1968
      w Carrie L. 1 Jan 1892 - 2 Apr 1976
    s Dorsey L. 29 Nov 1879 - 7 Jul 1968
      w Della F. Clagett 26 Aug 1881 - 12 Dec 1961 d/o William F. & Henrietta Watkins Clagett
    d Mary E. 30 Nov 1873 - 2 Jun 1941
Bladen, Don R. 1955 - 1990
Boyd, Rev. Reuben T. 3 Jul 1794 - 27 Feb 1865
    w Elizabeth 4 Aug 1814 - 3 Oct 1882
    s Reuben A. 25 Sep 1846 - 18 Dec 1870
Brown, Arthur Cleveland 4 Oct 1886 - 1 Mar 1935 s/o Thomas Ephraim & Sarah E. Poole Brown
    w Lula Windsor 16 Oct 1889 - 26 Dec 1970 d/o Randolph H. & Ida P. Burdett Windsor
    s Angus Leroy 16 Sep 1920 - 28 Sep 1920

Clarksburg Methodist

Bunch, Mary d. 18 Apr 1906
Burdette, Charles 21 Jun 1885 - 11 Mar 1970 s/o John Edward & Elizabeth J. King Burdette
    w Vivian M. King 15 Sep 1888 - 15 Jan 1982 d/o William Edward & Anna Temple Burdette King
Burdette, Charles A. d. 1860 age 13
Burdette, Elis 1845 - 1924
Burdette, Greenbury William 11 Mar 1818 - 13 Feb 1891 h/o Martha E. Ward Burdette
    w2 Sarah E. 6 Apr 1836 - 11 Dec 1898
Burdette, John Edward 20 May 1845 - 31 May 1908 s/o Greenberry W. & Martha E. Ward Burdette
    w Elizabeth J. King 1845 - 1924 d/o Edward J. & Mary Jane Burdette King
    s Vernon Basil 3 May 1887 - 5 Jan 1892
    d Mamie 26 Apr 1875 - 16 Mar 1877
    d Nonie 1899 - 1900
    s Raymond Edward 24 Oct 1903 - 24 Oct 1971
Burdette, Leo 17 Oct 1890 - 12 Dec 1890 s/o George M. & Emma Burdette
Burdette, Melvin S. 14 Mar 1936 - 15 Mar 1964 s/o Melvin Russell & Mildred M. Covell Burdette h/o Dorothy D. Burdette
    s Melvin S. Jr. 23 Apr 1959 - 30 Apr 1959
Burdette, Moses Philemon 1876 - 1944
Burdette, Oscar W. 1878 - 1919 s/o John Edward & Elizabeth J. King Burdette
    w Annie Jennie Pugh 1878 - 1919 d/o Samuel T. & Emily J. Purdum Pugh
Burgee, Edward E. 1 Jan 1896 - Sep 1991
    w Gertrude A. 16 Sep 1896 - Jan 1976
Burkett, Virginia 17 Sep 1905 - 29 Nov 1995
Buxton, Rev. James P. 2 Sept 1843 - 4 Jun 1906 b. Ijamesville, Md d. Drifton, Pa
Buxton, John William 24 Mar 1812 - 9 Aug 1894
    w Elizabeth A. 26 Apr 1817 - 10 Nov 1898
    s Milton G. 20 Feb 1846 - 17 Jun 1901
    d Sarah H. 21 Jan 1852 - 1 Aug 1894 42-6-13
    d Agnes d. 5 Feb 1894 age 17
    s Alonzo 6 Oct 1857 - 5 Apr 1925
    s John S. 26 Aug 1861 - 6 Aug 1934
Buxton, William H. Nov 1842 - 24 Dec 1911 70-1-20 s/o John W. & Elizabeth A. Buxton
    w Anna G. Hurley May 1858 - 20 Feb 1919 80-8-25 d/o John W. & Frances Marion Richardson Hurley
    s William Parke Jan 1894 - 1946
Byrne, Lester A. 30 Sep 1870 - 28 Jan 1876 s/o John William & Sarah Ellen Byrne

Catron, Donald William 5 Jun 1960 - 3 Sep 1961 s/o Dan & Sylvia Catron
Catron, William R. 10 Feb 1922 - 28 Aug 1994
    w Alice Catherine Kolb 9 Mar 1922 - 26 Nov 1981 d/o Earl E. Sr. & Nellie Ray Kolb
Catron, William S. 1879 - 1954
Cecil, Mary E. d. 16 Nov 1894 48-8-2 w/o William Henry Cecil "Think what a wife should be, she was that"
Cecil, Walter 21 Apr 1883 - 25 Mar 1957 s/o Otho Franklin & Ida A. Smith Cecil
    w Rhoda Holland Burdette 14 Aug 1881 - 1 Feb 1966 d/o Richard T. & Laura W. Lewis Burdette
    s Walter Smith 6 Jul 1908 - 31 May 2000
        w Carrie V. Cordell 9 May 1905 - 12 Dec 1967 d/o John Henry & Mary Ellen Cordell
Chick, Clarence A. 8 Aug 1885 - 27 Sep 1949
    w Bertha Cordell 23 Dec 1884 - 20 Oct 1977 d/o John Henry & Mary Ellen Cordell
    d Helen V. d. 10 Jul 1923 1-9-23
Collins, Patrick J. 21 Mar 1910 - no date
    w Marguerite B. 16 Jun 1919 - 20 May 1977
    s Robert Elliott 15 Nov 1937 - 3 May 1938
Cooley, Benjamin Raymond 3 May 1902 - 11 Feb 1952 s/o Eli G. & Effie Ann Mills Cooley
    w Mary G. Norwood 27 Oct 1921 - 4 Oct 1986 d/o Herbert & Ida J. Norwood
Cooley, Eli Garrett 17 Sep 1869 - 3 Feb 1945 s/o Amos J. & Elizabeth A. Mitchell Cooley
    w Effie Ann Mills 30 Jun 1878 - 12 Jan 1958 d/o James S. Mills
    s Benjamin Franklin 1906 - 1952
Coomes, Nonie Estelle d. 18 Sep 1873

Clarksburg Methodist

Corbin, Ann M. d. 13 Apr 1892 68-4-22
Cordell, Daisy Mae 12 Jan 1917 - 15 Sep 1953
Cordell, Edward E. 1 Mar 1918 - 15 Dec 1960 s/o Eugene M. & Nettie J. Beall Cordell
    w Ruth Ann Green 28 Feb 1924 - 22 Jun 1992 d/o John H. Green
    s Kenneth E. 11 Jul 1948 - 14 July 1949
Cordell, Eugene 18 Jul 1888 - Dec 1967 s/o John Henry & Mary Ellen Cordell
    Nettie J. Beall 1895 - 1975 George W. & Savannah Edith Brown Beall
Cordell, James D. 26 Sep 1920 - 11 Jan 1950
    w Ella L. 14 May 1925 - 1 Nov 1933
Cordell, John Henry 1 Mar 1856 - 11 Nov 1933
    w Mary Ellen 7 Sep 1861 - 25 Feb 1952
    s Russell d. 20 Feb 1995
Cordell, Welty Clifford 20 Oct 1895 - 8 Apr 1974 s/o John Henry & Mary Ellen Cordell
    w Madaline M. 24 Aug 1913 - 15 Sep 1946
Crutchley, Milton 18 Oct 1844 - 28 Aug 1926
    w Catherine A. 17 Mar 1843 - 15 Apr 1922
Crutchley, William E. Sr. 1868 - 1942 s/o Milton & Catherine A. Crutchley
    w Lydia M. Hurley 1870 - 1933 d/o John W. & Frances Marian Richardson Hurley
    s Paul Linwood d. 23 Feb 1897 0-4-7
    d Bertie M. 8 Jun 1897 - Jun 1983
    s Russell K. 2 Feb 1899 - 15 Jan 1967
    s William E. Jr. 5 Mar 1906 - Apr 1990

Dallas, Allen W. 9 Dec 1905 - Apr 1986
    w Dorothy K. 1915 - 9 Dec 1999
Darby, F. Edwin N. 1811 - 2 Aug 1902 52 yrs
    w Sarah Ann Holland 1812 - July 1882 70 yr 11 days
    s Edwin N. d. 30 Nov 1884 20-9-21
    d Charlotte H. d. 3 May 1876 26 yr
Darby, Herbert S. 27 Nov 1873 - 27 Nov 1946 s/o F. George A. & Elizabeth A. Soper Darby
    w Lillian M. Hilton 12 Oct 1876 - 30 Jul 1952 d/o Robert S. & Sarah Catherine Miles Hilton
    s George Hilton 28 Nov 1901 - 20 Nov 1978
Day, Bessie Mae Bennett 19 Dec 1886 - 1927 d/o James Titus & Anna Mary "Mollie" Cecil Bennett
Day, Charles Thomas 8 Apr 1858 - Dec 1936 s/o James Wilkerson & Sarah Wilson Beall Day
    w Margaret Elizabeth Dronenburg Mar 1863 - 1951 d/o William J. & Sarah Elizabeth Margaret Lewis Dronenburg
    s Charles Lee Pvt US Army WWI 29 Apr 1887 - 18 Dec 1975
Day, Mamie Cordell 4 Jan 1899 - 30 Dec 1989
Delashmott, Lucinda J. 12 Jan 1821 - 12 Jun 1898
Dillehay, Earl Byran 30 Jun 1908 - 22 Mar 1989
    w Margie Bennett 1913 - 1986 d/o Joseph A. Bennett
Dodson, Mary Maupin d. Mar 1989
Draper, Gaither L. 18 Dec 1920 - 12 Mar 1982
    w Helen L. 26 May 1924
Dronenburg, Clifton 26 Jul 1879 - 18 Jan 1943 s/o William W. & Attie Anderson Dronenburg
    w Katherine E. 27 Nov 1890 - Jun 1982
Dronenburg, Willie J. Oct 1822 - no date
    w Sarah Elizabeth Lewis d. 5 Sep 1867 age 27
Dutrow, Gladys 12 Oct 1923 - 20 Apr 1936
Dutrow, Robert L. 14 Jun 1914 - 13 Jan 1966
    w Yvonne Gladys 20 Apr 1936 - 12 Oct 1936
Dutrow, William Milton 10 Jun 1884 - 12 July 1934
    w Mamie Purdum 23 Jan 1886 - 24 Jul 1959 d/o James Henning & Sarah Ellen Lewis Purdum
Dwyer, Paul E. 1904 - 1990
    w Minnie 1906 - 1965
    s John G. 1938 - 1983
    s Paul F. 1933 - 1995

Earp, Wilson Lee 26 Aug 1838 - 30 Jan 1883 s/o Washington & Catherine Thompson Earp

Clarksburg Methodist

Edwards, Emory Burton 5 Jan 1909 - 31 Jan 2002 s/o Samuel E. & Blanche E. Thompson Edwards
    w Velma Barr 13 Nov 1915 - 27 Apr 1974 d/o Elwood E. & Edith Lillian Purdum Barr
    s Emory Glenn 7 Dec 1936 - 8 Apr 1957
Edwards, Joseph B. 4 Apr 1830 - 9 Jan 1910
    w Sarah M. 2 Feb 1845 - 31 Aug 1929
    s Thomas William 11 Sep 1869 - 29 Dec 1943
Edwards, Joseph F. 4 Sep 1875 - 2 Apr 1923 s/o Joseph B. & Sarah M. Edwards
    w Ethel A. Thompson 1 Jul 1882 - 18 Oct 1913 d/o William T. & Florence M. Appleby Thompson
    d Pearl Virginia 5 Aug 1903 - Sept 1903
Edwards, Samuel E. 12 Aug 1879 - 24 Oct 19?? s/o Joseph B. & Sarah M. Edwards
    w Blanche E. Thompson 3 Sep 1886 - 1 Jun 1965 d/o James E. & Emily R. Thompson
    s Marshall 31 Jan 1906 - 27 Sep 1911
    s Ralph E. d. 19 Jun 1908 11 months
Eliott, Robert 1937 - 1938
Etchison, Ella M. Warfield 27 Feb 1857 - 14 Jun 1919 w/o Bradley J. Etchison
    s Harvey Reid 23 Feb 1886 - 11 Jun 1945

Frasier, Rose Etchison 10 Jun 1883 - 16 Dec 1967
Frena, Russell 1890 - 1943

Gardner, John 1873 - 31 Dec 1926 s/o Edward Grafton & Rachel Ann Benton Gardner
    w Laura Estelle Price 10 May 1874 - 1954 d/o Levi & Laura Virginia McElfresh Price
    d Ella Lael 7 Jan 1906 - 1919
Garrett, Garrett 12 Sep 1869 - 3 Feb 1945
Gibson, John Henry 7 Apr 1834 - 6 Jul 1900
    w Mary Lucinda Murphy 23 Dec 1838 - 17 Dec 1921 d/o Charles Hill & Julia Ann Richardson Murphy
    [Mary m2 Robert Lumley]
    s Charles William 28 Jan 1860 - 8 May 1940 h/o Lulie Sioussa Gibson
    s Clinton C. d. 9 Dec 1890 19-8-14
Glaze, John Russell 18 Sep 1921 - no date s/o Basil Russell & Bertie May King Glaze
    w Constance Marie Brandenburg 14 Jan 1924 - no date d/o Bradley Claytus & Leah Marie Williams Brandenburg
Glotfelty, Jessica Lynn 13 May 1981
Glover, William O. PFC Trp B 12 Constab Sq WWII 24 Sep 1927 - 26 Aug 1967
Griffith, Lorraine Dronenburg 22 Jan 1918 - 20 Dec 1981 d/o C. & K. E. Griffith
Gue, Lucinda I. 4 Aug 1837 - 2 Sep 1902 w/o L. T. Gue
Gue, Rhoda R. d. 16 Feb 1887 71-9-12 w/o Henry Gue

Halton, Robert 18 Dec 1933 - 1987
Hammond, Austin Warner 1898 - 1957
Haney, Forrest Norwood 27 Oct 1918 - 4 Sep 1981 s/o Ritchie Emmanuel & Helen Pearce Haney
    w Mary Esther King 3 Jul 1919 - no date d/o Walden Vincent & Violena Shipley King
Hatton, Benjamin d. 28 Jul 1930
    w Susan Virginia Thompson 1869 - 1957 d/o David H. & Sarah Jane Hawkins Thompson
    s Fred William 23 Nov 1900 - 13 Jan 1953
      w Joyce B. Pearre Wright 24 Aug 1914 - 6 May 1969
      s Melvin Edward 18 Dec 1933 - 30 Nov 1985
Hawes, Alan P. 9 Jan 1946 - no date
    w Judith Marie Anderson 16 May 1947 - 18 Aug 1988 d/o Roland Anderson
Hawkins, Hillery E. 1 July 1913 - 7 Aug 1990
    w Ella L. Bennett 12 May 1916 - 28 Mar 1988 d/o Joseph A. Bennett
Hawkins, Oscar Franklin 1877 - 1947 s/o John T. & Ann E. Thompson Hawkins
    w Maude C. Jones 1884 - 1957 d/o Samuel C. Jones
Hays, Della Virginia Thompson 1879 - 1934 d/o William Jefferson & Catherine Virginia Bennett Thompson
Henning, Rev. James G. d. 13 Aug 1843
    w Maria C. 27 Apr 1813 - 23 Dec 1842
    s James G. d. 15 Dec 1843 26 days
Hickerson, Edward L. d. 19 Apr 1861 0-11-26 s/o Henry C. & Elizabeth Frances Rudasill Hickerson

Clarksburg Methodist

Hickman, Millard E. 22 Mar 1856 - Apr 1936 s/o William & Ann Hickman
    w Sallie V. Sprigg 10 July 1862 - 23 Jul 1920
        s Victor d. 1911
        s James F. 1890 - 1917
Hilton, George Washington 2 Oct 1823 - 1 July 1892 s/o Joshua & Maria Harriet Stone Hilton
    w Frances Columbia Scott 22 Aug 1835 - 8 Jan 1906 d/o William & Frances Musgrove Scott
Hilton Mary L. 23 Dec 1838 - 17 Dec 1924
Hilton, Robert S. Jul 1831 - 1912 s/o Thomas & Sarah Hilton
    w Sarah Catherine Miles Aug 1839 - 1918 d/o Freeborn Garrison & Mary Ann Shipley Miles
        s James Oscar 7 Apr 1872 - 8 Nov 1874
        s Robert G. 1879 - 8 Jan 1938
Hood, Archie O. 7 Apr 1919 - 28 Dec 1990 s/o James O. & Lena Jane King Hood
    w Helen Mildred Smith 4 Jul 1924 - 5 May 1963 d/o Frank C. & Daisy Penner Smith
Hood, James Oliver 28 Aug 1891 - 21 Aug 1979
    w Lena Jane King 10 Sep 1888 - 15 Jun 1972 d/o John Brewer & Lillie M. Burns King
        s Grover L. d. 23 May 1919 5-6-0
Hood, Regina C. 3 Jul 1914 - Feb 8 1988
Howard, Edith M. 25 May 1892 - 10 Nov 1971
Humrichouse, Josephine S. Hurley 5 Sep 1835 - 11 Jan 1893 d/o William L. & Elizabeth Hurley
Hurley, Catherine 17 Jul 1825 - 28 Nov 1891 w/o Henry W. Hurley
Hurley, George Edwin 29 Sept 1822 - 9 Dec 1899
Hurley, Prof. J. Mortimer d. 8 Apr 1879 50-0-28
Hurley, John W. d. 25 Jul 1894 63-3-2 s/o William L. & Maria L. Hurley
    w Frances Marian Richardson d. 15 Feb 1882 43-9-13
        s Charley A. 12 Jun 1860 - 25 Nov 1862
        c "Our Babe" 12 Jun 1860 - 25 Nov 1862
        d Helen A. Feb 1866 - 1946
Hurley, Obed 24 Aug 1800 - 23 Sep 1889
    w1 Jane d. 5 Nov 1853 age 59-6-21
        s Otho W. d. 13 Apr 1884 63-2-3
    w2 Maria Louise Waters Peters 1819 - 16 Apr 1861 44-2-10
Hurley, William Levi d. 10 July 1874 aged 76
    w Elizabeth d. 27 Dec 1882 80 years

Ihirg, Jacob 14 Jan 1914 - 17 Oct 1993
Ihirg, Walter 14 Nov 1909 - 27 Sep 1973
Israel, Rev. George W. 23 Oct 1818 - 23 Nov 1891
    w Sarah Roszell 1 Dec 1822 - 21 Jul 1887
        s George R. 22 Nov 1857 - 5 Sep 1887
        s Charles Reid 22 Jul 1860 - 30 Sep 1885

Jarboe, Annie B. 11 Oct 1910 - 19 Jul 1936
Johnson, Charles Henry 13 Jan 1908 - 28 Apr 1978 PFC US Army WWI
    w Ida A. 8 Jul 1915 - living
        s Charles Henry Jr. b&d 1941
        s Oscar Lee b&d 1942
        s Infant 1943
Johnson, James T. 26 May 1831 - 26 Jun 1904 s/o Ephraim & Margaret Mobley Johnson
    w Mary E. Williams 29 Oct 1839 - 4 Jan 1901
        d Maggie B. 1 Nov 1868 - 24 Aug 1882
Johnson, James W. 1870 - 1938 s/o James T. & Mary E. Williams Johnson
    w Emma Cole Burdette 1874 - 1935 d/o Basil & Deborah Jane Burdette Burdette
        s James T. 1905 - 1962
        s Roy H. 1912 - 1913
Johnson, Martha Judy Hurley 1 Apr 1792 - 12 Apr 1867 75-0-12
Johnson, Wiley T. 27 May 1934 - 27 Aug 1969
    w Cornelia W. 18 Mar 1939 - no date

Clarksburg Methodist

Johnson, William Joseph Sep 1878 - 1957 h/o Lula Virginia Carter Johnson s/o Robert & Narcissa Bennett Johnson
    s Willie Joseph Jr. 4 Feb 1920 - 31 Aug 1981 Sgt US Army WWII
Jones, Mamie C. Oct 1883 - 2 May 1923 w/o Richard Jones
Jordan, E. Wilson 6 Jul 1904 - 12 Jan 1995
    w Charlotte H. 26 Oct 1898 - 26 Aug 1989

Keener, Ward M. 12 Mar 1888 - 2 Dec 1969 Sgt WWI, Ohio
Kelly, Catherine 1960 - Feb 1988
Kemp, Infant no dates s/o James & Bessie Kemp
Kemp, James S. 12 Sep 1829 - 18 Aug 1883
    w Martha J. Power 6 May 1841 - 1 Feb 1912 d/o Isaac N. & Elizabeth Winemiller Power
Kidwell, Robert Herbert 27 Oct 1928 - 31 Dec 1977
King, B. L. C. 20 Sep 1906 - 29 Apr 1919
King, Charles C. 18 Sep 1846 - 12 Feb 1920 s/o John A. & Elizabeth King
    w May Elizabeth Watkins 13 Aug 1846 - 8 Jun 1911 d/o William & Ann Griffith Watkins
King, Cora B. 1868 - 1929
King, Cora E. Daymude 27 Mar 1879 - 19 Apr 1960 "Mother" d/o George Washington & Ellen A. Nicholson Daymude
    s Henry E. 18 Nov 1900 - 26 May 1933
        w Edna May Norwood d. 31 May 1994 d/o Herbert & Ida J. Norwood
        s Larry M. 9 Dec 1933 - 15 Dec 1945
King, Elias Vinson 28 Aug 1869 - 17 Jun 1937 s/o Charles Miles & Harriet Brewer King
    w Jamima Elizabeth Purdum 7 Apr 1874 - 30 Jun 1935 d/o James Henning & Martha Rebecca Burdette Purdum
    s Charles Maury 3 Feb 1896 - 19 Aug 1978
    d Myrtle Purdum d. 7 Jul 1898 8 days
King, Holiday Hix 12 Dec 1857 - 9 Aug 1935 s/o Edward J. & Mary Jane Burdette King
    w Amy Jane Musgrove 3 Apr 1859 - 2 Oct 1927
    s Protus E. 1880 - 31 Jan 1882
    c Infant "Our Babe" no date
    c Infants "Our Babies" no dates
    s Thurston B. 28 Dec 1889 - 14 Sep 1972
        w Pomona Burdette 22 Dec 1894 - 1 Jan 1967 d/o Abraham Lincoln & Georgia Ellen Waters King Burdette
King, Infant 6 Aug 1889 - 10 Aug 1889
King, James Edward 22 Oct 1854 - 21 Nov 1934 s/o Edward J. & Mary Jane Burdette King
    w Addie Cassandra Hurley 7 Mar 1859 - 1942 d/o Obed & Maria Louise Waters Hurley
    s Raymond 7 Dec 1886 - 25 Feb 1972
        w Anna Edmonia Gardner 5 Jan 1891 - 30 Aug 1960 d/o H. B. & Inez V. Bowlen Gardner
King, James Raymond "Pete" 1917 - 1982 s/o Raymond & Anna Edmonia Gardner King
    w Sarah L. 1922 - no date
King, Lewis Bell 1861 - 1932 s/o Edward J. & Mary Jane Burdette King
    w Emma Jane Hurley 1863 - 1942 d/o John W. & Frances Marian Richardson Hurley
    s Howard Monroe 1883 - 1910
    c twins 6 Aug 1889 d. 10 & 15 Aug 1889
King, Merle V. 16 Feb 1925 - 12 Jan 1946 s/o Walden Vincent & Violena Shipley King
    w Lucy I. Savage 19 Jun 1927 - no date
King, Ora Henning 18 Jul 1910 - 26 Sep 1968 s/o Elias Vinson & Jamima Elizabeth Purdum King
    w Iris Watkins 16 Nov 1914 - 24 May 1984 d/o James W. & Addie E. Shipley Watkins
King, Walden Vincent 7 Jul 1894 - 20 Feb 1978 s/o John Brewer & Lavinia Burns King
    w Violena Shipley 27 Oct 1899 - 4 Sep 1979 d/o Samuel L. & Mary E. Grimes Shipley
King, Woodrow Wilson "Jack" 27 Apr 1916 - 24 Oct 1981 s/o Norris M. & Elizabeth Penner King
Kinna, Forrest Luther 6 Sep 1906 - 12 Mar 1982 s/o Raymond H. & Minnie E. Johnson Kinna
    w Gladys B. Spring 18 Aug 1910 d/o James E. Mary C. & Edward Spring
Kuster, Elmer Joseph Jr. 19 Jan 1921 - 11 Feb 1953 s/o Elmer Joseph & Annie Harding Kuster h/o Eleanor Louise Kuster

Lantz, Leonard E. 14 Sep 1895 - 21 Aug 1979
    w Virgie A. 14 Sep 1894 - 11 Jul 1947
Layton, Dorothy Ann 25 Feb 1950 - 5 Nov 1973 d/o Frank Layton
Layton, Obediah Stillwelll d. 18 Oct 1895 68-0-7 s/o John & Catherine Hinton Layton
    w Sarah N. King d. 4 Mar 1901 69-10-12 d/o John A. & Mary E. Norwood

Clarksburg Methodist

Layton, S. F. dates worn off
    w Lucinda 1863 - 1938
        d Beulah 22 Feb 1887 - 3 Jul 1888
Layton, Sarah P. 31 Jan 1806 - 29 Nov 1888
Leaman, Mr. d. 20 Dec 1949
Leaman, Richard H. 16 Sep 1830 - 17 Jan 1922
    w2 Eleanor H. Young 12 Dec 1840 - 1 May 1919 d/o Howard & Martha Ann Purdum Young
    c Vernon D. 20 Sep 1867 - 26 May 1893
Leaman, William H. 1 Aug 1861 - 20 Dec 1949 s/o Richard H. & Harriet Sibley Leaman
    w Susie J. Smith 28 Aug 1859 - 22 Feb 1926
    d Lillian Jeanette 12 Jun 1897 - 21 Mar 1969
    c Infant d. 16 May 1898
Lewis, William Chapman 1855 - 28 Oct 1910 s/o William B. & Minerva A. Browning Lewis
    w Elizabeth Ann Byrne 1858 - 1938 d/o John W. & Sarah E. Dowden Byrne
Lewis, William E. 12 May 1859 - 27 Mar 1949 s/o John A. & Julia King Shaw Lewis
    w Vernona Gibson 4 Jan 1863 - 6 Oct 1948 d/o John H. & Mary Lucinda Murphy Gibson
Linwood, Paul d. 20 Feb 1897 0-4-7
Lowe, Charles L. d. 4 Nov 1992 h/o Janet Lowe
Lowe, James L. Sr. 26 Dec 1928 - 30 Jun 1980
    w Marie F. 23 Dec 1938 - no date
Lowe, Samuel C. 18 Sep 1935 - 7 Apr 1978
    w Ella 13 Jan 1933 - 21 Nov 1987
Loy, Lance C. 11 Nov 1894 - 22 Jun 1965 s/o Joseph F. & Catherine Rebecca Loy
    w Lucille F. Nichols 2 May 1911 - 14 May 1992 d/o Arthur W. & Elsie M. Andrews Nichols
Lucas, John M. Apr 1881 - 6 Jul 1898 s/o John W. Lucas
Lunquest, Robert 21 Jun 1924 - Jun 1980

McBain, Mary Johnson 6 Jul 1912 - 4 Jan 1949 age 35 d/o William Joseph & Lula Virginia Carter Johnson w/o Doug McBain
McDonough, James Russell 15 Oct 1906 - Oct 1979 s/o Vernon Thomas & Rosie P. Ricketts McDonough
    w Lula Virginia Carter Johnson 13 Mar 1896 - May 1973 d/o Joseph E. & Mary Virginia Carter

Marshall, Stella Ihrig 17 Mar 1906 - 4 Mar 2000 d/o Jacob & Johanna Koller Irhig
Maupin, Elmo C. 1906 - 1955
    w Mary N. 1913 - 1969
    s Elmo Lee 1936 - 1955
Metzger, Infant b&d 3 Apr 1950 3 months premature
Miles, Allen M. 1803 - Oct 1884 h/o Mary L. Trail Miles s/o Charles & Elizabeth Beall Miles
Miles, Charles W. 14 Jul 1868 - 12 May 1946 s/o Albert Franklin & Mary Margaret Walker Miles
    w Rebecca B. 20 Jun 1870 - 18 Dec 1926
Miles, E. G. d. 19 Feb 1892 age 52 y s/o Eugene & Mary A. Miles
Miles, Freeborn Garrison 1 Apr 1812 - 31 Jan 1845 s/o Charles & Elizabeth Beall Miles
    w Mary Ann Shipley 1816 - 22 Nov 1898 88 yrs
    s Freeborn Garrison Jr. b. 9 Feb 1892 age 52 yrs.
Miles, George W. 1843 - no date
    w1 Frances M. Beall 19 Feb 1855 - 25 Oct 1885 23-8-6 d/o Basil Barry & Eveline Beall Beall
    d Annie broken stone
    w2 Ella V. Beall 1860 - 12 Nov 1880 20-2-6 d/o George Nelson & Margaret Ellen Barber Beall
Miles, Maudeline Ivy Hawkins 1906 - 1971 d/o D. F. & M. C. Hawkins
Miles, Moses Philemon 1876 - 1944 "Father" s/o Albert Franklin & Mary Margaret Walker Miles
Monard, Michael Terry 7 Jan 1955 - 8 Feb 1973
Monroe, Howard 1893 - 1942
Moran, Edward J. 25 Dec 1898 - 2 Sep 1963
    w Ethel M. d. 19 Apr 1999
Mullineaux, Delma Jane Hood 30 Sep 1915 - 23 Jan 1999
Mullineaux, Joseph Dulaney 4 Jan 1923 - no date
    w Myrtle May Hood 22 Mar 1921 - 27 Aug 1975 d/o James Oliver & Lena Jane King Hood
    s Infant 20 Jan 1956
    d Infant 27 Apr 1959

Clarksburg Methodist

Mullineaux, Rosalie O. 24 Jun 1929 - 9 Feb 1993
Mullinix, Russell B. 5 May 1890 - Jul 1970
    w Frona May Beall 1890 - 1946 d/o George Washington & Savannah Edith Brown Beall
Mullinix, Vernon A. 12 Nov 1870 - 1 Jul 1947
    w Emma E. Johnson 11 Jan 1875 - 13 Apr 1965 d/o James T. & Mary E. Johnson
Murphy, Charles Hill 1799 - 14 Aug 1879
    w Julia Ann Richardson 11 Mar 1804 - 23 Apr 1853 49 yrs. d/o Samuel Richardson
    w2 Mary E. Richardson 1815 - 9 Jan 1893 43 yrs. d/o Samuel Richardson
    d Frances Windsor 1842 - 15 Jun 1907
    d Helen "Hellie" 1842 - 14 Jul 1865 22 yrs.
    d Florence Wooten 1848 - 1 Jun 1899
    s Charles Richard 9 Sep 1828 - 6 Dec 1902 - 74-2-27
        w Eliza Rebecca Mannakee 1 Mar 1832 - 12 Sep 1913 81-5-22
        d Mary E. 2 Jun 1858 - 18 Aug 1947
Murphy, Walter d. 1 Jun 1899
Muscat, Evelyn G. 1934 - 1984 creamated and scattered over M. M. Miles grave
Musgrove, C. Mervin, Sr. 19 Apr 1913 - 8 Apr 1984
    w Doris E. 12 July 1919 - no date
    s C. Mervin Jr. d. 1996
Musgrove, Charles H. 1888 - 1961
    w Nellie W. 31 Jan 1885 - Jan 1973
Musgrove, Walter C. 5 Apr 1885 - Jul 1978 s/o Virginia Musgrove
Myerly, Robert Upton 3 years s/o L. C. & H. E. Myerly

Nickelson, B. d. 10 May 1918
Nichols, Arthur W. 5 Sep 1880 - Jul 1971 s/o Lee Andrews Francis & Margaret Ellen Thompson Nichols
    w Elsie M. Andrews 1890 - 1965
    s Julian Andrew 7 Feb 1929 - 16 Aug 1980
        w Gladys E. Arnold 8 Nov 1925 - 1 Feb 1999 d/o Leroy A. & Irene Shipley Arnold
Nicholson, John Thomas 12 Jun 1833 - 8 Oct 1909
    w Mary Elizabeth Pickens 1 May 1837 - 19 Aug 1913 d/o Jacob & Louisiana Thompson Pickens
Norson, Henry T. 24 July 1903 - 22 Jan 1944
    w Grace D. 9 Nov 1909 - 24 Sep 1986
Norwood, Herbert A. 1890 - 1941 s/o Bradley J. & Margaret Norwood
    w Ida Jane 1895 - 1942
    s Howard Donald 1923 - Jul 1941

Page, Roland 1892 - 1968 s/o Sarah L. & James W. Page
Parsley, Mary E. 1 Dec 1923
Paulsgrove, Harry Martin 26 Apr 1914 - 22 Feb 1952 "Father"
    w Teresa Coleman 11 Sep 1915 - 19 June 1987 "Mother"
    d Joyce E. d. 22 Feb 1947
Payne, Jimmie 16 Jan 1946 - 15 Jan 1948
Pearre, Alexander N. b. 1859
Pearre, George C. b. 1856
    w Sarah M. Thompson b. 1867 d/o Horace & Harriet Ann Plummer Thompson
    s James S. 1890 - 1917
Pearre, William Horace 6 Sep 1888 - 22 Aug 1957 s/o George C. & Sarah M. Thompson Pearre
    w Alice Spring Hickman 26 Feb 1892 - 27 Dec 1946 d/o Millard E. & Sallie V. Spring Hickman
    s Hickman Commodore 22 Aug 1912 - 22 Aug 1982 PFC US Army WWII
    d Regina Bell 1917 - 1921
Pearre, Lillian Barr 19 Feb 1925 - 27 Apr 1968
Plummer, Mary Price 1892 - 1948
Power, Isaac N. 1 Dec 1796 - 1 Oct 1846
    w Elizabeth Winemiller d. 2 Feb 1896 in her 97th year
    s Howard Nov ? worn off
    d Mary Louisa d. 22 Dec 1896 age 67 years
    s William H. 1 Aug 1836 - 7 Mar 1926

Clarksburg Methodist

Price, Herbert Plummer 7 Feb 1878 - 20 Oct 1955 s/o Thomas H. & Virginia E. Lewis Price
    w Edith Helen Mullican 18 Oct 1877 - 28 Aug 1935 d/o George Thomas & Mary Catherine Eunice King Mullican
    d Bessie Helen 24 Sep 1900 - 12 Jan 1919
Price, Levi III 1881 - 1935 s/o Levi Price, Jr.
    w Mary Cecil Plummer 1892 - 1948 d/o Everett & Julia Mae Thompson Cecil
Purdum, Claude Rufus 17 Apr 1913 - 28 Oct 1987 s/o Urner S. & Ollie Burdette Purdum
    w Mary Evelyn Purdum 3 May 1912 - 19 Mar 1988 d/o James & Nettie Burdette Purdum
Purdum, James F. 11 Aug 1876 - 23 Jun 1944 s/o James Henning & Martha Rebecca Burdette Purdum
    w Nellie Estelle Burdette 12 Jun 1882 - 23 Jul 1951 d/o William W. & Mary Wooten Lawson Burdette
Purdum, Julia E. d. 22 Feb 1937 w/o William Purdum
Purdum, Katie L. Murphy 16 Mar 1862 - 16 Feb 1950 d/o Charles Richard & Eliza Rebecca Manakee Murphy
        w/o William S. Purdum
Purdum, Myrtle d. 1898 d/o Ed & Lizzie Purdum
Purdum, Velma Ray 16 Nov 1917 - 14 Nov 1997 d/o William Lanning & Janie Adelle Riggs Ray w/o James William Purdum

Rabbitt, Pauline Almabelle King 21 Aug 1900 - 23 Oct 1991 d/o James Edward & Addie Cassandra Hurley King
        w/o Milton Thompson, 1st husband
Reeder, Katherine Windsor Spring 6 Jun 1914 - Feb 1991 d/o James Elias & Mary Catherine Edwards Spring
Ridgley, James 31 Aug 1957 47 years

Schnopps, Edith May 1884 - 1919
Shaw, Leonard Dent d. 21 Oct 1886 79-7-3
    w Ann H. Bennett d. 19 Sep 1867 57-10-29 d/o Ruth Ann Bennett
Shifflett, Elmo 1936 - 1955
Shifflett, Mary A. 4 Jul 1903 - 17 Dec 1973
    s Melvin William 15 Nov 1924 - 11 Jan 1982
        w Evaleen V. 10 Feb 1935 - 22 Mar 1954
        s Melvin William Jr. 24 Mar 1954 10 months
Shifflett, Melvin 1956 - 1959
Shifflet, Siebert 3 Apr 1933 - 26 Sep 1978
Shriner, Rev Fillmore W. 12 Oct 1848 - 17 Sep 1926
    w2 Sarah J. 10 Nov 1868 - 2 Feb 1909
    d Stella L. 18 Aug 1889 - 3 Apr 1922 d/o w1 Emma Sibley Shriner
Sipes, John William 10 Sep 1938 - 9 Apr 1988
Smith, Flora S. King 26 Dec 1886 - 13 Aug 1952 d/o Holiday Hix & Amy Jane Musgrove King w/o Jesse B. Smith
Smith, Philemon McElfresh Jr. [brd. at Forest Oaks]
    w Ann Elizabeth Willson d. 29 Jan 1875 age 52 d/o Horace & Leah Summers Willson
Spring, James Elias 1871 - 1946
    w Mary "Mollie" Catherine Edwards 1873 - 1941 d/o Joseph B. & Jennie Edwards
    d Margie M. 4 Jun 1916 - no date
    s Earl D. 6 Aug 1903 - 16 May 1971
Stout, John Samuel 5 Sep 1877 - 2 Dec 1959
    w Addie May Nicholson 13 Jul 1872 - 19 Apr 1947 d/o John Thomas & Mary Elizabeth Pickens Nicholson

Thompson, Charles E. 2 Jun 1865 - 15 Dec 1949 s/o Albert B. & Sarah L. Bowman Thompson
    w Alice M. Page 27 Oct 1876 - no date
Thompson, Harry 21 Jun 1889 - 29 Oct 1918 s/o Thomas William & Gertrude Thompson
Thompson, Horace d. 19 May 1894 72 yrs s/o Richard & Elizabeth Plummer Thompson
    w Harriet Ann Plummer 29 Jun 1836 - 30 July 1870 43-4-12 d/o John Jr. & Ann "Nancy" Plummer Plummer
Thompson, Josiah Mar 1850 - 1926 s/o William Jefferson & Rosetta Thompson h/o Florence Lillian Bennett Thompson
    s Thomas B. 1882 - 1919
Thompson, Mamie C. 17 Oct 18?? - Jan 1???
Thompson, Nacy W. 20 Nov 1794 - 20 May 1866 71-6-0
    w Synthia Peddicoart d 20 Feb 1870 64 years
Thompson, Nancy d. 19 Aug 1873 age 90 w/o William Thompson of M. Thompson
Thompson, Nathan d 20 Feb 1870 61 years

Clarksburg Methodist

Thompson, Powell S. Sr. 29 Aug 1906 - 6 Aug 1993
    w B. Edmonia Pearre 1909 - 1974 d/o William Horace & Alice Spring Hickman Pearre
Thompson, Richard R. 17 June 1890 - 20 May 1921
Thompson, Susan 17 Sep 1868 - 15 Jun 1926
Thompson, Thomas E. 1878 - 1950
    w Elsie N. 1868 - 1954
    s Edgar Eugene 10 Feb 1920 - 2 Dec 1936
Thompson, William Earl 10 Oct 1906 - 26 Mar 1993
    w Edna L. 9 Jul 1912 - 9 Oct 1998
Thompson, William Jefferson Jr. Oct 1844 - no date s/o William Jefferson & Rosetta Thompson
    w Catherine Virginia Bennett 22 Feb 1850 - 8 Oct 1920 d/o Samuel F. & Sarah C. Thompson Bennett

Vinson, Elias 28 Aug 1869 - 17 Jun 1937

Ward, Carlton W. 7 Oct 1935 - 4 Dec 1991
    w Sandra N. 3 Oct 1937 - no date
Warfield, James Paul 3 Feb 1900 - 16 Sep 1991 s/o Edward Dorsey & Verta K. Mullinix Warfield
    w Avie C. Watkins 22 Dec 1902 - 15 Mar 1989 d/o John Oliver Thomas & Eva Lee King Watkins
    s James Earl 8 Sept 1923 - 3 May 1979
    s Joseph Watkins 29 Mar 1941 - 7 May 1968
Waters, Andrew Jackson 6 Mar 1825 - 15 Feb 1897 s/o Adamson & Margaret Warlick Waters
    w Kesiah Ann Windsor 1824 - 1907 d/o Henry & Mary Windsor
Waters, Leonidas Deo d. 23 Dec 1892
    w Marie E. Harris d. 3 Dec 1912
Waters, Godfrey d. 29 Oct 1814 72 yrs
Well, T. C. 2 Oct 1895 - 8 Apr 1974
Whipp, Joseph Roy 11 Dec 1909 - 25 Oct 1970 s/o Stanley D. & Ella Virginia Edwards Whipp
    w Inez Rebecca Ballenger 22 Jan 1912 - 27 Sep 1995 d/o Ernest B. & Lillie May Kinna Ballenger
Whipp, Nancy stone broken
Whipp, Stanley D. 9 Nov 1882 - 16 Jan 1951 s/o Daniel & Mary Whipp
    w Ella Virginia Edwards 23 Feb 1885 - 5 Dec 1970 d/o Joseph B. & Sarah M. Edwards
    s Raymond S. 10 Oct 1911 - 16 Feb 1977
        w Myrtle Derry 25 Oct 1919 - 6 Jan 2000
    s Jerry Ray 2 Jun - 9 Jun 1943
    d Carol Sue 23 Dec 1945 - no date
Whipp, William W. 1892 - 1946
    w Mamie Cole 1900 - 1933
    s J. Floyd Donald 1929 - 8 Aug 1951
White, Frances E. 23 Dec 1910
White, Lois T. 27 May 1895 - 25 Feb 1959
Wilhide, George Raymond 5 Apr 1897 - 3 Feb 1953
    w Mary M. 17 Sep 1896 - 12 Jan 1994
Williams, Fred 1900 - 1953
Williams, Margaret Dronenburg 16 Apr 1915 - 8 Jul 1969 d/o C. & K. E. Williams
Willson, Dr. Horace d. 3 Oct 1847
    w Leah Summers 1792 - 22 Jun 1842 age 50
Willson, Leonidas d. 23 Dec 1892 s/o William & Sarah Jupine Clark Willson
    w Maria Willson Waters d. 3 Dec 1912
Willson, William Clark 1800 - 7 Jul 1862 h/o Catherine Willson
Willson, William Dec 1775 - 6 Oct 1809 s/o John Willson
    w Sarah Jupine Clark 3 Dec 1782 - 7 July 1812 d/o John G. Jr. & Ann Archey Clarke
Windsor, Reverend David W. 5 Feb 1939 - 11May 1978
Windsor, Georgia S. Thompson 30 Nov 1872 - 2 Dec 1921 d/o David H. & Sarah Jane Hawkins Thompson
Windsor, Randolph H. 5 Sep 1865 - 17 Nov 1933 s/o William Randolph & Ann E. Murphy Windsor
    w Ida P. Burdette 7 Feb 1870 - 26 Nov 1923 d/o Greenbury William & Sarah E. Burdette
    s Elmer B. 14 Aug 1900 - 28 Nov 1968
Windsor, William Randolph d. 6 Aug 1906 73-5-29 s/o Henry & Mary Windsor
    w Annie E. Murphy d. 12 Oct 1915 76 yrs. d/o Charles Hill & Julia Ann Richardson Murphy

Clarksburg Methodist

Windsor, Susie B. Thompson 12 Sep 1888 - 15 Jun 1926
    s Willis T. 6 Jun 1926 - 13 May 1956 h/o Catherine E. Windsor
Wire, Paul Franklin Sr. 3 Jun 1904 - 24 Dec 1990 s/o Franklin J. & Clara Hall Wire
    w Minnie Eudora Gardner 20 Aug 1907 - 1965 d/o John & Laura Estelle Price Gardner
    s Paul Franklin Jr. 24 Jan 1933 - 24 Dec 1990
        w Mary B. 30 Jun 1922 - 22 Oct 1997
    s John Gardner 1938 - 1983
Wright, Charles F. 10 Apr 1862 - 10 Jun 1948
    w Lula A. Cordell 8 Feb 1867 - 2 Apr 1950
    s Welthy Clifford 30 May 1899 - 18 Jun 1947
Wright, Claude C. 21 Mar 1890 - 24 Oct 1972
    w Mattie 25 Aug 1883 - 30 Jun 1965
Wright, Norman E. 24 Feb 1912 - no date
    w Virginia S. 4 Nov 1915 - no date
Wynkoop, Lewis D. d. 1998

Young, John Artemus Young 1842 - 1900 s/o Howard & Martha Ann Purdum Young
    w Jemima 1842 - 1900
Young, Howard 1809 - 3 Oct 1877 aged 66
    w Martha Ann Purdum 29 Nov 1807 - 22 Dec 1893
    s James Mortimer d. 31 Jul 1905 60 years
    d Lucinda M. d. 12 Jan 1858 7-0-14

Clark Family Cemetery, Clarksburg, Md

Bell, S. no dates on stone

Clarke, John G., Jr. Aug 1752 - Feb 1805 s/o John G. Clarke, Sr.
    w Ann Archey d. 27 Mar 1810 in her 61st year
        "Sacred forever may this place be made,
        My Father and Mother's humble shaid
        Unmov'd and undisturb'd till time shall end,
        The turf that's round them may God defend"
Harris, William d. 5 May 1817 aged 24
        "In Memory of the amiable, affectionate and pious Mr. William Harris,
        Nephew and adopted son of Reverend Buckley Carl, Pastor of the Presbyterian
        Church in Rahway New Jersey departed this life May 5th 1817"
Willson, Gustarvus 11 Feb 1811 - 23 Feb 1811 is/o William & Sarah Jupine Clarke Willson
Willson, John Clark 25 Aug 1802 - 6 Dec 1803
        The above stones are scheduled to be re-set in the Town Center's park.

Shaw Family Cemetery
Off Old Baltimore Road
Clarksburg, Md

Shaw, L. J. no dates
Shaw, William 11 Jul 1804 - 24 Nov 1881
    w Elizabeth Fish d. 17 May 1865 in her 56th year
    s John Eleven d. 24 Mar 1855 in his 28th year
Shaw, Children of William and Ginnie
    c Infant d. 1860
    c Infant d. 1861

John Wesley Cemetery
Frederick Road
Clarksburg, Maryland

Bailey, Glenwood 8 Apr 1912 - 28 Jan 1988
    w Dorothy E. 1914 - no date
Bond, Elenor K. 31 Dec 1921 - 24 Jul 1982
Bond, Louis H. 14 Apr 1900 - 1 Apr 1983
Bond, Susie K. Mason 1894 - 1973 d/o William C. & Susie C. Mason
Boyette, Della 1914 - 1964
Branison, Nettie J. 25 May 1929 - 6 Jun 1985
Brown, Bertha E. 1 Apr 1912 - 7 Sep 1981
Brown, Mary Louise 15 Sep 1916 - 13 Dec 1983
Brown, Myrtle T. 13 May 1905 - no date
Brown, Robert Eugene 26 Feb 1974 - 8 Oct 1975
Brown, Ronald S. 11 Apr 1948 - 22 Mar 1970 MD Sgt USAF Vietnam AFCM
Brown, Samuel O. Jul 1918 - 31 Jul 1981 63 years
Brown, William F. 1 May 1930 - 24 Sep 1975 Cpl US Army
Byrd, Eugene F. Sr. d. 19 Jun 1978 83 years
Byrd, Mattie B. 26 Aug 1903 - 29 Nov 1986

Carter, Rev. James E. 1872 - 1954
    w Elsie D. 13 Jan 1888 - Jan 1974
Chaney, Asa A. 29 May 1900 - Apr 1987
    w Mary E. 30 Jun 1896 - Sep 1987
Chaney, James 30 Jun 1921 - 17 Apr 2000
Chase, Calvin R. 5 Feb 1938 - 15 Dec 1985
Chase, Michael d. 21 Jul 1977 4 years
Chase, Roy R. 1 Oct 1902 - 5 May 1992
    w Lucille V. 28 Mar 1915 - Mar 1977

Davis, William 1859 - 1940
    w Annie Laura 1861 - 1931
    s Burnerdeen 1883 - 17 Oct 1898 15 years 3 months
    s Harry W. 8 Jan 1888 - Aug 1972
    s Robert Lee 1891 - 6 Oct 1898
    d Helen M. 1899 - 1923
    d Florence Mae 1902 - no date
    s Windsor W. 1905 - no date
Day, Marshall N. 4 Nov 1898 - 29 Jan 1982
    w Irene L. 25 May 1902 - no date
    d Dorothy M. 23 Apr 1940 - no date
Disney, Roger W. 18 Mar 1924 - 6 Mar 1987
Dorsey, Yvonne Olivia 18 Aug 1947 - 18 Aug 1979

Fitz, Aisha C. d. 1 Sep 1973
    w Andrea L. d. 11 Feb 1971 p/o Leonard & Christina
Fitz, Calvin H. Sr. 14 Mar 1924 - 4 May 1969
Foreman, Catherine 18 Apr 1818 - 9 Apr 1895
Foreman, Ethel 2 Mar 1914 - Aug 1994
Foreman, John H. 10 Jun 1906 - 25 Oct 1971
Foreman, John Wesley 27 Apr 1930 - 3 Dec 1963
Foreman, Leslie P. 1905 - 1976
Foreman, Manzella V. Wims 29 Nov 1871 - 7 Jul 1890 d/o Benjamin F. & Eliza M. Wims
Foreman, Robert P. 1869 - 1956
    w Martha E. 1869 - 1956
    s Warren M. 27 Apr 1894 - 20 Apr 1948
Foreman, Samuel W. 1874 - 1963
    w Margaret J. 1881 - 1966

John Wesley Methodist

Foreman, Samuel W. Sr. Mar 1919 - 29 Dec 1978
Foreman, T. Arthur 1898 - 1975
Foreman, Vondell H. 4 Apr 1924 - 27 Aug 1949 MD PFC USMC WWII
Foreman, William R. 1908 - 1970 US Army
Foreman, Zelma L. 14 Jun 1896 - 23 Oct 1980
Frazier, Georgia W. 24 Dec 1891 - 19 Jan 1986
Frazier, Littlewood 14 Jul 1910 - 19 Jul 1985

Gibbs, Raymond L. 20 Jan 1913 - 28 Feb 1976
Gibson, Arthur M. 1884 - 1947
    w Ella M. 1888 - 1966
Gray, Gordon Leon 24 Sep 1947 - 27 Aug 1970
Gray, James Oscar Sr. 13 Jan 1904 - 28 Sep 1978
    w Gladys Hackey 30 Nov 1908 - no date
Gray, James R. 1864 - 1954
    w Florence E. 1899 - 1985
Gray, John H. 22 Mar 1924 - 21 Jul 1956
Gray, Oliver 1884 - 1956
Gray, Oliver B. 1883 - 1956
    w Mida J. 1887 - 2 Nov 1977 90 years
Gray, Robert L. 1865 - 1947
    w Annie F. 1878 - 1950
    s Vincent P. 1896 - 23 Jul 1978
    s Russell J. 1900 - 1973
    d Ermenie P. 1902 - 1962
    s Roland 1916 - 1945
    s Robert R. 1920 - 1923
Green, Earl H. 5 Nov 1909 - 11 Nov 1982
    w Hattie E. 10 Jul 1913 - 2 Oct 1957
    w Ruth J. 27 Jul 1918 - 9 Feb 1972
Green, Edna May 1 Jul 1908 - 26 Nov 1936
Green, George P. 15 Oct 1922 - 21 Jul 1939
Green, John H. 28 Jan 1838 - 22 Apr 1925
    w Mary E. 2 Sep 1846 - 6 Mar 1913
Green, John H. W. 15 Jul 1883 - 11 Aug 1939
    w Lillian M. 14 Jul 1884 - 29 Aug 1938
    s James d. 12 Jun 2000 age 84 h/o Blanche L. Green
Green, John W. 9 Feb 1913 - 27 Jan 1985 US Army WWII
Greene, Arthur E. 1 Jan 1927 - 19 Mar 1970 MD PFC US Army WWII

Hackey, Betty Jane 1946 - 1963 d/o William O. Sr. & Mary Hackey
Hackey, William L. 1891 - 1935
    w Georgia W. Frazier 1891 - 1986
Hackey, William O. Jr. 1941 - 1968 s/o William O. Sr. & Mary Hackey
Hall, Alphred 1 Jan 1894 - 6 Oct 1972 MD Pvt Co H 808 Pioneer Inf WWI
Hall, Sarah E. 16 Jun 1910 - 10 Nov 1985
Hamlett, Betty E. 1934 - 1975
Hammond, William C. 12 Nov 1939 - 10 Aug 1998
    w Blanche Louise 30 Oct 1940 - 11 Sep 1975
    s Jeffrey T. 1967 - 1970
Hoy, Ella M. 17 Jul 1921 - 21 Jul 1997

Jackson, Benjamin H. 4 Mar 1920 - no date
    w Mary V. 19 Apr 1914 - 15 Oct 1985
Jackson, Daniel 28 Aug 1931 - 24 Apr 1980
Jackson, Daniel T. 15 Aug 1865 - 17 Dec 1897
    d Leolia d. 31 Aug 1892 1 year
    d Julia G. d. 28 Mar 1912 15-3-3

John Wesley Methodist

Jackson, Daniel T. 15 Jan 1886 - 28 Apr 1970
    w Ada V. 12 Sep 1887 - 15 Feb 1962
Jackson, Harry 15 Jul 1888 - 26 Feb 1968
    w Virgie 1896 - 1944
    s Harry L. Jr. 1912 - 1928
    s Harold R. 1914 - 1925
Jackson, James S. 1936 - 1970
Jackson, Lillie M. 20 Jan 1911 - 13 Oct 1983
Jackson, Martha E. 1904 - 1968
Jackson, Melvin 3 Jul 1935 - 2 Jan 1982 USAF
Jackson, Nathan F. 1896 - 1941
    s Nathan F. Jr. 1932 - 1967 s/o Nettie Jackson
Jenkins, James B. 12 Feb 1913 - 30 Dec 1983 US Navy WWII
Johnson, Alice Laverne Morgan 25 Nov 1936 - 27 Nov 1979 d/o Alfred & Lucille Morgan
Johnson, Charles F. 1917 - 1973
Johnson, Earl Leonard 1944 - 1972
Johnson, Ella Randolph 1911 - 1956
Johnson, Walter W. 3 Feb 1907 - 8 Sep 1979

Luckett, Carroll T. 18 May 1915 - no date   s/o William T. & Gladys Turner Luckett
    w Adeline G. Turner 30 Jan 1917 - 20 Feb 1977
Luckett, William T. 28 Jun 1893 - 24 Nov 1942
    w Gladys M. Turner 3 Jun 1897 - 17 Jan 1954

McDonald, Rev. Harry J. 18 Dec 1905 - 19 Nov 1975
    w Nellie J. 7 Oct 1908 - 24 Jan 1976

March, Helen F. Bond 1924 - 1970 d/o Susie K. Mason Bond
Mason, Geneva H. 25 Jun 1912 - no date
Mason, Howard W. 26 Mar 1901 - 18 Jun 1983 h/o Mabel Mason
    s Howard J. 8 Nov 1927 - 17 Aug 1983
Mason, J. William 1877 - 1956
    w Rachel E. 1871 - 1946
Mason, James H. and Family no dates
Mason, Rev. James S. 26 Nov 1909 - no date
    w Alma L. 16 May 1908 - 21 May 1981
Mason, John H. 1905 - 1998 s/o J. William & Rachel E. Mason
    w Hattie R. 1901 - 1986
Mason, Sarah E. 3 Dec 1902 - 2 Jul 1967
Mason, William C. 1855 - 1937
    w Susie C. 1865 - 1933
Mason, William E. 1892 - 1972
    w Rena R. 1896 - 1975
Moore, Alfred H. 31 Jan 1885 - 1 Feb 1964
    w Carrie B. 11 Sep 1885 - 14 Mar 1971
    s Alfred H. 15 Jan 1906 - 22 Jul 1982
Moore, George L. 13 Apr 1891 - 24 Jan 1920
Morgan, Alfred L. Sr. 5 Sep 1902 - 30 Jul 1972
    w Alice L. 14 Feb 1911 - no date

Nesbitt, Olivia E. 1918 - 1967

Oularf, Laurence U. d. 8 Jun 19?4

Palmer, Carrie E. 1 Jun 1895 - 26 Jun 1984
Palmer, Fannie d. 16 Aug 1926 70 years
Palmer, Larrington L. 3 Nov 1964 - 2 May 1970

John Wesley Methodist

Randolph, Alice Poole d. 15 Apr 1967 83 years
Randolph, Ellen Lee 7 Mar 1946 - 17 Jun 1984
Randolph, Howard O. 25 Jul 1910 - 20 Apr 1987 73 years
Randolph, Walter B. 14 Feb 1916 - 14 Jan 1967 MD STM3 USNR WWII
Riggs, Zelfa M. 18 Sep 1925 - 21 Oct 1980
Robinson, Revenelle G. 17 May 1921 - 9 Dec 1986
Rush, Florence E. 3 Jan 1893 - Aug 1985
Rush, Walter Jr. 28 Jun 1902 - 29 Apr 1976 Pvt US Army WWII

Sidney, Douglas F. 1920 - 1974 Pvt US Army
    w Edith 28 Jan 1921 - 27 Oct 1979
Snowden, Franey R. 1902 - 1972
    Madessa O. 1904 - no date
Snowden, John Wesley d. 25 Jun 1886 39 years 9 months
    w Rachel d . 27 Feb 1901 56 years
Snowden, Marshall Sep 1877 - Sep 1956   s/o Lydia Marshall
    w Emma J. Gray 1882 - Sep 1958
Snowden, Robie E. 14 Nov 1952 - 30 May 1972
Snowden, Thomas 1845 - 1922
    w1 Lydia 1850 - 188?
    w2 Ettie J. 1872 - 1949
    d Myrtle J. d. 12 Oct 1897 6 months

Terry, Paul E. 12 Mar 1913 - 27 Jan 1980
Thompson, Emanuel M. 1895 - 1976
    w Georgie B. 1907 - no dates

Washington, George W. 10 May 1831 - 22 May 1900
Weems, Howard G. 1884 - no date
    w Mamie P. 1876 - 1929
Wims, Benjamin F. 17 Apr 1841 - no date
    w Eliza M. d. 22 Jan 1921 71 years
Wims, Emily E. d. 15 Jan 1978 95 years
Wims, Emma M. Talley d. 20 Jul 1909 57 years w/o John H. Wims
    s Clifton E. 1874 - 1951
    s John W. d. 15 Apr 1909 28 years
Wims, George W. 24 Jul 1871 - no date
    w Lillie M. 19 Feb 1877 - no date
Wims, Glenwood F. d. 14 May 1978 69 years
Wims, H. d. 4 Mar 19?6 98 years
Wims, Herbert Lee 26 Jan 1924 - 27 Feb 1982 Pvt US Army WWII
    w Grace L. 1917 - no date
Wims, James H. 1882 - 1961
Wims, Leonard N. 3 Jan 1922 - 4 Jan 1981 Tec4 US Army WWII
Wims, Maude Etta 1907 - 1957
Wims, Maynard C. 23 Jun 1916 - 22 Aug 1916
Wims, Rena D. 1892 - 1976
Wims, Robert W. 17 Aug 1914 - 24 Mar 1987
Wims, Shirley G. 1916 - 1971
Wims, Theodore d. 13 Mar 197? 68 years
Wims, Wallace O. d. 11 Jan 1976 66 years
Wims, Warner 17 Apr 1845 - 10 Sep 1926
    w Maria E. 22 Sep 1856 - 8 Oct 1928
    s Rusia Wilson d. 10 Jan 1913   33-1-2
Wims, Wayne 19 Aug 1950 - 3 Apr 1989

John Wesley Methodist

Wims, William N. 1873 - 1950
    w Mary Sophronia 1880 - 1945
    d Lajanie Elizabeth 1900 - 1918
    s Theodore R. 9 Dec 1904 - Sep 1986 "Brother"

Boyds Presbyterian
White Ground Road
Boyds, Maryland

Ahalt, Larry Eugene 19 May 1946 - 26 Jan 1972 Maryland SP4 358 Trans. Det. TC Vietnam
    w Mabel M. 1948 - no date
Ahalt, Raymond Thomas Sr. 4 Oct 1918 - 6 Oct 1993 "Father" s/o Harry R. & Maude A. Stup Ahalt
    w Ida E. 23 Jun 1918 - no date   "Mother"
Alexander, Earl 18 Dec 1913 - 23 Mar 1994
Allnutt, Clarence L. 23 Apr 1895 - Feb 1980
    w Laura M. Howard 27 Apr 1897 - Nov 1976 d/o Leonard Wesley & Laura J. Nicholson Howard
    s Robert E. Sr. 10 Nov 1922 - 16 Sep 1999 h/o Ila Hubble Allnutt
Allnutt, John B. Sgt US Army WWII, Korea 25 Jun 1924 - 24 May 1996
    w Annie E. 10 Mar 1905 - 15 Jan 1985
Allnutt, John B. "Benny" Sr. 8 May 1928 - 31 Jul 1984 s/o Clarence L. & Laura M. Howard Allnutt
    w Betty Repass 8 Aug 1932 - no date
Allnutt, Marshall U. 1925 - 24 May 1996 US Army WWII, Korea
Allnutt, Marshall W. 24 Apr 1902 - 16 Feb 1965
    w Annie E. 10 Mar 1905 - no date
Allnutt, Sandra Lee 31 Jul 1959
Anderson, Stephen H. 1843 - 1895
    w Sarah A. Boswell 1848 - 1910
    s James S. 1887 - no date
    s William E. 1889 - no date
Austin, Ethel Alethia Lewis 6 Jun 1888 - 19 Jan 1914 d/o Edward King & Mary Ann T. King Lewis w/o John Carroll Austin

Baker, James R. 3 Dec 1908 - 3 Aug 1962
    w Hazel J. 20 Sep 1917 - 20 Aug 1980
    d Linda L. 15 Sep 1951 - 11 Apr 1992
Ballenger, Wilson A. 10 Nov 1912 - 13 Jan 1972 MD Pvt AAF WWII
    w Mabel M. 1923 - no date
Ballew, Greta Louise Miller 12 Jul 1923 - 23 Jun 1996
Bancroft, Janice Marie 7 Jun 1980 - 1 Jul 1980 d/o David L. and Pegg S. Bancroft
Bancroft, Michael Lee 14 Jul 1984 s/o David L. and Pegg S. Bancroft
Barnwell, Connie Lee 13 Sep 1936 - 29 Dec 1995 "Sister, Mother, Friend"
Beasley, John L. 8 Sep 1946 - 10 Jan 1989
    w Betty J. 28 Jan 1951 - 11 Oct 1989
Beitzel, Dean Henry 7 Apr 1946 - 21 Mar 1999 s/o Randolph R. & Leora Tressler Beitzel
Bell, Duane E. 19 Dec 1961 - 16 Jan 1999
Berger, Alice B. 22 Oct 1931 - 14 Feb 1999
Beverly, Joseph B. 3 Oct 1918 - no date
    w Dorothy V. 17 Apr 1927 - 8 Apr 1994 married 14 Jan 1956
Binnix, Clarence W. 11 Jan 1922 - 13 Feb 1998
Burket, Hinckley, M. S. 3 Dec 1911
    w Rebecca A. 24 Aug 1915
Boswell, Elizabeth 1820 - 1895
Bower, James C. Sr. 1936 - no date
    w Evelyn E. 1930 - 1986
Boxall, James A. 1872 - 1959 h2/o Edith Josephine Nichols-Johnson
Boxall, Willie 1900 - 1968
    w Nellie Irene Dillehay 1906 - 1968 d/o Charles F. & Hermie I. Heisler Dillehay
Boyd, James Alexander b. Kilwinning Ayershire, Scotland 22 Dec 1823 - 21 Dec 1896
    w Sarah Rinehart b Oakland, Md 19 May 1836 - 8 Oct 1925 Boyds
Bransford, William G. 9 Jan 1928 - 11 Dec 1997
    w Katherine R. 29 Jul 1928 - no date
Bresee, Gerlinde Elizabeth Bungert 4 Oct 1951 - 30 Jun 1994
Briggs, Terry Robert 12 Apr 1950 - 2 Aug 1972
    w Linda Marie 26 Jun 1952 - no date
Bruner, Kenneth Warren Jr. 21 Sep 1971 - 31 Aug 1990

Boyds Presbyterian

Burch, James F. 22 Apr 1902 - 28 Aug 1971
    w Ada C. Nicholson 27 Sep 1898 - 2 Dec 1973 d/o John T. & Julia A. Daymude Nicholson
Burdette, Arnold Thomas 17 Mar 1896 - 11 Apr 1964 s/o Richard T. & Laura W. Lewis Burdette
    w Angelina G. Berry 14 Jul 1900 - 4 Oct 1991
    s Arnold Thomas, Jr. 21 Feb 1934 - 14 May 1994 A3C US Air Force
Burdette, Basil J. 5 Dec 1837 - 10 Feb 1920 s/o Richard Hamilton & Louisa Ann Darby Burdette
    w Deborah Jane Burdette 19 Sep 1842 - 23 Aug 1922 d/o Greenbury William & Martha E. Ward Burdette
Burdette, Hamilton d. 26 Nov 1882 88 years "Father"
    w Elizabeth R. King d. 1 Dec 1893 81-11-0 "Mother" d/o William & Delilah Miles King
Burdette, James Washington 12 Mar 1866 - 30 Sep 1935
    w Clara E. Thompson 2 May 1866 - 27 Mar 1957
Burdette, James B. 11 Jan 1928 - 10 Nov 1964 s/o William W. & Nellie A. Burdette
    w Grace M. 23 Dec 1928 - no date
Burdette, John Darby 1871 - 1961 s/o William M. & Martha Ann Shipley Burdette
    w Maggie M. King d. Dec 1923 age 45 d/o Charles C. & Mary E. Watkins King
Burdette, John D. Sr. 14 Apr 1937 -23 Jun 1998
    w Joyce M. 3 Dec 1938 - no date
Burdette, John Lawrence 1898 - 1 Aug 1975 s/o John Darby & Maggie M. King Burdette
    w Margaret Gertrude Einawachter 25 Mar 1906 - 14 Dec 1975
Burdette, Joseph Melvin 19 Jan 1892 - 24 Apr 1964 s/o Richard T. & Laura W. Lewis Burdette
    s Hattie M. Burdette 24 Aug 1894 - 19 Aug 1981
    s Infant d. 19 Oct 1920
Burdette, John T. 1851 - 1905 s/o Hamilton & Elizabeth H. King Burdette
    w Effie Layton 1858 - 1958 d/o Obediah Stillwell & Sarah N. King Layton
    d Frances E. 1892 - 1918
Burdette, Laura Warfield Lewis Oct 1864 - 17 Jan 1912 48 years w/o Richard T. Burdette d/o Arnold T. & Mary A. Burdette Lewis
    s William Marcella 8 Aug 1885 - 2 Mar 1980
    s Ralph 20 Jun 1893 - 5 Dec 1894
    d Martha A. 31 Dec 1894 - 19 Mar 1895
Burdette, Orin Foster 4 Nov 1904 - no date s/o Richard T. & Laura W. Lewis Burdette
    w Margaret A. 22 Dec 1913 - no date
Burdette, Paul D. 9 Jun 1925 - 21 Jun 1977 s/o Paul Lester & Bertha Mullinix Burdette
    w Audrey J. 14 Jun 1935 - no date
Burdette, Paul Lester PFC Co K 115 Inf WWI 25 Jul 1898 - 31 Aug 1958
Burdette, Thomas Allen 29 Sep 1848 - 2 Jun 1912 s/o Richard Hamilton & Louisa Ann Darby Burdette
    w Sarah Pauline Darby 2 Dec 1846 - 27 Oct 1921 d/o F. Edwin N. & Sarah Ann Holland Darby
Burdette, William W. 6 Jan 1904 - 6 Jun 1986
    Nellie A. 5 Nov 1905 - 16 Jun 1969

Cantler, Delmore C. 1907 - 1972
Cantler, Wilham S. Sr. 1935 - 1985
    w Ruth Burdette 1924 - 1982
Carroll, Julia d. 28 Nov 1943 w/o Jack Carroll
Chatterton, Anne Clark 26 Jul 1906 - 24 Feb 1971
Cody, John Samuel 5 Sep 1941 - 4 Jun 1987
Collins, Lester H. 25 Oct 1924
    w Eugenia V. 12 Dec 1925
Collins, Stephen Lynn 1951 - 1985
Cooden, Joseph J. 1893 - 1936
Cordell, Eileen Burdette 6 Feb 1921 - 10 Nov 1967
Cosbert, Emil d. 1990
Crouse, Mary 25 Dec 1884 - 20 Aug 1978
Crown, Clarence B. 1920 - 1991 h/o Claudia M. Crown
Custer, William G. 17 Sep 1889 - 24 Oct 1957 PA Pvt Co F 11 Ammunition TN WWI

Daniels, Versenall Virginia 21 Apr 1926 - 11 Oct 1997
Daymude, George Washington 1855 - 1917 s/o John & Catherine Daymude
    w1 Jennie Nicholson d. 1878
    w2 Ellen A. Nicholson 1864 - 1925 d/o Baker W. & Julia A. Nicholson

Boyds Presbyterian

Daymude, Thomas Baker 26 Feb 1895 - 29 Sep 1960 s/o George Washington & Ellen A. Nicholson Daymude
    d Shirley Lou 29 Jun 1925 - 15 Oct 1934
Dillehay, Charles Franklin 1864 - 8 Jun 1950 s/o John Thomas & Charlotte Johnson Dillehay
    w Hermie Irene Heisler 1888 - 1951 d/o John A. & Luberta E. Ritchie Heisler
Dorsey, Clarence W. 10 May 1927 - 7 Apr 1993
    w Catherine I. 1929 - 1990
Doye, M. Elizabeth 1888 - 1976
Dutrow, William A. 10 Oct 1892 - 16 Nov 1947

Ernst, George M. 7 Dec 1904 - 13 Jan 1966

Fisher, Mary Jane Maughlin 7 Jan 1907 - 21 Sep 1970 w/o Howard T. Fisher
Fitzwater, Herman H. M. 9 Apr 1911 - 16 Jul 1986 with Willard Fitzwater
    w Nellie V. Marshall 15 Oct 1910 -
        s Willard L. 17 Aug 1923 - 28 Aug 1971
        s Kenneth E. 26 May 1926 - 31 Aug 1982
        s Kevin E. 20 Jan 1932
Frazier, Walter J. d. 31 Jul 1937 h/o Rosa Frazier

Green, Louis D. 15 Jan 1953 - 18 May 1994
Griffith, Robert E. 10 Dec 1909 - 20 Dec 1990 PFC US Army WW II s/o John Joseph & Roberta Gertrude Morrison Griffith
    w Naomi R. Nicholson 13 Dec 1904 - 10 Jun 1990
Guynn, Jerry L. 2 Apr 1945

Haines, Ina Virginia Fitzwater 3 Dec 1930
Harner, Charles Jacob 28 Jun 1910 - 10 Jan 1994 s/o Elijah & Sarah A. Musser Harner
    w Dorothy M. Larman 7 Apr 1914 - 19 Nov 1992 s/o Harry & Estelle Larman
Harner, Harry Lee Jr. d. 26 Sep 1952 3 weeks s/o Harry Lee & Doris Johnson
Hawkins, Ernest Edward 29 Dec 1881 - 31 Jan 1947 s/o John T. & Annie E. Thompson Hawkins
    w Eva Louise Burdette 1 Sep 1883 - 21 Nov 1964 d/o Richard T. & Laura W. Lewis Burdette
Hawkins, Pearl V. Bennett d. 30 Sep 1943 age 21 d/o Alonzo Joseph & Minnie Bennett w/o Thomas O. Hawkins
Heflin, Brandon O. 7 Sep 1990
Heisler, Alice Pollard 13 Aug 1909 - 15 Dec 1963
Herrell, Christine F. Cox 7 Jan 1964 - 12 Oct 1995
Hicks, Joseph Washington 1869 - 6 Jul 1949
    w Laura Vinton Watkins 27 Dec 1883 - 22 Aug 1976 d/o Charles A. & Susan G. Williams Watkins
    s J. Aubrey 1905 - 1963
Hockenberry, James Franklin 22 Jan 1942 - 27 Jul 1995
    w Janis Elizabeth Fink 24 May 1946 - no date
Hopkins, Jerry Lee 13 Aug 1962 - 19 Sep 1997
    w Beverly Ann 3 May 1962
Howard, James T. 1839 - 1925
Howard, Laura J. 13 Feb 1870 - 26 Nov 1932
Howard, Leonard Wesley 23 Feb 1868 - 14 Nov 1934
Howard, Rutha Rebecca Bennett d. 15 Jul 1909
Howard, S. K. 6 Jun 1958 - 8 Jun 1958
Hoyle, George Philip Smith d. Jun 1956 s/o John Thomas & Jane A. Phillips Hoyle
    w Ella May Watkins 8 Jun 1878 - May 1979 d/o Charles A. & Susan G. Williams Watkins
Hoyle, John Thomas Apr 1827 - Mar 1922 s/o George & Altha Ann Childs Hoyle h/o Jane A. Phillips Hoyle
    s L. Sterne Jan 1858 - Aug 1924
        w Ella M. 8 Jul 1878 - 9 May 1979
        s Russell 27 Nov 1900 - 15 Jan 1962
        s Earl 25 Nov 1907 - 23 Oct 1962
Hubble, Bernard V. 5 Jun 1929 - 9 Aug 1986
Hudson, Roy 4 Jul 1902 - 7 Jun 1966
Huff, Charles Lee 1 Jan 1927 - 21 Oct 1986
    w Polly Ann 5 May 1931 - no date

Boyds Presbyterian

Inman, Guy Morris 3 Jun 1917 - 17 Nov 1994
    w Gay Rhea 11 Oct 1921 - no date

Jacques Thomas Lee Nygard 29 May 1988 - 7 Jun 1988
Jarrels, Harvey G. 8 Apr 1925 - 18 Dec 1989 s/o Claude S. & Lethia Massey Jarrels
    w Nancy Louise 2 Jul 1939 married 19 Jan 1963
Jarrels, John Henry 9 Aug 1923 - 20 Oct 1966 h/o Elizabeth Allen Jarrels
    s Claude W. 8 Aug 1949 - 28 Aug 1971 MD Sp 4 US Army Vietnam h/o Lethia Ola Jarrels
Jarrels, Luther M. 3 Jul 1915 - 12 Jun 1954
Jeffers, Richard Walter Jr. 16 Sep 1966 - 24 Nov 1985 "Son and Brother" s/o Richard & Loretta Fitzwater Jeffers
Jenkins, Nellie M. 1919 - 1992
Jenkins, Wellington C. Jr. 5 Apr 1950 - 4 Jul 1991
Jewell, Robert H. 15 Nov 1908 - Dec 1974
    w Hattie L. 1919 - 1968
Johnson, Luther Stewart cook 325 Inf. 82 Div 19 Aug 1887 - 22 Apr 1942 brd. Arlington, VA sec 17 lot 23902
        "In Memory" wife Grace, children Nancy, Doris, Martin, Thomas and Linda
    w Grace Lillian Pugh 6 Nov 1908 - 2 Mar 1995 "Mother, Grandmother, Great Grandmother" Love Nancy,
        Thomas, Doris, Martin and Linda d/o Lewis N. & Nannnie Witt Pugh
Johnson, Thomas 15 Nov 1844 - 9 Oct 1915 s/o Joseph & Honora Bennett Johnson
    w Catherine Augusta Stewart 2 Feb 1845 - 14 May 1919 d/o Jonathan & Rhoda Owens Stewart
    s Thomas Augustus 6 May 1877 - 1 Feb 1909
    s Oliver Granville 14 Dec 1868 - 18 Jun 1937
     w Ida Jane Kuster 24 Aug 1874 - 14 Nov 1931 d/o George F. & Mary Ellen Fox Kuster
    d Pearl b & d. 17 Aug 1893
    s Infant d. 7 Sep 1897
    s Herbert G. d. 5 Dec 1905 2-7-0
Jones, Courtney B. 3 Oct 1915 - 16 Sep 1974 Cpl US Army

Kephart, John A. "Jack" 25 May 1934 - 13 Sep 1995
    w Mary Lou 14 Oct 1935 - no date
Kerr, Rev. James Patterson 1880 - 1964
    w Ruth Davis 1882 - 1970
    d Lois Thorton 1 May 1907 - 7 Nov 1999
    d Anna Ruth 1908
Kidwell, Elmer O'Dell 20 Feb 1931 - 5 Nov 1994
    w Edna Elizabeth 12 Apr 1938 married 16 Jul 1955
Killebrew, Tyler Myddleton 24 Jan 1994 - 28 Mar 1994
King, John E. Sr. 13 Mar 1929 - 2 Jul 1994
King, Nancy Margaret 10 Apr 1932 - 21 Feb 1978 "Wife"
Kisner, Robert B. 1911 - 1978
    w Rose Rebecca 2 Apr 1918 - 18 Jun 1988
Knott, John G. 13 Oct 1911 - 22 Oct 1972
    w B. Margaret 12 May 1918 - no date
    s John G. US Army 2 Sep 1934 - 9 Aug 1994
Korzeniewskie, Eric J. 20 Apr 1990 - 21 Apr 1990
Kuster, George Frederick d. 1892 58-4-11
    w Mary Ellen Fox Sep 1840 - no date d/o John Fox
    s Charles Joseph 1877 - 1938 "Father" h/o Mamie Ray Kuster
Kuster, Isabelle Clair Bennett Nicholson 24 Feb 1854 - 7 Aug 1925 w/o Frederick William Kuster d/o John W. & Mary E. Bennett Bennett
Kuster, William G. 17 Sep 1889 - 24 Oct 1957 Pvt Penn. Co. FII Ammunition T.N. WWI s/o Frederick W. & Isabella Clair Bennett Kuster

Lamb, Joyce J. 19 Jan 1991 - 21 Jun 1991
Lane, Monie Ann 4 Oct 1938 - 16 Apr 1994
Larman, Harry S. 31 Jan 1947 - no date
    w Gladys M. "Dolly" 24 Jul 1946 - no date
    s William Marshel b & d 1 May 1968
    d Kathleen M. b & d 12 Nov 1969
    s John Robert b & d 10 Jun 1979

Boyds Presbyterian

Larman, Henry G. 4 Apr 1889 - 2 Sep 1955
    w Annie E. 4 Jul 1894 - 8 Jun 1970
Larman, Leola d. 11 May 1945
Larman, Marshall G. 21 Jan 1912 - 3 May 1968 s/o Henry G. & Annie E. Larman
    w Edna L. 29 Oct 1921 - no date
Lawrence, James E. 1933 - 1958
    w Alice V. 1936 - 1958
Leaman, John Upton Jr. 3 Nov 1912 - 1 Dec 1993 "Pappy"
    w Idella Jane 8 Mar 1918 "Mom"
Lent, children of Albert Francis & Edith W. Nicholson Lent
    s J. Emory 10 Jan 1909 - 11 May 1909
    d Mary E. d. 31 Dec 1911
Levi, Laura no dates
Lewis, Arnold T. Sr. 14 Mar 1813 - 31 Jan 1884
    w1 Sarah R. Watkins 1811 - 1847
    w2 Mary Ann Burdette d. 15 Mar 1894 55 years "Mother" d/o Hamilton & Elizabeth R. King Burdette
Lewis, Christopher Philip d. 9 Feb 1997
Lewis, Edward King 19 Nov 1808 - 30 Aug 1884 s/o Jeremiah & Mary Windsor Lewis
    w Mary Ann T. King d. 25 May 1894 81-2-5 d/o John Duckett & Jemima Miles King
    d Elizabeth A. 10 Jan 1837 - 20 Apr 1911
    d Mary C. 25 Apr 1839 - 8 Jan 1896
    s John A. d. 27 Apr 1886 54-2-14
        w Julia A. d. 24 Jun 1900 67-66-1
Lewis, Edward P. 1867 - 1957
    w Maggie A. Perrell 1869 - 1949
    s Wilfred A. d. 23 May 1907 14-4-28
Lewis, J. Frank 1878 - 1944 age 66 s/o Mahlon T. & Georgianna Milstead Lewis
Lewis, Nicholas Avery 5 Feb 1997
Lewis, Percival R. 17 Oct 1871 - 3 Jun 1945 s/o John A. & Julia King Shaw Lewis h/o Hattie C. Leaman Lewis
Lewis, Philip McKendree 11 Apr 1959 - 24 Sep 1996
Limerick, John R. 1847 - 1911
    w Josephine Burdett 1853 - 1911 d/o Greenbury William & Martha E. Ward Burdett
Lippart, Betty Jarels 3 Nov 1945 - 19 Jun 1975
Lowe, Fern M., Mrs. 5 Feb 1922 - 20 Sep 1981
Lowe, Mitchell L. 1954 - 1991
Loyd, Harry Lee 26 Nov 1898 - Oct 1961
Lutz, Harold J. Sr. 20 Nov 1916 - 19 Nov 1988

MacGreggor, Charles d. 28 Jan 1891
    w M. E. Burdette d. 14 Jan 1891
McAtee, James U. 29 Apr 1849 - 9 Dec 1891 s/o James W. & Henrietta E. Williams McAtee
    w Laura V. White 6 Oct 1852 - 20 Nov 1902
        d Sadie U. 20 Nov 1887 - 20 Aug 1894
        d Lynn 17 Mar 1884 - 7 Jun 1884
McGovern, Debra Ann 7 Jan 1960 - 23 Jun 1996
Mahaney, Rayfield E. 26 Nov 1921 - May 1987
    w Ellen D. 26 Mar 1926 - May 1986
Manion, Kiernon 3 Apr 1844 - 24 Jul 1912
    w Mary R. 11 Sep 1846 - 3 Jan 1928
    d Annie I. 6 Apr 1877 - no date
    s Victor L. 9 Sep 1879 - 24 Jul 1954
Mantel, Richard C. d. 3 May 2000 age 59 h/o Deborah P. Mantel
Maughlin, James Boyd 1875 - 1921 s/o Mary Rinehart Maughlin
    w Eleanor M. Ray 1882 - 1966 d/o Alfred & Ella M. Gatch Ray
    d Mary F. 15 Aug 1909 - 9 Nov 1966
    s David A. TEC 5 US Army WW II 3 Sep 1912 - 2 Feb 1990 h/o Mary G. Maughlin
Maughlin, Mary Rinehart 8 Jan 1848 - 1 Mar 1926
Messiner, Mary Weaver 5 Sep 1902 - 29 Apr 1988 d/o Jacob & Susan Witmer Weaver w/o Clarence Edward Messiner

Boyds Presbyterian

Miller, Rogers F. 8 Mar 1926 - 22 Apr 1994
    w Agnes L. 5 Sep 1924 - 31 Oct 1980
Mobley, Lillian Johnson 1907 - 1977
Mobley, Mary E. d. 20 Apr 1945 w/o Ernest D. Mobley
Moore, Harold Lynn 31 Jan 1949 - 6 Feb 1965
Moore, James C. 15 Dec 1945 - 22 Aug 1981
Moore, James Victor 7 Mar 1924 - 6 May 1984
    w Joan E. d . 13 Nov 1947
Moore, Larry D. 26 May 1954 - 12 Apr 1997
Moore, Zed 15 Jan 1895 - 30 Aug 1971 "Dad"
Moser, Sarah Maughlin 23 May 1905 - 28 May 1965 d/o James Boyd & Eleanor M. Ray Maughlin
Mulligan, Goldie F. 15 May 1936 - 18 Mar 1993
Mulligan, Thomas C. 9 Nov 1937 - 31 May 1981

Nichols, George W. d. 28 Oct 1896 47 years
    w Sarah R. d. 26 Jun 1913 67 years
Nichols, Sarah D. 1823 - 1915 w/o Thomas Nichols
Nicholson, B. Geraldine 3 Sep 1934 - 22 Jun 1935
Nicholson, Donald E. 4 Apr 1919 - 19 Jul 1979 s/o Jesse Randolph & Anna Brown Nicholson
    w Betty J. 21 Oct 1925 - no date
Nicholson, George Emory 27 Dec 1858 - 11 Feb 1906 s/o Baker W. & Rhoda Johnson Nicholson
        h/o Mary Elizabeth Kuster Nicholson
Nicholson, George Richard 10 Jan 1896 - 20 Nov 1943 h/o Naomi Knill Nicholson
Nicholson, John Thomas 10 Feb 1872 - 6 Jul 1953 s/o Richard H. & Isabelle Clair Bennett Nicholson
    w Julia A. Daymude 4 Nov 1877 - 25 Apr 1949 d/o George Washington & Jennie Nicholson Daymude
    s Earl Thomas 20 May 1908 - 8 May 1966
Nicholson, Mary Louise d. Nov 1934 age 2 d/o Mort Nicholson
Nicholson, Samuel R. 2 Jan 1904 - 19 Jul 1958 TEC 5 379 Inf 94 Div. WWII BSM
Nicholson, Stanley R. 31 Jul 1927 - 24 Aug 1992
    w Dorothy A. 1924 - no date
Norwood, Alvira 1826 - Aug 1900

O'Neil, Melissa 28 Jul 1973 "In Loving Memory"
O'Nufrey, Marion Jeane 3 Aug 1931 - 18 Aug 1996
Owens, William R. Jr. 27 May 1964 - 4 Aug 1984
Ownes, Thomas E. no dates

Paxton, Edward T. 26 Aug 1892 - 27 May 1957
    w Evelyn B. 27 Feb 1893 - 12 Mar 1986
Perry, Winnifred 1926 - 1997
Pipernpo, Edith W. Nicholson Lent 1889 - 1937 d/o George Emory & Mary Elizabeth Custer Nicholson
    w/o Albert Francis Lent
Pirrone, Austin A. "Tony" 27 Sep 1942
Poole, George W. 25 Jun 1923 - 6 Jan 1998
Pyles Catherine S. d. 31 Dec 1893 35 years w/o Francis T. Pyles

Ramsey, Charles E. 29 Mar 1886 - 17 Mar 1968
Reffitt, Joseph Paul 24 Jul 1923 - 24 Jul 1967 MD S1 USNR WWII
Reffit, William Harold S. Sgt. US Army WW II 10 Dec 1919 - 30 Nov 1990
Reid, Deborah Jane Burdette Israel 17 Apr 1866 - 23 Dec 1943 w/o James Reid
Reid, J. Gilbert 23 Nov 1905 - 27 Apr 1967 s/o James W. & Deborah Jane Burdette Reid
Reid, Richard S. 7 Nov 1907 - 18 Jun 1996 s/o James W. & Deborah Jane Burdette Reid
    w Delma G. 15 Dec 1910 - 13 Sep 1997
Repass, John Robert 11 Nov 1904 - 28 Sep 1976
    w Mary Virgnia 14 Jul 1909 - 4 Nov 1984
Reynolds, Patricia Ann 14 Sep 1915 - 22 Nov 1993 "Beloved Sister and Aunt"
Rhodes, Frank 1874 - 1947
    w Lottie V. 1883 - no date
Rice, Winfield Scott 1858 - 1937
    w Therza M. 1858 - 1936

Boyds Presbyterian

Ridenour, Bertha O. Burdette 17 Jul 1897 - 13 Feb 1971 d/o John Darby & Margaret L. M. King Burdette
Riggs, Robert T. 1896 - 1975
    w Daisy D. 1892 - 1967
Rinehart, Zilpa R. Apr 1810 - Nov 1890
    s Robert 22 Nov 1843 - 10 Feb 1895
    s David 5 Feb 1851 - 20 Jan 1909
    s William Thomas d. 6 Feb 1881 30 years
Rodgriquez, Allan Peter 29 Jun 1950 - 23 Sep 1995
    w Susan Barnwell 20 Apr 1954 - no date
Rubel, Jacob 1833 - 1914 CSA Civil War Veteran
    w Anna Paulina Nail 1844 - 1924
    s John Daniel 1869 - 1891
    s Jacob Albert 1875 - 1890
    s Carl R. 1889 - 1961
    d Martha E. 13 Apr 1890 - 29 Jun 1976

Santee, Larry G. 31 Jan 1942 - 1 Jan 1997
    w Cecelia L. 5 Apr 1942 - no date
Savage, Marshall C. Jr. 1950 - 1979 s/o Marshall & Dorothy Savage
Schaum, Infant d. 17 Oct 1948
Schwartzbeck, Donald E. "Gene" 19 Aug 1927 - 13 Feb 1992 Pvt US Army
    w Edna King 17 May 1931 - 27 Nov 2001 d/o Henry Earl & Edna May Norwood King
Shaw, Kaci L. 1999 - 1999
Shewey, Dennis G. 16 Sep 1954 - 24 Jan 1998
    w Barbara D. 29 Aug 1954 -
Shry, Shirley J. 24 May 1935 - 18 Nov 1984
Sibley, Joshua d. 4 Nov 1910 75-5-10 s/o Jonathan & Harriet Mullican Sibley
    w Alcinda Jane Dowden d. 5 Oct 1903 65-11-24
Simpson, Mary A. Clark 30 Nov 1912 - 20 Aug 1963
Smith, Allen B. 24 Jun 1885 - 28 Dec 1962
    w Rhoda E. 24 Mar 1889 - 3 Mar 1976
Soblotne, Joan Spring 22 Mar 1935 - 7 Aug 1998
Spillman, Adam Harris 1973 - 1991
Spring, Rupert W. 1897 - 10 Oct 1964
    w Mamie Cariolen Alexander 1906 - 1994 d/o Maurice & Bertha Zittle Alexander
Staley, Fleet 1849 - 1924
    w Mary Jane Zimmerman 1855 - 1933 d/o Mary Zimmerman
    d Maud Mary 1874 - 16 May 1892 17-7-0
    d Isabella 1878 - 1931
    d Dora Ulalia 1880 - 1916
    d Millie Margaret 1882 - 1905
    d Blanch Jane 1888 - 1941
    s Ralph Fleet 1895 - 1973 h/o Nellie M. Clagett Staley
Stanley, John 1 Sep 1895 - 17 Oct 1968
Stevars, George Rilley 24 Dec 1926 - 25 May 1964 US Army WWII
Stevars, Lucy J. 1885 - 1910
Stinson, Clarence F. 13 Aug 1913 - 15 Mar 1994
Stinson, Madeline 24 Oct 1918 - 28 Dec 1990
Stottlemyer, Vada Virginia "Gigi" Fitzwater 12 Aug 1943 - 1 Dec 1995 d/o Herman H. M. & Nellie V. Marshall Fitzwater
    w/o Carlton E. Stottlemyer, Sr.

Testerman, Diana Marie 12 Mar 1968 d/o Scotty and Flora Testerman
Thomas, Jacob N. 19 Jun 1837 - 25 Nov 1906
    w Ella T. Stoutsenberger d. 10 Oct 1935 age 88
Turgeon, James J. 22 Feb 1939 - 2 Feb 1999
    w Linda L. 21 Jun 1950 married 17 Jun 1983

Virts, Arthur Granville Sr. 1889 - 1952
    w Georgianna Daymude 1888 - 12 Oct 1943 George Washington & Ellen A. Nicholson Daymude
    s William H. MOMM 1 US Navy WW II 24 Apr 1922 - 16 Oct 1991 h/o Betty K. Virts

Boyds Presbyterian

Walter, John L. 1887 - 1973
    w Ethel B. 1884 - 1965
Ward, Eva I. 27 Mar 1910 - 24 Feb 1998
Watkins, Charles A. 15 Jul 1849 - 24 Mar 1932 h/o Rosa A. Duvall Watkins
    w1 Susan G. Williams 7 Nov 1855 - 24 Dec 1915 d/o Samuel & Catherine Lewis Williams
    s Claude 22 May 1874 - 26 Apr 1900
Waugh, Ellen A. Johnson 27 Oct 1913 - 15 Oct 1954 w/o James A. Waugh, Sr.
White, Mary J. 19 Feb 1891 - 2 Feb 1892 d/o Walter H. & Cora V. Hoyle White
Whitehead, M. Leyden 24 Aug 1914 - 19 May 1980
    w Florence M. d. 20 Sep 1879 20-7-19
Williams, James E. 1834 - 12 Jun 1918 83-5-23 s/o Samuel & Catherine Lewis Williams
    w Sarah Jane Burdett 1836 - 1920
    s John Wilson 1874 - 24 Nov 1946
Williams, Sara d. 4 Feb 1904 age 5 years d/o John W. & Ada Duvall Williams
Winchell, Emma A. 24 Apr 1835 - 24 Nov 1904 w/o William R. Winchell
Windson, Ollie Mae 1936 - 1998
Wolfe, Martin Dwight 21 Apr 1903 - 29 Sep 1989 s/o Martin Lester & Minnie Katherine Martin Wolfe
    w Mamie Lucille Johnson 27 Sep 1910 - 17 Jun 1973 d/o Oliver Granville & Ida Jane Kuster Johnson
Wright, J. Henry 30 Jul 1896 - 25 Apr 1967
    w Frenchie M. 28 Aug 1895 - no date
    s Aubrey 1928 - 1936
Wright, James E. 27 Apr 1925 - 1- Jun 1992
Wright, Solomon E. 23 Apr 1891 - 20 Jul 1962

Yokley, James O. 25 Jun 1915 - 4 Oct 1988
Yokley, John W. 2 Oct 1913 - 12 Aug 1987
Young, Crawford F. 29 Nov 1830 - 8 Apr 1908
    w Mary Ellen d. 3 Jan 1902 66 years
Young, Eleanor Maughlin 5 Mar 1903 - 16 Jul 1983 w/o Courtney Richard Young d/o James Boyd & Eleanor M. Ray Maughlin
Youngerman, Carl G. 22 Jun 1907 - 15 Nov 1979 72 years
    w Lucille H. 19 Jan 1914 - 21 Jul 1986

St. Mark's Methodist
White Ground Road
Boyds, Maryland

Bolden, William H. no dates
    w Martha A. no dates
        d Mattie E. G. no dates
        d Edith M. G. no dates
Brown, Clara Maria 7 Nov 1874 - 4 Sep 1958

Carroll, Jack no dates
    w Julia d. 28 Nov 1943
Carter, Mary F. 12 Feb 1912 - 14 Jul 1990
Coates, T. Henry 1905 - 1932
    w Mae B. 1909 - 1998
Coates, William H. 1928 - 1995
    w Margaret C. 1927 - no date
Curtis, Clarence W. 30 Oct 1941 - 25 Aug 1994
Curtis, Kimeshay D. 27 Sep 1986 - 12 Jan 1994

Davenport, Robert T. 1 Jan 1929 - 17 Jul 1984 Crpl US Army Korea
Dorsey, Clifton 18 Oct 1932 - 30 Oct 1974 Crpl US Army
Dorsey, Delores A. 12 Dec 1932 - 14 Mar 1989
Dorsey, Herman A. 23 May 1920 - 21 May 1982 TEC5 US Army WW II
Doye, M. Elizabeth 1888 - 1976
Duffin, Isabel 1900 - 1997
Duffin, Lorenzo E. 11 May 1933 - no date
    w Annie M. 31 Mar 1932 - 26 Sep 1994
Duffin, Shirley D. no dates

Gibbs, William d. 30 Sep 1954 97 years
    w Bettie d. 15 Jan 1922 67 years

Hammond, Henry d. 3 Mar 1903 - age 55
Hawkins, Otis 1906 - 1943
    w Villa M. 1881 - 1948
Hawkins, Robert Mess Attendant
Hebron, Anna L. 1908 - 1998
Hebron, Herman N. 1894 - 1968
    w Florence H. 1898 - 1976
Hebron, Sophronie 1889 - 1974
Hoes, Moses David 5 Oct 1927 - 30 Mar 1992

Jackson, Manuel T. 17 Feb 1909 - 21 Jan 1995 TEC5 US Army WW II
Jackson, William H. d. 16 Dec 1950
Johnson, John B. 1856 - 1928
Johnson, Nora V. Bolden no dates

K., M. initials only

Lewis, Ashley 1947 - 1994
Lincoln, David A. 10 Mar 1926 - 2 Feb 1982

McPherson, Betty L. 24 Mar 1930 - 12 Jul 1964

Meads, Jessie 1884 - 1959
    w Adeline C. 1901 - 1948
Morris, John W. 25 Nov 1931 - 15 Jul 1992 Pvt US Army Korea

Naylor, Richard C. 6 Feb 1942 - 12 Apr 1986

St. Mark's Methodist

Payne, Harold R. Sr. 6 Apr 1930 - 7 Nov 1987
    w Eleanor V. 19 Nov 1928 - 28 Nov 1988
Peyton, Louise R. 9 Apr 1926 - 17 Aug 1982
Phillips, Eugene M. Sr. 1933 - 1993
Phillips, Sonja T. 1963 - 1996

Railly, Harry illegible stone
Roberts, David E. 10 Jul 1938 - 13 Jul 1996 Pvt US Army Vietnam

Small, Richard H. 1916 - 1982
Stantle, Rev. C. W. d. 6 Feb 18?? illegible and broken stone

Talley, Alfreida B. 5 Feb 1940 - 15 Jan 1993
Talley, Darryl X. 26 Feb 1956 - 6 Oct 1993 US Army
Talley, Robert E. d. 8 Apr 1946 h/o Emma Talley
Talley, William H. 1916 - 1996
Turner, Harry no dates
Turner, Harry A. 8 Apr 1931 - 18 Oct 1990 US Army Korea
Turner, Harry W. Sr. 1888 - 1969
    w Florence T. 1888 - 1982
Turner, Louise d. age 75
Turner, Mary B. 1907 - 1996
Turner, Oscar W. 13 Jul 1939 - 30 Jan 1975 TEC5 US Army WW II
Turner, Robert Lowellen 1921 - 1978 Pvt US Army WW II

Williams, Edward E. 1949 - 1994
Wilson, Flora M. 1917 - 1995

There are also 12 stones with no names or dates
There are 14 stake markers from Snowden Funeral Home with no name cards

Salem Methodist
Route 27 Ridge Road
Cedar Grove, Maryland

Allgood, Gilbert Blake 14 Apr 1956 - 13 Oct 1956
Arrington, Gerald L. 22 May 1908 - 15 Jul 1990
    w Clara E. 4 Oct 1909
Barber, Hesikiah 4 Dec 1808 - 9 Dec 1895 {Bible has his birth year as 1813}
    w 2 Ruth Ann Campbell 1832 - 19 Sep 1890 58 years
    s Charles H. Mar 1871 - 1953
        w Nora Linthicum Watkins 9 Jan 1880 - 1939 d/o Noah & Julia Ann Linthicum Watkins
        s Lester Eller 5 May 1904 - 1 Mar 1964
        s James H. d. 14 Dec 1916 infant
        s Monroe 23 Aug 1918 - 28 Dec 1918
    s Hezekiah Jul 1873 - 1957
        w Bessie E. Davis 1878 - 1957
        d Virginia Ellen Jan 1900 - 14 Aug 1901
        s Carlton 1918 - 1923
Barber, James Monroe 28 Feb 1870 - 10 Sep 1940 s/o Greenbury & Sarah E. Beall Barber
    w Della C. 2 Sep 1882 - 27 May 1924
    s James Malcolme 11 Nov 1912 - 31 Dec 1987
Beall, Cleveland J. 8 Mar 1883 - 8 Mar 1942
    w Ethel L. Poole m2 Charles Orme
    c M. A. no dates
    c M. E. no dates
Beall, Elbridge W. 22 Aug 1869 - 2 May 1941
    w Annie Elizabeth Hager 24 Dec 1869 - 2 Apr 1957 d/o Jacob & Sarah E. Gue Hager
    s Elmer V. 17 Feb 1914 - 24 Nov 1914
Beall, George E. 20 Nov 1864 - 17 Nov 1923 s/o George Nelson & Margaret Ellen Barber Beall
    w Catherine E. Snyder 13 Feb 1876 - 18 Sep 1960 d/o Rhynaldo P. & Ann R. Poole Snyder
    s Harvey Wilbur 14 Dec 1893 - 21 Jan 1894
    s Earl T. 27 Apr 1899 - 8 Oct 1918
Beall, Philemon S. 12 Jul 1875 - 15 Jan 1940
    w Annie Nehouse 2 May 1879 - 31 Dec 1963
Beall, William H. 1 Oct 1902
    w Nellie V. 8 Aug 1905
Beall, William Latimore 28 Jun 1846 - 1 Feb 1921 s/o John Wesley & Catherine Rine Beall
    w Annie E. Shaw 13 Jan 1842 - 23 Mar 1917 d/o Leonard D. & Ann Bennett Shaw
Becraft, James d. 1894
    w Mary d. 1884
Boerum, Robert J. 9 Dec 1899 - Mar 1983
    w Yvonne 24 May 1908 - 11 Aug 1991
Bowman, James Davis 2 Feb 1911 - Oct 1971
    w Ethel G. Moyer 22 Feb 1916 - 21 Jun 1992 d/o George Moyer
Bowman, Margaret E. d. 5 Nov 1878 16 months
Bowman, Mary Ann Hopwood 1817 - 15 Aug 1881 w/o Evan Bowman d/o Joseph & Sarah Sedgwick Hopwood
    s William Columbus 3 Feb 1843 - 11 May 1914
        w1 Mary E. Poole 5 Feb 1848 - 26 Apr 1876 d/o William H. & Hannah E. Miles Poole
        d Mary F. d. 5 Nov 1873 16 months
        d Naomi Burns 1875 - 16 May 1908 33 years
        w2 Sarah A. Snyder 26 Aug 1850 - 4 Feb 1924
        s Millard E. 13 May 1881 - 29 Mar 1908 26-9-11
Bowman, Mary Bird 25 Jun 1885 - 22 Apr 1961
Bowman, Robert H. 28 Jul 1876 - 8 Jan 1939 s/o Francis Asbury & Melissa D. Riggs Bowman
    w Johanna Davis 7 Oct 1876 - 11 Feb 1942 d/o John S. & Mary E. Davis
Bowman, Robert J. 3 Mar 1903 - 29 Dec 1992
    w Florine S. 1907 - no date
    s James Robert 15 Aug 1920 - 8 Aug 1942
Boyer, James Wellington 21 Dec 1859 - 15 Jan 1934 s/o Milton & Elizabeth Washington Purdum Boyer
    w Alice Hicks Lewis 10 Oct 1861 - 18 Feb 1952 d/o Joseph H. & Almeada Miles Lewis

Salem Methodist

Boyer, John Wesley 20 Sep 1855 - 8 Mar 1896 s/o Greenberry & Elizabeth A. Beall Boyer
    w Zeru Clark Day 21 Dec 1854 - 4 Apr 1926 d/o Jackson & Survila Ann Beall Day
Boyer, Mary E. 27 Oct 1827 - 13 Aug 1855
Brown, Filmore Cleveland 11 Oct 1893 - 17 Aug 1979
    w Frances Marian Watkins 15 Jul 1895 - 1 Jul 1985 d/o Noah & Julia Ann Linthicum Watkins
Burdette, Amos Dewey 21 Mar 1894 - 3 Feb 1973 s/o Perry G. & Lucinda W. Burdette
    w Nellie Kemp 23 Mar 1897 - 2 Jan 1987
    s Martin L. 4 Mar 1918 - 22 Dec 1955
Burdette, Earl Hamilton 4 Feb 1902 - 21 Apr 1937 s/o Claude H. & Sarah R. Boyer Burdette
    w Marjorie Jane Nicholson 9 Feb 1908 -
    s Robert E. Mar 1932 - 13 May 1933
Burdette, Harold E. 1 Feb 1905 - 12 Sep 1985
    w Eva M. 9 Feb 1905 - 7 Oct 1986
Burns, Edgar D. 12 Jul 1898 - 6 Jul 1947
    w Ella M. 8 Mar 1898 - 6 Jan 1957
    s Leonard C. 19 Apr 1922 - 4 Nov 1935
Burns, Grace Lillian 6 Jan 1892 - 8 Sep 1977
Burns, Harry Nelson 1868 - 28 Dec 1938 s/o Richard R. & Emily J. Watkins Burns
    w Mary E. Waters 1870 - 1945 d/o Susan R. Waters
Burns, Linda K. 24 Aug 1894 - 3 Sep 1895 d/o Nicholas & Laura Burns
Butler, George H. 11 May 1899 - 12 May 1971
    w Carrie B. 15 May 1899 - 27 Dec 1978

Case, C. W. 1813 - 1893
    w Rebecca 11 Mar 1819 - 28 Jan 1895
Case, Hobart M. 8 Sep 1895 - 22 Jan 1957
Curtis, Howard N. 13 Sep 1904 - 20 Jun 1964
    w Lillian C. 13 Jun 1918 - no date
    s Samuel A. d. 6 Sep 1922
    d H. Kimberly d. Aug 1933

DeShazor, Fronie A. 1889 - 1931 "Mother"
Duvall, Catherine 5 Apr 1848 - 3 Feb 1904 w/o E. S. Duvall
    s Willie 1868 - no date

Enfinger, Billy W. 7 Sep 1933 - 8 Dec 1995
    w Janet G. 21 Nov 1934 - no date

Felter, Albert F. 1912 - 1923 s/o Marie C. Felter

Gentry, Geraldine M. 1934 - no date
Glaze, William H. 28 Mar 1878 - 27 Aug 1916 s/o Basil T. & Mary E. Lewis Glaze
    w Annie M. 8 Oct 1871 - 13 Mar 1950
    s James Newman 2 Apr 1911 - 4 Oct 1970
    s Charles W. eroded
    s William H. Jr. 2 Aug 1894 - 3 Mar 1895
Good, Edward J. 3 Aug 1908 - no date
    Lattie E. 31 Oct 1904 - 2 Mar 1993
Gue, Charles Wesley July 1870 - no date
    s Archie E. 21 Dec 1896 - 13 Feb 1943
    s Charles Wesley 20 Sep 1902 - 3 Jan 1965
Gue, Edward Milton 3 Mar 1907 - 22 Jun 1965 PFC US Army WW II s/o Franklin E. & Olive M. Burns Gue
    w Christabel R. 25 Jul 1904 - 13 Feb 1982
Gue, James H. 24 May 1838 - 4 Dec 1915 s/o James & Mary L. Purdum Gue
    w Ruth G. Young 23 May 1844 - 31 Jul 1891 d/o Richard & Matlida Young
    s Franklin E. 19 Mar 1865 - 12 Jan 1940
        w Ollie B. Burns 23 Apr 1874 - 14 Feb 1933
        d Ruth 28 Oct 1881 - 5 Jun 1882
        s Archie E. 21 Dec 1896 - 13 Feb 1943
        s Charles S. 20 Sep 1902 - 3 Jun 1965
Gue, James E. 2 Aug 1920 - May 19??

Salem Methodist

Gue, James Henning 1923 - 5 Dec 1926

Hager, Jacob 21 Jun 1838 - 10 Apr 1915
    w Sarah E. Gue 7 Jan 1836 - 20 Feb 1919
    s Jacob Washington 28 Sep 1875 - 27 Nov 1895
    d Alice S. 10 Dec 1873 - 1 Mar 1924
    s Christopher C. 1878 - 1953
Hager, John P. 21 Jul 1840 - 6 Dec 1921
    w Artie M. 1 Dec 1838 - 16 Aug 1922

Iglehart, Burton 18 May 1869 - 7 Dec 1925 h/o Ola G. Iglehart
Iglehart, William G. 1867 - 1935 s/o Basil B. & Amanda E. Burns
    w Leah Jane Watkins 1847 - 1960 d/o Noah & Julia Ann Linthicum Watkins
    d Mildred Mamie 22 Jan 1897 - 10 Apr 1915 18-2-19
    s Edgar B. 26 Mar 1901 - Aug 1972
    d Ruth Elaine 3 Jan 1915 - 20 Jan 1916

Johnson, Maurice O. Mar 1911 - Jul 1960
    s Arnold Dice 1949 - 1949

King, Bradley T. 1867 - 1941 s/o Charles C. & Mary E. Watkins King
    w Sarah W. Dowden 31 May 1867 - 1948 d/o Zachariah III & Rebecca Miller Dowden
    s William 1903 - 1922
    s Wallace C. 1903 - no date
King, Carlton 5 Nov 1908 - 2 Aug 1992
King, Claud H. 7 Apr 1901 - Oct 1972 s/o Holiday Hix & Amy Jane Musgrove King
    w Oda May Cline 10 May 1902 - 8 Jun 1996
King, Edward Carlton 1878 - 1954
    w2 Nonnie M. Lyddard 1881 - 1956 d/o John C. & Mary Ella W. Lyddard
King, Fillie R. 24 Apr 1892 - 28 Aug 1892
King, Franklin Scott 18 May 1829 - 29 Sep 1891 s/o Edward J. & Mary Jane Burdette King
    w Elizabeth E. Williams 6 Feb 1855 - 2 Jun 1907 d/o William Williams
    d Agatha W. 30 Apr 1894 - 2 Jan 1901
King, Harry J. 1867 - 1949
    w Manovia E. Watkins 1873 - 1958 d/o James Willard & Charlotte J. Williams Watkins
    s Infant no dates
King, Ira LeRoy 14 Jun 1906 - 9 Oct 1984 s/o Thomas Dorsey & Oner Della Hilton King
    w Laura Emma Davis 21 Jan 1909 - 3 Jul 1992 d/o Edgar & Maude Davis
    s Ira LeRoy Jr. 19 Jun 1938 - 13 Sep 1938
King, James Obed 1878 - 1962 s/o James Edward & Addie Cassandra Hurley King
    w Alma Owens Johnson 1875 - Jan 1939 Thomas & Catherine Augusta Stewart Johnson
    c Infant 16 Apr 1904
    d S. Alice 1905 - 1951
    s Walter Raynor 14 Jun 1928 - 30 Aug 1940
King, John Brewer 11 Nov 1852 - 13 May 1919 s/o Charles Miles & Harriet Brewer King
    w1 Laura T. Reed 3 Dec 1856 - 29 Dec 1879
    w2 Lillie M. Burns 30 Aug 1864 - 27 Apr 1892
    w3 Emily Lavinia Burns 1 Nov 1866 - 31 Jan 1902
King, John D. d. 22 Aug 1905 in 69th year s/o John A. & Mary E. King
    w Lucinda A. Watkins d. 25 Dec 1923 in 81st year d/o Silas Benjamin & Sarah E. Watkins
    s Hiram G. 10 Jan 1863 - 11 Sep 1936
King, Julian Pearre 5 Dec 1903 - 18 Jan 1973 s/o Franklin Monroe & Mary Avondale Watkins
    w Sarah Elizabeth Burdette 15 Mar 1904 - 15 Aug 1982 d/o Claude H. & Sarah Rebecca Boyer Burdette
King, Lee M. 1884 - 1947 s/o John E. & Lillie M. Burn King
    w Jessie 1884 - 1959
King, Mahala J. 19 Apr 1863 - 19 Feb 1877 "Our Sister"
King, Philip 24 Apr 1892 - 28 Aug 1982
    w Virginia P. 30 Dec 1890 - 25 Jul 1973

Salem Methodist

King, Samuel 19 Apr 1863 - 19 Feb 1877 s/o Mahala J. King
Kitterman, Fred B. 12 Aug 1894 - 3 Sep 1972
    w Lydall L. 18 Dec 1895 - 15 Mar 1988
Kraft-Galow, Kerrin 10 Nov 1951 - 2 Apr 1993

Lewis, Joseph H. 10 Nov 1821 - 23 Jan 1906 s/o Jonathan & Elizabeth Watkins Lewis
    w Almeda Miles 13 May 1826 - 6 Jan 1914 87 years 8 months d/o Samuel & Mary Eleanor Riggs Miles
    d Elizabeth 25 Feb 1849 - 15 Apr 1850
    s Horace W. 4 Dec 1850 - 15 Sep 1851
Linthicum, Guy D. 30 Sep 1916 - 24 Jan 1989 s/o Grover & Mary V. Carlisle Linthicum
    w Anna Barber 3 Oct 1914 - [living] d/o Charles H. & Nora Linthicum Watkins Barber
Linthicum, Hannah Frances 11 Dec 1840 - 4 Aug 1919 d/o John Hamilton Smith & Julia Ann Garrott Linthicum
Lough, V. H. no dates
Lowe, Richard T. 29 Jul 1860 - no dates
    w Georgia Emma Miles 15 Feb 1856 - 17 Jun 1921

McAtee, James W. 6 Dec 1882 - 21 Jan 1964
    w Ola G. Watkins 23 Sep 1886 - 6 Jun 1982 d/o James Willard & Charlotte J. Williams Watkins

Main, Edward 1904 - 1986
    w Ada S. 25 Dec 1902 - 28 Apr 1996
Main, J. Willard 3 Aug 1922 - 7 Sep 1995
    w Katherine S. 7 Apr 1924 - 20 Nov 1982
Marceron, Frank A. Feb 1901 - 7 Sep 1965
    w H. Lucy 23 Jun 1905 - 1 Jan 1968
    s Frank A. Jr. 11 Dec 1944 - 3 May 1996
Miles, Herbert G. 14 Jun 1859 - 16 Jan 1947 s/o Greenbeury L. & Catherine Williams Miles
    w Sarah J. Fluhart 12 Feb 1865 - 24 Aug 1945
Miles, Jesse A. 1877 - 1961 s/o George W. & Ella V. Beall Miles
    w Ulah M. 1883 - 1949
    s Jesse O. no dates, infant
Mindte, Paul Willis 30 Mar 1940 - 14 Dec 1992
    w Sandra Gosbee 3 Dec 1947 - no date
Moulden Mary C. 20 Jan 1883 - Nov 1981
Moyer, John A. 3 Aug 1902 - 14 Feb 1993
    w Laura V. 1905 - 1960
Moyer, Stanley G. 2 Dec 1903 - 26 May 1989
    w Mary F. 30 Nov 1900 - 26 Sep 1970
Mullinix, Ira W. 12 Sep 1875 - 11 Nov 1949 s/o James L. & Mary E. Young Mullinix
    w Edith L. 13 Jul 1878 - 26 Mar 1929
Mullinix, James Alby 23 Jul 1901 - 20 May 1984 s/o Ira W. & Edith L. Williams Mullinix
    w Janet 17 Oct 1902 - 1 Aug 1988
Mullinix, Lawrence F. 14 Jun 1906 - 21 Mar 1947 s/o Ira W. & Edith L. Williams Mullinix
Mullinix, Samuel Eugene 26 Jan 1915 - 8 May 1955 s/o Samuel Edward & Elsie Leonie Moxley Mullinix
    w Sophronia Louise Williams 13 Jan 1916 - 16 Jun 2000 d/o Norman & Hilda Watkins Williams
Mullinix, William E. 18 Jan 1923 - no dates
    w Kathryn A. King 3 May 1924 - 11 Dec 1984 d/o Claude H. & Oda M. Cline King
Murphy, Harry L. 1895 - 1975 s/o Louis W. & Mary Gertrude Holland Murphy
    w Lizzie J. 1890 - 1970

Nehouse, Bessie L. 1852 - 1871
Nehouse, Edward H. 7 Oct 1920 - no date
    w Catherine A. 15 Dec 1922 - no date
    s George E. 22 Feb 1940 - 3 Jan 1953
Nehouse, Elwood H. 17 Nov 1914 - 15 Sep 1990
    w Eleanor L. 28 Oct 1920 - no date
Nehouse, Harry N. 1882 - 1960
Nehouse, Infants 1918

Salem Methodist

Nehouse, Jacob P. 1884 - 1957
       w Bessie G. 1889 - 1967
       d Lillian A. 29 Mar 1915 - 3 May 1926
Nehouse, Sterling Ralph 27 Aug 1920 - 15 Jun 1991
Nicholson, Arthur 22 Mar 1887 - 4 Nov 1971
       w Eva May 16 Jun 1888 - 6 Dec 1968
Nicholson, Harry Linwood 11 Jul 1885 - 14 Sep 1916 s/o Vernon Hicks & Martha S. Young Nicholson h/o Beulah Hattie King Nicholson
Nicholson, Jesse Randolph, Jr. 1920 - 1995 s/o Jesse Randolph & Anna Brown Nicholson
       w Anna E. 12 Nov 1923 - 1 Jul 1993
Nicholson, Reuben Mortimer 12 May 1853 - 15 Nov 1930 s/o James A. S. & Lydia E. Andrews Nicholson
       w Florence Edward Watkins 29 Apr 1870 - 6 Apr 1955 d/o Edward King & Sophronia R. Phelps Watkins
       s Prad Mortimer 11 Dec 1894 - 29 Aug 1895
       s Walter Wilson 27 Jun 1897 - 2 Feb 1945

Page, George Washington 1 Apr 1806 - 5 Mar 1893
       w Rebecca Williams 11 Mar 1819 - 28 Jan 1895
       s William H. 3 Sep 1845 - 20 Jan 1927
         w Louisa W. Smith 24 Nov 1840 - 12 Apr 1912
         s B. Haller 11 Oct 1879 - Nov 1880
         s Grover W. Mar 1884 - 30 Nov 1899
         d Ethyl Violet 27 Dec 1879 - 23 May 1901
         s Zachariah W. 20 Apr 1844 - 9 May 1928
Payne, Ruth H. 14 Sep 1913 - 11 May 1960
Phelps, Sarah 1797 - 1862 m/o Sophronia Watkins
Plummer, Edith E. 13 Jul 1877 - 13 Jan 1937 w/o Ewell R. Plummer
       d Mary A. E. 18 Jan 1904 - 21 Aug 1932
       s Richard Glenwood 31 Dec 1901 - 25 Jul 1903
       d Katie G. d. 8 Jul 1900 8 days
Poole, Clarence Robert 14 Jul 1888 - Jun 1977 s/o William S. & Eveline H. Burdette Poole
       wl Lillie Mae Beall no dates
       s Wilbur D. died aged 2 months 22 days
Poole, Harvey E. 15 Sep 1889 - 9 May 1955
Poole, Lyde Griffith 19 Oct 1879 - 9 Oct 1964 s/o Fillmore N. & Margaret L. Poole
Poole, William Henry 1822 - 1897
       w Hannah E. Miles 1830 - 1912 d/o Allen M. & Mary L. Trail Miles
Poole, Willis A. 29 May 1882 - 14 Nov 1955 s/o Fillmore N. & Margaret L. Poole
Pugh, Jerry R. 19 Mar 1918 - 9 Feb 1953
Purdom, John R. 17 Oct 1896 - 18 Sep 1965
       w Julia Mae Barber 22 Nov 1899 - 15 Aug 1983 d/o Charles H. & Nora Linthicum Watkins Barber
       d Nora Elaine 20 May 1921 - 23 Oct 1925

Raynor, Walter 14 Jun 1928 - 30 Aug 1940 "Little Friend"
Riddle, Robert L. 18 Apr 1923 - 25 Apr 1992
       w Sadie S. 27 Jul 1922 - no date
Riggs, Reuben H. 19 Sep 1863 - 2 Jul 1909 s/o William E. & Mary Ellen King Riggs
       w Laura M. Young 31 Mar 1866-9 Nov 1931 d/o Richard & Asenath R. Riggs Young
       d Daisy I. d. 14 Feb 1885 0-6-14
       s William B. d. 13 May 1887 0-2-21
Riggs, William E. 25 Mar 1839 - 14 Jan 1914 s/o Joshua & Editha Ann Lewis Riggs
       w Mary Ellen King 2 Apr 1843 - 24 Sep 1913 d/o Middleton & Mahala E. Summers King
       d M. Iriedella d. 30 Dec 1883 1-10-17
Robinson, Agnes Jane 13 Feb 1905 - 25 Jul 1963

Scott, Samuel 28 Jan 1818 - 10 Mar 1896 s/o William & Frances Musgrove Scott
       w Mary A. Purdom 31 May 1834 - 26 Feb 1905 d/o Charles R. & Mary Purdom
       s William Henry 19 Dec 1830 - 24 Jul 1859
Scott, William d. Feb 1844
       w Frances Musgrove d. 21 Sep 1856

Salem Methodist

Shaw, John d. 8 Feb 1841 in 69th year
    w Elizabeth dates eroded
    d infant no dates
Shipley, Gassaway 1885 - 1947
Sibley, Emma R. G. 14 Feb 1875 - 12 Jul 1963
Sibley, John W. 13 July 1850 - 25 Apr 1927
Sibley, Joseph Esq. 19 Aug 1837 - 6 Aug 1919 s/o Jonathan & Harriet Mullican Sibley
    w Harriet A. Benson 20 Nov 1842 - 21 Feb 1924 d/o William H. Sr. & Jane Benson
    s T. Benson 9 Sep 1882 - 17 May 1883
Sibley, Joseph Russell 9 May 1901 - Feb 1971
    w Hettie K. 1915 - no date
Sibley, William J. 6 Mar 1862 - 12 Sep 1931
Snyder, Godfrey C. 1875 - 1948
    w Mary C. Williams 1876 - 1952 d/o Joseph F. & Sophronia Williams
    s Norman L. 12 Aug 1915 - 15 Aug 1915
Snyder, Nicholas d. 18 July 1849 0-4-25
Snyder, Rynaldo P. 11 Dec 1842 - 2 Feb 1910
    w Harriet Ann R. Poole 8 Aug 1854 - 19 Jan 1944 d/o William H. & Hannah E. Miles

Tabler, Charles R. 2 Jun 1875 - 11 Apr 1910 s/o Jacob L. & Mary E. Tabler
    w Jessie P. Watkins 19 Sep 1877 - 31 Mar 1932 d/o James Willard & Charlotte J. Williams Watkins
    s Charles Deets 30 Oct 1904 - 3 Nov 1927
    s James Milton 28 Aug 1902 - May 1983
      w Florida W. Sheckles 9 Sep 1910 - 4 Apr 2000 d/o Nathan & Edith May Bowen Sheckles
Tregoning, John Monroe 22 Jul 1909 - 17 Sep 1998 s/o John & Lena Jane King Tregoning
    w Mabel A. Brown 18 Apr 1909 - 6 Jul 1996
    s Harold E. 1933 - 1949
    s John W. 1946 - 1956

Wagner, Jo Ann no dates
Wagner, John no dates
Warfield, Gertrude B. d. 4 Nov 1892 5-7-3 d/o William & Laura J. Warfield
Waters, E. M. 24 Jul 1828 - 14 May 1887
    w Susan R. 28 Oct 1835 - 20 Jan 1907
Watkins, Edward King 31 May 1864 - 15 Nov 1940 s/o Alpha & Harriet Ann Lewis Watkins
    w Sophronia R. Phelps 1 Oct 1846 - 9 Jan 1924 d/o Sarah Phelps
    s George Orlando 18 Mar 1864 - 15 Nov 1940
    s Walter Wilson 2 Jun 1866 - 21 May 1927
      w Rosa L. Matthews 21 July 1870
    d Addie Sophronia 15 Oct 1875 - 21 Dec 1970
Watkins, Noah 23 Aug 1846 - 8 Dec 1928
    w Julia Ann Linthicum 21 Oct 1850 - 26 Dec 1931
    s Herbert d. 6 Oct 1880 4-5-11
    d Bessie d. 10 Jun 1880 0-5-1
    s Clinton Cleveland 29 Oct 1883 - 12 Dec 1911
    s John Lester Clark 25 Dec 1881 - 25 Mar 1965
      w Bessie T. Wallach 13 May 1892 - 20 Apr 1967
    s Garrett Webster 1872 - 1947
      w Vertie A. Mullinix 1874 - 1959
    s Granville W. 1906 - 1968
    s Wilbur Noah 4 Dec 1900 - 13 Oct 1989
      w Nora Bell King 7 Jul 1907 - 3 Jan 2003 d/o Edward W. & Fannie D. Dutrow King
    s Leroy Webster 12 Dec 1896 - 28 Apr 1987
      w Bessie Lee King 5 Dec 1898 - 27 Jun 1984 d/o Holliday Hix & Amy Jane Musgrove King
    d Margaret L. infant d. 7 Mar 1920
    s Arthur Linthicum 5 Apr 1885 - 16 Mar 1957
      w Esther Pearl Luhn 7 Jun 1885 - 18 May 1987 d/o Randolph & Sarah Elizabeth Price Luhn
    s Noah Luhn 4 Mar 1910 - 26 Jul 1910 [con't.]

Salem Methodist

  s Arthur Leonard Jr. 22 Mar 1912 - 16 May 1992
   w Ethel B. Gue 2 Mar 1912 - 4 Dec 1964
  s Raymond Ridgley 26 Dec 1888 - 16 Aug 1913 h/o Nellie Musgrove Watkins
  d Nellie Evelyn 1912 - 22 Jan 1918
Watkins, James Willard 20 Sep 1848 - 29 Nov 1928 s/o Alpha & Harriet Ann Lewis Watkins
  w Charlotte J. Williams 23 Sep 1850 - 10 Feb 1923 "In love she lived In peace she died
                   her life was asked but God denied"
  s James Haller 2 Dec 1888 - 20 Dec 1965 s/o James W. & Charlotte Haller Wakins
   w Annie Ellen Woodfield 3 Jun 1880 - 13 Sep 1926
Watkins, Willie d. 30 Dec 1881 19 days s/o C. E. & Emma Watkins
Wells, Ovid L. 1894 - 1956
  w Hallie 1893 - 1952
White, Sarah Ann 19 June 1831 - 9 Feb 1900 w/o William B. White
Williams, Donald H. 5 Oct 1915 - 18 May 1993
Williams, Joseph Crawford 26 Aug 1919 - 23 Jan 1994
  w Mary Ruth 24 Jul 1925 - 8 Jan 1987
  s Robert Lansdale 13 Jan 1947 - no date
Williams, Norman L. 6 Jun 1894 - 4 Mar 1969 s/o Joseph & Sophronia Anderson Williams
  w Hilda M. 6 Feb 1895 - 29 1 1982
Williams, Thompson 27 Dec 1859 - 18 Apr 1941 s/o William & Priscilla Lewis Williams
  w Hattie W. King 2 Feb 1864 - 23 Feb 1926 d/o Charles Miles & Harriet Brewer King
  s William V. 28 Jun 1889 - 2 Apr 1909
Williams, William 24 Mar 1810 - 31 Jan 1888
  w Priscilla Lewis 22 Oct 1818 - 21 Feb 1883
  s Joseph W. 21 Jan 1841 - 18 Dec 1911
   w Sophronia Williams 13 Aug 1853 - 18 Aug 1915 d/o Josephus Williams
  s Charles Wellington 13 Sep 1885 - 22 Sep 1949
Windsor, Russell 19 Oct 1904 - 16 Mar 1982 s/o Randolph & Ida P. Burkett Windsor
  w Madeline W. 5 Oct 1912 - no date
Woodfield, Albert Waters Sr. 13 Jan 1918 - 26 Sep 1973 h/o Virginia DeMoss Woodfield
Woodfield, James M. 19 May 1852 - 10 Aug 1904 s/o Joseph & Keziah R. Purdum Woodfield
  w Laura S. Waters 27 Apr 1862 - 12 Nov 1892 d/o Francis M. & Susan R. Waters
Woodfield, Joseph Waters 2 Aug 1892 - 28 Jun 1978 s/o James M. & Laura S. Waters Woodfield
  w Evie Louise Watkins 18 Jun 1893 - 26 Sep 1993 d/o John O. & Eva L. King Watkins

Young, Asenath R. Riggs 25 Mar 1828 - 9 Jun 1894 w2/o Richard Young [buried with first wife in family cemetery]
  s William 29 Sep 1866 - 9 Jul 1891
Young, Charles T. 16 Feb 1853 - 5 Jan 1896 s/o Richard & Asenath R. Riggs Young
  w Sarah A. White 24 Jul 1862 - 11 May 1924
  s Harvey T. d. 16 Mar 1890 0-9-16
Young, William d. 9 Jul 1881 24-11-10 s/o Richard & Asenath R. Riggs Young

**Purdum Family Cemetery
off Davis Mill Road
Cedar Grove, Maryland**

Pugh, Samuel T. 1849 - 18??
    w Emily J. R. Purdum 27 Nov 1851 - 14 Dec 1883 d/o John Rufus & Mary Shaw P. Watkins Purdum
    "Dearest loved one we have laid thee in thy peaceful grave,
    But thy memory will be cherished till we see thy heavenly face."
Purdum, John Jr. 11 Sep 1779 - 1865 s/o John & Keziah Darby Purdum
    w Eleanor M. Riggs 27 May 1784 - 1863 d/o Amon & Ruth Griffith Riggs
Purdum, John Rufus 10 Aug 1827 - 30 Jun 1898 s/o John Jr. & Eleanor M. Riggs Purdum
    w Mary Shaw P. Watkins 22 Feb 1829 - 3 Mar 1877 age 48 d/o Alpha & Harriet Ann Lewis Watkins
Purdum, Rosie Lee 25 Sep 1900 - 10 Aug 1901 d/o L. M. & Sallie Purdum

Riggs, Carroll C. 12 Mar 1875 - 6 Aug 1875 s/o William E. & Mary E. Riggs
Riggs, Joshua 12 Dec 1811 - 25 Mar 1879
    w Edith A. Lewis 25 Jul 1813 - 19 Dec 1897
Riggs, William Walter *"This lovely bud so young and fair called hence by early doom"*

Woodfield, Joseph 12 Sep 1816 - 15 May 1885
    w Keziah Riggs Purdum 1 Dec 1816 - 24 Jun 1900 d/o John Jr. & Eleanor M. Riggs Purdum
    s Rufus S. 6 years old "Our Babe"

                    Epitaph of Joshua Riggs

A precious one from us has gone,
A void we loved is still,
A Place vacant in our home,
Which never can be filled.

Upper Seneca Baptist Cemetery
23401 Davis Mill Road
Cedar Grove, Maryland

Allnutt, Cecil B. 19 Nov 1899 - 13 Dec 1974 s/o Harry C. & Clara E. Bowman Allnutt
    w Minnie Hazel Watkins 16 Feb 1900 - 26 Feb 1992
        d/o Charles Jefferson Lee & Minnie Amanda Cornelius King Watkins
Bannow, Earle F. infant no dates
    Frank B. infant no dates
Bartlett, Dale Collins 1930 - 15 Nov 1989 h/o Marion Goodwin Bartlett
Beall, Aubrey 28 Jan 1924 - 6 Jun 1999 s/o Ernest W. & Vergie Mae Thompson Beall
    w Betty Ellen Snyder Beall 31 Jul 1921 - 5 Dec 2002 d/o William & Bertha Mercer Snyder
Beall, Edward Larkin 6 Oct 1835 - 22 Nov 1895 s/o Basil & Matilda Mark Beall
    w Ruth Griffith Purdum 20 Feb 1836 - 27 Mar 1915 d/o Charles R. & Mary Shaw Purdum
    s Charlie B. J. 20 Mar 1862 - 26 Mar 1920
Beall, Edward Maurice 1870-1938 "Father" s/o Edward Larkin & Ruth Griffith Purdum Beall
    w Mary Jane Purdum 1882-1964 "Mother" d/o William Rufus & Ida May Whittington Purdum
Beall, William E. 12 Oct 1904 - 15 Nov 1964 s/o Edward Maurice & Mary Jane Purdum Beall
    w Celeste Pearl Watkins 16 Dec 1902 - 23 Oct 1959 d/o Charles Lee & Minnie Amanda King Watkins
    s Edward W. 21 May 1926 - 2 Jan 2000 h/o Maxine H. Beall
Best, Ruth Madora Beall 29 Dec 1867 - 21 Feb 1911 d/o Edward Larkin & Ruth Griffith Purdum Beall
    s Simon E. d. 12 1893   0-2-21 s/o Simon David Best
Black, Ralph D. 26 Mar 1909 - 12 Dec 1999 s/o Oscar C. & Ida M. Welch Black
    w Kathleen Viola Stump 9 Nov 1911 - 28 Dec 1977
    s Oscar C. 6 Jul 1933 - 12 Aug 1996
Bowman, Charles R. 5 Jul 1867 - 11 Apr 1939 s/o Francis Asbury & Melissa D. Riggs Bowman
    w Clara Jane crawfoed 12 Dec 1880 - 2 May 1959 d/o William & Mary J. D. Crawford
Bowman, Francis Asbury 18 Nov 1839 - 23 Mar 1902 s/o Evan & Mary A. Hopwood Bowman
    w Melissa D. Riggs 6 Apr 1844 - 1 Jun 1930 d/o Joshua & Editha Ann Lewis Riggs
    d Frances Emma 6 Jan 1870 - 2 Feb 1964
Bowman, William Upton 1865 - Mar 1935 s/o Francis Asbury & Melissa D. Riggs Bowman
    w Julia Helen King 4 Jul 1874 - 1943 d/o John Edward Howard & Martha Elizabeth Linthicum King
    s Julian Upton 6 May 1907 - 19 Sep 1945 h/o Blanch Bowman
Boyd, Robert 1925 - 24 Feb 1985 h/o Carol Schaeffer Boyd
Brake, Hosea W. 26 Sep 1897 - 5 Oct 1984 h/o Monnie J. Brake
Brown, Gavin L. 2 Oct 1910 - Oct 1982
    w Lucille Clara King 3 Jul 1908 - 20 Oct 1970 d/o Luther N. & Clara Mullineaux King
Brown, John H. 30 Apr 1914 - 14 Feb 1978
Brown, Julian Wilson 14 Apr 1918 - 26 Jan 1983 s/o Philip Cleveland & Frances Marion Watkins Brown
    w Violet Marie Jessee 8 Jul 1927 - 20 Feb 1989
Brown, Rawleigh 13 Feb 1916 - 26 May 1987
Burdette, G. S. no dates
Burdette, infant d. 20 Aug 1906 0-1-14 d/o C. and V. Burdette
Burdette, Joseph Mortimer 1859 - 31 Oct 1889 30-3-19 aka James Mortimer
    s Purdum D. 1883 - 4 Nov 1968 by Hattie A. Purdum Burdette
Burdette, Richard T. 1847 - 1933
    w Laura V. Watkins 12 Oct 1859 - 15 Apr 1904 44-6-3 d/o Luther M. & Martha T. Watkins Watkins
Burnell, Grayson B. 21 Apr 1897 - 20 Mar 1968
    w Myrtle L. 4 Aug 1894 - 26 May 1985
Burrows, James Tyre 12 Apr 1908 - 18 Aug 1991

Case, Clarence E. 17 Sep 1881 - 26 Jul 1948
    w Ida L. 27 Jan 1892 - 22 Jun 1942
Catron, Owen David 4 Jan 1932 - 24 Jun 1983 h/o Elaine V. Catron
Cecil, John Wilson 16 Oct 1917 - 21 Dec 1918 s/o Wilson & Blanche Soper Cecil
Clements, Robert Lee 4 Apr 1954 - 16 Dec 1980
Costen, Robert Emory 1 Jan 1911 - 3 Dec 1992
    w Frances Wilmoth 1911 - 15 Sep 1975 d/o Leonard J. & Mamie M. Wilmoth
Crook, Eula Mae 14 Apr 1904 - 16 Apr 1991
    s Rufus Edwin 26 Mar 1939 - 27 Oct 1983 h/o Pauline Crook

Upper Seneca Baptist

Davidson, Hugh Lawson 13 Feb 1906 - 23 May 1991 h/o L. Elizabeth Watkins Davidson
Davis, Robert G. 25 Jan 1847 - 5 Oct 1920
    w1 Martha W. Darby 23 Aug 1854 - 18 May 1898 d/o George Washington Jr. & Chloe Ellen Mackatee Darby
    w2 Ella C. 1862 - 28 Dec 1935 73 years
Day, Sherry Deanna 26 May 1962 - 12 Feb 1981 d/o Martha J. Day
Dean, Stanley C. 1895 - 1951
    w Lillie J. 1893 - 22 Jun 1988
Duvall, Wilson 1913 - 27 May 1986 s/o Lewis & Bertha Watkins Duvall
    w Minnie Gertrude Watkins 2 Oct 1916 - 2 Jan 1998 d/o Talmadge Lorenzo & Myrtle Bryan Burns Watkins

Ervin, Rebecca d. 12 Jul 1884 59th year w/o Samuel Ervin
Evans, Clement Hugh, Jr. 30 May 1921 - 24 Aug 1994

Faith, Rebecca C. b&d 1991 d/o Harry E. & Brenda Faith
Farris, Johnny L. 1 Oct 1946 - 22 Feb 1988
Fastner, Joseph Windell Jr. 12 Sep 1938 - 1 Sep 1969
Fawsett, William H. 1878 - 1951
    w Elizabeth M. Suddath 1877 - 1925 d/o Benjamin F. & Ann Elizabeth Suddath
Flynn, Thomas Henry Clay 1883 - 2 May 1969
    w Jane Eleanor Watkins 1887 - 15 Jan 1969 d/o John Oliver Thomas & Evie Lee King Watkins

Grimes, James Berman 1880 - 1954 s/o John E. & Sarah J. King Grimes
    w Della E. 1883 - 21 Oct 1960

H., L. D. no dates
Harris, Albert S. 25 Jan 1906 - 12 Dec 1959
    w Thelma W. 25 Oct 1908 - 5 May 1988
Hash, Gloria Woodfield 13 Nov 1943 - 4 Dec 1971 d/o Paul Boyer & Hazel Rebecca Brown Woodfield w/o Gilbert Ray Hash
Hawkins, Elizabeth Ann d. 1913 age 72
Hawkins, Elgie D. 1891 - 5 Jun 1969 s/o James Benjamin & Annie Belle Burns Hawkins
    w Belle P. Watkins 12 Mar 1896 - 14 Jun 1990 d/o Charles Lee Sr. & Minnie Amanda King Watkins
Haynie, Mary A. 18 Feb 1819 - 26 Apr 1989 w/o Willard S. Haynie
Herbert, William Roy 16 May 1922 - 27 Oct 1979
Herndon, Richard Lynn 22 Jun 1923 - 18 Mar 1999 h/o Annie V. Herndon
Hobbs, Charles D. 1895 - 18 Jan 1978
    w Ethel S. 1889 - 18 Jun 1974
Hobbs, J. W. no dates
Hobbs, Mary no dates
Hobbs, Rezin d. 30 Jul 1875 84 years
    w Elizabeth Ramsower d. 26 Jul 1874 77 years
    s William Henry 1828 - 1 Sep 1898
        w Elizabeth Eleanor Purdum 1830 - 1877 d/o Charles Riggs & Mary Shaw Purdum
    d Mary no dates
    s Russel no dates
    d Mary C. 1856 - 1899
Hobbs, S. T. no dates
Holsinger, Catherine L. 13 Mar 1919 - 13 Aug 1988 w/o Cecil A. Holsinger
Howard, Cora S. 4 Nov 1873 - 9 Jan 1967 w/o John Howard
Howard, Elizabeth Cassandra Woodfield 4 Feb 1920 - 25 Mar 1989 d/o John Dorsey & Mazie Marie Watkins Woodfield
    w/o Kenneth H. Howard
Howard, Luther Conrad 1 Feb 1898 - 20 Oct 1964 s/o John & Cora Howard
    w Claudia Lucille Watkins 19 Aug 1894 - 31 Jan 1985 d/o Charles Lee & Minnie Amanda King Watkins
Howard, Wiley 17 Apr 1912 - 21 Oct 1976 s/o Leonard L. & Ada Fuller Howard h/o Emma Rose Woodfield Howard
Howes, Marion 28 Jun 1896 - 2 Feb 1988
    w Bessie K. Watkins 4 Nov 1898 - 25 Dec 1992 d/o Charles Lee & Minnie Amanda King Watkins
Hungerford, Charles S. 29 Oct 1916 - 30 Aug 1997
Hungerford, James Thomas Sr. 19 Nov 1906 - 10 Mar 1967
Hungerford, William C. 1 May 1884 - 31 May 1979
    w Lillian E. 27 Jan 1886 - 4 Aug 1943 [con't.]

Upper Seneca Baptist

    s William R. 16 Dec 1917 - 28 Aug 1947 MD Pvt Medical Dept WWII
    s Remus Rumuls 21 Sep 1920 - 27 Oct 1938
    s Woodrow W. 5 Jan 1919 - 25 Feb 1987
Huntt, Edward Lewis 1 Nov 1938 - 28 Sep 1993

Ingalls, Charles Howard N. 24 Aug 1900 - 2 Jun 1991
    w Etta May Wells 11 Feb 1883 - 23 Jan 1962

Johnson, Charles T. 12 May 1868 - 4 Jan 1948
    w Jennie Elizabeth Watkins 6 Nov 1868 - 15 Aug 1943 d/o Lorenzo Dallas & Jane Dorsey Purdum Watkins
Johnson, Infant no dates
Johnson, Mary E. Watkins 11 Jan 1905 - 12 Jan 1998 d/o Charles Lee & Minnie Amanda King Watkins w/o Thomas Johnson
Jones, Robert L. 19 Jan 1879 - 18 Jan 1952
    w Rose L. 30 Mar 1886 - 12 Jan 1968

King, Crittenden M. 31 Aug 1857 - 13 Jan 1918 s/o Charles Miles & Harriet Brewer King
    w Margaret Florence Watkins 7 Dec 1862 - 11 Jan 1924 d/o Lorenzo Dallas & Jane Dorsey Purdum Watkins
    s Charles Dow 13 Jan 1890 - 26 Aug 1962
        w1 Augusta Ward 10 Nov 1888 - 2 Apr 1922 d/o Harrison Gilmore & Ara Matilda Thrift Ward
        w2 Albertis Ward 20 Dec 1883 - 24 Mar 1970 d/o Harrison Gilmore & Ara Matilda Thrift Ward
    s Leslie Crittenden 24 May 1896 - 2 Dec 1974
        w Bertha Marie Beall 12 Sep 1901 - 23 Sep 1968 d/o Edward Maurice & Mary Jane Purdum Beall
    s Harold Rufus 10 Sep 1927 - 30 Aug 1994
    s Robert Lee 4 Apr 1931 - 1934
    s Charles Carroll 27 Mar 1933 - 1935
King, Emma Jane Lyddard 12 Mar 1890 - 16 Aug 1974 d/o John C. & Mary Ella Hobbs Lyddard w/o Filmore Clark King
King, James Franklin 2 Jan 1937 - 1 Jan 1996 h/o Dorothea Moran King
King, Leslie Irving 26 Jun 1924 - 27 Oct 1995
King, Luther N. 1850 - 1940 "Father" s/o Charles Miles & Harriet Brewer King h/o Ida Florence Burdette King
    w2 Clara M. Mullineaux 1872 - 1953 "Mother"
    d Hazel Ethel 18 Nov 1900 - 26 May 1933
King, Scott d. 29 Sep 1894 in his 43rd year
King, Stanley D. 1907 - 1 Mar 1959 s/o Rinaldo D. & Mary S. Ward King
    w Rosalee Flynn 1909 - 1951 d/o Thomas Henry Clay & Eleanor Jane Watkins Flynn
King, William Edward 1860 - 1936 s/o Charles Miles & Harriet Brewer King
    w1 Anna Temple Burdette 1864 - 13 Sep 1931 John Edwin & Mary Ellen Watkins Burditt
    w2 Addie Mae Brown 21 Sep 1891 - 29 Nov 1975 d/o John Wesley & Frances America Cornelia Burdette Brown
    s Willie Harold d. 8 Apr 1905 12-6-16

Lawson, Brian Eugene 21 Aug 1976 - 9 May 1995 s/o Alfred Eugene & Sheri Mitchell Lawson
Leaman, John Somerset 5 Mar 1835 - 15 Dec 1883 s/o Joseph & Charlotte McDade Leaman
    w Elizabeth Ann Watkins 31 Oct 1840 - 18 Sep 1913 d/o Alpha & Harriet A. Lewis Watkins
    s Charles 3 Nov 1873 - 28 Jan 1925
    s John R. 1877 - 1945
Leaman, William C. 1875 - 1920 s/o John Somerset & Elizabeth Ann Watkins Leaman
    w Bessie H. 1875 - 1921
Lewis, Grover G. 22 Apr 1885 - 12 Nov 1910 s/o William J. & May Bell Watkins Lewis
    w Ida Norine 26 Dec 1885 - 30 Jan 1979
Lewis, Harriet C. Leaman 4 Oct 1872 - 9 Jan 1937 d/o John Somerset & Elizabeth Ann Watkins Leaman
    w/o Percival Thomas Lewis
Lewis, William J. 5 Jun 1856 - 22 Nov 1937 s/o Caleb & Ascenah S. King Lewis
    w May Belle Watkins 4 May 1861 - 23 Mar 1915 d/o Lorenzo Dallas & Jane Dorsey Purdum Watkins
Liller, Eugene D. 11 Jun 1863 - 17 Jan 1938
    w Lillian Estella Yeager 22 May 1875 - 5 Jun 1951
Linthicum, Charles G. 19 Mar 1864 - 7 Jul 1944 s/o Gassaway W. & Amanda Charity Hoyle Linthicum
    w1 Alice B. Purdum d. 28 Nov 1891 23rd year d/o Charles Thomas & Harriet Blunt Hobbs Purdum
    w2 Lillie W. Jones 26 Aug 1868 - 21 Jan 1947

Upper Seneca Baptist

Linthicum, Dorsey J. 28 Apr 1901 - 5 Aug 1976 s/o Charles G. & Lillie W. Jones Linthicum
    w Ethel Alice Frazier 6 Jan 1915 - 29 Dec 1994 d/o Walter & Sarah Bennett Frazier
Linthicum, Gassaway Watkins d. 29 Sep 1885 61-5-29 s/o Lot & Ann Elizabeth Watkins Linthicum
    w Amanda Charity Hoyle 21 Sep 1827 - 14 Feb 1907 d/o George & Altha Ann Childs Hoyle
Linthicum, Grover D. 18 Nov 1888 - 22 Feb 1958 s/o George Frederick & Irene Alverta Tabler Linthicum
    w Mary Virginia Carlisle 29 Aug 1892 - 10 Aug 1947
Lorrilliere, Paul L. 1887 - 1955
    w Sara C. 1888 - 1968
Lowe, Glen L. 11 Feb 1935 - 27 Aug 1992
Lowe, Nellie V. 1905 - 25 Jan 1987
    s Lawrence D. 21 Oct 1927 - 6 Jun 1983
Lowe, Robert Wayne B. 1 Apr 1958 - 22 Sep 1996
Lyddard, John C. 3 Oct 1850 - 16 Jan 1916 s/o Jerome B. & Nancy A. Lawson Lyddard
    w Mary Ella Hobbs 31 Oct 1859 - 13 Feb 1892

McAtee, Oscar 1880 - 7 Apr 1959 s/o Zachariah William & Virginia Purdum McAtee
    w Bessie Jones Riggs 1890 - 1919 d/o Bradley J. & Ida Catherine Watkins Riggs

M., E. J. no dates
Matthews, William F. 1868 - 11 Mar 1967
    w Avondale M. Purdum 1876 - 1957 d/o Charles Thomas & Harriet Blunt Hobbs Purdum
    s Guy 5 Mar 1904 - 9 Jan 1905
Matthews, William Hobbs 30 Apr 1910 - 28 Apr 1994 s/o William F. & Avondale M. Purdum Matthews
    w Ethel May 7 Nov 1908 - 20 Sep 1997
Michael, Mary Jane 4 Jun 1896 - 4 May 1971 "Mother"
Miles, George 1852 - 6 Mar 1937 s/o Nathan E. & Eliza Robertson Miles
    w Laura Livingston Cooley 1856-1949 d/o John Garrott & Eleanor Jane Gleason Cooley
    d Georgia Lee d. 4 Mar 1889 0-4-26
Miles, William Carey 7 Aug 1892 - 3 Jun 1953 s/o George & Laura Livingston Cooley Miles
    w Selma Eickelberg 7 Apr 1894 - 27 Aug 1979
Miller, Louise Tennant d. 1893 3 months
Miller, Margaret L. Case 24 Jan 1910 - 8 Mar 1969
Miller, William P. 1859 - 1933
    w Eliza J. d. 28 Dec 1890 29-8-27
Mueller, Edward Joseph 16 Oct 1914 - 21 Jan 1975
    w Audrey L. King 2 May 1915 - no date
Mullican, Blanche E. 1911 - 1922 d/o John Spencer & Effie May Soper Mullican
Mullican, W. Russell 1903 - 1918 s/o John Spencer & Effie May Soper Mullican
Mullinix, Mabel E. 4 Dec 1926 - 29 Oct 1978 w/o George B. Mullinix
Musson, James Edward 6 Mar 1936 - 3 Mar 1988 h/o Joan Marie Watkins Musson

Nicholson, Carson Edward 13 Jul 1891 - 3 May 1980 s/o Reuben Mortimer & Florence Edward Watkins Nicholson
    w Sallie Blanche Watkins 28 Jan 1895 - 1987 d/o Joseph Dallas & Ida Virginia C. Day Watkins
Novach, Bonnie Mueller d. 31 Oct 1979 d/o Edward Joseph & Audrey L. King Mueller

Oden, William T. 31 Aug 1886 - 8 Dec 1980 s/o Thomas W. & Caroline Carter Oden
    w Sadie E. 28 Aug 1886 - 31 Dec 1920 [Owden on stone]
    d Mary Annette F. 13 Aug 1920 - 20 Mar 1924 [Owden on stone]
Oden, Thomas W. 12 May 1859 - 6 Aug 1931 [Owden on stone]
    w Caroline Carter 10 May 1860 - 14 Jan 1929 [Owden on stone]
Offutt, Russell E. 17 Jan 1918 - 11 Feb 1998 h/o Eleanor Watkins Offutt
Orme, Ethel Poole 9 Feb 1890 - 18 Jul 19?? d/o William S. & Eveline Burdette Poole h1 Cleveland Beall h2 Charles C. Orme

Payne, Janie Marie Woodfield 9 Mar 1918 - 9 Mar 1992 d/o John Dorsey & Mazie Marie Watkins Woodfield
    w/o Clarence M. Payne
Perrey, F. Anett 21 Mar 1961 - 28 Nov 1982
Perrey, Ursula I. 2 Jan 1923 - 21 Aug 1988
Ponton, Mary Oden 13 Apr 1882 - 22 Sep 1962 d/o Thomas W. & Caroline Carter Oden

Upper Seneca Baptist

Poole, Filmore N. 25 Dec 1881 - 20 Apr 1945 s/o Fillmore N. & Margaret L. Poole
    w Maude V. Oden 12 Sep 1894 - 27 Sep 1981 d/o Thomas W. & Caroline Carter Oden
Poole, Margaret L. d. 15 Apr 1942 w/o Fillmore N. Poole, Sr.
Poole, Windsor C. 21 Dec 1899 - 6 May 1967 s/o Fillmore N. & Maude V. Oden Poole
    w Katherine L. 5 Nov 1905 - 8 Sep 1976
Pugh, Elsie d. 19 Jul 1901 w/o S. T. Pugh
Pugh, William R. d. 7 Sep 1911 32 years h/o Jammie Pugh
    d Carrie L. Poole 28 Sep 1903 - 21 Dec 1905 d/o Fillmore N. & Margaret L. Poole
Purdum, Arthur B. 1917 - 26 Feb 1988 s/o Luther M. & Sallie Lavania Murdock Purdum
    w Esther Hough 13 Feb 1920 - 10 Feb 2000 d/o Charles & Lucy Viands Hough
Purdum, Charles Riggs 12 Apr 1807 - 28 Nov 1864 58 years s/o John & Eleanor M. Riggs Purdum
    w1 Mary Shaw 1803 - 1 Nov 1843 40 years
    s George M. Dallas 9 Mar 1845 - 29 Oct 1864 by w2 Margaret Hobbs Purdum
Purdum, Charles Thomas 23 Aug 1834 - 1 Dec 1906 s/o Charles Riggs & Mary Shaw Purdum
    w Harriet Blunt Hobbs 1839 - 1917 d/o Rezin & Elizabeth Ramsower Hobbs
Purdum, Harry 22 Jul 1901 - 24 Jul 1901 s/o Charles R. and E. Jennie Purdum
Purdum, James Mordecai 1870 - 1927 s/o John Rufus & Mary Shaw Watkins Purdum
    w Emma A. Davis 1873 - 1933
    s James Elliott 21 Mar 1898 - 22 Feb 1978 h/o Dora Estelle Johnson Purdum
    s Maurice E. 1903 - 1925 h/o Julia Elizabeth Watkins Purdum
Purdum, John Rufus Jr. 18 Oct 1866 - 1930 s/o John Rufus & Mary Shaw Watkins Purdum
Purdum, Joseph J. 24 Mar 1875 - 10 Jul 1913 s/o John Rufus & Mary Shaw Watkins Purdum
    w Laura May Davis 22 Jun 1874 - 28 Jan 1963 d/o John M. Davis
    s Rufus D. 1898 - 1923
    d Marietta b&d 9 Jan 1901
    s George Rufus 22 Feb 1921 - 7 Nov 1922
Purdum, Luther M. 29 Jan 1865 - 31 May 1931 s/o John Rufus & Mary Shaw Watkins Purdum
    w Sallie Lavania Murdock 1872-1957 d/o Richard Howard & Ellen Medairy Murdock
    s Philip Roy 1894 - 22 Mar 1978
    s Leroy May 1899 - 10 Sep 1968
    s William L. 22 May 1902 - 13 Nov 1915
Purdum, William Rufus 23 Dec 1852 - 16 Apr 1901 "Father" s/o John Rufus & Mary Shaw P. Watkins Purdum
    w Ida May Whittington 12 Dec 1859 - 16 Feb 1924 "Mother"
Purdum, William S. d. 20 Jan 1947 age 74 h/o Katie L. Murphy Purdum [she is buried in Clarksburg]

Rau, Donald Preston 1 Jul 1921 - 27 Nov 1969
    w Beverly K. 12 Feb 1928 - no date
Ray, Infant b&d 1941
Ray, Margaret Jane b&d 1943
Ray, Mary Catherine Fraley 10 Jun 1872 - 17 May 1942 w/o Douglas Riggs Ray s/o John Wm. & Hinda Adamson Fraley
Ray, William Lanning 13 Mar 1892 - 23 Mar 1958 s/o George F. & Alice V. Bogley Ray
    w Janie Adelle Riggs 17 Jun 1892 - 18 May 1963 d/o Joshua Lanning & Mary M. Beall Riggs
Riggs, Bradley Clark 13 Jun 1892 - 22 Jul 1969 s/o Bradley J. & Ida Catherine Watkins Riggs
    w Myrtle E. Lewis 30 May 1896 - 5 Nov 1971 d/o Percival Thomas & Harriet C. Leaman Lewis
Riggs, Bradley J. 30 Sep 1869 - 9 Feb 1920 s/o William E. & Mary Ellen King Riggs
    w Ida Catherine Watkins 10 Jun 1872 - 17 May 1942 d/o Oliver Thomas & Eleanor Jane Brewer Watkins
    s William O. d. 20 Jul 1891 0-2-0 by Ida Catherine Watkins Riggs
    d Mollie E. d. 3 Jul 1898 0-0-11
Riggs, Joshua Lanning 3 Apr 1865 - 11 Dec 1938 s/o William E. & Mary Ellen King Riggs
    w Mary M. Beall 5 Jan 1865 - 12 Sep 1936

Schaeffer, Richard T. 1900 - 23 Jan 1972 s/o George Schaeffer
    w Mae Grace Watkins 1 Jun 1908 - 11 Aug 1963 d/o John Oliver Thomas & Evie Lee King Watkins
Smith, Jethrow M. 14 Jan 1915 - 10 Jan 1990 h/o Esther J. Smith
Soper, Charles Wooton 1877 - 29 Sep 1956 s/o William Wooton & Catherine Jemima King Soper
    w Nellie Howse Benson 1879 - 1969
Soper, Spencer Jones 1878 - 4 Mar 1938 s/o William Wooton & Catherine Jemima King Soper
    w Dora Higgins 1862 - 1943
    d Marguarette D. b&d 12 Jan 1898

Upper Seneca Baptist

Soper, William Wooton 15 Jul 1850 - 27 Jun 1919 s/o John Thomas & Sarah A. Layton Soper
    w Catherine Jemima King 30 Jul 1854 - 3 Feb 1929 d/o John Middleton & Amy Catherine Brewer King
Stewart, Alice Oden 1888 - 1953 d/o Thomas W. & Caroline Carter Oden
Suddath, Benjamin Franklin 26 May 1850 - 19 Oct 1904 h/o Elizabeth Ann Suddath
Suddath, Howard B. 29 Aug 1905 - 26 May 1955
    w Evelyn G. Watkins 6 Nov 1911 - 29 Dec 2002 d/o Frederick B. & Anna M. Jones Watkins
Suddath, Robert S. 27 Jun 1845 - 29 Oct 1918
    w Mary G. 16 Aug 1868 - 4 Sep 1935

Tabler, Howard Lafayette 26 Nov 1925 - 29 Apr 1984
    w Hattie Lorraine King 19 May 1926 - no date d/o William Edward & Addie Mae Brown King
Thomas, Infant b&d 14 Mar 1920 s/o Rev. L. A. & C. O. Thomas
Thompson, Albert B. 10 Mar 1833 - 24 Jan 1918 s/o William Thompson
    w Sarah L. Bowman 6 Oct 1833 - 24 Aug 1905 d/o Frederick & Ruth R. Darby Bowman
    d Clara R. 17 Jun 1861 - 28 Nov 1946
    d Myra E. 20 Jan 1866 - 11 Aug 1943
    d Sarah M. 1868 - 1922
    d Mary V. 21 Oct 1870 - 24 Jan 1898
Thompson, Charles Edward 15 Apr 1857 - 25 Jun 1942 s/o Albert B. & Sarah L. Bowman Thompson
    w Margaret E. Purdum 24 Apr 1858 - 2 Apr 1932 d/o John Rufus & Mary Shaw Watkins Purdum
    d Sadie Agnes 1891 - 1965
Thompson, Millard F. 2 Nov 1856 - 3 Oct 1930 s/o Evan C. & Sarah A. Thompson
    w Julia A. Duvall 2 May 1863 - 23 Apr 1940 d/o James E. & Alice E. Penn Duvall
    s Arthur b. May 1882
    d Lola no dates
    c infant no dates
    s Magin stone illegible
Tobin, Walter V. 25 Jan 1909 - 23 Jun 1990 h/o Audrey L. King Tobin

Watkins, Alpha 1803 - 1880 s/o Thomas & Charity King Watkins reinterred from family cemetery on Davis Mill Road
    w Harriet Ann Lewis 1805 - 16 May 1881 reinterred from family cemetery in Maynard D. Watkins plot
Watkins, Archibald Brett 16 Jul 1895 - 5 Jul 1978 s/o John Oliver Thomas & Evie Lee King Watkins
    w Amanda Marie King 1 Jul 1902 - 14 Jul 1991 d/o Edward Walter & Fannie D. Dutrow King
    s George Lacy 29 Mar 1922 - 2 Nov 1998
Watkins, Charles Jefferson Lee 1864 - 1937 s/o Lorenzo Dallas & Jane Dorsey Purdum Watkins
    w Minnie Amanda Cornelius King 1870 - 5 Nov 1946 d/o Edward J. & Jane Burdette King
    d Gladys D. 1894 - 1897
    s Charles Jefferson Lee Jr. 26 Jun 1897 - 19 Jul 1982
        w Rosie Mae Johnson 25 Dec 1900 - 3 Dec 1986 d/o James W. & Emma Cole Burdette Johnson
Watkins, Christopher Eugene 10 Jun 1854 - 7 Apr 1915 s/o Oliver Thomas & Eleanor Jane Brewer Watkins
    w Emma Jane Lewis 12 Jul 1857 - 3 Jun 1900 d/o Alexander Hanson & Emaline Burdette Lewis
    s Jesse 10 Feb 1893 - 12 Nov 1912
    s McKinley 14 Nov 1896 - 10 Oct 1918
    s Alpha 21 Mar 1900 - 10 Jan 1919
Watkins, Cornelius Alfred Sr. 15 May 1875 - 20 Dec 1946 s/o Lorenzo Dallas & Jane Dorsey Purdum Watkins
    w Laura Rebecca Woodfield 4 May 1884 - 27 Aug 1979 d/o John R. & Nettie Woodfield
    s Alfred Woodfield 18 Jun 1906 - 22 Nov 1907
Watkins, Frederick Bartgis 13 Mar 1884 - 14 Feb 1968 s/o John Oliver Thomas & Evie Lee King Watkins
    w Anna May Jones 5 Dec 1891 - 7 Feb 1982
Watkins, Harry Lorenzo 1872 - 1950 "Father" s/o Lorenzo Dallas & Jane Dorsey Purdum Watkins
    w Annie Estelle Hall 1873 - 1943 "Mother" d/o John W. Hall
    s Harold Hall 1901 - 1920
Watkins, Ida Louise 1925 - 23 Oct 1995 d/o Wilbur Day & Ruth Selby King Watkins w/o Charles Franklin Bartgis
Watkins, John Norman 27 Sep 1885 - 15 Jan 1975
    w1 Vivian R. Woodfield 7 Sep 1891 - 1 Aug 1931 d/o James M. & Laura S. Waters Woodfield
    w2 Caroline Hazel 20 Apr 1908 - 19 Jul 1993
    s Norman D. 20 Jun 1920 - 20 Oct 1920

Upper Seneca Baptist

Watkins, John Oliver Thomas 3 Nov 1860 - 11 Jan 1928 s/o Oliver Thomas & Eleanor Jane Brewer Watkins
    w Evie Lee King 31 Aug 1864 - 5 Oct 1941 d/o Edward J. & Mary Jane Burdette King
      s Dorsey Milton 2 Mar 1893 - 26 Mar 1893
      s Otto 7 Mar 1905 - 17 Jul 1906
Watkins, Joseph Dallas 1870 - 20 Jun 1935 "Father" s/o Lorenzo Dallas & Jane Dorsey Purdum Watkins
    w Ida Virginia C. Day 1872 - 1934 "Mother" d/o James Wilkerson & Sarah Wilson Beall Day
      s Guy Dallas 1908 - 30 May 1988
        w Fannie E. Brown 5 Jun 1913 - 17 Apr 1998 d/o Harry H. & Margaret A. Musgrove Brown
Watkins, Kenneth Ray 24 Aug 1941 - 22 Nov 1996 s/o Herbert & Mary Mae Barnes Watkins h/o Brenda Watkins
Watkins, Lorenzo Dallas 28 Aug 1835 - 26 Nov 1920 s/o Alpha & Harriet Ann Lewis Watkins
    w Jane Dorsey Purdum 12 May 1840 - 4 Jul 1916 d/o Charles Riggs & Mary Shaw Purdum
Watkins, Luther M. 2 Mar 1831 - 15 Apr 1900 s/o Alpha & Harriet Ann Lewis Watkins
    w3 Mary Rebecca Eller d. 27 Jun 1931
Watkins, Mary R. 21 Mar 1911 - 20 Jul 1993 w/o Cornelius Alfred Watkins, Jr.
Watkins, Maynard Dorsey 30 May 1891 - 13 Jan 1981 s/o James Willard & Charlotte J. Williams Watkins
    w Laura Jane Soper 1893 - 3 Oct 1967 d/o William Wooten & Catherine Jemima King Soper
      s Earl Wheeler 23 Feb 1921 - 2 May 1998 h/o Marian Phyllis Thompson Watkins
Watkins, Oliver Augustus Sr. 24 Aug 1886 - 15 Jan 1962 s/o Christopher Eugene & Emma Jane Lewis Watkins
    w1 Nannie G. Copeland 31 Aug 1886 - 21 Feb 1939
    w2 Edna M. Rodewig 27 Jan 1911 - 2 Sep 1971
    d Bessie b&d 20 Feb 1923
Watkins, Oliver Talmadge 1827 - 26 Aug 1894 s/o Alpha & Harriet Ann Lewis Watkins
    w Eleanor Jane Brewer 1835 - 6 Feb 1913 d/o Vincent & Catherine Lewis Brewer
Watkins, Philip Charles 18 Mar 1905 - 2 Jan 1966 "Father" s/o Harry Lorenzo & Annie Estelle Hall Watkins
    w Nettie Dorsey Etchison 24 Jan 1913 - 30 Jul 1988 "Mother" d/o Garnett Waters & Jeanette M. Titlo Etchison
Watkins, Shirley Thames 1918 - 2 Jan 1963 d/o Matthias & Nellie E. Thames w/o James Gilford Watkins
Watkins, Talmadge Lorenzo 1891 - 11 Jun 1975 s/o Charles Jefferson Lee & Minnie Amanda Cornelius King Watkins
    w Myrtle Byran Burns 26 Jun 1896 - 29 Jul 1979 d/o Nicholas Edward & Laura Gertude King Burns
      s Royce Talmadge 1918 - 1 Mar 1972
        w Agnes Virginia Schaeffer 1919 - no date
      s Charles Edward 24 May 1914 - 24 May 1975
        w Mary Belle Hawkins 6 May 1915 - 1 May 1998 d/o James Bradley & Hattie May King Hawkins
Watkins, Wilbur Day 23 Jan 1900 - 21 Mar 1969 s/o Joseph Dallas & Ida Virginia A. Day Watkins
    w Ruth Selby King 6 Jun 1904 - 1 May 1990 d/o Reginald Windsor & Ida Mae Grimes King
Watkins, William 12 Jun 1832 - 7 Apr 1927 s/o Alpha & Harriet Ann Lewis Watkins
    w Rachel A. Hobbs 17 Dec 1830 - 22 Dec 1909 d/o Rezin & Elizabeth Ramsower Hobbs
Watkins, William Dorsey 12 May 1914 - 1 Apr 1992 s/o Maynard Dorsey & Laura Jane Soper Watkins
    h/o Julia Norwood Watkins
Wells, Norman Foster 3 Mar 1887 - 2 Aug 1920 s/o Judson & Alma Burlison Wells
    w Etta May Watkins 11 Feb 1883 - 23 Jan 1962 d/o Christopher Eugene & Emma Jane Lewis Watkins
      s Norman Louis 9 Oct 1904 - 19 Nov 1904
Wetherell, Thomas A. b&d 16 Jan 1966 s/o Thomas L. & Joanne Louise Woodfield Wetherell
Williams, Beatrice Matthews 18 Oct 1901 - 2 Nov 1950 d/o William F. & Avondale M. Purdum Williams
Wilmoth, Leonard J. 1861 - 1949
    w Mamie M. Iglehart 1873 - 1956
Wilmoth, Loree Iglehart 26 Feb 1902 - 26 Mar 2000
Wiltshire, Kenneth Woodrow, Jr. 20 Jan 1958 - 9 Jul 1983
Woodfield, John Dorsey 3 Nov 1887 - 25 Jul 1953 s/o Thomas G. & Emma C. Boyer Woodfield
    w Mazie Marie Watkins 27 Nov 1890 - 27 Apr 1961 d/o John Oliver Thomas & Evie Lee King Watkins
    d Grace Louise 2 Feb 1929 - 12 Jun 1999
Woodfield, John R. 1850 - 1931 s/o Joseph & Keziah Purdum Woodfield
    w Marietta "Nettie" Young 15 Jun 1860 - 1936 d/o Richard & Asenath R. Riggs Young
    s William G. 1882 - 1892
Woodfield, John Griffith 23 Feb 1912 - 17 Mar 1984 s/o John Dorsey & Mazie Marie Watkins Woodfield
    d Margaret Elizabeth 30 Nov 1940 - 25 Feb 1959 d/o Elizabeth Biser Zimmerman
Woodfield, Paul Boyer 24 Dec 1921 - 23 Aug 1997 s/o John Dorsey & Mazie Marie Watkins Woodfield
    h/o Hazel Rebecca Brown Woodfield

Upper Seneca Baptist

Woodfield, Russell T. 15 Nov 1902 - 21 Jan 1975 s/o Zaccheus & Katie M. Purdum Woodfield
    w Ruby E. 28 Apr 1906 - 16 Jun 1985
        s Richard Thomas Sr. 16 Dec 1930 - 1 Jan 1985 h/o Virginia Ann Schubert Woodfield
Woodfield, Thomas Dorsey 22 Jan 1915 - 16 Sep 1990 s/o John Dorsey & Mazie Marie Watkins Woodfield
    w Sarah Jane King 24 May 1916 - 16 Dec 1988 d/o Reginald Windsor & Ida Mae Grimes King
Woodfield, Zaccheus 8 Jun 1854 - 27 Oct 1935 s/o Joseph & Keziah Riggs Purdum Woodfield
    w Katie M. Grimes 20 Aug 1867 - 10 Nov 1946 d/o John Richard & Lucy Anne Darby Grimes
    s William E. 11 Sep 1885 - 6 Mar 1932
    s Ernest Fenton 24 Apr 1895 - 6 Jun 1926

Mountain View Methodist Cemetery
Purdum, Maryland

Barber, Eldridge S. 1 Apr 1916 - 31 Jul 1983
    w Marjorie Belle King 28 Apr 1915 - 8 Jun 1994 d/o Harvey & Pauline King
Beall, Arthur W. 27 Aug 1902 - 4 Nov 1991 s/o Luther T. & Leathey Priscilla Beall Beall
    w Thelma M. Haney 13 Sep 1912 - 9 Aug 1969 d/o Ritchie & Helen Pearce Haney
    s Roby Lee 24 May 1931 - 30 Dec 1969
Beall, Calvin B. 31 Jul 1888 - 22 Mar 1931 s/o Luther T. & Leathey Priscilla Beall Beall
    w Emma Ewing Beall 20 Apr 1889 - 27 Jun 1959
Beall, Eli & w Martha no dates
Beall, George W. 14 Feb 1864 - no date
    w Savanah Edith Brown 30 Oct 1864 - 6 Feb 1923 d/o Thomas G. & Catherine Ann Moxley Brown
Beall, Gertrude Poole Johnson 14 Dec 1902 - 27 Nov 1982 h1= William E. Johnson h2=William Beall
Beall, J. Granville 1892 - 1974
Beall, Luther T. 24 Oct 1857 - 16 Apr 1920 s/o James H. & MargaretA. C. Beall
    w Leathey Priscilla Beall 7 Jul 1866 - 29 Jun 1921
    s Infants no dates
    s Roby T. 5 Feb 1895 - 30 May 1944
Beall, Mildred H. 1896 - 1946 w/o Thomas H. Beall
Beall, Thomas G. 18 May 1860 - 14 Jan 1924
    w Mary F. Burdette 28 Dec 1865 - 18 Jun 1957
Bennett, Royal Thurston no dates is/o Roy & Sarah Irene Brown Bennett
Bishop, Leighton S. Rev. 22 Nov 1919 - 21 Apr 1979
    w Ruth Grant 29 Dec 1919 - no date
Brown, Basil T. 20 Jun 1870 - 20 Jul 1959 88 years s/o Thomas G. & Catherine Ann Moxley Brown
    w Eveline Etchison d. 21 Dec 1928 68-10-2 "Mother"
    s Arthur E. d. 10 Dec 1907 11-1-0
    s William M. d. 10 Sep 1898 0-1-7
Brown, Delaney Floyd 23 Nov 1888 - 7 Feb 1981 s/o Reason Francis & Florence A. Strothers Brown
    w Hattie Ardean Brown 8 Feb 1886 - 7 Feb 1981 d/o John Wesley & Frances America Cornelia Burdette Brown
Brown, Price 27 Aug 1919 - 24 Apr 1974
    w Margarette R. 17 May 1929 - 27 Mar 1980
Brown, Irving F. 1921 - 1968 s/o Dorsey Bryan & Daisy Gregg Brown
Brown, James H. d. 21 Mar 1901 43-2-8
    w Catherine S. d. 5 Feb 1913 83-8-0
Brown, Richard Jefferson 8 May 1867 - 17 Nov 1942 s/o Thomas G. & Catherine Ann Moxley Brown
    w1 Mary R. Watkins 19 Aug 1867 - 17 Mar 1895 d/o Josiah W. & Mary Ann Beall Watkins
    c "Our Babe" no dates
    w2 Lula Blanch Poole 7 Jul 1881 - 17 May 1951 d/o William S. & Eveline H. Burdette Poole
Brown, Roby Harriman 6 Aug 1884 - 20 Aug 1978 s/o John Wesley & Frances America Cornelia Burdette Brwon
    w Virgie Estelle Price 15 Jul 1893 - 25 Feb 1966 d/o Daniel & Laura V. Watkins Price
Brown, Thomas Ephraim 23 Jan 1854 - 1 Sep 1917 s/o Thomas G. & Catherine Ann Moxley Brown
    w Sarah E. Poole 29 Jan 1852 - 1 Apr 1919
    s Thurston Delmar 3 Jul 1894 - 23 Feb 1965 WW I
Brown, Thomas G. 9 Jan 1830 - 10 Jun 1905 s/o Owen & Elizabeth Brown
    w Catherine Ann Moxley 17 Jul 1826 - 3 Jul 1894 d/o Ezekial Jr. & Sarah Mullinix Moxley
Brown, Willard Harrison 29 Aug 1888 - 28 Mar 1969 s/o John Wesley & Frances America Cornelia Burdette Brown
    w Sarah Elizabeth King 16 Aug 1888 - 25 Jan 1952 d/o Middleton Newton & Frances Rufus Waters King
Brown, William 6 Nov 1913 - Feb 1977
    w Mary 1920 - 1969
Browne, Thomas S. 1889 - 1945
Browne, Winfred Willard 24 Nov 1925 - 20 Oct 1985
    d Sherry Sue Brown 26 May 1950 - 2 Jun 1982 d/o Ann Paxton Brown
Burdette, Claude E. 17 May 1872 - 29 May 1938 s/o John Edward & Elizabeth J. King Burdette
Burdette, Greenbury W. 28 Oct 1859 - no date s/o Greenbury & Martha E. Ward Burdette
    w Ida M. Lewis 8 Aug 1858 - 8 Feb 1920 d/o Alexander Hamilton & Emeline Lewis
Burdette, Harry Cleo 16 Oct 1942 infant s/o Harry C. & Myrtle J. Burdette

Mountain View

Burns, Edward Minor 9 Nov 1901 - 4 Mar 1968 s/o Nicholas Edward & Laura Gertrude King Burns
    w Ruth A. Stanley 28 Feb 1903 - 31 May 1984 d/o Richard H. Fannie G. Mount Stanley
Burns, Nicholas Edward 24 Jan 1865 - 15 Nov 1921 s/o Sylvester & Elizabeth A. Riggs Burns
    w Laura Gertrude King 17 Mar 1873 - 15 Apr 1967 d/o George Edward & Julia Ann Burdette King

Case, Whitney Lynne b&d Jul 1970
Clayton, John Ralph 6 Apr 1908 - 11 May 1996
    w Annie Lee Thompson 13 Sep 1913 - 20 Aug 1999 d/o Leslie S. & Elizabeth Hamilton Thompson
Cole, David C. 20 May 1917 - 11 Sep 1963
Cordell, Elza Clifton 15 Feb 1886 - 21 May 1975
    w Dorothy Hilton 8 Jul 1896 - 30 Jun 1933 d/o John Brice & Sarah Elizabeth Brown Hilton
      s John Roger 10 Mar 1925 - 6 Apr 1975
Crabill, Carl L. 8 Oct 1922 - 2 May 1983 WWII
    w Frances B. 9 Aug 1929 - no date   married 30 Dec 1949

Dale, Kevin Lee 30 Mar 1964 - 8 Jul 1985 "Son and Brother"
Day, Joseph Harold 19 Dec 1916 - 19 Oct 1998 s/o Franklin Belle & Cora Dorothy Price Day
Day, Richard Marvin 24 May 1913 - 20 Dec 1996 James Start & Laura Helen Davis Day
    w Lillian Blanche Brown 10 Apr 1918 - no date d/o Richard Jefferson & Lula Blanche Brown
Day, Russell G. d. 6 Jan 1887 0-1-10 s/o Thomas W. & R. B. Day
Dutrow, Robert L. 21 Jun 1914 - 13 Jan 1966
    w Linda P. Brown 18 Nov 1899 - 15 Oct 1984 d/o John Wesley & Frances America Cornelia Burdette Brown

Flynn, Sereta Webb 27 Apr 1952 - 2 Sep 1999 d/o Denver & Beulah Webb w/o Edward J. Flynn

Gibson, Luther Kyle 24 Aug 1921 - 1 Dec 1973 TN AS US Navy WWII
    w Agnes L. 27 Nov 1927 - no date
Gibson, Jerry 12 Aug 1966 - 15 Aug 1966
Glaze, Basil Russell 29 May 1887 - 6 Aug 1963 s/o Basil T. & Mary Elizabeth Lewis Glaze
    w Bertie May King 26 Jun 1886 - 11 Dec 1975
Glaze, Basil T. 9 Mar 1833 - 12 Jan 1913 s/o William T. & Sarah Ann McElfresh Glaze
    w Mary Elizabeth Lewis 28 Jul 1855 - no date d/o Alexander Hamilton & Emeline Lewis

Haines, Walter Edward Jr. 19 Sep 1915 - 3 Jun 2000 s/o Walter Edward & Rosie Mabel Smith Haines
    w Ruth Estelle Watkins 28 Jul 1919 - no date d/o James W. & Addie E. Shipley Watkins
Hawes, James Columbus 16 Apr 1873 - 27 Dec 1948 s/o Columbus & Lucinda V. Hawes
    w Gertrude B. 6 Jan 1874 - no dates
Hawse, Columbus 25 Apr 1843 - 28 Aug 1912
    w Lucinda V. 1 Jan 1845 - 19 Jul 1910
Hessie, William Warner 13 Feb 1862 - 13 May 1940
    w Rosa Ellen Mobley 10 Sep 1873 - 15 May 1954 d/o George W. & Hester Mobley
      s Harrison d. 26 Jul 1892 2-10-28
      s Earl W. d. 15 May 1896 6-10-10
Hilton, John Brice 25 Jan 1836 - 29 Jan 1917 s/o Thomas & Sarah Hilton
    w Sarah Elizabeth Brown 3 Aug 1856 - 16 Apr 1941 d/o Thomas G. & Catherine Ann Moxley Brown
      d Madie B. d. 16 Aug 1885 2-10-3
      d Savanah d. 20 Jun 1885 0-11-12
Hilton, Thomas 2 Nov 1802 - 25 Oct 1893 "Father" h/o Sarah Ann Sheckles Hilton
Hilton, William Willard "Bunk" 26 Nov 1876 - 5 Jun 1956 s/o John B. & Sarah E. Brown Hilton
    w Lillie M. Etchison 28 Mar 1875 - 11 Nov 1942 d/o John O. & Mary V. Penn Etchison
Honaker, Russell Eugene 6 Jun 1968 - 5 Jul 1979 s/o Larry & Kathy Honaker
Hurley, Gilmore Edward 16 Aug 1913 - 3 May 2000 s/o Harry Gilmore & Bessie Vierna Warthen Hurley
      h/o Annie Lauretta Brandenburg Hurley
Hurley, Guy L. 3 May 1901 - 29 Jul 1977 s/o Harry Mankin & Rose Etta Brown Hurley
    w. E. Josephine Beall 9 May 1907 - no date d/o Luther T. & Leathey Priscilla Beall Beall
Hurley, Harry Mankin 13 Nov 1853 - 20 Dec 1945 s/o Michael & Catherine Hurley
    w Rosie Etta Brown 23 Nov 1860 - 11 Feb 1949 d/o Thomas G. & Catherine Ann Moxley Brown

Mountain View

Hurley, Joseph Arthur 23 May 1899 - 10 Oct 1968 s/o Harry Mankin & Rose Etta Brown Hurley
    w Esther Mae Thompson 12 Oct 1909 - no date d/o Elmer E. & Vedah B. Beall Thompson

Johnson, Guy Newton 27 Sep 1923 - 13 Jan 2001 s/o William E. & Gertrude J. Poole Johnson
    w Mary Virginia Johnson 7 Apr 1922 - 23 Mar 1979 d/o William Joseph & Lula Virginia Carter Johnson
Johnson, Larry E. 23 Nov 1945 - 22 Mar 1991 "Fuzzy"
    w Ruth B. 16 Feb 1944 - no date
Johnson, Walter "Buck" 14 Oct 1920 - 17 Nov 1973 s/o William E. & Gertrude Poole Johnson
    w Ruth Irene Cissel 30 Jul 1926 - no date   d/o Eugene Walter & Cecil Tschiffley Cissel
Johnson, William E. 23 Sep 1902 - 3 Dec 1956 s/o James W. & Emma Cole Burdette Johnson h/o Gertrude Johnson
Junkin, Lucille King 29 May 1914 - 18 Sep 1983

King, Earl Virginia 23 Jul 1904 - 23 Feb 1967 s/o Pearl Clark & Alice E. Price King
    w Mildred Frances Brown 23 Nov 1919 - 10 Nov 1953 d/o Willard Harrison & Sarah Elizabeth King Brown
    d Bonnie Jean 27 Jun 1952 - 3 Jan 1961
King, Edward R. 24 May 1914 - 29 Mar 1954 s/o Edward Walter & Fannie D. Dutrow King
King, Edward Walter 3 Dec 1869 - 1 Jun 1956 s/o George Edward & Julia Ann Burdette King
    w1 Edith C. Burns 22 Aug 1877 - 22 Jan 1896 d/o Sylvester & Elizabeth A. Riggs Burns
    w2 Fannie D. Dutrow 21 Sep 1876 - 7 Mar 1942 d/o William Otho & Amanda P. Browning Dutrow
    s John D. 21 Feb 1900 - 22 Jan 1965
King, Frank W. "Chubby" 31 Mar 1927 - s/o Harvey Webster & Martha Pauline Burdette King
    w Dorothy L. Johnson 3 Jun 1928 - 5 Feb 1996 d/o William E. & Gertrude Johnson
King, Herbert Charles 29 Jan 1911 - 21 Jul 1985 s/o Thomas D. & Oner D. Hilton King
    w Eleanor Ardella Louise Bowman 8 Mar 1912 - 17 Jul 1978 d/o Charles R. & Clara Jane Bowman
King, Homer F. 24 Dec 1852 - 24 Jul 1896 s/o Luther Green & Tabitha Browning King
    w Josephine Purdum 10 Jan 1859 - 24 Jul 1913 d/o John Dorsey & Sarah A. Baker Purdum
King, Infant 17 Aug 1913 - 18 Aug 1913   s/o Harvey Webster and Martha Pauline King
King, Jesse P. 14 May 1908 - 10 Oct 1944 s/o Pearl Clark & Alice E. Price King h/o Edna P. King
King, Middleton Newton 19 Feb 1863 - 2 Jan 1938 s/o George Edward & Julia Ann Burdette King
    w Frances Rufus Waters 6 Mar 1864 - 2 May 1953 *actual name spelled = Rufus Francis Waters
    c Infant d. 30 Mar 1897
    s Clarence M. d. 3 Apr 1901, infant
    d Frances Belle d. 26 Aug 1910 18-0-21
King, Thomas Dorsey 15 Aug 1868 - 8 Apr 1947 s/o Charles Miles & Harriet Brewer King
    w Oner Della Hilton 20 Mar 1878 - 27 Aug 1973 d/o John Brice & Sarah Elizabeth Brown Hilton
King, Willett Smith 8 Jun 1904 - 5 Apr 1950 s/o Middleton Newton & Frances Rufus Waters King
    Addie R. Beall 25 Jun 1900 - 16 May 1952 d/o Luther T. & Leathy Priscilla Beall Beall
King, William Haller 18 May 1893 - 15 Nov 1972 s/o Holiday Hix & Amy Jane Musgrove King
    w Lucy Poole 17 Nov 1893 - 20 Aug 1943 d/o Reuben Newton & Hepsie Gertrude Purdum Poole
King, William Taft 24 Mar 1909 - 18 Mar 1989 [unm] s/o Edward Walter & Fannie D. Dutrow King
King, Zedoc Summers 9 Mar 1839 - 17 Apr 1898 "Father" s/o Middleton & Mahala E. Summers King
    w Julia Ann Burdette 10 Aug 1837 - 8 Oct 1916 d/o Hazel & Elizabeth Miles Burdette

Lawson, Elizabeth L. 1813-1895 d/o John H. & Delilah Duvall Lawson
Lawson, William Fillmore d. 23 Feb 1922 in 64th year "Father" s/o James Uriah & Catherine E. Keziah Turner Lawson
    w Mary Thomas King 1 Apr 1864 - 7 Aug 1950 "Mother" d/o John Middleton & Amy Catherine Brewer King
    d Essie 14 Sep 1889 - 21 Sep 1899
Leishear, Ethel Mae Zepp 1 Dec 1914 - 20 Dec 1999 d/o Covington Benjamin & Anna Louise Lehman Zepp
    w/o Chester M. Leishear
Lewis, Alexander Hamilton d. 22 Aug 1892 in 62nd year [Lewisdale founder]
    w Emeline Burdette d. 23 Oct 1890 d/o Hazelton & Elizabeth Miles Burdette
Linthicum, Juanita Ann 5 Apr 1964 - 16 Jul 1992 d/o Dwight & Betty L. Johnson Linthicum

McClure, James S. 1852 - 1952
McClure, Jenny A. 1861 - 1952

Mountain View

Nehouse, Charles E. 30 Apr 1889 - 20 Jul 1925
    w Ivy G. 31 Oct 1895 - 2 Nov 1980
        d Nettie V. 23 Aug 1922 - 20 Dec 1922
Newman, Everett E. 1919 - no date
    w Billie Corby Dillon 21 Mar 1919 - 1977
Nicholson, Minnie Viola Hessie 1899 - 1955 d/o William W. & Rosa E. Mobley Hessie w/o Lorenzo Dall Nicholson

Poole, Clarence Robert 14 Jul 1888 - 1977 s/o William S. & Eveline H. Burdette Poole
    w Dora Irene Beall 12 Nov 1893 - Nov 1982 d/o George Washington & Savanna Edith Brown Beall
Poole, Rufus Greenberry 1 Jan 1882 - 4 Jun 1932 s/o William S. & Eveline H. Burdette Poole
    w Ella Murray Miles 9 Nov 1887 - 2 Apr 1946
Poole, William E. 9 Apr 1874 - 5 Jan 1960 s/o William L. & Sarah J. Sheckles Poole
    w Essie H. Sheckles 2 Mar 1875 - 20 Jan 1959 d/o William S. & Rachel R. Barber Sheckles
Poole, William S. d. 7 Feb 1910 73-4-3
    w Eveline H. Burdette d. 7 Oct 1927 77 years d/o Elmon G. & Elizabeth J. Day Burdette

Shifflett, Robert L. Sr. 23 May 1931 - 11 Mar 1987 Pvt US Army Korea
Smith, Ellsworth McCullough 24 Aug 1889 - 13 Dec 1973 s/o William Alfred & Eliza Ann Young Smith
    w Addie Mae Beall 5 Oct 1889 - 23 Apr 1973 d/o Eli & Martha Beall
Smith, Jesse B. 1885 - 1965 s/o William Alfred & Eliza Young Smith h/o Flora King Smith
Smith, Timothy Eugene d. 4 May 1962 infant s/o Eugene O. and Louise E. Smith
Smith, Willard E. "Pooka" 2 Feb 1915 - 29 Nov 1979 s/o Ellsworth McCullough & Addie Mae Beall Smith
    w Lucille F. Beall 27 Jan 1914 - 7 Aug 1999 d/o Calvin B. & Emma E. Beall
Stern, Donna Ann 11 Jun 1963 - 1 May 1972

Walton, Ray D. Jr. 26 Jan 1921 - no date
    w Carolyn J. S. Rev. 13 Mar 1921 - 16 Jan 1984
Watkins, Alexander F. 17 Jan 1906 - 12 Feb 1972
Watkins, Richard A. 1866 - 1961
    w Bertie B. 1879 - 1954
Watkins, Roby Selman 6 Mar 1899 - 19 Apr 1975 s/o Samuel C. & Josephine Lee Watkins
    w Margaret C. Runkles 6 Feb 1914 - 18 Dec 1985
White, George T. no marker
    w Mary no marker
Wright, Elwood C. 9 Mar 1920 - 15 Dec 1974
    s Donald Brooks 11 Jul 1932 - 18 May 1986 US Army s/o Ellen Wright
Wright, J. Henry 30 Jul 1896 - 25 Apr 1967
Wright, Leslie E. 8 Apr 1894 - 8 Apr 1971
    w Gertrude M. Beall 21 Oct 1892 - 31 Jan 1973 d/o Luther T. & Leathey Priscilla Beall Beall

Burdett Family Cemetery
Purdum Road at Bethesda Church Road

Burdett, Benjamin 1781 - 16 Jan 1834 age 53 s/o Benjamin & Mary Burdett
    w Elizabeth Brown 31 May 1792 - 3 Aug 1868 age 76-3-28 d/o James & Ann Brown
Burdett, Robert Emory 18 Jan 1841 - 23 Feb 1871 s/o James William & Cassandra Purdum Burdett

Gue, James d. 7 Feb 1846
    w Margaret L. Purdum 8 Jan 1796 - d/o Joshua & Rachel Browning Purdum
one illegible stone, probably that of John Baker h/o Mary Ann Burdett Baker

Pleasant Grove Cemetery
Purdum, Maryland

Anderson, Melvin 30 Mar 1897 - 14 Mar 1975 MD Pvt US Army WWI
Anderson, Melvin Lewis 1 May 1934 - 14 Apr 1958
Anderson, Nina P. 1910 - 1971

Bethune, Thomas J. 29 Mar 1901 - 6 Nov 1983
    w M. Marie 2 Jan 1908 - no date
Brown, James H. d. 21 Mar 1901 73-2-8
    w Catherine S. d. 5 Feb 1913 83-8-0
Brown, Luther 1872 - 1943
    w Ollie 1879 - 1970
      s George H. 1907 - 1960
      s Roy 1900 - 1923
Brown, William 1913 - 1977
    w Mary 1920 - 1969

Dorsey, Welton A. 2 Oct 1920 - no date   Cpl US Army Vet WWII
    w Ethel L. 2 Jan 1920 - 14 Apr 1988

Fisher, Carlton Clifton 1934 - 1990 US Army Korea

Gray, Edward L. Sr. 31 May 1916 - 26 Oct 1970

Hackey, Frank Charlie 15 Mar 1890 - 5 Dec 1990
    w Evie May 8 May 1895 - 11 Apr 1980
      s Ernest Walter 1 Jan 1925 - 18 May 1971
Hawkins, Emma Rachel 22 Mar 1900 - 18 Dec 1982 "Sister"
Hawkins, Ernest R. 24 Apr 1898 - 28 Jul 1987 brother of Joseph W. Hawkins
Hawkins, H. Arnold 6 Feb 1902 - 21 May 1986
    w Mildred A. 18 Oct 1908 - 9 Sep 1976
Hawkins, Hamilton A. 13 Jan 1926 - 4 Jul 1977 Pvt US Army WWII
Hawkins, John Andrew 14 Feb 1893 - 1 Aug 1972
Hawkins, Joseph F. 26 Jun 1865 - 26 Jun 1933
    w Mamie E. 6 Nov 1873 - 2 Jun 1945
Hawkins, Joseph W. 16 Mar 1905 - 9 Jun 1986
Hawkins, Madeline D. 19 Oct 1930 - 18 Jun 1982
Hawkins, William Alfred 27 Nov 1895 - 24 Dec 1940 MD Pvt 154 Depot Brigade WW I
Howard, Pat no dates
    w Elsie no dates
Howard, Patricia 8 Jun 1952 - 28 May 1979

Lyles, Benjamin 17 Sep 1890 - 3 Feb 1974 PVT US Army
Lyles, Carolyn 8 Feb 1939 - 22 Mar 1957
Lyles, Clifton L. 1932 - 1998
Lyles, Doris W. 11 May 1921 - 16 Jun 1986
Lyles, Germiah d. 13 May 1943
Lyles, Harry 17 Nov 1885 - 12 Jun 1961 MD PFC 426 Res Labor Bn QMC WWI
Lyles, Norman 8 Aug 1899 - Sep 1977   "Father"
    w Gussie W. 12 Mar 1901 - 29 Jul 1962 "Mother"
      s William C. 30 Jul 1935 - 23 Jul 1985 US Army Korea
Lyles, Ronnie Lansdale 28 Mar 1949 - 10 Jun 1986

Mason, Elvira 20 Mar 1823 - 25 Jan 1894
Mason, Hannah d. 10 May 1869 75th year
Mason, Jane d. 20 Feb 1880 58-4-15

Orem, Debra Denise 14 Sep 1953 - 31 May 1989

Pleasant Grove Cemetery

Pryor, Minnie I. 3 Dec 1924 - 26 Jan 1989

Riggs, Sarah T. 1889 - 1965 on Reason P. Thomas stone

Smith, Harry, d. 8 Mar 1921 65 years
    w Lela d. 14 Jun 1906 57 years
Smith, Harry McKinley 24 Nov 1895 - 1 Dec 1970 MD Pvt 14 Co 154 Depot Brigade WW I
Smith, Margurite d. 19 Sep 1924 24 years
Snowden, Davie 1884 - 1953
Snowden, Florence A. d. 3 Sep 1927 54-0-24 w/o Sheridan Snowden

Thomas, Albert R. 10 Nov 1917 - 16 Jul 1985 Pvt US Army WWII
Thomas, Reason P. 1875 - 1922
    w Sarah T. Riggs 1889 - 1929
    s Matilday 1909 - 1929

Zeigler, Charles T. "Joe" 2 Jun 1908 - 24 Aug 1982
    w Allie E. 20 Apr 1915 - no date

King Family Cemetery
Purdum, Montgomery Co., Md

Day, James Lawrence 31 Oct 1924 - 29 Jul 1995 WWII
King, Middleton 1801 - 6 Nov 1872 s/o John Duckett & Jemima Miles King
    w Mahala E. Summers 28 Jul 1798 - 16 Feb 1878 d/o Walter & Ursula Summers

Lewis Family Cemetery
Price's Distillery Rd.
Purdum, Montgomery Co., Md

Lewis, Jeremiah J. 30 Mar 1745 - 22 Nov 1822 s/o Daniel & Margaret Lewis
    w Jane Fitzgerald d. 9 Mar 1814
    s Thomas 1768 -?
    s Levi 1770 - 1812
    s Jonathan 1776 - ?
    s Jeremiah b c. 1781 stone illegible
        w Mary Windsor b. c. 1787 stone illegible

Warfield, Mahlon H. 11 Jul 1819 - 1860 s/o Edward & Eunice Etchison Warfield
    w Sarah Ann Beall 1824 - 30 Apr 1862 d/o Elisha & Aleatha Ann Lewis Beall

Kingstead Farm Cemetery
King's Valley, Montgomery Co., Md

Burdette, Elmon G. 6 Mar 1823 - 29 Apr 1901 s/o Benjamin & Elizabeth Brown Burdette h/o Elizabeth J. Day Burdette

King, John Duckett 20 Jun 1778 - 14 May 1858 s/o Edward & Rebecca Duckett King
    w Jemima Miles 2 Mar 1782 - 30 Oct 1861 d/o Charles & Elizabeth Poole Miles
    s Rufus 25 Aug 1816 - ? May 1899
        w Amanda E. 1821- 18??
    s Edward J. 10 Jan 1821 - no date
        w Mary Jane Burdette 20 Oct 1825 - 3 Mar 1885 d/o Hazelton & Elizabeth Miles Burdette
    d Mary 1822 - 1828
    s Luther Green 10 Mar 1825 - 7 Mar 1909
        w1 Tabitha Browning 1823 - 1873 d/o Jeremiah & Drusilla Lewis Browning

Bethesda Methodist
Browningsville, Maryland

Andrews, Charles T. 17 Jan 1864 - 8 Dec 1933   s/o Samuel & Caroline Andrews
    w Ida Mary Burdette 9 Jun 1865 - 1 Feb 1925
    s Waldon C. d. 15 Mar 1893 1 month
    d Malvina G. d. 27 May 1894 1 month
    d Lillie May 6 Sep 1899 - 29 Oct 1899
    d Eva Marie 8 Oct 1900 - 16 Mar 1902
    d Raidee A. 1902 - 1968
Ashton, John Wesley 1 Jan 1854 - 6 Sep 1925
    w Susan Elizabeth Lawson 15 Jun 1858 - 1 Apr 1912 d/o James Draper Jr. & Mary Ann Duvall Lawson
    d Mary Maud 30 Dec 1885 - 4 Nov 1946

Baker, Mary Ann d. 13 Feb 1902 85-8-2 "Our Aunt" w/o John Baker d/o Benjamin & Elizabeth Brown Burditt
Barnes, James Oliver 1860 - 1939 "Father"
    w Hattie Emma Day 1863 - 1949 "Mother" d/o Rufus King & Ann Priscilla Brandenburg Day
    s Herbert Day 1891 - 1958
      w Rosa May Lewis 1896 - 1968   d/o William J. & Olive M. Watkins Lewis
    s Raymond Oliver 1 Jun 1893 - 17 Apr 1963
      w Lula Norene Day 12 Apr 1899 - 1 Oct 1966 d/o Dorsey Waters & Prudence Virginia Burdette Day
Barr, Harold   1924 - 1924
Battles, Nathan James 31 Jul 1985 - 22 Apr 1987
Beall, Alethea Ann Lewis d. 28 Jun 1881 in 74th yr d/o Jeremiah & Mary Windsor Lewis   w/o Elisha W. Beall
Beall, Basil 12 Jun 1796 - 27 Apr 1877 s/o John & Margaret Beall "Father"
    w2 Priscilla Purdum 7 Feb 1806 - 9 Apr 1866 d/o Joshua & Rachel Browning Purdum
    s Caleb Asbury 20 Jul 1843 - 15 Feb 1928
      w Margaret Lucinda Watkins 16 Jan 1846 - 25 Jun 1928 d/o Silas B. & Sarah E. Watkins
    s Basil Elsid 16 Mar 1873 - 21 Jul 1896
    s Leroy 1892 - 1964
    s Basil Barry d. 30 Jul 1875 44-8-27 stone moved from Hyattstown Methodist
    s Edward T. 1866 - 1937 s/o Amanda E. Beall
    w1 Imogene Poole 1876 - 1957 d/o James Poole
    d Virgie B. 1900 - 1979
    s Obed L. 1901 - 1969
    w2 Sarah Baker 1828 - 3 Oct 1878
    w3 Anjeline 19 Aug 1825 - 26 Feb 1878 "Mother"
Beall, Edward 18 Apr 1921 - 28 Feb 1989
Beall, Fletcher T. 1890 - 1949 s/o William Chapman & Priscilla Jane Beall
    w Pearl L. Mullican 1896 - 1985 d/o Archibald & Mary T. Thrift Mullican
Beall, Francis Cullen d. 9 May 1908 56-0-9 s/o James Taylor & Margaret Rine Beall
    w Cordelia Annie Watkins d. 3 Jan 1928 74 years d/o Perry & Dorothy A. Hilton Watkins
Beall, Fred Parker 17 Nov 1930 - 10 Feb 1997 s/o Barry Ranson & Edith Elizabeth Burdette Beall
    w Bernardine Gladhill 9 Jul 1937 - no date d/o Bernard Diehl & Ethel Madeline Scott Gladhill
Beall, Horace Washington d. 2 Feb 1909 80-3-28 s/o Elisha W. & Aleatha Ann Lewis Beall
    w Margaret N. C. Watkins d. 17 Jan 1888 57-1-17
Beall, Idemia 9 Apr 1854 - 23 Mar 1871 d/o James T. & Margaret Beall
Beall, James Fillmore 4 Oct 1869 - 15 Aug 1948 s/o Caleb Asbury & Margaret Lucinda Watkins Beall
    w Mary Frances "Fannie" Watkins 8 Nov 1873 - 5 Jan 1965 d/o Julius L. & Amanda Watkins Watkins
Beall, James Monroe 2 Oct 1903 - 19 Feb 1989 s/o James Fillmore & Mary Frances Beall
    w Rachel Catherine Wolfe 21 Sep 1909 - 27 Mar 1985

Beall, Jesse J. 5 Apr 1888 - 22 Feb 1956 s/o Wiliam Chapman & Priscilla Jane Beall
    w Emma V. Mullinix 1 Sep 1902 - 9 Sep 1998
Beall, John Cronin 15 Apr 1922 - 30 Mar 1981 s/o Barry R. & Edith E. Burdette Beall
    w Ruth Evelyn Watkins 25 Oct 1926 - 8 Jul 2002 d/o William M. & Fannie W. McElfresh Watkins
    s John Cronin Jr. "Jack" 14 Dec 1949 - 31 Oct 1971 Pvt US Army Vietnam
Beall, John Nelson 1840 - 1915 s/o Elisha W. & Aleatha Ann Lewis Beall
    w Lucretia J. Beall 1847 - 1918 d/o Basil & Priscilla Beall

Bethesda Methodist

Beall, John Wesley, 15 Jan 1841 - 3 Jun 1916
    w Margaret Rose Cronin Beall 6 Jul 1845 - 10 Jun 1891 d/o Basil & Priscilla Purdum Beall
    d Priscilla L. A. 26 Nov 1867 - 10 May 1870
    s Basil J. 2 May 1871 - 28 Feb 1872
    s A. E. D. 19 Dec 1880 - 6 Aug 1881
Beall, Luther Caleb 4 Nov 1872 - 2 Apr 1953 s/o Caleb Asbury & Margaret Lucinda Watkins Beall
    w Della Mae Beall 9 Jul 1879 - 26 Oct 1955
Beall, Marshall Luther 1904 - 30 Jan 1991 s/o Luther Chapman & Della Mae Beall Beall
    w Zerah Belle Shipley 1906 -no date d/o Samuel L. & Mary Elizabeth Grimes Shipley
    s Ralph Lewis 11 Sep 1931 - 14 Feb 1932
Beall, Paul Lewis 16 Dec 1895 - 7 Dec 1954 s/o Richard Cronin & Sallie Elizabeth Lawson Beall
    w Amy Catherine Lawson 15 Apr 1893 - 11 Feb 1955 d/o William Filmore & Mary Thomas King Lawson
Beall, Priscilla Keith d. 20 Dec 1876 87 years w/o Hezekiah Beall
Beall, Richard Cronin 1858 - 1940 s/o Basil Barry & Amanda E. Beall
    w Sallie Elizabeth Lawson 1857 - 1930 d/o Gabriel Lewis D. & Ann Jeanette Moxley Lawson
    s Barry Ranson 10 Dec 1886 - 10 Sep 1959
        w Edith Elizabeth Burdette 18 Sep 1888 - 8 Apr 1955 d/o John F. & Ella F. Beall Burdette
    s Leslie Gordon 5 Mar 1888 - 18 Nov 1975
        w Bessie Lewis 21 Jul 1893 - 30 Dec 1961 TS: married 28 Dec 1911
Beall, Rudell C. 30 Jun 1918 - no date s/o Leslie Gordon & Bessie Lewis Beall
    w Joyce Elaine Day 30 May 1925 - 6 Jan 1985 d/o Titus Deets & Hilda L. Beall Day
Beall, Silas Cronin 10 Sep 1906 - 24 Mar 1994 s/o Richard Cronin & Sarah Elizabeth Lawson Beall
    w Evelyn Burdette 31 Jul 1915 - 2 Aug 1997 d/o Emory Whitehead & Susie Layton Burdette
Beall, William A. 31 Mar 1855 - 20 Jun 1918
    w1 Anna M. d. 6 Feb 1878 16-9-14
      s infant d. 1 Feb 1878
    w2 Frances Virginia Watkins 29 Jul 1858 - 2 Jan 1936 d/o Josiah W. & Mary Ann Beall Watkins
Beall, William Chapman 7 Aug 1863 - 3 Dec 1900 s/o Basil Barry & Amanda E. Beall
Beall, William McC. 14 Mar 1862 - 17 Nov 1950 s/o James H. & Margaret A. C. Beall
    w Cassandra Elizabeth Burdette 29 Dec 1866 - 3 May 1952 d/o Robert E. & Eveline W. Purdum Burdette
Beall, Willis Webster 7 Sep 1927 - no date s/o Barry Ranson & Edith Elizabeth Burdette Beall
    w Dorothy Jean Day 16 Oct 1929 - no date d/o William Fout & Annie Sophronia McElfresh Day
    s Infant no dates
Beall, Windsor M. 5 May 1883 - 13 Dec 1955 s/o Caleb Asbury & Margaret Lucinda Watkins Beall
    w Louisa R. 13 Mar 1879 - 25 Dec 1945
Bean, Carlton C. 19 Feb 1923 - 13 Dec 1988
    w Evelyn 27 Aug 1927 - no date
Bean, Thomas C. 8 Apr 1897 - 21 Jul 1963
    w Winifred Watkins 27 Jan 1895 - 29 Mar 1976
    s infant 30 Dec 1919 - 6 Jan 1920
Bennett, Richard H. 16 Sep 1858 - 8 Oct 1927 s/o Samuel F. & Sarah C. Thompson Bennett
    w Sybell Madusky Browning 3 Feb 1857 - 5 Apr 1940
    s Raymond Leslie 8 May 1887 - 19 Dec 1965
Bennett, Talmadge E. 2 Mar 1890 - 13 Jan 1967 s/o Richard H. & Sybelle Madusky Browning Bennett
    w Libby Beall Cimino 22 Mar 1898 - 16 Dec 1984 d/o Filmore & Fannie Beall
Benson, Perepa Sennie Snyder Baker 12 Sep 1887 - 26 Sep 1979 d/o John L. & Sennie E. Snyder
Bertolini, Edwin S. 12 Jun 1917 - 24 Nov 1969
    w Perepa Walker Andelmann 1 Jul 1913 - 1 Sep 1990
Bolton, William T. 16 May 1833 - 25 Mar 1901
    w Sarah C. 16 May 1843 - 7 Sep 1899
    d Ollie P. d. 5 May 1884 6-7-6
    s William D. 14 Oct 1868 - 22 Dec 1931
Boyer, Infant no dates d/o Jessie D. & Corina L. Boyer
Boyer, John W. 15 Oct 1791 - 4 Jan 1869 s/o Peter & Anna Mary Musseter Boyer
    w2 Sarah Day 11 May 1819 - 21 Apr 1847 [stone only]
Boyer, Norman D. 2 Dec 1885 - 3 Nov 1948 s/o Basil E. & Elizabeth J. Boyer
    w Mamie Cleveland Watkins 7 Jul 1884 - 25 Apr 1977 d/o Tobais & Catherine C. Watkins

Bethesda Methodist

Boyles, Claude 20 Dec 1902 - 19 Apr 1996
    w Genevieve 12 Dec 1907 - 5 Jun 1997
Brandenburg, Arnold 3 Apr 1916 - 22 Oct 1994
    w Beatrice Cutsail no dates
Brashear, Wayne 9 Jun 1950 - 2 Oct 1973
Broadhurst, George d. 18 May 1897 64-4-24
    w Eliza A. d. 29 Apr 1908 72-1-15
    s Lansing E. 1891 - 1948
Broadhurst, George A. 28 Oct 1863 - 27 Jun 1952 s/o George & Eliza A. Broadhurst
    w Vallie A. M. 13 Nov 1868 - 16 Oct 1962
Broadhurst, Gilbert S. 25 Aug 1902 - 24 Nov 1991
    w Estelle M. 28 Mar 1901 - Jun 1994
    s Martin G. 1932 - no date
    s James H. K. 10 Dec 1944 - 27 May 1983 Sp4 US Army Vietnam
Broadhurst, James Edmonson 6 Aug 1876 - 3 Aug 1950 s/o George & Eliza A. Broadhurst
    w Artie C. Hager 24 Jul 1881 - 22 Jun 1969 d/o John P. & Artie M. Hager
Broadhurst, John N. 1873 - 1943 s/o George & Eliza A. Broadhurst
    w Cerita May Mullinix 1876 - 1954
    d Ruby C. 1905 - 1921
    s Collin 1897 - 1920
Broadhurst, Joshua E. 22 Jan 1874 - 28 Nov 1967 s/o George & Eliza A. Broadhurst
    w Lizzie B. 9 Jul 1880 - 14 Jan 1968
Broadhurst, Samuel V. 10 Sep 1866 - 21 May 1956 s/o George & Eliza A. Broadhurst
    w Caroline C. 16 Feb 1870 - 22 Apr 1953
Broadhurst, William H. 1861 - 1933 s/o George & Eliza A. Broadhurst
    w Ollie Belle Beall 1868 - 1945 d/o Caleb Asbury & Margaret Lucinda Watkins Beall
    s Raymond H. d. 16 Jul 1890 1-5-14
Browning, Charles Wesley 1843 - 13 Jan 1894 s/o William & Mary Garrett Browning
    w Emily Jennie Hodges d. 12 Oct 1872 25-11-17 d/o Thomas & Matilda Ann Bennett Hodges
    c infant d. 13 Oct 1872
    w Harriet Ann no dates
    s Harry W. d. 13 Jan 1882 5-2-15
Browning, Elizabeth d. 2 Jan 1892 0-0-9
Browning, John F. 4 Oct 1862 - 9 Feb 1924 s/o Mahlon & Sarah F. Browning h/o Frances Grimes Browning
Browning, Luther Henry Harrison 11 Mar 1840 - 27 Jan 1908 s/o Luther Martin & Harriet A. King Browning
    w Sarah Louisa Brandenburg 4 Feb 1843 - 8 Apr 1917 d/o Lemuel M. & Charlotte Kindley Brandenburg
Browning, Luther Martin 28 May 1813 - 8 Mar 1895 s/o Archibald & Rebecca Windsor Browning
    w Carrilla Soper 22 Jun 1828 - 11 Apr 1896 d/o Ignatius & Ann Browning Soper
Browning, Martha Garrott 14 Sep 1847 - 25 Aug 1879 d/o William & Mary Garrott Browning
Browning, Samuel H. W. 13 Aug 1866 - 25 Aug 1937 s/o Luther M. & Harriet Ann King Browning
    w Rosa Belle Purdum 8 Apr 1870 - 13 Jan 1933 d/o William Henry & Mary Ellen Lewis Purdum
Bryant, Shirley Beall 27 Apr 1937 - 2 Jun 1995 d/o Silas Cronin & Evelyn Burdette Beall
Burdett, Assenith d. 14 Jan 1888 74-8-0
Burdett, Rosa M. d. 7 July 1885 3-5-17 d/o Nathan J. and Rispa Ann Burdett
Burdette, Abraham Lincoln 17 Nov 1864 - 24 Mar 1931 s/o Robert Emory & Eveline Webster Purdum Burdette
    w Georgia Ellen Waters King 3 Jun 1867 - 5 Oct 1931 d/o John Middleton & Amy Catherine Brewer King
Burdette, Rev. Caleb Joshua 6 Jan 1849 - 10 Jan 1920 s/o James William & Cassandra Purdum Burdette
    w1 Roberta King d. 13 Jul 1894 38-8-14 d/o Luther Green & Tabitha Browning King
    w2 Arlene Gertrude Robinson 1856 - 1934
    s Emory McNemar d. 5 Jul 1874
    s Simpson d. 24 Aug 1885 13 months
    d Martha d. 17 Aug 1894 0-2-23
    d Eveline d. 3 Aug 1894 0-2-9
Burdette, Claude Edward 9 Oct 1905 - 8 Apr 1994 s/o Claude H. & Sarah Rebecca Boyer Burdette
    w Marjorie Rebecca McElfresh 17 Jul 1910 - 27 Dec 1982 d/o Colvin Hughes & Sophronia Burdette McElfresh
Burdette, E. Janis 23 Jun 1919 - 1 Mar 1970
Burdette, Edward F. 16 May 1910 - 18 Apr 1978

Bethesda Methodist

Burdette, Edward Lewis 1888 - 1960 s/o Richard T. & Laura W. Lewis Burdette
    w Margaret Inez Thomas 1892 - 1951 d/o Asher & Elizabeth Thomas
    s Kenneth N. d. 4 Nov 1913 0-0-2
Burdette, Emory Whitehead 30 Jul 1890 - 30 Jul 1953 s/o Abraham Lincoln & Georgia Ellen Waters King Burdette
    w Susie Elizabeth Layton 28 Oct 1886 - 6 Apr 1957 d/o Charles F. & Sarah E. Warfield
Burdette, Esther Leone 13 Apr 1916 - 11 Jan 1918 d/o Harvey & Millie M. Burdette
Burdette, George Lincoln 1897 - 1918 s/o Abraham Lincoln & Georgia Ellen Waters King Burdette
    w Roberta Everline Watkins 4 Jan 1889 - 29 Jan 1961 d/o Bradley & Rebecca Zerah Burdette Watkins
    h2 of Roberta: Charles Franklin Burdette 1898 - 1947 s/o Willie Hampton & Mary E. Pugh Burdette
Burdette, Harry Leslie 5 Oct 1886 - 1968 s/o William Vernon & Mary Elizabeth Purdum Burdette
    w Lucy E. 7 Nov 1886 - 3 Feb 1924
Burdette, Herbert Kasner 29 Nov 1879 - 7 Mar 1950 s/o Caleb Joshua & Roberta King Burdette
    w Lillie Mae Picquett 26 Aug 1881 - 21 Oct 1952 d/o John T. & Sarah Lawson Picquette
Burdette, Herbert Malcom 12 May 1914 - 11 Mar 1985 s/o Herbert Kasner & Lillie Mae Picquett Burdette
    w Ellen Elizabeth Miller 20 Oct 1901 - 12 Feb 1985
    s Luther M. Jun 1925 - Aug 1925
    s Rogers Franklin 16 Nov 1961 - 17 Nov 1961
    s Herbert Malcolm Jr. 1952 - 1953
Burdette, Ira Lansdale 5 Jan 1900 - 26 Apr 1970 s/o Abraham Lincoln & Georgia Ellen Waters King Burdette
    w Fannie Cochel Cutsail 13 Jul 1900 - 26 Apr 1977 d/o George H. & Rosetta May Watkins Cutsail
Burdette, James William d. 19 Dec 1891 78-0-23 s/o Benjamin & Elizabeth Brown Burdette
    w Cassandra Elizabeth Purdum d. 10 Jun 1882 71-8-11
        d/o Joshua & Rachel Browning Purdum
Burdette, John F. 27 Sep 1856 - 25 Dec 1935 s/o James William & Cassandra Purdum Burdette
    w Ella Florence Turner 31 Jan 1864 - 20 Apr 1939 d/o William T. & Kezia E. Gue Turner
    d Verda Marie Oct 1891 - 2 Dec 1891
    s Wilmer 21 Dec 1893 - 15 May 1931
Burdette, Joseph McKendree 12 Jun 1845 - 21 Jan 1922 s/o James William & Cassandra Purdum Burdette
    w Isabella Virginia Watkins 24 Mar 1848 - 24 Feb 1930 d/o Samuel B. & Sarah J. Watkins
    d infant no dates
Burdette, Joseph Gwinn 29 Dec 1884 - 15 Jan 1960 d/o William W. & Mary Wooten Lawson Burdette
    w Nellie Eveline Lawson 6 Sep 1886 - 7 May 1972 d/o William Filmore & Mary Thomas Kimg Lawson
Burdette, Lewis G. d. 19 Oct 1899 79-3-3 "Father" s/o Benjamin & Elizabeth Brown Burdette
    w Catherine Beall d. 18 May 1894 78-7-19 "Mother"
        d/o William Simpson & Elizabeth Ellen Walker Beall
Burdette, Luther Melvin 1875 - 1947 s/o Caleb Joshua & Roberta King Burdette
    w Effie W. Davis 1875 - 1946 d/o Richard Plummer & Virginia Ruth Williams Davis
    d Virginia Marie d. 5 May 1908 0-4-23
Burdette, Marvin L. 1915 - 1979 s/o Edward L. & Margaret I. Thomas Burdette
    w Margaret Elizabeth Lawson 1915 - 1951 d/o Gabriel Uriah & Estelle Mae Holland Lawson
    w Juanita 25 Nov 1925 - 5 Jul 1990
Burdette, Millard Diehl Jr. 6 Sep 1907 - 6 Aug 1990 s/o Millard Diehl & Ethel L. King Burdette
    w Madeline Willard Bennett 26 Feb 1919 - 5 Feb 1992
Burdette, Milton Webster 21 Dec 1900 - 24 Feb 1997 s/o Willie Hampton & Mary E. Pugh Burdette
    w Mary Rebecca Watkins 12 Apr 1905 - 30 Sep 2002 d/o Maurice & Martha Rebecca King Watkins
Burdette, Moody M. 1884 - 1945 s/o Joseph McKendree & Isabella Virginia Watkins Burdette
    w Ellen G. 1891 - 1977
Burdette, Robert Emory 18 Jan 1841 - 25 Jan 1871 [stone only] s/o James William & Cassandra Purdum Burdette
    w Eveline Webster Purdum 17 Feb 1845 - 27 Mar 1921 d/o John Lewis & Jemima King Purdum
Burdette, Wallace 5 Jan 1924 - 16 Oct 1994
Burdette, William W. 3 Apr 1850 - 27 Nov 1927 s/o James William & Cassandra Elizabeth Purdum Burdette
    w Mary Wooten Lawson 17 Jan 1854 - 27 Mar 1921 d/o Gabriel Lewis D. & Ann J. Moxley Lawson
Burdette, Willie Hampton 1866 - 1960 s/o John Edwin & Mary Ellen Watkins Burdette
    w Mary E. Pugh 1875 - 1936 d/o Samuel T. & Emily J. R. Purdum Pugh
Burns, William D. 17 Apr 1882 - 2 Mar 1963 s/o Sylvester & Elizeneth A. Riggs Burns
    w Cora Jewell Watkins 4 Dec 1883 - 7 Aug 1959 d/o Julius L. & Amanda Watkins
    s Jewell S. 16 Jun 1923 - 29 Aug 1923
Burris, Fannie d. 28 Jan 1927 w/o David King

Bethesda Methodist

Byrne, James N. S. 2 Jan 1921   77-9-24 USA Civil War Veteran

Clagett, Nathan E. 17 Jan 1879 - 16 May 1953 s/o William F. & Henrietta Watkins Clagett
    w Hepsy Edith Browning 26 Nov 1882 - 2 Nov 1929 d/o Luther H. & Sarah L. Brandenburg Browning
    d Lillie M. d. 26 Feb 1911
    d Mary D. d. 3 Aug 1909
Claggett, Robert E. 8 Nov 1870 - 24 Oct 1948 s/o Luther E. & Joanna Watkins Clagett
    w Ida Belle Watkins 2 Jul 1873 - 27 Dec 1922 d/o Josiah W. & Mary A. Beall Watkins
    d Esther V. d. 7 May 1905 3-6-6
Clinedinst, David Boyd 27 Jun 1940 - 25 Sep 1992
Cutsail, George H. 1876 - 1919
    w Rosetta May Watkins 1879 - 1940
    s Howard H. d. 22 Aug 1905 1-0-30
Cutsail, George W. d. 4 Dec 1910 62-4-7 s/o John & Catherine Cutsail
    w1 Sarah E. d. 31 Aug 1897 57-0-28
    w2 Sarah Elizabeth 24 Apr 1860 - 24 May 1927
    s Charles H. 30 Nov 1872 - 12 Sep 1899

Dahler, Ernest Herbert 16 Feb 1923 - 4 May 1974 Sgt US Army s/o Francis Frederick & Mabel S. Burdette Dahler
    w Wilma M. Ford 23 Jan 1921 - 15 Dec 1986
    s Ernest Herbert Jr. 6 Mar 1959 - no date
Dahler, Francis Frederick   29 Nov 1887 - 10 Apr 1951
    w Mabel S. Burdette 24 Dec 1900 - 12 Apr 1976 d/o Herbert Kasner & Lillie M. Piquette Burdette
Darby, Ashby Somers 1890 - 1935 s/o Samuel S. & Rosabell V. Heironimus Darby
    w Bertha Jeanette Lawson 21 Jul 1889 - 23 Apr 1977 d/o Caleb Crittendon & Alice Norwood Lawson
Darby, Thomas W. 1897 - no date
    w Addie V. Snyder 1890 - 1940
Davidson, Lucy M. 1868 - 1935 with Edith Schoppert
Davis, Betty F. 1858 - 1928
Davis, Robert Hayden 28 Jan 1918 - 3 Oct 1930 h/o Sarah Ella Davis Oden
Davis, William R. Sr. 23 Jun 1907 - 25 Nov 1985
    w Jessie I. Watkins 26 Aug 1912 - 25 Aug 1996 d/o James W. & Addie E. Shipley Watkins
Day, American Addison S. 1856 - 1929 s/o Rufus King & Ann Priscilla Brandenburg Day
    w Laura W. Beall 1859 - 1936 d/o Edward L. & Ruth G. Beall
    s Harrison E. 1888 - 1920
    d Annie Griffith d. 8 Feb 1905 in 9th year
Day, Carretta Walker d. 27 Sep 1937
Day, Clarence Denton 6 Sep 1893 - 7 Jan 1987 s/o Charles Thomas & Margaret Elizabeth Dronenburg Day
    w Dorothy Wilson Lawson 6 Jun 1897 - 24 Mar 1981 d/o Caleb Crittington & Alice Norwood Lawson
Day, Dorsey Waters 1868 - 1953 s/o James Wilkerson & Sarah W. Day Day
    w1 Prudence Virginia Burdette 1873-1933 d/o Joseph McKendree & Isabella Virginia Watkins Burdette
    w2 Sadie E. Layton 1878 - 31 Dec 1935 d/o Lycurgus B. & Florence Elizabeth Linthicum Layton
    s Infant no dates
Day, Hanford Perry 28 Jan 1916 - 5 Oct 1989 s/o James Start & Laura Helen Davis Day
    w Marie Ellen Chick 18 Sep 1921 - 4 Oct 1991
Day, Infant b&d 29 Nov 1951 d/o James M. & Betty M. Day
Day, James Edward 13 Oct 1855 - 22 Aug 1936 s/o James Wilkerson & Sarah W. Beall Day
    w Emma Jane Lawson 11 Oct 1859 - 9 Feb 1913 d/o Gabriel Lewis & Ann Jeanette Moxley Lawson
    d Sarah Adeline 15 Apr 1893
Day, James Start 1865 - 1949 s/o Rufus King & Ann Priscilla Browning Day
    w Laura Helen Davis 1874-1942 d/o Richard Plummer & Virginia Ruth Williams Davis
    s Rufus Wilson d. 30 Dec 1918 in 24th year
    s Clarence Emory d. 23 Sep 1901 0-7-23
    s James Sellman 1899 - 1924 h/o J. Marie Purdum
Day, James Wilkerson 30 Jul 1827 - 28 Jun 1911 s/o James & Sarah Mark Day
    w Sarah Wilson Beall 20 May 1830 - 1 Oct 1909 d/o Basil & Matilda Mark Beall
    s Franklin B. b. 1865
    d Ettie M. 30 Mar 1874 - 5 Sep 1899

Bethesda Methodist

Day, Joseph Dorsey 20 Jan 1903 - 27 Apr 1979 s/o Dorsey Waters & PrudenceVirginia Burdette Day
    w Edith Weller 20 Jan 1902 - 21 Apr 1979
        d Annie Laurie 25 Oct 1927 - no date
Day, Luther and Harriet Ann King - a monument is in the plot of Rufus King Day, but they are not buried here
Day, Murray Davis 20 May 1904 - 29 Mar 1984 s/o James Start & Laura Helen Day
    w Lois Elaine Burdette 18 Aug 1906 - 27 Mar 1983 d/o Arthur M. & Effie L. King Burdette
Day, Perepa Wesley Reed Walker 1872 - 1937 w/o Thomas Harrison Day d/o George W. & Rachel B. Purdum Walker
Day, Preston Clairsville 21 Oct 1859 - 21 Oct 1931 s/o Rufus King & Ann Priscilla Brandenburg Day
    w Roberta Grant Purdum 17 Sep 1865 - 12 Jan 1903 d/o William Henry Harrison & Mary Ellen Lewis Purdum
Day, Raymond Fout 26 Apr 1906 - 25 Dec 1987 s/o James Start & Laura Helen Davis Day
    w Annie Sophronia McElfresh 11 Feb 1906 - 3 Jun 1988 d/o Colvin Hughes & Sophronia Burdette McElfresh
Day, Rufus King 13 May 1827 - 1 Dec 1902 s/o Luther & Harriet Ann King Day
    w Ann Priscilla Brandenburg 11 Feb 1831 - 10 Oct 1915 d/o Lemuel M. & Charlotte Kindley Brandenburg
        d Altona B. C. 22 Oct 1857 - 19 Nov 1934
        d Nora d. 26 Mar 1879 5-7-12
Day, Titus Deets 19 Jul 1898 - 20 Jan 1957 s/o Titus Washington & Rosa Belle King Day
    w1 Mazie N. 1899 - 1919
    w2 Hilda L. Beall 10 Aug 1901 - 20 Jan 1985 d/o Samuel Webster & Altie Everette King Beall
Day, Titus Granville 16 Sep 1850 - 23 Nov 1931 s/o Rufus King & Ann Priscilla Brandenburg Day
    w Laura Dorcas Watkins 22 Feb 1858 - 20 Sep 1940 d/o Samuel B. & Sarah J. Browning Watkins
Day, Titus W. 9 Aug 1861 - 7 Jun 1946 "Father" s/o James Wilkerson & Sarah W. Day
    w Rosa Belle King 29 Apr 1867 - 6 Jan 1941 "Mother" d/o Zadoc Summers & Joanna Sibley King
Dodson, Hezekiah 1883 - 1951
    w Flossie I. 1892 - 1980
Doolan, Gideon A. 1929 - 1996
    w Della Beall 1930 - no date d/o Marshall L. & Zerah B. Shipley Beall
Dougherty, Winifred Virginia Bean 1 Mar 1918 - 17 Jan 1987
Dronenburg, Edward Reverdy 8 Jun 1896 - Jan 1981 s/o Reverdy J. & Ida J. Zeigler Dronenburg
    w Fernie O. 1 Oct 1901 - Aug 1987
Duvall, Olie 1 Jan 1914 - 7 Apr 1993
    w Marguerite Beall 13 Dec 1917 - 27 Oct 2001 d/o Windsor M. & Louisa R. Beall
Easterday, Nellie 8 Aug 1914 - 3 Nov 1989
Ehrenberg, Blanche Willard 1892 - 1926
Engle, Reuben d. 10 Feb 1884 about 60 years
Everhart, Eleanor Linthicum 30 Jul 1902 - 21 Jan 1994 d/o Joseph Hamilton & Margaret Jemima Roberta Walker Linthicum

Fee, Paul 4 Apr 1927 - 7 Oct 1983 56-5-3 h/o Melba Fee
Fort, Forrest 7 Aug 1916 - 9 Dec 1965
    w Cora 12 Sep 1919 - no date
Franklin, Elwood 27 Mar 1913 - 12 Jun 1993
    w Mary Mullinix 21 Oct 1915 - no date
Freysz, Alfred 13 Mar 1932 - no date
    w Rebecca Anne Burdette 5 Feb 1932 - 29 Jun 1988

Gandy, Jack L. Sr. 17 Jun 1919 - 11 Dec 1973 h/o Lois Gandy
Gaynor, Frank E. 4 Jul 1893 - 12 Sep 1961
    w Ruth V. 22 Jun 1903 - 17 Dec 1979
Gladhill, William Upton 7 Apr 1931 - 20 Oct 1996 s/o Franklin Upton & Iris Grimes Gladhill
    w Mildred Joines 8 Nov 1931 - no date
Glaze, William M. d. 17 Apr 1901 71-4-22
    w Sarah A. Walker 27 Dec 1825 - 8 May 1887
Green, Charles Raymond Jr. 5 Sep 1925 - 10 Aug 1984
Green, Harry Keen 31 Jan 1910 - 3 Jan 1973
    w Ethel Virginia Mullinix 18 May 1914 - 6 May 1985
Green, Talyor R. d. 8 Sep 1995 infant
Greene, infant b&d 1927 c/o John A. & Elsie P. Greene

Greene, Priscilla Jane Beall 14 Jul 1866 - 14 Sep 1942 w/o William Chapman Beall w/o Jude Greene
    d/o Caleb Asbury & Margaret Lucinda Watkins Beall

Griffin, Dennis Wayne 2 Feb 1950 - 1 Jun 1950

Grimes, Ernest Wilson 6 Jun 1898 - 21 Feb 1959 s/o Samuel T. & Annie J. Beall Grimes
    w Mary S. 9 Jul 1900 - 13 May 1992
    d Rose Marie d. 16 Dec 1928 24-1-0

Grimes, J. Walter 15 May 1901 - 18 Feb 1954 s/o Samuel T. & Anna J. Beall Grimes
    w2 Mary Ellen 18 Oct 1927 - 7 Oct 1957

Grimes, John Edward 28 Oct 1941 -
    w Ida May King 27 Mar 1942 - 30 Dec 1998 d/o John Edward & Claudia Marie Mullinix King

Grimes, Samuel Thomas 16 Nov 1865 - 14 Jul 1934 s/o John E. & Sarah J. King Grimes
    w Annie Jane Beall 10 Nov 1865 - 23 Dec 1921 d/o Basil B. & Sarah Baker Beall

Grimes, William H. 1881 - 1935 s/o John E. & Sarah Jane Grimes
    w Mary Exeline Mullinix 9 Jun 1882 - 16 Jan 1941 d/o John J. & Emily J. Purdum Mullinix

Grubb, Ruth Mae 13 Feb 1966 - 25 Feb 1981

Gue, George H. 14 Aug 1836 - 14 Mar 1883 s/o Hezekiah & Mary Gue
    w Elizabeth E. Goulden stone broken

Gue, Lorenzo D. 23 Aug 1843 - 11 Jun 1906 s/o George W. & Anna Gue
    w Carolina S. Burdett 14 Aug 1839 - 12 Aug 1901

Gue, Somerset 1845 - 1908 age 63 s/o George W. & Anna Gue

Gue, Virginia M. 12 Dec 1907 2 yrs. 2 months d/o John R. & Amanda E. Gue

Gunn, Ross 1897 - 1966
    w Gladys Rowley 22 Sep 1898 - Sep 1984
    s Andrew 1930 - no date
        w Janet A. 2 Nov 1930 - 19 Apr 1995

Hawkins, Thomas F. 15 Mar 1938 - 4 Jul 1997 s/o Thomas O. & Pearl V. Bennett Hawkins

Higgins, Eugene Staley 8 Sep 1900 - 27 Dec 2000 s/o Charles Prather & Mary Washington Warfield Higgens
    w Loretta Katherine Schwartz 8 Mar 1903 — 7 Oct 1992 d/o Basil Dorsey & Pink Priscilla Piquett Schwartz

Hobbs, Samuel d. 30 Nov 1915 in 81st year
    w Harriet Ann Browning d. 22 Nov 1885 47 years d/o Luther Martin & Harriet Ann King Browning
    s Everette Cartwright 1859 - 1913 Hoaquim, WA "Our Brother"
    d Olive Fedelia 28 Feb 1869 - 10 Mar 1871 4 years

Housen, Charles L. 1 Oct 1859 - 11 Apr 1931
    w Antonia C. Watkins 29 Oct 1856 - 22 Feb 1940

Housen, Lewis d. 1892
    w Isabella d. 1892
    d Llouella d. 1935
    d Florence 1892 - 1944
    s George d. 1947

Huntt, Casey 7 Jul 1975 - 7 Jul 1975

Huntt, Dillon E. 16 Feb 1993 - 19 Feb 1993

Hutchinson, Luther Harry 14 Feb 1921 -
    w Rhea Darby 13 Mar 1914 - 24 Oct 1970 married 13 Sep 1966 d/o Ashby Somers & Bertha Jane Lawson Darby

Jackson, Marybelle 28 Dec 1923 - 25 Apr 1990

Jacobs, Jonathan 1845 - 1919
    w Mary Manzell Brandenburg 1849 - 1935 d/o Lemuel M. & Charlotte Kindley Brandenburg
    d Bessie d. 10 Sep 1882 1-1-29

Jamison, Eugene Angelo 1870 - 1943 h/o Exie King Purdum Jamison
    s Charles H. 1904 - 1908

Jamison, Leo 19 Sep 1918 - 31 Mar 1998

Jansen, Bernard R. "Ben" 2 Nov 1945 - 15 Dec 1986 h/o Nikki Jansen

Kane, Kathleen 13 Nov 1912 - 5 Oct 1991

Keith, Turner J. 24 Jun 1885 - 22 Mar 1967 s/o Edmund T. & Margaret E. Andrews Keith
    w Fannie C. 21 Dec 1888 - 14 May 1964
    s Thomas W. 1 Jun 1925 - no date

Kelley, Leslie N. 9 Feb 1893 - 11 Feb 1986
    w Myrtle L. 22 Dec 1905 - 26 Aug 1986

Bethesda Methodist

Kidwell, Nellie M. d. 25 Nov 1916 25 years
King, David H. d. 28 Apr 1921 75 years h/o Fannie King
King, Ernest 28 Oct 1882 - 1 Mar 1962
    w Hattie A. Browning 29 Aug 1881 - Jun 1958 d/o Charles W. & Harriett A. Watkins Browning
King, Frances E. 12 Dec 1892 - May 1971
King, Glenwood Dawson 27 Feb 1918 - 6 May 1996 s/o Rinaldo Delaney & Mary Sybil Ward King
    w Olive Virginia Burdette 23 Jan 1919 - 16 Apr 1995 d/o Ira Lansdale & Fannie Cochel Cutsail Burdette
King, John Edward 13 Sep 1910 - 9 Apr 1980 s/o Reginald Windsor & Ida May Grimes King
    w Claudia Marie Mullinix 9 Jun 1905 - 18 Apr 1992 d/o Resin T. & Julie E. Cutsail Mullinix
King, Melvin 12 May 1901 - 29 May 1940 s/o Henry & Fannie King
    d Grace Mae 27 Dec 1927 - 1 Feb 1928
Kinsey, William W. 19 Apr 1914 - 7 Sep 1975
    w Elsie E. Snyder 8 Mar 1916 - no date d/o Maurice M. & Edith E. Purdum Snyder
Kline, Sherman C. 22 Jan 1901 - 10 Mar 1985
    w Rosia Rachel Linthicum 11 Nov 1899 - 23 Jan 1979 d/o Joseph Hamilton & Margaret J. R. Walker Linthicum

Lawson, Caleb Crittington 4 Oct 1851 - 16 Nov 1914 s/o Gabriel Lewis D. & Ann Jeanette Moxley Lawson
    w Alice A. Thompson 10 Jun 1861 - 23 Mar 1919 d/o Albert B. & Sarah L. Thompson
Lawson, Eveline V. d. 23 Mar 1899 79-0-11 "Mother" w/o John P. Lawson
Lawson, Gabriel Lewis D. 10 Aug 1803 - 5 Apr 1878 s/o James Draper & Delilah Duvall Lawson
    w Ann Jeanette Moxley 6 Jun 1823 - 4 Oct 1862 d/o Caleb & Elizabeth Wolfe Moxley
    d Ann J. L. 17 Sep 1845 - 29 Nov 1849
    s Richard H. 5 Jul 1843 - 20 Nov 1849
Lawson, George L. 5 Jul 1851 - 17 Jul 1917 s/o James Draper & Mary Ann Duvall Lawson
    w Ella M. Ashton 19 Apr 1852 - 19 Feb 1922 d/o John A. & Emily Lee Mills Ashton
Lawson, Ivan Thompson 21 Nov 1886 - 14 Sep 1973 s/o Caleb Crittendon & Alice A. Thompson Lawson
    w Ethel H. S. Linthicum 26 Mar 1897 - 25 Apr 1967 d/o Miel E. & Mary L. Purdum Linthicum
Lawson, James Draper 23 Nov 1807 - 20 Mar 1875 s/o James & Delilah Duvall Lawson
    w Mary Ann Duvall 18 Sep 1816 - 2 Feb 1866 d/o Thomas & Susan L. Richards Lawson
Lawson, James Henry 15 Jan 1845 - 14 Mar 1930 s/o James & Evelyn Frey Lawson
    w Sarah Frances Thomas 7 Apr 1860 - 2 Aug 1924 d/o Charles W. & Frances Clark Thomas
Lawson, John P. L. d. 21 Oct 1915 72-5-5 s/o James M. W. & Eveline V. Frye Lawson
    w Ida Elizabeth Ashton 20 Jun 1850 - 8 Dec 1934 84-5-18 d/o John A. & Emily Lee Mills Ashton
Lawson, Sylvia Elaine 1939 - 1943 d/o J. William & Marie Barnes Lawson
Lawson, Uriah 9 Mar 1896 - 28 Apr 1972 s/o William Filmore & Mary Thomas King Lawson
    w Vivian Myrtle Watkins 28 Nov 1895 - 27 Jul 1978 d/o Tobias Calvin & Catherine C. Beall Watkins
Lawson, William L. d. 29 Apr 1898 56-0-6 s/o John & Eveline V. Lawson h/o Annie E. Lawson Lawson
    d Ella D. d. 28 Sep 1868 0-3-28
Layton, Daniel Walter 15 Nov 1896 - 24 Nov 1989
    w Mabel 19 Apr 1897 - 8 Dec 1946
    s George D. 3 Jul 1920 - 30 Aug 1985
    s Rezin F. 17 Feb 1927 - 16 Dec 1986
Lewis, C. Filmore 17 Feb 1891 - 14 Jan 1937 "Father" s/o William F. & Olive M. Watkins Lewis
    w Jemima C. 15 Apr 1891 - 29 Sep 1936 "Mother"
Lewis, Dorsey 26 Apr 1891 - 27 Apr 1975
    w Helena K. Beall 10 Aug 1901 - 24 Oct 1988 d/o Samuel Webster & Altie Everett King Beall
Lewis, Jeremiah 11 Aug 1864 - 14 Oct 1911 s/o Alexander Hamilton & Emeline Lewis
    w Valinda C. Burdette 20 Jun 1872 - 10 May 1924 d/o Greenbury William & Sarah E. Burdette

    s Francis T. 19 Jul 1886 - 5 Jan 1915
Lewis, Olive M. Watkins 9 Jul 1865 - 5 Dec 1926 d/o William Thomas & Sarah Elizabeth Watkins w/o William F. Lewis
Lewis, Perry C. Sr. 31 Aug 1920 - 13 Sep 1971 Pfc Co I 119 Inf 30 Inf Div WWII "Dad"
    w Sarah M. 3 Nov 1919 - 29 Jun 1990 "Mom"
Lewis, William Filmore 11 May 1901 - 4 Feb 1961
Lingrell, Grace N. 6 Oct 1907 - 15 Nov 1987
Linthicum, Charles Wallace 16 Apr 1915 - 18 Jan 1996 s/o John Dutrow & Leona May Davis Linthicum
    w Helen Virginia Beall 30 Apr 1922 - no date d/o Leslie Gordon & Bessie Lewis Beall
Linthicum, George M. 28 Jul 1869 - 20 Jan 1948 s/o Otho Norris & Sarah Elizabeth Wright Linthicum
    w Florrie J. Purdum 9 Aug 1868 - 13 Jun 1953

Bethesda Methodist

Linthicum, Joseph Hamilton 28 Sep 1866 - 1 Jan 1942 s/o Otho Norris & Sarah Elizabeth Wright Linthicum
    w Margaret Jemima Roberta Walker 7 Jan 1865 - 1 May 1913 d/o Geo. W. & Rachel Browning Purdum Walker
    s Walker S. 5 Sep 1891 - 26 Sep 1930
    s Paul 1893 - 1894
    c infant b&d 1895
    d Parepa F. 4 Jun 1904 - 19 May 1990
Linthicum, Miel E. 28 Feb 1865 - 8 Sep 1928 s/o Otho Norris & Sarah Elizabeth Wright Linthicum
    w Mary L. Purdum 18 Jan 1866 - 6 Sep 1956 d/o Joshua Hinkle & Martha Brown Purdum
Linthicum, Purdum Burdette 27 Mar 1906 - 28 Nov 1873 s/o Miel E. & Mary L. Purdum Linthicum
    w Edna Wilson Hyatt 26 Nov 1905 - no date d/o Wm. Eli Cleveland & Mildred Survila Boyer Hyatt
Linthicum, Otho Norris 1833 - 1870 s/o Frederick & Elizabeth Smith McElfresh Linthicum
    w Sarah Elizabeth Wright 1835 - 1906
    s William M. Frederick 1856 - 1869
    s Otho Lee 1862 - 1896
Little, Sandra 21 Nov 1942 - 6 Nov 1995
Loy, Spenser 1896 - 1971
    w Mary Burdette 1896 - 1965
    s Franklin 10 Feb 1918 - 4 Dec 1932
    s Albert 1936 - 1937

McClintic, Henry L. 19 Mar 1914 - 19 Mar 1996
McElfresh, Colvin Hughes 17 May 1849 - 13 Mar 1922
    w Hester Ida Lawson 11 Feb 1854 - 28 Sep 1921 d/o James Uriah F. & Catherine E. Keziah Turner Lawson
McElfresh, Margaret Virginia 1 Jul 1938 - 8 Jul 1941 d/o John Hughsie & Evelyn Rippeon McElfresh

Mandy, Norman Wilfred Jr. 24 Aug 1929 - 15 Nov 1972 AL 1st Lt US AFR Korea
Medley, Lorene Miller 10 Jun 1918 - 16 Aug 1998
Molesworth, Harriet C. Williams 29 Jan 1839 - 27 Feb 1897 w/o Hamilton G. Warfield & Joshua Molesworth
    d/o Samuel B. & Kitty Williams
Moore, Raymond Jr. 1952 - 1972
Morningstar, Claudia F. 20 Mar 1909 - 17 Nov 1997 w/o Hazel Edgar Morningstar
Mount, William d. 1848 age 45
    w Sarah Baker d. 11 Oct 1897 85-7-14
Mullican, Carl Oscar 1906 - 1978 s/o Oscar Thomas & Cordelia B. Mullinix Mullican
    w Helen Mildred Day 1909 - 24 May 1991 d/o James Start & Laura Helen Davis Day
    s Carroll Lee b&d 21 May 1943
Mullican, George Thomas 9 Sep 1850 - 31 Jan 1922 s/o Thomas & Mary E. Price Mullican
    w Annie B. Norwood 31 May 1865 - 21 Apr 1948 d/o Ralph & Matilda R. Watkins
Mullican, Herbert 22 Jul 1909 - 24 Jul 1979
Mullican, Oscar Thomas b.15 Sept 1886 "Father" s/o George Thomas & Mary Catherine Eunice King Mullican
    w Cordelia "Cora" B. Mullinix Watkins 23 Jan 1874 - 31 May 1937 "Mother"
Mullineaux, Charles Edward 1848 - 1926
    w Sarah Jemima 1859 - 1941
    d Elsie E. d. 3 Sep 1882 1-10-25
Mullineaux, Myrtle L. 1905 - 1986
Mullineaux, Paul T. 1900 - no date
Mullineaux, Roy B. 1894 - 1973
Mullinix, Annie D. 1 Apr 1864 - 28 Jan 1913 w/o William T. S. Mullinix
Mullinix, Everette 11 Dec 1921 - 8 Jun 1997
    w Janice Watkins 6 May 1924
Mullinix, Melvin Eugene 1 Apr 1923 - 9 Sep 1986 s/o Robert E. & Mamie Dorsey Day Mullinix
    w Shirley M. 17 Aug 1928 - no date
Mullinix, Robert Eugene 15 Jun 1899 - 5 Sep 1932
    w Mamie Dorsey Day 23 Mar 1907 - 4 May 1994 d/o Franklin Belle & Cora Dorothy Price Day
Mullinix, R. Murrell 22 Jun 1911 - 25 Jun 1998
Mullinix, Reece 1 Jan 1872 - 19 Dec 1960
    w Julia E. 14 Jul 1875 - 2 Jul 1962
    s Willard Lee 2 Jan 1910 - 1 Aug 1910

Bethesda Methodist

Mullinix, Robert T. d. 25 Nov 1908 72-1-16 s/o Urner R. & Emma Rena Mullinix
  w Mary E. d. 28 Jun 1915 72 years
Mullinix, Sterling Lansdale 25 May 1899 - 4 Jul 1990
Mullinix, Urner R. 7 Jun 1890 - 29 Jul 1967
  w Emma Rena Lewis 14 Jan 1897 - 10 Oct 1991 d/o Jeremiah & Valinda C. Burdette Lewis
Musgrove, Hiram D. 30 Apr 1890 - 28 Sep 1954
  w Ora D. 26 Dec 1893 - 22 Apr 1998
Musgrove, Robert 16 Aug 1927 - 28 Apr 1990

Nahr, Douglas Leonard 17 Jan 1961 - 5 Feb 1982 "Son and Brother"
Norwood, Libbie Ordene d. 10 Aug 1894 0-0-20 d/o Willie & Eunice E. Norwood
Norwood, Ralph Jr. 20 Jul 1825 - Nov 1866 s/o Ralph & Mary A. Norwood
  w Matilda R. Watkins 7 Mar 1839 - 29 Apr 1920 d/o Samuel B. & Sarah J. Watkins

Oden, Sarah Ella 19 Apr 1905 - 28 May 1974 w/o Robert Hayden Davis
Olson, Ardell d. 3 Sep 1919 w/o J. E. Olson

Park, John MacKenzie 15 Dec 1905 - 3 Sep 1989
  Frances Lavinia 29 Jan 1905 - 11 Apr 1994
Pavel, George A. 1941 - 1990 h/o Janet Pavel
Pearman, John Parks 6 Jun 1963 - 15 May 1983
Penn, James 1829 - 1909 s/o James & Sarah Snyder Penn
  w Margaret Antoinette Watkins   1832 - 1909 d/o John & Eleanor Watkins
  d Marianne L. d. 30 Jul 1890 28-11-27
Penn, Mary C. 12 Apr 1867 - 21 Dec 1894 w/o Albert C. Penn
Perry, George R. 1919 - 1988
Piquett, John T. 26 Aug 1842 - 10 Dec 1915
  w Sarah Lawson d. 2 Dec 1901 56-11-2 d/o James Draper, Jr. & Mary Ann Duvall Lawson
Poole, Harold 20 Feb 1916 - 23 Jul 1973
  w Esther B. 30 Jan 1920 - no date
Poole, Sarah A. Sheckells 23 Jan 1816 - 15 Apr 1878
Purdum, Benjamin F. d. 29 Jun 1882 31-4-22 s/o John Lewis & Jemima King Purdum
  d Ethel M. d. 11 Aug 1885 2-6-11 d/o Sybelle Madusky Browning Purdum Bennett
Purdum, James Henning 1847 - 1923 s/o John Lewis & Jemima King Purdum
  w1 Martha Rebecca Burdette 1848 - 1883 d/o Hamilton & Elizabeth R. King Burdette
  w2 Sarah Edith Lewis 1856 - 1933
  s William H. d. 27 Mar 1873 0-2-25
  s Louis W. d. 27 Nov 1893
  s infant d. 16 Sep 1897
Purdum, John Lewis d. 25 Jul 1870 71-6-28 s/o Joshua & Rachel Browning Purdum
  w Jemima King d. 7 Feb 1892 86-8-27 d/o John Duckett & Jemima Miles King
Purdum, Joshua Hinkle 21 Nov 1833 - 27 Mar 1874   s/o John Lewis & Jemima King Purdum
  w Martha Brown Burdette 8 Nov 1843 - 30 May 1929 d/o James William & Cassandra Purdum Burdette
Purdum, William Henry Harrison 27 Nov 1841 - 18 Sep 1923 s/o John Lewis & Jemima King Purdum
  w Mary Ellen Lewis 6 Jan 1843 - 22 Feb 1917 d/o Arnold T. & Sarah R. Lewis
Pyle, Donald E. 13 Apr 1904 - no date
  w Roberta F. Linthicum 22 Sep 1907 - 10 Jul 1962 d/o Jos. Hamilton & Margaret Roberta Walker Linthicum

Rasbornick, William 8 Nov 1916 - 21 Mar 1999
Redmond, Thomas d. 31 Dec 1919 74 years
Rhoderick, Derroll Eugene 23 Apr 1934 - 18 Feb 1984
  w Roberta Marjorie 20 Apr 1937 - 18 May 1985
  s Gary Wayne b&d 13 Mar 1959
Rysavy, Shawn Jeanne Higgens 4 Jul 1926 - 22 Sep 1995 d/o Eugene & Loretta K. Schwartz Higgens

Schoppert, Edith 1874 - 1941
Schwartz, Basil Dorsey 22 Sep 1877 - 1 Jan 1971 s/o Richard T. & Catherine C. Beall Schwartz
  w Pink Priscilla Picquett 20 Sep 1873 - 18 Nov 1948 d/o John T. & Sarah Lawson Picquett

Bethesda Methodist

Schwartz, Richard T. d. 10 Jun 1880 24-8-25 s/o Benjamin F. & Anna Mary Geisler Schwartz h1/o Catherine C. Watkins
Seelman, Robert 1892 - 1942
    w Linda 1900 - 1983
Shipley, Edward Lewis 13 Oct 1890 - 8 Jun 1985 s/o Samuel L. & Mary Elizabeth Grimes Shipley
    w Anna E. Sheckles 1 May 1900 - 24 Mar 1988 d/o Nathan E. & Edith May Bowen Sheckles
Shipley, John W. 21 Sep 1888 - 9 Oct 1976 s/o Samuel L. & Mary E. Grimes Shipley
    w Cora M. Sheckles 2 Jun 1898 - 28 Sep 1988
    d infant b&d 1916
    s infant b&d 1917
    d infant b&d 1918
Shipley, Mary Ellen Snowden 13 Jan 1833 - 14 Mar 1933
    s Harry A. 26 Apr 1869 - 1947
    s Alonza "Lonza" E. 1 Nov 1871 - Sep 1942
Shipley, Maurice Alton 13 Jul 1904 - 10 Sep 1979
    w Nora May Brown 7 Mar 1912 - 26 Feb 2000 d/o Roby Harriman & Virginia Estelle Price Brown
Shipley, Samuel L. 25 Oct 1860 - 24 May 1948 s/o John R. & Mary E. Snowden Shipley
    w Mary Elizabeth Grimes 5 May 1866 - 25 Aug 1928 d/o Thomas W. & Zeruiah Belle McElfresh Grimes
Sibley, Flora 1 May 1900 - 16 Feb 1935
Smith, Anthony 10 Apr 1874 - 21 Aug 1958
    w Virginia R. 2 Oct 1874 - 30 Aug 1946
Smith, Dorothy Jane 17 Oct 1942 - 12 Sep 1983
Smith, Ella W. Mullinix 28 Jun 1917 - 12 Mar 2000 d/o Rezin Thomas & Julia E. Cutsail Mullinix w/o William J. Smith
Smith, Phyllis 23 Mar 1915 - 30 Dec 1993
    s Anthony 13 Mar 1948 - 7 Nov 1954
Smith, Walter 11 Jun 1886 - 31 Jan 1945
    w Mattie Sue 1 Oct 1887 - 12 Dec 1969
    s Richard 23 Jan 1916 - 6 Jun 1981
Snowden, Nicholas B. F. 29 Apr 1850 - 18 May 1940
    w Annie May 9 Jun 1881 - 30 Dec 1949
Snyder, Carol 29 Jul 1919 - 26 Jan 1990
Snyder, infant b&d 3 Mar 1901 s/o B. A. & B. M. Snyder
Snyder, John L. 1849 - 1946
    w Asenath "Sennie" E. 1851 - 1927
Snyder, Maurice M. 20 Feb 1876 - 31 Aug 1967 s/o John L. & Sennie E. Snyder
    w Edith E. Purdum 9 Dec 1876 - 26 Sep 1966 d/o James M. & Emma A. Davis Purdum
    s Forrest B. 22 Nov 1910 - 22 May 1982 h/o Sarah R. Snyder
Snyder, Newton G. 1880 - 1967 s/o John L. & Asenath E. Snyder
    w Myrtie I. Thompson 1884 - 1969 d/o Albert B. & Sarah L. Bowman Thompson
Snyder, Preston L. 7 May 1885 - 16 Apr 1967 s/o John L. & Asenath E. Snyder
    w Fidelia Seward Walker 11 Aug 1871 - 28 Aug 1960 d/o George Washington & Rachel Browning Purdum Walker
Sullivan, Robert 20 Sep 1902 - 13 Jul 1903 s/o Eugene & Ida Sullivan
Sweitzer, Chelsea Lou b&d 14 Sep 1989

Taylor, William A. 18 Apr 1897 - 30 Jan 1976 s/o John & Martha A. Taylor
    w E. May 28 Mar 1893 - 4 Aug 1959
Tetlow, Albert G. 1872 - 1945 s/o Sarah J. Tetlow
    w Dola J. Keith 1877 - 1952 d/o Edmund T. & Margaret E. Andrews Keith
Thom, William 17 Jan 1948 - no date
    w Laura Meyers 1950 - 1988
Trout, Elsie 1885 - 1945
    s Ernest 1913 - 1961
Turner, infant d. 18 Nov 1895 d/o James M. & Bertie I. Turner
Turner, William T. d. 8 Jan 1904 71-5-29
    w Keziah E. Gue d. 12 Mar 1901 61-5-29 d/o George E. & Sarah Gue
    d Mamie C. d. 17 Mar 1883 2-2-5
    s Luther Ellsworth d. 16 Jul 1904 37-6-18 "Our Brother"

Bethesda Methodist

Umberger, John W. 27 Sep 1874 - 29 Sep 1929
    w Lilly M. Burdette 5 Sep 1877 - 30 Sep 1940

Vogt, Michael 16 Feb 1963 - 20 Aug 1997

Wagner, Paul, Rev. 26 Feb 1911 - 20 Aug 1997
Walker, Edsel 9 Jul 1921 - 7 Feb 1995
Walker, Eugene Samuel Wesley 1892 - 1951 s/o John L. & Harriet A. Hobbs Walker
    w Ethel Virginia Day 1897 - 1939 d/o James Start & Laura Helen Davis Day
Walker, George Bryan 1 Mar 1792 - 1872   68-?-14 s/o George & Ann Martha Bryan Gray Walker
    w Margaret Boyer 27 Mar 1805 - 17 Mar 1872 d/o Peter & Anna M. Mussetter Boyer
Walker, George Washington 10 Oct 1837 - 7 May 1915 s/o George Bryan & Margaret Boyer Walker
    w Rachel Browning Purdum 16 Jul 1835 - 4 Jul 1910 d/o John Lewis & Jemima King Purdum
    d Rosabelle d. 28 Jul 1891 21-5-27
    d Margaret d. 17 Jun 1867
Walker, John Lewis Everett 1861 - 1924 s/o George W. & Rachel B. Purdum Walker
    w Harriett Ann Eugenia Hobbs 22 Oct 1856 - 1924 d/o Samuel & Harriet Ann W. Browning Hobbs
    d infant no dates
    s Fletcher A. 1887 - 1924
    s J. R. Gwinn 1885 - 1962
Walker, Mary Ravenal 11 Feb 1903 - 25 May 1968
Walker, Stewart Eugene Day Sr. 18 Apr 1918 - 10 Feb 1993 h/o Eunice Burdette Walker
Walker, William Alfred Baker 1867-1947 s/o George Washington & Rachel Browning Purdum Walker
    w Laura Arvilla Day 1867-1943 d/o Rufus King & Ann Priscilla Brandenburg Day
    d infant 8 Jan 1896 - 3 Jul 1896
    d Bessie Pauline 4 Aug 1897 - 7 Mar 1916
    s Wesley Day 29 Sep 1900 - 29 May 1901
    s Wilford Taft 21 May 1908 - 2 Aug 1908
    s Wilbur B. 21 May 1908 - 5 Aug 1908
    s Rufus Wesley d. 5 Feb 1903 0-10-3
Walker, Willing W. 9 Jul 1910 - 30 Oct 1997
    w Mary D. 20 Nov 1910 - 13 Apr 1977
Ward, Clay E. 1901 - 1960
    w Fairy Brandenburg 1903- 5 Sep 1992 d/o Bradley Jefferson & Valerie Eveline Hyatt Brandenburg
Warfield, Hamilton G. 17 Dec 1902 - 13 July 1903 h1/Harriet Molesworth
Watkins, Albert B. 1906 - 1954
    w Edna B. 1906 - no date
Watkins, Alburn H. 6 Sep 1861 - 2 Feb 1961 s/o Josiah W. & Mary Ann Beall Watkins
    w Nettie B. 26 Feb 1869 - 10 Oct 1956
    s Marshall J. d. 8 Jul 1900 0-10-1
    s Clarence Gordon 25 Feb 1910 - 10 Feb 1972
Watkins, Bradley 14 Feb 1870 - 11 Mar 1941 s/o William Thomas & Sarah Elizabeth Williams Watkins
    w Rebecca Zerah Burdette 14 Oct 1877 - 24 Jun 1945 d/o Caleb Joshua & Roberta King Burdette
Watkins, Charles V. 1 Aug 1935 - 27 Jan 1937 s/o Ray Mount & Edna V. Watkins
Watkins, Dallas D. 10 Sep 1919 - 20 Apr 1944 KIA WWII
Watkins, Edward E. 21 Feb 1861 - 29 Jan 1900 s/o Julius L. & Amanda Watkins Watkins
    d P. Madge 26 Feb 1890 - 24 Jan 1895 d/o Cora B. Mullinix Watkins
Watkins, Howard Raymond 19 Dec 1903 - 30 Oct 1954 s/o Bradley & Rebecca Zerah Burdette Watkins
    w Lois Lillian Davis 23 May 1911 - 22 Oct 1987 h2=Ray Lewis
Watkins, James W. 25 May 1864 - 17 Apr 1924 s/o Josiah W. & Mary Ann Beall Watkins
    w Addie E. Shipley 18 Jul 1887 - 26 Dec 1966 d/o Samuel L. & Mary E. Grimes Shipley
    s James Oliver 19 Jul 1921 - 9 Feb 1949
Watkins, John T. Feb 1814 - Apr 1879
Watkins, John W. 24 Aug 1782 - 19 Sep 1866 Pvt US Inf War of 1812 h/o Elenore C. Hitchcock Watkins s/o Jeremiah & Elizabeth Waugh Watkins
Watkins, Jon Parker 18 Mar 1960 - 15 Mar 1982 "Husband"
Watkins, Joseph Grant 23 Feb 1866 - 22 Feb 1928 s/o Julius L. & Amanda Watkins Watkins
    w Nettie F. Beall 3 Dec 1872 - 12 Aug 1937 d/o John Wesley & Margaret Rose Cronin Beal Beall
Watkins, Joseph S. Apr 1808 - Apr 1873 s/o Jeremiah & Elizabeth Waugh Watkins

Bethesda Methodist

Watkins, Joshua W. 29 May 1865 - 18 Feb 1939 s/o Josiah W. & Mary Ann Beall Watkins
 w Martha P. 19 Aug 1867 - 19 Apr 1931
Watkins, Josiah W. 22 May 1832 - 7 Oct 1897 s/o Samuel B. & Sarah J. Watkins
 w Mary Ann Beall 7 Oct 1830 - 17 Aug 1911 d/o Hezekiah & Priscilla Keith Beall
Watkins, Julius L. 1833 - 7 Sep 1896 "Father" s/o Leven Belt & Mary E. Wharton Watkins
 w Amanda Watkins 1841 - 1920 "Mother" d/o Samuel B. & Sarah J. Norwood Watkins
 s Morgan H. 8 Nov 1874 - 24 Dec 1930
 s infant no dates
Watkins, Julius Monroe 1876 - 1962 s/o Julius L. & Amanda Watkins Watkins
 w Martha Ann "Mattie" Burdette 1877 - 1967
 s infant d. 5 Nov 1901
Watkins, Katie M. 1870 - 1955 d/o Ida Belle Watkins Claggett
Watkins, Lester Steele 23 Jun 1895 - 19 Mar 1966 s/o Joseph Grant & Nettie F. Beall Watkins
 w Maysie Nadine Brandenburg 18 Nov 1897 - 13 Aug 1989 d/o Bradley Jefferson &
         Valerie Eveline Hyatt Brandenburg
 d Eloise Nadine d. 29 Sep 1925 0-0-18
Watkins, Mary M. d. in 72nd year "Our Aunt"
Watkins, Maynard Wilson 6 Sep 1894 - 3 Nov 1973 s/o Edward E. & Cora B. Mullinix Watkins
 w Elsie Lucretia Beall 21 Jan 1900 - 16 Feb 1982
 c Infant no dates
Watkins, Otis Lewis 22 Jun 1895 - 15 Sep 1958 MD 2nd Lt Air Res. WWI s/o W. Maurice & Martha R. King Watkins
 w Byrd E. Butler 4 Mar 1889 - 6 Nov 1977 d/o Jesse & Martha Jane Butler
Watkins, Robert Lee 29 Oct 1932 - 16 Jan 1998 s/o William M. & Fannie W. McElfresh h/o Ardis Mae Hanson Watkins
Watkins, Royce Maynard 27 Jun 1923 - 30 Oct 1975 s/o Maynard Wilson & Elsie Beall Watkins
 w Mary Virginia 9 Aug 1927 - 10 Nov 1992
Watkins, Russell C. 18 Sep 1886 - 14 Sep 1971 s/o Tobias Calvin & Catherine C. Beall Watkins
 w Louise L. 26 Feb 1879 - 29 May 1956
Watkins, Samuel B. 1807 - 29 Apr 1885 s/o John & Matilda Watkins
 w Sarah Jane Browning d. 31 Mar 1879 60-6-24 d/o Archibald & Rebecca Windsor Browning
 s Sebastian W. d. 78 Sep 1877 24-11-03
 d Amy C. d. 16 Jan 1886 41-10-22
Watkins, Samuel Cummings 1868 - 1951 s/o Julius L. & Amanda C. Watkins Watkins
 w Josephine Lee 1877 - 1947 d/o William & Susie Bell Lee
Watkins, Tobias Calvin 24 Sep 1859 - 15 May 1949 s/o Julius L. & Amanda Watkins Watkins
 w Catherine C. Beall 11 Feb 1857 - 4 Apr 1924 w/o Richard T. Schwartz
Watkins, Vernon Thomas 18 Aug 1871 - 1943 s/o William Thomas & Sarah Elizabeth Williams Watkins
 w Edith P. Mount 1878 - 1946 d/o William & Alice Duvall Mount
 s William Thomas 14 Dec 1900 - 13 Apr 1943
Watkins, W. Maurice 15 Dec 1867 - 31 Mar 1940 s/o William Thomas & Sarah Elizabeth Williams Watkins
 w Martha Rebecca King 4 Dec 1874 - 4 Jan 1950 d/o Singleton & Mary Rachel Elizabeth Burdette King
 d infant d. Aug 1897
 s Carlton T. d. 15 Jan 1915 0-8-17
Watkins, William Ernest 14 Sep 1881 - 6 Jan 1915 s/o William Thomas & Sarah Elizabeth Williams Watkins
 w Myrtle Estelle King 13 May 1883 - 6 Jan 1964 d/o John Edward Howard & Martha Elizabeth Linthicum King
Watkins, William Maurice 17 Apr 1902 - 14 Nov 1971 s/o William Maurice & Martha Rebecca King Watkins
 w Fannie Wagner McElfresh 4 Aug 1903 - 6 Apr 1988 d/o Colvin H. & Sophronia Burdette McElfresh
Watkins, William Thomas d. 20 May 1891 53-8-20 s/o Samuel B. & Sarah J. Browning Watkins
 w Sarah Elizabeth Williams 2 Jun 1844 - 17 Feb 1928 d/o Samuel & Kitty Williams
West, Rex 16 Jul 1931 - 22 Nov 1995
 w Melba Ann 17 Apr 1933 - no date
Wiese, Keith Irwin 28 Sep 1916 - 10 May 1992 NE USAF pilot WWII
 w Faye Patnaude 13 Sep 1923 - 6 May 1992 USAF nurse WWII
Williams, Charles Calvin 9 Jan 1891 - 3 Dec 1977
 w Ethel Leone 7 Mar 1900 - 18 Dec 1977
Wilson, Ralph 30 Jul 1938 - 3 Sep 1970
Windsor, Leslie H. 23 Nov 1898 - 16 Mar 1983 s/o William B. & Annie E. Murphy Windsor
 w Lonnie Hall 2 Mar 1898 - 25 Jan 1941
 s William R. 1 May 1940 - 19 Jul 1943

Bethesda Methodist

Wolfe, William E. 28 Mar 1830 - no date s/o George & Mary Davis Wolfe
  w Hester A. Lawson d. 9 Feb 1887 46-7-28 d/o James Draper Jr. & Mary Ann Duvall Lawson
Wolfe, James Clifford d. 19 Aug 1908 33-4-13 h/o Louise Stone s/o William E. & Hester A. Lawson Wolfe
  s James Clifford Jr. d. 2 Nov 1905 0-2-4
  s Robert W. 22 Mar 1902 - 17 Nov 1917

Yates, David Alan 7 Jan 1954 - 22 Nov 1975

Lawson Family Cemetery
Loch Haven, Frederick County, Md

Burgee, Margaret A. Lawson 17 Aug 1850 - 15 Jul 1917 d/o James Uriah & Catherine E. Keziah Turner Lawson
  w/o Frederick L. Burgee
Lawson, Gabriel Lewis 12 Sep 1832 - 1 Jan 1882 47-3-18 s/o John Hamilton & Leatha Ann Layton Lawson
  w Sarah Weems Duvall 30 Jun 1848 - 21 Feb 1910 61-6-22 d/o John Grafton & Jerusha A. Penn Duvall
  s Wade 21 Oct 1872 - 1 Nov 1872 0-0-11
  d Hattie 24 Feb 1874 - 19 May 1874 0-2-23
  s Hampton 11 Feb 1876 - 22 Feb 1876 0-0-11
Lawson, Harriett 5 Mar 1828 - 8 Nov 1879 51-8-3 d/o John Hamilton & Leatha Ann Layton Lawson
Lawson, James Uriah 3 Apr 1830 - 20 Jan 1897 s/o John Hamilton & Leatha Ann Layton Lawson
  w Catherine E. Keziah Turner 27 Feb 1829 - 6 Sep 1909
  s Bell E. 27 Mar 1860 - 18 Aug 1860 0-4-22
  s Jefferson Davis 14 Feb 1863 - 26 Aug 1869 6-6-12
  s infant twin A b&d 11 Jul 1868
  s infant twin B 11 Jul 1868 - 14 Jul 1868
  s Ivy H. 20 Oct 1870 - 25 Jul 1871 0-19-5
Lawson, William Perry N. 30 Oct 1836 - 14 Oct 1911 74-11-15 s/o John Hamilton & Leatha Ann Layton Lawson
Lewis, Leanna E. Lawson d. 13 Aug 1897 35-5-25 d/o James Uriah & Catherine E. Keziah Turner Lawson
  d Catherine M. d. 16 May 1907 22-10-16
Littard, Nancy Hammond Lawson d. 13 May 1879 53-3-8 w/o Jerome Lyddard d/o John Hamilton & Leatha Layton Lawson
Tabler, Delilah Lawson d. 4 May 1891 52-3-3 w3/o Andrew J. Tabler; d/o John H. & Leatha Ann Layton Lawson

The burial place of John Hamilton Lawson [d. 9 Apr 1849 s/o James Draper Sr. & Delilah Duvall Lawson]
  and his wife Leatha Ann Layton Lawson [d/o Uriah & Keziah Purdum Layton] are unknown.

Damascus Methodist
Route 124 Woodfield Road
Damascus, Maryland

Action, Rena Hilton 1897 - 1963
Adams, John E. 4 Oct 1818 - 28 Jun 1892
    w Mary E. 11 Nov 1819 - 1893
Anderson, Bryan D. 1986 - 1987
Anderson, Roy Michael 24 Sep 1968 - 25 Sep 1968
Appleby, James Curtis 16 Sep 1822 - 7 Jan 1893
    w Susan R. 31 Jul 1829 - 2 Sep 1900
Appleby, Willie J. 1865 - 1953
    w Ella M. 1871 - 1956
    d Emma M. 5 Oct 1895 - 12 Jan 1917
Arnold, Arthur 1 Jan 1929 - 19 Mar 1994

Baker, John T. 4 Nov 1851 - 19 Dec 1921 s/o William H. & Jemima King Purdum Baker
    w Caroline Virginia Mullinix 1854 - 1924
      d Stella Faring 1884 - 1885
      s Della Day 29 Feb 1884 - 10 Oct 1911
      s Franklin Lansdale 29 Feb 1891 - 10 Aug 1891
      s Harold Levering 4 Feb 1896 - 17 Oct 1927
Baker, William A. 1880 - May 1942 s/o John T. & Caroline Virginia Mullinix Baker
    w1 Isla May Young 9 Aug 1881 - 8 May 1909 d/o Thomas M. & Josephine Lewis Young
    w2 Norma Oleanda Brandenburg 5 Mar 1884 - 25 Jan 1918 d/o Garrison McLain & Mary E. Norwood Brandenburg
    w3 Belle Ford 1887 - 1971
Barber, Kenneth 29 Oct 1931 - 23 Aug 1998
Bardecki, Steven Paul 16 Oct 1968 - 19 Oct 1971
Bates, John P. 1862 - 1935
    w C. Byrtle Young 1878 - 17 Nov 1950 d/o James Dallas & Caroline C. Etchison Young
Baxter, James 1935 - 1978
Beall, Addie B. 2 Apr 1876 - 26 Oct 1912
Beall, Caroline M. 1858 - 1916
Beall, Franklin E. 1872 - 1945 s/o John E. & Sommerville W. King Beall
    w Ethel Lansdale 1871 - 1946 d/o Benjamin F. & Emma Smith Lansdale
Beall, John Bromwell 30 Jun 1878 - 18 Feb 1929 h/o Della Lewis Beall s/o John N. & Lucretia J. Beall Beall
Beall, James V. 19 Oct 1861 - 23 Jun 1912
    w Mary Jane 17 Jul 1863 - 26 Sep 1944
Beall, John E. 12 Jun 1847 - 18 Dec 1897
Beall, Melvin William 1879 - 1961 s/o John E. & Sommerville W. King Beall
    w Eva M. Price 1887 - 1965 d/o Daniel W. & Sarah F. Howard Price
      s John W. 1907 - 1960
Beall, S. W. 28 May 1848 - 7 Mar 1922
Beard, Nancy 1932 - 1992
Beavers, Susan Carol 21 Mar 1960 - 27 May 1960 d/o Arthur M. & Caroline Beavers
Becraft, Nathan U. 1868 - 1938
    w Grace M. Duvall 1882 - 1972 d/o Cellius B. & Sarah Catherine King Duvall
Bell, Bonnie Marie d. 26 Oct 1965 infant
Bellison, Mildred E. d. 27 Oct 1905 1-5-10 d/o Charles C. & Oly W. Bellison
Bellison, Thomas Edward 20 Mar 1929 - 15 Oct 1988 s/o Norman Lee & Jennie Marie Nicholson Bellison
        h/o Peggy Elaine Browning Bellison
Bennett, Hobart L. 1940 - 1986
Berte, Robert John 1919 - 1983
    w Donna A. 1925 - no date
Bird, Willie Newton 2 Feb 1862 - 12 Mar 1937 h/o Cora Belle Day Bird
Bohrer, Benjamin F. 1880 - 1920
    w Anna P. 1891 - 1968
Bohrer, Louisa R. 19 Jan 1851 - 17 Sep 1893
Bottomley, Mary Knightley of Epworth, England 1856 - 1926
Bowen, James J. 13 Feb 1813 - 9 Sep 1902
    w Eliza M. Ferris 17 Jun 1840 - 1 Apr 1919 d/o Ossamus & Caroline Ferris

Damascus Methodist

Bowen, Orlando 12 Oct 1867 - 4 Nov 1922 s/o James J. & Eliza Ferris Bowen
Bowman, Aden McKendree 23 Oct 1852 - 15 Mar 1932 s/o Rezin H. & Mary Young Bowman
    w1 Susie Emme Duvall d. 5 Jun 1869 19-4-19 d/o Mareen & Elizabeth Simpson Duvall
    d Hattie E. 17 May 1879 - 27 Feb 1880
    w2 Jemima Elizabeth Boyer 9 Oct 1864 - 23 Jan 1952 d/o Milton & Elizabeth Washington Purdum Boyer
    s McKendree 17 Jul 1911 - 31 Jul 1990
Bowman, Rezin H. d. 13 Apr 1904 81-0-27 s/o George Aden & Keziah Sedgwick Bowman
    w Mary Young d. 2 Sep 1898 83-10-8 d/o Richard & Ruth Young
Bowman, William H. 28 Dec 1820 - 3 Mar 1899
    w Sarah Miller 11 Jan 1819 - 5 Feb 1910
Boyer, George Milton 22 May 1872 - 21 Sep 1956 s/o Milton & Elizabeth Washington Purdum Boyer
    w Anna Marie Bowman 27 Jan 1877 - 20 Jan 1970 d/o Aden McKendree & Susie Emme Duvall Bowman
    d Emma M. d. 11 ? 1910 3-0-5
    d Susan Elizabeth 14 May 1905 - 26 Feb 1993
Boyer, George Wesley 25 Dec 1911 - 1980 s/o George Milton & Anna Marie Bowman Boyer
    w Willie Beatrice Drye 1907 - 1982
Boyer, Milton 13 Jul 1834 - 24 Oct 1912 s/o John W. & Elizabeth Day Boyer
    w Elizabeth Washington Purdum 12 Feb 1840 - 26 Dec 1907 d/o John Lewis & Jemima King Purdum
Boyer, Milton McKendree 25 Mar 1907 - 28 Dec 1978 s/o George Milton & Anna Marie Bowman Boyer
    w Helen Warfield Souder 15 Dec 1924 - no date d/o Archie W. & Sallie L. Purdum Souder
Boyer, William Everest 4 May 1878 - 8 Jul 1951 s/o Milton & Elizabeth Washington Purdum Boyer
    w Amelia C. Baker 27 Jun 1881 - 9 Apr 1952
    s Milton Baker 15 Dec 1906 - 2 May 1975
Brake, Oscar T. 7 Oct 1897 - 19 Aug 1898 s/o William H. & Clara B. Brake
Brake, William F. 15 Aug 1883 - 15 Sep 1884 s/o William H. & Clara B. Brake
Brandenburg, Claude F. 9 Jan 1903 - 13 Aug 1979 h/o Velma W. Brandenburg
    s/o William Bromwell & Minnie Watkins Brandenburg
    w Mary A. Spurrier 1902 - 1934 d/o Mary Spurrier
Brandenburg, Oliver Jordan 28 Sep 1861 - 27 May 1942 s/o William R. & Sarah E. Mullineaux Brandenburg
    w1 Susie L. 27 Oct 1860 - 21 Dec 1904
    w2 Carrie C. Reiblich 6 Feb 1882 - 29 Oct 1970
Brandenburg, Roy O. W. 7 Mar 1898 - 7 Mar 1949 s/o Oliver Jordan & Susie L. Brandenburg
    w Edna P. 17 Jan 1897 - 5 Feb 1981
Brandenburg, Tilghman J. 1910 - 1993 s/o Oliver Jordan & Carrie C. Reiblich Brandenburg
    w Margaret Elizabeth Scheel 22 Aug 1913 - Mar 1994 d/o George H. Scheel
Brandenburg, William Asbury 16 Dec 1887 - 16 Jun 1963 s/o Oliver Jordan & Susie L. Brandenburg
    w Bessie May Burdette 14 Sep 1891 - 30 May 1951 d/o Nathan J. & Rispa Ann Lewis Burdette
Brown, Archie R. 22 Apr 1906 - 17 Oct 1975
    w Bessie E. 14 Sep 1908 - no date
    d Shirley L. 1937 - no date
Browning, Dinah d. 1926
Browning, Harry Lee Sep 1898 - 1981 s/o Samuel H. W. & Rosa Belle Purdum Browning
    w Mary Elizabeth Bowman 20 Apr 1903 - 3 Sep 1983 d/o Aden McKendree & Jemima E. Boyer Bowman
Browning, J. Otis 8 Sep 1885 - 23 Sep 1971
    w Angie I. 2 Aug 1889 - 30 Jun 1956
Browning, Lindsey 1920 - 1997
Browning, Silas Young 12 May 1870 - 19 Jan 1941 "Father" s/o Mahlon & Sarah F. Smith Browning
    w Claudia Olivia Lawson 26 Apr 1883 - 9 Jun 1973 "Mother" d/o Josiah Wolfe & Lucretia Warfield Lawson
Burdette, Arthur Monroe Sr. 26 Oct 1880 - 9 Apr 1964 s/o William W. & Mary Wooten Lawson Burdette
    w Effie Lee King 3 Oct 1883 - 20 May 1972 d/o Rufus Kent & Emma F. Bowman King
Burdette, Basil Boyer 9 Jun 1899 - 13 Mar 1983 s/o Claude H. & Sarah Rebecca Boyer Burdette
    w Emily Lorraine Moxley 1 May 1903 - 18 Sep 1968 d/o Harry B. & Eleanor Hyatt Moxley
Burdette, Benjamin F. 16 Dec 1832 - 17 Aug 1895
    w Charity A. Watkins 4 Mar 1838 - 20 Sep 1885 d/o Lorenzo Dow & Ara Ann Watkins Watkins
    d Annie M. 16 Apr 1861 - 7 Jan 1887
    d Anita E. 29 Jul 1879 - 17 Aug 1879
Burdette, Benjamin Franklin d. 17 Feb 1953 77 years s/o Benjamin F. & Amanda C. Watkins Burdette
    h/o Amanda Melvina Bellison Burdette

Damascus Methodist

Burdette, Bertha Waters 1886 - 1968 w/o Uriah Waters
Burdette, C. Mack 1879 - 1941
    w Lola Young 1880 - 1961 d/o John Dulles & Caroline C. Etchison Young
    s John Dallas 6 Sep 1910 - 8 Feb 1955
    s Walton Hamner d. 2 Feb 1910 7-2-26
Burdette, Calvin Kemp 6 Aug 1924 - 25 Oct 1969 MD Pfc US Army WWII s/o Amos Dewey & Nellie Kemp Burdette
    w Doris King 24 Aug 1926 - no date
Burdette, Claude Hamilton 17 May 1872 - 29 May 1938 s/o John Edward & Elizabeth J. King Burdette
    w Sarah Rebecca Boyer 6 Oct 1874 - 11 Aug 1926 d/o Milton & Elizabeth Washington Purdum Boyer
Burdette, Della Beall 30 Jun 1884 - 1 May 1969
Burdette, Effie Reed 18 Mar 1877 - 5 May 1907 w/o Richard Hayes Burdette
    d Alta Reed 25 Apr 1907 - 31 Aug 1907
Burdette, George Franklin 2 Sep 1912 - 31 May 1970 s/o Franklin Ellsworth & Henrietta Rebecca Ward Burdette
    w Dorothy Pauline Barnes 4 Dec 1917 - no date   d/o Herbert Day & Rosa May Lewis Barnes
    s James Larry 2 Apr 1936 - 13 Feb 1974
Burdette, James W. 5 Sep 1859 - 14 Jul 1927
Burdette, James William 3 Oct 1868 - 27 Jul 1942 s/o Benjamin F. & Charity A. Watkins Burdette
    w Miranda C. Etchison d. 7 Sep 1911 40-5-29
    w Helen Delmar 22 Oct 1885 - 23 Sep 1923
    w Tillie B. 20 Oct 1869 - 3 Jan 1942
    s James L. 22 May 1901 - 1 Mar 1919
Burdette, Maxwell Ellsworth 13 Dec 1903 - 2 Jul 1990 s/o Franklin Ellsworth & Henrietta Rebecca Ward Burdette
    w Elmyra Parrish 9 Apr 1915 - 17 Jul 1964
Burdette, Millard Diehl 24 Oct 1885 - 29 Sep 1950 s/o John F. & Ella Florence Turner Burdette
    w Ethel Lansdale King 23 May 1886 - 15 Jun 1971 Rufus Fillmore & Ursula Mahala King King
Burdette, Nathan E. 25 May 1898 - 3 Sep 1944
Burdette, Nathan J. 7 Jun 1842 - 11 Nov 1922
    w Rispa Ann Lewis 10 Dec 1844 - 16 Dec 1914
    s Jeremiah Lewis 17 Apr 1867 - 2 Jan 1933
        w Vivia Cochel Day 2 Jul 1874 - 1 Dec 1950 d/o Jackson & Survila Ann Beall Day
    s Franklin Ellsworth 18 Sep 1873 - 10 Jul 1955
        w Henrietta Rebecca Ward 19 Sep 1878 - 11 Nov 1944
Burdette, Ola L. 21 Oct 1892 - 13 Sep 1974
Burdette, Perry George 16 Jan 1915 - 1986 s/o John James & Cora Idella King Burdette
Burdette, Roger William 24 Apr 1909 - 9 Mar 1976 66 years s/o William Hubert & Beda Cassandra King Burdette
    w Dorothy Laurene Souder 8 May 1912 - 24 Nov 1966 d/o Archie W. & Sallie L. Purdum Souder
Burner, Paul F. Sr. 2 Nov 1897 - Sep 1967
    w Neva L. Thompson 17 Apr 1905 - Dec 1975 d/o William Franklin & Lola Thompson Thompson
Burns, Arthur R. 2 Apr 1876 - 12 Sep 1947 h/o Hattie L. Burns
Burns, Clinton 12 Oct 1866 - 8 May 1898 s/o William & Rosanna Burns
Burns, Darius d. 9 Dec 1891 70-3-12
    w Eliza A. d. 23 Jun 1910 75-2-27
    s John W. 27 Jan 1862 - 24 Jul 1885
Burns, Edgar Carl 7 Jan 1895 - 7 Jul 1947
Burns, Elizabeth Hickman d. Mar 1766 d/o William Hickman
Burns, Ella E. 7 May 1879 - 25 Jun 1883 d/o Basil R. & Alice V. Brandenburg Burns
Burns, George F. 10 Aug 1892 - 8 May 1871
    w Reta D. 26 Jun 1897 - Nov 1986
Burns, Nelson 23 Feb 1815 - 3 Apr 1875
    w Catharine Iglehart 15 Apr 1815 - 13 Dec 1884
    s Richard R. d. 5 Jun 1882 43 years
        w Emily Jane Watkins 7 Jun 1841 - 24 Jun 1914 d/o Silas Benjamin & Sarah E. Watkins
    s Nicholas Napolian 6 Feb 1843 - 8 Feb 1908
        w Sarah F. 19 Jun 1850 - 15 Jan 1925
    s Jesse Lee 21 Oct 1847 - 6 Apr 1920
        w Louisa H. Baker 1 May 1848 - 7 May 1901
    s George W. 4 Jul 1852 - 28 Jan 1929
        w Lavinia 21 Jan 1857 - 18 Jun 1947 [con't.]

Damascus Methodist

    s Eldrege B. 6 Sep 1883 - 19 Jul 1884
    s Jesse Herman 13 Mar 1887 - 1 Apr 1915 h/o Sallie A. Burns
Burns, Thomas L. 31 Jul 1874 - Jul 1898 23-11-24 s/o William & Rosanna Burns
Burns, William 15 Nov 1819 - 20 Dec 1883

Carter, Albert no dates
    w Lucy J. d. 3 Jan 1917 75 years
    d Lizzie 9 years
Carter, Rena Sheckles 31 Aug 1897 - 25 Oct 1990 d/o Nathan E. & Edith May Bowen Sheckles w/o Thomas H. Carter
    s Woodward 1936 - 1977
Case, Dorothy 26 Feb 1926 - Jun 1991
Chesney, Roy Price 30 Oct 1894 - 10 Dec 1971
    w Ida Hilton 1902 - 1995
    s Robert R. 1935 - no date
      w Doris E. 1929 - 1985
Clagett, James O. 1856 - 1926
    w Fannie E. Hhilton 1868 - 1923
Clay, Adolphus T. 11 May 1902 - 16 Jun 1968
    w Louise W. 3 Jun 1899 -
Clay, Joseph W. 1872 - 1947
    w Grace V. 1888 - 1974
Clodfelter, Dorcas Miles 14 Jun 1915 - 30 Aug 1969 w/o Druid Andrew Clodfelter
      d/o Roby Byrd & Lillian Mae Burdette Miles
Counts, Jerry 1935 - 1992
Cramer, McKendree B., Jr. 4 Jun 1973 - 6 May 1997
Cramer, Mary Boyer 20 Nov 1916 - 1984 d/o George Milton & Anna Mary Bowman Boyer w/o Charles Benjamin Cramer III
Crismond, Otha 29 Jul 1891 - 15 Oct 1967
    w Mabel G. 4 May 1899 - 24 Jun 1970
Crockett, Julius A. 1834 - 1904
    w Sarah E. Warthen 1832 - 1874
Crockett, Mary Margaret Watkins 16 May 1854 - 1 May 1935 d/o John W. & Lucretia Watkins Watkins

Dade, John B. 11 Oct 1905 - 3 Apr 1991
    w Genevieve M. 15 May 1904 - 1 Sep 1973
Dalrymple, Joan Margaret 24 Jun 1934 - 18 May 1951
Darby, Robert S. 18 Apr 1887 - 5 Aug 1931 h/o Lottie V. Darby
    d Sadie E. d. 28 Jan 1910 0-0-3
Darby, Thomas M. 4 Aug 1888 - 29 Jul 1963 s/o William H. & Eliza Jane Duvall Darby
    w Julia T. 16 Mar 1891 - 29 Apr 1956
Darby, William H. 13 Oct 1851 - 23 Jan 1932
    w Eliza Jane Duvall 26 Jun 1854 - 22 Feb 1921 d/o Mareen & Elizabeth Simpson Duvall
    d Hattie d. 1 Jul 1890 0-3-0
    s infant d. 18 Jun 1893 0-0-3
    s William D. 22 Sep 1885 - 21 Mar 1945
Davis, Anna 1914 - 1995 w/o Edgar Davis
Davis, Clifford J. 28 Oct 1908 - 9 Sep 1999
    w Anna F. 6 May 1911 - 11 Nov 1968
Davis, Maude M. d. 9 Mar 1898 0-6-25 d/o Vachel H. & Florida B. Davis
Day, Bradley J. 1 Mar 1884 - 27 Sep 1964
Day, Columbus W. 31 Oct 1859 - 28 Aug 1948 s/o Jackson & Survila Ann Beall Day
    w Leana Adelaide Hobbs 22 Jun 1862 - 29 Dec 1945
    s Clark Walden 3 May 1887 - 8 Feb 1959
      w Bessie E. Hains 18 Nov 1881 - no date
      d Eugenia Estelle b&d 7 May 1924
    s Sterling Elwood 1 Apr 1891 - Nov 1984
      w Madge L. 31 Jul 1895 - 15 Sep 1950
    s Vincent Hobbs 23 Feb 1902 - 1982
      w Gladys Scott 22 Jan 1900 - 20 Feb 1993
Day, Franklin B. 10 Nov 1836 - 19 Apr 1915 s/o James & Sarah Mark Day
    w Martha Warfield 22 Feb 1845 - 15 Apr 1906 d/o Horace & Sarah Rebecca King Warfield

Damascus Methodist

Day, James Elisha 4 May 1862 - 23 Oct 1955 s/o Jackson & Survila Ann Beall Day
    w1 Mamie Elizabeth Mullinix 22 Jan 1868 - 19 Sep 1906
    w2 Martha Molesworth 18 Dec 1872 - 13 Jul 1947
Day, Titus Jefferson 1867 - 1944 s/o Thomas Jefferson & Letricia Leah Wolfe Day
    w Ethel W. Mount 1876 - 1959 d/o John R. & Susannah C. Mount
Day, Wilbur Stone 31 Jan 1882 - 14 Apr 1955 s/o James Edward & Emma Jane Lawson Day
    w Laura Cornelia King 8 May 1880 - 18 Dec 1939 d/o Rufus Kent & Emma F. Bowman King
Day, William Jackson 12 Dec 1886 - 28 Aug 1970 s/o James Elisha & Mamie Elizabeth Mullinix
    w Sallye Jane King 19 Jan 1886 - 15 Feb 1953 d/o Rufus Kent & Emma F. Bowman King
Day, William Jackson, Jr. 29 Sep 1920 - 10 Aug 2001 s/o William Jackson & Sallye Jane King Day
    w Nancy Watson 15 May 1932 - Sep 1985 d/o Paul W. & Helen Davis Watson
    d Lee Ellen 1959 - 1985
Dayhuff, Jennie L. 10 Nov 1872 - 31 Jan 1949
Dietz, Virginia Duvall 23 Aug 1917 - 27 Aug 1990
Doolin, Richard F. 1906 - 1995
    w Winifred 1908 - 1999
    s Richard F. Jr. 1943 - 1980
Dorsey, Alice Marie 9 Feb 1918 - 3 Mar 1985
Driver, Denton W. 3 Oct 1873 - 13 Feb 1946
Driver, Evelyn A. 29 Oct 1901 - 17 Jun 1998
Driver, Maude D. 9 Oct 1882 - 13 Nov 1972
Driver, Ralph V. 28 Oct 1901 - 11 Jun 1968
Duvall, Amanda E. Sprigg 1837 - 1917 w/o Jackson L. Duvall
    d Mattie J. d. 15 Jun 1897 28-11-22
    s William J. 29 Jul 1873 - 27 May 1945
Duvall, Annie 6 Sep 1803 - 18 Mar 1887 d/o Philip & Mary Lovejoy Duvall
Duvall, Celius B. 5 Jan 1847 - 5 Aug 1928
    w Sarah Catherine King 22 Oct 1850 - 23 Mar 1929
    s Celius Vernon 11 Nov 1886 - 22 Jan 1966
        w Margaret Raab 25 Jun 1896 - 29 Jun 1959
Duvall, Clarence Knoll 27 Apr 1902 - Jun 1981 s/o Harry K. & Nora B. Tabler Duvall
    w Nettie Estelle King 1900 - 1982
Duvall, Claude U. 7 Aug 1932 - 22 Jun 1933
Duvall, Clinton 1875 - 1927
    w Mary Exeline Mullinix 9 Jun 1882 - 16 Jan 1941 d/o John Joseph & Emily Jones Purdum Mullinix
    s Purdum M. d. 6 Feb 1920 0-0-16
    s Ralph Clinton 28 Jul 1911 - 7 Dec 1915
Duvall, Donald M. 21 Aug 1916 - 25 Sep 1932
Duvall, Downey William 13 Feb 1900 - 21 Jun 1953
    w Ethel Burdette 23 Sep 1902 - 26 Jul 1974
Duvall, Edward 11 Dec 1925 - 4 Jan 1996 h/o Ruth Duvall
Duvall, Franklin E. 18 Oct 1891 - Aug 1978 s/o William Franklin & Harriet Elizabeth Purdum Duvall
    w Irene L. King 19 Aug 1899 - 24 Mar 1959
Duvall, George W. 1880 - 1954 s/o John Grafton & Jerusha A. Penn Duvall
    w Elizabeth A. Darby 1883 - 1959 d/o William H. & Eliza Jane Duvall Darby
Duvall, Grafton 1876 - 1903 s/o John Grafton & Jerusha A. Penn Duvall
Duvall, Harry Knoll d. 2 Sep 1911 40-8-8 s/o Celius B. & Sarah Catherine King Duvall
    w Nora B. Tabler 1879 - 1958
Duvall, Helen Lenora 22 May 1915 - 30 11 2002 d/o Charles & Mamie Burriss Duvall
Duvall, Infant 1953 [female]
Duvall, Infant 4 Apr 1952 s/o Downey M. & Margaret E. Duvall
Duvall, Jefferson 1866 - 1944 s/o Celius B. & Sarah Catherine King Duvall
    w Florence M. Williams 1870 - 20 Mar 1934
    d Ollie 2 Feb 1889 - 22 Apr 1890
Duvall, John Celius 9 Nov 1907 - May 1982
    w Elizabeth W. 14 Aug 1904 - Aug 1987
    s Earl W. d. 5 Sep 1931 infant
    s Louis C. d 5 Sep 1931

Damascus Methodist

Duvall, John Grafton 1842 - 29 Oct 1898 s/o Grafton & Harriet Sheckles Duvall
    w Jerusha A. Penn 1844 - 13 Nov 1934
    s Claude 18 Sep 1866 - 19 Jul 1895
Duvall, John T. 28 Feb 1883 - Mar 1968
Duvall, Joseph J. d. 21 May 1910 51-8-8
    w Genevia A. d. 9 Nov 1905 42 years
    d Sadie L. d. 5 Apr 1906 17-11-5
    s Leslie B. d. 20 Jun 1897 1-0-14
    s Carl D. 29 Sep 1898 - 26 Nov 1913
Duvall, Joseph M. 16 Jun 1885 - Dec 1979
    w Dora B. 3 Nov 1887 - Sep 1977
Duvall, Leslie B. 1904 - 1954
Duvall, Lewis 18 Mar 1887 - 24 Sep 1943 s/o William Franklin & Harriet Elizabeth Purdum Duvall
    w Bertha Watkins 23 Dec 1888 - 18 Apr 1966 d/o Rhinaldo & Airy C. Watkins
    s J. Willard d. 23 May 1914 0-3-3
Duvall, Mamie E. 1884 - 1963
Duvall, Mamie M. d. 11 Nov 1921 d/o Charles & Mamie M. Burriss Duvall
Duvall, Mareen 14 Jan 1814 - 2 Jul 1903 s/o Lewis W. & Sarah Wyville Duvall
    w Elizabeth A. Simpson 6 Apr 1821 - 6 Apr 1895
Duvall, Oliver Morgan 22 Mar 1889 - 12 Jun 1964 s/o Owen & Marian V. Ray Duvall
    w Fay Huntington Watkins 18 Jul 1894 - 14 May 1962 d/o Alonzo Claggett & Mary Luana Boyer Watkins
    d Rose Eleanor 23 May 1935 - 23 Feb 1939
Duvall, Olie B. 4 Sep 1882 - 8 Aug 1970 s/o John Grafton & Jerusha A. Penn Duvall
    w Nettie H. Etchison 20 Oct 1880 - 19 Aug 1957 d/o John Osborne & Mary Virginia Penn Etchison
Duvall, Paul 16 Oct 1919 - 13 Dec 1997
Duvall, R. Preston 19 Jan 1918 - Feb 1992
    w Katherine 1916 - 1981
Duvall, Rezin F. 14 Aug 1884 - 5 Jul 1966
Duvall, Sherwood 21 Nov 1881 - 8 Jun 1933 s/o William Franklin & Harriet Elizabeth Purdum Duvall
    w Verdie R. Fulks 3 Feb 1882 - 23 Oct 1969
Duvall, William Franklin 29 Apr 1854 - 20 Dec 1933 s/o Grafton & Harriet Sheckles Duvall
    w Harriet Elizabeth Purdum 25 Feb 1936 - 25 Apr 1854 d/o John III & Eleanor M. Riggs Purdum
    s Harvey d. 30 Oct 1906 17-1-20
Duvall, William J. d. 27 May 1945 age 71 s/o Jackson L. & Amanda E. Sprigg Duvall
Dwyer, Pearl C. 7 Jan 1901 - 17 Feb 1973 h/o Blanche C. Dwyer

Earl, Albert 1927 - 1996
Earp, Larry A. 11 Nov 1949 - Oct 1985
Easterday, Robert F. 1964 - 1984
Easton, Louis B. d. 3 1908 68 years
Ehlman, Randall 13 Dec 1958 - 24 Oct 1999
Elkins, Charles 25 Aug 1926 - 29 Apr 1991
Etchison, B. Vernon 29 Dec 1883 - 1 Sep 1885 s/o B. S. & B. M. Etchison
Etchison, James Bowie 2 May 1895 - 1 Oct 1962
    w Pearle Flynn 25 Jun 1899 - 9 Jan 1955
    d Dorothy Ann 3 Oct 1919 - 8 Oct 1923
Etchison, James O. 4 Sep 1843 - 2 Nov 1904
    w Caroline V. 1 Mar 1848 - 23 Aug 1903
Etchison, John Osborne 14 Feb 1853 - 28 Jan 1935
    w Mary Virginia Penn 27 May 1856 - 15 Jul 1937
    d Lillie May 21 Apr 1887 - 20 Jan 1888
    s Russell N. 12 Aug 1889 - 24 Mar 1890
    d Bessie Belle 10 Jan 1891 - 2 Apr 1891
    s Roy O. 4 Jul 1892 - 2 Mar 1915
Etchison, Martha Williams 25 Feb 1836 - 26 Nov 1915 w/o James Madison Etchison

Fairchild, Walter R. 23 Jan 1878 - 10 Nov 1928
    w Alcinda 11 Jan 1875 - 26 Jun 1947
    d Nellie Mae 16 Jun 1908 - 29 Oct 1954

Damascus Methodist

Fetzer, Carroll K. 9 May 1896 - 20 Jul 1967
    w Maude I. Unglesbee 30 Dec 1891 - Dec 1988 d/o William Robert & Mina Burns Unglesbee
Fishpaw, Bennett F. 1912 - 1967
Fletcher, Henry C. 1889 - 1933
    w Dora 1888 - 1938
    s Paul W. 1908 - 1946
Frenzel, Bernard 9 Mar 1924 - 7 Jul 1998
Friend, George S. 10 Aug 1913 - 22 Aug 1972 LCDR US Navy WWII
Furman, Jestina Warthen 18 Mar 1895 - Apr 1981

Gladhill, Bernard Diehl 26 Jan 1909 - no date s/o Franklin S. & Mollie W. Baker Gladhill
    w Ethel Madeline Scott 23 Nov 1910 - no date d/o Albert Russell & Madeline Virginia King Scott
    s Samuel Upton 17 May 1933 - 3 Nov 1975 h/o Rebecca Osie Savage Gladhill
Gladhill, Franklin Upton 1907 - no date s/o Franklin S. & Mollie W. Baker Gladhill
    w1 Iris G. Grimes 1909 - 1960
    w2 Joyce Brown 1929 - no date
Green, Roland 10 Apr 1909 - Mar 1993
    w Janice Hyatt 12 Nov 1912 - 9 Jan 1990
Gue, Arthur W. 21 Apr 1911 - 3 Jan 1970 MD Cpl US Army WWII Korea
Gue, Earl T. 1903 - 1958
    w Mildred V. no dates
Gue, George H. 14 Mar 1815 - 26 Feb 1879
    w Sarah Ellen Bowman 3 Apr 1819 - 27 Jan 1875 d/o Aden Bowman
    s Aden H. B. d. 13 Jul 1876 31-2-10
      w Ella C. d. 5 Sep 1877 24-20-27
    s Luther C. no dates
    d Laura G. 11 May 1858 - 9 Jan 1865
Gue, Harry C. 30 Jul 1877 - 20 Nov 1952
    w Sallie A. 27 Aug 1893 - 16 Jul 1949
Gue, infant 1 Apr 1887 - 25 Jul 1887 c/o Hamilton & S. E. Gue
Gue, Irvin 28 Aug 1908 - 26 Oct 1996 s/o Jesse M. Gue h/o Ruth Purdum Souder Gue
Gue, Luther C. 23 May 1850 - 29 Nov 1915
    w Fannie H. 11 May 1848 - 3 Jan 1883
    w Susie E. 15 Apr 1854 - 25 Apr 1934
Gue, Maurice 8 Apr 1870 - 16 Jun 1963
    w Cora B. Mullinix 24 Jun 1878 - 22 Nov 1955 d/o James Luther & Mary Evelyn Young Mullinix
Gue, Philip J. 1982 - 1986
Gue, Ralph 1921 - 1980
    w Betty A. 31 May 1922 - Aug 1984
Gue, Richard T. 17 Dec 1875 - 27 May 1937
    w Emma Mary Beall 21 Nov 1880 - 18 Feb 1938 d/o John William & Margaret Rose Cronin Beall Beall

Hager, John William 21 Oct 1875 - 31 Dec 1954
    w Lillie May 24 Jan 1887 - 12 Aug 1967
Halterman, Mamie M. 1907 - 1930
    d Hazel no dates
Haney, John W. 18 Feb 1849 - 17 Sep 1889 s/o Benjamin & Hattie Ward Haney
    w Hattie E. Ward 8 Jun 1845 - 2 Feb 1925 d/o Ignatius Hanson & Margaret Ward
Haney, Ritchie Emmanuel 10 Dec 1885 - 16 Jan 1949 s/o John W. & Hattie E. Haney
    w Helen Pearce 18 Dec 1884 - 6 Jul 1937 d/o Levi & Marian Jones Pearce
Harding, Raymond Whitney Sr. 17 Dec 1899 - 6 Dec 1971 MD CHCARP USNR WWII
    w Dorothea Runyan 15 Jul 1897 - 25 Nov 1993
Hardy, Charles H. Feb 1835 - Nov 1905
    w Maranda E. Young d. 15 Apr 1924 88-1-3
Hardy, Charles T. 31 Jul 1875 - 24 Jun 1939
    w Eleanor F. 11 Mar 1875 - 12 Apr 1960
    s Kenneth W. 31 Aug 1902 - 18 Mar 1906
Harris, Delma Souder 1897 - 1964 d/o Philip B. & Mary Emma Warthen Souder

Damascus Methodist

Henley, Carrie L. 1892 - 1924
Hewitt, Rev. Percival 26 Nov 1876 - 23 Jun 1965
    w Emily E. 13 Jan 1882 - 1 Aug 1965
Hilton, Clarence 1870 - 1950
    w Emolyn A. Bowen 1876 - 1965
    s J. Claude 1900 - 1964
    s Walter D. d. 14 Mar 1899 0-6-15
Hilton, Dionysius 1862 - 1958
    w Fannie May Bohrer 1870 - 1960
Hilton, Ernest Grover 29 Dec 1908 - 21 Feb 1999 s/o Grover & Vivian Hilton
    w Mary Elizabeth Virginia Hardy 15 Jun 1910 - 10 Mar 1999 d/o Arthur & Lettie Hardy
Hilton, Franklin L. 22 Aug 1858 - 8 Jan 1906 s/o Walter Hilton
    w Hattie L. Bohrer 7 Apr 1878 - 7 Dec 1970
Hilton, Grover 12 Jan 1886 - 5 Jun 1967 s/o John Brice & Sarah Elizabeth Brown Hilton
    w Vivian Warthen 12 Oct 1889 - 8 Jan 1963 d/o Edward E. & Ollie Ann Reed Warthen
Hilton, John Horace d. 8 Feb 1887 58-3-5
    w Ellen C. d. 7 Jun 1877 34-6-2
    s Tony E. d. 12 Aug 1877 0-2-5
Hilton, Latimore T. d. 21 Mar 1908 72-3-23 s/o Walter Hilton
Hilton, McClenan 1864 - 1928
Hilton, Purnel 25 Dec 1865 - 6 Aug 1885 s/o Walter Hilton
Hilton, Walter 7 Jul 1804 - 30 May 1893
Hilton, William Harrison 13 Mar 1836 - 1 Jul 1919
    w Elizabeth A. Warfield 14 Aug 1841 - 22 Dec 1919
Hilton, William L. 1873 - Jun 1933
Holland, Samuel Benton 1874 - 1914 s/o Nathan B. & Eliza A. Holland
    w Marion L. Hoy 1843 - 1915
Holston, Lester 11 Apr 1928 - 14 Jan 1992
    w Margaret 27 Jun 1920 - 29 Mar 1992
Hood, John 1910 - no date
    w Olive 21 Aug 1912 - 4 Jun 1987
Howard, John A. 22 Oct 1870 - 19 Mar 1958
    d Cora D. d. 26 Aug 1925 in 17th year   d/o Cora S. Howard
Hyatt, Hubert 1888 - 1964
    w Beulah S. Green 1889 - 1968
Hyatt, J. Cleveland 28 Jun 1910 - no date
    w Madlyn Kidd 27 Mar 1906 - no date

Ifert, Noah 14 Jan 1903 - Aug 1986
    w Emily 6 Nov 1902 - 23 Jan 1990

Jackson, Arthur W. 24 Sep 1920 - 23 Feb 1942
Jackson, Benjamin E. 17 Jun 1884 - 31 Mar 1904 s/o B. L. & L. J. Jackson
Jackson, Ollie May 1 Nov 1876 - 9 Aug 1898 w/o Millard Jackson
Johnson, Catherine E. 6 Dec 1908 - 18 Nov 1969
Johnson, Earl L. 15 May 1928 - 17 Jul 1948
Johnson, Walter Souder 12 Feb 1915 - 23 Feb 1972
    w Ruth A. 8 Apr 1924 - no date
Jolley, Nanette 9 Feb 1884 - Nov 1980
Jones, Gertrude E. 1884 - 1968
Jones, Hazel Jacobs 17 Mar 1911 - Jan 1981 w/o Everett Jones
Jones, Ira L. 6 Oct 1877 - 13 Dec 1970
    w Amy M. 7 Sep 1881 - 18 Aug 1955

Keith, Edward L. 26 Aug 1914 - 10 Nov 1990 h/o Evelyn Keith
Keith, Hattie A. Burns 18 Oct 1868 - 3 Mar 1954 1st husb. Clinton Burns
Kemp, Candace Rebecca 15 Mar 1854 - 17 Apr 1927
Kemp, Joseph Columbus W. 14 May 1839 - 6 Jan 1910 "Father" s/o Joseph Monroe & Hester Ann Day Kemp
    w Florence Eveline Adams 11 Jul 1854 - 21 Jan 1909

Damascus Methodist

Kephart, Charles T. 1868 - 1952
    w Ida M. 1867 - 1949
Kephart, Reuben C. 17 Jan 1830 - 18 Nov 1909
    w Emeline H. 11 Mar 1838 - 5 Nov 1909
King, Fillmore Clark 3 Jul 1890 - 6 Aug 1971 s/o Rufus Fillmore & Ursula Mahala King King
    w2 Pearle G. Winstead Hawkins 17 May 1896 - 20 Apr 1980
King, Genoa 1 May 1875 - 3 Nov 1943 s/o Rufus Filmore & Ursula Mahala King King
    w Vinnie Edna Lawson 26 Aug 1875 - 23 Jul 1954 d/o James Uriah & Keziah Turner Lawson
    d Catherine E. d. 3 Apr 1906 0-0-3
King, Howard H. 1912 - 1972
King, Howard O. "Pepper" 17 Sep 1936 - 24 Nov 1951
King, J. Russell d. 19 Jul 1934 75 years
King, J. Russell 1903 - 1976
    w Dorothy M. 22 Feb 1906 - 23 May 1999
King, John 1943 - 1996 h/o Alice King
King, Olivia Jewell 24 Nov 1923 - 1992 d/o E. Guy & Olivia Pauline Linthicum Jewell w/o Kenneth Thurston King
King, Rinaldo Dulaney 30 Jun 1874 - 15 Feb 1946
    w Mary Sybelle Ward 3 Apr 1880 - 28 Jan 1961
    s Archie C. d. 9 Jul 189?
    d Ida L. d. 4 Jul 1903 0-8-8
King, Rufus Fillmore 7 Oct 1850 - 22 Apr 1916 s/o Luther Green & Tabitha Browning King
    w Ursula Mahala King 30 Aug 1857 - 2 Dec 1940 d/o John Middleton & Amy Catherine Brewer King
King, Rufus Kent 28 Jan 1850 - 22 Apr 1916 s/o Edward J. & Mary Jane Burdette King
    w Emma F. Bowman 5 Feb 1862 - 14 Oct 1936 William H. & Sarah Miller Bowman
King, Thomas O. 1861 - 1927
    w Ida E. Burns 1867 - 1945 d/o William & Rosanna Burns
    s Barry J. 1889 - 1970
    s Clinton C. 1898 - 1936
Kinsey, Granville E. 1880 - 1942
    w Alice O. 1881 - 1946
    s George M. d. 17 Sep 1910 0-8-8

Lambert, John William 12 Nov 1920 - 12 Aug 1996 s/o Milton & Grace Irwin Lambert
    w Mary Jo Boyer 21 Sep 1935 - 8 Nov 1994 d/o George Wesley & Willie Beatrice Drye Boyer
Lansdale, Dr. Benjamin F. 1845 - 1909
    w Emma Smith 1852 - 1889
    s Henry Nelson d. 2 Sep 1903 23-11-2
Larman, Forest T. 20 Sep 1905 - 19 Feb 1958
    w Mildred M. 8 May 1914 - no date
Lawson, Eli P. 2 Mar 1847 - 23 Apr 1913 s/o James Draper & Mary Ann Duvall Lawson
    w Mary A. Baker 18 Mar 1853 - 13 Jul 1942 d/o William H. & Jemima King Purdum Baker
Lawson, Josiah Wolfe 9 Apr 1849 - 10 Sep 1928 "Father" s/o Gabriel Lewis Duvall & Ann Jeanette Moxley Lawson
    w Lucretia Warfield 9 May 1851 - 5 Apr 1929 "Mother"
Layton, William Kenneth 28 Jul 1908 - 28 Dec 1959
Lentz, Florence A. 1879 - 1962
Lentz, Maragert E. 20 Agu 1900 - Aug 1984
Lewis, Caleb d. 20 Jan 1906 89-9-27
    w Acenah S. King d. 27 Nov 1907 82-6-28
    d Henrietta J. d. 17 Mar 1881 35-7-5
Lewis, Charles H. 3 Aug 1860 - 14 Sep 1906
    w Edna G. 15 Apr 1868 - 14 Mar 1931
Lineweaver, Norris A. Rev. and Mrs. no dates
Lipford, Ernest 25 Mar 1910 - May 1984
    w Rebecca 1 Jul 1917 - 7 Aug 1998
Littleler, Glenn A. 1920 - 1979
Lohnes, George M. 10 Sep 1908 - 20 Nov 1990
Lyddard, Mary d. 18 Dec 1920 75 years
Lyles, John W. 3 Jan 1862 - 15 Jan 1916

Damascus Methodist

McCreey, Charles 1918 - 1992
McElfresh, Lindsey Leo 8 Oct 1918 - 1 Sep 1999 s/o Colvin Hughsie & Sophronia Burdette McElfresh
    w Virginia Mae Burdette McElfresh 1923 -
McElfresh, Terrence Lee 1950 - 11 Jan 1997 h/o Linda Hilton McElfresh
McKenny, Louise E. Hardy 9 Dec 1904 - Dec 1985
McKenzie, James L. 19 Jun 1915 - 1 Jul 1973 MD SC1 US Navy WWII
    w Mary Emma Gladhill 3 Apr 1913 - no date

Madigan, Albert T. 1882 - 1934 "Father"
    w Fannie L. 1886 - 1961 "Mother"
Mann, Garland R. 4 Sep 1900 - 27 Apr 1974
    w Hilda E. 21 Dec 1908 - 10 Feb 1988
    s Larry D. 16 Jun 1944 - 26 Oct 1960
Martin, Lillian J. 1907 - 1958
Medairy, Edward J. d. 22 Jun 1919 infant s/o E. J. & Daisy E. Medairy
Medairy, John Paul 2 Feb 1916 - Apr 1982 h/o Doris Roberta Shipley Medairy
Medairy, Paige T. 5 Jul 1922 - 17 Oct 1967 MD Sgt Co B 167 Inf WWII h/o Jeannette S. Medairy
    d Stephanie K. 2 Oct 1949 - 2 Oct 1949
Merson, William H. 12 Mar 1903 - 30 Nov 1964
    w Ella G. 27 Jun 1896 - 10 Feb 1982
Miles, Eliza A. d. 20 Oct 1910 about 82
Miles, Harry N. 27 Aug 1887 - 28 Dec 1968
    w Agnes L. 16 Jun 1901 - no date
Miles, James F. 1853 - 1934 "Father"
    w Emily C. Rabbitt 1856 - 1932 "Mother"
    s Roby B. 23 May 1888 - 11 Aug 1975
Miles, Lavander Watkins 1862 - 1909
Molesworth, Albert 12 Jan 1922 - 18 Apr 1991
Monroe, Tommy Ray d. 1961
Moore, Luther H. 17 Oct 1888 - 12 Jul 1954
    w E. Louise 15 Apr 1897 - Dec 1978
Moore, William F. 14 Dec 1881 - 10 Jul 1960
    w Pearl E. Pearce 26 Dec 1889 - 4 Feb 1966 d/o Levi & Marian Jones Pearce
Mount, James Monroe 25 Oct 1874 - 8 Apr 1951 s/o John R. & Susanna C. Mount
    w Zeru Alverda Gue 25 Aug 1873 - 3 Aug 1947 d/o Luther C. & Frances H. Gue
    s Ernest Gaver 5 Jul 1900 - 20 Jan 1963
Mount, John R. 14 May 1838 - 18 Jun 1909
    w Susanna C. Molesworth 15 Sep 1845 - 14 Feb 1937
Mount, Wilford Edgar 23 Dec 1877 - 6 Jun 1930 s/o John R. & Susanna C. Mount
    w Nona Augusta Burns 19 Aug 1883 - 24 Dec 1961
    s Wilford C. d. 23 Feb 1901 0-5-1
Mulllineaux, Aubrey P. 3 Feb 1899 - Nov 1978
    w Ida Mae 16 Mar 1904 - 12 Dec 1972
Mullineaux, J. Thomas 1866 - 1941
    w Lucy B. 1871 - 1936
Mullineaux, Sue Ann 22 Aug 1959 - 23 Aug 1959
Mullinix, David H. 1882 - 1944
    w Lillie E. 1885 - 1969
    d Helen M. d. 6 Dec 1912 0-3-24
Mullinix, Emory Elijah 1874 - 1926 s/o John J. & Emily J. Purdum Mullinix h/o Clara May Benson Mullinix
Mullinix, Granville Roland 16 Jan 1899 - 20 Nov 1954 s/o Rezin Granville & Mary Columbia Hilton Mullinix
    w Ethel Duvall 16 Dec 1895 - 27 Aug 1988 s/o Jefferson & Florence M. Williams Duvall
Mullinix, H. Leroy 30 Nov 1920 - 10 Nov 1999
    Lillian V. 5 Aug 1917 - 25 Feb 1956
Mullinix, Herman W. 2 Sep 1890 - 29 Jan 1974
    w Winifred E. Pearce 3 Jan 1893 - 5 May 1967 d/o Levi & Marian Jones Pearce
Mullinix, James L. 28 Oct 1843 - 1 Feb 1927
    w Mary Ellen Young 18 Dec 1842 - 21 Nov 1937
    d Alice M. d. 28 Aug 1885 5-9-1 (con't)

Damascus Methodist

    d Louisa d. 13 Aug 1885 1-1-13
    s infant d. 14 Aug 1885
Mullinix, James P. 14 Nov 1871 - 13 Jun 1930
    s Sheldon W. 9 Mar 1900 - 30 Aug 1900
    s Webster E. 16 Mar 1903 - 4 Aug 1904
Mullinix, John Webster 12 Mar 1863 - 14 Mar 1950 s/o John Joseph & Emily Jones Purdum Mullinix
    w Louise C. Etchison 24 Apr 1867 - 9 Aug 1900 d/o Hepsibah Etchison
Mullinix, Joseph H. 1876 - 1951
    w Mollie E. Mullinix 1881 - 1959 d/o James L. & Mary Ellen Young Mullinix
    d Helen M. 1911 - 1911
Mullinix, Norah Lawson 26 Apr 1873 - 27 May 1934
Mullinix, Rezin Granville 28 Oct 1866 - 17 Sep 1906
    w Mary Columbia Hilton 15 Sep 1870 - 19 Dec 1960 d/o George Washington & Frances Columbia Scott Hilton
Mullinix, Sebastian M. 21 Jan 1871 - 20 Jan 1943
    w Bertha E. Day 4 Jul 1869 - 12 Apr 1939 d/o Luther & Annie Elgin Day
Mullinix, William 12 Apr 1897 - 2 Apr 1995
    w Helen "Nellie" Moxley 1894 - 1984

Nichols, Clarence F. 1914 - 1927
Nicholls, Henry no dates
Nicoll, Rev. Henry Harvey 16 Jul 1881 - 13 Sep 1935
Norwood, Brian Kirk d. 1966 infant
Norwood, Norvell Lester 12 Oct 1891 - 30 Sep 1953 MD Pfc Med Det 16 Inf WWI
    w Elizabeth Bowman 27 Mar 1906 - 28 Mar 1969
Norwood, Robert N. 1860 - 1931
    w Addie A. 1864 - 1960
    d Daisy M. 24 Aug 1883 - 2 Jul 1885
    s Robert A. 22 Feb 1885 - 19 Jul 1885
    d Audella P. 6 Feb 1887 - 7 Dec 1889

Paxton, Wilma Hunter 17 Jun 1911 - 18 Apr 2000 d/o Charles M. Sr. & Olive Gray Hunter
Pearce, George C. 1914 - 1991
Pearce, Harry Ford 30 Oct 1887 - 15 Apr 1957 s/o Levi & Marian Jones Pearce
    w Ruth Ann Sheckles 14 Oct 1892 - Dec 1985 d/o Agnes E. Watkins Sheckles
Pearce, Leonard G. 9 Jun 1896 - 5 Jun 1926 s/o Levi & Marian Jones Pearce h/o Edna Estelle Watkins Pearce
    s Glenwood Boyer d. 29 Sep 1938
Pearce, Levi W. 11 Jan 1854 - 10 Sep 1924
    w Marian Jones 7 Mar 1858 - 26 Dec 1938
    s Leland S. 6 Feb 1891 - 6 Aug 1891
Penn, c/o Thomas & Mary F.
    d. Nellie Grace 19 Oct 1886 - 29 Dec 1889
    s William G. d. 26 Jan 1906 17-10-6
    d Ethel N. d, 25 Nov 1899 1-3-9
Piquette, Arthur Price d. 21 Sep 1908 33-6-21 s/o John T. & Catherine Hurley Piquette
    w Annie E. Lawson 20 Sep 1878 - 25 Nov 1951 d/o Eli Thomas & Mary W. Baker Lawson
Piquette, William E. 1904 - 1945 s/o Arthur Price & Annie E. Lawson Piquette
    w N. Marie Beall 1917 - 1970 d/o Harry L. Beall
Plummer, Walter C. 19 Jan 1912 - Sep 1982
    w Ardell G. 1919 - 1986
    s Richard C. d. 1968
    Alma d. 1968
Poole, Aubrey G. 1927 - 1959
Poole, George B. 16 Aug 1865 - 4 Sep 1951
    w Rosa G. 12 Mar 1869 - 4 Mar 1941
    s Clarke R. d. 6 Dec 1914 4-9-22
Poole, John Harry d. 24 Jun 1927 56y h/o Rhoda A. Gue Poole s/o William L. & Sarah A. Shecles Poole
    d Rhoda A. 4 Mar 1899 - 31 Jan 1946
    s Wilbur W. 28 6 1901 - 5 Feb 1915
Poole, Roger F. 14 May 1905 - 24 Mar 1988
    w Susie Gue 3 Sep 1909 - 15 Oct 1969 d/o Jesse & Elsie Brandenburg Gue

Damascus Methodist

Poole, Warner F. 18 Feb 1842 - 4 Oct 1933 US Army 3rd MD Vol Civil War
    w Eveline K. 18 Mar 1846 - 13 Jul 1926
    s R. Newton 21 Nov 1867 - 22 Mar 1946
Poole, William Harvey 1895 - 1945
    w Jessie H. 25 Mar 1898 - 16 Apr 1993
Pope, Charles M. 11 Jun 1903 - 17 Oct 1961
    w Virginia Duvall 26 Aug 1905 - 4 Nov 1997
Pope, David 21 Jul 1922 - 13 Jul 1993 h/o Doris Pope
Pope, Janette 16 Sep 1934 - 17 Jan 2000 age 65 w/o Warner Pope
Pope, Jennifer Doris 18 Aug 1953 - 4 Sep 1953
Pope, Joseph Earl 9 Dec 1916 - 13 Aug 1974 Sfc US Army
    w Louise Souder 31 Mar 1919 - Jan 1985
Price, Kate A. 11 Apr 1851 - 26 Feb 1896   w/o Littleton E. Price
Purdum, Adelaide M. d. 15 Nov 1975 86 years w/o Roscoe F. Purdum
    s David Burk d. 31 Jul 1936 infant

Raines, Jennifer 1987 - 1987
Redmond, Mary E. 1930 - 1971
Reid, Mamie Soper 19 Aug 1883 - 14 May 1975
Rhinehart, Louis E. 5 Feb 1873 - 23 Mar 1945
    w Anntonie Mae Scheckles 8 May 1877 - 9 Dec 1963 d/o William S. & Rachel R. Barber Sheckles
Rhinehart, Rezie Wright 16 Jan 1907 - 3 May 1972
    w Ida Dorcas 31 Jan 1960 - 8 May 1948
Rhodes, William M. 1 Apr 1889 - 14 Jul 1961
Rice, Joseph A. 1903 - 1963 h/o Esther Lentz Rice
Ridgley, Mamie Browning Watkins 1884 - 12 Jul 1955 with h1 Emory Thomas Watkins h2 James D. Ridgley
        d/o Benjamin & Lidia Lyddard Browning
Riggleman, John J. 23 Mar 1918 - 7 Dec 1970 MD PFC 9301 Tech Svc Unit WWII
    w Edna R. 7 Oct 1918 - no date
Rinehart, Wilbur S. 19 Jan 1902 - 30 Mar 1961
    w Lucy M. 23 Apr 1910 - 26 Aug 1967
    d Evelyn Margaret 23 Aug 1929 - 19 Sep 1930
Roelke, Charles William 7 Mar 1919 - 1 Dec 1962 MD RDM3 USNR WWII
    s Charles William Jr. 12 Oct 1951 - 13 Dec 1951 s/o Hilda Mae Hyatt Roelke
Roth, Emily 1982 - 1990
Runkles, Arthur 8 Nov 1887 - 26 Feb 1946 MD Wagoner 154 Depot Brig WWI
Runkles, Ella May 9 Dec 1885 - 8 Feb 1916 with Lewis & Frances Warfield
Rushing, Michela M. 1954 - 1982

Schmidt, Katherine H. 14 Dec 1877 - 9 Apr 1960
Schmidt, Robert J. 23 Mar 1897 - 12 Dec 1962
Schram, Joseph 2 Jul 1913 - 18 Jan 1994
Scott, Albert Russell 17 Mar 1888 - 25 Feb 1964
    w Madelene Virginia King 13 Jul 1890 - 23 Jul 1955 d/o Lewis Bell & Emma Jane Hurley King
Scott, William N. 20 Mar 1886 - 4 Aug 1964
    w Frances E. 29 Dec 1892 - no date
Scott, William Woodrow 9 Apr 1913 - 8 Jun 1970 MD Tec3 136 Ord Med Maint Co WWII
Sheckles, Nathan E. 1868 - 12 Feb 1933
    w Edith May Bowen 1871 - 1946
    s P. Charles 24 Feb 1895 - 17 Jan 1951 MD Pvt 71 Inf 11 Div WWII
    s Roy W. 1902 - 1972
    s Nathan W. 1914 - 1971
Sheckles, Smith R. 1905 - 1983 s/o Nathan E. & Edith May Bowen Sheckles
    w Sarah E. 1913 - 1980
Shepard, Richard Wayne d. Sep 1954 infant
Sherman, Druscilla 15 Jun 1858 - 30 Mar 1926 w/o William E. Sherman
Sherman, Sadie M. 10 Sep 1883 - 29 Feb 1916 w/o John F. Sherman

Damascus Methodist

Shifflett, Flemings 29 Jul 1919 - 17 Jan 1963
Shifflett, Welford 8 Aug 1869 - 28 Nov 1962
    w Linda 1 Jun 1896 - 4 Jul 1967
Shipley, Frank Wilson 20 Apr 1896 - 29 Oct 1976 s/o Samuel L. & Mary Elizabeth Shipley
    d Iris Rebeca 2 Feb 1916 - Aug 1917 d/o Helen May Hilton Shipley
Shipley, Violet Louise 5 Aug 1931 - 26 Oct 1931
Shipley, Walker M. 25 Apr 1892 - 6 Oct 1964
    w Lelia Eloise 19 Mar 1902 - 25 Nov 1958
Siegrist, Rudolph Jr. 1911 - 1964
    w Louise Stanley 12 Jul 1909 - Sep 1974
Sier, Robert L. Sr. 1 Apr 1923 - Nov 1986
    w Willie L. 1923 - no date
Slocomb, Elizabeth d. 1993
Slacomb, Emerson P. 1915 - 1996 h/o Martha Slacomb
Snapp, Carl 18 Jul 1911 - 19 Jan 1994 h/o Pauline Snapp
Snapp, Linda 1963 - 1986
Snapp, Raymond B. 22 Nov 1909 - 25 Apr 1956
    w Rebecca A. 16 Oct 1911 - 29 Jul 1989
Snapp, Samuel T. 15 Jun 1882 - 8 Apr 1956
    w Grace E. 9 Jun 1891 - 1 Jun 1959
    s Samuel James 15 Nov 1913 - 18 Dec 1929
Souder, Charles W. 27 Sep 1859 - 13 Aug 1952
    w Sallie Rebecca Sheckles 1 Feb 1866 - 11 Nov 1911
    d Nora V. 2 Jul 1888 - 13 Jul 1938
    d infant 14 Dec 1902
Souder, Philip B. 1855 - 1922
    w Mary Emma Warthen 1865 - 1954
    s Archie W. 15 Jan 1884 - 1 Jul 1933
      w Sarah "Sallie" L. Purdum 29 Apr 1886 - 13 Mar 1966
    s Norman T. 1887 - 1887
    s Philip Raymond 9 Dec 1890 - 12 Jul 1971
      w Violet S. 13 Sep 1891 - 30 May 1965
    s Earl M. 1901- 1965
Spagenburg, Wesley 1908 - 1985
Stanley, Charles A. 9 Sep 1839 - 12 Jun 1910
    w Mary Ann Adams 11 Mar 1845 - 19 Feb 1922
    d Florence 14 Dec 1880 - 12 Apr 1881
Stanley, Charles E. 7 Aug 1869 - 23 Aug 1897
Stanley, Charles Edward "Ed" 9 Sep 1902 - 29 Jul 1954
    w Daphne Marie Watkins 23 Aug 1904 - Mar 1982
Stanley, Clinton K. 8 Sep 1878 - 12 Jun 1928 s/o Charles A. & Mary Ann Adams Stanley
    w Lottie S. Watkins 6 Oct 1882 - 26 Jul 1944
Stanley, Grover M. 28 Jul 1892 - 17 Dec 1949 s/o R. Harry & Fannie G. Stanley
    w Rosa Lena Boyer 7 Oct 1891 - Apr 1982 d/o John Fletcher & Amanda Wilson Day Boyer
Stanley, Harry Clifton 19 Jan 1895 - 28 Nov 1949 s/o Harry & Fannie G. Stanley
    w Lola Leanna Watkins 17 Sep 1897 - 1980 [m2 Sterling Day] d/o William E. & Fannie Leannah Hyatt Watkins
Stanley, Henry S. 16 Nov 1910 - 13 Nov 1992
Stanley, Richard Harry 1865 - 1934 s/o Charles A. & Mary Ann Adams Stanley
    w Fannie G. Mount 1868 - 1951 d/o John R. & Susanna C. Molesworth Mount
Stanley, Ray F. 11 Jul 1883 - 26 Aug 1951 s/o Charles A. & Mary Ann Adams Stnaley
    w Sadie Linder 20 Jul 1887 - 27 Jun 1934
    d Julia L. d. 15 Feb 1910 0-9-24
Stanley, Robert Lee 1874 - 1925 s/o Charles A. & Mary Ann Adams Stanley
    w Alma Columbia Purdum 1881 - 1928
Stanley, Roland Victor 21 May 1906 - 29 Jun 1950
    w Blanche Warfield 13 Jun 1907 - no date
    s Roland Victor 1931 - 1985
Stanley, Willard F. 1888 - 1961

Damascus Methodist

Steadman, George H. 12 Oct 1876 - 25 Mar 1955
Stewart, Alwida 14 Sep 1870 - 28 Dec 1922
Stipe, W. V. Jr. "Harry" 17 Dec 1950 - Feb 1980
Strassberger, William 9 Oct 1933 - 28 Mar 1996
Strassberger, William V. 1898 - 1965

Tabler, Albert Sidney Jr. 9 Jun 1917 - 5 Apr 2000 s/o Albert Sidney Sr. & Eva Elizabeth Care Tabler
    w Gwen L. Duvall 23 Sep 1918 - 19 Mar 1960
Taylor, Howard Greenwood 9 Jan 1913 - 29 Apr 1977 s/o Howard Greenwood Sr. & Flora A. Rippeon Taylor
Taylor, Stephen Lloyd 22 Nov 1968 - 26 Nov 1968
Thompson, Alexander C. H. 1859 - 1940 s/o John H. & Caroline Allnutt Thompson
    w Martha E. 15 Nov 1865 - 5 Jan 1908
    s Garnett C. 20 Mar 1900 - 6 Jul 1900
Thompson, Leslie 15 Apr 1912 - 22 Mar 1996
    w Helen 15 Sep 1909 - 7 May 1995
Thompson, Washington 1860 - 1925
    w Nannie Thompson 1859 - 1932
    s Freddie F. 1891 - 1971 s/o Sarah M. Thompson
Thompson, William H. 1880 - 1960
    w Lola M. 3 Dec 1881 - Nov 1979
Twenty, Amos no dates
    w Mary Emma Burdette no dates

Unglesbee, Edward L. 1864 - 1947
    w Lillie V. 1874 - 1962
Unglesbee, Minnie W. 15 Nov 1875 - 20 May 1903 w/o Beall G. W. Unglesbee
    s Carl W. 18 Mar 1900 - 2 Aug 1900
Unglesbee, William Robert 1868 - 1939
    w Mina Burns 1871 - 1948
    s Robert W. 6 Mar 1896 - 22 Jun 1928
Unglesby, Lawrence B. 3 Oct 1901 - Mar 1977

Walters, Katherine 10 Jun 1900 - 26 Feb 1998
Walters, William 1909 - 1996
Ward, David L. 1873 - 1931 s/o Enoch G. & Mary E. Crawford Ward
    w Cedalia V. Woodfield 1881 - 1918
Ward, Ida V. 4 Nov 1852 - 7 Sep 1885 w/o N. H. Ward
    s infant no dates
    d infant no dates
Ward, Nellie 1904 - 1988
Warfield, Charles G. 1866 - 1959
Warfield, Donald E. 19 Aug 1918 - Sep 1985
    w Julia K. 18 Jul 1920 - 18 Oct 1990
Warfield, Dorothy E. Watkins 25 Apr 1900 - 28 Sep 1970
    s Ellis King 19 Jan 1942 - 5 Jun 1942
Warfield, Edward Dorsey 1858 - 1925
    w Vertie K. Mullinix 1872 - 1919
    s Jessie W. 3 Feb 1900 - 7 Jul 1900
Warfield, Elisha S. 6 Nov 1893 - 1 Jan 1965
    w Ethel P. 20 Aug 1894 - Aug 1979
Warfield, George W. 7 Aug 1864 - 23 Apr 1954
    w Mary E. Grimes 29 Mar 1869 - 28 Mar 1914
Warfield, John 17 Jul 1816 - 13 Nov 1886
    w Lucetta Burdette 5 Aug 1829 - 28 Oct 1907
Warfield, Joshua D. 21 Jun 1822 - 3 Sep 1899
Warfield, Lewis A. 11 Dec 1849 - 16 Feb 1915
    w Frances L. 18 Jan 1858 - 18 Mar 1939
Warfield, Margaret JoAnn 15 Oct 1942 - Jul 1980

Damascus Methodist

Warfield, Margaret 23 Jun 1922 - 10 Jan 1995
Warfield, Rose Hilton d. May 1906
Warfield, William Edwin 27 May 1908 - 10 Jun 1944 Lt Col. US Army CO 2nd Bn 115th Inf 29th Inf Div KIA
Warfield, William H. 1867 - 1939 s/o Hamilton G. & Harriet C. Williams Warfield
    w Emma C. Burdette 1870 - 1955 d/o Nathan J. & Rispah Ann Lewis Burdette
Warfield, William M. 1890 - 1941
    w Estella B. 15 Dec 1899 - Oct 1983
Warthen, Augustus T. 14 Feb 1872 - 1 Apr 1954
    w Edith A. 4 May 1873 - 3 Nov 1956
Warthen, Nathan B. 29 Jan 1826 - 14 Jun 1879
    w1 Rhoda Ann Etchison 9 Jul 1829 - 6 Nov 1869
    w2 Emma Augusta Adams 3 Jul 1846 - 19 Feb 1872
    w3 Emma J. 21 Sep 1842 - 28 Jan 1917
    s N. Benjamin 1856 - 1954
      w Mary Jane "Mollie" Hyatt 1861 - 1937
      s Willie B. d. 21 Jan 1903 in 23rd year Sgt Troop G 12th US Cav
      s Raymond 16 May 1884 - 8 Mar 1885
    s Alfred C. 1861 - 1937
      w Rebecca J. Rabbitt 1865 - 16 Dec 1898
      w Emma Warfield 1863 - 1930
      s Harold 1889 - 1890
Warthen, Nathan Reed 7 Apr 1892 - 1976 s/o William Edward & Olive Ann Reed Warthen
    w Mildred Augusta 6 Apr 1904 - 1983
Warthen, William Edward 17 Jun 1858 - 15 Oct 1933
    w Olive Ann Reed 8 May 1857 - 11 Jan 1931
    d Minnie M. d. 20 Sep 1892 0-3-7
    s Gurney 12 Jun 1882 - 28 Aug 1953
      w Marie C. 1 Apr 1894 - 12 Jul 1988
    s Forest G. d. 13 Jul 1918 0-0-21
Waters, William A. 1862 - 1918
    w Fannie F. 1858 - 1926
Watkins, Alonzo Claggett 28 Jul 1867 - 25 Jan 1946 s/o Edward King & Sophronia R. Phelps Watkins
    w Mary Luana Boyer 9 Mar 1870 - 22 Jan 1945 d/o Milton & Elizabeth Washington Purdum Boyer
Watkins, Barry Kenneth 25 Sep 1952 - 12 Dec 1958
Watkins, Dorothy B. 28 May 1917 - Jan 1983
Watkins, Emory Thomas 1878 - 19 Feb 1927 s/o Fillmore C. & Louisa E. Lyddard Watkins
    w Mamie Elizabeth Watkins 1884 - 12 Jul 1955 [m2 James Ridgley]
Watkins, Evelyn Eader 30 Jun 1924 - 5 Aug 1953
Watkins, Lorenzo Dow 1807 - no date s/o Thomas & Charity King Watkins
    w Ara Ann Watkins 1814 - no date d/o Jeremiah & Susan Watkins
    d M. T. no dates
Watkins, Lavander W. 27 Oct 1852 - 12 Dec 1909
Watkins, Morgan Herbert 13 Jan 1882 - 21 Feb 1952 s/o William Edward & Fannie Leannah Hyatt Watkins
    w Mary Catherine Pearce 15 Jun 1883 - 18 Jun 1963 d/o Levi W. & Marian Jones Pearce
Watkins, Paul Winstead 22 Nov 1896 - 6 Aug 1979 s/o Alonzo Claggett & Mary Luana Boyer Watkins
    w Rose Ethel Mullinix 21 Jul 1901 - 9 Jul 1989 d/o Granville & Mary Mullinix
Watkins, Ralph W. 1901 - 1966 "Father" s/o Alonzo Claggett & Mary Luana Boyer Watkins
    w Nona M. Burdette 8 Mar 1905 - Jul 1974
Watkins, Rhinaldo 13 Mar 1850 - 2 Aug 1926 s/o Silas B. & Sarah E. Watkins
    w Airy C. 4 Mar 1853 - 10 Feb 1915
Watkins, Richard Morgan 12 Nov 1944 - 15 Jun 1948 s/o Wilfred Morgan & Edith Pauline King Watkins
Watkins, Robert Bart d. 8 Oct 1906 47 years s/o Perry G. & Dorothy Hilton Watkins
Watkins, Russell C. 18 Sep 1886 - 14 Sep 1971 s/o Tobias C. & Catherine C. Beall Watkins
    w Louise L. 26 Feb 1879 - 29 May 1956
Watkins, Vernon Thomas 1871 - 1943 "Father" s/o William Thomas & Sarah E. Williams Watkins
    w Edith P. Mount 1878 - 1941 "Mother" d/o William & Alice Duvall Mount
Watkins, Wilfred Morgan 12 Oct 1914 - 10 Oct 1978 s/o Morgan Herbert & Mary Catherine Pearce Watkins
    w Edith Pauline King 18 Dec 1915 - no date d/o James Rufus & Della Waters Woodfield King

Damascus Methodist

Watkins, William S. 1878 - 1947 s/o Rhinaldo & Airy C. Watkins
    w Blanche S. Pearce Mar 1882 - 1960 d/o Levi & Marian Jones Pearce
Watkins, Willis B. 19 Sep 19 Sep 1901 - 8 Mar 1991
    w Marjorie B. Gue 7 Oct 1904 - 30 Mar 1999
    s Willis B. Jr. d. 25 Mar 1938 infant
Weber, Charles A. d. 31 Aug 1908 52-9-0
Weber, Malcolm D. 1896 - 1948
Weber, Mary A. 20 Feb 1836 - 8 Sep 1896
Weber, Philip C. 23 May 1823 - 1 Apr 1896
Weber, Remus G. 9 Jan 1868 - 31 Aug 1900
    w Emma F. 12 Sep 1869 - 3 Sep 1926
Werner, John H. 1901 - 1983
    w Stella B. 30 Jun 1901 - Jun 1981
White, Harold 5 May 1918 - 17 May 1996
White, Ronald 25 Feb 1943 - 3 Oct 1945
Williams, Brown Osborne E. 31 Dec 1907 - 20 Feb 1974 s/o Downey M. & Frances Elizabeth Bolton Williams
    w Hepsie Anne Burdette 26 Feb 1911 - 25 Jan 2000 d/o James W. & Miranda Etchison Burdette
Windsor, Lucinda W. 3 Jun 1899 - 2 Jul 1964
Windsor, Robert Leo 15 Jun 1922 - 1 Jul 1955 MD Cpl 4203 Base Unit AAF WWII
Woodfield, Bradley Milton 12 Jul 1893 - 19 Jan 1988
    w Marian Norman Howard 4 May 1896 - Oct 1983
    s Bradley Milton Jr. 12 Sep 1920 - 9 May 1923
Woodfield, Emory Cross 17 Jun 1889 - 9 Dec 1934 s/o Thomas Griffith & Emma Cassandra Boyer Woodfield
    w Myra Lavinia Watkins 16 Feb 1896 - 1987 d/o William Eldridge & Emma Rose Buxton Watkins
Woodfield, George W. 1853 - 1915
    w Mary L. 1863 - 1892
Woodfield, Joseph Leslie 4 Mar 1891 - 3 Jul 1949 s/o Thomas Griffith & Emma Cassandra Boyer Woodfield
    w Clyta Beatrice Mullinix 27 May 1896 - Feb 1985 d/o John Thomas & Lucy Beatrice Brandenburg Mullinix
Woodfield, Sarah Ann Thompson 1833 - 1926 w/o Edward Woodfield
    s Charles E. 1881 - 1928
    s Grant E. 1874 - 1966
Woodfield, Thomas Griffith 11 Oct 1856 - 30 Mar 1920
    w Emma Cassandra Boyer 11 Aug 1868 - 11 Feb 1950 d/o Milton & Elizabeth Washington Purdum Boyer
    s Thomas F. 7 Jan 1897 - 23 Feb 1897
Wyvill, C. V. Harrison 1855 - 1934
Wyvill, Edward A. 11 Sep 1850 - 23 Dec 1939
    w Deborah J. Sprigg 16 Oct 1847 - 18 Nov 1929

Young, Atwood Gwinn 6 Sep 1881 - 5 Sep 1963 s/o Luther H. & Sarah Annie Young Young
    w Lenora Duvall 13 Mar 1885 - 29 Sep 1961 d/o William Franklin & Harriet Elizabeth Purdum Duvall
Young, Fannie Mae 9 Sep 1921 - 17 Mar 1941
Young, Harold B. 22 May 1916 - Jul 1977
Young c/o Horace E. & Anna Laura
    d Hannah A. 10 Sep 1883 - 21 Dec 1895
    s Harry C. d. 19 Dec 1904 20-0-6
Young, Jacob 29 Apr 1794 - 10 Aug 1875
    w Sarah d. 28 Dec 1896 92-0-27
Young, James Dullas 18 Oct 1844 - 10 Nov 1920
    w Caroline C. Etchison 13 Jan 1855 - 2 Nov 1917
Young, John Franklin 1854 - 1915
    w Mary G. Warfield 1867 - 29 Jan 1945
Young, L. Downey 7 Mar 1888 - 1 Dec 1940
Young, Luther H. d. 16 Sep 1915 66 years s/o Thomas & Charlotte Lewis Young
    w Sarah Ann Young d. 30 Apr 1911 64-0-3
Young, Rachel d. 21 Oct 1881 67-4-16 d/o Richard & R. Young " A devoted member of the Methodist Church"
Young, Ralph D. Jr., 2 Apr 1956 - Sep 1976
Young, Thomas 14 Jun 1805 - 11 Sep 1891
    w Charlotte Lewis 28 Sep 1808 - 21 Mar 1877

Damascus Methodist

Young, Thomas M. 10 May 1843 - 3 Nov 1905
    w Josephine Lewis 12 Jun 1852 - 15 Feb 1933

Mt. Lebanon Methodist
Damascus Road
Damascus, Maryland

Burdette, Merle McComas 25 Jul 1912 - 1 Oct 1968
    w Hazel Williams 18 May 1915 - no date d/o Downey M. & Frances Elizabeth Bolton Williams

Carter, William 1875 - 1954
Creger, Douglas L. 9 Jan 1932 - 26 Feb 1980 brother of James H. Creger
Creger, James H. 6 Mar 1926 - 22 Apr 1980

Darby, Dorothy Nan 29 Dec 1937 - 28 Apr 1938
Darby, Dorsey N. 12 Dec 1911 - Nov 1972
Driver, Charles W. 1 May 1872 - 11 Mar 1946
    w Elizabeth W. Jan 1870 - 6 Jun 1905

Gillis, George W. 30 Aug 1892 - 22 Nov 1965
    w Maude R. 15 Apr 1897 - 13 Jun 1979
Grimes, Billie Wayne d. 9 Jul 1957 0-1-1
Gue, Joseph A. 10 Jun 1835 - 24 Oct 1907

Halterman, William R 27 Mar 1889 - 16 Mar 1965
Harr, Nettie E. Williams 20 Jan 1874 - 12 Mar 1935 "Mother" d/o Jeremiah Lewis & Cordelia Elizabeth Baker Williams
    s Oliver L. 16 Apr 1895 - 10 Dec 1943 s/o William Harr
    d Lois Estelle 1 Oct 1914 - 21 May 1920 d/o William Harr
Hilton, William E. 1866 - 1950
Hyatt, Herbert Souder 10 Apr 1916 - no date s/o Herbert E. & Beulah Souder Hyatt
    w Ruby Mae Williams 8 Feb 1918 - no date

Lafortezza, Mary E. 9 Jun 1915 - May 1993

Mack, Susan C. d. 1962 76 years
Moore, Lydia R. 28 Apr 1930 - 27 Jul 1970 w/o Luther W. Moore
Mullinix, Harold W. 9 Feb 1902 - 25 Feb 1975
    w Leone Williams 6 Jul 1905 - Jul 1987 d/o Downey & Frances Elizabeth Bolton Williams
Mullinix, Robert Monroe 1871 - 1945
    w Cecelia 1871 - 1964

Ridgley, Melvin Preston 7 Aug 1908 - 8 Apr 1973
Ritchie, Edna J. 20 Mar 1913 - 10 May 1948
Rosenberger, Blanche 25 Sep 1905 - 30 Sep 1993

Sirk, Arthur E. 1900 - 1965
Sirk, Jasper Lee Jr. d. 23 Feb 1954 0-0-1
Sirk, William C. 12 Jun 1912 - 7 Jun 1939
    w Eunice F. 30 Apr 1912 - no date
Sirk, Willis H. 1860 - 1940 "Father"
    w Sarah R. 1880 - 1955 "Mother"

Trammell, Benjamin s/o Joseph E. & Josie C. Trammell
    w Betty Gertrude Deshazor 21 Aug 1921 - 6 Nov 1977
Trammell, Joseph E. 26 Oct 1879 - 6 Dec 1966
    w Josie C. 10 Jul 1882 - 7 Jun 1974
Trout, Charles H. 4 Aug 1870 - 23 May 1937
    w Bettie E. 16 Nov 1873 - 22 Jun 1910

Mt. Lebanon Methodist

Warfield, Basil T. 24 Aug 1859 - 19 May 1931
    w Alice Flavilla Mullinix 28 Feb 1867 - 22 Mar 1955 d/o John J. & Emily Purdum Mullinix
Warfield, Cost J. 2 Jul 1851 - 3 Sep 1933
    w Georgetta Shipley 1854 - 1930
    d Effie A. 1887 - 1966
    s Raymond C. 1892 - 1969
Warfield, Merhl Basil 11 Jun 1898 - 25 Jan 1977 s/o Basil T. & Alice Flavilla Mullinix Warfield
    w Mary Elizabeth Leishear 14 Aug 1895 - 4 Feb 1975 d/o Thomas & Mary F. Molesworth Leishear
Warfield, Raymond Lafayette 1890 - 1977 s/o Basil T. & Alice Flavilla Mullinix Warfield
    w Bessie M. Allnutt 1886 - 1931
    s Basil Thomas 30 Dec 1917 - 20 Apr 1937 h/o Alice Mullinix Warfield
Watkins, Louis Fillmore 5 Dec 1879 - 3 Jun 1955 s/o Fillmore C. & Louisa E. Lyddard Watkins
    w Katie Lee Johnson 26 Nov 1878 - 13 August 1982
Williams, Downey M. 1870 - 1950
    w Frances Elizabeth Bolton 1873 - 1936
    d Blanche 10 Oct 1899 - 26 Mar 1902
Williams, Jeremiah Lewis 21 Feb 1841 - 11 Feb 1907
    w Cordelia Elizabeth Baker 15 Apr 1845 - 3 Jan 1919 d/o Thomas & Anna Burton Baker
Williams, Jerry Thomas 3 Apr 1897 - 18 Nov 1965 s/o Downey M. & Frances Elizabeth Bolton Williams
    w Bessie Lansdale Ward 11 Jul 1897 - Dec 1982
Williams, William L. 1902 - 23 Jan 1940 s/o Daniel M. Williams
    w Mary Ellen Browning 1905 - 1970 d/o Samuel H. & Rosa B. Purdum Browning

Young Family Cemetery
Sweepstakes Road
Damascus, Maryland

Dorres, Amanda Grace Young 3 Jul 1838 - 13 Oct 1871 d/o Richard & Matilda Riggs Young w/o William C. Dorres

Young, Richard d. Sep 1880 78 years
    w Matilda Riggs no dates

Friendship Methodist Cemetery
Ridge Road
Damascus, Maryland

Anderson, Charles W. P. no dates
Anderson, Laura May 1 Mar 1892 - 28 Aug 1974
Bright, Leroy no dates
Bright, Samuel L. 4 Jun 1947 - 18 Jul 1991 Pvt US Army Vietnam
Brown, Lester 19 Nov 1926 - 15 Apr 1975
Brown, Mary Bright
Brown, Mary J. d. 11 Mar 1904 50 years
Brown, Noland 23 Jun 1883 - Jul 1972
Brown, Thomas d. 22 Jul 1918 72 years
Butler, Forester B. 6 Dec 1887 - 4 Jan 1980
    w Emma F. 25 Feb 1890 - 7 Jul 1980
      d Mary b&d 23 Apr 1915
      d Martha b&d 23 Apr 1915
Butler, Lawson d. 11 Dec 1903 70 years
Butler, Nancy Welch 1842 - 1895
Butler, Reginald D. 17 Nov 1903 - 30 Jun 1904 s/o Evia Butler

Carter, Florence V. d. 6 Jun 1901 18 years
Carter, George 13 Jul 1914 - 24 Mar 1993
Carter, Henry Woodrow 22 Sep 1916 - 31 Mar 1985
Cephas, George W. 1888 - 1975
Claggett, George W. 1 Aug 1864 - 26 Feb 1944
Cohens, Annie Mae 4 May 1900 - 26 Oct 1999
Cohens, George no dates

Davis, Clarence 5 Jun 1906 - 26 Aug 1976
    w Victoria V. 17 May 1903 - 26 Aug 1976
Demar, Andrew Tony 13 Oct 1971 - 10 Aug 1997
Donally, Fletcher no dates
Donally, George no dates
Donally, Lydia 1889 - 1957
Dorsey, Ann no dates
Dorsey, Aubrey no dates
Dorsey, Clark A. 1883 - 1976 "Father"
Dorsey, Ethel Viola 3 Mar 1893 - 15 Jan 1915 w/ John E. Dorsey
Dorsey, Flutes no dates
Dorsey, Frank 22 Aug - 1936 - 8 Oct 1999
Dorsey, Harry no dates
Dorsey, Henry d. 11 Jan 1948 age 95 years
Dorsey, James 17 Jun 1900 - 13 Feb 1975
Dorsey, John E. 6 Oct 1874 - 31 Oct 1943 w/ Ethel Viola Dorsey
Dorsey, Mamie 1890 - 1922 w/o Adam Dorsey
    d Alice G. no dates
    s Infant no dates
Dorsey, Olin no dates
Dorsey, Roby 20 Jan 1890 - 26 Jan 1950 MD Pvt 811 Pioneer Inf WW I
Dorsey, Russell no dates
Dorsey, Sonny no dates

Fisher, Rayner E. 12 Jan 1888 - 29 Mar 1974 MD Pvt Inf WWI
    w Lavinia M. 4 May 1881 - 17 Apr 1929
Fleming, Sarah E. 22 Oct 1918 - 8 Dec 1987

Gaither, Arthur W. 16 Oct 1867 - 30 May 1922
Gaither, Ed no dates

Friendship Methodist

Gaither, Eugene R. 10 Jan 1908 - 20 Oct 1969
    w Mary E. 25 May 1908 - 29 Sep 1970
Gaither, Eva no dates
Gaither, Mary no dates
Gaither, Preston B. 13 Apr 1917 - 17 Feb 1985
    w Julia A. 8 Sep 1922 - no date
Gaither, Sarah O. d. 10 Nov 1902 67 years w/o J. A. Gaither
    s Robert L. d. 9 Dec 1908 29-9-4
Gaither, Thomas E. 15 Jun 1868 - 30 Jul 1950
    w Addie N. 19 Nov 1873 - 7 Dec 1972
    s Spencer A. d. 8 Oct 1910 18-6-13
    d Minnie G. 10 Jul 1896 - 8 Jul 1913
Genus, Adolph W. 1914 - 1973
Gray George M. C. 17 May 1870 - 2 Oct 1938
    w Elizabeth d. 17 Feb 1914 41-11-17
Gray, Mollie E. 4 Apr 1872 - 17 Sep 1908 w/o George E. Gray
Gray, Nellie E. 1895 - 1971
Gray, Nettie 19 Jul 1911 - 3 Apr 1998
Gray, Willie 9 Oct 1895 - 5 Feb 1947 MD Pvt 154 Depot Brigade WWI
Greene, name worn no dates

Hall, Carolyn Jones 26 Jun 1946 - 3 Jun 1995
Hammond, Charles H. H. d. 2 Oct 1902 16-3-3
Hawkins, Marie no dates
Hayes, David E. Jr. 26 Aug 1921 - 21 Jan 1975 Tec5 US Army WWII
Herbert, Nash Perkins no dates
Holsey, Bee no dates
Holsey, Charles E. 13 Apr 1881 - 14 Feb 1914
Holsey, Elzie no dates
Holsey, Ethel M. 1881 - 1961
Holsey, Greenberry J. 11 Dec 1846 - 6 Mar 1901
    w Lydia A. 10 Jul 1837 - 7 Aug 1898
Holsey, Greenberry T. 15 Jun 1879 - 29 Mar 1938
Holsey, Harriet E. d. 13 Jan 1927 71 years w/o Henry Holsey
Holsey, Horace S. 1872 - 1956
Holsey, John H. 1875 - 1969
    w Dora B. 1879 - 1938
Holsey, John W. d. 13 Apr 1911 70-2-12
    w Catherine 3 Jun 1852 - 6 Jan 1926
Holsey, Lillie no dates
Holsey, Linwood no dates
Holsey, Luther 16 May 1868 - 18 Aug 1946
Holsey, Roberta A. Crampton 10 Sep 1896 - 10 May 1972
Holsey, Sterling L. 30 Jul 1898 - 16 Feb 1893
    w Lillie M. 1 Feb 1904 - 24 Apr 1995
Holsey, Sterling R. 9 Nov 1903 - 19 Dec 1947

Jackson, Arthur W. 24 Sep 1920 - 23 Feb 1942
Jackson, Benjamin 17 Jun 1881 - 31 Mar 1904 s/o B. L. & L. J. Jackson
Jackson, Bobby no dates
Jackson, Captolia no dates
Jackson, Charles no dates
Jackson, Charles Henry Sr. 4 Apr 1897 - 30 Sep 1969 MD Pvt US Army WWI
    s Charles Henry Jr. no dates
Jackson, George H. 9 Mar 1876 - 13 Apr 1943
    w Edith M. 19 May 1883 - Sep 1971
    d Helen C. 18 Aug 1918 - 22 Jan 1943
Jackson, Helen no dates

Friendship Methodist

Jackson, Margaret L. 23 Nov 1910 - 22 Aug 1941
Jackson, Raymond L. 1910 - 1975
Johnson, Bernard no dates
Johnson, Gladys M. Washington 1922 - 1968 d/o Bessie M. Washington
Johnson, Lawrence 1842 - 1975
Johnson, Myrtle M. 11 Dec 1906 - 15 Sep 1946
Johnson, Sade no dates
Jones, Lena no dates

Keets, Susan A. 25 Dec 1862 - 20 Oct 1911 w/o David A. Keets
King, Herman Allen Jr. 28 Dec 1942 - 20 Jul 1975
King, Mary 20 Mar 1918 - 24 Nov 1999

Leslie, Maxwell E. 3 Aug 1934 - 2 Feb 1972 Pvt US Army
Luby, Arthur McKinley Sr. 2 Feb 1897 - 15 Aug 1945 MD PFC 312 Labor Bn
    w Natalie Gray 1913- 2 Apr 1978 54-8-19
Lyles, Buck no dates
Lyles, Buleah no dates
Lyles, Depsye no dates
Lyles, George E. 11 Aug 1858 - 22 Dec 1926
    w Eliza A. d. 3 Mar 1898 38 years
    d Nettie C. 2 Nov 1887 - 24 Oct 1922 "Sister"
    s Claude G. d. 16 Feb 1912 15-7-3
Lyles, Grace S. 29 Sep 1900 - 19 Jul 1968
Lyles, John F. 22 Jul 1913 - 5 Dec 1992
    w Helena 1923 - 1982
Lyles, John W. 3 Jun 1862 - 15 Jun 1916
Lyles, Lena no dates
Lyles, Neif E. 22 Jun 1900 - 2 Nov 1954 MD PFC Medical Dept WWI
Lyles, Obrian W. d. 8 Jul 1932 MD PFC 210 Ser Bn QMC
Lyles, Raymond 4 Aug 1894 - 8 Jul 1959 Pvt 426 Res Labor Bn
Lyles, Robert E. 25 Aug 1902 - 31 Mar 1965
Lyles, Thomas no dates
Lyles, Ulysses no dates
Lyles, Viola 17 Mar 1898 - 4 Mar 1915 d/o William J. & Isabelle Lyles
Lyles, William E. 16 Mar 1884 - no date
    w Martha F. 22 Dec 1882 - 23 Jul 1935

McAbee, Alexander 10 Jan 1911 - 20 May 1998
    w Rhudell 7 Sep 1932 - 15 Dec 1975

Mason, John Lyles d. 30 Oct 1902 62 years
    w Margaret E. d. 5 Mar 1912 68 years
    s Abe d. 25 Mar 1885 17 years
Meyers, Infant no dates

Orem, Carson Vincent 14 Feb 1903 - 6 Dec 1973
    d Dorothy A. 1930 - 1931
    s "Our Son" b&d 1931
    s "Our Son" b&d 1932
Orem, Edward Lowell 5 Apr 1902 - 29 Nov 1986
Orem, Gaver B. 1907 - 1974
    w Elsie A. 8 Oct 1912 - 28 May 1988
Orem, Lowell
Orem, Sterling R. 29 May 1924 - 23 Feb 1942
Orem, Vincent

Friendship Methodist

Potts, Caleb d. 21 Jul 1916 77 years 5 months
      w Amelia d. 11 Mar 1917 65 years 8 months
        s Caleb G. d. 10 Dec 1922 6-4-15
Potts, Henry no dates
Potts, Joe no dates
Potts, Lillie M. 4 Jun 1882 - 24 Dec 1940
Potts, Luther d. 17 Oct 1917 72 years
Potts, Margaret d. 25 Oct 1906 60-0-13
Potts, William E. 1867 - 1945
      w Mary E. 1872 - 1947

Randall, Beverly M. "Bev" 19 Dec 1957 - 24 Feb 1987 "Love, Mother"
Randall, Rona M. 16 Jun 1935 - 23 Oct 1994 "Our Beloved Mother"
Rollins, Fannie 5 Apr 1902 - 20 Apr 1996
Rose, Harvey R. 11 Sep 1874 - 5 Mar 1952
      w Eunice B. 22 Aug 1882 - 14 Mar 1952

Sewell, DeDe no dates
Sewell, John no dates
Sewell, Laverna no dates
Sewell, Pete no dates
Sewell, Shirler no dates
Shorter, Robert 1871 - 1941
      w Irene 1876 - 1938
        s Raymond   d. 26 Mar 1905 0-11-0
Snowden, Burma A. 1903 - 1944
Snowden, Octavia 28 Feb 1921 - 5 Apr 1963 "Mother"
Stewart, Joyce Jones 19 May 1941 - 15 Jul 1989

Taylor, John T. d. 28 Nov 1890 55 years
      d Stella V. d. 28 Nov 1897 17 years
Thomas, Lavonia Mae 21 Feb 1918 - 18 Mar 1970
Thomas, Mary no dates
Thomas, Will no dates
Thomas, Willie no dates

Washington, Bessie M. 18 May 1887 - 27 Jul 1979
      s Henry W. 14 May 1915 - 10 Feb 1973
Waters, John no dates
Welsh, Aaron 9 Oct 1878 - 17 Jul 1947
Welsh, Benjamin F. 5 Dec 1835 - 23 Aug 1925
      w Mary E. 9 Nov 1844 - 14 May 1931
Welsh, James H. 4 May 1876 - 9 Aug 1925
Welsh, Lettie C. d. 18 Jul 1913 16 years
Welsh, Urner 27 Mar 1879 - 29 Apr 1943
Wilson, Maude no dates

Zeigler, Archie T. 7 Jul 1896 - 23 Jan 1964 Pvt 16 Co 154 Dep Brig WWI
Zeigler, Asbury no dates
Zeigler, Bertha Bowins 31 Jul 1930 - 20 Jul 1968
Zeigler, Bertha M. 26 Mar 1881 - 15 Aug 1965
Zeigler, M. Catherine 4 Jan 1905 - 22 Jul 1999
Zeigler, Dock 15 Apr 1904 - 7 Oct 1943
Zeigler, Eleanor I. 1926 - 1942 with Gladys N. Zeigler
Zeigler, Elizabeth Ellsworth 22 Feb 1888 - 26 Aug 1924
Zeigler, Elsie 15 Jun 1909 - 28 Aug 1956
Zeigelr, Flordie no dates
Zeigler, Gladys N. 1927 - 1942 with Eleanor I. Zeigler

Friendship Methodist

Zeigler, Lucille no dates
Zeigler, Rick no dates
Zeigler, Samuel T. 1869 - 1953 84 years
Zeigler, Sarah F. 1863 - 1941
Zeigler, Ulysses G. Jr. 9 Aug 1962 - 30 Sep 1979

Montgomery Chapel
Claggettsville, Maryland

Allnutt, Homer 19 Aug 1882 - 20 Feb 1967
    w Annie 2 Feb 1893 - 11 Jun 1957
Appleby, Harry William F. Sr. 23 Jan 1898 - 7 Mar 1978
    w Sallye D. 21 Mar 1897 - 31 Dec 1941
    s Harry Bruce 7 Aug 1923 - 29 Nov 1976 PFC USMC WWII
Appleby, Marguerite A. Riley 7 Jun 1913 - 21 Jun 1995 w/o Harry William F. Appleby
    s William F. 4 Jun 1954 - 30 Jan 2000
Atkinson, Preston L. 4 Feb 1903 - 31 Oct 1976 Pvt US Army WWII
    w Ethel C. 24 May 1912 - 20 Mar 1995

Bailey, David Lee 8 Oct 1963 - 4 Dec 1879
Baker, James Vernon 5 Jan 1866 - 25 Oct 1952 s/o John T. & Caroline Virginia Mullinix Baker
    w Rose Ethel Duvall 14 Jun 1888 - Feb 1986 s/o John Grafton & Jerusha A. Penn Duvall
Baltrowsky, Richard E. 5 Aug 1931 - 17 Sep 1990 "Beloved Father & Grandfather"
Barber, Garner C. 17 Oct 1918 - 6 Sep 1999
    w M. Norine 30 Sep 1927 - 2 May 1989
    s Kenneth 1 Jun 1941 - 10 Jun 1941
Beall, W. Dewey Oct 1898 - 13 Feb 1949
    w Ethel May 9 May 1904 - 1 Dec 1961
Becraft, Grafton 17 Jan 1840 - 7 May 1917
    w Senorah E. Clagett 17 Oct 1842 - 29 Jan 1921
    s Bradley 29 Feb 1872 - 23 Jun 1940
Becraft, Harry L. 25 Feb 1958 age 48
Becraft, Jesse 26 Mar 1879 - 24 Jul 1962 s/o Grafton & Senorah E. Clagett Becraft
    w Bessie May Watkins 29 Apr 1884 - Aug 1975 d/o William E. & Fannie Leannah Hyatt Watkins
Becraft, Rufus E. 9 Jan 1850 - 28 Sep 1912
    w Christia 28 Sep 1849 - 10 Dec 1903
    w Mary K. 26 Sep 1870 - 31 Jul 1916
Becraft, Susie E. 2 Feb 1871 - 22 Nov 1885 d/o R. H. & M. E. Becraft
Bell, Spencer V. 14 Sep 1937 - no dates
    w Carol B. 22 Dec 1948 - 27 Apr 1990
Bellison, Edward Leander 3 May 1866 - 25 Jun 1926
    w Hattie Virginia Moxley 10 Nov 1872 - 21 Apr 1958 d/o George Washington & Sarah E. Baker Moxley
Bellison, Norman Lee 28 Dec 1896 - 14 Nov 1956 s/o Edward Leander & Hattie Virginia Moxley Bellison WW I Veteran
    w Jennie Marie Nicholson 24 Mar 1901 - 6 Mar 1984 d/o John T. & Julia Ann Daymude Nicholson
Bellison, John H. 6 Jan 1840 - 19 Feb 1921
    w Julia A. 2 Aug 1850 - 2 Sep 1931
    s George W. d. 10 Aug 1895 1-1-0
Bellison, William Cornelius 1846 - no date
    w Anna Rebecca Wrighter 1844 - 1926 "Mother"
Belt, Benjamin Keith 1 Feb 1952 - 17 Nov 1977
Bowers, Anthony H. 10 Aug 1878 - Sep 1962
    w Mary H. 17 Nov 1882 - 31 Jan 1949
Bowman, Mary I. 1923 - 1976
Boyer, John Fletcher 15 Nov 1857 - 9 Feb 1937
    w Amanda Wilson Day 17 Jun 1857 - 5 Dec 1925 d/o Jackson & Survilla Ann Beall Day
    d Doris Adell 8 May 1899 - 10 Jul 1992
Boyer, Jesse Darby 7 Oct 1866 - 1949
    w Caroline E. Watkins 1869 - 1933 d/o Oliver & Ruth Watkins
    d Ruth L. E. 18 Jul 1896 - 13 Jun 1918
    d Infant no dates
Brandenburg, Alton P. 1904 - 1968 s/o William Bromwell & Minnie E. Watkins Brandenburg
    w Mary A. 1889 - 1974
Brandenburg, William Bromwell 24 Nov 1869 - 4 Apr 1932 s/o William R. & Sarah E. Mullinix Brandenburg
    w Minnie E. Watkins 20 Nov 1876 - 7 Apr 1910 d/o Fillmore C. & Louisa E. Lyddard Watkins
Bridges, Arvlee 1881 - 1962
    w Goldie D. 1886 - 1972

Montgomery Chapel

Bridges, Willie Lee 1904 - 1961
Briggs, George Ralph 22 Feb 1912 - 7 Sep 1981
    w Mary H. 4 Oct 1912 - no date
Brown, Calvin L. 28 Jul 1912 - 17 May 1931
Brown, Edward Isaac 7 Sep 1893 - 17 Dec 1967 s/o Joshua W. & Laura Virginia Moxley Brown
    w Prudence Bishop 14 Mar 1899 - 4 Nov 1993
Brown, Ephraim H. d. 3 Dec 1898 age 70 years
    w1 Rhoda J. Watkins d. 15 Jun 1883 56-7-23
    s Richard E. d. 13 Sep 1882 9-9-10
    w2 Rachel E. 19 Apr 1821 - 1 Sep 1898
Brown, Francis O. 7 Apr 1873 - 3 Mar 1936
Brown, George E. 1855 - 1940
    w Miranda J. 1857 - 1939
    d Cora 26 Dec 1895 - 24 Jul 1898
    d Fannie 14 Jun 1898 - 13 Jan 1904
Brown, Harry H. 21 Nov 1884 - 29 Mar 1976 "Father"
Brown, Herman Schley 26 Feb 1896 - 29 Dec 1983 s/o Joshua W. & Laura Virginia Moxley Brown
    w Delma Valinda Moxley 8 Sep 1907 - 8 Jun 1989 d/o Joseph Ezekial & Maggie Jane Burgee Moxley
Brown, Ira C. 24 Jun 1895 - 17 Jan 1948
    w Clara R. 27 Jun 1895 - 2 Jan 1945
Brown, John Gaver 12 Apr 1896 - 20 Apr 1967 PFC Co F 328 Inf WWI
    w Rena Long 17 Dec 1901 - 4 Feb 1977
Brown, John Wesley 9 Apr 1850 - 29 Oct 1919 s/o Ephraim H. & Rhoda J. Watkins Brown
    w Frances America Cornelia Burdette 21 Jan 1857 - 20 Oct 1919 d/o Elmon G. & Elizabeth J. Day Burdette
    s Norman P. 12 Jun 1895 - 23 Jul 1895
    s Dorsey B. 22 Jul 1896 - 8 Mar 1955
    d Viva J. d. 12 Jun 1890 0-4-4
Brown, Joshua W. 1863 - 1952 "Father"
    w Laura Virginia Moxley 1863 - 1942 "Mother" d/o Isaac & Margaret Baker Moxley
    d Rosie d. 11 Dec 1894 2-6-25
    s John Harvey 26 Sep 1902 - 16 Sep 1904
Brown, Raymond Dewey 2 Jun 1899 - 12 Feb 1988 s/o Joshua W. & Laura Virginia Moxley Brown
    w1 Rosie Jane Beall 31 May 1899 - 16 May 1969 d/o William Chapman & Priscilla Jane Beall
Brown, Rufus C. d. 27 Apr 1888
    w Beulah B. d. 13 Nov 1888
    s Charlie M. 11 Oct 1878 - 6 Mar 1900
Brown, Vernon Monroe d. 25 Oct 1926 52-11-18 s/o Thomas Ephraim & Sarah E. Poole Brown
    s Leo Strasberg d. 22 Aug 1904 1-0-24 s/o Nicie Virginia Lee Brown
    s Vernon Monroe Jr. 1909 - 25 Oct 1962 52-11-18 s/o Nicie Virignia Lee Brown
Burdette, Arthur 5 Mar 1881- 19 Nov 1951 s/o Perry George & Lucinda W. Burdette
    w Dorothy Bell Brown 8 Aug 1881 - 15 Nov 1952 d/o John Wesley & Frances America Cornelia Burdette Brown
Burdette, Bertha Maye 8 Nov 1899 - 25 Jan 1963
Burdette, Carl W. 11 Jan 1933 - no date
    w Edna M. 2 Nov 1932 - 4 Jul 1994
Burdette, Clyde 20 Aug 1901 - 5 Jan 1994
    w Vivian Belle Moxley 16 Nov 1910 - 6 Jul 1999
Burdette, Eddie 28 Aug 1877 - 19 Aug 1941 s/o Samuel H. & Mary C. Burdette
    w Nettie V. 31 Aug 1881 - 5 Oct 1959
Burdette, George Henry 1870 - 1942 s/o William T. & Eunice E. Burdette
    w1 Sarah Elizabeth Watkins 1875 - 1913 d/o Jeremiah Columbus & Ann Wilson Moxley Watkins
    w2 Mary Etta Duvall 11 May 1881 - 11 Feb 1969
    s George M. 8 Sep 1921 - 3 Apr 1944
Burdette, George W. May 1867 - 19 Mar 1912 s/o Allen & Lucretia Ann Lewis Burdette
    w Violet Geneva Mullinix 8 Feb 1871 - 21 Feb 1953
    d Flora d. 11 Aug 1917 age 18 years
    s Archey 16 Apr 1894 - 28 Jun 1896
    s James Day 3 Oct 1897 - 21 Sep 1982
Burdette, Herbert R. 1903 - 1933

Montgomery Chapel

Burdette, Ida Z. 1859 - 1945
Burdette, Infant 23 Apr 1906 - 10 May 1906 s/o Willie A. & L. Burdette
Burdette, Jesse E. 23 Jul 1882 - 14 Apr 1970 s/o John W. & Celestial Burdette
  w Olive May Warthen 28 Nov 1884 - 25 Apr 1969
  d Fannie Celestial 26 Jan 1909 - no date
Burdette, John W. 24 Jan 1847 - 30 Sep 1901 s/o John & Mary Burdette
  w1 Celestial 11 Mar 1857 - 3 Oct 1887
Burdette, Leroy 20 Jul 1922 - 25 Dec 1944 Tec 5 Engineers WWII
Burdette, Pearl L. 24 Jul 1892 - 22 Nov 1951
Burdette, Philip d. 3 Aug 1891 age 94 years
  w Susannah Rebecca Clagett d. 15 Jul 1896 age 77 years
Burdette, Raymond W. 17 Aug 1892 - 10 Dec 1934 s/o George Henry & Sarah Elizabeth Watkins Burdette
  w Fannie Mercer 18 Mar 1895 - 17 Nov 1974
Burdette, Richard Hayes 1877 - Jan 1939 s/o Perry George & Lucinda W. Burdette
  w2 Effie A. Becraft 1875 - 1939
  d Alta Reed 25 Apr 1907 - 31 Aug 1907 by w1 Effie Reed Burdette
Burdette, Robert E. 4 Jan 1889 - 29 Jan 1958 s/o Perry George & Lucinda W. Burdette
  w Della A. 1 Nov 1891 - 28 Jan 1958
Burdette, Rufus Jesse 7 May 1871 - 2 Dec 1936
  w1 Carrie A. 27 Oct 1871 - 31 Aug 1910
  w2 Mamie Turner 31 Jul 1886 - 14 Jan 1919
  d Mildred R. 23 Dec 1896 - 21 Jan 1903
Burdette, Samuel H. 29 Jun 1841 - 2 Apr 1883
  w Mary C. 23 May 1856 - 4 Mar 1907
Burdette, Samuel R. 22 Oct 1894 - 11 Dec 1977 s/o William & Sally Ann Hilton Burdette
Burdette, William C. 1866 - no date "Father" s/o William Cook & Ruth T. Burdette
  w Eunice E. Gue 1872 - 1928 "Mother"
Burdette, William Hubert 27 Dec 1872 - 13 Jul 1959 s/o Perry G. & Lucinda W. Burdette
  w Beda Cassandra King 7 Apr 1873 - 7 Dec 1964 d/o Singleton Lewis & Mary Rachel Elizabeth Burdette King
Burdette, William McKinley 1 Jul 1896 - 4 Jan 1959 s/o George W. & Violet Geneva Mullinix Burdette
Burdette, William R. 1862 - 1934
  w Sally A. 1870 - 1908
  s Willie no dates
  s Jesse no dates
  d Ada no dates
Burdette, Zadock 19 Jul 1806 - 9 Mar 1889
Burns, Alfred C. 1910 - 1986
Burns, Infant d. 1952 s/o Edward W. Emma V. Burns
Burns, Joshua R. d. 31 Dec 1901 38-9-1
  w Alice V. Merson d. 9 Feb 1937 73-7-22
Burns, Ruth Kidd 24 Jul 1921 - 19 Nov 1976
Burns, Sylvester 2 Feb 1893 - 11 Jun 1957
  s Winfred S. 17 May 1919 - 4 Jul 1944 MD Tech Sgt 331 Inf 85 Div WWII h/o Alberta V. Burns Day
Bussard, David R. d. 17 Oct 1902 72 years
  w Mary A. d. 6 Oct 1902 71-11-0
Bussard, Harry E. 6 Feb 1909 - 8 Feb 1909 s/o C. T. & Clara J. Bussard
Bussard, William E. 25 Jul 1848 - 10 Sep 1934
Butler, Esther R. 6 Apr 1902 - 22 Dec 1978
Butcher, Grover Cleveland 9 Apr 1893 - 24 Dec 1965
  w Margaret Leola Moxley 9 Aug 1898 - 26 Feb 1998 d/o Basil Edward & Mary R. Brashears Moxley
  c Infant d. 30 Jul 1921
Buxton, Basil Walter 18 Jun 1892 - 24 Jan 1961 s/o Basil Francis & Louisa Hamilton Moxley Buxton
  w Ella Madeline Brown 7 Apr 1893 - 25 Jan 1968 d/o Thomas Ephraim & Sarah E. Poole Brown
Buxton, Jesse Alvin 27 Aug 1877 - 4 Aug 1962 s/o Basil Francis & Charlotte L. Brandenburg Buxton
  w Rebecca Moxley 15 Sep 1879 - 29 Mar 1964 d/o Robert B. & Susan Baker Moxley
Buxton, Roscoe Franklin 6 May 1916 - no date s/o Basil Walter & Ella Madeline Brown Buxton
  w Allie May Moxley 1 Sep 1917 - no date d/o Alvie Arville & Maud May Hurley Moxley

Montgomery Chapel

Cain, Andrew J. 14 Dec 1864 - no date
    w Georgeanna 23 Apr 1856 - 3 Apr 1939
Cain, Richard W. 21 May 1859 - 4 Feb 1939
    w Emma J. Burdette 19 Dec 1857 - no date
    s Delmer E. 13 Apr 1897 0-7-13
Carter, George E. 13 Jul 1914 - 24 Mar 1993
Clagett, Jennie 1846 - 1913 "Mother"
Clagett Nealy E. 12 Jan 1878 - 21 Oct 1895
Clagett, William C. 10 Aug 1829 - 24 Jan 1907
    w Eveline 12 Jan 1832 - 5 Oct 1907
    s John H. 2 Sep 1854 - 14 Dec 1893
Claggett, William F. L. 2 Nov 1852 - 6 Aug 1933
    w Henrietter Watkins 3 Jan 1849 - 3 Dec 1941
Clay, Joseph F. 1 Sep 1931 - no date
    w Georgia 30 Mar 1936 - no date   married 20 Oct 1953
Cline, Carl Albert 17 Nov 1898 - 18 Sep 1964 s/o Walter A. & Daisy Viola Moxley Cline
    w Esther Leith Moxley 5 Apr 1898 - 5 Oct 1975 d/o Harry B. & Eleanor Hyatt Moxley
    s Carl Albert Jr. 8 Aug 1918 - 20 Sep 1944 WWII h/o Georgia Evelyn Gladhill Cline
    d Eleanor Viola d. 9 Apr 1920 0-5-26
    s Harry Robert 30 Jan 1921 - 10 Dec 1989 h/o Bernice LaRue Roderick Cline
    s Ellis Franklin 25 Jul 1933 - 26 Jan 1960 h/o Catherine Connor Cline
Cline, Walter A. 23 Oct 1873 - 23 Mar 1963
    w Daisy Viola Moxley 25 Apr 1877 - 23 Dec 1962 d/o Jonathan Eldridge & Virginia Baker Moxley
Collis, Connie Lynn 31 Jul 1954 - 11 Jul 1974
Condon, Carrie V. 21 Aug 1888 - 26 May 1919 w/o William W. Condon
Covington, Charles W. Sr. 11 Jul 1914 - 10 Jun 1964
    w Gladys Irene Watkins 25 Nov 1916 - no date d/o Ira Dorsey & Florence Elizabeth Molesworth Watkins
        [m2 Edward Levi Watkins, m3 Hilton Boyer Nehouse]
Crawford, Milton Hazel 3 Apr 1908 - 24 May 1984
    w Helen Irene Moxley 18 Feb 1914 - 16 Apr 1991 d/o James Arthur & Hattie Virginia Easton Moxley
Cutsail, Mary Pumphrey d. 16 Feb 1971 w/o J. Herman Cutsail

Davis, Charles G. 11 Oct 1848 - 9 Jul 1936 s/o Eli & Rachel Morsell Davis
    w Laura A. Warfield 1858 - 1931
    d Bessie L. 1884 - 1976
Day, Harry T. 1876 - 1925 "Father" s/o Lorenzo T. & Asenath E. Wilson Day
    w Effie Burdette 1879 - 1924 "Mother" d/o Samuel H. & Mary C. Burdette
Day, W. Ray 28 Sep 1918 - 10 Nov 1987
    w Alberta V. 13 Nov 1922 - no date [h1 Winfred S. Burns]
Deakyne, Melanie T. 1893 - 1959
Dieudonne, Melanie Lewis 25 Jul 1892 - 13 Jul 1959
DiSilvio, Carmine 1903 - 1971
    w Ethel Hyatt 1901 - 1975
Dornheim, Carl Emile Jr. 15 Oct 1912 - 14 Oct 1973 s/o Carl Emile Sr. & Mary Catherine Weidman Dornheim
    w Idell Genevieve Duvall 4 Aug 1914 - no date d/o Ernest Dorsey & Mamie Alice Watkins Duvall
    s Carl Emile III 25 Feb 1945 - 20 Sep 1970
        s Carl Emile IV 21 Nov 1964 - 18 Aug 1985
Driskill, Jack E. 19 Apr 1924 - 6 Sep 1995
    w M. Romona Etchison 13 Feb 1929 - no date d/o Robert Lee & Mabel Watkins Becraft Etchison
Duggan, Anna Laura Young 7 Jun 1862 - 6 Mar 1933 h1 = Horace E. Young
Duvall, Ernest Dorsey 3 Dec 1883 - 26 May 1960
    w Mamie Alice Watkins 25 Dec 1886 - 24 Jan 1969 d/o William Edward & Fannie Leannah Hyatt Watkins
Duvall, Francis Addison 12 Sep 1871 - 29 Apr 1930
    w Fannie A. Moxley 27 Apr 1873 - 16 Feb 1960 d/o George Washington & Sarah E. Baker Moxley
Duvall, John Brewer 3 Jan 1919 - no date s/o Franklin E. & Irene L. King Duvall
    w Lois Elaine Brown 31 Oct 1927 - no date d/o Raymond Dewey & Rosie Jane Beall Brown
Duvall, Louis M. 1877 - 1949 h/o Annie Duvall

Montgomery Chapel

Duvall, Owen P. 19 Mar 1842 - 14 Mar 1919 s/o Emmanuel Madison & Sarah A. Penn Duvall
    w Marian V. Ray 18 Jul 1844 - 3 Feb 1906
Duvall, Rufus Earl 16 Jul 1912 - 29 Jul 1917
Duvall, William Alfred stone illegible

Easton, Claude H. d . 31 Mar 1914 36-11-8 h/o Fannie T. Easton
Easton, George W. 19 Nov 1870 - 19 Mar 1937
Easton, Harry Benjamin 15 Sep 1896 - 16 Feb 1975 s/o Lewis Benjamin & Laura Catherine Moxley Easton
    w Mamie Estelle Moxley 11 Jul 1896 - May 1984 d/o James Arthur & Hattie Virginia Easton Moxley
    s Harry Wilton 1923 - 1976 h/o Nellie Louise Crouse Easton
Easton, Jiles W. d. 17 Jan 1887 age 42 years
    w Margaret Ellen Burdette d. 8 Aug 1895 age 59 years
Easton, Lewis Benjamin 1874 - 1936
    w Laura Catherine Moxley 19 Sep 1871 - 28 Aug 1948 d/o Thomas Edward & Annie Riley Ridgway Moxley
Easton, William J. 22 Feb 1837 - 20 Jun 1924
    w Mary F. 5 Feb 1854 - 2 Feb 1919
    d Mamie B. d. 23 Oct 1897 20-0-5
Esworthy, John R. 1897 - 1983
    w Annie M. 1901 - 1966
Etchison, J. Melvin 26 Jan 1859 - 18 Dec 1924
    w Martha Jane Clagett 9 Feb 1860 - 9 Feb 1915
Etchison, Marcellus 1850 - 11 Nov 1935
    w Frances L. King d. 1 Jun 1888 32-4-7 d/o Charles Miles & Harriet Brown King
    s Charles M. 1879 - 1933
    d Fannie 1886 - no date
Etchison, Robert Lee 21 Aug 1898 - 14 May 1976 s/o John Osborne & Mary Virginia Penn Etchison
    w Mabel Watkins Becraft 12 Apr 1901 - 21 Mar 1987 d/o Jesse & Bessie May Watkins Becraft

Farrell, William Patrick 4 Jan 1927 - 25 Sep 1997 "Beloved Father and Patriot"
Fleming, Cornelius E. 6 Apr 1861 - 19 Aug 1933
    w Florence E. 18 Jul 1863 - 22 Feb 1941
    d May B. 18 May 1887
Fleming, Edgar Maynard 28 Aug 1907 - 22 Jan 1957 WWII
Fleming, George Eldridge 1883 - 1958 s/o Samuel T. & Anna Belle Moxley Fleming
    w Maggie Augusta Burdette 1886 - 1971 d/o Frank & Ida Burdette
    s Harry E. 5 Mar 1915 - 4 Sep 1922
Fleming, Children of Samuel T. & Annie Belle Moxley Fleming
    d Lena 4 Jul 1892 - 23 Aug 1892
    s Windsor E. 9 Sep 1894 - 11 Aug 1895
    d Infant 26 Jul 1899 - 18 Aug 1899
Fraley, Elva Baker 1913 - 1975

Gesling, James Otis 25 May 1933 - 30 Jul 1978
Gillis, William Crawford 22 Jan 1902 - 4 Dec 1972
    w Lena May Moxley 29 Nov 1905 - 16 Feb 1991 d/o James Arthur & Hattie Virginia Easton Moxley
Gipe, Ambrose N. 1 Oct 1913 - 2 May 1967 h/o Irene B. Gipe
Gover, Fannie Z. 5 Nov 1867 - 4 Apr 1943 w/o Elias Gover
    s Norman E. 28 May 1910 7-9-0
Griffith, Francis Rudell 22 Jul 1920 - 4 Oct 1920 s/o T. G. & M. E. Griffith
Gue, Edgar B. 1879 - 1941
    w Della E. 20 Dec 1887 - Apr 1980
Gue, Eunice d. 12 Feb 1918 age 34 w/o Harry C. Gue
    s Infant d. 28 Jan 1918
Gue, Jesse W. 18 Oct 1894 - 14 Nov 1918 h/o Mamie Estelle Moxley Gue
Gue, Marshall T. 13 Oct 1878 - 4 Jan 1956

Montgomery Chapel

Gue, Rezin Hamilton 30 Oct 1833 - 4 Jan 1956
    w Sarah E. d. 23 Mar 1892 38-10-13
    s Joseph H. d. 5 Aug 1906 17-0-21
    s F. Temple 1878 - 1936
    d Florie E. d. 30 Apr 1904 12-5-10
Gue, Raymond no dates infant s/o Luther C. & Susie E. Gue

Hager, James G. 6 Jun 1943 - 9 Nov 1979
Hager, William Clark Sr. 11 May 1910 - 8 Jan 1995
    s William Clark Jr. 9 Jan 1932 - 4 Apr 1992 s/o Katherine Irene Hurley Hager h/o Alice Pauline Crist Hager
Haines, James William Sr. 18 Nov 1920 - no date
    w Audrey Fay Dixon 9 Oct 1926 - no date
Haines, Otis Eugene Jr. 7 Jan 1949 - 11 Jan 1949 s/o Otis Eugene & Ina Virginia Fitzwater Haines
Haines, Walter Edward Sr. 25 Aug 1890 - 21 Jan 1983 s/o James E. & Gertrude F. Nichols Haines
    w Rosie Mabel Smith 28 Nov 1895 - 10 Jun 1974 d/o William Alfred & Eliza Ann Young Smith
Harding, Stella 9 May 1913 - 28 Jun 1997
Haynes, William H. 15 Jun 1853 - 20 Oct 1929
    w Agnes A. 25 Jul 1870 - 4 Oct 1950
Henley, Annie E. 18 Feb 1845 - 4 Apr 1931
    s Horace Joseph 8 Mar 1917 - 9 Sep 1917
Henley, Annie L. d. 17 Sep 1912 0-11-17 d/o Oliver G. & Fannie C. Henley
Hilton, James R. 8 Dec 1860 - 13 Sep 1948
    w Florence L. 21 Aug 1867 - 20 May 1954
    s Norman Cullison 21 Jun 1891 - 17 Jul 1956
Hilton, Ray 22 May 1893 - Oct 1966
    w Iva May Watkins 13 Dec 1897 - 15 May 1960 d/o Maurice & Martha Rebecca King Watkins
Hood, H. Alvin 3 Oct 1920 - 28 Feb 1943
Hood, Leven 25 Aug 1891 69-8-4 "Father"
    w Caroline 21 Sep 1886 60-6-7 "Mother"
Hunter, Guy E. 9 Jan 1919 - no date
    w Elsie E. 4 Mar 1924 - 9 May 1994
Hurley, Bertie Olivia Bellison 24 Jul 1888 - 8 Aug 1948 d/o Edward Leander & Hattie Virginia Moxley Bellison
        w/o Harvey Lansdale Watkins w/o Claud C. Hurley
Hurley, Claud C. 8 Apr 1888 - 26 Oct 1969 s/o Harry Mankin & Rose Etta Brown Hurley
    w Ethel Mae Bellison 22 Apr 1888 - 3 Feb 1920
Hurley, Harry Gilmore 5 Jul 1885 - 10 Nov 1956 s/o Harry Mankin & Rose Etta Brown Hurley
    w Bessie Vierna Warthen 31 Dec 1886 - 27 Jul 1980
Hurley, Leo Raymond 11 Nov 1907 - 11 Jun 1970
    w Evelyn Gertrude O'Hara 30 Sep 1909 - 20 Dec 1998
Hyatt, Irvin C. 7 Nov 1919 - 5 Apr 1989
Hyatt, John C. 1897 - 1934 s/o John Edgar & Edna Elizabeth Baker Hyatt
Hyatt, Towny H. 28 Apr 1874 - 28 Jul 1946 s/o Thomas A. & Alcinda Moxley Hyatt
    w Annie Belle Moxley 22 Sep 1873 - 16 Mar 1928 d/o Robert Bromwell & Susan S. Baker Moxley
Hyatt, William Eli Clevland 8 Oct 1884 - 7 Sep 1929 s/o Thomas A. & Alcinda Moxley Hyatt
    w Mildred Survila Boyer 2 Jul 1883 - 29 Dec 1978 d/o John Wesley & Zeru Clark Boyer

Johnson, Gerald H. 14 Nov 1911 - 2 Dec 1994
    w Claire C. 5 Jan 1930 - no date
Johnson, Michael V. "Mikey" 24 Dec 1962 - 27 Jun 1988
Joines, Jessie Raymond 1 Oct 1884 - 20 Nov 1957
    w Sarah Rowe 11 Sep 1890 - 6 Dec 1972
    s Jesse Howard 5 Jan 1921 - 26 Feb 1977
Justice, Edwin 8 Nov 1891 - 6 Apr 1928
    w Lelia M. Weller 28 Aug 1895 - 7 Jun 1971
Justice, Raymond E. 22 Mar 1899 - 20 Aug 1963
    w Edna A. 30 Jul 1914 - 28 Dec 1960

Montgomery Chapel

Kidd, Charles H. d. 16 Sep 1913 53-3-0
    w Sarah E. d . 13 Oct 1932 70-4-7
    d Nellie A. d. 15 Oct 1892 3-1-2
Kidd, Daniel d. 24 Jul 1899 61-6-2
Kimble, Twin b&d 1957 s/o Dolan R. & Ruby G. Kimble
King, Dorothy May 27 Dec 1924 - 14 Sep 1925 d/o Claude & Oda May Cline King
Kisner, Francis J. 21 May 1931 - no date
    w Marie A. 28 Feb 1938 - no date
Kobylarz, Beulah 17 Nov 1922 - 10 Mar 1993
Krummel, Edward William 17 Feb 1884 - Dec 1970
    w Cora Watkins 4 Jun 1890 - 13 Nov 1987

Lawson, Thomas Cochell 20 Feb 1875 - 25 Oct 1937 s/o Eli Thomas & Mary W. Baker Lawson
    w Elizabeth M. Ridgely 1879 - 1972 d/o Thomas & Margaret E. Brown Ridgely
Layman, Edith Moxley 22 Jan 1901 - 27 Jun 1992
Linder, Ralph L. 12 Jun 1898 - 23 Nov 1966
    w Eva M. 7 Feb 1903 - 20 Dec 1987
Linthicum, Bessie Davis 1884 - 1976 d/o Charles G. & Laura A. Warfield Davis w/o Thomas Linthicum
Linthicum, Earl Kindley 22 Nov 1893 - 25 Oct 1959 s/o Miel E. & Mary L. Purdum Linthicum
    w Ada M. Oagle 27 Aug 1894 - 31 Jul 1984
Long, Irvin L. 11 Feb 1929 - 17 Feb 1990
    w M. Ruth 25 Aug 1943 - no date
Long, Lawrence L. 29 Feb 1888 - no date
    w Amanda Z. 19 Feb 1893 - 22 Apr 1954
    s Carlton R. 13 May 1915 - 15 Apr 1935
Long, Russell L. 4 Jul 1904 - 8 May 1995
    w Alta V. 1 Oct 1907 - 24 May 1993
    d Infant Twin d. 3 Dec 1935
Lowe, Joshua 25 Dec 1840 - 8 Jan 1899
    w Maranda d . 2 Dec 1890 56-5-9 "Mother"
Lowery, John F. 29 Jun 1917 - no date
    w Nadine V. 28 Jul 1922 - 31 Jul 1977

MacLean, Kathleen Rogers 1909 - 1952 d/o Jacob S. & L. Louise Rogers
McClure, Amelia A. d. 28 Feb 1936 69 years w/o Thomas McClure
McGraw, William E. 1 May 1898 - 16 Jul 1974
    w Mabel G. 10 Apr 1892 - 27 Sep 1991
    s William E. Jr. 23 Dec 1931 - 2 Apr 2000 h/o Sylvia N. McGraw

Maden, Denise A. 21 Dec 1987 - 27 Nov 1988
Maloney, Roberta 19 Jun 1936 - 18 Sep 1978
Massey, Scott Dean 1956 - 1978 A1C USAF
Matthews, Rosa E. 23 Jul 1908 - 9 Jun 1991
Menzel, Karl A. 21 Feb 1899 - 2 May 1987
    w Elizabeth J. 5 Apr 1901 - 21 May 1981
Merson, William G. 29 May 1833 - 4 Oct 1902 s/o Thomas & Mary Merson
    w Louisa 2 Feb 1838 - 25 Jan 1907
    s George A. 12 Oct 1860 - 6 Aug 1920 h/o Mary E. Dutrow Merson
    s Harry Garfield 22 Sep 1876 - 10 Sep 1942
        w Lina Estelle Bellison 15 Sep 1883 - 21 Sep 1975
Mobley, Flora F. Pope d. 1916 73 years
Molesworth, Asbury d. 29 Mar 1905 69-4-12
    w Elizabeth d. 25 Oct 1923 89-6-9
Molesworth, J. Raymond 26 Mar 1918 - 30 Jul 1989
    w Eleanor R. 23 Oct 1919 - 31 Mar 1948
Molesworth, James F. 1875 - 1959
    w Minnie L. V. 1878 - 1969
    s James William 1898 - 1955

Montgomery Chapel

Molesworth, Matthew d. 13 Mar 1886 60-7-11
    w Mary E. d. 4 Jun 1887 62-6-4
Morgan, Dorothy R. 6 Mar 1930 - 14 Jul 1993
Morton, George W. 11 Oct 1933 - 11 Oct 1991
    w Nancy M. 27 Feb 1937 - no date
Moxley, Alvie Arville 16 Jun 1876 - 14 Jun 1963 "Father" s/o Robert Bromwell & Susan Baker Moxley
    w Maud May Hurley 8 Jul 1889 - 31 Jan 1959 "Mother" d/o Harry Mankin & Rosa Etta Brown Hurley
    s Harry Edward 29 Oct 1923 - 30 Jul 1984 "Brother"
Moxley, Basil Edward 25 Sep 1871 - 31 Jan 1949 s/o Isaac & Margaret Baker Moxley
    w Mary R. Brashears 31 Jul 1876 - 18 Sep 1903
    s Rosco 26 Sep 1900 - 28 Jul 1928
Moxley, Charles Robert 31 May 1894 - 16 Feb 1945 s/o Ezekial III & Harriett Verlinda Thompson Moxley
    w Della Madeline Haines 2 Jan 1894 - 12 Nov 1963 d/o George H. & Minnie Runkles Haines
    s Charles Mehrl Sep 1923 - 1 Mar 1949 h/o Ruth Elizabeth Bussard Moxley
Moxley, Cornelius Edward 6 Apr 1861 - 19 Aug 1933
    w Florence Estelle Poole 18 Jul 1863 - 22 Feb 1941
    d May B. d. 18 Mar 1882
    s Edgar Maynard 28 Aug 1907 - 22 Jan 1957 Pfc Btry C519 AAA Gun Bn WWII
Moxley, Edna Virginia 14 Oct 1911 - 23 Sep 1985
Moxley, Emory Dorsey 20 Apr 1888 - 20 Jun 1968 s/o Cornelius Edward & Florence Estelle Poole Moxley
    w Mary Adella Burdette 5 Feb 1888 - 8 Mar 1951 d/o Abraham Lincoln & Georgia Ellen King Burdette
Moxley, Ernest Monroe 29 Mar 1882 - 23 Apr 1970 s/o George Washington & Sarah E. Baker Moxley
    w Lillie May Watkins 24 Feb 1886 - 1 Apr 1940 d/o Bart & Sallie Merson Watkins
    d Gladys Virginia 23 Jul 1906 - 21 Sep 1991
Moxley, Everest Monroe 19 Aug 1913 - 29 Jan 1945
    w Margaret Catherine Bowman 14 Mar 1913 - 26 Dec 1989 d/o Edward Lee & Mary Jane Jones Bowman
    s Donald Monroe 6 Feb 1932 - 6 Jun 1960 h/o Mary Naomi Brandenburg Moxley
    s Larry Leon 25 Jul 1942 - 6 Dec 1998
Moxley, Ezekial III 2 Mar 1838 - 7 Jun 1926 s/o Ezekial Jr. & Sarah Mullinix Moxley
    w Harriet Valinda Thompson 10 Jun 1859 - 15 Nov 1923
    s Howard C. 31 Oct 1886 - 9 Dec 1964
Moxley, Florence A. 1893 - 1956
Moxley, Floyd Simms 19 Jul 1895 - 23 Jul 1974 s/o Cornelius Edward & Florence Estelle Poole Moxley
    w Lena Elizabeth Watkins 22 Feb 1898 - 23 Mar 1982 d/o Bradley & Rebecca Watkins
Moxley, George Clyde 8 Oct 1900 - 17 Apr 1963 s/o James Oscar & Della May Moxley Moxley
    w Clytie Belle Thompson 19 Feb 1893 - 24 Apr 1989 d/o Joseph Douglas & Eleanora Thompson Thompson
    d Catherine Beatrice d. age 2 weeks
Moxley, George Crawford 20 Jan 1875 - 13 May 1972 s/o George M. & Elizabeth Brown Moxley
    w1 Mary Etta Webb 4 Jul 1877 - 12 Mar 1919
    d Virgie B. 2 Jun 1903 - 12 Oct 1918
    w2 Orpha Iona Engle 15 Nov 1891 - 2 Dec 1972 w/o William Taylor
Moxley, Garrison 26 May 1966 - 2 Feb 1953 s/o Risdon & Ellen Moxley
    w Martha A. Bellison 23 Apr 1873 - 23 May 1962 d/o Windsor Cornelius & Anna R. Bellison
Moxley, George M. 1 Mar 1836 - 16 Nov 1896 s/o Henry & Anna Clay Moxley
    w1 Elizabeth Brown d. 25 Feb 1893 53-6-20 d/o Owen & Elizabeth Brown
    s Asbury died in infancy 5 Sep 1865
    s William Seymore 5 Sep 1866 - 16 Mar 1942
    s Orville d. 22 Aug 1872 11-3-0
    d Infant d. 27 Mar 1897 d/o w2 Anna D. Brashears Moxley
Moxley, George Washington 4 Jul 1848 - 22 Feb 1936 s/o Ezekial Jr. & Sarah Mullinix Moxley
    w Sarah E. Baker 1843 - 1921 d/o Thomas & Anna Burton Baker
Moxley, Gustavus 27 Apr 1842 - 4 Oct 1921 s/o Risdon & Ellen Mullinix Moxley
    w1 Annie Brown 6 Nov 1888 42-6-0 d/o Owen & Elizabeth Brown
    w2 Alice Virginia Brown Thompson d/o Owen & Elizabeth, buried with h1 William Prad Thompson
Moxley, Harry Alan 16 Jul 1934 - no date s/o Robert Hyatt & Edna Virginia Moxley Moxley
    w Hazel Virginia Ratliff Kisner 29 Jun 1932 - 30 Apr 1992 married 27 Jun 1970

Montgomery Chapel

Moxley, Harry B. 28 Feb 1878 - 28 Dec 1914 s/o Robert Bromwell & Susan S. Baker Moxley
    w Eleanor Hyatt 17 Mar 1878 - 17 Aug 1959 d/o Eli III & Georgianna Lewis Hyatt
    d Hilda Lee 17 May 1906 - 26 Nov 1922
Moxley, Harvey Webster 7 Mar 1884 - 18 Nov 1972 s/o Isaac Webster & Mary Brown Moxley
    w Nora H. Young 8 Aug 1888 - 2 Apr 1948
Moxley, Isaac 18 Dec 1825 - 16 Jan 1894 s/o Charles & Sophia Forney Moxley
    w Margaret Baker 2 Jun 1828 - 5 Jan 1897 d/o Thomas & Mary Day Baker
Moxley, James Arthur 1 Feb 1876 - 20 May 1956 s/o George Washington & Sarah E. Baker Moxley
    w Hattie Virginia Easton 23 Sep 1874 - 13 Jun 1954 d/o Emanuel & Fannie Easton
Moxley, James Oscar 5 Sep 1868 - 6 Nov 1940 s/o George M. & Elizabeth Brown Moxley
    w Della May Moxley 27 Feb 1874 - 18 Nov 1938 d/o Robert Bromwell & Susan S. Baker Moxley
    s Infant no dates
Moxley, James William 14 Aug 1906 - 22 Jul 1990 s/o James Oscar & Della May Moxley Moxley
    w Mary Annabelle Shell 25 Jan 1906 - 2 Oct 1997 d/o Philip Frank & Barbara Ann Clay Shell
Moxley, Jonathan Eldridge 10 Mar 1847 - 13 May 1928 "Father" s/o Ezekial Jr. & Sarah Mullinix Moxley
    w Virginia Fletcher Baker 4 Feb 1854 - 18 Oct 1930 "Mother" d/o Thomas & Anna Burton Baker
Moxley, Joseph Ezekial 13 Sep 1881 - 21 Aug 1964 s/o Ezekial III & Harriett Valinda Thompson Moxley
    w Maggie Jane Burgee 14 Jan 1887 - 16 Oct 1953 d/o James Thomas & Eliza Jane Nelson Burgee
Moxley, Juliet Moxley Sheckles 25 May 1833 - 10 Mar 1916 d/o Ezekial Jr. & Sarah Mullinix Moxley
    w/o John T. Sheckles w/o John W. Moxley
Moxley, Lester 1886 - 1969 s/o Jesse William & Willie Anna Brandenburg Moxley
    w Lottie May Burdette 1888 - 1963
Moxley, Mahlon T. 15 Nov 1821 - 16 Feb 1884
Moxley, Ollie Washington 10 May 1880 - 18 Sep 1958 s/o George Washington & Sarah Baker Moxley
    w Lelia Alvin Merson 19 Aug 1882 - 26 Jun 1965 d/o William G. & Louisa Merson
    d Gladys Louise d. 10 Aug 1907 0-6-25
Moxley, Ottie Lee 21 Aug 1888 - 4 Jun 1944 s/o William Burton & Minnie Jane Bellison Moxley
    w Tressie Lee Young 14 Sep 1888 - 9 Dec 1952 w/o Frederick H. Grimm
Moxley, Raymond Eldridge 5 Jun 1886 - 28 Mar 1971 s/o Jonathan Eldridge & Virginia Fletcher Baker Moxley
    w Virgie Estelle Beall 21 Oct 1889 - 22 Oct 1971 d/o Luther T. & Leathey Priscilla Beall Beall
    s Infant 1 Mar 1924 - 2 Mar 1924
Moxley, Raymond Merson 6 Mar 1909 - 1 Oct 1990 s/o Ollie Washington & Lelia Alvin Merson Moxley
    w Effie Madeline Day 14 Jan 1912 - no date d/o James Start & Laura Helen Davis Day
Moxley, Robert Bromwell 1 Sep 1840 - 18 Sep 1915 "Father" s/o Ezekial Jr. & Sarah Mullinix Moxley
    w Susan S. Baker 24 Jun 1847 - 30 Sep 1915 "Mother" d/o Thomas & Anna Burton Baker
Moxley, Robert Hyatt 6 Jun 1910 - 27 Feb 1972
    w Edna Virginia Moxley 14 Oct 1911 - 23 Sep 1985 d/o Raymond Eldridge & Virginia Estelle Beall Moxley
Moxley, Robert Sylvester " Jake" 22 Nov 1869 - 1942 s/o Robert Bromwell & Susan S. Baker Moxley
    w2 Oradie M. Easton 1880 - 1947
Moxley, Rosco 26 Sep 1900 - 28 Jul 1928
Moxley, Roy Aug 1889 - 1947 s/o Robert Sylvester & Fannie R. D. Moxley Moxley
    w1 Effie Jane Beall 1891 - 1941 d/o Luther T. & Leathey Priscilla Beall Beall
    s Infant b&d 3 Sep 1923
Moxley, Vernie Lansdale 23 Aug 1900 - 28 Jul 1972 s/o Cornelius Edward & Florence Estelle Poole Moxley
    w Madeline Beatrice Buxton 17 May 1907 - Jun 1980 d/o Jesse Alvin & Rebecca Moxley Buxton
Moxley, William Burton 13 Mar 1867 - 24 Jan 1938 s/o Robert Bromwell & Susan S. Baker Moxley
    w Minnie Jane Bellison 14 Mar 1870 - 17 Jan 1945 d/o Cornelius & Annie Rebecca Wrighter Bellison
Moxley, Walter Franklin d. 18 Feb 1918 63-10-18 s/o Mahlon T. & Priscilla Stewart Moxley
    w Susan A. d . 5 Feb 1921 70-8-16 "Mother"
Moxley, Webster 8 Jul 1856 - 16 Feb 1896
    w Margaret M. 11 Sep 1859 - 5 May 1948
    s Walter M. 31 Aug 1893 - 31 Dec 1894
Moxley, William A. d. 16 May 1885 61-11-24
Moxley, William Cornelius "Willie" 23 Jun 1903 - 1 Sep 1986 s/o Cornelius Edward & Florence Estelle Poole Moxley
    w Ilda Mae Moxley 14 Feb 1905 - 19 Dec 1993 d/o Ernest Monroe & Lillie Mae Watkins Moxley
Moxley, William T. 29 Jun 1888 - 23 Jan 1960 s/o Ezekial & Harriet Valinda Thompson Moxley
    w Sarah Katherine Glover 1896 - 1930
    s George W. 1915 - 1930 [con't.]

Montgomery Chapel

    d Bessie K. 1916 - 1930
    d Martha V. 1919 - 1930
    s Gordon R. 1921 - 1930
    d Eileen 1924 - 1930
Moxley, Windsor Cornelius 29 Jul 1897 - 7 Oct 1935 s/o Risdon & Ellen Moxley
    w Frances Mount 25 Feb 1898 - 5 Sep 1974 d/o James Monroe & Zeru Alverda Gue Mount
    s Harold Mount 20 Aug 1921 - 25 Sep 1922
    s Donald Ray 19 Jun 1926 - 13 Apr 1986
Mullineaux, Elaine Virginia 28 Aug 1929 - 15 Nov 1929
Mullineaux, Hobert M. 27 Nov 1896 - 18 Aug 1971
    w Nellie M. Watkins 4 Jul 1897 - 19 Nov 1994
    s William D. 5 Sep 1924 - 17 Apr 2000
Mullineaux, Lucy Jane Buxton 1 Dec 1919 - 13 Jun 1993 d/o Basil Walter & Ella Madeline Brown Buxton
    w/o Robert Lee Mullineaux
Mullineaux, Robert B. 10 Mar 1819 - 18 May 1906
    w Eveline 1 Oct 1827 - 16 Nov 1912
Mullineaux, Robert Dulaney 28 Sep 1854 - 19 Feb 1912
    w Laura J. 22 Mar 1862 - 14 Oct 1928
    s Carson C. d. 27 Jan 1885 0-2-25
    d Lynder L. d. 9 Aug 1891 0-10-12
Mullinix, Clifton 21 Apr 1878 - 14 Feb 1957 s/o Francis E. & Rachel L. Poole Mullinix
    w Bessie Allie Moxley 25 Jun 1884 - 3 Dec 1950 d/o Ezekial III & Hattie Virginia Easton Moxley
Mullinix, Eldridge 17 Apr 1863 - 1 Oct 1944
    w Rosa E. Merson 9 Oct 1865 - 19 Jun 1955
    s Gaver 6 Feb 1889 - 22 Mar 1892
    d Maudy P. 24 Mar 1891 - 6 Jul 1891
Mullinix, Guerney E. 13 Aug 1886 - 7 Dec 1963
    w Lucy B. 16 Feb 1891 - 5 Jun 1973
    d Mildred E. 10 Feb 1912 - 20 May 1912
    s Howard O. 24 Jul 1917 - 3 Jun 1926
Mullinix, John G. 19 Mar 1889 - 18 Jul 1975
    w Mamie L. 7 Mar 1892 - 21 Jul 1982
Mullinix, Lester E. 4 Mar 1927 - 4 Jun 1927 s/o L. E. & S. C. Mullinix
Mullinix, Walter Clifton 16 Nov 1915 - 2 Oct 1979 s/o Norman & Pauline Hartsock Mullinix
    w Elizabeth H. no dates
Mullinix, William C. 11 Sep 1891 - 17 Aug 1892
Murphy, Herman B. 2 Jul 1894 0-2-9 s/o Thomas M. & Effie Murphy
Murphy, Mildred E. 29 Mar 1901 - 12 Feb 1999
Murphy, Regina V. Bacher-Freeman 1 Jun 1933 - 20 Nov 1986
Murray, Arthur T. 27 Sep 1882 - 24 Jun 1971
    w Elsie R. 18 Oct 1885 - 2 May 1963
Murray, Donald A. 1912 - 1966 s/o Joseph & Hannah M. Owings Murray
    w Viola Adelyne Moxley 16 Apr 1916 - no date d/o Raymond Eldridge & Virginia Estelle Beall Moxley
Murray, Donald Ryan 14 Jun 1910 - 15 Jul 1994
Musgrove, J. Howard 1890 - 1953
    w Rachel A. 1895 - 1967
Musgrove S. Joshua 15 Dec 1892 - 24 Nov 1927
    w Nora M. Beall 16 Mar 1897 - 19 May 1966 d/o William A. & Frances Virginia Watkins Beall

Nehouse, Hilton Boyer 8 Sep 1920 - 28 Apr 1927
Nicholson, Donald Edward 29 Sep 1928 - no date s/o Jesse Randolph Sr. & Anna Blanche Brown Nicholson
    w Betty Mae Moxley 28 Mar 1932 - no date
Norris, Adrean Scott 8 Dec 1916 - 16 May 1975 Pvt USMC WWII
    w Mary S. 1918 - 1991
    s Charles L. d. 1942
Norris, Charles Homer 13 Apr 1892 - 10 Jan 1968
    w Zurah S. 27 Feb 1894 - 7 Aug 1974
Norris, Curtis Wayne 21 Nov 1955 - 23 Apr 1981 "Son and Brother"

Montgomery Chapel

Norris, Inez Moxley 26 Dec 1911 - 5 Sep 1982 "Mother"
Norris, Martha Ellen 11 Feb 1850 - 6 Mar 1933
Norris, Wallace E. 6 Aug 1914 - 12 Feb 1978 US Army WWII
    w Pauline C. 24 May 1916 - no date

O'Hare, Lillie May Clagett 15 Oct 1876 - 25 Mar 1943 d/o William F. & Henrietta Watkins Clagett w/o Thomas O'Hara

Parker, Charles C. 10 May 1925 - no date
    w Jean W. 3 Sep 1927 - 11 Mar 1991
Perkinson, Albert John Wesley 19 Jul 1882 - 1960
    w Lillie May Moxley 28 May 1885 - 21 Feb 1958 d/o Isaac Webster & Margaret Moxley
Phebus, Fuller E. 25 Apr 1898 - 27 Oct 1988
    w Millie Jane 25 Oct 1896 - 29 May 1988
Phebus, Mary Hines 4 Oct 1912 - 3 Apr 2000 d/o Norman Philip & Mary Louise Finneyfrock Hines
        w/o George Ralph Briggs w/o Floyd Phebus
Phelps, Sarah Jane 4 Mar 1929 - 28 Apr 1999
    s Larry W. 5 Jul 1949 - no date
    s Leroy H. 26 Oct 1953 - no date
Phillips, Noah W. 1874 - 1942
    w Josephine Watkins 1879 - 1965 Jeremiah Columbus & Ann Wilson Moxley Watkins
    s Edwin W. 1 Jun 1903 - 12 Jun 1938
    s Irvin W. 9 Apr 1914 - 2 Mar 1934
        w Annie Pearl Luhn 18 Jul 1915 - Aug 1976
Pollatos, Patricia A. 10 Jan 1953 - 18 Sep 1992 "Wife and Mother"
Poole, Edgar W. 30 May 1869 - 24 Jan 1962
    w Rosa S. 5 May 1866 - 15 Apr 1949
    d Rosa M. 21 Mar 1899 - 15 Jul 1900
Poole, Granville 1891 - 1966
    w Mamie R. 1891 - 1926
Poole, Harry M. 2 Oct 1883 - 26 Jan 1960
    w Blanche L. 1890 - 1992
Poole, Children of William E. & Essie H. Sheckles Poole
    d Ida B. Brown 30 Dec 1859 - 12 Mar 1915
    d Essie Roberta d. 28 Sep 1915 0-3-1
    d Annie Lucille d. 15 Mar 1920 2-2-12
    d Kathryn K. d. 29 Sep 1918
Poole, Mary 12 Apr 1889 - 31 May 1946
Poole, Pauline d. 26 Jul 1918 28-11-14 w/o Melvin D. Poole
    s Melvin C. 12 Feb 1910 - 15 Apr 1941
Pope, Florence A. 1893 - 1956
Pope, Ira M. 12 Mar 1914 - 14 Jun 1976 Tec4 US Army WWII
Price, Linwood 9 Mar 1901 - 16 May 1957
    w Beulah Wright Brown 28 Feb 1905 - no date d/o Vernon Monroe & Nicie Virginia Lee Brown
Price, Sarah E. 8 Sep 1862 - 6 Feb 1912 w/o D. W. Price
Pulliam, Tracy Van 14 May 1964 - 7 Oct 1984
Purdom, Washington J. 17 May 1857 - 28 Jul 1926
    w Emma C. 7 Jan 1863 - 4 Oct 1934

Rau, Conrad J. 8 Dec 1859 - 11 Aug 1925
    w Amanda 2 Jul 1864 - 20 May 1935
    d Minnie 28 Jun 1886 - 25 Jul 1886
    s Norman 13 Oct 1889 - 5 May 1890
Reberet, Albert F. 1916 - 1974
    w Mazie B. 1926 - no date
Reed, Samuel P. 1834 - 1864
    w Rachel A. 1837 - 1917
Reed, William E. 1887 - 1961
    w Rhoda J. 1887 - no date

Montgomery Chapel

Rippeon, Francis Jr. 12 Feb 1928 - 21 May 1971 h/o Mamie Estelle Moxley Gue Rippeon
Rogers, Henry Joseph "Joe" 10 Jan 1912 - 18 Mar 1991
    w Lucille Angela "Lou" 24 Jul 1915 - 6 Mar 1993
Rogers, Jacob S. 4 Apr 1880 - 5 Oct 1959
    w L. Louise 31 May 1885 - 30 Oct 1982
Runkles, Eric D. 22 Feb 1972
Runkles, Lester R. 1916 - 1974
    w Janet E. 19 Jul 1919 - no date
Runkles, Lester R. Jr. 11 Sep 1938 - no date s/o Lester R. & Janet E. Runkles
    w Audrienne M. 14 May 1937 - no date
Runkles, Raymond J. 1 Jan 1888 - 17 May 1961
Ryan, Jesse d. 11 Aug 1898 age 67 years
    w Eliza E. d. 20 Mar 1911 77 years
Ryan, Jesse W. 24 Mar 1860 - 23 Dec 1931
    w Amanda 7 May 1862 - 22 Feb 1919
    d Annie C. d. 7 May 1883 0-6-9
Ryan, John H. 29 Mar 1826 - 6 Jun 1922
    w Catherine M. 28 Aug 1829 - 29 Sep 1899
Ryan, Rebecca J. 27 Oct 1830 - 13 Nov 1896

Salena, Esther Ursula 12 Jul 1887 - 1 Feb 1982
Scott, Mildred Easton 6 Jul 1905 - 7 Apr 1988
Seboda, Norman T. 1 Dec 1897 - 16 Oct 1977
    w Mabel M. 21 Jul 1915 - 3 Jun 1958
Sedwick, Emanuel T. d. 23 Jun 1898 age 63 years
    w Jerusha A. 27 Dec 1825 - 21 Jul 1897
See, Daisy B. 1901 - no date
Senseney, Albert Newton 18 Aug 1891 - 22 Mar 1958 s/o Charles Albert & Emma May Davidson Senseney
    w Mamie Ollie Bellison 5 Apr 1892 - 26 Jun 1994 d/o Edward Leander & Hattie Virginia Moxley Bellison
Sheckles, John T. 13 Mar 1825 - 10 Mar 1899 h/o Juliet Moxley Sheckles
Sheets, Charles E. Sr. 27 Feb 1897 - 14 May 1948
    w2 Theda M. 10 Aug 1929 - 30 May 1978
    s Charles E. Jr. 25 Jun 1920 - no date
    s Preston C. 3 Nov 1923 - 23 Aug 1942
    s Leroy Thomas 16 Oct 1927 - 4 Jun 1997 US Army Korea
Shuggars, William T. P. 21 Feb 1908 - 24 Oct 1990
    w Katherine I. 17 Nov 1910 - 14 Jul 1993
Sirk, Herman C. 1923 - no date
    w1 Mary E. 1920 - 1969
    w2 Ethel M. 1925 - no date
Smith, Herbert W. 1913 - 1977 s/o Wesley R. & Daisy Irene Price Smith
    w2 Stephanie A. 1910 - 1973
Smith, James W. d. 3 Nov 1890 58-9-21
    w Mary M. d. 9 Jun 1892 49-1-24
Smith, Larston B. 21 Jun 1914 - 28 Aug 1973
    w Carrie E. 29 May 1915 - 14 Mar 1970
Smith, Mary E. d. 25 May 1873 3 years
Smith, Milton 25 Dec 1829 - 24 Jul 1895
    w Susannah Moxley 10 Jun 1831 - 24 Mar 1904 d/o Ezekial Jr. & Sarah Mullinix Moxley
    s Milton B. d. 1 Aug 1871 age 12 years
Smith, Reuben d. 12 Apr 1905 62 years
Smith, Wesley R. 1887 - 1935 s/o William Alfred & Eliza Ann Young Smith
    w Daisy Irene Price 1889 - 1974 d/o Daniel Price
Smith, William Alfred d. 1 Jul 1923 age 71 years s/o Milton & Susannah Moxley Smith
    w Eliza Ann Young 17 Aug 1854 - 16 May 1939 d/o Henry & Eliza A. Young
    d Mary d. 17 Sep 1881 0-7-12
    d Fannie E. d. 8 Jul 1885 10-4-28
    s Arthur A. d. 17 Sep 1891 0-11-17 [con't.]

Montgomery Chapel

    d Cora d. 30 May 1892 0-1-12
    c Infant no dates
Snelley, Arthur Robert 14 Jan 1936 - 10 Aug 1975
Solomon, Irving C. 1899 - 1969
    w Cora W. 1 Mar 1901 - 13 Nov 1994
Souder, Willard Lansdale 26 May 1885 - 21 Apr 1968
    w Cora Elizabeth Boyer 31 Dec 1884 - Feb 1977 d/o John Fletcher & Amanda Wilson Day Boyer
    d Hazel E. 10 Jan 1927 - no date
Souder, Willard Lansdale Jr. 15 May 1908 - 6 Sep 1974
Sprankle, Heather Jo Norris 28 Jan 1990
Stewart, Walter W. 16 Jun 1867 - 4 Dec 1939
    w Laura Belle d. 18 Feb 1900 33-2-2
Stull, Luther B. 5 Jan 1908 - no date h/o Anna B. Stull
Suter, Cora M. d. 15 Jan 1895 5-7-18 d/o Rosa S. Suter

Thompson, Charles A. 1856 - no date
    w Ellen S. Belt 1857 - 1925
Thompson, Elmer E. 17 Apr 1883 - 12 Dec 1955
    w Veda B. Beall 19 Apr 1890 - 5 May 1951 d/o William A. & Frances V. Watkins Beall
    s Albert E. d 26 Aug 1908 0-3-21
    s Gilbert W. 2 Oct 1905 - 21 Oct 1994
        w Pauline L. 16 Feb 1906 - 6 Jul 1983
Thompson, Fay L. d. 24 May 1948
Thompson, Harriet R. Ray 5 Mar 1927 - 24 Dec 1900 "Mother" w/o Joshua Thompson
Thompson, William Prad d. 27 Apr 1891 45-8-19
    w Alice Virginia Brown 3 Sep 1850 - 10 Mar 1915 d/o Owen & Elizabeth Brown

Unglesbee, Walter M. 14 Jan 1900 - 18 Aug 1983
    w Edith 30 Oct 1902 - 11 May 1990

Volk, Rev. Frank M. 5 Feb 1895 - 17 Aug 1980
    w Viola Wilson 9 Oct 1899 - 8 Aug 1996

Walling, Sarah E. 1849 - 1915
Ware, Alice 1895 - 1988
Warfield, Hamilton Deets 21 Dec 1897 - 29 Mar 1974 s/o Samuel Dorsey & Alice Roberta Baker Warfield
    w Fairy Elizabeth Burdette 14 Feb 1903 - 9 Oct 1999 William Hubert & Beda Cassandra King Burdette
Warfield, Merhle Basil Jr. 26 Feb 1927 - no date s/o Merhle Basil Sr. & Mary Elizabeth Lishear Warfield
    w Gloria Alvin Moxley 20 Dec 1930 - no date
Warfield, Samuel Dorsey 1873 - 1942
    w Alice Roberta Baker 1873 - 1945 d/o William H. & Jemima King Purdum Baker
Warthen, Albert E. B. Jr. 1892 - 15 Aug 1978
    w Louise H. 20 Mar 1897 - 10 Apr 1972
Watkins, Cornelius 26 Nov 1853 - 8 Apr 1883 29-5-11 s/o Grafton & Rhoda Ann Mullinix Watkins
        h/o Ida M. Merson Watkins
Watkins, Darius Franklin 9 May 1851 - 25 May 1923 s/o Grafton & Rhoda Ann Mullinix Watkins
    w Fidelia E. Reed 1 Aug 1862 - 15 Apr 1944 d/o Rachel A. Reed
Watkins, David W. d. 29 Sep 1900 33 years
Watkins, Edward Levi 14 Feb 1911 - 15 Jul 1969 s/o Morgan Herbert & Mary Catherine Pearce Watkins
        h/o Gladys Irene Watkins Covington Watkins Nehouse
Watkins, Elmore Everett 1863 - 1950 s/o Caleb H. & Louisa J. Brown Watkins
    w Margaret E. Becraft 1865 - 1941
Watkins, Grafton d. 31 Dec 1881 58-8-16 s/o Jeremiah & Susan Watkins
    w Rhoda Ann Mullinix d. 19 Jan 1890 60-9-8
Watkins, Harvey Lansdale "Buddy" d. 23 Nov 1916 age 29 years s/o Robert Bart & Sallie Merson Watkins
        h/o Bertie Olivia Bellison Watkins Hurley
    d Lelia Edward 14 Oct 1907 - 23 Nov 1916
    s Robert Lee 8 Mar 1910 - 15 Mar 1910

Montgomery Chapel

Watkins, Ira Dorsey 23 Feb 1885 - 17 Mar 1962
    w Florence Elizabeth Molesworth 1 Aug 1891 - 1 Jul 1949 d/o James F. & Minnie L. V. Molesworth
Watkins, Irvin B. 6 May 1912 - 13 Dec 1979
    w Mildred V. Watkins 14 Dec 1913 - no date d/o Ira Dorsey & Florence Elizabeth Molesworth Watkins
Watkins, James A. d. 11 Apr 1926 4 days
Watkins, James Henning 15 Dec 1868 - 20 Aug 1952 s/o Caleb H. & Sarah J. Lovejoy Watkins
    w Mary E. Burdette 30 Jun 1873 - 20 Mar 1942 d/o Samuel H. & Mary C. Burdette
Watkins, Lester Basil 3 Apr 1910 - 14 Feb 1968 s/o Sylvester & Helen E. Burton Watkins
    w Evelyn Ruth Swartzbaugh 21 Jul 1914 - 20 Nov 1984
Watkins, Lucretia A. Watkins 10 Jun 1829 - 6 Jul 1885 w/o John W. Watkins
    s John W. C. 21 May 1861 - 30 Oct 1918
      w Sarah C. Watkins 10 Oct 1861 - 23 Jan 1942
      s Elbert L. d. 29 Dec 1903 20-9-16
    d Alice M. 1866 - 31 Oct 1871
    s Enoch S. 3 Jan 1870 - 16 Feb 1894
      w Mary Edna Moxley 2 Feb 1861 - 22 Dec 1945
Watkins, Marshall Crittendon 1 Feb 1857 - 16 Mar 1923 s/o Richard & Jane E. Thompson Watkins
    w1 Olivia Jane Brown 2 Apr 1857 - 2 Apr 1897
    w2 Eudolphia Claggett Watkins d. Sept 1929
    w3 Rosalie V. Duvall 1 Jan 1885 - 4 Oct 1971
Watkins, Oliver 19 Aug 1838 - 2 Apr 1923 Silas Benjamin & Sarah E. Watkins
    w Susanna Ruth Etchison 15 Nov 1844 - 19 Jul 1926 d/o Greenbury S. & Rachel Wood Etchison
    s Harry G. d. 24 Sep 1882 8-0-7
    s Ira H. d. 20 Sep 1882 4-7-11
    s Wilbur E. d. 29 Jan 1885 16-8-17
    s Bernard Lee 27 May 1887 - 15 Feb 1904 16-8-17
Watkins Philemon G. 4 Mar 1862 - 15 Nov 1919 s/o Lyde A. & Amanda E. Watkins
    w Amelia A. Kinder McClure 8 Jun 1865 - 28 Feb 1936 h2-Charles T. McClure
    s Reuben E. d. 4 Feb 1905 40-4-4
Watkins, Rodolphus Grafton d. 3 Mar 1885 39-9-26 h/o Eudolphia Claggett Watkins
Watkins, Sylvester 7 Dec 1869 - 2 Nov 1950 s/o Jeremiah Columbus & Ann Wilson Moxley Watkins
    w Helen E. Buxton 2 Mar 1880 - 16 Jan 1961 d/o Basil Francis & Charlotte L. Brandenburg Buxton
Watkins, Uriah Thomas 23 Aug 1851 - 29 Jun 1926 s/o Richard & Jane E. Thompson Watkins
    w Margaret A. Brown 10 Jul 1853 - 9 Aug 1938
    s Marshall T. 3 Apr 1886 - 23 Mar 1962
      w Mattie E. 19 Sep 1891 - 12 Feb 1972
Watkins, William Edward 22 Mar 1855 - 10 Jun 1930 s/o Silas Benjamin & Sarah E. Watkins
    w Fannie Leannah Hyatt 29 Jan 1861 - 28 Oct 1927 d/o Thomas A. & Alcinda Moxley Hyatt
Watkins, William Eldridge 1867 - 1 Apr 1943 s/o Caleb H. & Sarah J. Lovejoy Watkins
    w Emma Rose Buxton 1874 - 1957 d/o Basil Francis & Charlotte Lavinia Brandenburg Buxton
Wease, John Rodgers 12 Oct 1848 - 23 Jun 1992
Welsh, Elbert Jr. 29 Mar 1930 - 19 Aug 1998 s/o Elbert & Beatrice A. Welsh
    w Martha Eloise 26 Nov 1932 - no date married 23 Jul 1951
    d Susan Elaine 1969 - 1969
Windsor, Columbus W. 1875 - 1957 s/o Harry Winfield & Sophia Catherine Cain Windsor
    w Georgia Blanche King 1886 - 1944 d/o Middleton Newton & Frances Rufus Waters King
Windsor, Jackson F. 7 Feb 1906 - 24 Feb 1920
Windsor, Zachariah Thompson 8 Aug 1888 - 30 Jun 1958 s/o Harry Winfield & Sophia Catherine Cain Windsor
    w Mary Julia King 1 Dec 1898 - 11 Mar 1959 d/o Middleton Newton & Frances Rufus Waters King
Wright, William F. D. D. no dates
    w Lillian Rice no dates

Young, Henry d. 10 Oct 1889 76 years
    w Eliza A. Moxley d. 1 Dec 1891 71 years
Young, Horace E. 9 Aug 1860 - 25 Aug 1914

Pleasant Grove Methodist Church
Green Valley Rd. Frederick Co., Md

Boyer, John Wesley Hank d. 2 Sep 1912 64-0-25 s/o James & Matilda Browning Boyer
    w Alice M. Williams d. 24 Feb 1901 age 43
Browning, Lynn 1872 - 1944
Burgee, Miel d. 11 Jan 1903 79-0-25 s/o Miel & Elinor Waters Burgee
    w Clara Elizabeth Lawson d. 20 Jul 1888 45-5-5 d/o John H. & Leatha Ann Layton Lawson
    d Leathe Ellen 4 Mar 1866 - 2 Mar 1916
    d Clara E. d. 1 Sep 1888 0-6-10
    s Worthington 1880 - 1880
    s William Keefer 15 Apr 1872 - 1933
      w Sadie Estelle Davis 1877 - 1965 d/o Samuel Benton & Rebecca M. Ebert Davis
    s Frederick L. d. 17 Dec 1878 31-0-15 s/o Eleanor Linthicum Burgee
    s John W. d. 16 Feb 1878 1-0-0

Davis, A. Windsor 15 Apr 1867 - 1948 s/o William Morsell & Antonia Windsor Davis
    w Nora Browning 1870 - 1947 d/o Jeremiah & Amanda Browning
Davis, Eli M. d. 9 Apr 1928 66-8-0 s/o George Wallace & Elizabeth Price Davis h/o Fahnesta Vandersloot Davis
Davis, James A. d. 13 Feb 1892 39-4-11 s/o Eli & Rachel Davis
    w Lola A. Day 31 Jan 1859 - 20 May 1927 d/o James T. & Agnes Riley Day
Davis, James Ray 1889 - 1934 s/o James A. & Lola A. Day Davis
Davis, Samuel Benton 22 Apr 1846 - 3 Sep 1902 s/o Eli & Rachel Morsell Davis
Davis, Theodore T. b. 1855 death dates worn s/o Richard & Ann C. Williams Davis
Davis, Vera A. 25 Jun 1911 - 29 Dec 1991
Davis, William Morsell 27 Aug 1834 - 26 Mar 1901 s/o Eli & Rachel Morsell Davis
    w Antonia Windsor 19 Mar 1877 36-10-10 d/o Alexander & Rebecca Windsor

Fisher, Joseph H. 22 Jan 1927 - 5 Feb 1993
    w Rosemary 15 Jun 1929 - 10 Oct 1983

Hall, William Albert Jr. d. 4 Jul 1941

Lema, Pegg Hester 3 May 1943 - 30 Jun 1993
Linthicum, Dennis Hamilton 11 Jan 1953 - 2 Sep 1999 s/o Charles Hamilton & Rose Mary King Linthicum h/o Linda
Linthicum, Osie Delilah Burgee 27 Apr 1875 - 10 Jun 1910 w/o Charles Hamilton Sr.
        d/o Miel E. & Clara Elizabeth Lawson Burgee
    s Paul Winston 8 Oct 1896 - 10 Jun 1910
Linthicum, William D. 17 Mar 1910 - 18 Jul 1910

Smith, L. A. 1937 - 1970

Young, Frances M. Davis 21 Jul 1893 - 14 Oct 1933

Pleasant Grove Graveyard
on grounds of Pleasant Grove School
Route 75 Frederick County, Md

Davis, Richard 12 Sep 1828 - 31 Mar 1906 "Father"
    w Ann C. Williams 18 Aug 1830 - 11 Feb 1898 67-5-23 "Mother"

Williams, James H. 9 Mar 1824 - 16 May 1903 79-2-7
    w Everline d. 17 May 1908 76-6-9

INDEX

____, Charles, 131
____, Eliza J., 131
____, Elizabeth, 131
____, Ida S., 131
____, Lucy, 135
____, Marjorie, 131
____, Nelson, 131
____, Peter H., 131
____, William, 131
A., Rosanna E., 131

Abercrombie, Laurette J. St. Laurent, 30
Abercrombie, Lawrence Allen, 30
Action, Rena Hilton, 199
Adams, Emily, 137
Adams, Florence Eveline, 206
Adams, Hattie H., 135
Adams, John E., 199
Adams, Mary E., 199
Adkins, Claude S., 43
Adkins, Rebecca F. Hawkins, 43
Ahalt, Harry R., 153
Ahalt, Ida E., 153
Ahalt, Larry Eugene, 153
Ahalt, Mabel M., 153
Ahalt, Maude A. Stup, 153
Ahalt, Raymond Thomas, 153
Ainsworth, Infant, 43
Ainsworth, J. Trent, 43
Ainsworth, Judah Troope, 43
Ainsworth, Mary Sellman, 43
Ainsworth, Ruth Sellman, 43
Ainsworth, Troope, 43
Aldridge, John, 67
Aldridge, Mary Sterling, 67
Aldridge, Susan Cameron, 67
Alexander, Bertha Zittle, 159
Alexander, Earl, 153
Alexander, John H., 83
Alexander, Mamie Cariolen, 159
Alexander, Maurice, 159
Alexander, Reva, 83
Alexander, William, 29
Allan, Catherine F., 43
Allan, David Wayne, 43
Allan, John P., 43
Allan, Viola Moxley, 43
Allen, Elizabeth, 156
Allgood, Gilbert Blake, 163
Allison, Cora, 43
Allison, Lewis, 43
Allison, Lucille Gardiner, 30
Allison, Rose Alberta L., 43
Allnutt, Ada Ruth Perry, 43
Allnutt, Albert Sydney, 43
Allnutt, Alvida Ann, 102, 115
Allnutt, Americus Dawson, 45
Allnutt, Ann, 64, 83, 116

Allnutt, Anna Elizabeth Jarboe, 44
Allnutt, Annie, 222
Allnutt, Annie E., 30, 153
Allnutt, Annie Lee, 44
Allnutt, Annie M., 104
Allnutt, Arthur W., 43
Allnutt, Barbara Ann Dawson, 44, 102
Allnutt, Benjamin Nourse, 45
Allnutt, Benjamin White, 43, 44, 62
Allnutt, Benoni, 43, 44
Allnutt, Benoni Dawson, 43
Allnutt, Bessie M., 216
Allnutt, Bettie Maude Padgett, 44, 98
Allnutt, Betty Repass, 153
Allnutt, Carolyn Hale Cannaday, 44
Allnutt, Carrie Wheeler Williams, 43
Allnutt, Cecil B., 171
Allnutt, Charles Edward, 43
Allnutt, Clara E. Bowman, 171
Allnutt, Clarence L., 153
Allnutt, Dorothy Willliams, 44
Allnutt, Edith L., 44
Allnutt, Edna, 98
Allnutt, Edna W., 44, 95
Allnutt, Edwin Ruthvin, 43, 44
Allnutt, Effie Miller, 43
Allnutt, Eleanor "Nellie", 43
Allnutt, Eleanor Chiswell, 43
Allnutt, Eleanor Louise Dawson, 44, 61, 64
Allnutt, Eleanor Marye, 86
Allnutt, Eleanor McKay, 110
Allnutt, Eleanor Smith White, 43, 44, 55, 127
Allnutt, Elizabeth Gott, 44
Allnutt, Elizabeth Jane, 44
Allnutt, Elizabeth L., 43, 71
Allnutt, Elizabeth Virginia, 44, 67
Allnutt, Ella Virginia Thomas, 44
Allnutt, Ellen Dawson, 67
Allnutt, Elsie Lee Chiswell, 45
Allnutt, Elzey Duncan, 43
Allnutt, Emily Augusta Dawson, 43, 44
Allnutt, Emily Dawson, 44
Allnutt, Emily Doyne, 88
Allnutt, Ernest Chiswell, 43
Allnutt, Estelle, 44, 62
Allnutt, Evalyn Darby, 44
Allnutt, Evelina Wailes, 44, 83
Allnutt, Eveline White, 55, 56, 126
Allnutt, Evelyn Elizabeth Souder, 44
Allnutt, Florence, 124
Allnutt, Franklin Thomas, 44
Allnutt, Frederick Augustus, 43
Allnutt, Gladys Mae Bauserman, 43
Allnutt, Guy Francis, 43
Allnutt, Harriette Sproul, 45

Allnutt, Henrietta Minerva, 44
Allnutt, Harry C., 171
Allnutt, Henry White, 44
Allnutt, Herbert Thomas, 44
Allnutt, Hester Anna Chiswell, 43
Allnutt, Hilda Perry, 43
Allnutt, Homer, 222
Allnutt, Ila Hubble, 153
Allnutt, Infant, 43
Allnutt, James, 43, 44, 62, 98
Allnutt, James Gott, 43
Allnutt, James Lawrence, 44
Allnutt, James Mears, 44, 102
Allnutt, James Robert, 44
Allnutt, James Russell, 45
Allnutt, John B., 153
Allnutt, John Hanson, 44, 98
Allnutt, Jane Dawson, 98
Allnutt, Joseph Frank, 43
Allnutt, Joseph Kenneth, 44
Allnutt, Joseph Newton, 43, 44
Allnutt, Julia, 61, 62
Allnutt, Julia Miller, 43
Allnutt, Juliana Virlinder, 44
Allnutt, Laura M. Howard, 153
Allnutt, Lawrence, 43, 44, 61, 64, 67, 127
Allnutt, Lawrence A., 44
Allnutt, Lawrence Edward, 43
Allnutt, Lewis Philip, 44, 78
Allnutt, Lucie White Williams, 43, 44
Allnutt, Lucille Johnson, 43
Allnutt, Lucille Warren Gott, 43
Allnutt, Mamie L., 100
Allnutt, Margaret, 44
Allnutt, Margaret Ann, 123, 124
Allnutt, Margaret Eleanor, 44, 61
Allnutt, Margaret Eleanor White, 43, 44, 61, 62, 83, 117
Allnutt, Margaret Valeria, 44
Allnutt, Maria Louisa "Lutie" Chiswell, 44, 78
Allnutt, Marshall U., 153
Allnutt, Marshall W., 153
Allnutt, Mary Alice Thomas, 43, 44, 45, 88, 110
Allnutt, Mary Catherine, 69
Allnutt, Mary Effie, 93, 100, 101
Allnutt, Mary Jane, 11, 48
Allnutt, Mary Louise Marlow, 44
Allnutt, Mildred Thomas, 44
Allnutt, Minnie Hazel Watkins, 171
Allnutt, Myra Eliza Compton, 44, 62
Allnutt, Nathan Smith, 44, 62
Allnutt, Nathan White, 43, 44, 61, 62, 83, 117
Allnutt, Nelva Thomas, 45
Allnutt, Nena Reed, 44

Allnutt, Oscar, 43
Allnutt, Prudence Jane Williams, 44
Allnutt, Rachel Ann, 43, 62
Allnutt, Rachel Ann White, 43, 44, 62
Allnutt, Rebecca, 61
Allnutt, Rebecca Dawson, 62
Allnutt, Reginald Cecil, 44, 95
Allnutt, Richard Watler, 44
Allnutt, Robert E., 153
Allnutt, Robert Henry Clay, 44
Allnutt, Robert Wilkerson, 43, 44, 45, 88, 110
Allnutt, Sandra Lee, 153
Allnutt, Sarah, 44
Allnutt, Sarah Anne, 43
Allnutt, Sarah Elizabeth Brown, 44
Allnutt, Sarah Ellen, 127
Allnutt, Sarah Lawrence, 44
Allnutt, Sarah Lucile, 44
Allnutt, Stephen H., 153
Allnutt, Susan Adelaide, 78
Allnutt, Susannah Hawkins, 64
Allnutt, Thomas D., 44
Allnutt, Thomas Dawson, 45
Allnutt, Valeria Wailes, 117
Allnutt, Verlinda, 44, 61, 62, 84
Allnutt, Verlinda Hawkins Dawson, 43, 44, 62, 98
Allnutt, Walter Doyne, 44
Allnutt, Warner Stutler, 44
Allnutt, William Baker, 45
Ambrose, Harold F., 30
Ambrose, Mary E., 30
Ambush, Edmonia, 32
Andelmann, Perepa Walker, 186
Anders, Callie Frances, 45
Anders, Dave Joshua, 45
Anders, Frances Stout, 45
Anders, George J., 26
Anders, Julia Hawkins, 45
Anders, Lucretia E., 26
Anders, Willie Joshua, 45
Anderson, Alde B., 45
Anderson, Attie, 139
Anderson, Bryan D., 199
Anderson, Carl E., 45
Anderson, Charles, 217
Anderson, Charles T., 11, 137
Anderson, Charlotte, 11, 137
Anderson, Claude D., 45
Anderson, Clifton E., 11
Anderson, Crystal L., 11
Anderson, Daisy Irene, 45
Anderson, David Barber, 45
Anderson, Della May Raines, 11
Anderson, Edith Belle Kinna, 11, 15
Anderson, Eliza, 11
Anderson, Eliza Ann Hurley, 137

Anderson, Elizabeth E., 45
Anderson, Elizabeth P., 94
Anderson, Evan T., 11
Anderson, Evelyn Poole Hersberger, 45
Anderson, Frank C., 11
Anderson, Hugh, 45
Anderson, Ida Mae Dora, 71
Anderson, Infant, 11
Anderson, James, 71
Anderson, James H., 30
Anderson, James Harvey, 45
Anderson, James S., 153
Anderson, Jessie I., 45
Anderson, John L., 11, 15
Anderson, John Milton, 11
Anderson, John W., 45
Anderson, Joseph, 11, 137
Anderson, Judith Marie, 140
Anderson, Lara, 217
Anderson, Lydia E. Andrews, 167
Anderson, Mae Seline Whisman, 45, 71
Anderson, Marian E., 45
Anderson, Martha Waesche, 45
Anderson, Martin, 45
Anderson, Mary Ellin, 11
Anderson, Mary Frances McElfresh, 11
Anderson, Melvin, 183
Anderson, Melvin Lewis, 183
Anderson, Nina P., 183
Anderson, Pearl Burdette, 11
Anderson, Pearl M., 137
Anderson, Roger Lee, 45
Anderson, Roland, 140
Anderson, Rosemary S., 45
Anderson, Roy Michael, 199
Anderson, Roxye M. Norwood, 11
Anderson, Sarah, 118
Anderson, Sarah A. Boswell, 153
Anderson, Sophronia, 169
Anderson, Stephen H., 153
Anderson, Susie Mae, 71
Anderson, Virginia Hays, 45
Anderson, Violet, 18
Anderson, Wanda Sue, 11
Anderson, William E., 153
Anderson, Willie E., 11
Andrews, Caroline, 185
Andrews, Caroline Cornelia, 18, 25
Andrews, Charles T., 185
Andrews, Elsie M., 143, 144
Andrews, Emily Annie Hawkins, 137
Andrews, Eva Marie, 185
Andrews, George M., 137
Andrews, Ida Mary Burdette, 185
Andrews, Jerome, 25
Andrews, John T., 137
Andrews, Joseph, 137
Andrews, Joseph F., 137

Andrews, Lillie May, 185
Andrews, Lucille D., 137
Andrews, Lydia, 25
Andrews, Malvina G., 185
Andrews, Martha A. Kendall, 45
Andrews, Mary A., 13
Andrews, Mary E., 12
Andrews, Matilda, 137
Andrews, R. N., 137
Andrews, Raidee A., 185
Andrews, Samuel, 185
Andrews, Sarah Ann Keith, 25
Andrews, Waldon C., 185
Angevine, Florence V., 31, 54
Angevine, William Henry, 31
Anton, Bonnie, 61
Antonelli, Lauren Christine, 45
Appleby, Deborah Watkins, 54
Appleby, Ella M., 199
Appleby, Emma M., 199
Appleby, Florence M., 140
Appleby, Frances, 70, 90
Appleby, Harry Bruce, 222
Appleby, Harry William F., 222
Appleby, James C., 199
Appleby, Marguerite A. Riley, 222
Appleby, Mary J., 79, 114
Appleby, Sallye D., 222
Appleby, Susan R., 199
Appleby, William F., 222
Appleby, Willie J., 199
Araby, _____, 137
Archer, Raymond Lee, 45
Archey, Ann, 146, 147
Arnold, Andrew B., 30
Arnold, Andrew J., 30
Arnold, Arthur, 199
Arnold, D. Bernard, 30
Arnold, Emma A. Wade, 30
Arnold, Gladys E., 144
Arnold, Harold Leo, 30
Arnold, Irene Shipley, 144
Arnold, Ivy R., 30
Arnold, Leroy, A., 144
Arnold, Mary Elizabeth, 30
Arnold, S. Lorraine, 30
Arnold, Sarah M., 30
Arrington, Bessie V., 45, 120
Arrington, Clara E., 163
Arrington, Gerald L., 163
Arrington, Harriet, 120
Arrington, Iona Browne, 45
Arrington, J. Guy, 45
Arrington, John Thomas, 45, 120
Arrington, Nina Kay Bowman, 45
Asbury, Ella, 88
Ashton, Ella M., 192
Ashton, Emily Lee Mills, 137, 192
Ashton, John A., 137, 192
Ashton, John Wesley, 185

Ashton, Mary Maud, 185
Ashton, Susan Elizabeth Lawson, 185
Astlin, Dorothy Virginia, 55
Astlin, Eliza Ann Hinton, 45
Astlin, George R., 45
Astlin, George Woodrow, 45
Astlin, Indiana, 45
Astlin, Infant, 45
Astlin, James, 50
Astlin, James Richard, 45
Astlin, James Walter, 45
Astlin, Lulu W., 52
Astlin, Margaret L. 50
Astlin, Mary B., 45
Astlin, Mary Ellen, 45
Astlin, Mary Matthews, 45
Astlin, Mary Walters, 50
Astlin, Richard B., 45
Astlin, Sarah E., 88
Astlin, Walter W., 45
Atkins, Margaret, 7
Atkinson, Ethel C., 222
Atkinson, Preston L., 222
Atterton, Marie Ann Nicholson, 45
Atwell, Dorothy A., 45
Atwell, Flora Edna, 82, 125
Atwell, Frankie, 127
Atwell, Lillian Pearl, 71
Atwell, Sarah E., 45
Atwell, Walter K., 45
Aud, Annie L., 117
Aud, Asa, 42
Aud, Carrie Virginia, 45
Aud, Catherine, 42
Aud, Edgar T., 45
Aud, Ena M., 45
Aud, Eva Louise, 45
Aud, Grace Susan, 45
Aud, Kathleen Louise, 45
Aud, Laura T. Pugh, 45
Aud, Seneca Veirs, 45
Aud, Susan E., 45
Aud, Susan Ann Veirs, 45, 46, 117
Aud, Trujean Handy, 45
Aud, William E., 45
Aud, William Lee, 45
Aud, William Thomas, 45, 46, 117
Austin, Ann Sophia, 37
Austin, Bertha M., 30
Austin, Catherine, 46
Austin, Dennis Eric, 46
Austin, Dorothy Claire Sirk, 46
Austin, Edith G., 30
Austin, Ethel Alethia Lewis, 153
Austin, Frances E., 38, 117
Austin, Henrietta, 30
Austin, J. Harrington, 30
Austin, James H., 30
Austin, Jerusha Ann Rabbitt, 30
Austin, John Carroll, 153

Austin, John H., 30
Austin, Mary E. Wade, 30
Austin, Mary J., 30
Austin, Mary Jane, 30
Austin, Mildred Warfield, 46
Austin, Otto T., 30
Austin, Rhoda A. Stewart, 30
Austin, Rosa V., 30
Austin, Stephen R., 30
Austin, Willey Elizabeth, 30
Austin, William Charles, 46
Awkard, Annie, 39
Awkard, C., 39
Awkard, Elijah, 39
Awkard, I., 39
Awkard, J., 39
Ayers, Ellen Trundle, 51
Ayers, Florence V., 73
Ayers, Hester, 49
Ayers, John Wakeman, 46, 51, 52
Ayers, Julia Sophia Lewis, 46, 51, 52

B., C. C., 137
Babies, 137
Babington, C. Anna, 46
Babington, George L., 46
Babington, Harriet A., 46
Babule, William, 137
Backman, Elizabeth Lucille, 46
Backus, Anne Griffith, 46
Bacher-Freeman, Regina V., 231
Baer, Norman J., 11
Bagley, Dorothy S., 46
Bagley, Marion LeRoy, 46
Bailey, David Lee, 222
Bailey, Dorothy E., 148
Bailey, Glenwood, 148
Bailey, Mary, 131
Baisey, Mark A., 46
Baisey, Sue Clark, 46
Baisey, Thomas G., 46
Baisey, Virginia M., 46
Baker, Alice Roberta, 234
Baker, Amanda A. Cecil, 24
Baker, Amelia C., 200
Baker, Anna Burton, 216, 229, 230
Baker, Annie E. Johnson, 24
Baker, Belle Ford, 199
Baker, Caroline Virginia Mullinix, 199, 222
Baker, Catherine V. Cecil, 24
Baker, Charles H., 24
Baker, Charles Russell, 46
Baker, Charles V., 11, 24
Baker, Cordelia, 215
Baker, Cordelia Elizabeth, 216
Baker, Della, 199
Baker, Denzle D., 46, 87
Baker, Donaline Mae, 119
Baker, Edna Elizabeth, 227

Baker, Edward, 46
Baker, Elizabeth A., 11, 24
Baker, Ellis Lee, 46
Baker, Elva, 226
Baker, Estelle, 11
Baker, Ethel Irene Roberts, 46
Baker, Franklin L., 199
Baker, George E., 24
Baker, George W., 24
Baker, Grover, 24
Baker, Grover, W., 119
Baker, Harold L., 199
Baker, Harriet Abigail Hays, 46
Baker, Harry, 46
Baker, Hazel J., 153
Baker, Helen Beach, 46
Baker, Henry Curtis, 46
Baker, Ina McLinn, 46, 87
Baker, Infant, 46
Baker, Isla May Young, 199
Baker, James Bruce, 46
Baker, James Edward, 46
Baker, James R., 153
Baker, James Vernon, 222
Baker, Jemima King Purdum, 207, 234
Baker, Jessie May, 24
Baker, John O'Hora, 30
Baker, John T., 199, 222
Baker, Kate A., 7, 9
Baker, Katherine Virginia, 46
Baker, Laura V., 24
Baker, Lillie E., 24
Baker, Linda L., 153
Baker, Leo, 24
Baker, Mabel, 92
Baker, Margaret, 223, 229, 230
Baker, Mary A., 185, 207
Baker, Mary Day, 230
Baker, Mary W., 228
Baker, Mattie, 46
Baker, Mary E., 111
Baker, Mollie W., 205
Baker, Norma Oleanda Brandenburg, 199
Baker, Ollie, 85
Baker, Perepa Sennie Snyder, 186
Baker, Raymond Harvey, 46
Baker, Rose, 46
Baker, Rose Ethel Duvall, 222
Baker, Ruth E., 87
Baker, Sarah, 185, 193, 196
Baker, Sarah A., 181
Baker, Sarah E., 46, 222, 225, 229, 230
Baker, Sherry K. McGraw, 46
Baker, Stella F., 199
Baker, Susan, 224, 227, 229, 230
Baker, Thomas, 229, 230
Baker, Viola Elizabeth Whisman, 46
Baker, Virginia Fletcher, 225, 230
Baker, Walter, 46

Baker, William, 46
Baker, William A., 199
Baker, William Claude, 46
Baker, William H., 207, 234
Baker, William Russell, 46
Ball, Ambrey Lewis, 46
Ball, G. M., 46
Ball, Garnett Cawood, 46
Ball, Infant, 46
Ball, John W., 129
Ball, Mary Ellen, 129
Ball, Sarah Louise, 46
Ball, Sarah Newton Chiswell Darby, 46
Ball, Twins, 46
Ballard, Helen Lucille Offutt, 30
Ballard, James H., 30
Ballard, L. H., 30
Ballas, Anna Mary, 30
Ballenger, Carol Hope, 46
Ballenger, Ernest B., 46, 146
Ballenger, Inez Rebecca, 146
Ballenger, Irving Thompson, 46, 95
Ballenger, Lena, 96
Ballenger, Lillie May Kinna, 46, 146
Ballenger, Luther Albert, 46, 96
Ballenger, Mabel M., 153
Ballenger, Martha Virginia, 89, 108
Ballenger, Sarah A., 46, 96
Ballenger, Wilson A., 153
Ballerini, Joseph, 30
Ballerini, Nancy Pallotta, 30
Ballerini, Romolo, 30
Ballew, Greta Louise Miller, 153
Baltrowsky, Richard E., 222
Bancroft, David L., 153
Bancroft, Janice, Marie, 153
Bancroft, Michael Lee, 153
Bancroft, Pegg S., 153
Bannow, Earle F., 171
Bannow, Frank B., 171
Barbee, Katherine Lazielia, 84
Barber, Anna, 166
Barber, Bessie E. Davis, 163
Barber, Carlton, 163
Barber, Charles H., 163, 166, 167
Barber, Della C., 163
Barber, Eldridge S., 179
Barber, Kenneth, 199
Barber, Nancy Ann Williams, 137
Barber, Garner C., 222
Barber, Greenbury, 163
Barber, Hesikiah, 163
Barber, Hezekiah, 137, 163
Barber, James H., 163
Barber, James Malcolme, 163
Barber, James Monroe, 163
Barber, Julia Mae, 167
Barber, Kenneth, 222
Barber, Lester Eller, 163
Barber, M. Norine, 222

Barber, Marjorie Belle King, 179
Barber, Margaret Ellen, 137, 163
Barber, Monroe, 163
Barber, Nora Linthicum Watkins, 163, 166, 167
Barber, Ruth Ann Campbell, 163
Barber, Sarah E. Beall, 163
Barber, Virginia E., 163
Bardecki, Steven Paul, 199
Bare, Bertie, 69
Barnard, Clara, 122
Barnes, D. Grady, 131
Barnes, Dorothy Pauline, 201
Barnes, George L., 40
Barnes, Hattie Emma Day, 185
Barnes, Herbert Day, 185, 201
Barnes, James Oliver, 185
Barnes, Jonathan, 46
Barnes, Larry E., 40
Barnes, Lucy C., 131
Barnes, Lula Norene Day, 185
Barnes, Marie, 192
Barnes, Nettie W. Walter, 46
Barnes, Raymond Oliver, 185
Barnes, Rosa May Lewis, 185, 201
Barnes, Sarah F., 11
Barnes, Thomas, 11
Barnes, Violetta, 11
Barnhouse, Carroll Clifton, 46
Barnhouse, Catherine Cooper, 46
Barnhouse, Dewayne C., 46
Barnhouse, Ernest C., 46
Barnhouse, Glenn Edward, 46
Barnhouse, Rachel Virginia Best, 46
Barnhouse, Thomas Larry, 46
Barnhouse, Wanda Jean, 46
Barnwell, Connie Lee, 153
Barnwell, Susan, 159
Barr, Edith L. Purdum, 137
Barr, Elwood E., 137
Barr, Emma Whitman, 46
Barr, Estelle Marie Jamison, 46
Barr, Harold, 185
Barr, Harold Bryan, 46
Barr, Lillian, 144
Barr, William Lincoln, 46
Barrett, Mary Virginia, 80
Barrick, Ellen Straughan, 46
Barringer, Doratta, 8
Bartgis, Charles Franklin, 176
Bartlett, Dale Collins, 171
Bartlett, Marion Goodwin, 171
Battles, Nathan James, 185
Basford, Cordelia, 20
Basford, Howard, 24
Bassford, Bessie May Wire, 47
Bassford, Child, 47
Bassford, Gladie, 47
Bassford, Marion Isaac, 47
Bastable, Alvin B., 47

Bastable, Harriet Griffith, 47
Bates, C. Byrtle Young, 199
Bates, John P., 199
Batson, Elizabeth G., 76, 79
Batson, Elizabeth S. Hoyle, 76
Batson, Leonard, 76
Baugher, Michelle Rene, 47
Baugher, Nikki C., 47
Baugher, Patricia M., 47
Baugher, Thomas H., 47
Bauman, Betty, 47
Bauman, Hettie Weaver, 47
Bauman, Kathleen Fern, 47
Bauman, Mahon, C., 47
Bauserman, Gladys Mae, 43
Baxter, Andrew James, 47
Baxter, Frances Metzger, 47
Baxter, James, 199
Beach, Agnes Mary Rogers, 11, 47
Beach, Charles Eugene, 11, 12
Beach, Charles M., 47
Beach, Denia C., 47
Beach, Edward, 47
Beach, Effie B., 47
Beach, Hisle Geneva, 47
Beach, Helen, 46
Beach, James Norman, 47
Beach, John C., 47
Beach, Joseph C., 11
Beach, Mary Louise Linthicum, 11, 12
Beach, Mollie, 47
Beach, Roy Thomas, 47
Beall, A. E. D., 186
Beall, Addie, 18
Beall, Addie B., 199
Beall, Addie Mae, 182
Beall, Addie R., 181
Beall, Aleatha Ann Lewis, 184, 185
Beall, Alice, 70
Beall, Altie Everette King, 190, 192
Beall, Amanda E., 185, 186
Beall, Amy C. Lawson, 186
Beall, Anjeline, 185
Beall, Ann Linthicum, 11
Beall, Anna M., 186
Beall, Annie E., 137
Beall, Annie E., Shaw, 163
Beall, Annie Elizabeth Hager, 54, 163
Beall, Annie J., 191
Beall, Annie Nehouse, 163
Beall, Arthur W., 179
Beall, Aubrey, 171
Beall, Barry Ranson, 185, 186
Beall, Barthomew, 47
Beall, Basil, 171, 185, 186
Beall, Basil Barry, 137, 143, 185, 186, 196
Beall, Basil Elsid, 185
Beall, Basil J., 186
Beall, Bernardine Gladhill, 185

Beall, Bertha Marie, 173
Beall, Bessie Lewis, 192
Beall, Bessie Catherine, 47
Beall, Bessie Lewis, 186
Beall, Betty Ellen Snyder, 171
Beall, Caleb Asbury, 185, 186, 191
Beall, Calvin B., 179, 182
Beall, Caroline Thomas Young, 47, 48
Beall, Caroline, 69
Beall, Caroline M., 199
Beall, Cassandra E., 186
Beall, Catherine, 12, 47, 103, 188
Beall, Catherine C., 192, 194, 197, 213
Beall, Catherine E., 47
Beall, Catherine E. Snyder, 163
Beall, Catherine Rine, 137, 163
Beall, Catherine V., 47
Beall, Catherine V. Morrison, 100
Beall, Celeste Pearl Watkins, 171
Beall, Charles R., 47
Beall, Charles Wilson, 47
Beall, Charlie B., 171
Beall, Charlotte Jones, 30
Beall, Cleveland J., 163, 174
Beall, Collington, 31
Beall, Cordelia A., 185
Beall, Della, 199
Beall, Della Mae, 186
Beall, Dora Irene, 182
Beall, Dorothy Gott, 47
Beall, Dorothy Jean Day, 186
Beall, E. Josephine, 180
Beall, Earl T., 163
Beall, Edith Elizabeth Burdette, 185, 186
Beall, Edna Mildred, 100
Beall, Edward, 185
Beall, Edward L., 189
Beall, Edward Larkin, 171
Beall, Edward Maurice, 171, 173
Beall, Edward T., 185
Beall, Edward W., 171
Beall, Effie I., 18
Beall, Effie Jane, 230
Beall, Elbridge W., 163
Beall, Eldridge W., 54
Beall, Eli, 179, 182
Beall, Elias Thompson, 47, 58
Beall, Elisha W., 184, 185
Beall, Eliza C. West, 47
Beall, Elizabeth, 31, 143, 184
Beall, Elizabeth A., 164
Beall, Elizabeth Burnside, 11
Beall, Elizabeth Ellen Walker, 137
Beall, Elizabeth Hillard, 47
Beall, Ella F., 186
Beall, Ella V., 143
Beall, Elmer V., 163
Beall, Elsie, 197
Beall, Elvira Murray, 16, 91

Beall, Emiline Blake, 34
Beall, Emma E., 179, 182
Beall, Emma V. Mullinix, 185
Beall, Emory Montgomery, 91
Beall, Ernest W., 171
Beall, Erwin O., 47
Beall, Ethel L. Poole, 163
Beall, Ethel Lansdale, 199
Beall, Ethel May, 222
Beall, Euthea, 137
Beall, Eva M., 199
Beall, Evelyn D. Knowles, 48
Beall, Eveline Beall, 143
Beall, Evelyn Burdette, 186, 187
Beall, Everline, 137
Beall, Fannie, 186
Beall, Filmore, 186
Beall, Fletcher T., 185
Beall, Frances M., 143
Beall, Francis C., 185
Beall, Frank T., 47
Beall, Franklin E., 199
Beall, Fred Parker, 185
Beall, Frona May, 144
Beall, George, 144
Beall, George E., 163
Beall, George Nelson, 137, 143, 163
Beall, George W., 179
Beall, George Washington, 182
Beall, Gertrude M., 182
Beall, Gertrude Poole Johnson, 179
Beall, Hamilton Simpson, 47
Beall, Harriet A. Miller, 11, 24
Beall, Harvey Wilbur, 163
Beall, Hattie E., 17
Beall, Helen, 192
Beall, Helen Rutter, 47
Beall, Helena K., 192
Beall, Helen S., 47
Beall, Hezekiah, 186, 197
Beall, Hilda L., 190
Beall, Horace Washington, 185
Beall, Ida Frances, 124
Beall, Ida Pyles, 47, 58
Beall, Idemia, 185
Beall, Imogene Poole, 185
Beall, Infant, 179, 186
Beall, J. Bromwell, 199
Beall, J. Fulton, 24
Beall, J. Granville, 179
Beall, Jackson M., 185
Beall, James, 34, 47, 91, 103
Beall, James Fillmore, 185
Beall, James H., 30, 100, 186
Beall, James J., 11, 24
Beall, James Maurice, 47
Beall, James Monroe, 185
Beall, James T., 185
Beall, James V., 199
Beall, Jesse J., 185

Beall, John, 30, 185
Beall, John Alvin, 47
Beall, John Cronin, 185
Beall, John E., 199
Beall, John Hellen, 18
Beall, John Nelson, 185
Beall, John R., 30
Beall, John W., 11, 30, 199
Beall, John Wesley, 137, 164, 186
Beall, John William, 47, 48
Beall, Joyce Elaine Day, 186
Beall, L., 30
Beall, Laura Jane, 58
Beall, Laura W., 189
Beall, Leathey Priscilla Beall, 179, 180, 182, 230
Beall, Lemuel Larkin, 47
Beall, Lemuel Thomas, 47
Beall, Leroy, 185
Beall, Leslie Gordon, 186, 192
Beall, Lester Erwin, 47
Beall, Libby, 186
Beall, Lillie Mae, 167
Beall, Louisa R., 186
Beall, Louise M. Neitzey, 30
Beall, Lucie Frances Rutter, 47
Beall, Lucinda Rebecca, 77, 103
Beall, Lucretia J., 185
Beall, Luther Caleb, 186
Beall, Luther T., 179, 180, 182, 230
Beall, M. A., 163
Beall, M. E., 163
Beall, Margaret, 47, 185
Beall, Margaret A. C., 186
Beall, Margaret Ellen Barber, 137, 143, 163
Beall, Margaret Lucinda Watkins, 185, 186, 191
Beall, Margaret N. C., 185
Beall, Margaret Priscilla, 18
Beall, Margaret Pyles, 91
Beall, Margaret Rose Cronin Beall, 186
Beall, Margaret Smith Benson, 34, 47, 103
Beall, Margurite, 190
Beall, Marion Templeman, 47
Beall, Marion W., 47, 101
Beall, Marion Wilson, 47
Beall, Marshall Luther, 186
Beall, Martha, 179, 182
Beall, Mary, 31
Beall, Mary Ann, 179, 196, 197
Beall, Mary E., 30
Beall, Mary Ellen, 9, 31
Beall, Mary F. Burdette, 179
Beall, Mary Frances, 185
Beall, Mary Jane, 199
Beall, Mary Jane Purdum, 171, 173
Beall, Mary M., 175

Beall, Matilda Mark, 171
Beall, Maxine H., 171
Beall, Melissa Moulden, 48, 70
Beall, Melvin W., 199
Beall, Mildred H., 179
Beall, Nellie, 47
Beall, Nellie V., 163
Beall, Nettie F., 196, 197
Beall, Obed L., 185
Beall, Paul Lewis, 186
Beall, Pearl A. Selena, 47
Beall, Pearl Austin, 101
Beall, Pearl L. Mullican, 185
Beall, Philemon S., 163
Beall, Priscilla Jane, 185, 191, 223
Beall, Priscilla Keith, 186, 197
Beall, Priscilla L. A., 186
Beall, Priscilla Purdum, 185, 186
Beall, Rachel, 185
Beall, Ralph Lewis, 186
Beall, Rebecca School, 47
Beall, Regina Pearre, 137
Beall, Richard Cronin, 186
Beall, Robert, 137
Beall, Roby Lee, 179
Beall, Roby T., 179
Beall, Roger William, 47
Beall, Rosie Jane, 223, 225
Beall, Rudell C., 186
Beall, Rudolph Gott, 47
Beall, Ruth Elizabeth, 103
Beall, Ruth Evelyn Watkins, 185
Beall, Ruth G., 189
Beall, Ruth Griffith Purdum, 171
Beall, Ruth Madora, 171
Beall, S. W., 199
Beall, Sallie Elizabeth Lawson, 186
Beall, Samuel Webster, 190, 192
Beall, Sarah, 129
Beall, Sarah Agnes, 100
Beall, Sarah Ann, 20, 184
Beall, Sarah Anna, 101
Beall, Sarah Baker, 185, 196
Beall, Sarah E., 163
Beall, Sarah Eleanor Potts Gantt, 18
Beall, Sarah Frances, 26, 94
Beall, Sarah W., 7
Beall, Sarah Wilson, 139, 177
Beall, Savanah Edith Brown, 179, 182
Beall, Savania, 144
Beall, Savilla Ruth, 47
Beall, Shirley, 187
Beall, Silas Cronin, 186, 187
Beall, Survilla Ann, 164, 201, 202, 203
Beall, Susan C. Hoyle, 30
Beall, Teresa Ann, 34, 83
Beall, Thelma M. Haney, 179
Beall, Thomas G., 179
Beall, Vergie Mae Thompson, 171
Beall, Virgia M., 54

Beall, Virgie B., 185
Beall, Virgie Estelle, 230
Beall, Virginia, 115
Beall, Virginia Clara Murphy, 186
Beall, Virginia Estelle, 231
Beall, W. Dewey, 222
Beall, William, 11, 179
Beall, William A., 186
Beall, William C., 186
Beall, William Chapman, 185, 186, 191, 223
Beall, William E., 171
Beall, William H., 47, 163
Beall, William Latimore, 163
Beall, William McC., 186
Beall, William Rudolph, 47
Beall, William Simpson, 137, 188
Beall, William Thomas, 48
Beall, Willis Webster, 186
Beall, Winfield Scott, 48, 70
Beall, Windsor M., 186
Beall, Zerah Belle Shipley, 186
Beam, C., 137
Beam, Martha J., 137
Beam, Robert T., 137
Bean, Carlton C., 186
Bean, Evelyn, 186
Bean, Infant, 186
Bean, Minnie S. "Carrie," 86
Bean, Thomas C., 186
Bean, Winifred Virginia, 190
Bean, Winifred Watkins, 186
Beard, Nancy, 199
Beasley, Betty J., 153
Beasley, Goldie J., 40
Beasley, John L., 153
Beauchamp, Letha C., 12
Beauchamp, Thomas M., 48
Beauchamp, Thomas Peter, 48
Beck, Bertha, 74
Beck, Katherine Hughes, 48
Beck, Marjorie Saxton, 48
Beck, Nellie Saxton, 48
Beck, William Christian, 48
Becraft, Bessie May Watkins, 222, 226
Becraft, Bradley, 222
Becraft, Christia, 222
Becraft, Effie A., 224
Becraft, Gordon, 222
Becraft, Grace M. Duvall, 199
Becraft, Harry L., 222
Becraft, James, 163
Becraft, Jesse, 222, 226
Becraft, Mabel Watkins, 225, 226
Becraft, Margaret E., 234
Becraft, Mary, 163
Becraft, Mary K., 222
Becraft, Nathan U., 199
Becraft, Rufus E., 222
Becraft, Susie E., 222

Becraft, Senorah E. Clagett, 222
Bednarek, Sylvester J., 30
Beever, Annie G. Norris, 48, 96
Beever, Mr., 48
Behers, Walter, 48
Beitzel, Dean Henry, 153
Beitzel, George Randall, 50
Beitzel, Leora M., 48
Bekk, Asta, 103
Belcher, Alberta M., 48
Belcher, Claude Hicks, 48
Belcher, Cora Rollin, 48
Belcher, D. L., 48
Belcher, Donald Lee, 48
Belcher, Dorothy J., 48
Belcher, H. F., 48
Belcher, Hattie B., 48
Belcher, Infant, 48
Belcher, James Walter, 48
Belcher, Samuel, 48
Belferman, Mary Winifred Anne, 30
Bell, ___, 28
Bell, Betty Kennedy, 48
Bell, Bonnie Marie, 199
Bell, Carol B., 222
Bell, Cora A., 40
Bell, Duane E., 153
Bell, Earl, 28
Bell, Eleanor, 28
Bell, Grant, 28
Bell, Ida, 28
Bell, Inez, 28
Bell, Isaac, 29
Bell, Laura, 107
Bell, Lewis, 28
Bell, John W., 131
Bell, Rosalie, 131
Bell, S., 147
Bell, Spencer V., 222
Bellar, Mary, 70
Bellison, Amanda Melvina, 200
Bellison, Anna R., 229
Bellison, Annie Rebecca Wrighter, 222, 230
Bellison, Bertie Olivia, 227, 234
Bellison, Charles C., 199
Bellison, Cornelius, 230
Bellison, Edward Leander, 222, 227, 233
Bellison, Ethel Mae, 227
Bellison, George W., 222
Bellison, Hattie Virginia Moxley, 222, 227, 233
Bellison, Jennie Marie Nicholson, 199, 222
Bellison, John H., 222
Bellison, Julia A., 222
Bellison, Lina Estelle, 228
Bellison, Mamie Ollie, 233
Bellison, Martha A., 229

Bellison, Mildred E., 199
Bellison, Minnie Jane, 230
Bellison, Norman Lee, 199, 222
Bellison, Oly W., 199
Bellison, Peggy Elaine Browning, 199
Bellison, Thomas Edward, 199
Bellison, William Cornelius, 222
Bellison, Windsor Cornelius, 229
Bellman, Consuelo N., 48
Belt, Ann Amelia Eagle, 48
Belt, Annie Oliver,
 68, 72, 83, 123, 124
Belt, Ashby, 48
Belt, Benjamin Keith, 222
Belt, Child, 48
Belt, Clara D., 11
Belt, Ellen S., 234
Belt, Esther, 110, 117
Belt, John A., 11
Belt, John Lloyd, 123
Belt, John Richard, 48
Belt, Maria E., 59
Belt, Margaret Elizabeth, 118
Belt, Mary Ann, 84, 86
Belt, Mary Barbara, 48
Belt, Mary E., 48
Belt, Maude E., 11
Belt, Sarah Eleanor McGill, 123
Belt, Virginia Lee, 48
Bennett, Addie Sarah, 39
Bennett, Alonzo Joseph, 155
Bennett, Ann E. Summers, 137
Bennett, Ann H., 145
Bennett, Anna Mary "Mollie"
 Cecil, 16, 20, 137, 139
Bennett, Bessie Mae, 139
Bennett, Carrie L., 137
Bennett, Catherine E., 48
Bennett, Catherine Jane, 17
Bennett, Catherine Virginia, 146
Bennett, Charles Thomas, 137
Bennett, Constance Duplessie, 48
Bennett, Corrine, C. Waldhuetter, 48
Bennett, Delia E., 137
Bennett, Della F., 137
Bennett, Dorsey L., 137
Bennett, Elizabeth, 29
Bennett, Ella L., 140
Bennett, Ella M., 137
Bennett, Fletcher D., 137
Bennett, Florence Lillian, 145
Bennett, Helen Belle Shipley, 137
Bennett, Henrietta Benton, 24
Bennett, Hobart L., 199
Bennett, Honora, 13, 82, 95, 156
Bennett, Isabelle Clair, 156, 158
Bennett, James Titus, 16, 20,
 137, 139
Bennett, James S., 11
Bennett, Joseph A., 137, 140

Bennett, Leroy F., 137
Bennett, Libby Beall Cimino, 186
Bennett, Lula Maranda, 20
Bennett, Mabel E., 16
Bennett, Madeline, 188
Bennett, Margie, 139
Bennett, Marshall W., 137
Bennett, Mary E., 137
Bennett, Matilda Ann, 24, 187
Bennett, Minnie, 137
Bennett, Narcissa, 142
Bennett, Pearl V., 155, 191
Bennett, Raymond Leslie, 186
Bennett, Richard H., 186
Bennett, Roy, 179
Bennett, Royal Thurston, 179
Bennett, Russell C., 137
Bennett, Ruth Ann, 137
Bennett, Samuel F., 39, 137, 146, 186
Bennett, Sarah, 174
Bennett, Sarah C. Thompson, 39,
 137, 146, 186
Bennett, Sarah Irene, 179
Bennett, Sybell Madusky Browning,
 186, 194
Bennett, Talmadge E., 186
Bennett, William, 24
Benson, Allen M., 48
Benson, Ann Elizabeth, 91, 93
Benson, Annie Belle Williams, 48
Benson, Annie "Addie" M. Marlowe,
 48
Benson, Bretanie "Annie" Walters,
 48
Benson, Charles E., 48
Benson, Elizabeth, 48
Benson, Elizabeth Burnside Murphy,
 11
Benson, Emma V., 48
Benson, Harriet A., 168
Benson, Henrietta Grimes, 48
Benson, Isabella A. Broome, 48, 91
Benson, James S., 48
Benson, James Wade, 48
Benson, Jane, 168
Benson, Jonathan, 48
Benson, Jonathan Richard, 11
Benson, Laura E. Mobley, 48
Benson, Lillian Polen, 48
Benson, Lucy, 11
Benson, Margaret Smith, 34, 47, 91, 103
Benson, Mary A., 48
Benson, Mary Jane Allnutt, 11, 48
Benson, Mary M., 48
Benson, Mary M. Brashears, 48
Benson, Nellie Holland
 Ballenger, 48
Benson, Nellie Howse, 175
Benson, Perepa Sennie Snyder
 Baker, 186

Benson, Sarah, 115
Benson, Sarah A., 91
Benson, Susan, 103
Benson, Temperance M., 48
Benson, Thomas P., 48
Benson, Thomas R., 48, 91
Benson, Walter R., 48
Benson, William Bruce, 48
Benson, William H., 48, 168
Benson, William Paul, 11
Benton, Cora Belle, 11
Benton, Elizabeth Ann, 11
Benton, Henrietta, 7, 11, 24
Benton, Infant, 11
Benton, Mary Dorcas Wolfe, 11
Benton, Morgan S., 11
Benton, Rachel Ann, 14, 140
Benton, Robbie, 11
Benton, Samuel S., 7, 11
Benton, Theodore, 11
Berger, Alice B., 153
Berry, Angelina G., 154
Berte, Donna A., 199
Berte, Robert John, 199
Bertolini, Edwin S., 186
Bertolini, Perepa Walker Andelmann,
 186
Best, Ethel May Lowe, 46
Best, John L., 46
Best, Martha Elizabeth, 88
Best, Rachel Virginia, 46
Best, Ruth Madora Beall, 171
Best, Simon David, 171
Best, Simon E., 171
Bethune, M. Marie, 183
Bethune, Thomas J., 183
Betson, Clayton, 48
Betson, Harry G., 48
Betson, Sallie E. Fields, 48
Betson, William Clayton, 48
Betteridge, Emma Louise, 49
Betteridge, Terrence Francis, 49
Betters, _____, 28
Betters, Eleanor, 28
Betters, John P., 28
Bevard, Alice A., 61
Beverly, Dorothy V., 153
Beverly, Joseph B., 153
Bickford, Clara Henderson, 11
Bier, Jennie R., 65
Biggus, Elizabeth, 28
Billek, Alice Schlenter, 49
Billek, Andrew, 49
Billek, William, 49
Binnix, Clarence W., 153
Binnix, George W., 49
Bird, Cora Belle Day, 199
Bird, Willie Newton, 199
Bishop, Leighton S., 179
Bishop, Prudence, 223

Bishop, Ruth Grant, 179
Bittinger, Catherine Moxley, 49
Bittinger, Marion F., 49
Bittinger, Nannie Estelle, 49
Black, Elizabeth Elgin, 49, 120
Black, Harvey O., 49, 120
Black, Ida M. Welch, 171
Black, Kathleen Viola Stump, 171
Black, Oscar C., 171
Black, Ralph D., 171
Blackwell, Margaret, 90
Bladen, Darryl Lynn, 49
Bladen, Don R., 137
Bladen, Thomas C., 49
Blair, Elizabeth Adelle Lydanne, 49
Blair, George B., 49
Blair, Laura Drury, 49
Blair, Samuel Joseph, 49
Blakenhorn, Barbara Marty, 118
Blakenhorn, John, 118
Blakenhorn, Julia, 118
Blanchard, Jena Charles Edmond, 49
Blanford, Douglas, 67
Blanford, Emily, 67
Blanford, Emily Yellot, 67
Blanks, Virginia, 119
Blevins, Robert H., 49
Blood, Hester Ayers, 49
Blood, John F., 49
Bobb, Robert Alexander, 49
Bodmer, Carrie, 55
Bodmer, Carrie Melissa Wiles, 49, 55, 94
Bodmer, Catherine Ricketts, 49
Bodmer, Charles Wesley, 49
Bodmer, Debra K., 49
Bodmer, Doris, 113
Bodmer, George Jacob, 49
Bodmer, Ginger, 79
Bodmer, Henry LeRoy, 49
Bodmer, Jacob, 49, 55, 94
Bodmer, James Roberson, 49
Bodmer, Jessie, 54
Bodmer, John Davis, 49
Bodmer, Lyda, 49
Bodmer, Minnie Louise, 94
Bodmer, Virgie G. Howser, 49
Bodmer, Marjorie G., 49
Bodmer, Mary Catherine, 49
Bodmer, Mollie Monard Cubitt, 49
Bodmer, Molly Cubitt, 113
Bodmer, Rosier, 113
Bodmer, Wayne Wesley, 49
Bodmer, William Eugene, 49
Bodmer, William LeRoy, 49
Bodmer, Zada Florence Ryman, 49
Boerum, Robert J., 163
Boerum, Yvonne, 163
Bogley, Naomi, 128
Bohrer, Anna P., 199

Bohrer, Benjamin F., 199
Bohrer, Fannie May, 206
Bohrer, Hattie L., 206
Bohrer, Louisa R., 199
Boland, Catherine, 122
Boland, Edith Welsh, 122
Boland, Glenn, 122
Boland, Clarence, 131
Bolden, Edith M. G., 161
Bolden, Martha A., 161
Bolden, Mattie E. G., 161
Bolden, Nora V., 161
Bolden, William H., 161
Bolinger, Adam Lewis, 49
Bolinger, Clayton Lewis, 49
Bolinger, Elsie May, 49
Bolinger, Emma Jane Hall, 49
Bolinger, Ethel, 49
Bolinger, Mary, 49
Bolinger, Warner, 49
Bolinger, Wilbur Warner, 49
Bolinger, William 49
Bolton, Frances Elizabeth, 214, 216
Bolton, Ollie P., 186
Bolton, Sarah C., 186
Bolton, William D., 186
Bolton, William T., 186
Bond, Eleanor K., 148
Bond, Helen F., 150
Bond, Louis K., 148
Bond, Susie K. Mason, 148, 150
Bone, Sallie, 81
Booty, Amos Perkins, 49
Booty, Florence A., 49
Borum, Alice Victoric Zeigler, 7
Borum, William, 7
Bosley, Annie Laura Brown, 49
Bosley, George W., 49
Bosley, Howard W., 38
Bosley, Irene V., 97
Bosley, Lee, 39
Bosley, Leroy, 7
Bosley, Leroy F., 7
Bosley, Mildred Pierce, 39
Bosley, Mozella Tabler, 38
Bosley, Myrtle V., 7
Bosley, Thelma Virginia, 38
Boswell, Cecilia Grimes, 49
Boswell, Elizabeth, 153
Boswell, James Montgomery, 49
Boswell, James W., 49
Boswell, Sarah A., 153
Boswell, Vivian V., 39
Boteler, Ann Ellen Grace, 122
Boteler, Harry, 58, 122
Boteler, Martha Priscilla, 122
Boteler, Nellie, 58
Boteler, Sarah Elizabeth Bowman, 58
Bottomley, Mary Knightley, 199
Bouic, Edna, 49

Bouic, Ella Clarke, 123
Bouic, Ella H., 49
Bouic, John Peter, 49
Bouic, Lelia May, 49
Bouic, Joseph Elwood, 49
Bouic, Paul, 49
Bouic, Susan Ellen Trundle, 49
Bourke, Eleanor Chiswell, 49
Bourne, James C., 50
Bourne, Oregan, 50
Bourne, Sally M., 85
Bouren, Thelma Gilliam, 50
Bourne, Trube Terry, 50
Bouslin, Francis, 49
Bowen, Edith May, 168, 195, 202, 210
Bowen, Eliza M., 199
Bowen, Emolyn A., 206
Bowen, James J., 199
Bowen, Orlando, 200
Bower, Belva, 50
Bower, Evelyn E., 153
Bower, James C., 153
Bower, John, 50
Bower, Larry Mack, 50
Bowers, Anthony H., 222
Bowers, Barbara, 50
Bowers, George Raymond, 50
Bowers, Hazel, 81
Bowers, Margaret, 81
Bowers, Mary H., 222
Bowie, Mary, 21
Bowie, Mary C., 30
Bowlen, Felicia Edmonia Candler, 30
Bowlen, George W., 30
Bowlen, Laura J. Hayes, 30
Bowlen, Marie Antoinette "Nettie", 33
Bowles, Charles A. H., 50
Bowman, Aden, 205
Bowman, Aden McKendree, 200
Bowman, Anna Marie, 200
Bowman, Anna Mary, 202
Bowman, Basil, 50
Bowman, Benjamin Franklin, 50
Bowman, Blanch, 171
Bowman, Catherine Elizabeth Darby, 50, 95
Bowman, Charles R., 171
Bowman, Clara E., 171
Bowman, Clara Jane, 171
Bowman, Dock B., 50
Bowman, Edward Lee, 229
Bowman, Eleanor, 181
Bowman, Elizabeth, 209
Bowman, Elizabeth Jane Darby, 50
Bowman, Ethel G. Moyer, 163
Bowman, Emma F., 200, 203, 207
Bowman, Evan, 163
Bowman, Evelyn Talbott Glascott, 50
Bowman, Florine S., 163
Bowman, Frances Emma, 171

Bowman, Francis Asbury, 163, 171
Bowman, Frederick, 50
Bowman, Frederick E., 50
Bowman, George Aden, 200
Bowman, Hattie E., 200
Bowman, James Davis, 163
Bowman, James Robert, 163
Bowman, Jemima Elizabeth Boyer, 200
Bowman, Johanna Davis, 163
Bowman, John Darby, 50
Bowman, John H., 50
Bowman, Julia Helen King, 171
Bowman, Julian Upton, 171
Bowman, Keziah Sedgwick, 200
Bowman, McKendree, 200
Bowman, Margaret Catherine, 229
Bowman, Margaret E., 163
Bowman, Martha Ellen, 50
Bowman, Mary Ann Hopwood, 163
Bowman, Mary Bird, 163
Bowman, Mary E., 163
Bowman, Mary Elizabeth, 200
Bowman, Mary F., 163
Bowman, Mary Elizabeth, 50
Bowman, Mary I., 222
Bowman, Mary Jane Jone, 229
Bowman, Mary Virginia, 116, 123
Bowman, Mary Young, 200
Bowman, Melissa D. Riggs, 163, 171
Bowman, Millard E., 163
Bowman, Naomi Burns, 163
Bowman, Nina Kay, 45
Bowman, Rezin H., 200
Bowman, Richard Hamilton, 50
Bowman, Robert H., 163
Bowman, Robert J., 163
Bowman, Ruth Gue, 50
Bowman, Ruth R. Darby, 50
Bowman, Sarah A., 163
Bowman, Sarah Elizabeth, 58, 106, 122
Bowman, Sarah Ellen, 205
Bowman, Sarah L., 145, 176
Bowman, Sarah Miller, 200, 207
Bowman, Susie Emme Duvall, 200
Bowman, William Arthur, 50
Bowman, William C., 163
Bowman, William H., 200, 207
Bowman, William Harrison, 50, 95
Bowman, William Upton, 171
Boxall, James A., 153
Boxall, Nellie I., 153
Boxall, Willie, 153
Boxer, Ida Walter, 50
Boxer, John S., 50
Boyce, Thomas W., 50
Boyd, Carol Schaeffer, 171
Boyd, Elizabeth, 137
Boyd, James Alexander, 153
Boyd, Reuben, 137
Boyd, Reuben A., 137

Boyd, Robert, 171
Boyd, Sarah Rinehart, 153
Boyer, Alice Hicks Lewis, 153
Boyer, Alice M. Williams, 236
Boyer, Amanda W., 211, 222
Boyer, Amanda Wilson Day, 227
Boyer, Amelia C. Baker, 200
Boyer, Anna Marie Bowman, 200
Boyer, Anna Mary Bowman, 202
Boyer, Anna Mary Musseter, 186
Boyer, Basil E., 186
Boyer, Caroline E. Watkins, 222
Boyer, Corina L., 186
Boyer, Doris Adele, 222
Boyer, Elizabeth A. Beall, 164
Boyer, Elizabeth Day, 200
Boyer, Elizabeth J., 186
Boyer, Elizabeth Washington Purdum, 163, 200, 201, 213, 214
Boyer, Elvie William, 7
Boyer, Emma Cassandra, 214
Boyer, Emma M., 200
Boyer, George Milton, 200, 202
Boyer, George Wesley, 200, 207
Boyer, Greenberry, 164
Boyer, Helen Warfield Souder, 200
Boyer, Infant, 186, 222
Boyer, James, 236
Boyer, James Wellington, 163
Boyer, Jemima Elizabeth, 200
Boyer, Jesse Darby, 222
Boyer, Jessie D., 186
Boyer, John Fletcher, 211, 222
Boyer, John W., 186, 200
Boyer, John Wesley, 164, 227, 236
Boyer, Mamie Cleveland Watkins, 186
Boyer, Margaret, 196
Boyer, Mary, 202
Boyer, Mary E., 164
Boyer, Mary Jo, 207
Boyer, Mary Luana, 204, 213
Boyer, Matilda Browning, 236
Boyer, Mildred Survila, 193, 227
Boyer, Milton, 163, 200, 201, 213, 214
Boyer, Milton Baker, 200
Boyer, Milton McKendree, 200
Boyer, Norman D., 186
Boyer, Peter, 186
Boyer, Rosa L., 211
Boyer, Ruth L. E., 222
Boyer, Sarah Day, 186
Boyer, Sarah Rebecca, 165, 187, 200, 201
Boyer, Susan Elizabeth, 200
Boyer, William, 7
Boyer, William Everest, 200
Boyer, Willie Beatrice Drye, 200, 207
Boyer, Zeru Clark Day, 164
Boyette, Della, 148
Boyles, Claude, 187

Boyles, Genevieve, 187
Bradley, Infant, 50
Bradley, Mary E., 35
Bradshaw, Maurice, 50
Bradshaw, Tressie E. Dove, 50
Brady, Margaret L. Astlin, 50
Brady, Robert Edward, 50
Brake, Clara B., 200
Brake, Hosea W., 171
Brake, Monnie J., 171
Brake, Oscar T., 200
Brake, William F., 200
Brake, William H., 200
Brandenburg, Alton P., 222
Brandenburg, Ann Priscilla, 185, 189, 190, 196
Brandenburg, Annie Lauretta, 180
Brandenburg, Arnold, 187
Brandenburg, Beatrice Cutsail, 187
Brandenburd, Bessie May Burdette, 200
Brandenburg, Bradley Claytus, 140
Brandenburg, Bradley Jefferson, 196, 197
Brandenburg, Carrie C. Reiblich, 200
Brandenburg, Claude F., 200
Brandenburg, Charlotte Kindley, 187, 190
Brandenburg, Charlotte Lavinia, 224, 235
Brandenburg, Constance Marie, 140
Brandenburg, Edna P., 200
Brandenburg, Elsie, 209
Brandenburg, Fairy, 196
Brandenburg, Garrison McLain, 199
Brandenburg, Leah Marie Williams, 140
Brandenburg, Lemuel M., 187, 190
Brandenburg, Lucy Beatrice, 214
Brandenburg, Margaret Elizabeth Scheel, 200
Brandenburg, Mary A., 222
Brandenburg, Mary A. Spurrier, 200
Brandenburg, Mary E. Norwood, 199
Brandenburg, Mary Naomi, 229
Brandenburg, Maysie Nadine, 197
Brandenburg, Minnie E. Watkins, 200, 222
Brandenburg, Norma Oleanda, 199
Brandenburg, Oliver Jordan, 200
Brandenburg, Roy O. W., 200
Brandenburg, Sarah E. Mullineaux, 200, 222
Brandenburg, Sarah Louisa, 187
Brandenburg, Susie L., 200
Brandenburg, Tilghman J., 200
Brandenburg, Valerie Eveline Hyatt, 196, 197
Brandenburg, Velma W., 200
Brandenburg, William Asbury, 200
Brandenburg, William Browmell, 222
Brandenburg, William R., 200, 222

Brandenburg, Willie Anna, 230
Branison, Nettie J., 148
Branison, Ollie, 28
Bransford, Katherine R., 153
Bransford, William G., 153
Branson, Ann Virginia, 97
Branson, Bruce, 97
Brashear, Wayne, 187
Brashears, Anna D., 229
Brashears, Mary M., 48
Brashears, Mary R., 224, 229
Brashears, Tabitha, 25
Bready, Etta, 67
Brengle, John H., 11
Brengle, Ursula P. Orme Tabler, 11
Brenkus, Emil V., 30
Bresee, Gerlinde Elizabeth Bungert, 153
Brewer, Aletha, 83, 122
Brewer, Aletha T. Young, 50
Brewer, Amy Catherine, 176, 187, 207
Brewer, Arthur, 50
Brewer, Bettie Williams, 50
Brewer, Camillus, 50
Brewer, Catherine Lewis, 177
Brewer, Charles M., 50
Brewer, Cornellus, 50
Brewer, Edith, 50
Brewer, Eleanor Jane, 175, 176, 177
Brewer, Evelyn, 90
Brewer, George William, 50
Brewer, Harriet, 142, 173, 181
Brewer, Harry Spencer, 50
Brewer, Hester Ruth Chiswell, 50
Brewer, Ida White, 50, 73, 103, 110, 122
Brewer, Infant, 50
Brewer, James Burch, 50
Brewer, Jane Plater, 63, 104
Brewer, Joseph, 50
Brewer, Lawrence Newton, 50
Brewer, Lillian, 53
Brewer, Lucille B. Weller, 50
Brewer, Lutie, 73
Brewer, Margaret N., 110
Brewer, Martha Plater Williams, 50, 63
Brewer, Mary McDonnell, 50
Brewer, Mary Robertson Chiswell, 50
Brewer, Nellie Jenkins, 103
Brewer, Nicholas, 50, 63
Brewer, Rebecca Newton, 50
Brewer, Ruth E. W. Jones, 50
Brewer, Sarah Ellen, 103
Brewer, Stephen Newton, 50
Brewer, Vincent, 177
Brewer, Warnetta Sellman, 50
Brewer, William, 50
Brewer, William George, 50, 73, 103, 110, 122
Bridges, Arvlee, 222
Bridges, Goldie D., 222
Bridges, Mary Beall, 117
Bridges, Willie Lee, 223
Briggs, George Ralph, 223, 232
Briggs, Linda Marie, 153
Briggs, Mary H., 223
Briggs, Mildred Lucile, 63
Briggs, Terry Robert, 153
Bright, Leroy, 217
Bright, Mary, 217
Bright, Samuel L., 217
Brill, Helen F., 51
Brill, Martin William, 51
Broadhurst, Artie C. Hager, 187
Broadhurst, Caroline C., 187
Broadhurst, Cerita May Mullinix, 187
Broadhurst, Collin, 187
Broadhurst, Eliza A., 187
Broadhurst, Estelle M., 187
Broadhurst, George, 187
Broadhurst, George A., 187
Broadhurst, Gilbert S., 187
Broadhurst, James Edmonson, 187
Broadhurst, James H. K., 187
Broadhurst, John N., 187
Broadhurst, Joshua E., 187
Broadhurst, Lannsng E., 187
Broadhurst, Lizzie B., 187
Broadhurst, Martin G., 187
Broadhurst, Ollie B., 187
Broadhurst, Raymond H., 187
Broadhurst, Ruby C., 187
Broadhurst, Samuel V., 187
Broadhurst, Vallie A., 187
Broadhurst, William H., 187
Brodnax, James Henry, 51
Brodnax, Minnie Cooley, 51
Brodt, Stella Cerra, 30
Brogan, Mary, 106
Brooks, Anna Mary Titus, 51
Brooks, Beulah, 51
Brooks, Dorothy Ann Randolph, 40
Brooks, Elizabeth, 81, 92
Brooks, Estelle White, 51
Brooks, Florence, 111
Brooks, Harold B., 51
Brooks, James Evans, 51
Brooks, Kateri L., 40
Brooks, Leo Franklin, 51
Brooks, Lewis, 51
Brooks, Lewis Franklin, 51
Brooks, Lois, 51
Brooks, Margaret Elizabeth, 51
Brooks, Mary Ann, 51
Brooks, Mary Katherine Litton, 51
Brooks, Mary Margaret, 51
Brooks, Michael D., 30
Brooks, Minnie, 110
Brooks, Virginia Burgess, 30
Broome, Isabella A., 48, 91
Brosius, Anne Alonine, 79
Brosius, Bernard Trundle, 31, 51
Brosius, Bertha Schaeffer, 31, 51
Brosius, Charles Thomas, 30, 31, 34, 51, 63, 79, 86
Brosius, Dorothy Darby, 46, 86
Brosius, Dorothy Gott, 51
Brosius, Edward Rawlings, 51
Brosius, Ellen Ayers, 51
Brosius, Genevieve Mattingly Darby, 51, 86
Brosius, Edward Rawlins, 31
Brosius, Elizabeth Eleanor, 32
Brosius, Genevieve Darby, 31
Brosius, Infant, 31
Brosuis, John S., 30
Brosius, John William, 51
Brosius, Laura Virginia Trundle, 30, 31, 34, 51, 63, 79
Brosius, Leonard Jarboe, 30
Brosius, Louise Pearre Davis, 51
Brosuis, Margaret Ann Maria Jarboe, 30,
Brosius, Margaret Virginia, 34, 83
Brosius, Mary Clapham, 31
Brosius, Mary Loretta, 63
Brosius, Mildred Lewis, 51
Brown, Addie Mae, 173, 176
Brown, Alice Virginia, 229, 234
Brown, Allan H., 7
Brown, Amelia "Amy," 11
Brown, Andrew Clinton, 51
Brown, Andrew J., 11
Brown, Andrew Jackson, 11, 63
Brown, Angus Leroy, 137
Brown, Ann, 182
Brown, Ann Paxton, 179
Brown, Anna, 158, 167
Brown, Anna Blanche, 231
Brown, Anna Virginia, 54
Brown, Annie Laura, 49
Brown, Annie M., 51
Brown, Annie Ruth, 63
Brown, Archie R., 200
Brown, Arthur Cleveland, 137
Brown, Arthur E., 179
Brown, Basil T., 179
Brown, Bernard, 64
Brown, Bertha E., 148
Brown, Beulah B., 223
Brown, Beulah Wright, 232
Brown, Bessie E., 200
Brown, Calvin L., 223
Brown, Catherine A., 97
Brown, Catherine Ann Moxley, 179
Brown, Catherine S., 179, 183
Brown, Charlie M., 223
Brown, Charles S., 21
Brown, Clara Maria, 161
Brown, Clara R., 223
Brown, Cora, 223

Brown, Daisy Gregg, 179
Brown, Deborah Shanks, 29, 51
Brown, Delaney Floyd, 179
Brown, Delma Virginia Moxley, 223
Brown, Dorothy Bell, 223
Brown, Dorsey B., 223
Brown, Dorsey Bryan, 179
Brown, Edward Isaac, 223
Brown, Elizabeth, 179, 182, 184, 188, 229, 230, 234
Brown, Elizabeth Oxley, 51, 97
Brown, Ella Madeline, 224, 231
Brown, Emily Poole Darby, 44
Brown, Ephraim H., 223
Brown, Ethel Moore King, 51, 85
Brown, Etta, 128
Brown, Eveline Hood, 179
Brown, Fannie, 223
Brown, Fannie E., 177
Brown, Filmore C., 171
Brown, Florence A. Strothers, 179
Brown, Frances, 164
Brown, Frances America Cornelia Burdette, 173, 179, 180, 223
Brown, Frances Marion Watkins, 171
Brown, Francis E., 223
Brown, Gavin L., 171
Brown, George E., 223
Brown, George H., 183
Brown, Grace Kidd, 64
Brown, H. C., 51
Brown, Harry H., 177, 223
Brown, Hattie Ardean, 179
Brown, Hatton, 29, 51
Brown, Hatton Darby, 51
Brown, Hazel Rebecca, 172, 177
Brown, Herman Schley, 223
Brown, Infant, 51, 179
Brown, Ira C., 223
Brown, Irma Louise Hubble, 51
Brown, Irving F., 179
Brown, J., 21
Brown, James, 182
Brown, James H., 179, 183
Brown, James W., 51
Brown, John Gaver, 223
Brown, John H., 171
Brown, John Harvey, 223
Brown, John Herbert, 51, 97
Brown, John Wesley, 173, 179, 180, 223
Brown, John Williams, 51
Brown, Joshua W., 223
Brown, Joyce, 205
Brown, Julian Wilson, 171
Brown, Laura Virginia Moxley, 223
Brown, Leo Strasberg, 223
Brown, Lester, 217
Brown, Lillian Blanche, 180
Brown, Linda P., 180

Brown, Lois Elaine, 225
Brown, Louisa J., 234
Brown, Lucille Clara King, 171
Brown, Lula Blanch Poole, 179, 180
Brown, Lula Windsor, 137
Brown, Luther, 183
Brown, Mabel A., 168
Brown, Mamie L., 40
Brown, Margaret A., 235
Brown, Margaret A. Musgrove, 177
Brown, Margarette R., 179
Brown, Martha, 193
Brown, Mary, 122, 179, 183, 230
Brown, Mary Bright, 217
Brown, Mary Elizabeth Shaw, 51
Brown, Mary George Darby, 51
Brown, Mary J., 217
Brown, Mary Louise, 64, 148
Brown, Mary R. Watkins, 179
Brown, Mary Shaw, 125
Brown, Mary Waters Poole, 51
Brown, Mildred Frances, 181
Brown, Miranda J., 223
Brown, Myrtle T., 148
Brown, Nicie Virginia Lee, 223, 232
Brown, Noland, 217
Brown, Nora May, 195
Brown, Nora Viola, 21
Brown, Norman P., 223
Brown, Olivia Jane, 235
Brown, Ollie, 183
Brown, Owen, 179, 229, 234
Brown, Pearl M., 51
Brown, Philip C., 164
Brown, Philip Cleveland, 171
Brown, Price, 179
Brown, Prudence Bishop, 223
Brown, Rachel, 21
Brown, Rachel E., 223
Brown, Rawleigh, 171
Brown, Raymond Dewey, 223, 225
Brown, Reason Francis, 179
Brown, Rena Long, 223
Brown, Rhoda J. Watkins, 223
Brown, Richard E., 223
Brown, Richard Jefferson, 179, 180
Brown, Richard Poole, 51
Brown, Robert Eugene, 148
Brown, Roby Harriman, 179, 195
Brown, Ronald S., 148
Brown, Rosie, 223
Brown, Rosie Jane Beall, 223, 225
Brown, Rose Etta, 180, 181, 227, 229
Brown, Roy, 183
Brown, Rufus C., 223
Brown, Sallie M., 51
Brown, Samuel, 21
Brown, Samuel O., 148
Brown, Sarah E., 11, 21
Brown, Sarah E. Peters, 63

Brown, Sarah E. Poole, 137, 179, 223, 224
Brown, Sarah Elizabeth, 44, 180, 206
Brown, Sarah Elizabeth King, 179, 181
Brown, Sarah Irene, 179
Brown, Sherry Sue, 179
Brown, Shirley L., 200
Brown, Stanley Leo, 40
Brown, Susan, 21
Brown, Thomas, 217
Brown, Thomas Ephraim, 137, 179, 223, 224
Brown, Thomas G., 179
Brown, Thurston Delmar, 179
Brown, Vernon Monroe, 223, 232
Brown, Violet Marie Jessee, 171
Brown, Virgie Estelle Price, 179, 195
Brown, Viva J., 223
Brown, Willard Harrison, 179, 181
Brown, William, 179, 183
Brown, William Clifton, 44, 51
Brown, William Curtis, 51
Brown, William F., 148
Brown, William M., 179
Browne, Deborah Shanks, 29
Browne, Hatton, 29
Browne, Iona, 45
Browne, Sherry Sue Brown, 179
Browne, Thomas S., 179
Browne, Winfred Willard, 179
Browning, Alice E., 37
Browning, Amanda, 236
Browning, Amanda P., 13, 181
Browning, Angie I., 200
Browning, Ann, 12, 18, 187
Browning, Ann Priscilla, 189
Browning, Anna Mary, 37
Browning, Archibald, 187
Browning, Benjamin, 210
Browning, Carrilla Soper, 187
Browning, Charles T., 11
Browning, Charles Wesley, 187
Browning, Clarence, 11
Browning, Claudia Olivia Lawson, 200
Browning, Dinah, 200
Browning, Druscilla Lewis, 184
Browning, Elizabeth, 187
Browning, Emily Jennie Hodges, 187
Browning, Florence, 11
Browning, Elizabeth Miles King, 11, 13
Browning, Harriet Ann, 187, 191
Browning, Harriet Ann King, 187, 191
Browning, Harriet Ann W., 196
Browning, Harry Lee, 200
Browning, Harry W., 187
Browning, Hepsy Edith, 189
Browning, Infant, 187
Browning, J. Otis, 200
Browning, Jeremiah, 184, 236

Browning, John F., 187
Browning, Lavinia, 11
Browning, Lidia Lyddard, 210
Browning, Lindsey, 200
Browning, Luther Henry Harrison, 187
Browning, Luther Martin, 187, 191
Browning, Lynn, 236
Browning, Mahlon, 37, 187, 200
Browning, Mamie, 210
Browning, Mary E., 216
Browning, Martha Garrott, 187
Browning, Mary Elizabeth Bowman, 200
Browning, Mary Garrott, 11, 82, 187
Browning, Mary Helen, 11
Browning, Mary Jane King, 11
Browning, Matilda, 236
Browning, Nora, 236
Browning, Peggy Elaine, 199
Browning, Perry, 11, 13
Browning, Peter S., 31
Browning, Rachel, 182, 188, 194
Browning, Rebecca Windsor, 187
Browning, Rosa Belle Purdum, 187, 200
Browning, Samuel H. W., 187, 200
Browning, Sarah Catherine, 14, 82, 108
Browning, Sarah Frances Smith, 37, 187, 200
Browning, Sarah Jane, 31
Browning, Silas Young, 200
Browning, Sybell Madusky, 186
Browning, Tabitha, 16, 181, 184, 187, 207
Browning, William, 187
Browning, William G., 11, 82
Browning, William W., 51
Brownlee, Juanita, 64
Brownlee, Mary Jane East, 64
Brownlee, William, 64
Brubaker, Beulah Brooks, 51
Brubaker, Louis Creglo, 51
Bruner, Americus E., 51
Bruner, Catherine E., 51
Bruner, George William, 51
Bruner, Julia A., 51
Bruner, Kenneth Warren, 153
Bruner, Malista, 51
Bruner, Matilda, 99
Bruner, William L., 51
Brunner, Catherine, 51
Brunner, Clara, 116
Brunner, Elizabeth, 51
Brunner, George W., 52
Brunner, Hattie Alice, 53, 85, 88
Brunner, Idella Rebecca, 117
Brunner, Jennie I., 53
Brunner, Joseph, 51
Brunner, Julia, 113
Brunner, Julia A. M., 52, 53, 116, 117
Brunner, Lydia, 51

Brunner, Malista C., 52
Brunner, Mary, 99
Brunner, Mary Ann, 113
Brunner, Michael, 51
Brunner, Rose A., 53
Brunner, William, 113
Brunner, William L., 52, 53, 116, 117
Bryant, Freda, 120
Bryant, Janice Baune Dunnigan, 52
Bryant, Shirley Beall, 187
Bryant, William Penn, 52
Buckey, Charles Wesley, 52
Buckey, Maggie J., 52
Buckey, Sarah A., 15, 92
Bucknam, Estella C., 52
Bunch, Mary, 138
Bunge, Clarence Edward, 52
Bunge, Frederica M., 52
Bungert, Gerlinde Elizabeth, 153
Burch, Albert A., 31
Burch, Ada C., 154
Burch, Carroll A., 52
Burch, Charles W., 52
Burch, Dora Luellen, 52
Burch, Dorothy Virginia Astlin, 55
Burch, Edith, 52
Burch, Elizabeth C., 52
Burch, Frances Johnson, 11
Burch, Francis Albert, 52
Burch, Francis E., 52
Burch, George W., 52
Burch, Harriet, 52
Burch, Henry Clay, 52
Burch, Infant, 52
Burch, James F., 154
Burch, Lulu W. Astlin, 52
Burch, Mary R. Hall, 52
Burch, Myrtle, 80
Burdett, Assenith, 187, 192
Burdett, Benjamin, 182
Burdett, Carolina S., 191
Burdett, Cassandra Purdum, 182
Burdett, Elizabeth Brown, 182
Burdett, James William, 182
Burdett, Josephine, 157
Burdett, Mary, 182
Burdett, Nathan J., 187
Burdett, Rispa Ann, 187
Burdett, Robert Emory, 182, 187
Burdett, Rosa M., 187
Burdett, Sarah Jane, 160
Burdette, Abraham Lincoln, 142, 187, 188, 229
Burdette, Ada, 224
Burdette, Allan H., 7
Burdette, Alta Reed, 201, 224
Burdette, Amanda C. Watkins, 200
Burdette, Amanda Melvina Bellison, 200
Burdette, Amos D., 164

Burdette, Amos Dewey, 201
Burdette, Angelina G. Berry, 154
Burdette, Anita E., 200
Burdette, Anna Eliza Smith, 52
Burdette, Anna Temple, 139, 173
Burdette, Annie Jennie Pugh, 138
Burdette, Annie M., 200
Burdette, Archey, 223
Burdette, Arlene Gertrude Robinson, 187
Burdette, Arnold Thomas, 154
Burdette, Arthur, 223
Burdette, Arthur Monroe, 200
Burdette, Audrey J., 154
Burdette, Basil, 141
Burdette, Basil Boyer, 200
Burdette, Basil J., 154
Burdette, Beda Cassandra King, 201, 224, 234
Burdette, Benjamin, 184, 188
Burdette, Benjamin F., 200, 201
Burdette, Benjamin Franklin, 200
Burdette, Bertha Maye, 223
Burdette, Bertha Mullinix, 154
Burdette, Bertha O., 159
Burdette, Bertha Waters, 201
Burdette, Bessie May, 200
Burdette, C., 171
Burdette, C. H., 7
Burdette, C. Mack, 201
Burdette, Caleb Joshua, 187, 188, 196
Burdette, Calvin Kemp, 201
Burdette, Carl, 7
Burdette, Carl W., 223
Burdette, Carrie A., 224
Burdette, Carroll A., 11
Burdette, Cassandra Elizabeth Purdum, 187, 188, 194
Burdette, Catherine Beall, 12, 188
Burdette, Celestial, 224
Burdette, Charity A. Watkins, 200, 201
Burdette, Charles, 138
Burdette, Charles A., 138
Burdette, Charles Franklin, 188
Burdette, Charles Grover, 52
Burdette, Clara Thompson, 80, 154
Burdette, Claude E., 179
Burdette, Claude Edward, 187
Burdette, Claude H., 165, 187, 200
Burdette, Claude Hamilton, 201
Burdette, Clyde, 223
Burdette, Cora Idella King, 201
Burdette, David D., 52
Burdette, Deborah J., 82
Burdette, Deborah Jane, 103, 113, 141, 154, 158
Burdette, Della A., 224
Burdette, Della Beall, 201
Burdette, Doris King, 201
Burdette, Dorothy Bell Brown, 223

Burdette, Dorothy D., 138
Burdette, Dorothy Nelle, 201
Burdette, Dorothy Pauline Barnes, 201
Burdette, E. Janis, 187
Burdette, Edgar Calvin, 11
Burdette, Edgar Luther, 11
Burdette, Edith Elizabeth, 185, 186
Burdette, Edna M., 223
Burdette, Eddie, 223
Burdette, Edward F., 187
Burdette, Edward L., 188
Burdette, Effie, 225
Burdette, Effie A. Becraft, 224
Burdette, Effie Lee, 200
Burdette, Effie Reed, 201
Burdette, Effie W. Davis, 188
Burdette, Effie Reed, 224
Burdette, Eileen, 154
Burdette, Elis, 138
Burdette, Elizabeth Brown, 184, 188
Burdette, Elizabeth H. King, 154
Burdette, Elizabeth J. Day, 182, 184
Burdette, Elizabeth J. King, 138, 179, 201, 223
Burdette, Elizabeth Miles, 181, 184
Burdette, Elizabeth R. King, 194
Burdette, Elizabeth Thomas Miles, 12
Burdette, Ella F. Beall, 186
Burdette, Ella Florence Turner, 188, 201
Burdette, Ella Rebecca Cutsail, 11, 12, 15
Burdette, Ellen Elizabeth Miller, 188
Burdette, Ellen G., 188
Burdette, Elmon G., 182, 184, 223
Burdette, Elmyra Parrish, 201
Burdette, Emaline, 176
Burdette, Emily Lorraine Moxley, 200
Burdette, Emma, 138
Burdette, Emma Cole, 141, 176, 181
Burdette, Emma J., 225
Burdette, Emory McNemar, 187
Burdette, Emory Whitehead, 186, 188
Burdette, Erma V., 12
Burdette, Esther Leone, 188
Burdette, Ethel, 203
Burdette, Ethel Lansdale King, 201
Burdette, Ettie L., 154
Burdette, Eunice, 196, 223
Burdette, Eunice E. Gue, 224
Burdette, Eva M., 164
Burdette, Eveline, 187
Burdette, Eveline H., 167, 179, 182
Burdette, Eveline Webster Purdum, 187, 188
Burdette, Evelyn, 186, 187
Burdette, Fairy Elizabeth, 234
Burdette, Fannie Celestial, 224
Burdette, Fannie Cochel Cutsail, 188
Burdette, Fannie Mercer, 224

Burdette, Flora, 223
Burdette, Frances America Cornelia, 173, 179, 222
Burdette, Frances E., 154
Burdette, Frank, 226
Burdette, Franklin Ellsworth, 201
Burdette, G. S., 171
Burdette, George Franklin, 201
Burdette, George Henry, 223, 224
Burdette, George Lincoln, 188
Burdette, George M., 138, 223
Burdette, George McClellan, 52
Burdette, George W., 223, 224
Burdette, Georgia Ellen Waters King, 142, 187, 188, 229
Burdette, Grace M., 154
Burdette, Greenbury W., 179
Burdette, Greenbury William, 138, 146, 154, 157
Burdette, Hamilton, 154, 194
Burdette, Harold E., 164
Burdette, Harry C., 179
Burdette, Harry Cleo, 179
Burdette, Harry Leslie, 188
Burdette, Harvey, 188
Burdette, Hattie A. Purdum, 171
Burdette, Hattie M., 154
Burdette, Hazel, 181
Burdette, Hazleton, 184
Burdette, Helen Delmar, 201
Burdette, Helen E. Carlisle, 52
Burdette, Henrietta Rebecca Ward, 201
Burdette, Hepsie Anne, 214
Burdette, Herbert Kasner, 188, 189
Burdette, Herbert Malcolm, 188
Burdette, Herbert R., 223
Burdette, Ida, 226
Burdette, Ida Florence, 8, 173
Burdette, Ida M. Lewis, 179
Burdette, Ida Mary, 185
Burdette, Ida P., 146
Burdette, Ida Z., 224
Burdette, Infant, 153, 171, 188, 224
Burdette, Iona M. Snyder, 12
Burdette, Ira Lansdale, 188
Burdette, Isabella Virginia Watkins, 188, 189
Burdette, James B., 154
Burdette, James Day, 223
Burdette, James Franklin, 12
Burdette, James L., 201
Burdette, James Larry, 201
Burdette, James Moritmer, 171
Burdette, James T., 52
Burdette, James W., 201, 214
Burdette, James Washington, 154
Burdette, James William, 187, 188, 194, 201
Burdette, Jane, 176
Burdette, Jeremiah Lewis, 201

Burdette, Jesse, 224
Burdette, Jesse E., 224
Burdette, John, 224
Burdette, John D., 154, 159
Burdette, John Dallas, 201
Burdette, John Darby, 154
Burdette, John Douglas, 52
Burdette, John Edward, 138, 179, 201
Burdette, John Edwin, 7, 173, 188
Burdette, John F., 186, 188, 201
Burdette, John James, 201
Burdette, John Lawrence, 154
Burdette, John Russell, 52
Burdette, John T., 154
Burdette, John W., 224
Burdette, Joseph McKendree, 188, 189
Burdette, Joseph Melvin, 154
Burdette, Joseph Mortimer, 171
Burdette, Josie G., 188
Burdette, Joyce M., 154
Burdette, Juanita, 188
Burdette, Julia Ann, 180, 181
Burdette, Kenneth N., 188
Burdette, L., 224
Burdette, Laura V. Watkins, 171
Burdette, Laura W. Lewis, 138, 154
Burdette, Leo, 138
Burdette, Leroy, 224
Burdette, Lewis G., 12, 188
Burdette, Lillian Mae, 202
Burdette, Lillie E., 13, 15
Burdette, Lillie Mae Picquett, 188, 189
Burdette, Lilly M., 196
Burdette, Lloyd Wilkens, 52
Burdette, Lola Young, 201
Burdette, Lois Elaine, 190
Burdette, Lottie May, 230
Burdette, Louisa Ann Darby, 154
Burdette, Louise, 19
Burdette, Lucinda W., 223, 224
Burdette, Lucy Benson, 11
Burdette, Lucy E., 188
Burdette, Luther G., 11, 12, 15
Burdette, Luther M., 188
Burdette, Luther Melvin, 188
Burdette, M. E., 7
Burdette, Mabel S., 189
Burdette, Madeline Bennett, 188
Burdette, Maggie Augusta, 226
Burdette, Maggie M. King, 154
Burdette, Mamie, 137
Burdette, Mamie T., 224
Burdette, Margaret A., 154
Burdette, Margaret Ellen, 226
Burdette, Margaret Gertrude Einawachter, 154
Burdette, Margaret Inez Thomas, 188
Burdette, Margaret L. King, 159
Burdette, Marjorie Rebecca McElfresh, 187

Burdette, Margaret E. Lawson, 188
Burdette, Martha, 187
Burdette, Martha A., 154
Burdette, Martha Ann, 197
Burdette, Martha Brown, 194
Burdette, Martha E. Ward, 138, 154, 157
Burdette, Martha Pauline, 181
Burdette, Martha Rebecca, 142, 145, 194
Burdette, Martin L., 164
Burdette, Marvin L., 188
Burdette, Mary, 193, 224
Burdette, Mary Adella, 229
Burdette, Mary C., 223, 224, 225, 235
Burdette, Mary Catherine Tabler, 9
Burdette, Mary E., 235
Burdette, Mary E. Pugh, 188
Burdette, Mary Elizabeth Purdum, 188
Burdette, Mary Ellen Watkins, 7, 8, 173, 188
Burdette, Mary Etta Duvall, 223
Burdette, Mary F., 179
Burdette, Mary Jane, 138, 142, 165, 177, 184, 207
Burdette, Mary Jane King, 11, 12
Burdette, Mary Rachel Elizabeth, 197, 224
Burdette, Mary Rebecca, 8
Burdette, Mary Rebecca Watkins, 188
Burdette, Mary Wooten, 145
Burdette, Mary Wooten Lawson, 188, 200
Burdette, Maxwell Ellsworth, 201
Burdette, Melvin Russell, 138
Burdette, Melvin S., 138
Burdette, Merle McComas, 215
Burdette, Mildred Ardean King, 11
Burdette, Mildred M. Covell, 12, 138
Burdette, Mildred R., 224
Burdette, Millard, 188
Burdette, Millard Diehl, 201
Burdette, Millie M., 188
Burdette, Milton W., 188
Burdette, Miranda C. Etchison, 201, 214
Burdette, Moody M., 188
Burdette, Moses Philemon, 138
Burdette, Myrtle J., 179
Burdette, Myrtle Lee, 80
Burdette, Nathan, 12
Burdette, Nathan E., 201
Burdette, Nathan J., 200, 201
Burdette, Nellie, 7, 164
Burdette, Nellie A., 154
Burdette, Nellie E., 188
Burdette, Nellie Estelle, 145
Burdette, Nellie Kemp, 201
Burdette, Nettie, 145
Burdette, Nettie V., 223
Burdette, Nona M., 213

Burdette, Nonie, 138
Burdette, O. Virginia, 192
Burdette, Ola L., 201
Burdette, Ollie, 145
Burdette, Olive Amy, 224
Burdette, Orin Foster, 154
Burdette, Oscar W., 138
Burdette, Otis McClellan, 52
Burdette, Paul D., 154
Burdette, Paul Lester, 154
Burdette, Pearl L., 224
Burdette, Perry George, 201, 223, 224
Burdette, Philip, 224
Burdette, Pomona, 11, 142
Burdette, Prudence Virginia, 185, 189, 190
Burdette, Purdum D., 171
Burdette, Ralph, 154
Burdette, Raymond Edward, 138
Burdette, Raymond W., 224
Burdette, Rebecca Anne, 190
Burdette, Rebecca Zerah, 188, 196
Burdette, Rhoda H., 138
Burdette, Richard Hamilton, 154
Burdette, Richard Hayes, 201, 224
Burdette, Richard T., 138, 154, 171
Burdette, Rispa Ann Lewis, 200, 201
Burdette, Robert E., 224
Burdette, Robert Emory, 188
Burdette, Roberta King, 187, 188, 196
Burdette, Roberta E. Watkins, 188
Burdette, Roger William, 201
Burdette, Rogers Franklin, 188
Burdette, Rufus Jesse, 224
Burdette, Ruth, 154
Burdette, Ruth T., 224
Burdette, Sally A., 224
Burdette, Sally Ann Hilton, 224
Burdette, Samuel H., 223, 224, 225, 235
Burdette, Samuel R., 224
Burdette, Sarah E., 146
Burdette, Sarah Elizabeth, 165
Burdette, Sarah Elizabeth Watkins, 223, 224
Burdette, Sarah Jane, 66, 123
Burdette, Susan Campbell, 52
Burdette, Sarah Jane, 125
Burdette, Sarah Pauline Darby, 103, 154
Burdette, Sarah Rebecca Boyer, 165, 187, 200, 201
Burdette, Simpson, 187
Burdette, Sophronia, 187, 190, 197, 208
Burdette, Susannah Rebecca Clagett, 224
Burdette, Susie Layton, 186, 188
Burdette, Terry M., 52
Burdette, Thomas Allen, 103, 154
Burdette, Tillie B., 201

Burdette, U. E., 7
Burdette, V., 171
Burdette, Valinda C., 192
Burdette, Verda Marie, 188
Burdette, Vernon Basil, 138
Burdette, Violet Geneva Mullinix, 223, 224
Burdette, Virginia Mae, 208
Burdette, Virginia Marie, 188
Burdette, Vivia Cochel Day, 201
Burdette, Vivian Belle Moxley, 223
Burdette, Vivian M. King, 138
Burdette, Walton Hamner, 201
Burdette, Wallace, 188
Burdette, Washington, 80
Burdette, Webster Vorhees, 7, 9
Burdette, William, 224
Burdette, William C., 224
Burdette, William Edwin "Pete," 12
Burdette, Williams H., 224
Burdette, William Hubert, 201, 224, 234
Burdette, William McKinley, 224
Burdette, William Marcella, 154
Burdette, William Maurice, 12
Burdette, William R., 224
Burdette, William T., 223
Burdette, William Vernon, 188
Burdette, William W., 145, 154, 188, 200
Burdette, Willie A., 224
Burdette, Willie Hampton, 188
Burdette, Willie Lloyd, 8
Burdette, Wilmer, 188
Burdette, Zadock, 224
Burditt, Carroll A., 11
Burditt, John Edwin, 8, 173
Burditt, Mary Ellen Watkins, 8, 173
Burgee, Carrye M. Burdette, 12
Burgee, Clara E. Lawson, 12, 236
Burgee, Eleanor Linthicum, 236
Burgee, Elinor Waters, 236
Burgee, Eliza Jane Nelson, 230
Burgee, Frederick L., 198
Burgee, Gabriel Lewis, 12
Burgee, Infant, 12
Burgee, James Thomas, 230
Burgee, John W., 236
Burgee, Maggie Jane, 223, 230
Burgee, Margaret A. Lawson, 198
Burgee, Martha, 11, 13, 22
Burgee, Miel, 236
Burgee, Miel Eldridge, 12
Burgee, Osie, 16
Burgee, Osie Delilah, 236
Burgee, Edward E., 138
Burgee, Gertrude A., 138
Burgee, Rebecca, 8
Burgess, Virginia, 30
Burgner, Infant, 52

Burke, Catherine A., 52
Burke, Earl E., 52
Burket, Hinckley, 153
Burket, Rebecca A., 153
Burkett, Ida P., 169
Burkett, Virginia, 138
Burkhart, Charles E., 31
Burkhart, Ida, 31
Burkhart, M. I., 31
Burkhart, Mary Morningstar, 52
Burkhart, William, 52
Burkhart, William T., 31
Burlingame, Della Jones Merson, 52
Burlingame, Fred H., 52
Burlison, Alma, 177
Burnell, Grayson B., 171
Burnell, Myrtle L., 171
Burner, Neva L. Thompson, 201
Burner, Paul F., 201
Burns, Alberta V., 224
Burns, Alfred C., 224
Burns, Alice V. Merson, 201, 224
Burns, Alona, 59
Burns, Annie, 224
Burns, Annie Belle, 172
Burns, Arthur R., 201
Burns, Basil R., 201
Burns, Catherine, 201
Burns, Clinton, 201, 206
Burns, Cora Jewell, 188
Burns, Darius, 201
Burns, E. Minor, 180
Burns, Edgar Carl, 201
Burns, Edgar D., 164
Burns, Edith C., 181
Burns, Edward W., 224
Burns, Eldrege B., 202
Burns, Eliza A., 201
Burns, Elizabeth Hickman, 201
Burns, Ella E., 201
Burns, Ella M., 164
Burns, Emily Jane, 201
Burns, Emma V., 224
Burns, George F., 201
Burns, George W., 201
Burns, Grace Lillian, 164
Burns, Harry Nelson, 164
Burns, Hattie A., 206
Burns, Hattie L., 201
Burns, Ida E., 207
Burns, Infant, 224
Burns, Jesse Herman, 202
Burns, Jesse Lee, 201
Burns, Jewell S., 188
Burns, John W., 201
Burns, Joshua R., 224
Burns, L. C., 109
Burns, L. Floyd, 109
Burns, Laura, 164
Burns, Laura Gertrude King, 177, 180

Burns, Lavinia, 143, 201
Burns, Leonard C., 164
Burns, Lillie M., 165
Burns, Linda K., 164
Burns, Louisa H., 201
Burns, Margaret, 109
Burns, Mary E. Waters, 164
Burns, Mary Mae, 177
Burns, Mina, 205, 212
Burns, Myrtle Bryan, 172, 177
Burns, Nelson, 201
Burns, Nicholas, 164
Burns, Nicholas Edward, 177, 180
Burns, Nicholas Napolian, 201
Burns, Ollie B., 164
Burns, Reta D., 201
Burns, Richard R., 201
Burns, Ruth A. Stanley, 180
Burns, Ruth Kidd, 224
Burns, Sallie A., 202
Burns, Sarah F., 201
Burns, Sylvester, 224
Burns, Thomas L., 202
Burns, William, 201, 202
Burns, William D., 188
Burns, Winfred S., 224, 225
Burress, Horace, 52
Burress, Ida D., 52
Burress, Judith Teresa, 52
Burress, Maggie Winn, 85
Burress, Mary Effie, 85
Burress, Ray Robert, 85
Burriss, Fannie, 188
Burriss, Mary Magaline, 86
Burriss, Horace C., 52
Burriss, Mary Magaline Moses, 52
Burroughs, George, 52
Burroughs, Julia Sophia Lewis, 46, 52
Burroughs, Leonard, 83
Burroughs, Leonard N., 52
Burroughs, Nettie Lee Jones, 52, 83
Burroughs, Rebecca, 52
Burroughs, S. Eleanor, 52
Burrows, Elizabeth Spreadbury, 52
Burrows, James Tyre, 171
Burrows, John Thomas, 52
Burrus, Elizabeth, 52
Burrus, Thomas, 52
Burton, Anna, 216, 229, 230
Bussard, Annie K., 52
Bussard, Bettie Martin, 106
Bussard, C. T., 224
Bussard, Clara J., 224
Bussard, Charles Arthur, 52
Bussard, Daisy, 80
Bussard, David H., 52
Bussard, David R., 224
Bussard, Elizabeth W., 26, 52
Bussard, Elnor Frances, 52
Bussard, Elsie Naomi, 52

Bussard, Enos C., 53
Bussard, George David, 52
Bussard, Hannah, 26
Bussard, Harry E., 224
Bussard, Henry, 26
Bussard, Henry D., 106
Bussard, John Maurice, 52
Bussard, John W., 53
Bussard, Joseph Henry, 52
Bussard, L. T., 53
Bussard, Maggie, 46, 107
Bussard, Margaret A., 53
Bussard, Mary A., 224
Bussard, Mary Elizabeth, 106, 125
Bussard, Olga Lou, 53
Bussard, Ophelia L., 52
Bussard, Robert Lee, 52
Bussard, Ruth Elizabeth, 229
Bussard, Thelma C., 53
Bussard, Tracy, 53
Bussard, W. J., 52
Bussard, William E., 224
Bussard, William W., 53
Butcher, Grover Cleveland, 224
Butcher, Infant, 224
Butcher, Margaret Leola Moxley, 224
Butcher, Mary Ann, 106
Butler, Alberta, 28
Butler, Charles, 53
Butler, Charles M., 53
Butler, Charles Martin, 53
Butler, Charles S., 85
Butler, Charles Spates, 53
Butler, Corrie F., 53
Butler, Cinderella Titus, 53
Butler, Dorothy, 80
Butler, Elizabeth F., 53
Butler, Elspet Garen, 53
Butler, Emma F., 217
Butler, Emma Reese, 53
Butler, Esther R., 224
Butler, Evia, 217
Butler, Forester B., 217
Butler, Frances Thomas Spates, 53
Butler, George, 21, 53
Butler, George R., 53
Butler, George W., 53, 117
Butler, Gorman Lee, 53
Butler, Harry Lee, 53
Butler, Hattie Alice Brunner, 85
Butler, Helen, 117
Butler, Jennie C., 113
Butler, Jennie Cecile, 85
Butler, Jennie I. Brunner, 53
Butler, Joseph, 28
Butler, Joseph Gorman, 53
Butler, Kathleen Mabel, 53
Butler, Lawson, 217
Butler, Lucille Irene Cox, 53

Butler, Lula C., 53
Butler, Martha, 21
Butler, Margaret E., 117
Butler, Martha, 217
Butler, Mary, 217
Butler, Nancy Welch, 217
Butler, Reginald, 217
Butler, Richard T., 53
Butler, Rosa May Cubitt, 53
Butler, Rose A. Brunner, 53
Butler, Rosser Eugene, 53
Butler, Ruth Ann, 53
Butler, Sophia, 117
Butler, Virginia Clark, 53
Butler, Walter Mason, 53
Butler, William George, 53
Butt, Charles Upton, 53
Butt, Ernest Lee, 53
Butt, Eva Dorton, 53
Butt, Irene Gertrude, 53
Butt, Kenneth P., 53
Butt, Luther Aldridge, 53
Butt, Perry Oliver, 53
Butt, M. Estelle, 53
Butt, Susanna, 53
Butts, Catherine, 73
Buttell, Marie G., 31
Buxton, Agnes, 138
Buxton, Allie May Moxley, 224
Buxton, Alonzo, 138
Buxton, Anna G. Hurley, 138
Buxton, Basil Francis, 224, 235
Buxton, Basil Walter, 224, 231
Buxton, Charlotte Lavinia Brandenburg, 224, 235
Buxton, Elizabeth A., 138
Buxton, Ella Madeline Brown, 224, 231
Buxton, Emma Rose, 214, 235
Buxton, Helen E., 235
Buxton, James P., 138
Buxton, Jesse Alvin, 224, 230
Buxton, John S., 138
Buxton, John W., 138
Buxton, Louisa Hamilton Moxley, 224
Buxton, Lucy Jane, 231
Buxton, Madeline Beatrice, 230
Buxton, Milton G., 138
Buxton, Rebecca Moxley, 224, 230
Buxton, Roscoe Franklin, 224
Buxton, William H., 138
Buxton, William Parke, 138
Bylsma, Rein Patrick, 31
Byrd, Anna Mary, 31
Byrd, Annie, 53
Byrd, Clara, 53
Byrd, Elizabeth, 92
Byrd, Elsie May, 53
Byrd, Eugene F., 148
Byrd, George W., 53
Byrd, Infant, 31

Byrd, John B., 53, 92
Byrd, Joseph Dyson, 53
Byrd, Lillian Brewer, 53
Byrd, Mary Jane, 53
Byrd, Mattie B., 148
Byrd, Sarah T. Veirs, 53, 92
Byrd, Warren F., 31
Byrd, William L. 53
Byrne, Elizabeth Ann, 143
Byrne, James N. S., 189
Byrne, John William, 138
Byrne, Lester A., 138
Byrne, Sarah Ellen, 138
Byrnes, Helen Gertrude, 71, 92
Byrnes, James Franklin, 53, 92
Byrnes, Sarah Elizabeth Jones, 53, 92

Cady, Josephine, 53
Cady, Mary, 53
Cady, William Appleton, 53
Cady, Sarah Ellen Poole, 53
Cain, Andrew J., 225
Cain, Delmer E., 225
Cain, Emma J. Burdette, 225
Cain, Georgeanna, 225
Cain, Richard W., 225
Cain, Sophia Catherine, 235
Calaventinos, Frances M., 53
Callahan, Constance M., 54
Callahan, Stephen M., 54
Cameron, Elizabeth, 107
Campbell, Blanche Virginia Cross, 53
Campbell, Clyde T., 40
Campbell, Cora A. Bell, 40
Campbell, Gregory E., 40
Campbell, James, 31
Campbell, John 52
Campbell, Nell James Mundy, 54
Campbell, Rose Majeskie, 52
Campbell, Ruth Ann, 163
Campbell, Susan, 54
Candler, Felicia Edmonia, 30
Candler, William, 30
Cann, Gene, 28
Cannaday, Carolyn Hale, 44
Cantler, Delmore C., 154
Cantler, Ruth Burdette, 154
Cantler, Wilham S., 154
Carl, Buckley, 147
Carlin, Addie E., 31
Carlin, Catherine, 31
Carlin, Clara M., 31
Carlin, Eleanor Melvin, 31
Carlin, Emma Rebecca Larman, 31
Carlin, Frances R. Hamill, 31
Carlin, Franklin , 12
Carlin, Franklin G., 12
Carlin, Franklin V., 12
Carlin, Infant, 54
Carlin, James, 31

Carlin, James Walter, 31
Carlin, John, 31
Carlin, John L., 31
Carlin, John Thomas, 31
Carlin, Maria Knott, 31
Carlin, Mary C., 31
Carlin, Mary Rosa, 31, 37
Carlin, Maurice S., 31
Carlin, Robert E., 12
Carlin, Pearl J. Keith, 12, 20
Carlin, Virgie M. Beall, 54
Carlin, William Douglas, 31
Carlin, William Kenneth, 31
Carlin, William Melvin, 54
Carlisle, William O., 54
Carlin, William T., 31
Carlisle, Anna Elizabeth Brown, 54
Carlisle, Bettie Columbia Fields, 52, 54
Carlisle, Christiana A. Spalding, 54
Carlisle, Esther I., 127
Carlisle, Eugene Clarence 12
Carlisle, Frances C. Appleby, 54, 90
Carlisle, George Richard, 54
Carlisle, Grover C., 54
Carlisle, Helen E., 52
Carlisle, Helen Viola, 12
Carlisle, James A., 54
Carlisle, James Maurice, 52, 54
Carlisle, James William, 54
Carlisle, Lucy Lavinia, 54
Carlisle, Mary Ann Poole, 54
Carlisle, Mary Sophia, 16
Carlisle, Mary V., 166, 174
Carlisle, Richard Clarence, 54, 90
Carlisle, Richard Vernon, 54
Carlisle, Walter Travillah, 12
Carlisle, Welby N., 12
Carlley, Mary, 69
Carlson, Gladys, 63
Carlton, Arlene Davis King, 31
Carlton, Gladys A., 31
Carlton, Harold O., 31
Carlton, Peter Allen, 31
Carpenter, Diana Evans, 67
Carpenter, John Evans, 67
Carpenter, Mary, 88, 119
Carpenter, Rachel Johnston, 67
Carr, Arthur B., 54
Carr, Nannie Davis, 54
Carr, Rosalie, 123
Carr, Terry Annette, 54
Carr, William H., 54
Carroll, Jack, 161
Carroll, Julia, 161
Carroll, Linda, 59
Carter, Albert, 202
Carter, Anna Lucille, 54
Carter, Brandon George, 54
Carter, Brenda Lou Selby, 54

Carter, Burrel, 54
Carter, Catherine C., 54
Carter, Caroline, 174, 175, 176
Carter, Carrie Virginia Fox, 54
Carter, Claud Augustus, 54
Carter, Cornelia, 92
Carter, David H., 54
Carter, Elizabeth Ann, 54
Carter, Elsbey, 54
Carter, Elsie D. 148
Carter, Florence V., 217
Carter, Frances, 76
Carter, George, 217
Carter, George E., 225
Carter, George F., 54
Carter, George Henry, 54
Carter, Grover Cleveland, 54
Carter, Henry Woodrow, 217
Carter, Infant, 54
Carter, James, A., 54
Carter, James E., 148
Carter, Jane, 54
Carter, John Jacob, 54
Carter, Joseph E., 54, 143
Carter, Joseph L., 54
Carter, Laura A. G., 54
Carter, Lester Franklin, 54
Carter, Lizzie, 202
Carter, Lucy J., 202
Carter, Lula Virginia, 143
Carter, Martin Slemp, 54
Carter, Maude Wilt, 54
Carter, Mary E., 54
Carter, Mary F., 161
Carter, Mary Virginia, 54, 143
Carter, Molly, 54
Carter, Nettie, 96
Carter, Rena Sheckles, 202
Carter, Samuel Henry, 54, 76, 81
Carter, Sherry A., 54
Carter, Thomas H., 54, 202
Carter, Virginia M. Whitaker, 54, 76, 81
Carter, Will, 54
Carter, William, 215
Carter, Woodward, 202
Cary, Teresa, 126
Case, C. W., 164
Case, Clarence E., 171
Case, Dorothy, 202
Case, Hobart M., 164
Case, Ida L., 171
Case, Margaret L., 174
Case, Mary, 75
Case, Rebecca, 164
Case, Whitney Lynne, 180
Cashell, Caroline Grooms, 91
Cashell, Hazel Butt, 91
Cassedy, Mabel Claire Gott, 55
Cassedy, Miller Aiken, 55
Cassell, Augusta Rogers, 55

Cassell, Robert N., 55
Catalano, Dorothy Virginia Astlin Burch, 55
Catalano, Salvatore Vincent, 55
Catlett, Grandison, 102
Catlett, Mary Gassaway Dorsey, 102
Caton, Della M., 54
Caton, Timothy, 54
Cator, Carrie W., 55
Cator, Jane Rebecca, 130
Cator, Margaret S. Moulden, 55, 107
Cator, Mary Ann, 129
Cator, Mary Ann Cross, 130
Cator, Mary Frances, 130
Cator, Mary R., 107
Cator, Rebecca Jane, 129
Cator, Richard T., 55
Cator, Samuel, 129, 130
Cator, Samuel Holland, 55, 107
Catron, Alice C., 138
Catron, Alice Catherine Kolb, 138
Catron, Carrie E. Smith, 54, 58
Catron, Dan, 138
Catron, Donald William, 138
Catron, Elaine V., 171
Catron, Elizabeth, 104
Catron, James A., 54, 57
Catron, Martin Luther, 125
Catron, Myrtle Marie Tibbs, 125
Catron, Owen David, 171
Catron, Raymond Luther, 54
Catron, Sylvia, 138
Catron, William R., 138
Catron, William S., 138
Cecil, Alice Smith, 12
Cecil, Amanda A., 24
Cecil, Anice Julia Murphy, 12
Cecil, Ann C. Rice, 24
Cecil, Ann Elizabeth Sears, 26
Cecil, Annie, 24
Cecil, Annie "Marian," 12, 16
Cecil, Anna Mary "Mollie," 16, 20, 137, 139
Cecil, Anna Mary Nicholson, 137
Cecil, Archibald, 24
Cecil, Blanche Soper, 171
Cecil, Carrie V., 138
Cecil, Catherine, 24
Cecil, Catherine Jones, 56, 130
Cecil, Catherine V., 24
Cecil, Charlotte Howard, 24
Cecil, Clara L. "Callie," 54
Cecil, Clara V., 24
Cecil, Daisy, 12
Cecil, Ellie, 16
Cecil, Elmer Eugene, 12
Cecil, Emily Holland, 24
Cecil, Ethel Jane, 12
Cecil, Everett Hammond, 12, 145
Cecil, Everett Linden, 12

Cecil, George Mortimer, 9, 12, 16, 23
Cecil, Harry, 12
Cecil, Honora Rhodes, 24
Cecil, Ida A. Smith, 138
Cecil, Ida J. Smith, 24
Cecil, Ira Herbert, 26
Cecil, Ira Victor, 24
Cecil, John Wilson, 171
Cecil, Julia Mae "Mame" Thompson, 12, 145
Cecil, Lawrence Lee, 21
Cecil, Leven B., 24
Cecil, Leven R., 25
Cecil, Lillian Gertrude, 9
Cecil, Luther E., 55
Cecil, Margaret "Maggie" E. Kinna, 12, 16
Cecil, Mary, 145
Cecil, Mary Agnes, 25
Cecil, Mary C. Hawkins, 55
Cecil, Mary E., 138
Cecil, Mary E. Smith, 12, 24, 55
Cecil, Mary G. Thompson, 25
Cecil, Maurice Norman, 12
Cecil, Nellie, 12
Cecil, Oscar Thomas, 55
Cecil, Otho Franklin, 24, 137
Cecil, Otho Upton, 24
Cecil, Priscilla Willson, 24
Cecil, Rhoda H. Burdette, 138
Cecil, Samuel, 24
Cecil, Samuel Thompson, 137
Cecil, Sarah Jane Roelke, 9, 12, 16, 24
Cecil, Selma E. Gibson, 55
Cecil, Walter, 138
Cecil, Walter S., 138
Cecil, Wilbur Emory, 26
Cecil, Wilson, 171
Cecil, Wilson Hammond, 12, 24, 55
Cecil, William Henry, 138
Cecil, William Wilson, 12, 16
Cecil, Zephaniah, 56, 130
Cephas, George, 217
Chalmers, Alice A., 55
Chambers, Annie Laurie, 55
Chambers, David Clopton, 55
Chambers, Hathaway, 55
Chambers, Infant, 55
Chambers, Laura Ligon, 55
Chambers, Louise Lanier, 55
Chambers, William H., 55
Chambers, William Lee, 55
Chambers, William Leo, 55
Chaney, America, 131
Chaney, Asa A., 148
Chaney, James, 148
Chaney, Isaac, 131
Chaney, Mary E., 148
Chapman, Barbara Jean, 55

Chapman, Dorothy Anne Beall, 55
Chapman, Elizabeth Claire, 55
Chapman, Mabel C., 55
Chapman, Robert H., 55
Chase, Calvin R., 148
Chase, Lucille V., 148
Chase, Michael, 148
Chase, Roy R., 148
Chatterton, Anne Clark, 154
Chesney, Doris E., 202
Chesney, Ida Hilton, 202
Chesney, Robert R. 202
Chesney, Roy Price, 202
Chick, Bertha Cordell, 138
Chick, Clarence A., 138
Chick, Helen V., 138
Chick, Laura Irene, 75
Chick, Marie Ellen, 189
Chick, Rosie Emma Poole, 75
Chick, William Michael, 75
Childs, Altha Ann, 33, 155, 174
Childs, Charlotte A. R., 31
Childs, William A., 31
Chilton, Joshua, 128
Chilton, Matilda, 127, 128
Chilton, Nancy, 128
Chisholm, Frances, 82
Chisolm, Edna Ann, 107
Chisolm, Isabel C., 55, 107
Chisolm, Julian J., 55, 107
Chiswell, Ann Newton, 84
Chiswell, Antoinette Griffith, 51, 56, 61, 62
Chiswell, Byron Walling, 55, 73
Chiswell, Caroline Wheeler Hilleary, 44, 55, 56
Chiswell, Carrie Bodmer, 55
Chiswell, Carroll Thomas, 55
Chiswell, Dorothy Annette, 119
Chiswell, Edgar Burns, 55, 114
Chiswell, Edith, 126
Chiswell, Edward Fowler, 55
Chiswell, Edward Jones, 55, 56, 62, 126
Chiswell, Edward Lee, 55
Chiswell, Eleanor Chiswell White, 22, 43, 50, 56, 84, 129
Chiswell, Eleanor White, 43, 55, 63, 69, 71, 72, 129
Chiswell, Elizabeth Ellen, 55
Chiswell, Elizabeth Goldsmith, 56
Chiswell, Elizabeth Smith, 22
Chiswell, Elizabeth Susan, 55
Chiswell, Elizabeth White Gott, 123, 125
Chiswell, Ellen, 116
Chiswell, Eloise Wootton, 56
Chiswell, Elsie Lee, 45

Chiswell, Eugenia Gott, 55
Chiswell, Eveline White Allnutt, 55, 56, 62, 126
Chiswell, George Walter, 55, 56
Chiswell, George William, 55
Chiswell, Haddie Donagan Smith, 55, 114
Chiswell, Hattie Maguire Hersperger, 50, 56, 79
Chiswell, Helen Louise Moran, 55
Chiswell, Hester Anna, 43
Chiswell, Hester White, 42
Chiswell, Jean Dangerfield Knox, 56
Chiswell, John Augustus, 55
Chiswell, Joseph Newton, 22, 42, 50, 56, 84, 129
Chiswell, Joseph Thomas, 44, 55, 56
Chiswell, Kathryn Leigh, 114
Chiswell, Laura Lee, 104
Chiswell, Lawrence Allnutt, 50, 56, 79
Chiswell, Leah Griffith, 55, 56
Chiswell, Lillian Marguerite "Marjorie" Waters, 56, 119
Chiswell, Lulu Helen Lyons, 55
Chiswell, Maggie M., 56
Chiswell, Maria Louisa "Lutie", 44
Chiswell, Margaret, 108, 123, 127
Chiswell, Margaret Presbury, 44, 121, 123
Chiswell, Margaret White, 55
Chiswell, Mary Collison, 55
Chiswell, Mary Eleanor, 44, 63
Chiswell, Mary Eleanor Jones, 55, 123
Chiswell, Mary Fyffe, 55
Chiswell, Mary Newton, 42
Chiswell, Mary Robertson, 50
Chiswell, Maurice Hersperger, 56, 119
Chiswell, Maurice Waters, 56
Chiswell, Mildred Thornton, 56
Chiswell, Olivia Marguerite, 56
Chiswell, Naomi W. North, 55
Chiswell, Rachel, 121, 122
Chiswell, Ruby A., 56
Chiswell, Sallie D., 56
Chiswell, Sarah Anne, 61, 62
Chiswell, Sarah Constance, 79
Chiswell, Sarah Fletchall, 55, 56, 73
Chiswell, Sarah Newton, 42, 56, 64, 72, 73, 124
Chiswell, Sarah Prudence, 55
Chiswell, Sarah Odell Newton, 42, 64
Chiswell, Sarah Rebecca Phillips, 55
Chiswell, Stephen Newton, 62, 64
Chiswell, Thomas Fletchall, 55, 64, 123
Chiswell, Thomas Franklin, 56
Chiswell, Thomas Hilleary, 55, 56
Chiswell, Verlinda Catherine Lucretia Young, 55, 56
Chiswell, William, 42, 55, 73
Chiswell, William Augustus, 56

Chiswell, William Greenberry, 55
Christie, Alfred, 56
Christie, Carlton Lee, 56
Christie, Esther May, 56
Christie, Helen M., 56
Christie, Marjorie Ann, 56
Christmas, A. Mabel Mae Norris, 56
Christov, George, 56
Cimino, Libby Beall, 186
Cissel, Cecil Tschiffley, 181
Cissel, Charles LeRoy, 56
Cissel, Elizabeth, 56, 130
Cissel, Elmo, 56
Cissel, Eugene E., 56
Cissel, Eugene Walter, 181
Cissel, Georgia Newton, 56
Cissel, Julia Griffith, 56, 125
Cissel, Mariel Rebecca, 71, 72
Cissel, Martha Ann, 127
Cissel, Mary Eleanor, 56, 130
Cissel, Pauline Claire Jones, 56
Cissel, Philip A., 56, 130
Cissel, Rachel Sarah Williams, 56, 71, 127, 130
Cissel, Richard Humphrey, 56, 125
Cissel, Ruth Irene, 181
Cissel, Sallie I., 84
Cissel, Sarah Newton, 125
Cissel, William, 56, 71, 127, 130
Cissel, William Griffith, 56
Cissel, William Howard, 56
Clagett, Eveline, 225
Clagett, Fannie E., 202
Clagett, Henrietter, 225
Clagett, James O., 202
Clagett, Jennie, 225
Clagett, John H., 225
Clagett, Martha Jane, 226
Clagett, Nealy E., 225
Clagett, Nellie M., 159
Clagett, Senorah E., 222
Clagett, Susannah Rebecca, 224
Clagett, W. F. L., 225
Clagett, William C., 225
Claggett, Alice E., 31
Claggett, Charles E., 31, 32
Claggett, Charles Henry, 12
Claggett, Earl Leo, 40
Claggett, Edmonia Ambush, 31, 32
Claggett, Esther V., 189
Claggett, Eudolphia, 235
Claggett, Hepsy Edith Browning, 189
Claggett, Ida Belle Watkins, 189, 197
Claggett, Laura LaVonne, 56
Claggett, Lillie M., 189
Claggett, Linda Mae, 56
Claggett, Mary D., 189
Claggett, Minnie J. Herrell, 12
Claggett, Minnie Mae Flood, 56
Claggett, Nathan E., 189

Claggett, Salomia V. Edmonds, 12
Claggett, Richard C., 56
Claggett, Robert E., 189
Claggett, Virginia, 32
Clapham, Mary, 31
Clapp, Constance Popp, 31
Clapperton, Anita Dora Donn, 56
Clark, Alice L. H., 56
Clark, Benjamin R., 135
Clark, Blanche Griffith, 56
Clark, Elizabeth, 56
Clark, Emily Poole Darby, 51
Clark, Emily Poole Darby Brown, 56
Clark, Frances, 192
Clark, Henry Thomas, 57
Clark, Infant, 56
Clark, James Brent, 56
Clark, Margaret, 56
Clark, Mary, 159
Clark, Mary Ann, 9, 14
Clark, Morrison, 56
Clark, Myrna Livingston Jones, 57
Clark, Sarah Jupine, 146, 147
Clark, Sue, 46
Clark, Virginia, 53
Clark, William Clifton Brown, 56
Clarke, Ann Archey, 146, 147
Clarke, Beulah L., 135
Clarke, Daniel, 14
Clarke, James F., 135
Clarke, John G., 146, 147
Clarke, Mary Ann Duvall, 14
Clarke, Mollie E., 135
Clarke, Noah E., 135
Clarke, Raymond R., 131
Clarke, Samuel E., 135
Clay, Anna, 229
Clay, Georgia, 225
Clay, Joseph F., 225
Clayton, Annie Lee Thompson, 180
Clayton, John Ralph, 180
Clements, Charles A., 31
Clements, Clara Louise, 31
Clements, Dorothy Edna, 68,
Clements, Edna G., 57
Clements, Edna Phelps, 68
Clements, Emily Jane Jones, 31
Clements, Frances Gertrude, 31
Clements, George Howard, 31
Clements, Henry L., 31
Clements, Infant, 57
Clements, Leona L. Waddell, 57
Clements, Lucille, 36
Clements, Marie, 31
Clements, Mary Beall, 31
Clements, Mary Ellen Beall, 31, 33
Clements, Mary R., 36
Clements, Peter Henry, 31, 33
Clements, Robert Lee, 171
Clements, Rosa B., 33
Clements, Sarah, 31, 33
Clements, Sarah Ellen Jones, 31
Clements, Thomas H., 68
Clements, Thomas Henry, 57
Clements, William Joseph, 57
Cline, Bernice LeRue Roderick, 225
Cline, Carl Albert, 225
Cline, Catherine Connor, 225
Cline, Daisy Viola Moxley, 225
Cline, Eleanor Viola, 225
Cline, Ellis Franklin, 225
Cline, Esther Leith Moxley, 225
Cline, Georgia Evelyn Gladhill, 225
Cline, Harry Robert, 225
Cline, Mary Lousie Stream, 57
Cline, Oda May, 165, 228
Cline, Walter A., 225
Clinedinst, David Boyd, 189
Clipper, Christine Kohlhoss, 57
Clodfelter, Dorcas Miles, 202
Clodfelter, Druid Andrew, 202
Clothier, Archie Ball, 57
Clothier, Horace Truman, 57
Clothier, Sarah Pauline Hays, 57
Clopton, David, 57
Clowser, Ethel, 18
Clugston, Edith, 108
Clugston, Samuel Nelson, 57
Coates, Clarence J., 57
Coates, Eleanor Elgin, 57
Coates, Mae B., 161
Coates, Margaret C., 161
Coates, T. Henry, 161
Coates, William H., 161
Coatsworth, Mabel Dorothy, 63
Cochran, George C., 57
Cody, John Samuel, 154
Cohens, Annie Mae, 217
Cohens, George, 217
Colbert, Elizabeth B., 31
Colbert, Elizabeth M., 31
Colbert, Ray Wallace, 31
Colbert, Roy V., 31
Cole, Alice R., 76
Cole, Annie M., 57
Cole, Bertha M., 57
Cole, Bessie, 115
Cole, Carrie E. Smith Catron, 57
Cole, Charles Albert, 57
Cole, Charles Lee, 57
Cole, David C., 180
Cole, Douglas Raymond, 57
Cole, Ellen M., 57
Cole, Ezra E., 57
Cole, Ida C., 57, 126
Cole, James S., 40
Cole, John Edward, 57
Cole, John Morris, 57
Cole, John Walter, 57
Cole, Leonard S., 57
Cole, Lila V., 40
Cole, Maggie E., 57
Cole, Margaret Ann, 57
Cole, Margaret I. Hubble, 57
Cole, Mamie, 121, 146
Cole, Maria, 99
Cole, Martha Ann, 57
Cole, Mary Elizabeth, 57
Cole, Mary Elizabeth Nicholson, 57
Cole, Minnie Pearl Smith, 57
Cole, Myrtle E., 57
Cole, Norman, 57, 126
Cole, Norman R., 57
Cole, Paul M., 57
Cole, Richard, 57
Cole, Robert Eugene, 57
Cole, Thomas E., 57
Cole, William E., 57
Cole, William U., 57
Coles, Kathryn Davis, 131
Coleman, James, 28
Coleman, Jennie, 70
Coleman, Teresa, 144
Collier, Annie C., 57
Collier, Beulah L., 57
Collier, Carrie M., 57
Collier, Henry L., 57
Collier, J. T., 57
Collier, John, 57
Collier, John W., 57
Collier, Marcus S., 57
Collier, Martha Virginia, 58
Collier, Mary F., 57, 58
Collier, Mary Louise, 57
Collier, Olga Hume, 57
Collier, Richard H., 57, 58
Collier, Ruth L., 57
Collier, Theresa Walters, 57
Collier, Thomas Peyton, 58
Collier, William, 57
Collier, William F., 57
Collier, William Peyton, 58
Collins, Barbara Jean Beach Spring, 12
Collins, Eugenia V., 154
Collins, Lester H., 154
Collins, Marguerite B., 138
Collins, Patrick J., 138
Collins, Robert Elliot, 138
Collins, Stephen Lynn, 154
Collinson, Sarah, 71, 72
Collis, Connie Lynn, 225
Colpo, James L., 31
Colpo, Ruth E., 31
Colwell, Abbie Mae, 58
Comegys, Arlene, 75
Comegys, Letha C. Beauchamp, 12
Comer, Emory L., 58
Comes, Nonie Estelle, 138
Compher, Esther Mary, 93

Compher, Eva May, 58
Compher, Henrietta, 93
Compher, Jonas, 93
Compher, Miriam Kutz, 58
Compher, Nettie Lee Cooley, 58
Compher, Ruth Ellen Beall, 58, 63
Compher, Samuel P., 58
Compher, W. Clinton, 58
Compher, Zachariah M., 58
Compton, Myra Eliza, 44
Compton, Victoria, 110
Comstock, Mercy, 27
Condon, Carrie V., 225
Condon, Harriet, 16
Condon, William W., 225
Conley, Charles W., 83
Conley, Clara B., 83
Conley, John W., 58
Conley, Martha L., 83
Conlon, James, 32
Conlon, Josephine O'Leary, 32
Conlon, Laura, 34
Conlon, Laura Goldin Wessells, 31, 34, 58
Conlon, Ruth Irving, 58
Conlon, Thomas Aloysius, 31, 34, 58
Connelly, A. Lewis, 24
Connelly, Barbara M., 58
Connelly, Bessie, 24
Connelly, Clark, 58
Connelly, Dorsey M., 24
Connelly, Horace, 58
Connelly, John W., 58
Connelly, Lucinda Jones, 24
Connelly, Margaret E., 58
Connelly, Michael, 24
Connelly, Thomas Jefferson, 24
Connelly, Walter Thomas, 24
Connor, Catherine, 225
Conroy, Mary Florence, 36
Conwell, Infant, 58
Conwell, Seymorus, 58
Cooden, Joseph J., 154
Cook, Helen Louise, 58
Cook, Howard Lee, 58
Cook, Nellie, 125
Cooley, Alice Frances, 35
Cooley, Alice May, 58
Cooley, Amos, 26, 58
Cooley, Ann, 59
Cooley, Annie, 60
Cooley, Annie M. Poole, 59
Cooley, Annie R., 88
Cooley, B. Raymond, 138
Cooley, Barbara A., 58
Cooley, Benjamin Franklin, 138
Cooley, Betty Columbia Wood, 49, 58
Cooley, Beulah Frances, 58
Cooley, Brown, 58
Cooley, C. B., 32

Cooley, Calvin, 59
Cooley, Carol Jean, 58
Cooley, Charles Garrett, 58
Cooley, Charles L., 58
Cooley, Charles T., 58, 59
Cooley, Claude, 68, 126
Cooley, Claude O., 58
Cooley, Dora Hall, 126
Cooley, Dorothy Virginia, 49
Cooley, Earl Calvert, 58
Cooley, Edward, 58
Cooley, Effie Ann Miles, 58, 138
Cooley, Eldridge M., 58
Cooley, Eleanor Jane Gleason, 32, 59, 174
Cooley, Eleanor N., 24
Cooley, Elgie N., 58
Cooley, Eli Garrett, 58, 137
Cooley, Elizabeth A., 26
Cooley, Elizabeth Ann, 84, 95
Cooley, Elizabeth R., 129
Cooley, Ella Mossburg, 58
Cooley, Elvira E., 36
Cooley, Estelle A., 32
Cooley, Esther, 113
Cooley, Eugene, 58
Cooley, George Fulton, 49, 58
Cooley, George W., 12
Cooley, Gladys Lee, 58
Cooley, H. Eileen Miles, 16
Cooley, H. Herbert, 59
Cooley, Herbert William 58
Cooley, Ida, 72
Cooley, Infant, 59
Cooley, Isabella Virginia, 59
Cooley, James, 59
Cooley, James G., 24
Cooley, Jane, 68
Cooley, Jane Hall, 126
Cooley, Jennie E., 32
Cooley, John Bernard, 58
Cooley, John Edward, 32
Cooley, John Franklin, 35, 36
Cooley, John Garrett, 32, 59, 95, 174
Cooley, Laura Jane Beall, 58
Cooley, Laura Livingston, 174
Cooley, Lillie May Sears, 58
Cooley, Louisa, 32, 58
Cooley, Lucy, 58
Cooley, Lucy E., 32
Cooley, Lucy Elizabeth Sullivan, 58
Cooley, Maggie E., 57, 59
Cooley, Maria E. Belt, 59
Cooley, Martha Maria Johnson, 58
Cooley, Martin S., 58
Cooley, Mary A., 58, 59
Cooley, Mary A. "Nannie," 58
Cooley, Mary Catherine Nicholson, 35, 35, 36

Cooley, Mary Cecilia, 100
Cooley, Mary E., 129
Cooley, Mary G., 138
Cooley, Maud Ann Hawkins Nicholson, 12
Cooley, May Etta, 58, 59
Cooley, Mazie R., 32
Cooley, Mitchell W., 58
Cooley, Naomi B., 59
Cooley, Nathan S., 58
Cooley, Nellie Boteler White, 58
Cooley, Nettie Lee, 58
Cooley, Otho B., 58
Cooley, Richard E., 32
Cooley, Robert T., 58, 59
Cooley, Roy G., 58
Cooley, Russell W., 32
Cooley, Ruth Ann, 129
Cooley, Sallie Eloise, 68
Cooley, Sandra L., 58
Cooley, Sid, 59
Cooley, Sterling T., 58, 59
Cooley, Vernon Thomas, 58
Cooley, William Henry, 51, 59
Cooley, William Smith, 59
Cooley, Wynona, 59
Cooley, Zachariah Garrett, 58, 59
Cooper, Arthur Berkley, 59
Cooper, Catherine, 46
Cooper, Elva G. Mundy, 59
Cooper, Frances, 59
Cooper, Herman, 131
Cooper, Infant, 59
Cooper, John H., 59
Cooper, Purnell, 131
Copeland, Adrian, 135
Copeland, Amanda, 99
Copeland, David O., 135
Copeland, Gilbert Vernon, 135
Copeland, Herbert L., 135
Copeland, Nannie G., 177
Copeland, Virgie, 135
Corbin, Ann M., 139
Corbin, Ella James, 59
Corbin, Evelyn, 59
Corbin, Robert L., 59
Cordell, Bertha, 138
Cordell, Daisy Mae, 139
Cordell, Dorothy Hilton, 180
Cordell, Edward, 139
Cordell, Eileen Burdette, 154
Cordell, Ella I., 139
Cordell, Elza Clifton, 180
Cordell, Eugene, 139
Cordell, James D., 139
Cordell, John Henry, 138, 139
Cordell, John Roger, 180
Cordell, Kenneth E., 139
Cordell, Lula A., 147
Cordell, Madaline M., 139

Cordell, Mary Ellen, 138, 139
Cordell, Nettie J., 139
Cordell, Russell, 139
Cordell, Ruth Ann, 139
Cordell, Virginia, 124
Cordell, Welty Clifford, 139
Cornwell, Ada Belle, 59
Cornwell, James A., 59
Cornwell, John L., 59
Cornwell, Lafeyette A., 59
Cornwell, Maggie E., 59
Cornwell, Mary Virginia, 59
Cornwell, Mollie D., 59
Corse, Barbara Lee, 59
Corse, Infant, 59
Corse, Thomas P., 59
Corse, William C., 59
Cosbert, Emil, 154
Cosgrave, Ada Viola, 59
Cosgrave, Alice, 26
Cosgrave, Charles F., 26
Cosgrave, Frances C., 26, 59
Cosgrave, Infant, 59
Cosgrave, Joseph W., 26
Cosgrave, Lawrence Snowden, 59
Cosgrave, Mary E., 27
Cosgrave, Rose Marie, 25, 59
Cosgrave, William, 26
Cosgrave, William D., 59
Cosgrove, Nellie, 169
Costen, Frances Wilmoth, 171
Costen, Robert Emory, 171
Coster, Cora, 76
Counts, Jerry, 202
Covell, Mildred M., 12, 138
Covert, Mabel Elizabeth, 59
Covert, Newton J., 59
Covington, Charles W., 225
Covington, Gladys Irene, 225, 234
Cowell, Alona Burns, 59
Cowell, Frank B., 59
Cowell, Ida May, 33
Covington, Annie Laurie, 71
Cox, Christine F., 155
Cox, Joseph, 69
Cox, Judith, 69
Cox, Lucille Irene, 53
Cox, Mildred R., 69
Crabill, Carl L., 180
Crabill, Frances B., 180
Cramer, Charles Benjamin, 202
Cramer, McKendree B., 202
Cramer, Mary Boyer, 202
Crampton, Carrie, 131
Crampton, Clarence E., 131
Crampton, Della G., 131
Crampton, Donald C., 40
Crampton, Emma M., 131
Crampton, Elvira Elizabeth, 40
Crampton, Harry C., 131

Crampton, Harry G., 131
Crampton, John V., 131
Crampton, Leonard C., 131
Crampton, Lewis, 131
Crampton, Roberta, 218
Crampton, Roland Henry, 40
Crampton, Sally, 131
Crampton, Sarah J., 131
Crampton, William J., 131
Cranford, Ida J. Moxley, 59
Cranford, Joseph Winfield, 59
Craven, Dorothy, 28
Craven, Lilly I., 40
Craven, Virginia, 128
Craven, Walter L., 40
Crawford, Annie, 131
Crawford, Helen Irene Moxley, 225
Crawford, Milton Hazel, 225
Creamer, Myrtle I., 37
Creger, Charles C., 59
Creger, Douglas L., 215
Creger, Floyd Bascum, 59
Creger, James H., 215
Creger, Lottie Argirtha, 59
Creger, Margaret R. L., 59
Creger, Margie A. Harner, 59
Cregger, Bertha Mae Pennington, 59, 87
Cregger, Eli, 59
Cregger, Esther Thelma, 59
Cregger, Floyd W., 59, 87
Cregger, Frances, 87
Cregger, Kenneth Floyd, 59
Cregger, Linda Carroll, 59
Cregger, Mae Thompson, 59
Cregger, Ray, 59
Cregger, Steven Mark, 59
Crismond, Mabel G., 202
Crismond, Otha, 202
Crissey, Bertha A., 59
Crissey, James Beverley, 59
Crist, Alice, 82
Crist, Alice Pauline, 227
Crist, Julia Elizabeth, 82
Crist, William, 82
Crockett, Julius A., 202
Crockett, Mary Margaret, 202
Crockett, Sarah E., 202
Crook, Eula Mae, 171
Crook, Pauline, 171
Crook, Rufus Edwin, 171
Cromwell, Arthur Hays, 60
Cromwell, Cleveland, 60
Cromwell, Grace Olivia, 60
Cromwell, Mary Elizabeth, 60
Cromwell, Pearl B., 60
Cromwell, Richard, 60
Crone, Charles B., 60
Crone, Kathryn E. Soper, 60

Cropley, Mary Ann, 32, 95
Cropper, Agnes Beatirce, 93
Cross, Alice, 79
Cross, Anastatia, 60
Cross, Blanche Virginia, 53
Cross, Charles Upton, 60
Cross, Emma Irene, 53
Cross, Frances Lavinia, 84
Cross, John, 60
Cross, John D., 60
Cross, Joseph Thomas, 60
Cross, Mary, 60
Cross, Mary Ann, 130
Cross, Reginald Whalen, 53, 60
Cross, Sarah Elener, 60
Crouse, Mary, 154
Crouse, Nellie Louise, 226
Crown, Annie Marie, 17
Crown, Arlington, 17
Crown, Clarence B., 154
Crown, Claudia M., 154
Crown, Margaret, 17
Cruit, Alice Maude, 60
Cruit, Alice Nora, 60
Cruit, Charlotte E. Morrison, 60
Cruit, Edith Ellen, 60
Cruit, Edwin D., 60
Cruit, Katherine W., 60
Cruit, Luther Reed, 60
Cruit, Russell C. H., 60
Cruit, Thomas D., 60
Crutchley, Bertie M., 139
Crutchley, Catherine A., 139
Crutchley, Lydia M. Hurley, 139
Crutchley, Milton, 139
Crutchley, Paul Linwood, 139
Crutchley, Russell K., 139
Crutchley, William E., 139
Crumine, Eleanor, 113
Cubitt, Annie Catherine, 124
Cubitt, Carrie V., 60
Cubitt, Dorothy Ann, 60
Cubbit, Edna Lee Dodd, 60
Cubbit, Elizabeth Rebecca Luhn, 60, 95
Cubitt, Evelyn, 86
Cubitt, Frank Edward, 60, 95
Cubitt, George Washington, 49, 53, 60
Cubitt, Isaac Davis, 60
Cubitt, James O., 60
Cubitt, John Allen, 60
Cubitt, John Isaac, 60
Cubitt, Mary Christine Monard, 49, 53, 60, 113
Cubitt, Millard O., 60
Cubitt, Rodney William, 60
Cubitt, Rosa May, 53
Cummings, Ann Mildred Jones, 60

Cummings, Bertha Beck, 74
Cummings, Elizabeth Ann, 74
Cummings, Joseph Franklin, 60
Cummings, Raymond, 74
Cunningham, Evelyn Wooten, 60
Cundfuff, Howard, 7
Cunduff, Marian, 7
Cunduff, Vivian, 7
Curtis, Annie Cooley, 60
Curtis, Clarence W., 161
Curtis, H. Kimberly, 164
Curtis, Howard N., 164
Curtis, Kimeshay, 161
Curtis, Lillian C., 164
Curtis, Robert Elmer, 60
Curtis, Samuel A., 164
Custer, George F., 156
Custer, Ida J., 156
Custer, Mary Elizabeth, 158
Custer, Mary Ellen Fox, 156
Custer, William G., 154
Cutsail, Beatrice, 187
Cutsail, Charles H., 189
Cutsail, Ella Rebecca, 11, 12, 15
Cutsail, Fannie Cochel, 188
Cutsail, George H., 188, 189
Cutsail, George W., 189
Cutsail, Howard H., 189
Cutsail, J. Herman, 225
Cutsail, John J., 12
Cutsail, Julia E., 195
Cutsail, Mamie, 108
Cutsail, Mary Pumphrey, 225
Cutsail, Rosetta May Watkins, 188, 189
Cutsail, Sarah E., 189
Cutsail, Sarah Elizabeth, 189
Cutsail, Susan Rebecca McDevitt, 12

Dade, Alexander, 60
Dade, Alonzo, 60
Dade, Anna Laura, 61
Dade, Annie M., 60
Dade, Catherine H., 61
Dade, Charles Grason, 61
Dade, Edwin Franklin, 61
Dade, Elizabeth Darnell, 73, 103
Dade, Frank Bond, 61
Dade, Genevieve M., 202
Dade, Gertrude E., 61
Dade, Infant, 61
Dade, John B., 202
Dade, John H., 61
Dade, John Liston, 61
Dade, Mary Catherine, 119
Dade, Mary Jeanette, 62
Dade, Mary Rebecca, 77, 109
Dade, Robert Townsend, 61, 109, 119
Dade, Ruth Simmons, 61, 109, 119
Dade, Sara R., 103
Dade, Sarah Ann, 109

Dade, Sarah Elizabeth Jones, 61
Dade, Serena, 109
Dade, Serena Elizabeth, 60
Dade, Susan Ann White, 60
Dade, Thomas, 61
Dade, Thomas Collison, 60
Dade, Townshend, 60
Dade, Viola, 60
Dade, Wade Hampton, 60
Dade, William Franklin, 61
Dahler, Ernest Herbert, 189
Dahler, Francis Frederick, 189
Dahler, Mabel S. Burdette, 189
Dahler, Wilma M. Ford, 189
Dahn, Eloise, 75
Dahn, Frank W., 61
Dahn, Norrine Norris, 61
Dailey, James F., 61
Dale, Kevin Lee, 180
Dallas, Allen W., 139
Dallas, Dorothy K., 139
Dalrymple, Joan Margaret, 202
Dangler, Kathleen C., 7
Daniel, Anne Elizabeth, 98
Daniel, Bonnie Anton, 61
Daniel, Elsie Lee White, 61
Daniel, Mansfield White, 61
Daniel, Mary White, 61
Daniel, William Aglionby, 61
Daniels, Versenall Virginia, 154
Darby, A. Somers, 189
Darby, Addie V. Snyder, 189
Darby, Albert Allnutt, 61
Darby, Alice Antoinette, 90
Darby, Alice Harrison, 61
Darby, Alice Rebecca, 73, 105
Darby, Angela Loretta Elberth, 62
Darby, Annie Elizabeth Gardner, 12
Darby, Antoinette G., 51, 56, 61, 62
Darby, Basil, 61
Darby, Benjamin Franklin, 61
Darby, Benoni Dawson, 62
Darby, Bertha S. Lawson, 189
Darby, Bessie Dawson, 62
Darby, Carrie Murphy, 12
Darby, Catherine Elizabeth, 50, 95
Darby, Catherine Jane Piles, 61
Darby, Catherine Vaughn, 61
Darby, Charles R., 61
Darby, Charlotte H., 139
Darby, Child, 61
Darby, Chloe Ellen Mackatee, 172
Darby, Clara Irene Fowler, 62, 63, 73
Darby, Clarence Milton, 12
Darby, Cora John Whitaker, 62
Darby, Dorothy Nan, 215
Darby, Dorsey N., 215
Darby, Edward Spencer, 62
Darby, Edwin, 50, 139
Darby, Edwin N., 12, 15

Darby, Eliza Jane Duvall, 202, 203
Darby, Elizabeth, 61
Darby, Elizabeth A., 12, 139, 203
Darby, Elizabeth Jane, 50
Darby, Emily Inney, 61
Darby, Emily Poole, 44, 51
Darby, Estelle Allnutt, 62
Darby, Ethel Jane Cecil, 12
Darby, Eva W., 62
Darby, Evalyn, 44
Darby, Evelyn B. Walker, 12
Darby, Evelyn Gertrude, 91
Darby, F. Edwin, 63, 139, 154
Darby, Genevieve, 31
Darby, Genevieve Mattingly, 51, 86
Darby, George, 61, 62, 84
Darby, George A., 12, 139
Darby, George Dawson, 62
Darby, George Hilton, 139
Darby, George Milton, 61
Darby, George Washington, 12, 62, 172
Darby, Gertrude E. Dade, 61
Darby, Grayson Dade, 61
Darby, Harry, 61
Darby, Harry Clay, 61, 127
Darby, Harry Dunbar, 61
Darby, Hattie, 202
Darby, Helen W. Pyles, 61
Darby, Herbert S., 139
Darby, Infant, 61, 62, 202
Darby, Irene, 127
Darby, Isabella A., 82
Darby, James Washington, 61, 62, 91
Darby, John E., 62
Darby, John Edwin, 61, 90
Darby, John Gardner, 12
Darby, John Riggs, 61
Darby, John William, 50, 61, 62, 81
Darby, Joseph Newton, 44, 62, 63
Darby, Julia Allnutt, 61, 62
Darby, Julia T., 202
Darby, Katie Dyson, 61, 127
Darby, Keziah, 170
Darby, Laura, 103
Darby, Laura Allnutt, 63
Darby, Laura Anna, 103
Darby, Laura Jones, 63
Darby, Lawrence Allnutt, 61, 62, 88
Darby, Lawrence Jones, 62
Darby, Lee W., 61
Darby, Lillian M. Hilton, 139
Darby, Lottie V., 202
Darby, Louisa Ann, 154
Darby, Margaret, 88
Darby, Margaret Eleanor Allnutt, 61, 62
Darby, Martha W., 172
Darby, Mary Eleanor Chiswell, 44, 62, 62
Darby, Mary George, 51

Darby, Mary D. Hays, 62
Darby, Mary Eleanor, 62
Darby, Mary Elizabeth, 62
Darby, Mary Jane Burdette, 12
Darby, Mary Jane Harris, 12, 61, 62
Darby, Mary Jeanette Dade, 61, 62, 91
Darby, Mary Virginia, 120
Darby, Mary Riggs, 62
Darby, Maude Gross, 63
Darby, Natalie A., 63
Darby, Nellie, 61
Darby, Nellie Hall, 62
Darby, Nellie Vaughn, 61
Darby, Olive Gertrude Hyatt, 61, 90
Darby, Rebecca Allnutt, 61
Darby, Rebecca Dawson, 62
Darby, Reginald James, 62
Darby, Remus Riggs, 51, 56, 62, 63, 73
Darby, Rhea, 191
Darby, Richard Edwin, 62
Darby, Robert Clifton, 12
Darby, Robert Doyne, 62
Darby, Robert J., 12
Darby, Robert S., 202
Darby, Rose Maria, 78, 84
Darby, Ruth Ellen, 61, 62
Darby, Ruth Ellen Edelen, 50, 51, 61, 62, 81
Darby, Ruth R., 50
Darby, Sadie E., 202
Darby, Sallie, 62
Darby, Sally L., 37
Darby, Samuel C., 12, 61, 62
Darby, Samuel Porter, 62
Darby, Sarah, 50
Darby, Sarah Ann, 12, 15
Darby, Sarah Ann Chiswell, 61, 62, 88
Darby, Sarah Ann Holland, 63, 139, 154
Darby, Sarah Ann Valinda, 62
Darby, Sarah Elizabeth Dawson, 62, 113
Darby, Sarah Newton Chiswell, 46
Darby, Sarah Pauline, 103, 154
Darby, Sarah "Sallie" Virginia Hendren, 61
Darby, Susan Augusta, 62
Darby, Thomas, 62
Darby, Thomas Chiswell, 62
Darby, Thomas Dawson, 62, 113
Darby, Thomas Gordon, 63
Darby, Thomas M., 202
Darby, Thomas P., 61
Darby, Thomas W., 189
Darby, Tienny, 61
Darby, Valeria Wailes, 62
Darby, Verlinda Allnutt, 84
Darby, Verlinda Hawkins Allnutt, 61, 62
Darby, Virginia Lee Dorsey, 62
Darby, Virginia Lydanne, 70

Darby, William D., 202
Darby, William H., 202, 203
Darby, William Hendren, 61
Darby, William LeRoy, 63
Darby, William Washington, 63, 103
Darby, William Wootten, 12
Darby, Zachery T., 62
Darne, Alexander, 63
Darne, Catherine, 63
Darne, Cora Arnelia Hurley, 63
Darne, Dorian Prentiss, 63
Darne, Isabel E. Mossburg, 63
Darne, Thomas Franklin, 63
Darnell, Marietta Fish, 84
Darnell, Mary Elizabeth, 84, 121
Darnell, Thomas, 84
Darr, Lavinia, 100
Darrieulat, Francois S., 32, 95
Darrieulat, Marguerite M., 32
Darrieulat, Marie Louise Roux, 32, 95
Davenport, Robert T., 161
Davidson, Emma May, 233
Davidson, Gladys Carlson, 63
Davidson, Hans, 63
Davids, Johanna Paulsen, 63
Davidson, Hugh Lawson, 172
Davidson, John Edward, 63
Davidson, L. Elizabeth, 172
Davidson, Lucy M., 189
Davis, A. Windsor, 236
Davis, Ada Lee, 12
Davis, Adah Lee, 12
Davis, Alta Lee, 9
Davis, Ann C. Williams, 236
Davis, Anna, 202
Davis, Anna A., 63
Davis, Anna F., 202
Davis, Annie Laura, 148
Davis, Annie Ruth Brown, 63
Davis, Antonia Windsor, 236
Davis, Arundel Thomas, 63
Davis, Benjamin, 12
Davis, Bessie, 228
Davis, Bessie E., 163
Davis, Bessie L., 225
Davis, Betty F., 189
Davis, Burnerdeen, 148
Davis, Calvin C., 63
Davis, Carolyne Virginia, 63
Davis, Catherine, 23, 63
Davis, Catherine S., Miles, 63, 64
Davis, Charles C., 7
Davis, Charles E., 63
Davis, Charles G., 225, 228
Davis, Charles Horace, 63
Davis, Charles T., 7, 9
Davis, Charles Wesley, 23
Davis, Charlotte Duvall, 7
Davis, Chester H., 63
Davis, Christiana, 131

Davis, Clara Pearre Hays, 12, 63
Davis, Clarence, 217
Davis, Clarence Henry, 131
Davis, Clifford J., 202
Davis, Edgar, 165, 202
Davis, Edna Earle, 78
Davis, Edward M., 63
Davis, Effie B. McDonough, 64
Davis, Effie W., 188
Davis, Eli, 7, 225, 236
Davis, Eli M., 236
Davis, Eliza J., 131
Davis, Elizabeth Garland Hamner, 63
Davis, Elizabeth Hyatt, 9, 63
Davis, Elizabeth Price, 7, 236
Davis, Ella C., 172
Davis, Emma A., 175
Davis, Esme Edythe Sharpe, 63
Davis, Fahnesta Vandersloot, 236
Davis, Florence Mae, 148
Davis, Florida B., 202
Davis, Frances M., 236
Davis, Francis E., 63
Davis, Frank Isaac, 63
Davis, George, 9, 12, 63
Davis, George Alfred, 63
Davis, George F., 63
Davis, George Vernon, 63
Davis, George Wallace, 7, 236
Davis, Green P., 135
Davis, Harold Thomas, 63
Davis, Harriet Abigail Hays, 51, 63, 76, 88
Davis, Harriet Jane, 63
Davis, Harriet M. Lightner, 7, 9
Davis, Harry J., 63
Davis, Harry W., 148
Davis, Helen, 203
Davis, Helen K., 7
Davis, Helen M., 148
Davis, Horace Morsell, 54, 63, 78
Davis, Howard Morsell, 63
Davis, Ira Linwood, 12
Davis, Isaac, 22
Davis, Isaac Howard, 63, 64
Davis, James A., 236
Davis, James Henry, 131
Davis, James Lynn, 63, 78, 104
Davis, James Ray, 236
Davis, James William D., Jr., 7
Davis, Jane "Jennie," 78
Davis, Jane Plater Brewer, 63, 78, 104
Davis, Jesse Wilson, 63
Davis, Jessie I Watkins, 189
Davis, John, 63
Davis, John J., 63
Davis, John M., 175
Davis, John Wallace, 51, 63, 76, 88
Davis, Johanna, 163

Davis, Kate A. Baker Davis Hyatt, 7, 9
Davis, Laura A. Warfield, 225, 228
Davis, Laura Emma, 165
Davis, Laura Helen, 180, 189, 190, 193, 196, 230
Davis, Laura May, 175
Davis, Lawrence Preston, 131
Davis, Louise Pearre, 51
Davis, Leona May, 15, 16, 88, 192
Davis, Leonidas Wilson, 64
Davis, LeRoy, 64
Davis, Lois Lillian, 196
Davis, Lola A., 7
Davis, Lola A. Day, 236
Davis, Lucille Skinner Dodson, 63
Davis, Lula Hager, 63
Davis, M. E., 7
Davis, Mabel Dorothy Coatsworth, 63
Davis, Margaret Jane Magruder Van Sise, 63
Davis, Margaret Nolia, 63
Davis, Martha, 104
Davis, Martha S., 23
Davis, Martha W., 172
Davis, Mary, 9
Davis, Mary B., 7
Davis, Mary Brewer, 63
Davis, Mary E. Young, 64
Davis, Mary Emma Williams, 54, 63, 78
Davis, Mary Harrison Griffith, 64
Davis, Mary Loretta, 36, 63
Davis, Maude, 165
Davis, Maude M., 202
Davis, Mildred, 63
Davis, Mildred Lucille Briggs, 63
Davis, Minnie Abigail, 76
Davis, Nina R. Mobley, 64
Davis, Nannie, 54
Davis, Nannie Hamner, 63
Davis, Nora Browning, 236
Davis, Notley Hays, 63
Davis, Rachel Morsell, 7, 225, 236
Davis, Ray, 64
Davis, Rebecca M. Ebert, 236
Davis, Reginald W., 63
Davis, Richard, 236
Davis, Richard Plummer, 188, 189
Davis, Robert, 64
Davis, Robert G., 172
Davis, Robert Hayden, 189, 193
Davis, Robert Lee, 148
Davis, Rufus Hamilton, 63
Davis, Ruth H., Young, 63
Davis, Sadie Estelle, 236
Davis, Samuel Benton, 236
Davis, Sarah Ella, 189
Davis, Sarah Ellen Gott, 63
Davis, Sarah Emmer, 23
Davis, Solomon, 64

Davis, Susan Boyd Griffith, 63
Davis, Theodore T., 236
Davis, Vachel H., 202
Davis, Vera A., 236
Davis, Victoria V., 217
Davis, Victorine Smith, 63
Davis, Virginia Ruth Williams, 188, 189
Davis, William, 148
Davis, William D., 7, 9
Davis, William Morsell, 236
Davis, William R., 189
Davis, Windsor W., 148
Dawson, Americus, 64
Dawson, Ann Allnutt, 64, 83, 116
Dawson, Annie E., 124, 125
Dawson, Barbara Ann, 44, 102
Dawson, Barbara E., 49, 78, 116, 117
Dawson, Benoni, 43, 62, 64, 120
Dawson, Charles E., 64
Dawson, Cyanne Prince, 64
Dawson, Dorothy Wootton, 64
Dawson, Eleanor, 64
Dawson, Eleanor Louise, 44, 64,
Dawson, Elizabeth Allnutt, 64
Dawson, Elizabeth Hawkins Lowe, 44, 64
Dawson, Emily Augusta, 43, 44
Dawson, Emma C. Veirs, 64, 66
Dawson, George Washington, 64
Dawson, Henrietta, 64
Dawson, Henrietta Lowe, 44, 64
Dawson, James Mackall, 64, 83, 116
Dawson, James P., 64
Dawson, John Hollyday, 64
Dawson, Joseph Newton, 64
Dawson, Josephine, 126
Dawson, Louise V. Hepburn, 64
Dawson, Martha Maria, 120
Dawson, Mary, 13
Dawson, Mary Ann, 83, 84
Dawson, Mary Doyne, 64
Dawson, Mary E., 64
Dawson, Mary Elizabeth, 64
Dawson, Mary Louise, 124
Dawson, Mary Mackall, 64
Dawson, Nicholas Lowe, 64
Dawson, Rebecca, 64
Dawson, Robert Doyne, 42, 44, 64
Dawson, Rachel Ann White Trundle, 64
Dawson, Sarah Ann Newton Jones, 43, 62, 64, 120
Dawson, Sarah Elizabeth, 62, 113
Dawson, Sarah Newton Chiswell, 42, 64
Dawson, Susan, 64
Dawson, Susannah Hawkins Allnutt, 64

Dawson, Thomas, 44, 64
Dawson, Thomas G., 64
Dawson, Verlinda Hawkins, 43, 44, 98
Dawson, Virginia Mays, 64
Dawson, Virginia O., 64
Dawson, William Cyrus, 64
Dawson, William Prince, 64, 66
Dawson, William Veirs, 64
Day, Alberta V. Burns, 224
Day, Altoona B. C., 190
Day, Agnes Riley, 236
Day, Amanda Wilson, 227
Day, American Addison S., 189
Day, Annie Griffith, 189
Day, Ann Priscilla Brandenburg, 185, 189, 190, 196
Day, Annie Elgin, 209
Day, Annie Laurie, 190
Day, Annie Sophronia McElfresh, 186, 190
Day, Asenath E. Wilson, 225
Day, Basil, 189
Day, Bertha E., 209
Day, Bessie E. Hains, 202
Day, Bessie Mae Bennett, 139
Day, Betty M., 189
Day, Bradley J., 202
Day, Carmye Fay, 11
Day, Carretta Walker, 189
Day, Charles Lee, 139
Day, Charles Thomas, 139
Day, Charles William, 64
Day, Clarence Denton, 189
Day, Clarence Emory, 189
Day, Clarence Miller, 189
Day, Clark Walden, 202
Day, Columbus W., 202
Day, Cora Belle, 199
Day, Cora Dorothy Price, 7, 180
Day, Dorothy Jean, 186
Day, Dorothy M., 148
Day, Dorothy Lawson, 189
Day, Dorothy Wilson Lawson, 189
Day, Dorsey Waters, 185, 189, 190
Day, Edith Weller, 190
Day, Edward, 64
Day, Effie Burdette, 225
Day, Effie Madeline, 230
Day, Elizabeth, 200
Day, Elizabeth J., 182, 184, 223
Day, Emma Jane Lawson, 189, 203
Day, Ethel Virginia, 196
Day, Ethel W. Mount, 203
Day, Ettie M., 189
Day, Eugenia Estelle, 202
Day, Eunice Ann, 18
Day, Franklin B., 189, 202
Day, Franklin Belle, 7, 180
Day, George, E., 12
Day, Gladys Scott, 202

Day, Hanford Perry, 189
Day, Harrison E., 189
Day, Harriet, 190
Day, Harry T., 225
Day, Hattie Emma, 185
Day, Helen Mildred, 193
Day, Hester Ann, 206
Day, Hilda L. Beall, 186, 190
Day, Ida Virginia C., 174, 177
Day, Infant, 189
Day, Irene L., 148
Day, J. Marie Purdum, 189
Day, Jackson, 164, 201, 202, 203
Day, James, 189, 202
Day, James Edward, 64, 189, 203
Day, James Elisha, 203
Day, James Lawrence, 184
Day, James M., 189
Day, James Sellman, 189
Day, James Start, 180, 189, 190, 193, 196, 230
Day, James T., 236
Day, James W., 7
Day, James Wilkerson, 139, 177, 188, 189, 190
Day, John Thomas, 12
Day, Joseph Dorsey, 190
Day, Joseph Harold, 180
Day, Joyce Elaine, 186
Day, Laura Arvilla, 196
Day, Laura Cornelia King, 203
Day, Laura Dorcas Watkins, 190
Day, Laura Helen Davis, 180, 189, 190, 193, 196, 230
Day, Laura W. Beall, 189
Day, Leana Adelaide Hobbs, 202
Day, Lee Ellen, 203
Day, Letricia Leah Wolfe, 203
Day, Lillian Blanche Brown, 180
Day, Lois Elaine Burdette, 190
Day, Lola A., 236
Day, Lorenzo T., 225
Day, Lula Norene, 185
Day, Luther, 190, 209
Day, Lynne Rush, 64
Day, Madge L., 202
Day, Mamie Cordell, 139
Day, Mamie Elizabeth Mullinix, 203
Day, Margaret Elizabeth Dronenburg, 139
Day, Marie Ellen Chick, 189
Day, Marshall N., 148
Day, Martha J., 172
Day, Martha Molesworth, 203
Day, Martha Warfield, 202
Day, Mary, 230
Day, Mary Elizabeth Profitt, 75
Day, Mary Louise Brown, 64
Day, Matilda Mark, 189
Day, Mazie N., 190

Day, Murray Davis, 190
Day, Myrtle Virginia, 7
Day, Nancy Watson, 203
Day, Nora, 190
Day, Otis Edelin, 12
Day, Perepa Wesley Reed Walker, 190
Day, Preston Clairsville, 190
Day, Prudence Virginia Burdette, 185, 188, 190
Day, R. B., 180
Day, Raymond Fout, 190
Day, Richard Marvin, 180
Day, Roberta Grant Purdum, 190
Day, Rosa Belle King, 190
Day, Rufus King, 185, 189, 190, 196
Day, Rufus Wilson, 189
Day, Russell G., 180
Day, Sadie L., 189
Day, Sallye Jane King, 203
Day, Sarah Adeline, 189
Day, Sarah Penn, 12
Day, Sarah, 186
Day, Sarah Mark, 189, 202
Day, Sarah W., 7, 188, 189, 190
Day, Sarah Wilson Beall, 139, 177
Day, Sherry Deanna, 172
Day, Sterling Elwood, 202
Day, Survila Ann Beall, 164, 201, 202, 203
Day, Thomas Harrison, 190
Day, Thomas Jefferson, 203
Day, Thomas W., 180
Day, Titus Deets, 186, 190
Day, Titus Granville, 190
Day, Titus Jefferson, 203
Day, Titus W., 190
Day, Vincent Hobbs, 202
Day, Vivia Cochel, 201
Day, W. Ray, 225
Day, Wilbur Stone, 203
Day, William Fout, 186
Day, William Jackson, 203
Day, Zeru Clark, 164
Dayhuff, Jennie L., 203
Daymude, Cora E., 142
Daymude, Edith W., 158
Daymude, Ellen A., 154, 155
Daymude, George Washington, 142, 154, 155, 158, 159
Daymude, Georgianna, 159
Daymude, Jennie Nicholson, 142, 154, 158, 159
Daymude, Julia Ann, 222
Daymude, Shirley Lou, 155
Daymude, Thomas B., 155
Deadrick, Joseph William, 64
Deadrick, Juanita Brownlee, 64
Deadrick, Louanna Stottlemyer, 64
Deadrick, Robert, 64

Deadrick, Raymond, 64
Deakyne, Melanie T., 225
Dean, Charles Earle, 65
Dean, Isabella, 116
Dean, Jeanette, 116
Dean, Lillie J., 172
Dean, Louise, 110
Dean, Lucille Fox, 65
Dean, Mildred Waters, 65
Dean, Smith P., 65
Dean, Stanley C., 172
DeAtley, Helen, 65
deBeck, Gail Wade, 65
deBeck, Infant, 65
deBeck, Thomas O., 65
deCarlo, Jean Frances Kaemfer, 65
deCarlo, Joseph Nicholas, 65
deCostella, Louise, 80
Debelius, John W., 32
Debelius, Mary N., 32
Defouloy, Josee Gregoire, 32
Delashmott, Lucinda J., 139
Demar, Andrew Tony, 217
DeMoss, Virginia, 169
Dennison, Mildred Marie, 15, 80
Dent, Jane, 16
Derr, Elizabeth, 65
Derr, Frederick, 65
Derr, Hannah R., 65
Derr, Harriet A., 65
Deshazor, Betty Gertrude, 215
DeShazor, Fronie A., 164
deSterkenberg, Cornelius R. Kneppelhout, 32
Devilbiss, Caroline, 65
Devilbiss, I. A., 65
DeVriendt, Alexander Nicholas, 32
DeVriendt, Laura Winner, 32
DeVriendt, Vincent Joseph, 32
Dickerson, Alonzo, 65
Dickerson, Charles Milton, 65
Dickerson, Christy A. Hempstone, 65, 73
Dickerson, E. Milton, 65
Dickerson, Edith, 65
Dickerson, Edwin Trundle, 65
Dickerson, Elizabeth, 73, 81
Dickerson, Elizabeth Ellen Trundle, 65
Dickerson, Eugenia T., 65
Dickerson, George H., 65
Dickerson, Jennie R. Bier, 65
Dickerson, John, 101
Dickerson, Lillian, 65
Dickerson, Margaret Turnbull, 65, 100, 102
Dickerson, Martha H., 65
Dickerson, Mary Margaret, 65
Dickerson, Moselle Jarboe, 65
Dickerson, Myrtle M., 65

Dickerson, Nathan Cook, 65, 73
Dickerson, Nathan S., 65, 100, 102
Dickerson, Rebecca, 100, 102
Dickerson, Sally, 102
Dickerson, Sarah "Sallie," 100
Dickerson, William Harrison, 65
Dickinson, Carol LaRue Norris, 65
Dietz, Virginia Duvall, 203
Dieudonne, Melanie Lewis, 225
Diggs, Charles Perry, 131
Diggs, Laura, 131
Diggs, William R., 131
Dill, Catherine Morningstar, 65
Dill, Elmer, B., 65
Dillehay, Anna Maria, 17
Dillehay, Bessie May Keith, 13
Dillehay, Charles Franklin, 155
Dillehay, Charlotte Johnson, 13, 16, 17, 95, 155
Dillehay, Earl Bryan, 139
Dillehay, Hermie Irene Heisler, 155
Dillehay, John Arthur, 13
Dillehay, John Thomas, 13, 16, 17, 95, 155
Dillehay, Joseph A., 139
Dillehay, Margie Bennett, 139
Dillehay, Martha S. Purdy, 13
Dillehay, Melvin Thomas, 13
Dillehay, Oscar B., 13
Dillehay, Wilford, 13
Dillon, Billie Corby, 182
Dillow, Mary C., 21
Dillow, Sarah "Sally" Sowers, 22
Dillow, Thomas W., 22
DiSilvio, Carmine, 225
DiSilvio, Ethel Hyatt, 225
Disney, Roger W., 148
Dixon, Agnes Virginia, 89
Dixon, Albert Sidney, 65
Dixon, Amanda Copeland, 99
Dixon, Calvin S., 26, 65
Dixon, Cora Alice Kessell, 13
Dixon, Dallas, 22
Dixon, Eberle Thomas, 65, 89
Dixon, Elmer Cleveland, 13
Dixon, Esther Macie, 65
Dixon, Frances I., 16
Dixon, Frances W., 13
Dixon, Eugene Dewitt, 65
Dixon, Grover Cleveland, 26
Dixon, Irene F., 65
Dixon, Irving Doyle, 65
Dixon, James, 99
Dixon, John Paul, 65
Dixon, John T., 13
Dixon, Lester B., 13
Dixon, Lillian "Lottie," 22
Dixon, Marshall Eberly, 13
Dixon, Margaret F., 65
Dixon, Merhle G., 13

Dixon, Nellie Tommie, 99
Dixon, Olivia Virginia, 13
Dixon, Sidney E., 65
Dixon, William 26
Dixon, Zora Viola Peters, 65, 89
Dodd, Edna Lee, 60
Dodd, Harry H., 65
Dodd, Ocie Ella, 65
Dodd, Phebe Ella, 60, 65, 72
Dodd, Virginia N., 72
Dodd, William H., 60, 65, 72
Dodson, Burgess, E., 65
Dodson, Dollie T., 65
Dodson, Flossie I., 190
Dodson, Hezekiah, 190
Dodson, Ida, 65
Dodson, Lucile Skiner, 63
Dodson, Mary Maupin, 139
Dodson, Robert Leon, 65
Dodson, Upton Leon, 65
Doer, Elizabeth, 13
Dols, Henrietta, 38
Donally, Fletcher, 217
Donally, George, 217
Donally, Lydia, 217
Donn, Anita Dora, 56
Donn, Anne Estelle Sellman, 56, 66
Donn, Francis Cookman, 56, 66
Donohoe, Edna, 92
Donohoe, Edna Jones, 92
Donohoe, John, 92
Donohoe, Phoebe R., 128
Doolan, Della Beall, 190
Doolan, Gideon, 190
Doolin, Richard F., 203
Doolin, Winifred, 203
Dornheim, Carl Emile, 225
Dornheim, Idell Genevieve Duvall, 225
Dornheim, Mary Catherine Weidman, 225
Dorres, Amanda Grace Young, 216
Dorres, William C., 216
Dorsett, Helen Elizabeth Jeffery, 66
Dorsett, Telfair Bowie, 66
Dorsett, William Newman, 66
Dorsey, Adam, 217
Dorsey, Alice G., 217
Dorsey, Alice Marie, 203
Dorsey, Ann, 217
Dorsey, Aubrey, 217
Dorsey, Catherine C., 32
Dorsey, Catherine I., 155
Dorsey, Clarence, 28
Dorsey, Clarence W., 155
Dorsey, Clark A., 217
Dorsey, Clifton, 161
Dorsey, Delores A., 161
Dorsey, Elizabeth Ann, 12, 13, 19
Dorsey, Elvira, 131
Dorsey, Ethel L., 183

Dorsey, Ethel Viola, 217
Dorsey, Flutes, 217
Dorsey, Frank, 217
Dorsey, Harry, 217
Dorsey, Henry, 217
Dorsey, Herman A., 161
Dorsey, Infant, 217
Dorsey, James, 217
Dorsey, James D., 32
Dorsey, John E., 217
Dorsey, Joshua, 13
Dorsey, Katie, 119
Dorsey, Mamie, 217
Dorsey, Martha, 41
Dorsey, Martha Hall, 13
Dorsey, Martha L., 131
Dorsey, Mary C., 40
Dorsey, Mary Gassaway, 102
Dorsey, Nettie Geraldine, 40
Dorsey, Olin, 217
Dorsey, Roby, 217
Dorsey, Rosa E., 135
Dorsey, Russell, 217
Dorsey, Seymour, 28
Dorsey, Sonny, 217
Dorsey, Virginia Lee, 62
Dorsey, Welton A., 183
Dorsey, William H., 135
Dorsey, Yvonne Olivia, 148
Dorton, Eva, 53
Doswell, Kathleen, 131
Dougherty, Winifred Virginia Bean, 190
Douglas, Bessie Erdine, 80
Douglas, Clara, 80
Douglas, James, 80
Douglas, John 66
Dove, Cleta Alma, 107
Dove, John Harvey, 66
Dove, Martha Etta, 66
Dove, Tressie E., 50
Dove, Zora, 128
Dowell, Mary Elizabeth, 20
Downs, Charles H., 107
Downs, Clara N., 66
Downs, Gertrude, 107
Downs, James Robert, 66
Downs, Leona Sadie, 66
Downs, Lucy Foster, 107
Downs, Maurice Allen, 66
Downs, Maurice C., 66
Downs, Maurice W., 66
Downs, Sarah F., 66
Dowden, Sarah W., 165
Doye, M. Elizabeth, 155, 161
Doyne, Henrietta, 66
Draper, Gaither L., 139
Draper, Helen L., 139
Drescher, Christine McCabe, 32
Drescher, John Marion, 32
Drescher, Joyce Bernadette, 32

Driskill, Jack, 225
Driskill, M. Romona Etchison, 225
Driver, Charles W., 215
Driver, Charles Wilson, 66
Driver, Denton W., 203
Driver, Elizabeth W., 215
Driver, Evelyn A., 203
Driver, Golden C., 131
Driver, Maude D., 203
Driver, Myra Munger, 66
Driver, Ralph V., 203
Dronenburg, Andrew, 7
Dronenburg, Attie Anderson, 139
Dronenburg, Cecelia Eve, 78
Dronenburg, Clifton, 139
Dronenburg, Cornelia Richards, 7
Dronenburg, Edward, 190
Dronenburg, Fernie O., 190
Dronenburg, Harry Allnutt, 66
Dronenburg, Harry Nicholas, 66
Dronenburg, Katherine E., 139
Dronenburg, Lorraine, 140
Dronenburg, Margaret Elizabeth, 139
Dronenburg, Mary Frances Poole, 66, 111
Dronenburg, Sarah Elizabeth Lewis, 139
Dronenburg, Sarah Whitmore, 66
Dronenburg, Thomas J., 7
Dronenburg, William W., 139
Dronenburg, Willie J., 139
Drye, Willie Beatrice, 200, 207
Duckett, Rebecca, 184
Dudderar, Margaret, 8
Dudrow, Achsah Ann, 7, 8
Dudrow, Amanda S., 7
Dudrow, Benjamin, 7
Dudrow, Jacob, 7
Dudrow, Jane R. Williams, 7
Dudrow, Joseph, 7
Dudrow, Manurva, 7, 8
Dudrow, Minerva L., 9
Dudrow, Mitchell, 7
Dudrow, Newman G., 7
Dudrow, Otis Gilbert, 7
Dudrow, Philip C., 7, 8
Dudrow, Philip Franklin, 7
Dudrow, William C., 7
Duff, Corrine Dawson, 66
Duffin, Annie M., 161
Duffin, Arthur Thomas, 40
Duffin, Fannie, 131
Duffin, Isabel, 161
Duffin, James T., 131
Duffin, Joshua, 131
Duffin, Lorenzo E., 161
Duffin, Mahalia, 131
Duffin, Shirley D., 161
Duffy, Harold Arthur, 66
Duffy, Margaret Estelle, 66

Dugan, John, 66
Dugan, Phebe, 66
Duggan, Anna Laura Young, 225
Duke, Anna Frances, 80, 122, 125
Duke, Anna Newton Moler, 122
Duke, Robert Newton, 122
Dulcan, James Newman Brown, 66
Dulcan, Suzanne P., 66
Duley, Mr., 105
Duncan, Elzey, 43
Dunkin, Jeanette, 96
Dunnigan, Arthur Blaine, 52, 66
Dunnigan, Bess Blanche Leffel, 52, 66
Dunnigan, Janice Bourne, 52
Duplessie, Constance, 48
Durury, Laura, 49
Durst, Donna, 110
Dutrow, Amanda P. Browning, 13, 181
Dutrow, B. Hershey, 66, 99
Dutrow, Charles C., 13
Dutrow, Cora Bell, 11
Dutrow, Elizabeth Ann McElfresh, 16, 21
Dutrow, Fannie D., 176, 181
Dutrow, Gladys, 139
Dutrow, Grace Amelia, 70, 99
Dutrow, Jacob, 96
Dutrow, Janie, 96
Dutrow, John W., 16, 22
Dutrow, Linda P. Brown, 180
Dutrow, Lloyd, 32
Dutrow, Louisa, 81, 88
Dutrow, Lulu Belle Williams, 66, 99
Dutrow, Malinda Elizabeth, 72
Dutrow, Mamie P., 139
Dutrow, Margaret M., 74, 125
Dutrow, Mary E., 228
Dutrow, Minnie Moore Murphy, 13
Dutrow, Nannie, 19
Dutrow, Nonie E., 61, 96
Dutrow, Rachel Eleanor McElfresh, 16
Dutrow, Robert L., 139, 180
Dutrow, William A., 155
Dutrow, William Milton, 139
Dutrow, William H., 13
Dutrow, William Otho, 13, 181
Dutrow, Yvonne Gladys, 139
Duvall, Airy Victoria, 108
Duvall, Alice, 197, 213
Duvall, Alice E. Penn, 176
Duvall, Amanda E. Sprigg, 203, 204
Duvall, Annie, 203, 225
Duvall, Bertha Watkins, 172, 204
Duvall, Carl D., 204
Duvall, Catherine, 164
Duvall, Celius Vernon, 203
Duvall, Cellius B., 199, 203
Duvall, Charles, 204

Duvall, Charlotte, 7
Duvall, Clarence, 203
Duvall, Claude, 204
Duvall, Clinton, 203
Duvall, Claude U., 203
Duvall, Delilah, 181, 192, 198
Duvall, Donald M., 203
Duvall, Dora B., 204
Duvall, Downey William, 203
Duvall, E. S., 164
Duvall, Earl W., 203
Duvall, Edward, 203
Duvall, Eliza Jane, 202, 203
Duvall, Elizabeth Simpson, 200, 202, 204
Duvall, Elizabeth W., 203
Duvall, Emily J., 7
Duvall, Ernest D., 226
Duvall, Ernest Dorsey, 225
Duvall, Ethel, 208
Duvall, Ethel Burdette, 203
Duvall, Evalina, 72
Duvall, Fannie A. Moxley, 225
Duvall, Fay Huntington Watkins, 204
Duvall, Florence M. Williams, 203, 208
Duvall, Francis Addison, 225
Duvall, Franklin E., 203, 225
Duvall, Genevia, 204
Duvall, George W., 203
Duvall, Grace M., 199
Duvall, Grafton, 203, 204
Duvall, Gwen L., 212
Duvall, Harriet Elizabeth Purdum, 203, 204, 214
Duvall, Hariett Sheckles, 204
Duvall, Harry, 203
Duvall, Harvey, 204
Duvall, Idell Genevieve, 225
Duvall, India Norwood, 13
Duvall, Irene L. King, 203, 225
Duvall, J. Willard, 204
Duvall, Jackson L., 203, 204
Duvall, James E., 176
Duvall, Jefferson, 203, 208
Duvall, Jerusha A. Penn, 198, 203, 204
Duvall, John Brewer, 225
Duvall, John Celius, 203
Duvall, John Grafton, 198, 203, 204
Duvall, John T., 204
Duvall, Joseph, 225
Duvall, Joseph J., 204
Duvall, Julia A., 176
Duvall, Katherine, 204
Duvall, Lenora, 214
Duvall, Leslie B., 204
Duvall, Lewis, 172, 204
Duvall, Lewis W., 204
Duvall, Lois Elaine Brown, 225
Duvall, Lottie V., 108
Duvall, Louis C., 203

Duvall, Louis M., 225
Duvall, Madison, 226
Duvall, Margaret E., 203
Duvall, Margaret Raab, 203
Duvall, Marguerite Beall, 190
Duvall, Malinda Eliza, 66, 108
Duvall, Mamie A., 226
Duvall, Mamie Alice Watkins, 225
Duvall, Mamie E., 204
Duvall, Mamie M., 204
Duvall, Mareen, 200, 202, 204
Duvall, Marian Ray, 226
Duvall, Mary Ann, 14, 185, 192, 194, 198, 207
Duvall, Mary Etta, 223
Duvall, Mary Lovejoy, 203
Duvall, Mary Summerville, 60
Duvall, Mattie J., 203
Duvall, Minnie Gertrude Watkins, 172
Duvall, Miss Penn, 226
Duvall, Nettie E., 203
Duvall, Nettie H. Etchison, 204
Duvall, Olie, 190
Duvall, Olie B., 204
Duvall, Ollie, 203
Duvall, Oliver Morgan, 204
Duvall, Owen S., 226
Duvall, Paul, 204
Duvall, Philip, 203
Duvall, Purdum M., 203
Duvall, R. Preston, 204
Duvall, Ralph Clinton, 203
Duvall, Rezin F., 204
Duvall, Rosa A., 160
Duvall, Rosalie V., 235
Duvall, Rose Eleanor, 204
Duvall, Rufus Earl, 226
Duvall, Ruth, 203
Duvall, Sadie L., 204
Duvall, Sarah Ann, 8
Duvall, Sarah Catherine King, 199, 203
Duvall, Sarah Weems, 198
Duvall, Sarah Wyville, 204
Duvall, Sherwood, 204
Duvall, Susan L. Richards, 7
Duvall, Susie Emme, 200
Duvall, Thomas, 7
Duvall, Verdie R. Fulks, 204
Duvall, Virginia, 203, 210
Duvall, William Alfred, 226
Duvall, William D., 66, 72, 108
Duvall, William Franklin, 203, 204, 214
Duvall, William J., 203, 204
Duvall, Willie, 164
Duvall, Wilson, 172
Dye, Sadie, 81
Dwyer, John G., 139
Dwyer, Minnie, 139

Dwyer, Paul E., 139
Dwyer, Paul F., 139
Dyson, Benjamin Franklin, 61, 66, 122
Dyson, Bertha, 131
Dyson, Catherine Jane Piles, 61, 66, 122
Dyson, Clara Manakee, 66
Dyson, Eddy, 66
Dyson, Elijah Veirs, 66
Dyson, Florence E., 131
Dyson, Harry K., 66
Dyson, Ida, 76, 122
Dyson, Infant, 66
Dyson, Jeremiah, 66
Dyson, Joseph, 66
Dyson, Joseph Brunner, 66
Dyson, Katie, 61, 127
Dyson, Lena M. Warfield, 66
Dyson, Mary Jane, 66, 103
Dyson, Matilda Tephanas, 66
Dyson, Paul, 66
Dyson, Samuel, 66
Dyson, Tephenas Veirs, 66
Dyson, Vernon H., 66
Dyson, William Jerry, 66

E., F. M., 21
Eader, Ella Sears, 66
Eader, Luella, 99
Eader, Paul L., 66
Eagle, Ann Amelia, 48
Eagle, Elizabeth, 48
Eagle, Ruth Ann Cooley, 129
Eagle, William, 48, 129
Earl, Albert, 204
Earl, Essie R. Gardner Stephens, 66
Earl, George Russell, 66
Earp, Ella V. Mullineaux, 13
Earp, Larry A., 204
Earp, Wilson Lee, 139
Easterday, Nellie, 190
Easterday, Robert F., 204
Easton, Claude H., 226
Easton, Emanuel, 230
Easton, Fannie, 230
Easton, Fannie T., 226
Easton, George W., 226
Easton, Harry Wilton, 226
Easton, Hattie Virginia, 226, 230
Easton, Jiles W., 226
Easton, Laura Catherine Moxley, 226
Easton, Lewis Benjamin, 226
Easton, Louis B., 204
Easton, Mamie B., 226
Easton, Mamie Estelle Moxley, 226
Easton, Margaret Ellen Burdette, 226
Easton, Mary F., 226
Easton, Mildred, 233
Easton, Nellie Louies Crouse, 226
Easton, Oradie M., 230

Easton, Virginia, 225
Easton, William J., 226
Eaton, Ella May, 67
Eaton, Fannie, 73
Eaton, James H., 67, 73
Eaton, Lawrence Campbell, 66, 67
Eaton, Shirely June, 98
Edelen, Ruth Ellen, 50, 51, 61, 62, 81
Edelin, Eleanor, 29
Edelin, Harry E., 12
Edelin, James, 29
Edelin, Julianna Knott, 32
Edelin, Mary A. Haynie, 12
Edelin, William, 32
Edmond, Jena Charles, 49
Edmonds, Martha J., 12, 13
Edmonds, Salomia V., 12
Edmonston, Ann Elizabeth Williams, 67
Edwards, Blanche E., 140
Edwards, Brenda Lee, 13
Edwards, Catherine J., 26
Edwards, Catherine "Mollie," 18
Edwards, David, 26
Edwards Ella Virginia, 146
Edwards, Emory Burton, 140
Edwards, Emory Glenn, 140
Edwards, Estelle Lawson, 13
Edwards, Ethel A. Thompson, 140
Edwards, Jennie, 145
Edwards, Joseph B., 140, 145, 146
Edwards, Joseph F., 140
Edwards, Marshall, 140
Edwards, Mary, 120
Edwards, Mary Catherine, 145
Edwards, Pearl Virginia, 140
Edwards, Ralph E., 140
Edwards, Ralph Philip, 13
Edwards, Samuel E., 140
Edwards, Sarah M., 140, 146
Edwards, Thomas William, 140
Edwards, Velma Barr, 140
Edwards, Winfield Scott, 67
Ehlman, Randall, 204
Ehrenberg, Blanche Willard, 190
Einawachter, Margaret Gertrude, 154
Eickelberg, Selma, 174
Eisele, Andrew, 116
Eisele, Emma Spinner, 116
Eisele, Florence Ann, 116
Elberth, Angela Loretta, 62
Elgin, Annie, 100, 209
Elgin, Annie Elaine, 101
Elgin, Arthur Carpenter, 67
Elgin, Arthur Gorman, 67
Elgin, Charles Fenton, 67, 90, 106
Elgin, Charles Ogelbie, 67, 120
Elgin, Cleopatra, 67
Elgin, Clifford Howard, 67
Elgin, Diana Evans Carpenter, 67

Elgin, Dorothy Ann Jones, 67
Elgin, Edward Wootton, 67
Elgin, Eleanor, 57
Elgin, Elizabeth, 120
Elgin, Ellen Dawson Allnutt, 67
Elgin, Emily Blanford, 67
Elgin, Fannie C., 67
Elgin, Franklyn Estelle, 67
Elgin, Hattie K., 67
Elgin, Helen Douglas Smith, 90, 106
Elgin, James Burton, 67
Elgin, Jane, 100, 101
Elgin, Jessie Virginia, 106
Elgin, John Olgivie, 101
Elgin, John Thomas, 67
Elgin, Martha Dorcas Haley, 101
Elgin, Mary Elizabeth, 90
Elgin, Mary Ellen, 109
Elgin, Mary Estelle White, 67, 109
Elgin, Mary Garrett, 67, 100
Elgin, Mary Sterling Aldridge, 67
Elgin, Sarah Taylor, 67
Elgin, William Franklin, 67, 109
Elgin, William S., 67, 100
Elkins, Catherine, 67, 102
Elkins, Charles, 204
Elkins, George R., 67, 102
Elkins, Joseph Milton, 67
Elkins, Texanna, 102
Eller, Mary Rebecca, 177
Elliott, Clara Virginia Poole, 67
Elliott, Emma, 28
Elliott, George Thomas, 67
Elliott, Grafton E., 67
Elliott, Johnny, 28
Elliott, Robert, 140
Elsdon, Bruce Harry, 67
Elsdon, Mary G. Reid, 67
Elsdon, Robert M., 67
Elton, Ellen Reid, 67
Elton, Reuel W., 67
Embrey, Helen, 67
Emerson, Benjamin Lee, 67
Emerson, Edward Simpson, 67
Emerson, Etta Bready, 67
Emerson, Georgiana, 67
Emerson, Grover C., 67
Emerson, Lulu Thompson, 67
Emerson, Maurice A., 67
Emerson, Worthington, 67
Emmert, Isaac Newton Sr., 22
Emmert, Susan A. D. Hershey, 22
Enfinger, Billy W., 164
Enfinger, Janet G., 164
Engle, Orpha Iona, 229
Engle, Reuben, 190
English, Della Sayer, 67
English, Paul P., 67
English, Paulger, 67
Ensor, Frances Carlisle, 67

Ensor, Harry McClain, 67
Ensor, Martha C. Luhn, 67
Ernst, George M., 155
Ervin, Rebecca, 172
Ervin, Samuel, 172
Esposito, Anna M., 32
Esposito, Michael N., 32
Esworthy, Annie M., 226
Esworthy, John R., 226
Etchison, B. M., 204
Etchison, B. S., 204
Etchison, B. Vernon, 204
Etchison, Bessie Belle, 204
Etchison, Bradley J., 140
Etchison, Charles M., 226
Etchison, Caroline C., 199, 201
Etchison, Caroline V., 204
Etchison, Dorothy Ann, 204
Etchison, Ella M. Warfield, 140
Etchison, Eunice, 184
Etchison, Fannie, 226
Etchison, Garnett Waters, 177
Etchison, Greenbury, 235
Etchison, Harvey Reid, 140
Etchison, Hepsibah, 208
Etchison, J. Melvin, 226
Etchison, James Bowie, 204
Etchison, James O., 204
Etchison, Janet, 92
Etchison, Jeanette M. Titlo, 177
Etchison, John Osborne, 204, 226
Etchison, Lillie M., 180
Etchison, Lillie May, 204
Etchison, Louise C., 208
Etchison, M. Romona, 225
Etchison, Mabel Watkins Becraft, 225, 226
Etchison, Marcellus, 226
Etchison, Martha Jane Clagett, 226
Etchison, Martha W., 204
Etchison, Mary Virginia Penn, 204, 226
Etchison, Miranda C., 201, 214
Etchison, Nettie Dorsey, 177
Etchison, Nettie H., 204
Etchison, Pearle Flynn, 204
Etchison, Rachel Wood, 235
Etchison, Robert Lee, 225, 226
Etchison, Rose, 140
Etchison, Roy O., 204
Etchison, Russell N., 204
Etchison, Susanna Ruth, 213, 235
Evans, Alvin Lee, 67
Evans, Clement Hugh, 172
Evans, Daniel, 67
Evans, Fred Samuel, 67
Evans, Joseph, 67
Evans, Louise B. Warfield, 67
Evans, Mary Thomas, 67
Evans, Ola Lee, 67

Evans, Walter Lee, 68
Evans, Wilma E., 67
Everett, Anne Duvall White, 68
Everett, William Bowers, 68
Everhart, Catherine Davis, 68
Everhart, Daniel H., 68
Everhart, Eleanor Linthicum, 190
Eversole, A. P., 129

Fahlgren, Robert Patrick, 32
Fairchild, Alcinda, 204
Fairchild, Nellie Mae, 204
Fairchild, Walter R., 204
Fairfax, Emma, 28
Fairfax, John, 28
Fairfax, Robert, 28
Fairfax, Sarah Johnson, 28
Faith, Brenda, 172
Faith, Harry E., 172
Faith, Rebecca C., 172
Farris, Johnny L., 172
Farrell, William Patrick, 226
Fastner, Joseph Windell, 172
Fauth, Joseph Thomas, 32
Fawcett, Alfred, 68
Fawcett, Anna, 96
Fawcett, Elizabeth Sudduth, 96
Fawcett, William F., 96
Fawley, Ada Catherine, 68
Fawley, C. David, 68
Fawley, Charles William, 68
Fawley, Eileen B., 68
Fawley, Harland Berkley, 68
Fawley, Harry B., 68
Fawley, Infant, 68
Fawley, Lillian Lee, 68
Fawley, Louise M., 110
Fawley, Margaret Anne Wright, 68
Fawley, Mildred, 77
Fawley, Olivia Virgie, 68
Fawley, Robert Berkley, 68
Fawley, Virgie O. Matthews, 68
Fawley, William B., 68
Fawsett, Elizabeth M. Suddath, 172
Fawsett, William H., 172
Feaga, Bertie Bare, 69
Feaga, Luther, 69
Feaga, Ruth, 69
Feaster, Catherine, 9
Feaster, Elizabeth Bennett, 29
Feaster, Jacob, 29
Fechtig, Alice, 33, 34, 84
Fechtig, Elizabeth Henry Travers, 34, 129
Fechtig, Lewis R., 34, 129
Fechtig, Mary Alcinda, 129
Fee, Melba, 190
Fee, Paul, 190
Feeney, Ida Marie Wright, 68
Feeney, John A., 68

Felter, Albert F., 164
Felter, Marie C., 164
Ferril, Dale Ray, 68
Ferril, Dorothy Edna Clements, 68
Ferris, Charles, 68
Ferris, Clarence Alfred, 68
Ferris, Doris Marie, 68
Ferris, Helen Violette, 68
Ferris, Mildred Warner, 68
Ferris, Patricia A., 68
Ferris, Richard B., 68
Fetzer, Carroll K., 205
Fetzer, Maude I. Unglesbee, 205
Field, Mary Story, 68
Fields, Ann Boyd, 112, 114, 116
Fields, Armstead, 68
Fields, Bettie Columbia, 52
Fields, Charles G.., 68
Fields, Clayton Spencer, 48, 54, 68, 96
Fields, Elizabeth Ann West, 68
Fields, Frances W., 96
Fields, Frances Wood, 48, 54, 68, 96
Fields, Gladys Mae Hawkins, 68
Fields, Infant, 68
Fields, Judson G., 68
Fields, Roger E., 68
Fields, Sallie, 48
Fike, Denzil Raymond, 68
Fike, Mary E. Hawkins, 68
Fink, Charles Ernest
Fink, Clara Edith, 68
Fink, Doris Jeanette, 68
Fink, Elsie, 99
Fink, Janis Elizabeth, 155
Fink, Lillie B., 68
Fink, Milton Colfax, 68
Fink, Paul M., 68
Fink, Sallie, 68
Fink, Sallie Eloise Cooley, 68
Fink, Walter Lee, 68
Finneyfrock, Mary Louise, 232
Fish, Marietta, 84
Fisher, Albert Boyd, 68
Fisher, Agnes Lauretta, 68
Fisher, Anita Willard, 68
Fisher, Carl T., 69
Fisher, Carlton Clifton, 183
Fisher, Christie E., 102
Fisher, Dara E., 40
Fisher, Frances B., 32
Fisher, Frank S., 69
Fisher, George Allnutt, 69
Fisher, George C., 68, 69
Fisher, Helen D., 69
Fisher, Herbert I., 69
Fisher, Herbert L., 69
Fisher, Howard T., 155
Fisher, Infant, 69
Fisher, J. Spencer, 32
Fisher, Jacob T., 69, 70

Fisher, John G., 69
Fisher, Joseph H., 236
Fisher, Joseph R., 69
Fisher, Lana, 70
Fisher, Lavinia M., 217
Fisher, Laura Willard, 68
Fisher, Lelia Gertrude, 69, 70
Fisher, Lulu, 69
Fisher, Martin T., 69
Fisher, Mary Catherine, 68, 86
Fisher, Mary Catherine Allnutt, 69
Fisher, Mary Jane Maughlin, 155
Fisher, Mary V. Carrley, 69
Fisher, Maurice Kemp, 40
Fisher, Priscilla Poole Jones, 69
Fisher, Rayner E., 217
Fisher, Rosemary, 236
Fisher, Ruth Feaga, 69
Fisher, Samuel A., 40
Fisher, Sarah Agnes Spates, 68, 69
Fisher, Sarah Ann, 102
Fisher, Thomas S., 69
Fishpaw, Bennett F., 205
Fisk, Henry, 32
Fisk, Infant, 32
Fisk, Irving L., 32
Fisk, Margaret Eulalia Shreve, 32
Fisk, Mary Virginia Johnson, 69
Fisk, Mary Virginia Jones, 32
Fisk, Nellie, 49
Fisk, Richard Carroll, 69
Fitz, Calvin H., 148
Fitzgerald, Charles W., 69
Fitzgerald, Virginia Jones, 69
Fitzpatrick, Mary, 38
Fitzsimmons, Arunah I., 32
Fitzsimmons, Caroline Beall, 69
Fitzsimmons, James, 32
Fitzsimmons, Lucy C. Kessler, 32, 37
Fiztsimmons, Paul B., 69
Fitzsimmons, Nannie, 32
Fitzwater, Herman H. M., 155, 159
Fitzwater, Ina Virginia, 155, 227
Fitzwater, Kenneth E., 155
Fitzwater, Kevin E., 155
Fitzwater, Loretta, 156
Fitzwater, Nellie V. Marshall, 155, 159
Fitzwater, Vada Virginia, 159
Fitzwater, Willard L., 155
Flammer, George, 32
Flammer, Mary E. Shreve, 32
Fleming, Anna Belle Moxley, 226
Fleming, Cornelius E., 226
Fleming, Edgar Maynard, 226
Fleming, Florence E., 226
Fleming, George Eldridge, 226
Fleming, Harry E., 226
Fleming, Infant, 226
Fleming, Lena, 226

Fleming, Maggie Augusta Burdette, 226
Fleming, May B., 226
Fleming, Samuel T., 226
Fleming, Sarah E., 217
Fleming, Windsor E., 226
Fletchall, Ann, 129
Fletchall, Annette Rose, 69
Fletchall, Arthur Poole, 69, 126
Fletchall, Bertha Estelle, 69
Fletchall, Betty Hickman, 129
Fletchall, Cinthia Ramon, 129
Fletchall, Clarine, 126
Fletchall, Eleanor Chiswell White, 129
Fletchall, Eleanor White, 42
Fletchall, Eleanor White Chiswell, 69, 129
Fletchall, Elizabeth Walter, 56
Fletchall, Genevieve, 69
Fletchall, George W., 129
Fletchall, George Walter, 42, 69
Fletchall, Harriet, 69
Fletchall, John, 69, 129
Fletchall, John Thomas, 69, 80
Fletchall, Joseph Newton, 129
Fletchall, Lulu Jane Beecher Hall, 69, 126
Fletchall, Mary Gertrude, 80
Fletchall, Mary S. Poole, 69, 80
Fletchall, Sarah, 42, 55, 73, 90
Fletchall, Thomas, 56, 69, 129
Fletchall, William Thomas, 69
Fletcher, Dora, 205
Fletcher, Henry C., 205
Fletcher, Paul W., 205
Fling, Bertha Simpson, 69
Fling, Elizabeth L., 69
Fling, George Thomas, 69
Fling, Howard, 69
Flood, Minnie May, 56
Fluhart, Sarah J., 166
Flynn, Daisy, 100
Fynn, Edward J., 180
Flynn, Iva Ruth, 73
Flynn, Jane Eleanor Watkins, 172, 173
Flynn, Pearle, 204
Flynn, Rosalee, 173
Flynn, Sereta Webb, 180
Flynn, Thomas Henry Clay, 172, 173
Fogle, Gilbert, 69
Fogle, Marie Edith Leppo, 69
Fontaine, Sallie, 98
Ford, Altus Lacy, 69
Ford, Aubrey Thomas, 69
Ford, Belle, 199
Ford, Betty Ann, 69
Ford, Clara J., 44
Ford, Elizabeth, 26
Ford, Ellen F., 69
Ford, Henry W., 69
Ford, James, 69

Ford, Ida J., 69
Ford, Infant, 69
Ford, James, 26
Ford, John J., 69
Ford, Joseph D., 69
Ford, Judith Mary Cox, 69
Ford, Lee N., 69
Ford, Lewis Eugene, 69
Ford, Lottie E. Fox, 70
Ford, Margery L., 99
Ford, Martha, 13
Ford, Mary Elizabeth Fox, 69
Ford, Pearl Dean, 70
Ford, Richard Henry, 26
Ford, Samuel, 13
Ford, Thomas Davis, 70
Ford, Violet Estella, 70
Ford, William H., 69
Ford, Wilma M., 189
Foreman, Catherine, 148
Foreman, Ethel, 148
Foreman, Howard L., 131
Foreman, Mabel E., 132
Foreman, John H., 148
Foreman, John Wesley, 148
Foreman, Leslie P., 148
Foreman, Manzella V. Wims, 148
Foreman, Margaret J., 148
Foreman, Martha E., 148
Foreman, Robert P., 148
Foreman, Samuel W., 148, 149
Foreman, T. Arthur, 149
Foreman, Vondell H., 149
Foreman, Warren M., 148
Foreman, William R., 149
Forney, Sophia, 230
Forrest, Julius Crawford, 70
Forrest, Margaret Ann Norris, 70
Fort, Cora, 190
Fort, Forrest, 190
Foster, Francis, 70
Foster, Lucy, 107
Foster, Virginia Evelyn, 110
Foster, Virginia Lydanne Darby, 70
Fought, Elizabeth Ann, 114
Fought, Eva May Root, 114
Fought, Vance, 114
Fowler, Ann, 9
Fowler, Carl, 70
Fowler, Charles Grundy, 70
Fowler, Charlotte Hyatt, 7
Fowler, Clara Irene, 63
Fowler, Deborah Gravley, 70
Fowler, Elizabeth Ann, 70
Fowler, Jennie Marie, 70
Fowler, Susan, 7
Fowler, William, 7
Fox, Effie C. Munger, 70, 76, 101
Fox, Emma L., 70
Fox, Emma M., 70

Fox, Charles E., 54
Fox, Charles Edward, 70
Fox, George, 70
Fox, Ida Jane, 87
Fox, John Henry, 70
Fox, Lottie E., 70
Fox, Lucille, 65
Fox, Margaret, 101
Fox, Martha Ellen, 70
Fox, Martha Fry, 54
Fox, Mary Ellen, 156
Fox, Matilda, 76
Fox, Mary Elizabeth, 69
Fox, Owen Stanley, 70
Fox, Sally, 65
Fox, Thomas Benton, 65, 70, 76, 101
Fraley, Elva Baker, 226
Fraley, Mary Catherine, 175
Francis, Catherine Morris, 126
Francis, Jane, 126
Francis, Wilbur, 126
Francon, Mary E., 32
Frank, Mildred, 106
Franklin, Elwood, 190
Franklin, Mary Mullinix, 190
Frasier, Rose Etchison, 140
Frazier, Ethel Alice, 174
Frazer, Frances, 85
Frazier, Alice Georgeanna Hawkins, 70
Frazier, Georgia W., 149
Frazier, Lillie M., 135
Frazier, Littlewood, 149
Frazier, Roger D., 135
Frazier, Rosa, 155
Frazier, Sarah Bennett, 174
Frazier, Walter, 174
Frazier, Walter J., 155
Freeman, Anna Lee Poole, 70
Freeman, Rosalie Jones, 70
Freeman, William Edmund, 70
Fregoing, Myrtle E. Luhn, 70
Frena, Russell, 140
Frenzel, Bernard, 205
Frey, Evelyn, 192
Freysz, Alfred, 190
Freysz, Rebecca Anne Burdette, 190
Friend, George S., 205
Fritz, Charles W., 70
Fritz, Lana Fisher, 70
Fry, Catherine, 110
Fry, Martha, 54
Frye, Alice Beall, 70
Frye, Annie Viola, 51
Frye, Caroline, 70
Frye, Herman Leon, 70
Frye, Howard, 70
Frye, Mary I. Carlisle, 70
Frye, Mason Lewis, 70
Frye, Nina E. Trail, 70

Frye, Richard Clarence, 70
Fulks, Verdie R., 204
Fuller, A. Elizabeth, 40
Fuller, Ada, 172
Fulton, Jane Pollock, 70
Fulton, Richard J., 70
Fulton, Ward Alexander, 70
Fulton, Jennie Coleman, 70
Fulton, Margaret Sharp, 70
Fulton, William Cyrus, 70
Furman, Jestina Warthen, 205
Furr, Lawrence Richard, 70
Furr, Mary Bellar Furr, 70
Furr, Turner, 70
Fyffe, Agnes Willet, 70
Fyffe, Ann R., 96
Fyffe, Benjamin Richard, 70
Fyffe, Bettie, 116
Fyffe, Elizabeth Darby Dade, 70
Fyffe, Evelyn, 70
Fyffe, Isaac, 70
Fyffe, John Thomas, 70
Fyffe, Joseph Lee, 70
Fyffe, Mary E. Offutt, 70, 102, 116
Fyffe, Mary Elizabeth, 55
Fyffe, Mary Gertrude, 102
Fyffe, Minnie May, 98
Fyffe, Sarah Aldah, 70
Fyffe, Thomas, 70, 102, 116
Fyffe, Thomas E., 70
Fyffe, Walter B., 70
Fyffe, Walter Lawrence, 70

Gaither, Addie N., 218
Gaither, Arra, 18, 23
Gaither, Arthur W., 217
Gaither, Ed, 217
Gaither, Eugene R., 218
Gaither, Eva, 218
Gaither, J. A., 218
Gaither, Julia A., 218
Gaither, Mary, 218
Gaither, Mary E., 218
Gaither, Minnie G., 218
Gaither, Preston B., 218
Gaither, Richard T., 32
Gaither, Robert L., 218
Gaither, Sarah O., 218
Gaither, Spencer A., 218
Gaither, Thomas E., 218
Gaither, Virginia Claggett, 32
Galleher, Lucie, 103
Galliher, Virginia, 37
Gallion, Albert N., 71
Gallion, Emily A., 108
Gamble, Joan, 98
Gamble, Mabel Griffith, 98
Gamble, Townley, 98
Gandy, Jack L., 190
Gandy, Lois, 190

Ganley, Catherine C., 32
Ganley, Frances Laverne, 32
Ganley, Frances M., 32
Ganley, Inez, 32
Ganley, James, 32
Ganley, Joseph Mackin, 32
Ganley, John T., 71
Ganley, Mary E. M., 32
Ganley, Nellie T., 32
Ganley, Nettie V. Schwatzback, 32
Ganley, Philip A., 32
Ganley, Sarah, 32
Ganley, Sarah Ellen Nicholls, 32
Gantt, Sarah Eleanor Potts, 18
Gardiner, Edmonia, 33
Gardiner, George Louis, 33
Gardiner, Louis G., 33
Gardiner, Lucille, 30
Gardiner, Marie Antoinette
  Bowlen, 33
Gardner, Alice M., 13
Gardner, Anna Edmonia, 142
Gardner, Annie Maria, 12
Gardner, Catherine, 13
Gardner, Edward Dorsey, 13
Gardner, Edward Grafton,
  13, 14, 140
Gardner, Eliza Harman, 66
Gardner, Elizabeth Ann Dorsey,
  12, 13, 15, 19
Gardner, Ella Leal, 140
Gardner, Elsie D., 13
Gardner, Essie F., 66
Gardner, Eudora Benton, 14
Gardner, George, 13
Gardner, Hunter Lindsay, 71
Gardner, Infant, 13
Gardner, James W., 66
Gardner, John, 13, 15, 140
Gardner, John C., 71
Gardner, John Dorsey, 13
Gardner, Laura Estelle, Price, 140
Gardner, Margaret Neal, 71
Gardner, Martha A., 15
Gardner, Mary E., 13
Gardner, Mary Ellen, 71
Gardner, Mary Ellen Grimes, 13
Gardner, Mary Ellen Hamilton, 19
Gardner, Rachel Ann Benton, 13,
  14, 140
Gardner, William H., 13
Gardner, Willie E., 13
Garner, Mary Ethel, 122
Garner, Nancy Thompson, 122
Garner, Vernon, 122
Garrett, Addie Florence, 71
Garrett, Garrett, 140
Garrett, Harry F., 71
Garrett, Mary, 67, 187
Garrott, John, 12, 13, 18

Garrott, Julia Ann, 9, 166
Garrott, Martha, 187
Garrott, Martha Burgee, 11, 13, 22
Garrott, Mary, 11
Garrott, Mary Dawson, 13, 22
Garrott, Nicholas, 11, 13, 22
Garver, Helen Regini, 33
Gatrell, Virginia, 78
Gay, Agnes V., 33
Gaynor, Frank E., 190
Gaynor, Ruth V., 190
Gassaway, Mary Elizabeth, 71, 73
Gassaway, Sallie Cummins, 73
Gassaway, William, 90
Gassaway, William Augustus,
  71, 73
Gattis, Lilly Belle Price, 71
Gause, Elsie Mae Pearson Green, 71
Gause, Walter, 71
Geiger, Elizabeth Ann, 71
Geiger, Margaret, 74
Geiger, William, 71
Geisbert, Mildred, 116
Geisler, Anna Mary, 83, 195
Geisler, John T., 7
Geisler, Rosa Lee, 7
Geisler, Mildred R., 7
Genius, Henry H., 135
Genius, Leo H., 135
Genius, Lillian I., 135
Gentry, Geraldine M., 164
Genus, Adolph W., 218
Genus, Elizabeth Lucinda, 132
Genus, James Horace, 132
George, Mary Anna, 87
Gesling, James Otis, 226
Getzendanner, Daniel, 125
Getzendanner, Joseph Thomas,
  71, 120
Getzendanner, Mary Jane Sellman,
  71, 120
Getzendanner, Mary Virginia
  Schaeffer, 125
Getzendanner, Maud Estelle, 120
Gibbs, Bettie, 161
Gibbs, Raymond L., 149
Gibbs, William, 161
Gibson, Agnes L., 180
Gibson, Arthur M., 149
Gibson, Charles William, 140
Gibson, Clinton C., 140
Gibson, Ella M., 149
Gibson, Florence Maude Thompson,
  55, 71
Gibson, Ida M. Windsor, 13
Gibson, Jdrry, 180
Gibson, John H., 71, 140, 143
Gibson, Lulie Sioussa, 140
Gibson, Luther Kyle, 180

Gibson, Mary Lucinda Murphy,
  71, 140, 143
Gibson, Peggy Janet, 71
Gibson, Robert F., 55, 71
Gibson, Sarah Maria, 34
Gibson, Vernona, 143
Giddings, Edward Francis, 71
Giddings, Virginia Stonestreet, 71
Giesler, Susan Ann, 24
Giesler, William T., 24
Gilchrist, Charles Waters, 71
Gilchrist, Eleanor Waters, 71
Gilchrist, Ralph Alexander, 71
Gilliam, Helen, 79
Gilliam, Infant, 71
Gilliam, Ira Howard, 50, 71
Gilliam, Margaret Suitor, 50, 71
Gilliam, Thelma, 50
Gillis, George W., 215
Gillis, Lena May Moxley, 226
Gillis, Maude R., 215
Gillis, William Crawford, 226
Gingell, Bernard, 13
Gingell, Bertha E. Linthicum, 13
Gingell, L.C., 71
Gingell, L. G., 71
Gingell, Maud A., 56
Giovennella, Edna, 36
Giovennella, Nora Edith, 36
Giovennella, William, 36
Gipe, Ambrose N., 226
Gittings, Christiana A. Perry, 109
Gittings, Julletta, 109
Gittings, Nora, 113
Gittings, Thomas, 109
Gladhill, Bernard Diehl, 185, 205
Gladhill, Bernardine, 185
Gladhill, Ethel Madeline Scott,
  185, 205
Gladhill, Franklin Upton, 190, 205
Gladhill, Franklin S., 205
Gladhill, Georgia Evelyn, 225
Gladhill, Iris G. Grimes, 190, 205
Gladhill, Joyce Brown, 205
Gladhill, Mary Emma, 208
Gladhill, Mildred Joines, 190
Gladhill, Mollie W. Baker, 205
Gladhill, Rebecca Osie Savage, 205
Gladhill, Samuel Upton, 205
Gladhill, William Upton, 190
Glascott, Evelyn Talbott, 50
Glaze, Annie M., 164
Glaze, Basil Russell, 140, 180
Glaze, Basil T., 180
Glaze, Bertie May King, 140
Glaze, Charles W., 164
Glaze, Constance Marie Brandenburg,
  140
Glaze, James Newman, 164
Glaze, John Russell, 140

Glaze, Mary Elizabeth Lewis, 180
Glaze, Sarah A. Walker, 190
Glaze, William H., 164
Glaze, William M., 190
Gleason, Eleanor Jane, 33, 59, 95
Gleason, Helen Reginia Garver, 33
Glick, Alice, 71
Glotfelty, Jessica Lynn, 140
Glover, Sarah Katherine, 230
Glover, William O., 140
Gloyd, Albert Ligouri, 33
Gloyd, Hannah Marie Schwartz, 33
Gloyd, S. Arthur, 33
Gloyd, Sarah Clements, 33
Gochenour, Sarah Frances Moler, 71
Goldin, Laura, 31
Goldsborough, James Claud, 71
Goldsmith, Elizabeth, 56
Good, Edward J., 164
Good, Lattie E., 164
Goodwin, Austin M., 71
Goodwin, Marion, 171
Gordon, Franklin D., 71
Gordon, Susie Mae Anderson, 71
Gosbee, Barbara J., 119
Gossard, Isaiah Franklin, 71
Gossard, Marguerite E. Knott, 71
Gott, Alice Hyde Poole, 72
Gott, Ann E., 71
Gott, Ann Mary, 72
Gott, Ann Virginia, 83, 84, 122
Gott, Anna Mary Scholl,
  47, 55, 71, 92
Gott, Annie Laurie Covington, 71
Gott, Benjamin Collison, 43, 71, 72
Gott, Benjamin Nathan, 47, 55, 71, 92
Gott, Caroline Eleanor, 47
Gott, Chloe Annie Warfield, 72
Gott, Cora Norris, 71
Gott, Dorothy, 51
Gott, Elizabeth, 122
Gott, Eleanor White, 63
Gott, Eleanor White Chiswell, 55, 71
Gott, Elizabeth, 44
Gott, Elizabeth Beall, 71
Gott, Elizabeth Susan, 55
Gott, Elizabeth L. Allnutt, 43, 71
Gott, Ethel Fenwick Wood, 71
Gott, Eugenia, 72
Gott, Florence E. Hays, 71, 72
Gott, James Perry, 51, 71
Gott, John Forest, 71
Gott, John S., 71, 72
Gott, Laura R., 123
Gott, Lillian Pearl Atwell, 51, 71
Gott, Lucille Warren, 43
Gott, M. Luella, 71
Gott, M. Richard, 71, 72
Gott, Mabel Claire, 55
Gott, Marguerite Hayden, 71

Gott, Mariel Rebecca Cissel, 71, 72
Gott, Mary Collinson, 106, 122, 123
Gott, Mary Elizabeth Trundle,
  71, 72
Gott, Mary Eloise Hays, 92
Gott, Nathan Elwood, 72
Gott, Nellie C. McDonald, 72
Gott, Rachel, 107
Gott, Richard, 71, 72, 122
Gott, Richard Brook, 71
Gott, Richard Thomas, 72
Gott, Richard V., 71
Gott, Ruby, 117
Gott, Samuel Roger, 71
Gott, Sarah Collinson, 71, 72, 122
Gott, Sarah Ellen, 63
Gott, Susan, 72
Gott, Thomas B., 72
Gott, Thomas Norris, 55, 63, 71, 72
Gott, William Chiswell, 72
Gough, Ruth, 132
Gough, Thomas Reeder, 113
Gould, Elizabeth, 109
Goulden, Elizabeth E., 191
Gover, Elias, 226
Gover, Ethel, 13
Gover, Fannie Z., 226
Gover, Mary E., 13
Gover, Norman E., 226
Gover, Velma M., 13
Gover, William A., 13
Graham, Alonzo, 40, 41
Graham, Bridget, 35
Graham, Catie, 28
Graham, Ethel M., 40, 41
Graham, Ethel Pauline, 41
Graham, Florence Peters, 40
Graham, Joseph, 132
Graham, Joyce, 28
Graham, Lemuel, 28
Graham, Major, 40
Graham, Paul C., 132
Grant, Eileen J., 72
Grant, Genevieve K., 72
Grant, Martha E. K. Reed, 72
Grant, Norman A., 72
Graury, James, 13
Graury, Margaret McLean, 13
Graves, Sarah, 121
Gravley, Clarice Whisman, 72
Gravley, Deborah, 70
Gravley, Donald Ray, 72
Gravley, Flora Mae, 81
Gravley, Hosley James, 72
Gravley, James A., 81
Gravley, Matilda May Rankin, 72
Gravley, Rebecca Dawn, 72
Gravley, Virginia M., 72
Gray, Ann Martha Bryan, 196
Gray, Annie F., 149

Gray, Beryl, 72
Gray, Elizabeth, 218
Gray, Edward L., 183
Gray, Emma J., 151
Gray, Ethel, 72
Gray, Ermenie P., 149
Gray, Evan, 21
Gray, Florence E., 149
Gray, Florence White, 72
Gray, George E., 218
Gray, George M. C., 218
Gray, Gladys Hackey, 149
Gray, Gordon Leon, 149
Gray, Gustavus Robert, 72
Gray, Ida Cooley, 72
Gray, James Oscar, 149
Gray, James R., 149
Gray, Jerome B., 72
Gray, John H., 149
Gray, John R., 72
Gray, Joseph B., 72
Gray, Margaret Williams, 72
Gray, Martha Kelley, 72
Gray, Mary C., 72
Gray, Mason W., 72
Gray, Mida J., 149
Gray, Mollie E., 218
Gray, Natalie, 219
Gray, Nellie E., 218
Gray, Nettie, 218
Gray, Olive, 209
Gray, Oliver, 149
Gray, Oliver B., 149
Gray, Richard H., 72
Gray, Robert L., 149
Gray, Robert R., 149
Gray, Roland, 149
Gray, Russell J., 149
Gray, Sallie, 21
Gray, Sallie E., 72
Gray, Vincent P., 149
Gray, Willie, 218
Green, Beulah S., 206
Green, Blanche L., 149
Green, Charles Raymond, 190
Green, Coleen J., 40
Green, Earl H., 149
Green, Edna May, 149
Green, Ethel Virginia Mullinix, 190
Green, George P., 149
Green, Harry Keen, 190
Green, Hattie E., 149
Green, James, 149
Green, John H., 149
Green, John H. W., 149
Green, Louis D., 155
Green, Mary E., 149
Green, Ruth J., 149
Green, Taylor R., 190
Green, Elsie Mae Pearson, 71

Green, Janice Hyatt, 205
Green, Roland, 205
Greene, _____, 218
Greene, Arthur E., 149
Greene, Elsie P., 190
Greene, Infant, 190
Greene, John A., 190
Greene, Jude, 191
Greene, Martha, 88
Greene, Pauline J., 40
Greene, Priscilla Jane Beall, 191
Greenfield, Carroll F., 7
Greer, Aaron Francis, 33
Greer, Margaret Luce, 33, 72
Greer, Virginia N. Dodd, 72
Gregg, Daisy, 179
Gregg, Edgar Ernest, 72
Gregg, Evalina Duvall, 72
Griffin, Dennis Wayne, 191
Griffith, Alice Rebecca Darby, 73, 105
Griffith, Armistead Hempstone, 72
Griffith, Blanche, 56
Griffith, Bessie E., 81
Griffith, Bettie, 72
Griffith, C., 140
Griffith, Caroline Viriginia Hempstone, 47, 63, 72, 73
Griffith, Charles G., 47
Griffith, Charles Greenberry, 63, 72, 73
Griffith, Charles Howard, 73
Griffith, Child, 72
Griffith, Columbus Dade, 73
Griffith, David Porter, 72
Griffith, Elizabeth Darnell Dade, 73, 103
Griffith, Elizabeth Dickerson, 73, 81
Griffith, Elizabeth Perry, 73
Griffith, Emily Howard, 120
Griffith, Florence V. Ayers, 73
Griffith, Francis Moore, 73, 81
Griffith, Francis Rudell, 226
Griffith, Georgia, 124
Griffith, Greenberry, 55
Griffith, Gustava LaMond, 73
Griffith, Harriet, 47
Griffith, Harry, W., 73
Griffith, Howard, 72, 73
Griffith, Infant, 73
Griffith, J. Howard, 72
Griffith, Jemima A., 72
Griffith, Jemima Jacob, 72
Griffith, John Joseph, 155
Griffith, Julia, 56, 125
Griffith, K. E., 140
Griffith, Leah, 55, 56
Griffith, Lorraine Dronenburg, 140
Griffith, Lutie, 72
Griffith, Lutie Brewer, 73
Griffith, M. E., 226
Griffith, Mabel, 88, 95

Griffith, Margaret C., 72
Griffith, Mary Arlene Lowe, 105
Griffith, Mary Elizabeth, 103
Griffith, Mary Harrison, 64
Griffith, Mary Lowe, 73
Griffith, Naomi R. Nicholson, 155
Griffith, Nathan C., 73
Griffith, Prudence Jane, 124
Griffith, Prudence Jones, 55, 72, 73
Griffith, Raymond, 72
Griffith, Robert E., 155
Griffith, Roberta Gertrude Morrison, 155
Griffith, Sarah, 109
Griffith, Sarah Marcylean Hersberger, 72
Griffith, Sarah Newton Chiswell, 56, 72, 73, 124
Griffith, Susan Boyd, 63
Griffith, T. G., 226
Griffith, Thomas Howard, 56, 72, 73, 124
Griffith, Thomas Perry, 73
Griffith, William Franklin, 73, 105
Griffith, William Howard, 73
Griffith, William Robert, 73
Griffith, William Thomas, 72, 103
Griffith, Willie, 72
Griffiths, Amy Maria, 73
Griffiths, Catherine Butts, 73
Griffiths, Dave, 73
Griggs, Sallie Cummins Gassaway, 73
Griggs, Walter Gassaway, 73
Griggs, Walter Porter, 73
Grimes, Annie J., Beall, 191
Grimes, Bertie Estelle, 73
Grimes, Billie Wayne, 215
Grimes, Cecilia, 49
Grimes, Charles T., 73
Grimes, Della E., 172
Grimes, Edgar, 7
Grimes, Elizabeth, 13
Grimes, Ernest Wilson, 191
Grimes, Etta, 87
Grimes, Etta Cochran, 87
Grimes, Frances, 187
Grimes, George W., 13, 15, 17
Grimes, Henrietta, 48
Grimes, Ida Mae, 177
Grimes, Ida May King, 191
Grimes, Iris G., 205
Grimes, J. Walter, 191
Grimes, James, 87
Grimes, James B., 172
Grimes, John R., 73
Grimes, John Richard, 178
Grimes, Johnnie, 191
Grimes, Joshua, 13
Grimes, Katie M., 178
Grimes, Laura V., 15

Grimes, Lola Wade, 73
Grimes, Louisa Ann, 15
Grimes, Lucinda "Lula," 73
Grimes, Lucy, 73
Grimes, Lucy Anne Darby, 178
Grimes, Martha Jane, 17
Grimes, Mary, 73
Grimes, Mary Ann Holland, 13, 15, 17
Grimes, Mary Elizabeth, 186, 195
Grimes, Mary Ellen, 13, 191
Grimes, Mary Exeline Mullinix, 191
Grimes, Mary S., 191
Grimes, Rose Marie, 191
Grimes, Ruth V. Streams, 73
Grimes, Samuel D., 73
Grimes, Samuel T., 191
Grimes, Sarah, 75
Grimes, Vivian Cunduff, 7
Grimes, William H., 191
Grimes, William W., 73
Grimm, Frederick H., 230
Groff, Buna E., 73
Groff, Morris C., 73
Groht, Jeremy Kent, 33
Grooms, Caroline, 91
Gross, Florence, 132
Gross, George Theodore, 132
Gross, Martin T., 63
Gross, Minnie Stapher, 63
Grubb, Bettie Lorene Padgett, 73
Grubb, Carrol Edgar, 73
Grubb, Catherine, 73
Grubb, Elizabeth Neer, 73
Grubb, Ethel, 110, 112
Grubb, Fannie Eaton, 73
Grubb, Harold Dunbar, 73
Grubb, Harry Daniel, 73
Grubb, James Edgar, 73
Grubb, John E., 73
Grubb, John Edgar, 112
Grubb, Leah Roberta, 73
Grubb, Margaret E., 73
Grubb, Margaretta C. Neer, 73, 112
Grubb, Raymond Lloyd, 73
Grubb, Ruth Mae, 191
Grubb, Ruth Wynne, 73
Grubb, Sarah E. Ludwig, 73
Grubb, Thelma E. Harvey, 73
Grubb, Thomas Lloyd, 73
Grunwell, S. Elizabeth, 73
Grunwell, Sarah Ellen Pearre, 24
Grunwell, Thomas, 25
Guastella, Mary R., 33
Guastella, S. Charles, 33
Gue, Aden H. B., 205
Gue, Amanda E., 191
Gue, Anna, 191
Gue, Archie E., 164
Gue, Athur W., 205
Gue, Betty A., 205

Gue, Carolina S. Burdette, 191
Gue, Charles S., 164
Gue, Charles Wesley, 164
Gue, Christabel R., 164
Gue, Cora B., 205
Gue, Della E., 226
Gue, Earl T., 205
Gue, Edgar B., 226
Gue, Edward Milton, 164
Gue, Elizabeth E. Goulden, 191
Gue, Ella C., 205
Gue, Elsie, 209
Gue, Emma, 205
Gue, Ethel B., 169
Gue, Eunice, 226
Gue, Eunice E., 224
Gue, F. Temple, 227
Gue, Fannie H., 205
Gue, Florie E., 227
Gue, Frances H., 208
Gue, Franklin E., 164
Gue, George E., 195
Gue, George H., 191, 205
Gue, George W., 191
Gue, Hamilton, 205
Gue, Harry C., 205, 226
Gue, Hezekiah, 191
Gue, Infant, 205, 226
Gue, Irvin, 205
Gue, James, 182
Gue, James E., 164
Gue, James H., 164
Gue, James Henning, 165
Gue, Jesse, 205, 209
Gue, Jesse W., 226
Gue, John R., 191
Gue, Joseph A., 215
Gue, Joseph, H., 227
Gue, Keziah E., 195
Gue, Laura G., 205
Gue, Lorenzo, 191
Gue, Lucinda I., 140
Gue, Luther C., 205, 208, 227
Gue, Mamie Estelle Moxley, 226, 233
Gue, Margaret L. Purdum, 182
Gue, Marshall T., 226
Gue, Mary, 191
Gue, Maurice, 205
Gue, Mildred V., 205
Gue, Ollie B. Burns, 164
Gue, Philip J., 205
Gue, R. Hamilton, 227
Gue, Ralph, 205
Gue, Raymond, 227
Gue, Rhoda R., 140
Gue, Richard T., 205
Gue, Ruth, 50, 73, 164
Gue, Ruth G. Young, 164
Gue, Ruth Purdum Souder, 205
Gue, S. E., 205

Gue, Sallie A., 205
Gue, Sarah, 195
Gue, Sarah E., 63, 165, 227
Gue, Sarah Ellen Bowman, 205
Gue, Somerset, 191
Gue, Susie, 205, 209, 227
Gue, Virginia M., 191
Gue, Zeru Alverda, 208, 231
Gumaer, Elias, 73
Gumaer, Sarah Ann, 73
Gunn, Andrew, 191
Gunn, Gladys Rowley, 191
Gunn, Janet A., 191
Gunn, Ross, 191
Gurski, Thomas Vincent, 33
Guthrie, George Washington, 73, 74
Guthrie, Iva Ruth Flynn, 73
Guthrie, James A., 73
Guthrie, Lawrence Rawlin, 73
Guthrie, Mary Alice Veatch, 73, 74
Guthrie, Mary Cornelia Tuthill, 73
Guynn, Jerry L., 155

H., J. R., 13
H., L. D., 172
H., Mary E., 13
Hackett, Irwin, 40
Hackey, Betty Jane, 149
Hackey, Evie May, 183
Hackey, Frank Charlie, 183
Hackey, Gladys, 149
Hackey, Georgia W. Frazier, 149
Hackey, Mary, 149
Hackey, William L., 149
Hackey, William O., 149
Hackney, William, 132
Haddox, Dorothy, 127
Haddox, Edwin B., 127
Haddox, Horace, 74
Haddox, Mary Lee Waters, 74, 127
Hagan, Annie Virginia, 74
Hagan, Hilda Marie, 98
Hagan, Janet Spates, 74
Hagan, Mary, 13
Hagan, Robert Gordon, 73
Hagan, William M., 13
Hagen, Adam, 13
Hagen, Cordelia, 13
Hager, Alice Pauline Crist, 227
Hager, Alice S., 165
Hager, Annie Elizabeth, 54, 163
Hager, Artie C., 187
Hager, Artie M., 165, 187
Hager, Christopher C., 165
Hager, Jacob, 63, 165
Hager, Jacob Washington, 165
Hager, James G., 227
Hager, John P., 165, 187
Hager, John William, 205
Hager, Katherine Irene Hurley, 227

Hager, Lillie May, 205
Hager, Lula, 63, 64
Hager, Sarah E. Gue, 63, 165
Hager, William Clark, 227
Hagy, Charles Lee, 74
Haines, Audrey Fay, 227
Haines, Daisy Adessa, 16
Haines, Della Madeline, 229
Haines, George H., 229
Haines, Gertrude F. Nichols, 13, 227
Haines, Ina Virginia Fitzwater, 155, 227
Haines, James E., 13, 227
Haines, James William, 227
Haines, Minnie Runkles, 229
Haines, Otis Eugene, 227
Haines, Rosie Mabel Smith, 180, 227
Haines, Ruth E. Watkins, 180
Haines, Walter Edward, 180, 227
Hains, Bessie E., 202
Hale, Larry, 40
Haley, Martha Dorcas, 101
Hall, Abigail, 74
Hall, Alphred, 149
Hall, Ann E., 109
Hall, Ann Elizabeth, 130
Hall, Annie Estelle, 176, 177
Hall, Barrack, 14
Hall, Bertha E., 132
Hall, Beulah White, 74
Hall, Carolyn Jones, 218
Hall, Catherine A., 125
Hall, Clara, 147
Hall, Clarinda Beecher Phillips, 74, 75
Hall, Dora C., 74
Hall, Edward Earl, 74
Hall, Edwin T., 74
Hall, Elizabeth, 132
Hall, Elizabeth Owens, 74
Hall, Emily Williams Lydanne, 74
Hall, Emma, 49
Hall, Infant, 74
Hall, Ira Montgomery, 74
Hall, Jane, 126
Hall, John M., 74
Hall, John R., 74
Hall, John W., 176
Hall, John William, 74
Hall, Julius, 74, 125
Hall, L. C. "Quintis," 74
Hall, Lonnie, 197
Hall, Louisa V., 74
Hall, Lillian E., 14
Hall, Lulu Jane Beecher, 69, 126
Hall, Luther, 74
Hall, Madeline G., 74
Hall, Margaret M. Dutrow, 125
Hall, Margaret Rebecca, 74
Hall, Martha, 13
Hall, Mary Ann, 14
Hall, Mary R., 52

Hall, Minnie, 74
Hall, Mortimer Beecher, 74
Hall, R. Hampton, 14
Hall, Rebecca, 74
Hall, Rebecca M., 74
Hall, Sallie, 74
Hall, Sarah C., 74
Hall, Sarah E., 149
Hall, Sarah R., 75
Hall, Thomas, 74
Hall, Thomas Randolph, 74
Hall, William, 74, 75
Hall, William Albert, 236
Haller, Alice Gertrude Titus, 74, 86
Haller, Alice Louise, 111
Haller, Carl Joseph, 74
Haller, Charlotte, 169
Haller, Emma Mae, 86
Haller, Gladys, 74
Haller, Joseph Z., 74, 86
Haller, Robert Lee, 74
Haller, Sally Shelton, 74
Hallman, Charles Henry, 40
Hallman, Edward Lee, 40
Hallman, Florence A., 40
Hallman, John H., 132
Hallman, John Henry, 132
Hallman, Nannie J., 132
Hallman, Neva Blanche Queen, 74
Hallman, Raymond S., 74
Hallman, Richard M., 40
Hallman, Roger M., 132
Hallman, Russell D., 40
Hallman, Theodore Roosevelt, 40
Hallman, William P., 132
Halmos, Elizabeth Ann Cummings, 74
Halmos, Eugene E., 74
Halterman, Hazel, 205
Halterman, Minnie M., 205
Halterman, William R., 215
Halton, Robert, 140
Halvosa, Albert C., 74
Halvosa, Margaret Hughes, 74
Hamill, Frances R., 31
Hamilton, Alice L., 42
Hamilton, Edward, 132
Hamilton, Eugene A., 33
Hamilton, Fannie M., 135
Hamilton, Horace, 132
Hamilton, James A., 40
Hamilton, Louis G., 132
Hamilton, Margaret B., 33
Hamilton, Mary, 11, 22
Hamilton, Mary Lee, 132
Hamilton, Nettie Mae, 40
Hamilton, Washington M., 40
Hamlett, Betty E., 149
Hamlett, Lewis Bohannon, 74
Hamlett, Margaret A., 98
Hamlett, Margaret Hughes, 74

Hamman, Anna L. Hoyle, 74
Hamman, Reid Leroy, 74
Hammett, Margaret Geiger, 74
Hammett, Nancy E., 75
Hammett, William F., 75
Hammill, Henry Phelps, 75
Hammill, Sarah E. Corcoran Jones, 75
Hammitt, Savilla E., 14
Hammitt, William O., 14
Hammond, Austin Warner, 140
Hammond, Blanche Louise, 149
Hammond, Charles H. H., 218
Hammond, Effie Charity, 110
Hammond, Henry, 161
Hammond, Jeffrey T., 149
Hammond, William C., 149
Hammontree, Dorcas, 75
Hammontree, William W., 75
Hamu, H., 132
Handley, Austin B., 75
Handley, Charles F., 75
Handley, John P., 75
Handley, Sarah P., 75
Haney, Benjamin, 205
Haney, Forrest N., 140
Haney, Hattie E., 205
Haney, Hattie E. Ward, 205
Haney, Helen Pearce, 205
Haney, John W., 205
Haney, Helen Pearce, 179
Haney, Mary Esther, 140
Haney, Ritchie, 179
Haney, Ritchie E., 205
Haney, Thelma M., 179
Hankins, Louie, 75
Hankins, Louise Williams, 75
Hankins, Mary Douglas Poole, 75
Hannum, Edgar Moody, 18
Hannum, Ethel Clowser, 18
Hannum, Hilda Mae, 18
Hanson, Harriet Morningstar, 75
Hanson, Joseph W., 75
Hardcastle, Edmund L., 75
Hardcastle, Sarah R. Hall, 75
Harding, Annie, 142
Harding, Cosmos M., 75
Harding, Dorothea Runyan, 205
Harding, Margie M., 33
Harding, Mary E., 33
Harding, Raymond Whitney, 205
Harding, Stella, 227
Harding, William, 33
Hardy, Arthur, 206
Hardy, Charles H., 205
Hardy, Charles T., 205
Hardy, Eleanor F., 205
Hardy, Kenneth W., 205
Hardy, Lettie, 206
Hardy, Louise E., 208
Hardy, Maranda E., 205

Hardy, Mary E. Hayes, 75
Hardy, Mary Elizabeth Virginia, 206
Hardy, Roland E., 14
Harner, Charles Jacob, 155
Harner, Doris Johnson, 155
Harner, Dorothy Larman, 155
Harner, Elijah, 59
Harner, Harry Lee, 155
Harner, Maggie A., 59
Harner, Sarah Musser, 59
Harper, Alice, 132
Harper, Beulah C., 135
Harper, Charles A., 135
Harper, Chester B., 132
Harper, Cole C., 135
Harper, Columbus G., 132
Harper, Cora B., 132
Harper, James E., 132
Harper, Joseph C., 135
Harper, Joseph J., 132
Harper, Laurence, 132
Harper, Lee C., 132
Harper, Lucie, 132
Harper, Martha E., 132
Harper, Mary G., 132
Harper, Ralph M., 132
Harper, Richard W., 132
Harr, Lois Estelle, 215
Harr, Nettie E. Williams, 215
Harr, Oliver L., 215
Harr, William, 215
Harris, Abraham Simmons, 75
Harris, Albert S., 172
Harris, Alfred John, 75
Harris, Caroline Columbia King, 14
Harris, Charles Abner, 75
Harris, Delma Souder, 205
Harris, Eliza P., 22
Harris, Elizabeth Burnside Murphy
  Benson Beall, 11
Harris, Ella May, 14
Harris, Ernest Franklin, 8
Harris, Estelle Mae, 75
Harris, Ephraim G., 8, 13
Harris, Gertrude G., 132
Harris, Harvey Joseph, 75
Harris, James P., 14
Harris, John P., 14
Harris, John William, 8
Harris, Joseph C., 14
Harris, Lutie Price, 8
Harris, Margaret Dudderar, 8
Harris, Marie E., 146
Harris, Mary E. Taylor, 75
Harris, Mary Ellen Zeigler, 8, 14
Harris, Mary Jane, 61, 62, 80
Harris, May V., 8
Harris, Mildred Moore, 75
Harris, Nettie Irene, 75
Harris, Rachel A., 14

Harris, Rachel E., 14
Harris, Sally, 132
Harris, Sarah Margaret, 33
Harris, Thelma W., 172
Harris, Victor Grant, 14
Harris, William, 147
Harris, Williminer, 29
Harris, Zachariah Gaither, 8
Harris, Zachariah P., 14
Harrison, Alden, 61
Harrison, Alice, 61
Harrison, Annie, 121
Harrison, Hattie Lawrence, 61
Harrison, Helen Hildebrand, 75
Harrison, Raymond B., 75
Hartman, Harriet L., 33
Hartman, Joseph A., 33
Hartshorn, Rebecca, 105
Hartsock, Pauline, 231
Harvey, Charles, 75
Harvey, Linda Sue, 75
Harvey, John C., 75
Harvey, Josephine Mossburg, 75
Harvey, Laura Irene Chick, 75
Harvey, Neva, 75
Harvey, Raymond K., 75
Harvey, Thelma E., 73
Hash, Ella May, 75
Hash, Gilbert Ray, 172
Hash, Gloria Woodfield, 172
Hash, Robert Lee, 75
Hastings, Lois, 75
Hastings, Lynn H., 75
Hastings, Robert Hathaway, 75
Hatton, Benjamin, 140
Hatton, Fred William, 140
Hatton, Joyce B. Pearre Wright, 140
Hatton, Melvin Edward, 140
Hatton, Susan Virginia Thompson, 140
Hauer, Mary, 25
Hauver, Eloise Dahn, 75
Hauver, William Eugene, 75
Havener, Iva Viola, 75
Havener, Minnie G., 75
Havener, Philip A., 75
Hawes, Alan P., 140
Hawse, Albert Burdette, 33
Hawse, Alice M., 33
Hawes, Columbus, 180
Hawes, Cora, 54
Hawes, Gertrude B., 180
Hawes, Gertrude E., 33
Hawes, James C., 33, 180
Hawes, Judith Marie Anderson, 140
Hawse, Laura Jane, 14
Hawes, Lucinda V., 180
Hawse, Mark, 14
Hawse, Mary Ellen Keith, 14
Hawse, William H., 14
Hawkins, Algie Raymond, 75

Hawkins, Alice Georgeanna, 70
Hawkins, Ann E. Thompson, 140
Hawkins, Annie Belle Burns, 172
Hawkins, Annie Elizabeth Thompson, 75
Hawkins, Annie Elizabeth, 75
Hawkins, Annie Gertrude, 43, 70, 75
Hawkins, Arlene Comegys, 75
Hawkins, Belle P. Watkins, 172
Hawkins, Benjamin, 8, 9, 75
Hawkins, Benjamin F. Jr., 8
Hawkins, Benjamin F. Sr., 8, 9
Hawkins, Beulah F., 9
Hawkins, Charles, 75
Hawkins, Claggett Watkins, 12
Hawkins, Clara M., 75
Hawkins, D. F., 143
Hawkins, David Hubert, 75
Hawkins, Elgie D., 172
Hawkins, Elizabeth, 29
Hawkins, Ella L. Bennett, 140
Hawkins, Emily Annie, 137
Hawkins, Emma Rachel, 183
Hawkins, Ernest Edward, 155
Hawkins, Ernest R., 183
Hawkins, Eva Louise, 155
Hawkins, Gilmer Richard, 75
Hawkins, Gladys Mae, 68
Hawkins, H. Arnold, 183
Hawkins, Hamilton A., 183
Hawkins, Hattie Mae King, 8, 177
Hawkins, Hillery E., 140
Hawkins, James B., 8
Hawkins, James Benjamin, 172
Hawkins, James Bradley, 177
Hawkins, John Andrew, 183
Hawkins, John R., 75
Hawkins, John T., 75, 140
Hawkins, Joseph, 29, 55
Hawkins, Joseph Charles, 75
Hawkins, Joseph W., 183
Hawkins, Laura F., 75
Hawkins, Laura V., 29
Hawkins, Lucille, 75
Hawkins, Lucy Viola, 75
Hawkins, M. C., 143
Hawkins, Madeline D., 183
Hawkins, Marie, 218
Hawkins, Mary Alberta, 9
Hawkins, Mary Belle, 177
Hawkins, Mary C., 55
Hawkins, Mary Case, 75
Hawkins, Mary Jane, 75
Hawkins, Mary Jane Trail, 29, 55
Hawkins, Matilda, 8, 9, 75
Hawkins, Maude Ann Nicholson, 12
Hawkins, Maude C., 140
Hawkins, Maudeline Ivy, 143
Hawkins, Maynard L., 8
Hawkins, Mildred A., 183

Hawkins, Myra Lorraine, 75
Hawkins, Olive E., 8
Hawkins, Oscar Franklin, 140
Hawkins, Otis, 161
Hawkins, Pearl V. Bennett, 155, 191
Hawkins, Pearle G. Winstead, 207
Hawkins, Rebecca F., 43
Hawkins, Robert, 161
Hawkins, Sarah Jane, 9, 12, 17, 146
Hawkins, Sidney Smith, 75
Hawkins, Susie Richards, 8
Hawkins, Thomas Clinton, 43, 70, 75
Hawkins, Thomas F., 191
Hawkins, Thomas O., 155, 191
Hawkins, Villa M., 161
Hawkins, William Alfred, 183
Hawkins, Wilson S., 75
Hawkins, Windsor T., 75
Hayden, Charles L., 33
Hayden, Jesse Waters, 33
Hayden, Marguerite, 71
Hayden, Mary Frances, 33
Hayden, Roger Alexander, 33
Hayes, David E., 218
Hayes, Eleanor Simmons, 29, 76, 80
Hayes, Ellena M., 30, 33
Hayes, Harriet Lavanda, 33
Hayes, John T., 30, 33
Hayes, Laura J., 30
Hayes, Leo, 33
Hayes, Leonard Isaac Sr., 29
Hayes, Mary Alice, 33
Hayes, Mary E., 75
Hayes, Thomas L., 33
Hayes, Thomas Preston, 75
Haynes, Agnes A., 227
Haynes, William H., 227
Haynie, Louise Burdette, 19
Haynie, John O., 19
Haynie, Mary A., 13, 18, 172
Haynie, Willard S., 172
Hays, Alice R. Cole, 76
Hays, Anna Rawlins, 29, 46, 76
Hays, Clara Pearre, 63
Hays, Cora Coster, 76
Hays, E. Madora, 29
Hays, Eleanor, 29, 80
Hays, Eleanor Leonard, 102
Hays, Eleanor M. Jones, 29, 71
Hays, Eleanor Medora, 79
Hays, Eleanor Simmons, 29, 76, 80
Hays, Eliza Poole, 29, 76, 84, 102, 115
Hays, Elizabeth, 29
Hays, Elizabeth Eleanor, 30, 115
Hays, Elizabeth G. Batson, 76, 79
Hays, Elizabeth Z., 76
Hays, F. Leonard, 76
Hays, Florence E., 71

Hays, Frederick Albert, 76
Hays, Frederick Poole, 62, 76
Hays, Frederick Sprigg, 76
Hays, George Rawlings, 76, 124
Hays, Harriet Abigail, 46, 51, 63
Hays, Harvey Jones, 76
Hays, Ida Dyson, 76
Hays, Ida Lee Hempstone, 62, 76
Hays, Infant, 76
Hays, John H. T., 29, 71
Hays, Kathryn Elizabeth White, 76
Hays, Laura Virginia, 100
Hays, Lawrence Dade, 76
Hays, Leonard, 29
Hays, Leonard Batson, 76
Hays, Leonard Isaac, 29, 76, 80, 84, 102, 115
Hays, Leonard Isaac Jones, 76
Hays, Martha M., 29
Hays, Mary D., 62
Hays, Mary Elizabeth Sprigg White, 76
Hays, Mary Emma, 124
Hays, Mary Martha Poole, 84
Hays, Mary Tabitha Pearre, 29, 45, 63, 76
Hays, May, 76
Hays, Minnie Abigail Davis, 76
Hays, Nana P., 76
Hays, Otho T., 76
Hays, Priscilla John, 102
Hays, Richard Kenton, 76
Hays, Richard Poole, 76
Hays, Richard Shirley, 76
Hays, Robert Lee, 76
Hays, Robert Townley, 76
Hays, Samuel Brook Hays, 76
Hays, Samuel Edward, 76
Hays, Samuel Simmons, 29, 76
Hays, Sarah A. Thomas, 76, 124
Hays, Sarah Ida, 76
Hays, Sarah Pauline, 57, 115
Hays, Thomas Leonard, 29, 45, 46, 63, 76
Hays, Virginia, 45
Hays, Virginia Lorraine, 76
Hays, William, 29
Hays, William Notley, 76
Hays, William Reginald, 76
Hazelwood, Frances Carter, 76
Hazelwood, Fred, 76
Headley, Anna Louise Williams, 76
Headley, Bradford Nelson, 76
Headley, Claire Williams, 76
Headley, Louis Taliaferro, 76
Heap, Earl Nicklin, 76
Heap, Patricia June, 76
Heap, Olga Terecia, 76
Heaton, Patricia June Heap, 76
Hebron, Anna L., 161
Hebron, Florence H., 161

Hebron, Herman N., 161
Hebron, Lewis H., 132
Hebron, Rufus P., 132
Hebron, Sophronie, 161
Hebron, Statia Perlina C., 135
Hebron, Sylvester, 132
Hedge, Ivan, 76
Hedge, John G., 76
Hedge, Mary J., 76
Hedge, Matilda Fox, 76
Heeter, Helen, 49
Heffner, Adelia Louise, 84, 96
Heffner, Addie Welling, 76, 77
Heffner, Catharine, 81
Heffner, Catherine, 129
Heffner, Claudia Estelle, 110, 124
Heffner, Daniel, 129
Heffner, Daniel T., 76
Heffner, Edward, 77
Heffner, Frances Ann Vinson, 77
Heffner, George, 77
Heffner, Harvey Chandler, 77
Heffner, Jacob Henry, 77
Heffner, John T., 76, 77
Heffner, John Thomas, 77, 84, 110
Heffner, Lucinda Rebecca Beall, 77, 103
Heffner, Lucinda Rebecca, 103
Heffner, Marjorie Augusta, 77
Heffner, Martha Jane Trundle, 77, 84, 110
Heffner, Mary A., 76
Heffner, Mary Ann, 129
Heflin, Brandon O., 155
Heflin, Carrie Gibson, 77
Heflin, Dorothy Lucile, 77
Heflin, Elizabeth W., 110
Heflin, Ethel Payne, 77
Heflin, Goldie Matthews, 77
Heflin, Herbert H., 77, 110
Heflin, Herbert Marshall, 77, 100
Heflin, John, 77
Heflin, Maggie L., 77, 110
Hefner, Kathryn Robertson, 77
Hefner, Mildred C. Fawley, 77
Hefner, Walter Calvin, 77
Hefner, Warrick W. Stephens, 77
Heil, Marjorie Augusta Heffner, 77
Heil, Robert, 77
Heisler, Alice Pollard, 155
Heisler, Ella M., 14
Heisler, Hermie Irene, 155
Heisler, Rosa P., 16
Heming, Dodge, 16, 18
Heming, Violet Adair, 16, 18
Heming, Violet Anderson, 16, 18
Hempstone, Armistead T., 72, 77
Hempstone, Ann Elizabeth Poole, 77
Hempstone, Ann M., 98, 109
Hempstone, Ann Trail, 39
Hempstone, Caroline V., 47, 63, 72

Hempstone, Christian, 65
Hempstone, Christian Townley, 77, 109
Hemptsone, Christie Dade, 77
Hempstone, Christy A., 65, 73
Hempstone, Flavius Braden, 77
Hempstone, Henrietta L., 83
Hempstone, Harriet, 102
Hempstone, Harriet B. Luckett, 72, 77
Hempstone, Harry D., 77
Hempstone, Ida Lee, 76
Hempstone, Infant, 77
Hempstone, Lutie A. Norris, 77
Hempstone, Mary M., 77
Hempstone, Mary R., 65
Hempstone, Mary Rebecca Dade, 77, 109
Hempstone, Robert Whitney, 77
Hempstone, Samuel Harris, 77
Hempstone, Sarah "Sallie" Virginia, 61
Hempstone, Snowden Lee, 77
Hempstone, Townley, 77
Hempstone, Vernon, 77
Hempstone, Vernon Stanley, 77
Hempstone, William, 77
Hempstone, William A., 77
Henderson, Carrie, 77
Henderson, Chester, 77
Henderson, Clara, 11, 14
Henderson, Dorothy S. Turlington, 33
Henderson, Edward Albert, 33
Henderson, Edward O., 33
Henderson, George P., 11, 14
Henderson, Ida May Cowell, 33
Henderson, Infant, 77
Henderson, James, 14
Henderson, Maggie, 77
Henderson, Mary Louise Mattingly, 77
Henderson, Mary M. Welsh, 14
Henderson, Mollie, 77
Henderson, Rachel, 77
Henderson, William, 77
Hendron, Anne Louise, 77
Henley, Annie E., 227
Henley, Annie L., 227
Henley, Fannie C., 227
Henley, Horace Joseph, 227
Henley, Oliver G., 227
Henning, James G., 140
Henning, Maria C., 140
Henley, Carrlie L., 206
Henry, Annie Mildred Jones, 77
Henry, Edwin D., 77
Hepburn, Louisa V., 64
Herbert, Mary A., 77
Herbert, Nash Perkins, 218
Herbert, William Roy, 172
Herndon, Annie V., 172
Herndon, Richard Lynn, 172
Herrell, Christine F. Cox, 155
Herrell, Minie J., 12

Herrell, Oma Mae, 92
Herring, Helen C., 77
Hersberger, Aaron Bucher, 56, 72, 77, 78
Hersberger, Anna, 34
Hersberger, Anna Poole Sellman, 45, 78
Hersberger, Arthur Cropley, 78
Hersberger, Cecelia Eve Dronenburg, 78
Hersberger, Edna Earle Davis, 78
Hersberger, Elmer, 34
Hersberger, Elmer Clayton, 45, 78
Hersberger, Evelyn Poole, 45
Hersberger, Hattie Maguire, 50, 56
Hersberger, Hester Ann Catherine Whipp, 56, 72, 77
Hersberger, Hesterell, 77
Hersberger, Infant, 77
Hersberger, John Augustus, 78
Hersberger, Julia, 77
Hersberger, Louise, 34
Hersberger, Marshall, 78
Hersberger, Nellie Rebecca, 77
Hersberger, Sarah Marcylean, 72
Hersberger, Verlinda Allnutt Jones, 78
Hersberger, Webb Sellman, 78
Hershberger, Annie McDonough, 14
Hershberger, William C., 14
Hershey, Christianna, 22
Hershey, Christina Rohrer, 22, 78
Hershey, David, 22
Hershey, David N., 22, 78
Hershey, James Edward, 78
Hershey, Lydia A., 22
Hershey, Magdalena, 22
Hershey, Margaret E., 78
Hershey, Susan A. D., 22
Hershey, Victoria Amelia Young, 78
Heisler, Ella M., 15, 20
Hessie, Earl W., 180
Hessie, Ethel Virginia, 19
Hessie, Harrison, 180
Hessie, Minnie Viola, 18, 182
Hessie, Rosie Ellen Mobley, 19, 180, 182
Hessie, William W., 19, 180, 182
Hewitt, Charles Richard, 78
Hewitt, Emily E., 206
Hewitt, James P., 78
Hewitt, Percival, 206
Hewitt, Virginia Reeder, 78
Hibler, C. Arthur, 78
Hibler, Susan Adelaide Allnutt, 78
Hickerson, Catherine, 78
Hickerson, Clara V. Mort, 78
Hickerson, Edward L., 140
Hickerson, Elizabeth Frances Rudasill, 78, 140
Hickerson, Henry C., 78, 140
Hickerson, Henry V., 78
Hickerson, Infant, 78

Hickerson, J. B. L., 78
Hickerson, Lucy Frances, 78
Hickerson, M. C., 78
Hickerson, Marcie W., 78
Hickerson, Mary L., 78
Hickerson, Sophie C., 78
Hickerson, Virgil M., 78
Hickman, Alice Spring, 144, 146
Hickman, Allie, 78
Hickman, Ann, 141
Hickman, Betty, 129
Hickman, Beulah K. Morningstar, 78
Hickman, Blanche, 78
Hickman, Carolyn R., 78
Hickman, Della Trundle, 78
Hickman, Eleanor, 78
Hickman, Elizabeth, 201
Hickman, Ida Marie, 78
Hickman, James Buchanan, 78
Hickman, James F., 141
Hickman, John W., 78
Hickman, Lulu, 78
Hickman, Margaret A., 78
Hickman, Mary Ida Trundle, 78
Hickman, Millard E., 141, 144
Hickman, Mollie B. Magaha, 78, 128
Hickman, Nancy Lee, 78
Hickman, Nellie Virginia, 128
Hickman, Purnell, 78
Hickman, Richard Hazel, 78, 128
Hickman, Sallie V. Sprigg, 141, 144
Hickman, Thomas A., 78
Hickman, Thomas Trundle, 78
Hickman, Victor, 141
Hickman, William, 141, 201
Hickman, William T., 78
Hicks, Anna Lee, 80
Hicks, Ara Lee, 83
Hicks, Eliza Virginia Walker, 78, 80, 83, 106
Hicks, Elizabeth, 106
Hicks, Hattie Susan Walker, 78
Hicks, Hubert K., 78
Hicks, J. Aubrey, 155
Hicks, James Robert, 78, 80, 83, 106
Hicks, Jane "Jennie," Davis, 78
Hicks, Joseph Washington, 155
Hicks, Laura Vinton, 155
Hicks, Myra, 80
Hicks, Robert K., 78
Hicks, Saunders Lee, 78
Higgins, Abigail, 33
Higgins, Alice Cross, 79
Higgins, Bertha, 78
Higgins, Ellen Rawlins, 78
Higgins, Florence M., 14
Higgins, George T., 78
Higgins, James L., 79
Higgins, Jeanne Dorsey, 194
Higgins, Jesse T., 78

Higgins, Joseph R., 78
Higgins, Maude Virginia, 78
Higgins, Montgomery P., 79
Higgins, Rebecca., 78
Higgins, Sarah Jane, 79
Hightman, Dorothy I. Morningstar, 79
Hightman, Garland Z., 79
Hildebrand, Anna Mae, 79
Hildebrand, Bertha Helen, 98
Hildebrand, George Luther, 79, 98
Hildebrand, Helen, 75
Hildebrand, Nathan, 75
Hildebrand, Nathan Davis, 79
Hildebrand, Nellie Selby, 75, 79
Hildebrand, Ruth Margaret Elizabeth, 79, 98
Hill, Dorothy A., 79
Hill, Eleanor Medora Hays, 79
Hill, Hugh Peter, 79
Hill, James H. Jr., 14
Hill, Madeline J., 14
Hillard, Annie L., 107
Hillard, Carroll E., 79
Hillard, Cecelia V., 79
Hillard, Clara Belle, 93
Hillard, Edward C., 79
Hillard, Erma White, 79
Hillard, Gertrude E. V., 79
Hillard, Hattie Miles, 79
Hillard, Helen, 93
Hillard, Helen E., 79
Hillard, Infant, 79
Hillard, James, 47
Hillard, James W., 79
Hillard, Jane S., 79
Hillard, John, 93
Hillard, John W., 79
Hillard, Mary Elizabeth, 47
Hillard, Rebecca Stallings, 79
Hillard, Robert T., 79
Hillard, Thomas Bolden, 79
Hilleary, Aldridge G., 79
Hilleary, Caroline Wheeler, 44, 55, 56
Hilleary, Clement T., 79
Hilleary, John Thomas, 79
Hilleary, Lelia N., 79
Hilleary, Maria Louisa, 122
Hilleary, Mary, 79
Hilleary, Sarah Odell Wheeler, 56, 122
Hilleary, Thomas, 56, 122
Hilton, Anne Alonine Brosius, 79
Hilton, Clagett C., 79
Hilton, Clarence, 206
Hilton, Dionysius, 206
Hilton, Dorothy, 180
Hilton, Dorothy A., 235
Hilton, Elizabeth A. Warfield, 206
Hilton, Ellen C., 206
Hilton, Emolyn A. Bowen, 206
Hilton, Ernest Grover, 206

Hilton, Fannie May Bohrer, 206
Hilton, Florence L., 227
Hilton, Frances Columbia Scott, 141, 209
Hilton, Frances Rebecca Snyder, 79, 103, 113
Hilton, Franklin L., 206
Hilton, George Washington, 141, 209
Hilton, Grover, 206
Hilton, Hattie L. Bohrer, 206
Hilton, Helen May, 137, 211
Hilton, Henry Mortimer, 79
Hilton, Ida, 202
Hilton, Iva M., 227
Hilton, J. Claude, 206
Hilton, James Oscar, 141
Hilton, James R., 227
Hilton, Jessie Irene, 89, 114
Hilton, Jessie Virginia, 103
Hilton, John Brice, 180, 181, 206
Hilton, John H., 206
Hilton, Joshua, 141
Hilton, Latimore T., 206
Hilton, Lillian M., 139
Hilton, Lillie M. Etchison, 180
Hilton, Linda, 208
Hilton, McClenan, 206
Hilton, Madie B., 180
Hilton, Maria Harriet Stone, 141
Hilton, Mary C., 209
Hilton, Mary Elizabeth Hardy, 206
Hilton, Mary J. Appleby, 79, 114
Hilton, Mary L., 141
Hilton, Norman Cullison, 227
Hilton, Oner Della, 165, 181
Hilton, Purnel, 206
Hilton, Ray, 227
Hilton, Rena, 199
Hilton, Robert G., 141
Hilton, Robert S., 139, 141
Hilton, Rose, 213
Hilton, Rufus E. G., 79, 114
Hilton, Sally Ann, 224
Hilton, Sarah, 141, 180
Hilton, Sarah Catherine Miles, 139, 141
Hilton, Sarah Constance Chiswell, 79
Hilton, Sarah Elizabeth Bowman, 180
Hilton, Sarah Elizabeth Brown, 180, 181, 206
Hilton, Savanah, 180
Hilton, Sidonia Frances, 113
Hilton, Thomas, 141, 180
Hilton, Tony, 206
Hilton, Vivian Warthen, 206
Hilton, Walter, 206
Hilton, Walter D., 206
Hilton, William Brosius, 79
Hilton, William E., 215
Hilton, William Harrison, 206
Hilton, William L., 206

Hilton, William Thomas, 79, 103, 113
Hilton, William Willard, 180
Hines, Mary, 232
Hines, Mary Louise Finneyfrock, 232
Hines, Norman Philip, 232
Hines, Soper, 79
Hinton, Catherine, 142
Hinton, Eliza Ann, 45
Hipkins, Annie, 17
Hipkins, Charles David, 9, 14
Hipkins, Emma, 14
Hipkins, Mary Agnes, 9
Hipkins, Mary Ann Clarke, 9, 14
Hipkins, Thomas Burkett, 14
Hird, Colin, 79
Hird, Margaret, 79
Hirsch, Clara V. Cecil, 24
Hirsch, George P., 24
Hiser, Ellen, 129
Hitchcock, Dale O., 79
Hitchcock, Elenore C., 196
Hitt, Flora Elkins Shry, 79
Hobbs, Asbury, 24
Hobbs, Charles D., 172
Hobbs, Elizabeth, 14, 24
Hobbs, Elizabeth Ramsower, 175, 177
Hobbs, Ethel S., 172
Hobbs, Everette Cartwright, 191
Hobbs, George Willard, 79
Hobbs, Harriet Ann Browning, 191
Hobbs, Harriet Ann W., 196
Hobbs, Harriet Blunt, 173, 174, 175
Hobbs, Harriet E., 196
Hobbs, Isabel Melvin, 24
Hobbs, J. W., 172
Hobbs, James S., 24
Hobbs, Leana Adelaide, 202
Hobbs, Leven C., 14, 24
Hobbs, Margaret, 175
Hobbs, Margaret Emma Piles, 79
Hobbs, Mary, 24, 39, 172
Hobbs, Mary C., 172
Hobbs, Mary Ella, 174
Hobbs, Nellie, 39
Hobbs, Olive Fedelia, 191
Hobbs, Rachel A., 177
Hobbs, Rezin, 175, 177
Hobbs, Russel, 172
Hobbs, S. T., 172
Hobbs, Samuel, 191, 196
Hobbs, Susannah, 8
Hockenberry, James Franklin, 155
Hockenberry, Janis Elizabeth, 155
Hodges, Airy Ann, 85
Hodges, Emily Jennie, 187
Hodges, John F., 24
Hodges, Mary Elizabeth, 16, 25
Hodges, Matilda Ann Bennett, 24, 25, 187
Hodges, Thomas, 24, 25, 187

Hodges, Walter, 85
Hodges, William F., 24
Hoes, Moses David, 161
Hoffacker, Celesta Garrett, 79
Hoffacker, Edward Maurice, 79
Hoffacker, Ginger Bodmer, 79
Hoffacker, Kristin Georgeann, 79
Hoffacker, Larry, 79
Hoffacker, Mary I., 79
Hoffacker, Oliver, 79
Hoffman, Anna Olive, 112
Hoffman, George, 112
Hoffman, Georgie, 112
Hogman, Ernest Paul, 79
Holcomb, Clem Lee, 79
Holcomb, Clemens Riley, 79
Holcomb, Helen Gilliam, 79
Holland, Annie Mary Nicholson, 24, 80, 115
Holland, Atbridge P., 14
Holland, Charles Ernest, 80
Holland, Christine G., 80
Holland, Daisy Elizabeth Bussard, 80
Holland, Dory T., 24
Holland, Earl L., 80
Holland, Eleanor, 137
Holland, Eliza A., 24
Holland, Emily, 24
Holland, Emily Ann Jones Trundle, 80, 81
Holland, George Otis, 24, 80, 115
Holland, Harold Otis, 24
Holland, James Boyd, 80
Holland, James Burnett, 24
Holland, James W., 24, 80
Holland, Jane, 14
Holland, John W., 80
Holland, Margaret Virginia, 109
Holland, Mary Ann, 13, 15, 17, 74, 81
Holland, Mary C., 14
Holland, Mary E., 20, 25
Holland, Mary Eugenia Johnson, 24
Holland, Mary Gertrude, 166
Holland, Mary Jane Harris, 80
Holland, Mildred Marie Dennison, 15, 80
Holland, Nathan B., 24
Holland, Nellie, 48
Holland, Nettie Lee, 115
Holland, Raymond, 24
Holland, Richard, 14
Holland, Richard Waters, 80
Holland, Sarah Ann, 15, 63, 139, 154
Holland, William J., 14
Holmes, Della M., 80
Holsey, Bee, 218
Holsey, Catherine, 218
Holsey, Charles E., 218
Holsey, Dora B., 218

Holsey, Elzie, 218
Holsey, Ethel, 218
Holsey, Greenberry J., 218
Holsey, Harriet, 218
Holsey, Henry, 218
Holsey, Horace S., 218
Holsey, John H., 218
Holsey, John W., 218
Holsey, Lillie, 218
Holsey, Lillie M., 218
Holsey, Linwood, 218
Holsey, Luther, 218
Holsey, Roberta A. Crampton, 218
Holsey, Sterling L., 218
Holsey, Sterling R., 218
Holsinger, Catherine L., 172
Holsinger, Cecil A., 172
Holston, Lester, 206
Holston, Margaret, 206
Hominal, Louise deCostella, 80
Honaker, Kathy, 180
Honaker, Larry, 180
Honaker, Russell Eugene, 180
Honemond, Cecil W., 132
Hood, Archie O., 141
Hood, Caroline, 227
Hood, Delma Jane, 143
Hood, Eveline, 179
Hood, Grover L., 141
Hood, Helen M., 141
Hood, H. Alvin, 227
Hood, James O., 141
Hood, John, 206
Hood, Lena Jane, 141
Hood, Leven, 227
Hood, Myrtle Burch, 80
Hood, Myrtle May, 143
Hood, Olive, 206
Hood, Regina C., 141
Hood, Sterling W., 14
Hood, Wilbur C., 80
Hood, William R., 40
Hoopes, Lucy, 58
Hopkins, Beverly Ann, 155
Hopkins, Dorothy Butler, 80
Hopkins, Elizabeth, 91
Hopkins, Hollis Edward, 80
Hopkins, Horace, 80
Hopkins, Jerry Lee, 155
Hopkins, Macie, 80
Hopkins, Rosa Lee, 101
Hopkins, Sallie L., 101
Hopkins, Samuel Arthur, 80
Hopkins, Thomas S., 101
Hopta, Catherine, 33
Hopwood, Mary Ann, 163
Horine, Bessie Erdine Douglas, 80
Horine, Delihne Elizabeth, 9
Horine, Douglas Edwin, 80
Horine, Edwin M., 8, 9

Horine, Grace Umstead, 80
Horine, Minerva C. Dudrow, 8, 9
Horine, Floyd Holmes, 8
Horman, Ann, 8
Horman, Ann Fowler, 8
Horman, Charles Frederick
    "Augustus", 8
Horman, Doratta Barringer, 8
Horman, Elmer, 8
Horman, Mildred V., 8
Hormann, Kathleen, 8
Hormann, George, 8
Hormann, Mary, 8
Hoskinson, Annie, 100
Hoskinson, John Fletchall, 80
Hoskinson, Lula B., 80
Hoskinson, Mary Dorcas, 80
Hoskinson, Mary Gertrude, 80
Hoskinson, Stella Gertrude, 80
Hoskinson, Thomas, 80
Hoskinson, Walter M., 80
Hoskinson, William C., 80
Hoskinson, William M., 80
Hottinger, Agnes Jane Offutt, 80
Hottinger, Virgil, 80
Houfe, Rachel Virginia, 100
Hough, Charles, 175
Hough, Esther, 175
Hough, Henry Clyde, 80
Hough, Jasper Fox, 80
Hough, John W., 80
Hough, Lucy Viands, 175
Hough, Margaret Gertrude Tetlow,
    80
Hough, Mary Frances, 98
Hough, Mary Virginia, 80
Hough, Mortimer B., 80
Hough, Myrtle Lee Burdette, 80
Hough, Ruth H., 80
House, Donna Durst, 110
House, Martha Elizabeth, 23
House, Nevan, 110
House, Pamela Sue, 110
Housen, Antonia C. Watkins, 191
Housen, Charles L., 191
Housen, Florence, 191
Housen, George, 191
Housen, Isabella, 191
Housen, Lewis, 191
Houser, Harry C., 80
Houser, Mary E., 80
How, Dorothy, 91
Howard, Ada Fuller, 172
Howard, Barbara S. Nichols, 14
Howard, Beatrice, 103
Howard, Brooklin, 80
Howard, Charlotte, 24
Howard, Claudia Lucille, 172
Howard, Clifton L., 103
Howard, Cora D., 206

Howard, Cora S., 172, 206
Howard, Daniel F., 80
Howard, Daniel M., 80, 117
Howard, Edith M., 141
Howard, Eleanor Hays, 29, 80
Howard, Ellen, 34
Howard, Elisha, 29, 80
Howard, Eliza Medora Hays, 80
Howard, Elizabeth Cassandra
    Woodfield, 172
Howard, Elsie, 183
Howard, Emma Rose Woodfield, 172
Howard, Frances M., 80, 117
Howard, James T., 155
Howard, John, 172, 206
Howard, Katie, 68, 118
Howard, Kenneth H., 172
Howard, Laura J., 155
Howard, Laura M., 153
Howard, Leonard L., 172
Howard, Leonard W., 155
Howard, Lucie Gallaher, 103
Howard, Luther Conrad, 172
Howard, Margaret, 28
Howard, Marian Norman, 214
Howard, Norman J., 14
Howard, Pat, 183
Howard, Patricia, 183
Howard, Rutha R., 155
Howard, S. K., 155
Howard, Wiley, 172
Howe, John Stewart, 80
Howe, Myra Hicks, 80
Howes, Bessie K. Watkins, 172
Howes, Marion, 172
Howland, Melvin, 129
Howser, Jack, 49
Howser, Nellie Fisk, 49
Howser, Virginia, 49
Hoy, Ella M., 149
Hoyle, Alda Brent White,
    80, 82, 89
Hoyle, Alda Frances, 89
Hoyle, Altha Ann Childs, 33, 155,
    174, 155, 174
Hoyle, Amanda Charity,
    173, 174
Hoyle, Anna L., 74
Hoyle, Anna Lee Hicks, 80
Hoyle, Arthur Gloyd, 80
Hoyle, Catherine, 36
Hoyle, Charlotte Ann Jones, 33,
    39, 80, 81
Hoyle, Earl, 155
Hoyle, Ella M., 155
Hoyle, Ella May Watkins, 155
Hoyle, Elmer Eugene, 80, 82, 89
Hoyle, Franklin Jones, 80
Hoyle, George, 155, 174
Hoyle, George Ernest, 33

Hoyle, George Philip Smith, 155
Hoyle, Infant, 33
Hoyle, James T., 81
Hoyle, Jane A. Phillips, 93, 155
Hoyle, John Thomas, 93, 155
Hoyle, Joseph Clayton, 74, 81
Hoyle, Joseph Henry, 80
Hoyle, Joseph Henry Clay, 33, 39, 80, 81
Hoyle, Katherine, 94
Hoyle, L. Sterne, 155
Hoyle, Lillian Brent, 82
Hoyle, Margaret Bowers, 81
Hoyle, Mary, 39
Hoyle, Mary Ann Holland, 74, 81
Hoyle, Mary Charlotte, 33
Hoyle, Mary Lee, 80
Hoyle, Mary Nellie Jones, 33
Hoyle, Rosa B. Clements, 33
Hoyle, Russell, 155
Hoyle, Sarah Elizabeth, 93
Hoyle, Sarah Trussell, 80
Hoyle, Susan C., 30
Hoyle, William Linwood, 33
Hsu, Mary Yun Hwa, 33
Hubbard, Infant, 81
Hubbard, James H., 81
Hubble, Aubra Virginia Thompson, 51, 57, 81
Hubble, Bernard V., 155
Hubble, Donald Thompson, 81
Hubble, George Grady, 51, 57, 81
Hubble, Ila, 153
Hubble, Irma Louise, 51
Hubble, Lillian, 111
Hubble, Margaret I., 57
Hubble, Otis Knox, 81
Hubble, Sophia E., 81
Hudson, Julia Valita, 33
Hudson, Roy, 155
Huey, Hester Carter, 81
Huey, Samuel Robert, 81
Huff, Charles Lee, 155
Huff, Polly Ann, 155
Hughes, Alice Julia, 81
Hughes, Catherine Heffner, 81, 129
Hughes, Catherine S. Young, 81
Hughes, Edgar, 81
Hughes, Elizabeth, 129
Hughes, Elizabeth E., 81
Hughes, Frances Willard, 119
Hughes, George Edward, 81, 88
Hughes, George H., 129
Hughes, Jane, 129
Hughes, John, 129
Hughes, John H., 129
Hughes, Joseph Adolphus, 81
Hughes, Katherine, 48
Hughes, Louisa Dutrow, 81, 88
Hughes, Margaret A. D., 87, 129

Hughes, Mary, 88
Hughes, Preston Brooks, 81
Hughes, William Arthur, 81
Hughes, William D., 129
Hull, Edward Seabrook, 81
Hume, Olga, 57
Humphries, Martha Frances, 59
Humrichouse, Josephine S. Hurley, 141
Hungerford, Charles S., 172
Hungerford, James Thomas, 172
Hungerford, Lillian E., 172
Hungerford, Mabel Rebecca, 102, 114
Hungerford, Remus Rumuls, 173
Hungerford, William C., 172
Hungerford, William R., 173
Hungerford, Woodrow W., 173
Hunt, Dorothy Juanita, 81
Hunt, Elizabeth, 81
Hunt, Frances Lucille, 81
Hunt, Joyce Anne, 81
Hunt, Rachel, 81
Hunt, Robert L., 81
Hunt, Woodrow Wilson, 81
Hunter, Catherine B. White, 81
Hunter, Charles M., 209
Hunter, Elsie E., 227
Hunter, Guy E., 227
Hunter, John R., 81
Hunter, Mattie L., 81
Hunter, Olive Gray, 209
Hunter, Sadie Dye, 81
Hunter, William Pierce, 81
Hunter, Wilma, 209
Huntt, Casey, 191
Huntt, Dillon, 191
Huntt, Edward Lewis, 173
Hurd, Eugene, 81
Hurd, Hager Mills, 81
Hurd, Louise H. Richardson, 106
Hurley, Addie Cassandra, 142, 145, 165
Hurley, Annie G., 138, 141
Hurley, Annie Lauretta Brandenburg, 180
Hurley, Bertie Olivia Bellison, 227, 234
Hurley, Bessie Vierna Warthen, 180, 227
Hurley, Catherine, 141, 180
Hurley, Charley A., 141
Hurley, Claud C., 227
Hurley, Cora Arnelia, 63
Hurley, Eliza A., 11
Hurley, Eliza Ann, 137
Hurley, Elizabeth, 141
Hurley, Emma Jane, 142, 210
Hurley, Esther Mae Thompson, 181
Hurley, Ethel Mae Bellison, 227
Hurley, Evelyn Gertrude O'Hara, 227

Hurley, Frances Marian Richardson, 138, 141, 142
Hurley, George Edwin, 141
Hurley, Gilmore Edward, 180
Hurley, Guy L., 180
Hurley, Harry Gilmore, 180, 227
Hurley, Harry Mankin, 63, 180, 227, 229
Hurley, Helen A., 141
Hurley, Henry W., 141
Hurley, Infant, 141
Hurley, J. Mortimer, 141
Hurley, Jane, 141
Hurley, John W., 138, 141, 142
Hurley, Joseph Arthur, 181
Hurley, Josephine S., 141
Hurley, Katherine Irene, 227
Hurley, Leo Raymond, 227
Hurley, Lydia M., 139
Hurley, Maria Louise Waters Peters, 141, 142
Hurley, Maud May, 224, 229
Hurley, Michael, 180
Hurley, Obed, 141, 142
Hurley, Otho W., 141
Hurley, Rosie Etta Brown, 63, 180, 227, 229
Hurley, William L., 141
Hurley, William Levi, 141
Hurt, Della M., 81
Hurt, Edith, 132
Hurt, Emma R. Lambert, 81
Hurt, Eugene William, 81
Hurt, Flora Mae Gravley Whisman, 81, 121
Hurt, George W., 81
Hurt, John Stephen, 81
Hurt, Paul, 81
Hurt, Sallie Bone, 81
Hurtt, Bessie E. Griffith, 81
Hurtt, Herbert Marple, 81
Hutchinson, Luther Harry, 191
Hutchinson, Rhea Darby, 191
Hyatt, Alcinda Moxley, 227, 235
Hyatt, Alice A. Bevard, 61
Hyatt, Alvin L., 81
Hyatt, Ann Riggs, 9
Hyatt, Annie Mary Griffith, 93
Hyatt, Asa, 10, 14, 20
Hyatt, Ann Clarinda Wolfe, 8
Hyatt, Ann Willett Offutt, 81
Hyatt, Anna Belle Moxley, 227
Hyatt, Beulah S. Green, 206
Hyatt, Caroline Ann, 7, 8, 9
Hyatt, Carson McNulty, 81
Hyatt, Catherine Davis Wolfe, 8
Hyatt, Charlotte, 7
Hyatt, Edna Elizabeth Baker, 227
Hyatt, Edna Wilson, 193
Hyatt, Eleanor, 200, 225, 230

Hyatt, Eleanor Ann, 7, 8, 10
Hyatt, Eli, 14, 230
Hyatt, Elizabeth, 9, 63
Hyatt, Ethel, 225
Hyatt, Fannie Leannah, 211, 213, 222, 225, 235
Hyatt, Georgianna Lewis, 230
Hyatt, Herbert S., 215
Hyatt, Hilda Mae, 210
Hyatt, Hubert, 206
Hyatt, Irvin C., 227
Hyatt, J. Cleveland, 206
Hyatt, Janice, 205
Hyatt, Jesse, 8
Hyatt, Jesse Jr., 8, 9
Hyatt, Jesse T., 8, 93, 129
Hyatt, John, 61
Hyatt, John C., 227
Hyatt, John Edgar, 227
Hyatt, Kate A., 7
Hyatt, Lavinia, 9
Hyatt, Laura Dorcas, 9, 125
Hyatt, Luther Lingan, 8
Hyatt, Madlyn Kidd, 206
Hyatt, Mary Ann, 9, 10, 14, 20
Hyatt, Mary E., 81
Hyatt, Mary Ellen Ball, 129
Hyatt, Mary Ellen Beall, 9, 93
Hyatt, Meshach, 7, 8
Hyatt, Mildred Survila Boyer, 193, 227
Hyatt, Olivia Gertrude, 61
Hyatt, Ruby W., 215
Hyatt, Susannah Hobbs, 8
Hyatt, Thomas A., 227, 235
Hyatt, Towny H., 227
Hyatt, Valerie Eveline, 196, 197
Hyatt, William Eli Cleveland, 193, 227
Hyde, Emily Wailes, 81, 102
Hyde, Evalina Wailes, 102
Hyde, Thomas W., 81, 102
Hymes, Mr., 129

Ifert, Emily, 206
Ifert, Noah, 206
Iglehart, Basil R., 81
Iglehart, Burton, 165
Iglehart, Ellen Ruth Darby, 81
Iglehart, Leah Jane Watkins, 165
Iglehart, Mamie M., 177
Iglehart, Ola G., 165
Iglehart, William G., 165
Ihrig, Jacob, 141, 143
Ihrig, Johanna Koller, 143
Ihrig, Stella, 143
Ihrig, Walter, 141
Imes, Jerry, 135
Imes, John Wesley, 132
Imlay, Mary Magdeline, 96
Ingalls, Charles Howard N., 173
Ingalls, Etta May Wells, 173

Ingleton, Dean Clark, 33
Inman, Gay Rhea, 156
Inman, Guy Morris, 156
Ireland, Margaret, 126
Irving, James Henry, 58
Irving, Lucy Hoopes, 58
Irving, Ruth, 58
Irwin, Grace, 207
Irwin, Ida Ann Shreve, 81
Irwin, Reginald Herbert, 81
Isherwood, Infant, 82
Isherwood, Isabella A. Darby, 82
Isherwood, Robert J., 82
Israel, Alice Grace Linthicum, 82
Israel, Charles Franklin, 82
Israel, Charles Reid, 82, 141
Israel, Deborah J. Burdette, 82
Israel, Deborah Jane, 158
Israel, George R., 141
Israel, Lillian Brent Hoyle, 82
Israel, Sarah Roszell, 141
Ivory, Lawrence, 132

Jackson, Ada V., 150
Jackson, Arthur W., 206, 218
Jackson, B. L., 206, 218
Jackson, Beatrice A., 132
Jackson, Benjamin, 218
Jackson, Benjamin E., 206
Jackson, Benjamin H., 149
Jackson, Bertha, 120
Jackson, Bobby, 218
Jackson, Capitolia, 218
Jackson, Charles, 218
Jackson, Charles Henry, 218
Jackson, Charlotte, 132
Jackson, Cora E., 132
Jackson, Daniel, 149
Jackson, Daniel T., 149, 150
Jackson, Dora E., 132
Jackson, Dorothy M., 135
Jackson, Edith M., 218
Jackson, Ellis L., 132
Jackson, Erin H., 132
Jackson, George, 40
Jackson, George H., 218
Jackson, Harry, 150
Jackson, Havana B., 132
Jackson, Harry L., 150
Jackson, Harold R., 150
Jackson, Helen, 218
Jackson, Helen C., 218
Jackson, Henry R., 132
Jackson, Ida Mae, 132
Jackson, James, 40
Jackson, James S., 150
Jackson, Julia G., 149
Jackson, Kent Logan, 33
Jackson, L. J., 206, 218
Jackson, Leolia, 149

Jackson, Lillie M., 150
Jackson, Lola E., 93
Jackson, Lucy, 107
Jackson, Margaret L., 219
Jackson, Manuel T., 161
Jackson, Martha A., 132
Jackson, Martha E., 150
Jackson, Mary V., 132, 149
Jackson, Marybelle, 191
Jackson, Melvin, 150
Jackson, Millard, 206
Jackson, Nancy L., 40
Jackson, Nathan F., 150
Jackson, Nettie, 150
Jackson, Ollie May, 206
Jackson, Raymond L., 218
Jackson, Roosevelt T., 132
Jackson, Vilda Ellen, 133
Jackson, Virgie, 150
Jackson, William H., 161
Jacobs, Bessie, 191
Jacobs, Hazel, 206
Jacobs, Jonathan, 191
Jacobs, Mary, 191
Jacques, Thomas Lee Nygard, 156
James, Ella, 59
James, James M., 82
James, Mary Astlin Walsh, 82
Jamison, Alexander F., 33
Jamison, Alexander T., 33
Jamison, Charles C., 33
Jamison, Charles Harris, 33
Jamison, Estelle Marie, 46
Jamison, Charles H., 191
Jamison, Eugene Angelo, 191
Jamison, Exie King, 191
Jamison, Infant, 33
Jamison, Laura Conlon, 33
Jamison, Leo, 191
Jamison, Lloyd I., 33
Jamison, M. Annie Knott, 33
Jamison, Sarah Margaret Harris, 33
Jamison, Teresa A., 33
Jamison, Teresa Ann, 33
Jansen, Bernard R., 191
Jansen, Nikki, 191
Jarboe, Anna Elizabeth, 44, 101
Jarboe, Annie B., 141
Jarboe, Annie E., 36
Jarboe, Eliza, 33
Jarboe, Elizabeth Ann Poole, 82
Jarboe, Ellen Howard, 34
Jarboe, Ethel M., 82
Jarboe, Eugene Edward, 34, 65
Jarboe, Martha, 34
Jarboe, Margaret Ann Maria, 33
Jarboe, Margaret E., 37, 38
Jarboe, Mary Eleanor Jones, 65
Jarboe, Moselle, 65
Jarboe, Nora T., 34

Jarboe, Raphael T., 82
Jarboe, Raymond H., 82
Jarboe, Samuel, 34
Jarboe, Samuel Howard, 34
Jarboe, Samuel Raphael, 34
Jarboe, Sarah Maria Gibson, 34
Jarboe, Susie Ella, 82
Jarboe, Thomas H., 82
Jarboe, Thomas L., 82
Jarels, Betty, 157
Jarrels, Claude S., 156
Jarrels, Elizabeth Allen, 156
Jarrels, Harvey G., 156
Jarrels, John Henry, 156
Jarrels, Lethia Ola Massey, 156
Jarrels, Nancy Louise, 156
Jarrett, Ola M., 82
Jarvis, Elizabeth Pearce, 92
Jarvis, Forest, 82
Jarvis, Hilleary, 92
Jarvis, Jerry Lee, 82
Jarvis, Linda Moore, 82
Jarvis, Rose Anna, 92, 93
Jeffcoat, Errol Wilson, 82
Jeffcoat, Frances Chisholm, 82
Jeffers, Julia Elizabeth Crist, 82
Jeffers, Loretta Fitzwater, 156
Jeffers, Mark Pulliam, 82
Jeffers, Richard, 156
Jeffers, Richard Walter, 156
Jeffers, Richard William, 82
Jeffery, Bessie C., 66, 82
Jeffery, Bessie O., 82
Jeffery, Helen Elizabeth, 66
Jeffery, Simon, 66
Jenkins, Garland Thomas, 82
Jenkins, Glaytha Virginia Tibbs, 82
Jenkins, James B., 150
Jenkins, Mary Edrie, 82
Jenkins, Nellie M., 156
Jenkins, Wellington C., 156
Jenkins, William McKinley, 82
Jennings, Barbara, 116
Jennings, Charles C., 82
Jennings, Clara, 116
Jennings, Clara C., 82
Jennings, Joseph E., 82
Jerrell, Linda Lou Leith, 82
Jerrell, John P., 82
Jessee, Violet Marie, 171
Jewel, Edna Leola McGaha, 82
Jewel, Elizabeth Blanchard, 82
Jewel, Grace Magaha, 94
Jewel, Mamie E., 82
Jewel, Samuel Edgar, 82
Jewell, Edgar Guy, 82, 207
Jewell, Hattie L., 156
Jewell, Marie M., 26
Jewell, Olivia, 207
Jewell, Olivia Pauline Lewis, 82, 207

Jewell, Robert H., 156
Johns, Marilyn Whittaker, 82
Johns, William Brook II, 82
Johnson, A., 133
Johnson, Alice Laverne Morgan, 150
Johnson, Alma Owens, 165
Johnson, Alonzo, 82
Johnson, Annie L., 40
Johnson, Annie V. Owen, 41
Johnson, Arnold Dice, 165
Johnson, Beatrice V., 14
Johnson, Beatrice V. Pope, 14, 82, 83
Johnson, Benjamin, 14, 20, 24, 59
Johnson, Bernard, 219
Johnson, Bertha Lee, 13
Johnson, Beulah Virginia McDonough, 69, 82
Johnson, Blanche McCloud Whalen, 82
Johnson, Carrie Ellen Nichols, 14
Johnson, Carrie M., 24
Johnson, Catherine Augusta Stewart, 156, 165
Johnson, Catherine E., 206
Johnson, Charles F., 150
Johnson, Charles Henry, 141
Johnson, Charles M., 82
Johnson, Charles T., 173
Johnson, Charles W., 82
Johnson, Charlotte, 155
Johnson, Charlotte Dillehay, 1 6, 18, 95
Johnson, Claire C., 227
Johnson, Clara M., 25
Johnson, Clarence, 133
Johnson, Claudia K. Ellen, 101
Johnson, Cornelia Elizabeth, 34, 36
Johnson, Cornelia W., 141
Johnson, Cora Frances, 42
Johnson, Darlington L., 133
Johnson, Dora Estelle, 175
Johnson, Doris, 155
Johnson, Dorothy L., 181
Johnson, Earl L., 206
Johnson, Earl Leonard, 150
Johnson, Effie L., 83
Johnson, Elbert M., 40
Johnson, Eliza C., 23
Johnson, Ella Randolph, 150
Johnson, Ellen A., 160
Johnson, Emily G., 40
Johnson, Emily R., 25
Johnson, Emma Cole Burdette, 141, 176, 181
Johnson, Emma E., 144
Johnson, Ernest Paul, 14
Johnson, Eudora Benton Gardner, 14
Johnson, Eugenia Tyson, 82
Johnson, Frances, 14
Johnson, Francis M., 14

Johnson, George, 82
Johnson, George Haslip, 82
Johnson, George T., 41, 133
Johnson, George W., 23, 25
Johnson, Gerald H., 227
Johnson, Gertrude, 181
Johnson, Gertrude Poole, 179, 181
Johnson, Gladys M. Washington, 219
Johnson, Grace Lillian Pugh, 156
Johnson, Guy N., 181
Johnson, Harry C., 82
Johnson, Hattie E., 25
Johnson, Henry T., 25
Johnson, Herbert C., 181
Johnson, Herbert G., 156
Johnson, Honora Bennett, 13, 82, 95, 156
Johnson, Howard E., 41
Johnson, Ida A., 141
Johnson, Ida Jane Kuster, 83, 156, 160
Johnson, Infant, 82, 83, 141, 156, 173
Johnson, Jacob, 14
Johnson, Jacob Israel, 14, 82, 83
Johnson, Jacob Middleton, 12, 69, 82
Johnson, James T., 141, 144
Johnson, James W., 141, 176, 181
Johnson, Jennie Elizabeth Watkins, 173
Johnson, Jessie M., 41
Johnson, John B., 161
Johnson, John Thomas, 17, 82
Johnson, Joseph, 13, 82, 95, 156
Johnson, Katie Lee, 216
Johnson, Lawrence, 219
Johnson, Leven B., 14, 82, 108
Johnson, Larry E., 181
Johnson, Laura Effa, 108
Johnson, Lillian, 158
Johnson, Lucille, 43
Johnson, Lula Virginia Carter, 142, 143
Johnson, Lule, 82
Johnson, Luther Eugene, 82
Johnson, Luther Stewart, 156
Johnson, Luther S., 83
Johnson, M. Virginia, 181
Johnson, Maggie B., 141
Johnson, Mamie Lucille, 160
Johnson, Marian, 83
Johnson, Marie, 83
Johnson, Margaret G., 133
Johnson, Martha, 80, 95, 101
Johnson, Martha M., 133
Johnson, Martha "Mattie" Browning, 82
Johnson, Martha Elizabeth House, 23 59
Johnson, Martha Elizabeth Roberson,
Johnson, Martha H. Shaw, 82
Johnson, Martha Maria, 58, 59
Johnson, Martha Rebecca, 15, 24
Johnson, Mary, 143

Johnson, Mary Ann B., 82
Johnson, Mary E., 141, 144
Johnson, Mary E. Holland, 20, 25
Johnson, Mary E. Watkins, 173
Johnson, Mary Elizabeth Ricketts, 82
Johnson, Mary Eugenia, 24, 80
Johnson, Mary Rebecca, 18
Johnson, Mary Virginia, 69
Johnson, Maurice, 165
Johnson, Michael V., 227
Johnson, Minnie Ethel, 14
Johnson, Myrtle M., 219
Johnson, Myrtle Mary, 82
Johnson, Narcissa Bennett, 142
Johnson, Nettie Estelle McDonough, 14
Johnson, Nora C. Miller, 83
Johnson, Nora V. Bolden, 161
Johnson, Oliver Granville, 83, 156, 160
Johnson, Oscar Lee, 141
Johnson, Oscar Perry, 14
Johnson, Pearl, 156
Johnson, Pearl A., 14
Johnson, Rebecca Nicholson, 14, 82
Johnson, Rhoda, 158
Johnson, Richard Edwin, 83
Johnson, Robert, 82, 142
Johnson, Robert Clarence, 133
Johnson, Rosie Mae, 176
Johnson, Roy H., 141
Johnson, Ruth A., 206
Johnson, Ruth B., 181
Johnson, Ruth Irene Cissel, 181
Johnson, Sade, 219
Johnson, Sarah, 28
Johnson, Sarah Ann,
Johnson, Sarah Catherine Browning, 14, 82, 108
Johnson, Sarah Ann Morningstar, 83
Johnson, Sydney A., 25
Johnson, Thomas, 156, 165, 173
Johnson, Thomas Augustus, 156
Johnson, Thomas M., 83
Johnson, Thomas Perry, 14
Johnson, Walter "Buck," 181
Johnson, Walter Souder, 206
Johnson, Walter W., 150
Johnson, Warren, 41
Johnson, Wayne, 43
Johnson, Wiley T., 141
Johnson, William, 133
Johnson, William E., 179, 181
Johnson, William J., 83
Johnson, William Joseph, 142
Johnson, William R., 135
Johnson, William T., 83
Johnson, Willie Joseph, 142, 143
Johnston, Rachel, 67
Joines, Jesse Howard, 227

Joines, Jesse Raymond, 227
Joines, Mildred, 190
Joines, Sarah Rowe, 227
Jolley, Nanette, 206
Jones, Abbie Walter, 84
Jones, Acshah D. Waters, 85
Jones, Adelia Louise Heffner, 84, 96
Jones, Airy Ann, 85
Jones, Airy Ann Hodges, 85
Jones, Alethea A., 85
Jones, Aletha Brewer, 83
Jones, Alice Fechtig, 33, 34, 84
Jones, Alfred Leroy, 83
Jones, Americus Dawson, 84
Jones, Amy M., 206
Jones, Andrew Jackson, 83
Jones, Ann Estelle, 84
Jones, Ann Maria, 83
Jones, Ann Mildred, 60
Jones, Ann Newton Chiswell, 42, 84
Jones, Anna Elizabeth Mayer, 84
Jones, Anna May, 176
Jones, Anna Virginia Gott, 83, 84, 122
Jones, Anne Rebecca, 96
Jones, Annie Elizabeth, 37, 38
Jones, Annie Evelyn, 101
Jones, Annie Matilda, 44
Jones, Annie Mildred, 77
Jones, Annie Rebecca, 36
Jones, Ara Lee Hicks, 83
Jones, Arthur Lee, 52, 83
Jones, Arthur Thomas,
Jones, Benjamin John, 83, 84, 122
Jones, Bernard, 34
Jones, Bettie L. Wood, 52, 83
Jones, Brook, 34
Jones, Cariolen L. Swank, 14, 18
Jones, Caroline, 133
Jones, Carolyn, 218
Jones, Catherine, 56, 130
Jones, Charles, 72
Jones, Charles Conley, 83
Jones, Charles H., 84
Jones, Charles Robert, 83
Jones, Charlotte, 30
Jones, Charlotte Ann, 33, 39, 80, 81
Jones, Christy D., 133
Jones, Clara Conley, 83
Jones, Columbia, 85
Jones, Constance Beulah Nicholson, 57, 84
Jones, Cornelia Elizabeth, 34
Jones, Cornelia Elizabeth Johnson, 34, 36
Jones, Corey A., 135
Jones, Courtney B., 156
Jones, Daniel Trundle, 50, 83, 84
Jones, David Kirtley, 84
Jones, David Trundle, 83, 84
Jones, Dorothy Ann, 67

Jones, E. Medora, 83
Jones, Earl Manakee, 56
Jones, Edgar Hartley, 84
Jones, Edna, 92
Jones, Edna Manakee, 56, 83, 84
Jones, Edward, 83
Jones, Edwin, 84
Jones, Eleanor M., 29
Jones, Eleanor May, 83
Jones, Eleanor Woodward, 85
Jones, Elizabeth, 111
Jones, Elizabeth Eleanor Brosius, 32, 34
Jones, Elizabeth Isabel King, 53, 77, 84, 109, 117
Jones, Elizabeth Poole, 84, 85
Jones, Elizabeth R., 83, 85
Jones, Elizabeth Williams, 94
Jones, Emiline Blake Beall, 34
Jones, Emily Ann, 34, 38, 80
Jones, Emily Jane, 31
Jones, Eugene, 83
Jones, Eugene Elmer, 133
Jones, Eugene Phillips, 83
Jones, Evan Aquila, 101
Jones, Evelina Wailes Allnutt, 83
Jones, Everett, 206
Jones, F. C., 84
Jones, Frances Lavinia Cross, 84
Jones, Frances Nicholson, 84
Jones, Frederick, 83, 84
Jones, Frederick Armistead, 83
Jones, George Darby, 83
Jones, George Gleeves, 83
Jones, George Lawrence, 83
Jones, George W., 133
Jones, Gertrude E., 206
Jones, H., 133
Jones, H. Brook, 34
Jones, Hanbury, 84, 85
Jones, Hannah E., 133
Jones, Harvey T., 85
Jones, Hays, 83
Jones, Hazel Jacobs, 206
Jones, Helen Elizabeth, 83
Jones, Helen Newton, 84
Jones, Henrietta L. Hempstone, 83
Jones, Henry, 34, 38, 83
Jones, Henry Robert, 34
Jones, Henry Travers, 34
Jones, Herbert Leon, 83
Jones, Infant, 83
Jones, Ira L., 206
Jones, Isaac Poole, 84
Jones, Isaac Thomas, 83
Jones, James Henry, 34, 84
Jones, James W., 85
Jones, John, 63, 117
Jones, John Augustus, 56, 67, 78, 83, 84, 94

Jones, John Blake, 85
Jones, John Frederick, 84
Jones, John J. Isaac, 85
Jones, John Lewis Trundle, 34, 36
Jones, John Paul, 84
Jones, John Rufus, 84, 96, 178
Jones, John William, 84
Jones, Joseph, 133
Jones, Joseph James Wilkerson, 42, 84
Jones, Joseph Warren, 84
Jones, Josephine, 84
Jones, Joyce, 220
Jones, Julia Ada, 85
Jones, Katherine Lazielia Barbee, 84
Jones, L. H.,
Jones, Laura, 63
Jones, Laura Kathleen, 84
Jones, Laura Myers, 117
Jones, Laura Virginia, 83
Jones, Lee Allnutt, 83
Jones, Lena, 219
Jones, Leo Lawrence, 84
Jones, Leona M. Ward, 84
Jones, Leonidas, 53, 77, 84, 109, 117
Jones, Lillie W., 173, 174
Jones, Linwood Thomas, 84
Jones, Lloyd James, 32, 34
Jones, Lloyd Stephen, 31, 34
Jones, Lloyd Stephen Mercer, 34, 83
Jones, Lorena Mae, 117
Jones, Lottie C., 83
Jones, Lottie Eleanor White, 83
Jones, Louis Hartley, 34
Jones, Louis John, 84
Jones, Louise Hersberger, 34
Jones, Lucinda, 24
Jones, Maggie Sumner, 92
Jones, Mamie C., 142
Jones, Margaret E., 32, 110
Jones, Margarete A., 83
Jones, Margaret Eleanor,
Jones, Margaret Virginia, 34
Jones, Margie Virginia Brosius, 34, 83
Jones, Marjorie, 34
Jones, Marian, 205, 208, 209, 213, 214
Jones, Marilou, 84
Jones, Martha E., 84
Jones, Martha Maria, 178
Jones, Mary A., 34
Jones, Mary Alice, 83
Jones, Mary Alta, 83
Jones, Mary Ann Dawson, 83, 84
Jones, Mary E., 34
Jones, Mary Eleanor, 33, 38, 55, 65, 123
Jones, Mary Eleanor Trundle, 34, 38, 83
Jones, Mary Elizabeth Darnell, 84
Jones, Mary Elizabeth Trundle, 37
Jones, Mary Eloise Scholl, 34
Jones, Mary Isabel, 109
Jones, Mary Jane, 84, 229

Jones, Mary Jane Pyles, 67, 94
Jones, Mary Kellogg, 83
Jones, Mary Leona Beall, 83, 94
Jones, Mary Lucile, 122
Jones, Mary McCubbin, 85
Jones, Mary Margaret, 84
Jones, Mary Martha Poole Hays, 84
Jones, Mary Nellie, 33
Jones, Mary Poole, 84
Jones, Mary Sellman, 83
Jones, Mary Thomsey Poole, 84, 101
Jones, Mary Tomsey, 84
Jones, Mary Virginia, 32
Jones, Marye, 98
Jones, Maurice R., 84, 115
Jones, Myrna Livingston, 57
Jones, Nannie, 85
Jones, Nellie Jane Titus, 84
Jones, Nettie Lee, 52, 83
Jones, Pauline Claire, 56
Jones, Poole, 84
Jones, Priscilla John, 84
Jones, Priscilla Poole, 69
Jones, Prudence, 55, 72
Jones, Rachel Griffith Rigss, 101
Jones, Rebecca "Beckie", 84
Jones, Reginald Bernard, 34, 83
Jones, Reginald Sprigg, 84
Jones, Reva Alexander, 83
Jones, Richard, 83, 142
Jones, Richard Edwin, 84
Jones, Richard Henry, 34
Jones, Richard Lawrence, 34
Jones, Robert L., 173
Jones, Robert N., 84
Jones, Rosalie, 70
Jones, Rose L., 173
Jones, Rose Maria Darby, 78, 83, 84
Jones, Ruth E. W., 50
Jones, S. Agnes, 101
Jones, Sallie I. Cissel, 84
Jones, Samuel Creighton, 57, 60, 84
Jones, Sarah, 21
Jones, Sarah Ann Newton, 43, 62, 120
Jones, Sarah E. Corcoran, 75
Jones, Sarah Elizabeth, 61, 92, 122
Jones, Sarah Elizabeth Poole, 84
Jones, Sarah Elizabeth Trundle, 34
Jones, Sarah Ellen, 31
Jones, Sarah L., 84
Jones, Sarah White, 83
Jones, Sophia Catherine, 34
Jones, Sprigg, 84
Jones, Susie Emma, 117
Jones, Teresa, 34
Jones, Teresa Ann Beall, 31, 34, 83
Jones, Thomas Lloyd, 84, 101
Jones, Verlinda Allnutt, 78
Jones, Virginia, 69
Jones, Walter Grant, 84

Jones, William, 83
Jones, William C.,
Jones, William Edward, 84
Jones, William John, 85
Jones, William T., 83, 84, 85
Jones, William Thomas, 33, 84, 85
Jones, William Trundle, 34
Jones, Worthington C., 133
Jordan, Anna L., 34
Jordan, Charlotte H., 142
Jordan, E. Wilson, 142
Jordan, Margaret Estelle, 85
Jordan, W. W., 85
Joy, Annie May, 112
Joy, Lillian Anne, 98
Junkin, Lucille King, 181
Justice, Edna A., 227
Justice, Edwin, 227
Justice, Lelia M. Weller, 227
Justice, Raymond E., 227
Justus, Alda, 85
Justus, Betty Jo, 85
Justus, Irene S., 85
Justus, Mark Steven, 85
Justus, Michael B., 85
Justus, Sarah, 85

K., M., 161
Kamman, Debra Patricia, 85
Kamman, Susan Marie, 87
Kane, Kathleen, 191
Kanode, Irene Mae Lusby, 15
Kanode, Martin L. Jr., 15
Kanode, Martin L. Sr., 15
Karayianis, Nick, 85
Kargt, Frances R. White, 85
Karn, Clara Elizabeth, 112
Karnes, Patrick Anthony, 34
Katcher, Gladys Uhl, 85
Kauffman, Jesse D., 85
Kay, Thomsey W. Lilly, 85
Keener, Ward M., 142
Keeney, Ephraim, 85
Keeney, James Samuel, 85
Keeney, Margaret Smith, 85
Keeney, Meredith D. Kifer, 85
Keessee, George Surace, 85
Keessee, Georgia Gray Thompson, 85
Keessee, John T., 85
Keessee, Lois Jean, 85
Keessee, Sally M. Bourne, 85
Keets, David A., 219
Keets, Susan A., 219
Kegley, Corrie Ida, 110
Keith, Bessie May, 13
Keith, Charles T., 26
Keith, Edward L., 206
Keith, Edward Thomas, 13
Keith, Edwin C., 15
Keith, Ella M. Heisler, 15, 20

Keith, Evelyn, 206
Keith, Fannie C., 191
Keith, Frances Ellen, 18
Keith, Florence Z., 26
Keith, Hattie A. Burns, 206
Keith, James Caleb, 15, 20
Keith, James Nathan, 15, 18
Keith, Laura E. Nichols, 15
Keith, Laura Jane Nicholson, 15, 18
Keith, Mary A. Andrews, 13
Keith, Mary Ellen, 14
Keith, Oliver Garfield, 15
Keith, Pearl J., 12, 20
Keith, Priscilla, 197
Keith, Rachel A., 16
Keith, Roy Walker, 15
Keith, Sarah Ann, 24
Keith, Thomas W., 191
Keith, Turner J., 191
Keller, Alton Higgins, 85
Keller, Eugene M., 85
Keller, Ira E., 85
Keller, Margaret Turner, 85
Keller, Virginia B., 85
Kelley, Helen, 15
Kelley, Leslie N., 191
Kelley, Martha, 72
Kelley, Myrtle L., 191
Kelley, Paul C., 15
Kelly, Catherine, 142
Kelly, Mary McBride, 34
Kelly, Patrick, 129
Kellogg, Mary, 83
Kemp, Bessie, 142
Kemp, Candace Rebecca, 206
Kemp, Catherine, 19
Kemp, Florence Eveline Adams, 206
Kemp, Hester Ann Day, 206
Kemp, Infant, 142
Kemp, James S., 142
Kemp, Joseph Columbus W., 206
Kemp, Joseph Monroe, 206
Kemp, Joshua, 19
Kemp, Martha, 11, 19
Kemp, Martha J. Power, 142
Kemp, Nellie, 201
Kemp, Roland B., 14
Kendale, Joseph Franklin, 85
Kendall, Ellis, 45, 85
Kendall, Laura E., 85
Kendall, Martha A., 45
Kennedy, Emma I., 85
Kennedy, Henry, 85
Kerner, Morgan A., 34
Kerner, Kathryn A., 34
Kenyon, Audrey Virginia, 85
Kenyon, Robert Rowlodge, 85
Kephart, Charles T., 207
Kephart, Emeline H., 206

Kephart, Frances Frazer, 85
Kephart, Horace, 85
Kephart, Ida M., 206
Kephart, John A., 156
Kephart, Laura Mack, 85
Kephart, Leonard Wheeler, 85
Kephart, Mary Lou, 156
Kephart, Reuben C., 206
Kerr, Anna Ruth, 156
Kerr, James Patterson, 156
Kerr, Lois Thorton, 156
Kerr, Ruth Davis, 156
Kessel, Cora Alice, 13
Kessell, Emma Whetzel, 20
Kessler, Charles E., 117
Kessler, Ella Lambath, 117
Kessler, Helen, 117
Kessler, Herbert V., 34, 36
Kessler, John H., 32
Kessler, Lucy, 32
Kessler, Lucy C., 32
Kessler, Margaret Virginia Jones, 34
Kessler, Mary Lucile, 36
Kessler, Mary R. Clements, 34, 36
Kessler, Thomas, 34
Kessler, William Henson, 34
Kidd, Charles H., 228
Kidd, Daniel, 228
Kidd, Ellis Saunders, 85
Kidd, Grace, 64
Kidd, Joseph Eugene, 85
Kidd, Madlyn, 206
Kidd, Marvin B., 85
Kidd, Mary Burress, 85
Kidd, Mary Effie Burress, 85
Kidd, Nellie A., 228
Kidd, Sarah E., 228
Kidd, Virginia H. Lambert, 85
Kidd, Walter Steve, 85
Kidd, William Frazier, 85
Kidwell, Edna Elizabeth, 156
Kidwell, Elmer O'Dell, 156
Kidwell, Floria, 110
Kidwell, Nellie M., 192
Kidwell, Robert Herbert, 142
Kifer, Meredith D., 85
Killebrew, Tyler Myddleton, 156
Kimball, Margaret, 126
Kimball, Margaret Ireland, 85
Kimble, Dolan R., 228
Kimble, Infant, 228
Kimble, Ruby G., 228
Kimmerling, Charles S., 85
Kimmerling, Hattie Alice Brunner, 85
Kimmerling, Jennie Cecile Butler, 85
Kimmerling, John, 113
Kindley, Charlotte, 187, 190
King, Acenah S., 207
King, Addie Cassandra Hurley, 142, 145, 165

King, Addie Mae Brown, 173, 176
King, Addie R. Beall, 181
King, Agatha W., 165
King, Albertis Ward, 173
King, Alice, 207
King, Alice E. Price, 8, 181
King, Alma Owens Johnson, 165
King, Altie Everette, 190, 192
King, Amanda E., 184
King, Amanda Marie, 176
King, Amy Catherine Brewer, 176, 181, 187
King, Amy Jane Musgrove, 142, 165, 168, 181
King, Ann Frances M., 24
King, Anna Edmonia Gardner, 142
King, Anna Temple Burdette, 138, 173
King, Archie C., 207
King, Arlene Davis, 31
King, Ascenah S., 173
King, Audrey L., 174, 176
King, Augusta Ward, 173
King, B. L. C., 142
King, Barry J., 207
King, Beda Cassandra, 201, 224, 234
King, Bertha E., 41
King, Bertha Marie Beall, 173
King, Bertie May, 140, 180
King, Bessie Lee, 168
King, Bonnie Jean, 181
King, Bradley T., 165
King, Carlton, 165
King, Caroline Columbia, 14
King, Caroline Windsor, 24, 25
King, Catherine E., 207
King, Catherine Jemima, 175, 176, 177
King, Charity, 176, 213
King, Charles, 142, 181
King, Charles C., 142
King, Charles Carroll, 173
King, Charles Dow, 173
King, Charles Maury, 142
King, Charles Miles, 142, 173
King, Clara Mullineaux, 171
King, Clarence M., 181
King, Claud H., 165
King, Claude, 228
King, Claudia Marie Mullinix, 191, 192
King, Clinton C., 207
King, Cora B., 142
King, Cora E. Daymude, 142
King, Cora Idella, 201
King, Cordelia Ann, 34
King, Crittenden M., 173
King, Dana, 41
King, David, 188, 192
King, Deanna Elizabeth, 34
King, Della Waters Woodfield, 213
King, Doris, 201
King, Dorothea Moran, 173

King, Dorothy L. Johnson, 181
King, Dorothy M., 207
King, Dorothy May, 228
King, Earl Virginia, 181
King, Edith C. Burns, 181
King, Edith Pauline, 213
King, Edna May Norwood, 142
King, Edna P., 181
King, Edward, 184
King, Edward Carlton, 20, 165
King, Edward J., 138, 142, 165, 176, 177, 184, 207
King, Edward R., 181
King, Edward Walter, 176, 181
King, Effie Lee, 200
King, Eleanor Bowman, 181
King, Elias V., 142
King, Elizabeth E. Williams, 165
King, Elizabeth H., 154
King, Elizabeth Isabel, 53, 84, 109, 117
King, Elizabeth J., 138, 179, 201
King, Elizabeth Miles, 11, 13
King, Elizabeth Penner, 142
King, Emeline Price, 26
King, Emily, 165
King, Emma F. Bowman, 200, 203, 207
King, Emma Jane Hurley, 142, 210
King, Emma Jane Lyddard, 173
King, Ernest, 192
King, Ethel Lansdale, 201
King, Ethel Moore, 85
King, Evie Lee, 146, 172, 175, 176, 177
King, Exie, 191
King, Fannie, 192
King, Fannie D. Dutrow, 176, 181
King, Fillie R., 165
King, Filmore Clark, 173, 207
King, Flora, 182
King, Frances Belle, 181
King, Frances E., 192
King, Frances Rufus Waters, 179, 181, 235
King, Frank W., 181
King, Franklin Monroe, 165
King, Franklin Scott, 165
King, Glenwood Dawson, 192
King, George Edward, 180, 181
King, Georgia Blanche, 235
King, Georgia Ellen Waters, 142, 187, 188, 229
King, Genoa, 207
King, Grace Mae, 192
King, Harold Rufus, 173
King, Harriet Ann, 187, 190, 191
King, Harriet Brewer, 142, 173, 181
King, Hattie, 191
King, Hattie Lorraine, 176
King, Hattie May, 177
King, Hattie W., 169
King, Harry J., 165

King, Harvey J., 179
King, Harvey Webster, 181
King, Henry, 192
King, Henry E., 142
King, Herbert C., 180
King, Herman Allen, 219
King, Hiram G., 165
King, Holiday Hix, 142, 165, 168, 181
King, Homer F., 181
King, Howard H., 207
King, Howard Monroe, 142
King, Howard O., 207
King, Ida E. Burns, 207
King, Ida F., 8
King, Ida L., 207
King, Ida Mae Grimes, 177, 178
King, Ida May, 191
King, Infant, 142, 165, 181
King, Ira, 8
King, Ira LeRoy, 165
King, Irene L., 203, 225
King, Iris Watkins, 142
King, J. Russell, 207
King, James Edward, 142, 145, 165
King, James Franklin, 173
King, James H., 34
King, James Obed, 165
King, James Raymond, 142
King, James, Rufus, 213
King, Jamima Elizabeth Purdum, 142
King, Jane Burdette, 176
King, Jane Rebecca Lewis, 12
King, Jemima, 194, 196, 200
King, Jemima Drucilla, 25
King, Jemima Druscilla James Ellen, 106
King, Jemima Miles, 157, 184, 194
King, Jesse P., 181
King, Jessie, 165
King, Joanna Sibley, 190
King, John, 207
King, John A., 165
King, John B., 142, 165
King, John D., 165, 181
King, John Duckett, 157, 184, 194
King, John E., 156
King, John Edward, 191, 192
King, John Edward Howard, 171, 197
King, John Middleton, 8, 176, 181, 187
King, Josephine Purdum, 181
King, Julia Ann Burdette, 180, 181
King, Julia Helen, 171
King, Julian Pearre, 165
King, Kenneth Thurston, 207
King, Larry M., 142
King, Laura Belle, 16
King, Laura Cornelia, 203
King, Laura Emma Davis, 165
King, Laura Gertrude, 180
King, Laura T., 165
King, Lavinia Burns, 142

King, Lee M., 165
King, Leslie Crittenden, 173
King, Leslie Irving, 173
King, Lewis Bell, 142, 210
King, Lillie M. Burns, 165
King, Lucille, 8, 181
King, Lucille Clara, 171
King, Lucinda A. Watkins, 165
King, Lucy I., 142
King, Lucy Poole, 181
King, Luther Green, 16, 181, 184, 187, 207
King, Luther N., 8, 171, 173
King, Luther Roland, 85
King, Madeline Virginia, 205, 210
King, Maggie M., 154
King, Mahala E. Summers, 17, 181, 184
King, Mahala J., 165, 166
King, Mahalia Ann, 18
King, Manovia E. Watkins, 165
King, Margaret Florence Watkins, 173
King, Margaret L., 159
King, Marjorie Ann, 56
King, Marjorie Belle, 179
King, Martha Elizabeth Linthicum, 171
King, Martha Pauline Burdette, 181
King, Martha R., 197
King, Martha Rebecca, 197
King, Mary, 184, 219
King, Mary Ann, 14
King, Mary Ann Belt, 84, 86
King, Mary Ann T., 153, 157
King, Mary Avondale Watkins, 165
King, Mary Catherine Eunice, 17, 145, 193
King, Mary E., 165
King, Mary Ellen, 167, 175
King, Mary Jane, 11, 12
King, Mary Jane Burdette, 138, 142, 165, 177, 184, 207
King, Mary Julia, 235
King, Mary Keziah, 8
King, Mary Magaline Burriss, 86
King, Mary R., 8
King, Mary Rachel Elizabeth Burdette, 197, 224
King, Mary Sybelle Ward, 207
King, Mary Thomas, 181
King, May Elizabeth Watkins, 142
King, Melvin, 192
King, Merle V., 142
King, Middleton, 17, 181, 184
King, Middleton Newton, 179, 181, 235
King, Mildred Adele, 20
King, Mildred Ardean, 11
King, Mildred Frances Brown, 181
King, Minnie Amanda Cornelius, 171, 172, 173, 176, 177
King, Minnie Moore, 86
King, Myrtle, 123

King, Myrtle Estelle, 197
King, Myrtle Purdum, 142
King, Nancy Margaret, 156
King, Nonie M. Lyddard, 20, 165
King, Nora, 168
King, O. Virginia Burdette, 192
King, Oda May Cline, 165, 228
King, Olivia Jewell, 207
King, Oner Della Hilton, 165, 181
King, Ora Henning, 142
King, Pauline, 179
King, Pauline Almabelle, 145
King, Pearl Clark, 8, 181
King, Pearle G. Winstead Hawkins, 207
King, Philip, 165
King, Pomona Burdette, 11, 142
King, Protus E., 142
King, Raymond, 142
King, Rebecca Duckett, 184
King, Reginald Windsor, 177, 178
King, Richard E., 41
King, Rinaldo Dulaney, 207
King, Robert Lee, 173
King, Robert H., 86
King, Roberta, 187, 188, 196
King, Rosa Belle, 190
King, Rose Mary, 236
King, Rufus, 184
King, Rufus Fillmore, 201, 207
King, Rufus Kent, 200, 203, 207
King, Ruth Selby, 39, 176, 177
King, S. Alice, 165
King, Sallye Jane, 203
King, Samuel, 166
King, Sarah Catherine, 199, 203
King, Sarah Elizabeth, 179, 181
King, Sarah Elizabeth Burdette, 165
King, Sarah Jane, 178
King, Sarah L., 142
King, Sarah N., 142
King, Sarah Rebecca, 202
King, Sarah W. Dowden, 165
King, Singleton, 8, 12, 14, 197, 224
King, Tabitha Browning, 16, 181, 184, 187, 207
King, Taft, 181
King, Thomas Dawson, 165
King, Thomas Dorsey, 181
King, Thomas Lee, 85
King, Thomas Matthew, 52, 86
King, Thomas O., 207
King, Thurston B., 11, 142
King, Upton R., 34
King, Ursala Mahala, 201, 207
King, Vinnie Edna Lawson, 206
King, Violena Shipley, 142
King, Virginia P., 165
King, Vivian M., 138
King, Walden Vincent, 142
King, Wallace C., 165

King, Walter James, 25, 26
King, Walter Raynor, 165
King, Warren, 84, 86
King, Willett Smith, 181
King, William, 165
King, William Edward, 138, 176
King, William Haller, 181
King, Willie Harold, 173
King, Woodrow Wilson "Jack," 142
King, Zedoc Summers, 181, 190
Kingsbury, Albert T., 32, 35
Kingsbury, Alice C. Reid, 35
Kingsbury, Alice Virginia, 34, 35
Kingsbury, Ambrose Celestine, 34
Kingsbury, Bernadette O., 35
Kingsbury, Catherine, 38
Kingsbury, Charles Albert, 34, 35
Kingsbury, Charles T., 34
Kingsbury, Eleanor A., 35
Kingsbury, Elsie M., 35
Kingsbury, Genevieve,
Kingsbury, Gerald A., 35
Kingsbury, Ida Cecelia, 35
Kingsbury, Joseph Manning, 35
Kingsbury, Marion L., 35
Kingsbury, Maud Wagner, 35
Kingsbury, Mary A., 34, 35
Kingsbury, Mary Ann,
Kingsbury, Mary E. Bradley, 35
Kingsbury, Mary E. Reid, 34
Kingsbury, Mary V., 35
Kingsbury, Myrtle Elizabeth Walter, 35
Kingsbury, Nancy P., 35
Kingsbury, William A., 35
Kingsbury, William Owen, 35
Kinna, Alice Hilda, 18
Kinna, David, 20
Kinna, Edith Belle, 11, 15
Kinna, Forrest L., 142
Kinna, Gladys B., 142
Kinna, Gladys Irene Morningstar, 86
Kinna, Hazel Rebecca, 18
Kinna, Homer Frederick,
Kinna, John L., 11
Kinna, Jane Rebecca Pickens, 11, 12, 14, 15, 17, 18, 46
Kinna, Lillie May, 46
Kinna, Luellen, 18
Kinna, Mae Elizabeth, 15
Kinna, Margaret Elizabeth "Maggie," 12, 16
Kinna, Martha Rebecca Johnson, 15, 18
Kinna, Mary Etta, 17
Kinna, Mildred Dennison Holland, 15, 80
Kinna, Minnie Ethel Johnson, 14, 86
Kinna, Nathan, 11, 2, 14, 15, 17, 18 46

Kinna, Raymond Hadd, 14, 15, 18, 86
Kinna, Raymond Hadd Jr., 15
Kinna, Rena Victoria, 18
Kinna, Rosie Virginia Morningstar Ward, 15
Kinna, Russell James, 86
Kinna, Samson, 15
Kinna, Sarah Ellen Phelps, 23
Kinna, Thomas Russell, 86
Kinna, William, 23
Kinney, Jane H., 86
Kinsey, Alice O., 207
Kinsey, Elsie Snyder, 192
Kinsey, George M., 207
Kinsey, Granville E., 207
Kinsey, William W., 192
Kirby, Emma Nora, 100
Kirsch, Robert, 86
Kirtland, Townsend W., 8
Kirtland, Mary Ryan, 8
Kisner, Francis J., 228
Kisner, Hazel Virginia, 229
Kisner, Marie A., 228
Kisner, Robert B., 156
Kisner, Rose Rebecca, 156
Kitterman, Fred B., 166
Kitterman, Lydall L., 166
Kitts, Bettie Lou, 86
Kitts, Doris Elizabeth, 86
Kitts, Infant, 86
Kitts, Lulu Whisman, 86
Kitts, Vaden, 86
Klaess, John William, 86
Klaess, Mary Frances, 86
Klappert, Holly, 35
Kline, Rosia Rachel Linthicum, 192
Kline, Sherman C., 192
Klippel, Shelly Rae, 86
Kneesi, Ellen, 86
Knight, Clementine, 93
Knight, Victoria, 93
Knill, Annie Blanche, 71
Knill, Annie Neal, 86
Knill, Charles E., 86
Knill, Daily, 106
Knill, Naomi, 158
Knill, Vada Amanda, 106
Knott, Alice Frances Cooley, 35
Knott, B. Margaret, 156
Knott, Bridgett A. Graham, 33, 35
Knott, Frank P., 35
Knott, Hazel Rudolph, 86
Knott, James, 35
Knott, Jane, 35
Knott, John G., 156
Knott, John W., 35
Knott, Julianna, 32
Knott, Katherine S., 35
Knott, Leonard J., 35
Knott, Lucy Burgess Offutt, 35

Knott, M. Annie, 33
Knott, Maria, 31
Knott, Marguerite E., 71
Knott, Mary J., 35
Knott, Mary Jane Cecil, 35
Knott, Minnie A., 35
Knott, Sarah E., 35
Knott, Stanislaus, 33, 35
Knott, Thomas Eugene, 35
Knott, William D., 71
Knott, Zachariah, 35
Knott, Zachariah M., 35
Knowles, Evelyn, 48
Knowles, Georgia, 84
Know, Jean Dangerfield, 56
Kobylarz, Beulah, 228
Kohlenburg, Georgia, 86
Kohlenburg, John Charles, 86
Kohlenburg, William Thomas, 86
Kohler, Annie G., 15
Kohler, E. A., 15
Kohler, Frederick H., 15
Kohler, Frederick J., 15
Kohler, Marmetta E. S., 15
Kohlhoss, Charles, 86
Kohlhoss, Charles Edward, 86
Kohlhoss, Charles Edward Munsey, 86
Kohlhoss, Christine, 57
Kohlhoss, Ellen Jane, 86
Kohlhoss, Emma Mae Haller
  Thornton, 86
Kohlhoss, Harry, 86
Kohlhoss, Minnie S. "Carrie", 86
Kohlhoss, Mary, 15
Kohlhoss, Winifred Steiner, 86
Kolb, Alice Catherine, 138
Kolb, Earl E., 138
Kolb, Nellie Ray, 138
Kolesar, Anna M., 35
Kolesar, John, 35
Koller, Johanna, 143
Korzeniewskie, Eric J., 156
Koss, Dorothy Darby Brosius, 86
Koss, Joseph Paul, 86
Kraft, Alice A. Metzger, 86
Kraft, J. G., 86
Kraft-Galow, Kerrin, 165
Krantz, John D., 15
Krantz, Mary A., 15
Krummel, Cora Watkins, 228
Krummel, Edward William, 228
Kubeck, Eleanor Marye Allnutt, 86
Kubeck, Frederick J., 86
Kubeck, Thomas, 86
Kurtz, Catherine, 93
Kuster, Annie Harding, 142
Kuster, Charles Joseph, 156
Kuster, Eleanor Louise, 142
Kuster, Elmer Joseph, 142
Kuster, Frederick William, 156

Kuster, George Frederick, 156
Kuster, Ida Jane, 83, 156, 160
Kuster, Isabelle Clair Bennett
  Nicholson, 156
Kuster, Mamie Ray, 156
Kuster, Mary Elizabeth, 158
Kuster, Mary Ellen Fox, 156
Kuster, William G., 156
Kutz, Edward J., 58
Kutz, Miriam, 58
Kutz, Rose Fetzer, 58
Kyle, Laura Coleen, 35

Lacey, John Stinson, 86
Lacey, Mary Catherine Fisher, 86
Ladson, Barbara Moore, 86
Lafortezza, Mary E., 215
Lagasse, Alfred Henri, 86
Lagasse, Nettie Mae Orme, 86
Lamar, Catherine R., 35
Lamar, William E., 35
Lamarr, Edgar Carl, 86
Lamb, Joyce J., 156
Lambert, Ellis, 85
Lambert, Elsie Pearl, 86
Lambert, Emma R., 81
Lambert, Evelyn Cubitt, 86
Lambert, Grace Irwin, 207
Lambert, James C., 85, 86
Lambert, Jasper Thomas, 86
Lambert, John William, 207
Lambert, Martha A., 86
Lambert, Mary, 113
Lambert, Mary Jane, 86
Lambert, Mary Jo, 207
Lambert, Milton, 207
Lambert, Ollie Baker, 85
Lambert, Paris Wesley, 86
Lambert, Thomas Benton, 86, 113
Lambert, Viola Virginia, 86, 113
Lambert, Virginia F., 86
Lambert, Virginia H., 85
Lambert, William Wesley, 86
LaMond, Gustava, 73
Lane, Jesse Melvin, 86
Lane, Monie Ann, 156
Langley, Larry Thomas, 86
Langley, Ruby C., 86
Lannon, Scytha, 86
Lannon, Thomas Carr, 86
Lansdale, Benjamin F., 207
Lansdale, Emma S., 207
Lansdale, Ethel, 199
Lansdale, Henry Nelson, 207
Lantz, Leonard E., 142
Lantz, Virgie A., 142
Larman, Anna Mary, 93
Larman, Annie E., 157
Larman, Benjamin H., 86
Larman, Bessie Violet Monard, 86

Larman, Catherine, 31, 87, 119
Larman, Charles, 86
Larman, Charles A., 86
Larman, Dorothy, 155
Larman, Edna L., 157
Larman, Edward, 87
Larman, Elizabeth May, 87
Larman, Elizabeth Thompson, 93
Larman, Emma Rebecca,
Larman, Fannie Elizabeth, 87
Larman, Forest T., 207
Larman, Frank E., 87
Larman, George F., 86, 87
Larman, Gladys M., 156
Larman, Harry, 119
Larman, Harry S., 156
Larman, Hazel A., 119
Larman, Henry G., 157
Larman, Henry Milton, 87
Larman, Infant, 87
Larman, James, 29, 86, 93
Larman, John Robert, 156
Larman, Joseph Edgar, 87
Larman, Kathleen M., 156
Larman, Leola, 157
Larman, Marshall G., 157
Larman, Mary A., 86
Larman, Mary Anna George, 87
Larman, Mildred M., 207
Larman, William, 31
Larman, William Clifton, 87
Larman, William Edward, 87
Larman, William H., 87
Larman, William Marshel, 156
Larned, Charlotte Carolyn, 103
Lauterwasser, Crezensa Dorothea,
  122
Lawrence, Alice V., 157
Lawrence, Clayton Eugene, 87
Lawrence, Hannah, 87, 116
Lawrence, Hattie, 61
Lawrence, James E., 157
Lawrence, William R., 87
Lawson, Adelbert Sr., 13, 15
Lawson, Addie M., 15
Lawson, Alfred Eugene, 173
Lawson, Alfred S., 87
Lawson, Alice A. Thompson, 189, 192
Lawson, Amy C., 186
Lawson, Ann J. L., 192
Lawson, Ann Jeanette Moxley, 186,
  188, 189, 192, 207
Lawson, Annie E., 87, 192
Lawson, Bell E., 198
Lawson, Bertha S., 189
Lawson, Brian Eugene, 173
Lawson, Caleb Crittendon, 189, 192
Lawson, Catherine E. Keziah Turner,
  181, 198
Lawson, Charles E., 15

Lawson, Clara Elizabeth, 12, 236
Lawson, Claudia Olivia, 200
Lawson, Delilah, 198
Lawson, Delilah Duvall, 181, 192
Lawson, Dorothy, 189
Lawson, Dorothy Wilson, 189
Lawson, Edward, 15
Lawson, Eli P., 207
Lawson, Eli Thomas, 228
Lawson, Elizabeth, 181
Lawson, Elizabeth M., 228
Lawson, Ella D., 192
Lawson, Ella M. Ashton, 192
Lawson, Emma Jane, 189, 203
Lawson, Essie, 181
Lawson, Estelle, 13
Lawson, Ethel H. S. Linthicum, 192
Lawson, Eveline V., 192
Lawson, Evelyn Frey, 192
Lawson, Gabriel Lewis, 198
Lawson, Gabriel Lewis D., 186, 188, 189, 192, 207
Lawson, George L., 192
Lawson, Harold B., 15
Lawson, Harriett, 198
Lawson, Hattie, 142, 198
Lawson, Henry, C., 15
Lawson, Hester A., 16, 198
Lawson, Howard H., 15
Lawson, Ida Elizabeth, 192
Lawson, Infant, 15, 198
Lawson, Ivan Thompson, 192
Lawson, Ivy H., 198
Lawson, J. William, 192
Lawson, James, 192
Lawson, James Draper, 185, 192, 194, 197, 207
Lawson, James Henry, 192
Lawson, James Uriah, 181, 192, 198, 207
Lawson, Jefferson Davis, 198
Lawson, John H., 181, 198, 236
Lawson, John Hamilton, 15, 198
Lawson, John P., 192
Lawson, John P. L., 192
Lawson, Josiah Wolfe, 200, 207
Lawson, Kenneth, 15
Lawson, Keziah E. Turner, 198, 207
Lawson, Laura V. Grimes, 15
Lawson, Leanna E., 198
Lawson, Letha Ann Layton, 15, 198, 236
Lawson, Lillie E. Burdette, 15
Lawson, Lucretia Warfield, 200, 207
Lawson, Margaret A., 198
Lawson, Margaret E., 188
Lawson, Marie Barnes, 192
Lawson, Mary A. Baker, 207
Lawson, Mary Ann Duvall, 185, 192, 194, 197, 207

Lawson, Mary Thomas King, 181, 192
Lawson, Mary W. Baker, 228
Lawson, Mary Wooten, 145, 188, 200
Lawson, Nancy Hammond, 197
Lawson, Raymond, 15
Lawson, Richard H., 192
Lawson, Robert, 15
Lawson, Sallie Elizabeth, 186
Lawson, Sarah, 188, 194
Lawson, Sarah Frances Thomas, 192
Lawson, Sarah Weems Duvall, 198
Lawson, Sheri Mitchell, 173
Lawson, Susan Elizabeth, 185
Lawson, Sylvia Elaine, 192
Lawson, Thomas Cochel, 228
Lawson, Uriah, 192
Lawson, Vinnie Edna, 207
Lawson, Vivan Myrtle Watkins, 192
Lawson, Wade, 198
Lawson, William Fillmore, 181, 192
Lawson, William L., 192
Lawson, William Perry N., 198
Layman, Edith Moxley, 228
Layton, Alexis, 89
Layton, Annette M., 15
Layton, Beulah, 143
Layton, Catherine Hinton, 142
Layton, Daniel Walter, 192
Layton, Dorothy Ann, 142
Layton, Eliza Ann Miles, 15
Layton, Frank, 142
Layton, George D., 192
Layton, John, 142
Layton, John R., 15
Layton, L. Effie, 15
Layton, Leatha Ann, 198
Layton, Letha Ann, 15, 236
Layton, Louisa Ann Grimes, 15
Layton, Lucinda, 143
Layton, Lycurgus, 15
Layton, Mabel, 192
Layton, Madeline Padgett, 15
Layton, Martha A. Gardner, 15
Layton, Martha Jane Darby, 15
Layton, Mary Keziah, 8
Layton, Mary R., 15
Layton, Obediah Stillwell, 142
Layton, Rezin F., 192
Layton, Robert, 15
Layton, Robert C., 15
Layton, Robert E., 15
Layton, S. F., 143
Layton, Sarah A., 111, 176
Layton, Sarah N. King, 142
Layton, Sarah P., 143
Layton, Susie, 186, 188
Layton, Uriah M., 15
Layton, William Kenneth, 207
Layton, William O., 15

Lazell, Katherine E. Oxley, 87
Leache, J. Willet, 127
Leache, Minnie Hunton, 127
Leaman, Bessie H., 173
Leaman, Charles, 173
Leaman, Eleanor H. Young, 143
Leaman, Elizabeth Ann Watkins, 173
Leaman, Harriet C., 157, 173, 175
Leaman, Idella Jane, 157
Leaman, Infant, 143
Leaman, John Somerset, 173
Leaman, John R., 173
Laeman, John Upton, 157
Leaman, Katherine Lee, 115
Leaman, Lillian Jeanette, 143
Leaman, Mary Rebecca Luhn, 115
Leaman, Mr, 143
Leaman, Richard H., 143
Leaman, Susie J. Smith, 143
Leaman, Vernon D., 143
Leaman, William C., 173
Leaman, William H., 143
Leapley, Catherine Jennie, 87
Leapley, George Edward, 87
Leapley, George Franklin, 87
Leapley, George N., 87, 129
Leapley, George Randolph, 87
Leapley, George W., 87
Leapley, Infant, 87
Leapley, Margaret, 87
Leapley, Margaret A. D. Hughes, 87, 129
Leapley, Margarett Avilda, 87
Leapley, P. F., 87
Leather, Annie L., 15
Leather, Christiana, 19
Leather, David W., 15
Leather, Edward, 15
Leather, Emily C. E., 19
Leather, Harriet Smith, 16
Leather, Hillard Edward Harris, 16
Leather, Infant, 16
Leather, J. Frank, 15
Leather, Margaret R., 15
Leather, Mary Catherine, 18, 19
Leather, Michael, 16
Leather, Millard F., 16
Lee, Bertha Dillehay, 16
Lee, Estelle Perry, 87
Lee, Infant, 133
Lee, Lizzy, 41
Lee, Myrtle I., 135
Lee, Nicie Virginia, 223, 232
Lee, Noah, 41
Lee, Wilson J., 135
Leffel, Bess Blanch, 66
Leffel, Fannie Walker, 110
Leffel, Jacob P., 110
Leffel, Julia Thornton, 66
Leffel, Lewis, 66

Leffel, Olie, 114
Leffel, Vannie Elizabeth, 110
Leggett, Gloria, 38
Lehman, Anna Louise, 181
Leipley, Elizabeth R. Cooley, 129
Leith, David Harrison, 87
Leith, Douglas Ray, 87
Leith, Eppie H., 87
Leith, Etta Cochran Grimes, 87
Leith, Jerry Moore, 87
Leith, Linda Lou, 82
Leith, Michael Dale, 87
Leith, Ruby, 82
Leith, Ruby Ellen Lyddard, 87
Leith, Ruth E., 87
Leith, Samuel, 82
Leith, Samuel H., 87
Leith, Thomas G., 87
Leishear, Chester M., 181
Leishear, Ethel Mae Zepp, 181
Leishear, Mary Elizabeth, 216
Leishear, Mary F. Molesworth, 216
Leishear, Thomas, 216
Lema, Pegg Hester, 236
Lemar, Frances I. Cregger, 87
Lenhart, Elmer, 26
Lenhart, Eugene, 26
Lenhart, Laura, 26
Lent, Albert Francis, 157, 158
Lent, Edith W. Nicholson, 157, 158
Lent, J. Emory, 157
Lent, Mary E., 157
Lentz, Esther, 210
Lentz, Florence A., 207
Lentz, Margaret E., 207
Leopold, Erna H., 87
Leopold, Max, 87
Leppo, Charles H., 87
Leppo, Ida Jane Fox, 87
Leppo, Joseph, 87
Lesard, Delia, 30
Leslie, Bernice Elizabeth, 87
Leslie, Leon S., 87
Leslie, Maxwell E., 219
Lester, Chester E., 87
Lester, Maude M., 87
Levi, Laura, 157
Levol, Susan Marie Kamman, 87
Lewis, Acenah S. King, 207
Lewis, Aleatha Ann, 184, 185
Lewis, Alexander Hamilton, 179, 181, 192
Lewis, Alice Hicks, 163
Lewis, Alma Dennie, 87
Lewis, Almeade Miles, 165
Lewis, Altie Everett King, 192
Lewis, Anne Ursula, 88
Lewis, Annie Elizabeth, 20
Lewis, Arnold T., 157, 194
Lewis, Ascenah S. King, 173
Lewis, Ashley, 161
Lewis, Bessie, 186, 192
Lewis, C. Filmore, 192
Lewis, Caleb, 173, 207
Lewis, Caroline, 20
Lewis, Catherine M., 198
Lewis, Charles E., 16
Lewis, Charles H., 207
Lewis, Charles S., 16
Lewis, Christopher Philip, 157
Lewis, Daniel, 184
Lewis, David T., 88
Lewis, Doris Matthews, 87
Lewis, Dorsey, 192
Lewis, Earl Wendell, 87
Lewis, Edna G., 207
Lewis, Edward P., 157
Lewis, Elizabeth, 165
Lewis, Elizabeth A., 157
Lewis, Elizabeth Ann Byrne, 143
Lewis, Ella Asbury, 88
Lewis, Emeline, 179, 181, 192
Lewis, Emma Jane, 177
Lewis, Ethel Alethia, 153
Lewis, Francis T., 192
Lewis, Garrott Davis, 82
Lewis, Georgiann, 230
Lewis, Georgianna Milstead, 157
Lewis, Grover G., 173
Lewis, Guy V., 88
Lewis, Harriet Ann, 165, 169, 170, 177
Lewis, Hattie C. Leaman, 157, 173, 175
Lewis, Helena K. Beall, 192
Lewis, Henrietta J., 207
Lewis, Horace W., 166
Lewis, Ida M., 179
Lewis, Ida Norine, 173
Lewis, Irene Lindig, 87
Lewis, J. Frank, 157
Lewis, Jane Fitzgerald, 184
Lewis, Jane Rebecca, 12
Lewis, Jemima C., 192
Lewis, Jeremiah, 20, 157, 184, 185, 192
Lewis, Jeremiah J., 184
Lewis, John A., 20, 143, 157
Lewis, John Edward, 88
Lewis, John R., 16
Lewis, Jonathan, 184
Lewis, Joseph H., 165
Lewis, Josephine, 199
Lewis, Julia A., 157
Lewis, Julia King Shaw, 143, 157
Lewis, Julia Shaw King, 20
Lewis, Julia Sophia, 46, 51, 52
Lewis, Laura Belle King, 16
Lewis, Laura W., 154
Lewis, Leanna E. Lawson, 198
Lewis, Lena Mae Wright, 88
Lewis, Levi, 184
Lewis, Lottie Mainheart, 87
Lewis, Lucretia Ann, 223
Lewis, Maggie A., 157
Lewis, Mahlon T., 157
Lewis, Margaret, 184
Lewis, Margaret Darby, 88
Lewis, Margaret Verna, 99
Lewis, Martha E., 16
Lewis, Mary Ann, 14
Lewis, Mary Ann T. King, 157
Lewis, Mary C., 157
Lewis, Mary Ellen, 187, 190, 194
Lewis, Mary Evelyn, 16, 82
Lewis, Mary Hughes, 88
Lewis, Mary Elizabeth, 180
Lewis, Mary Windsor, 20, 157, 184, 185
Lewis, May Bell Watkins, 173
Lewis, Melanie, 225
Lewis, Mildred, 51
Lewis, Myrtle E., 175
Lewis, Nicholas Avery, 157
Lewis, Olivia Pauline, 82
Lewis, Olive M. Watkins, 192
Lewis, Paul Sedgewick "Pete," 16
Lewis, Percival R., 157
Lewis, Percival Thomas, 173, 175
Lewis, Perry C., 192
Lewis, Philip McKendree, 157
Lewis, Ray, 196
Lewis, Rispa Ann, 200, 201
Lewis, Rosa May, 185, 201
Lewis, Ruth, 117
Lewis, Ruth Virginia Nichols, 16
Lewis, Samuel Webster, 192
Lewis, Sarah, 51
Lewis, Sarah Edith, 194
Lewis, Sarah Elizabeth, 139
Lewis, Sarah Elizabeth Margaret, 139
Lewis, Sarah "Sallie" M. Trundle, 88
Lewis, Sarah M., 192
Lewis, Sarah R., 194
Lewis, Thomas, 184
Lewis, Thomas Waring, 88
Lewis, Vernona Gibson, 143
Lewis, Valinda C. Burdette, 192
Lewis, Virginia E., 8, 18
Lewis, Walter Jackson, 88
Lewis, Wilfred A., 157
Lewis, William C., 143
Lewis, William E., 143
Lewis, William Filmore, 16, 192
Lewis, William J., 173
Lewis, William Latane, 88
Lewis, William Motzer, 51, 88
Lightner, Harriet M., 7, 9
Lillard, Bessie B., 88
Lillard, Ernest L., 88
Lillard, James Robert, 88
Lillard, Mary Ellen, 88
Lillard, William E., 88
Liller, Eugene D., 173

Liller, Lillian Estella Yeager, 173
Lillie, Andrew Dougall, 35
Lillie, Mary Ann Kingsbury, 35
Lilly, Bertha Jackson, 120
Lilly, Bertha Jackson Reed, 88
Lilly, Homer Johnson, 88
Lilly, Kelly J., 88, 120
Lilly, Leona Josephine, 104, 105
Lilly, Norma Marie, 120
Lilly, Thomsey W., 85
Limerick, John R., 157
Limerick, Josephine Burdett, 157
Lincoln, David A., 161
Linde, Douglas B., 88
Lineweaver, Norris A., 207
Linder, Eva M., 228
Linder, Ralph L., 228
Linder, Sadie, 211
Lindig, Adolphus, 88, 92
Lindig, Anna, 88
Lindig, Annie S., 88, 92
Lindig, Estelle, 88
Lindig, Frederick, 88
Lindig, Henry M., 88
Lindig, Irene, 87
Lindig, Katie, 92, 107
Lindig, Sarah Elizabeth Norris, 88
Lingrell, Grace N., 192
Linthicum, Ada M. Oagle, 228
Linthicum, Alice B. Purdum, 82, 173
Linthicum, Alverta H., 16
Linthicum, Amanda Charity Hoyle, 173, 174
Linthicum, Ann, 11
Linthicum, Anna Barber, 166
Linthicum, Anna Mary, 9, 10
Linthicum, Annie Mary Miles, 16
Linthicum, Bertha E., 13
Linthicum, Bessie Davis, 228
Linthicum, Betsy S. McElfresh, 22
Linthicum, Cassidy, 16, 88
Linthicum, Charles Frederick, 16
Linthicum, Charles G., 82, 173, 174
Linthicum, Charles Gorman, 88
Linthicum, Charles Hamilton Jr., 16, 236
Linthicum, Charles Hamilton Sr., 16, 236
Linthicum, Charles P., 22
Linthicum, Charles Philemon McElfresh, 16, 22
Linthicum, Charles Wallace, 192
Linthicum, Dorothy Lou Poole, 16
Linthicum, Dennis Hamilton, 236
Linthicum, Dorsey J., 174
Linthicum, E. Guy, 207
Linthicum, Earl Kindley, 228
Linthicum, Edna Wilson Hyatt, 193
Linthicum, Edwin F., 22
Linthicum, Eleanor, 190
Linthicum, Elizabeth Smith McElfresh, 22, 25, 193

Linthicum, Ethel Alice Frazier, 174
Linthicum, Ethel H. S., 192
Linthicum, Ethel Rose Reid, 88
Linthicum, Fitzhue Lee, 16
Linthicum, Florrie J. Purdum, 192
Linthicum, Frank Cassidy, 15
Linthicum, Frederick, 16, 22, 25, 193
Linthicum, Garrott Davis, 13 16
Linthicum, Gassaway Watkins, 173, 174
Linthicum, George Frederick, 16, 88, 174
Linthicum, George M., 192
Linthicum, Grover, 166
Linthicum, Grover, D., 174
Linthicum, Guy D., 166
Linthicum, Hamilton, 22
Linthicum, Hannah Frances, 166
Linthicum, Hannah Frances Garrott, 16
Linthicum, Harvey J., 16
Linthicum, Helen Beall, 192
Linthicum, Infant, 16, 193
Linthicum, Irene Alverta Tabler, 16, 174
Linthicum, John Dutrow, 16, 88, 123, 192
Linthicum, John Hamilton Smith, 9, 22, 166
Linthicum, Joseph Hamilton, 190, 192, 193, 194
Linthicum, Juanita Ann, 181
Linthicum, Julia Ann, 163
Linthicum, Julia Ann Garrott, 9, 22, 166, 168
Linthicum, Leona May, 16
Linthicum, Leona May Davis, 16, 88, 123, 192
Linthicum, Lillie W. Jones, 173, 174
Linthicum, Linda, 236
Linthicum, Lizzie F., 25
Linthicum, Lot, 174
Linthicum, Margaret Eleanor, 123
Linthicum, Margaret Eleanor McElfresh, 16, 22
Linthicum, Margaret Jemima Roberta Walker, 190, 192, 193, 194
Linthicum, Martha Elizabeth, 197
Linthicum, Martha Elizabeth Best, 88
Linthicum, Mary E., 16
Linthicum, Mary Eleanor, 22
Linthicum, Mary Elizabeth Hodges, 16, 25
Linthicum, Mary Evelyn Lewis, 13, 16
Linthicum, Mary L. Purdum, 192, 193, 228
Linthicum, Mary Louise, 11
Linthicum, Mary Sophia Carlisle, 16
Linthicum, Mary V. Carlisle, 166, 174
Linthicum, Miel E., 192, 193, 228
Linthicum, Myrtle A., 16
Linthicum, Nicholas Dawson, 21

Linthicum, Olive Pauline, 207
Linthicum, Ollie Ruth Wolfe, 16
Linthicum, Osie Delilah Burgee, 16, 236
Linthicum, Otho Lee, 193
Linthicum, Otho Norris, 193
Linthicum, Paul, 193
Linthicum, Paul Winston, 236
Linthicum, Perepa F., 193
Linthicum, Philip, 21
Linthicum, Philip Lee Sr., 16
Linthicum, Philip Sheridan, 16
Linthicum, Purdum Burdette, 193
Linthicum, Rachel Eleanor McElfresh, 16, 88
Linthicum, Robert Hodges, 25
Linthicum, Roberta F., 194
Linthicum, Rose Mary King, 236
Linthicum, Rosia Rachel, 192
Linthicum, Sarah Elizabeth Wright, 193
Linthicum, Sarah Prather, 22
Linthicum, Thomas, 228
Linthicum, Violet Anderson Heming, 15
Linthicum, Walker S., 193
Linthicum, William D., 236
Linthicum, William Hamilton, 22
Linthicum, William M. Frederick, 193
Linthicum, Zachariah, 22
Linton, Julia Frances, 88
Linwood, Paul, 143
Lipford, Ernest, 207
Lipford, Rebecca, 207
Lippart, Betty Jarels, 157
Lishear, Mary Elizabeth, 234
Lister, Charlie, 22
Littard, Jerome, 198
Littard, Nancy Hammond, 198
Little, Sandra, 193
Littlefield, George E., 88
Littleler, Glenn A., 207
Littlepage, James Hemenway, 88
Littlepage, Mabel Griffith, 88
Litton, Mary Katherine, 51
Livingston, John Cope, 88
Lohnes, George M., 207
Lombarde, Irene, 88
Lonergan, Lucy Ellen, 88
Lonergan, Lucy Waters, 88
Long, Alta V., 228
Long, Amanda Z., 228
Long, Carlton, 228
Long, Elizabeth A., 88
Long, George W., 88, 119
Long, Infant, 228
Long, Irvin L., 228
Long, Lawrence L., 228
Long, M. Ruth, 228
Long, Mabel C., 119
Long, Mary Carpenter, 88, 119
Long, Rena, 223

Long, Russell L., 228
Loos, Emily Doyne Allnutt, 88
Lorrilliere, Paul L., 174
Lorrilliere, Sara C., 174
Louden, George W., 88
Lough, V. H., 166
Lovejoy, Mary, 203
Lovejoy, Sarah J., 235
Lowe, Charles L., 143
Lowe, Clara L., 88
Lowe, Elizabeth Hawkins, 44, 64
Lowe, Ella, 143
Lowe, Ethel May, 46
Lowe, Fern M., 157
Lowe, Georgia Emma Miles, 166
Lowe, Gertrude, 90
Lowe, Glen L., 174
Lowe, Henrietta, 64
Lowe, Henry L., 88, 96
Lowe, James L., 143
Lowe, Jessie, 127
Lowe, Joshua, 228
Lowe, Lawrence D., 174
Lowe, Louis Richard, 88
Lowe, Maranda, 228
Lowe, Marie F., 143
Lowe, Mary, 73
Lowe, Melvin George, 88
Lowe, Nellie V., 174
Lowe, Mitchell L., 157
Lowe, Richard H., 88
Lowe, Richard T., 166
Lowe, Robert Wayne B., 174
Lowe, Samuel C., 143
Lowe, Sarah C., 96
Lowe, Sarah E. Astlin, 88
Lowery, John F., 228
Lowery, Nadine V., 228
Lowry, Sarah, 133
Lowry, Virginia, 133
Loy, Albert, 193
Loy, Albert F., 88, 105
Loy, Catherine Rebecca, 88, 143
Loy, Claude Edgar, 88
Loy, Claude Edward, 88
Loy, Franklin, 193
Loy, Lelia Poole, 88, 105
Loy, Jessie Irene Hilton, 89
Loy, Joseph F., 89, 143
Loy, Lance C., 143
Loy, Lucille F., 143
Loy, Luther F., 88
Loy, Marie V., 88
Loy, Marjorie M., 105
Loy, Mary Burdette, 193
Loy, Mary C., 89
Loy, Mary V., 88
Loy, Minnie E., 89
Loy, Spenser, 193
Loy, Thelma L., 88

Loy, Thomas Johnson, 88
Loyd, Harry Lee, 157
Loyle, Barbara, 83
Luby, Arthur McKinley, 219
Luby, Natalie Gray, 219
Luckett, Adeline G. Turner, 150
Luckett, Carroll T., 150
Luckett, Gladys M. Turner, 150
Luckett, Harriet B., 72, 77
Luckett, William T., 150
Lucas, Alfred, 88
Lucas, Charles, 89
Lucas, Infant, 89
Lucas, John M., 143
Lucas, Lohn W., 143
Lucas, Mary, 89
Ludwig, Sarah E., 73
Luhn, Agnes Virginia Dixon, 89
Luhn, Amelia Mae Reid, 89
Luhn, Annie Eliza Rebecca Sellman, 26, 89
Luhn, Annie Lucille Leather, 16
Luhn, Annie Pearl, 232
Luhn, Arthur Price, 89
Luhn, Charles Andrew, 26, 89
Luhn, Clara Belle, 89
Luhn, Eleanor Mae, 88, 90
Luhn, Elizabeth Ellen, 89
Luhn, Elizabeth Rebecca, 60
Luhn, Ena M., 89
Luhn, Esther Pearl, 168
Luhn, Eula L. Wynne, 89
Luhn, George Christopher Sr., 26, 89
Luhn, Hazel V., 89
Luhn, Helen Virginia, 89
Luhn, Infant, 89
Luhn, Lawrence W., 89
Luhn, Leslie L., 89
Luhn, Lester, 16
Luhn, Mary Rebecca, 115
Luhn, Maynard Clark, 89
Luhn, Mildred, 106
Luhn, Myrtle E., 70
Luhn, Randolph, 60, 89, 90, 106, 168
Luhn, Sarah Catherine McLain, 26
Luhn, Sarah Elizabeth Price, 60, 89, 90, 106, 168
Luhn, Stonestreet Wilson, 89
Luhn, Thomas, 89
Luhn, Thomas, E., 89
Luhn, Wilbur, 89
Lumley, Robert, 140
Lunquest, Robert, 143
Lupton, Ellis, 16
Lupton, Leona May Linthicum Lyles, 16
Lusby, Archibald, 14, 16
Lusby, Bessie Irene, 14, 16
Lusby, Irene Mae, 15

Lusher, Andrew, 96
Lusher, Elsie, 96
Lusher, Nettie Carter, 96
Lutton, Alfred D., 8
Lutton, Robert, 8
Lutz, Harold J., 157
Lydanne, Alda Frances Hoyle, 89
Lydanne, Elizabeth Adell, 49
Lydanne, Charles J., 89
Lydanne, Charles William, 89
Lydanne, Emily, 74
Lyddard, Annie V., 89
Lyddard, Annie Nicholson, 87
Lyddard, Emma Jane, 173
Lyddard, John C., 173, 174
Lyddard, Louisa E., 213, 216, 222
Lyddard, Mary, 207
Lyddard, Mary Ella Hobbs, 173, 174
Lyddard, Nonie M., 20, 165
Lyddard, Ruby Ellen, 87
Lyddard, Samuel, 87
Lyddard, Thomas I., 89
Lyle, Leona May Linthicum, 16
Lyle, Travis, 16
Lyles, Benjamin, 183
Lyles, Buck, 219
Lyles, Buleah, 219
Lyles, Carolyn, 183
Lyles, Charles E., 133
Lyles, Clarence W., 133
Lyles, Claude G., 219
Lyles, Clifton L., 183
Lyles, Depsye, 219
Lyles, Doris R., 133
Lyles, Doris W., 183
Lyles, Eliza A., 219
Lyles, Florine E., 133
Lyles, George E., 219
Lyles, George Thomas, 133
Lyles, George W., 133
Lyles, Germiah, 183
Lyles, Grace S., 219
Lyles, Gussie W., 183
Lyles, Harry, 183
Lyles, Helena, 219
Lyles, Howard B., 133
Lyles, Isabelle, 219
Lyles, John F., 219
Lyles, John W., 133, 207, 219
Lyles, Julius M., 133
Lyles, Lena, 219
Lyles, Marjorie, 133
Lyles, Martha F., 219
Lyles, Mary F., 133
Lyles, Neif E., 219
Lyles, Nettie C., 219
Lyles, Norman, 183
Lyles, Obrian W., 219
Lyles, Ora Stetson, 133
Lyles, Raymond, 219

Lyles, Robert E., 219
Lyles, Ronnie Lansdale, 183
Lyles, Rosanna B., 133
Lyles, Thomas, 219
Lyles, Ulysses, 219
Lyles, Viola, 219
Lyles, William C., 183
Lyles, William E., 219
Lyles, William J., 219
Lynch, Anna M., 35
Lynch, Bartholomew, 89
Lynch, Eva L., 89
Lynch, George W., 35
Lynch, John H., 35
Lynch, Katherin, 89
Lynch, Kathryn, 35
Lynch, Maria Cecelia Smith, 35
Lynch, Martha L., 89
Lynch, Raymonda Joseph, 89
Lynch, Richard G., 35
Lynch, Rosa E. Plummer, 35
Lyons, Dorothy A., 35
Lyons, John H., 35
Lyons, Lulu Helen, 55

MacGreggor, Charles, 157
MacGreggor, M. E. Burdette, 157
MackIntosh, Charles O., 89
MackIntosh, Maria Moulden, 89
MacLean, Kathleen Rogers, 228
McAbee, Alexander, 219
McAbee, Hester Ellen Smith, 29
McAbee, John T., 29
McAbee, Rhudell, 219
McAtee, Bessie Jones Riggs, 174
McAtee, Clifford, 89
McAtee, James U., 157
McAtee, James W., 166
McAtee, Laura V. White, 157
McAtee, Lynn, 157
McAtee, Ola G. Watkins, 166
McAtee, Oscar, 174
McAtee, Sadie U., 157
McAtee, Susie V. Savage, 89
McAtee, Virginia Purdum, 174
McAtee, Zachariah William, 174
McAuliffe, Grace Morningstar, 89
McAuliffe, Ida Claudia, 89
McAuliffe, James Stephen, 89
McBain, Doug, 143
McBain, Mary Johnson, 143
McBride, Mary, 34
McCabe, Christine, 32
McCauley, Mary Sarah, 102
McClain, Catherine, 16
McClain, Craig A., 16
McClain, Frances I. Dixon, 16
McClain, Frank J., 16
McClain, Jennings B., 16
McClain, Joseph M., 16

McClain, Russell P., 16
McClean, Margaret, 13
McClasson, Jennie, 89
McClinton, Henry L., 193
McClure, Amelia A., 228, 235
McClure, Charles T., 235
McClure, James S., 181
McClure, Jenny A., 181
McClure, Thomas, 228
McCreey, Charles, 208
McCrone, Emma N., 16
McCrone, Lillian D., 16
McCrone, John Roy, 16
McDevitt, Susan R., 12
McDonald, Harry J., 150
McDonald, Nellie C., 72
McDonald, Nellie J., 150
McDonough, Annie, 14
McDonough, Beulah Virginia, 12, 69, 83
McDonough, Carrie Thomas, 16, 17, 19
McDonough, Daisy Adessa Haines, 16
McDonough, Edgar S., 16
McDonough, Effie, 47, 64
McDonough, James E., 16
McDonough, James Russell, 143
McDonough, L. Franklin, 16
McDonough, Lula Virginia Johnson, 143
McDonough, Luther Caleb, 12, 14, 16, 20
McDonough, Mary Ercel, 12, 20
McDonough, Mary Etta Remick, 12, 14, 20
McDonough, Rachel A. Keith, 17
McDonough, Rachel Ann, 17
McDonough, Raymond E., 16
McDonough, Raymond J. "Boots,"
McDonough, Raymond Jefferson,
McDonough, Rosa P. Heisler, 16
McDonough, Rosie P. Ricketts, 143
McDonough, Samuel J., 12
McDonough, Sarah Catherine "Katie," 14, 17
McDonough, Thomas, 17
McDonough, Vernon Thomas, 16, 143
McElfresh, 16
McElfresh, Ann Smith, 22
McElfresh, Annie M., 22
McElfresh, Annie Sophronia, 186, 190
McElfresh, Betsy S., 22
McElfresh, Charles, 22
McElfresh, Charles Philemon, 22
McElfresh, Charles Thomas, 22
McElfresh, Colvin Hughes, 187, 190, 193, 197, 208
McElfresh, Edmund Wagner, 11, 22
McElfresh, Edmund Wagner II, 22
McElfresh, Edmund Wagner III, 22
McElfresh, Eleanor, 22

McElfresh, Eleanor Smith, 22
McElfresh, Eleanor Stewart, 22
McElfresh, Elizabeth Ann, 16
McElfresh, Elizabeth Smith, 193
McElfresh, Elizabeth Smith Chiswell, 22
McElfresh, Evelyn Rippeon, 193
McElfresh, Fannie Waggoner, 8
McElfresh, Fannie Wagner, 197
McElfresh, Hester I., 193
McElfresh, Infant, 22
McElfresh, Jane Elese Elese Simmons, 22
McElfresh, John Hughsie, 193
McElfresh, John Philemon, 22
McElfresh, Laura Virginia, 8, 140
McElfresh, Lillian "Lottie" Dixon, 22
McElfresh, Linda Hilton, 208
McElfresh, Lindsey Leo, 208
McElfresh, Margaret Eleanor, 16, 22
McElfresh, Margaret Virginia, 193
McElfresh, Marjorie Rebecca, 187
McElfresh, Mary Frances, 11
McElfresh, Mary Hamilton, 22
McElfresh, Mary Thomas, 10
McElfresh, Nigel Dorsey, 22
McElfresh, Philemon Smith, 22
McElfresh, Rachel, 22
McElfresh, Rachel Eleanor, 88
McElfresh, Sarah Ann, 180
McElfresh, Sophronia Burdette, 187, 190, 197, 208
McElfresh, Terrence Lee, 208
McElfresh, Virginia Mae Burdette, 208
McFarland, Alexis Layton, 89
McFarland, Ernest Alan, 89
McGaha, Edna Leola, 82
McGaha, Mollie B., 78, 128
McGarry, Laura Annette, 122
McGee, 35
McGill, Marian, 7
McGill, Sarah Eleanor, 123
McGinley, Allyn Selden, 89
McGinley, John Francis, 89
McGinley, Leo F., 89
McGinnity, Molly K., 35
McGlothlin, Eloise Mattie Robbins, 89
McGlue, Mary, 93
McGovern, Anna L., 89
McGovern, Charlotte Wilhelmina Lindig, 89
McGovern, Debra Ann, 157
McGovern, Evelyn, 98
McGovern, Gerald, 89
McGrady, Grover, 89
McGrady, Lola, 89
McGrady, Mary E. White, 89
McGrady, William Crawford, 89
McGrath, Nora, 82
McGraw, Sherry K., 46

McGraw, Mabel G., 228
McGraw, Sylvia N., 228
McGraw, William E., 228
McIntosh, Annie Maria, 90
McIntosh, Annie Virginia, 90
McKeever, Albert F., 90
McKeever, Alice Anotinette Darby, 90
McKeever, Julia Orr, 90
McKeever, William Galen, 90
McKenney, Louise E. Hardy, 208
McKenzie, James L., 208
McKenzie, Mary Emma Gladhill, 208
McKimmey, Lorraine Roberts, 89
McKindless, Julia, 115
McKone, John William, 35
McLain, Alice Elizabeth, 89
McLain, Harriet Condon, 16
McLain, James, 26, 89
McLain, Sarah Catherine, 26, 89
McLain, William, 16
McLeod, Joseph Wilkerson, 89
McLeod, Mary Elizabeth, 89
McLeod, Patrick H., 89
McLeod, Mary C. Jones, 89
McLinn, Ina, 46, 87
McMillian, Edna Pearl, 90
McMurty, Albert J., 35
McNeil, Philemeia M., 118
McNeir, Florence Gassaway, 90
McNeir, Robert Lee, 90
McPherson, Annie M., 134
McPherson, Betty L., 161
McPherson, Josephine, 133
McRoberts, Jesse, 90
McVey, Roland Glenn, 16
McYoung, Annie, 133

M., E. J., 174
Macabee, Margaret, 90
Mace, Eric Turley, 90
Mace, William H., 90
Mack, Susan C., 215
Mackall, Mary, 64
Mackatee, Chloe Ellen, 172
Macklefresh, Elizabeth Smith Chiswell, 22
Maden, Denise A., 228
Madigan, Albert T., 208
Madigan, Fannie L., 208
Magaha, Archie T., 90
Magaha, Charles W., 90
Magaha, Emma S., 94
Magaha, Franklin Henry, 90
Magaha, Infant, 90
Magaha, John, 90
Magaha, John Wesley, 90, 94
Magaha, Manzella E. Smith, 90
Magaha, Maria H., 90, 94
Magaha, Mollie B., 78, 128
Magaha, Nellie Marcus, 90

Magaha, Savilla, 90
Magaha, Thomas H., 90
Magaha, Virginia B., 90
Mahaney, Ellen D., 157
Mahaney, Rayfield E., 157
Main, Ada S., 166
Main, Edward, 166
Main, J. Willard, 166
Main, Katherine S., 166
Mainheart, Lottie, 87
Majeskie, Rose, 52
Maloney, Roberta, 228
Manaia, Barbara Repass, 90
Manaia, George Wesley, 90
Manakee, Clara, 66
Manakee, Edna, 83, 84
Manakee, Eliza Rebecca, 144, 145
Manakee, Georgeanna, 66
Manakee, Georgia Knowles, 84
Manakee, William, 66
Manakee, William H., 84
Mandy, Norman Wilfred, 193
Manion, Agnes Honore, 65, 93
Manion, Annie Edna Carlisle, 90
Manion, Annie I., 157
Manion, James O., 90
Manion, Kiernon, 35, 157
Manion, Mary R., 35, 157
Manion, Victor Lawrence, 35, 157
Manion, William Vernon, 90
Manly, John, 90
Manly, John S., 90
Manly, Mary, 90
Mann, Arthur Howard, 90
Mann, Garland R., 208
Mann, Hilda E., 208
Mann, James Harold, 90
Mann, Larry D., 208
Mann, Margaret Blackwell, 90
Mann, Mary Elizabeth Elgin, 90
Manuel, Agnus T., 90
Mann, Carrie T., 90
Manuel, Harry, 90
Mantel, Richard C., 157
Marbury, Matilda, 133
Marceon, Frank A., 166
Marceon, H. Lucy, 166
March, Helen F. Bond, 150
Mark, Matilda, 189
Mark, Sarah, 189, 202
Marks, Eleanor H., 36
Marks, James Ira, 16
Marks, Mabel E. Bennett, 16
Marks, Richard Powell, 36
Marlow, Mary Louise, 44
Marlowe, Annie "Addie" M., 48
Marshall, Albert Alan, 8
Marshall, Elmer Eugene, 17
Marshall, Melvin Eugene, 17

Marshall, Nellie V., 155, 159
Marshall, Stella Ihrig, 143
Martin, Annie C., 90
Martin, Annie E., 90
Martin, James Franklin, 90
Martin, Janet, 90
Martin, John R., 90
Martin, Joseph Alan, 90
Martin, Lillian J., 208
Martin, Maitland Rex, 90
Martin, Minnie Katherine, 160
Martini, Marguerite, 108
Martyniuk, Pauline, V., 35
Marty, Barbara, 118
Martz, Grace, 98
Masberg, Catherine Kurtz, 93
Masberg, Johannes, 93
Mason, Abe, 219
Mason, Alma L., 150
Mason, Elvira, 183
Mason, Evelyn Brewer, 90
Mason, Florence Jones White, 90
Mason, Geneva H., 150
Mason, Hannah, 183
Mason, Hattie R., 150
Mason, Henry Clay, 90
Mason, Howard J., 150
Mason, Howard W., 150
Mason, J. William, 150
Mason, James H., 150
Mason, James S., 150
Mason, Jane, 183
Mason, John H., 150
Mason, John Lyles, 219
Mason, Lyle Millan, 90
Mason, Mabel, 150
Mason, Margaret, 219
Mason, Rachel E., 150
Mason, Rena R., 150
Mason, Sarah E., 150
Mason, Susie C., 148
Mason, Susie K., 148, 150
Mason, Wilbur Gray, 90
Mason, William C., 148, 150
Massey, Scott Dean, 228
Matthews, Annie Sibyll Mossburg, 68, 90
Matthews, Armistead, 90
Matthews, Arthur, 77
Matthews, Avondale M. Purdum, 121, 174
Matthews, Beatrice, 177
Matthews, Charles Maynard, 90, 101
Matthews, Doris, 87
Matthews, Edward, 90
Matthews, Eleanor Mae Luhn, 88, 90
Matthews, Elsie, 90
Matthews, Ethel May, 174
Matthews, George Edwin, 90
Matthews, Gertrude Lowe, 90

Matthews, Grace, 77
Matthews, Guy, 174
Matthews, Isabella Waddell, 101
Matthews, James B. 90
Matthews, John Edwin, 68, 90
Matthews, Margaret L. Mossburg, 90
Matthews, Mariah Isabell Waddell, 90
Matthews, Mary, 45
Matthews, Mary Ella Florence, 121
Matthews, Rosa E., 228
Matthews, Rosa L., 168
Matthews, Ruby Mundy, 90
Matthews, Sarah Fletchall, 90
Matthews, Sarah Gertrude, 101
Matthews, Virgie O., 68
Matthews, Walter Kirts, 88, 90
Matthews, William, 90, 121
Matthews, Wiliam F., 174
Matthews, William Hobbs, 174
Mattingly, Evelyn Gertrude Darby, 91
Mattingly, Mary Louise, 77, 91
Mattingly, William Francis, 91
Maughlin, David A., 157
Maughlin, Eleanor, 127, 160
Maughlin, Eleanor M. Ray, 157, 160
Maughlin, James Boyd, 157, 160
Maughlin, Mary F., 157
Maughlin, Mary G., 157
Maughlin, Mary Jane, 157
Maughlin, Mary Rinehart, 157
Maughlin, Sarah, 158
Maupin, Elmo C., 143
Maupin, Elmo Lee, 143
Maupin, Mary N., 143
Maxwell, Alexander, 25, 91
Maxwell, Elizabeth Hopkins, 25, 91
Maxwell, Ella Cecil, 16
Maxwell, George St. Maur Sr., 16
Maxwell, James Stevenson, 26, 91
Maxwell, Maggie Blanche, 26, 91
Maxwell, Sarah Frances Beall, 26, 91
Mayer, Anna Elizabeth, 84
Meads, Adeline C., 161
Meads, Jessie, 161
Meads, John H., 16
Meads, Louise P., 16
Medairy, Daisy E., 208
Medairy, Doris Roberta Shipley, 208
Medairy, E. J., 208
Medairy, Edward J., 208
Medairy, Ellen, 175
Medairy, Jeannette S., 208
Medairy, John Paul, 208
Medairy, Paige T., 208
Medairy, Stephanie K., 208
Medley, Lorene Miller, 193
Meem, Cloriviere Edward, 91
Meem, Dorothy, 112
Meem, Harry Cloriviere, 91, 112
Meem, Mary Jane Moe, 91

Meem, Nora Gittings Sellman, 91, 112
Mejia, Richard Carlisle, 91
Mellot, Ida Madeline, 91
Mellott, Infant, 91
Mellot, Jacob B., 91
Melvin, Clara M., 35
Melvin, Eleanor,
Melvin, Isabel, 23
Melvin, Walter P., 35
Mentzer, Harry Lee, 91
Mentzer, Infant, 91
Mentzer, Julia Ellen, 91
Menzel, Elizabeth J., 228
Menzel, Karl A., 228
Mercer, Mary G., 41
Merchant, John O., 91
Merchant, Margaret E. Mullican, 91
Mercer, Fannie, 224
Mercier, Emily D., 91
Mercier, Richard G., 91
Merithew, Margaret, 116
Merryman, Benton, 76
Merryman, Eleanor Ray, 76
Merryman, Elizabeth Ray, 76
Merson, Della Jones, 52
Merson, Edward Simpson, 52
Merson, Ella G., 208
Merson, George A., 228
Merson, Georgianna, 52
Merson, Harry Garfield, 228
Merson, Ida M., 234
Merson, Lelia Alvin, 230
Merson, Lina Estelle Bellison, 228
Merson, Louisa, 228, 230
Merson, Mary, 228
Merson, Mary E. Dutrow, 228
Merson, Rosa E., 231
Merson, Sallie, 229, 234
Merson, Thomas, 228
Merson, William G., 228, 230
Messiner, Clarence Edward, 157
Messiner, Mary Weaver, 157
Metzger, Alice A., 86
Metzger, Amanda E. Cashell, 91
Metzger, Charles, 91
Metzger, Elizabeth Ann, 91
Metzger, George, 91
Metzger, Gerhard, 91
Metzger, Hannah Virginia, 91
Metzger, Harriet Morehead Trail, 47, 86, 91
Metzger, Infant, 143
Metzger, John F., 91
Metzger, Nathan Hazel, 91
Metzger, Nathan T., 91
Metzger, Percival, 91
Metzger, Philip, 91
Metzger, Sarah Ellen, 91
Metzger, William, 47, 86, 91

Metzger, William W., 91
Meyers, Infant, 219
Meyers, Laura, 195
Middleton, Carol Meads, 16
Middleton, Frederic Andrew, 17
Middleton, Lillie, 107
Michael, Arthur, 91
Michael, Dorothy How, 91
Michael, Infant, 91
Michael, Mary Jane, 174
Miles, Agnes L., 208
Miles, Albert Franklin, 17, 143
Miles, Alice May, 91
Miles, Allen M., 143
Miles, Almeada, 166
Miles, Annie, 143
Miles, Annie Mary, 16
Miles, Bertha Louise, 19
Miles, Carrie Thomas McDonough, 16, 17, 20
Miles, Catherine S., 63, 64
Miles, Charles, 79, 91, 184
Miles, Charles C., 17
Miles, Charles Edgar, 91
Miles, Charles W., 143
Miles, Daisy, 97
Miles, Della Mae, 91
Miles, Dora Estelle Nicholson, 17, 20
Miles, Dorcas, 202
Miles, E. G., 143
Miles, Edward Cecil, 16
Miles, Edward Herman, 12, 16
Miles, Effie, 58, 138
Miles, Elemma E., 17
Miles, Elisha, 91
Miles, Eliza A., 208
Miles, Eliza Ann, 15
Miles, Elizabeth Beall, 91, 143, 184
Miles, Elizabeth Thomas, 12
Miles, Ella Murray, 182
Miles, Ella V. Beall, 143
Miles, Ellen Frances, 91
Miles, Elvira, 17, 25
Miles, Elvira Murray Beall, 17, 91
Miles, Eliza Robertson, 174
Miles, Elizabeth, 181
Miles, Emily C., 208
Miles, Eugene, 143
Miles, Frances M. Beall, 143
Miles, Freeborn Garrison, 141, 143
Miles, George, 174
Miles, George W., 143
Miles, Georgia Lee, 174
Miles, Georgia Emma, 166
Miles, H. Eileen Cooley Spring, 17
Miles, Hannah E., 167
Miles, Hanson Thomas, 91
Miles, Harry N., 208
Miles, Herbert G., 166
Miles, Howard Montgomery, 91

Miles, Infant, 91
Miles, James F., 208
Miles, James Hanson, 17, 91
Miles, James R., 91
Miles, James Uriah, 91
Miles, Jane Rebecca Cator, 130
Miles, Janet Etchison, 91
Miles, Jemima, 157, 184
Miles, Jesse A., 166
Miles, Jesse O., 166
Miles, John Jacob, 91
Miles, Jonathan Benson, 91
Miles, Kenneth Ray, 16
Miles, Kenneth Sterling, 16
Miles, Laura Livingston Cooley, 174
Miles, Lavander Watkins, 208
Miles, Lemuel L., 17
Miles, Lillian Mae Burdette, 202
Miles, Louise Tennant, 174
Miles, M. M., 91
Miles, Marian Annie Cecil, 12, 16
Miles, Martha Jane Grimes, 16
Miles, Mary A., 143
Miles, Mary Ann Shipley, 141, 143
Miles, Mary C., 133
Miles, Mary Catherine, 91
Miles, Mary Frances, 130
Miles, Mary Katherine, 91
Miles, Mary L. Trail, 143
Miles, Mary Margaret Walker, 17, 143
Miles, Maudeline Ivy Hawkins, 143
Miles, Moses Philemon, 143
Miles, Ollie, 123
Miles, Rebecca, 79
Miles, Rebecca B., 143
Miles, Rebecca Jane Cator, 130
Miles, Roby B., 208
Miles, Roby Byrd, 202
Miles, Samuel, 166
Miles, Samuel Plummer, 16, 17, 19
Miles, Sarah A. Benson, 91
Miles, Sarah Catherine, 139, 141
Miles, Sarah J. Fluhart, 166
Miles, Sarah Lucretia Mossburg, 91
Miles, Selma Eickelberg, 174
Miles, Sterling Thomas, 17, 20
Miles, Thomas, 92
Miles, Ulah M., 166
Miles, William Carey, 174
Miles, William H., 130
Milford, Cleyland Veirs, 92
Milford, Cora V., 92
Milford, Elizabeth Byrd, 92
Milford, Jennie, 92
Milford, Mary Ella, 92
Milford, Samuel B., 92
Milford, Thomas, 92
Millar, Christopher, 92
Millar, Jack W., 92
Millar, Jane B., 92

Millard, Mary Eloise Hays Gott, 92
Miller, Agnes L., 158
Miller, Albert, 17, 19
Miller, Alma Mae, 92
Miller, Barbara Loyle, 83
Miller, Edith, 92
Miller, Effie, 43
Miller, Eliza J., 174
Miller, Elizabeth Brooks, 92
Miller, Ellen Elizabeth, 188
Miller, Esker, 92
Miller, Fannie Virginia, 17
Miller, George, 83
Miller, Greta Louise, 153
Miller, Harriet A., 11, 23
Miller, James S., 26
Miller, John Esker, 92
Miller, Julia A., 43
Miller, Mabel Baker, 92
Miller, Margaret L. Case, 174
Miller, Mary, 17, 19
Miller, Oma Mae Herrell, 92
Miller, Nora C., 83
Miller, Rebecca Watkins, 11
Miller, Roger F., 158
Miller, Sarah, 200, 207
Miller, William, 11, 43
Miller, William C., 92
Miller, William P., 174
Mills, Agnes E., 36
Mills, Darlene, 111
Mills, Dorothy Reid Zoebelein, 36
Mills, Elizabeth Brooks, 81
Mills, Emily Lee, 137, 192
Mills, John, 81
Mills, Joseph Mason, 36
Mills, Joseph P., 36
Mills, Mae Elizabeth, 121
Mills, Martha E., 36
Milne, Andrew K., 92
Milne, Audrey Lee Mohler, 92
Milne, Elsie May, 92
Milne, Mary E. Walter, 92
Milstead, Georgianna, 157
Mindte, Paul Willis, 166
Mindte, Sandra Gosbee, 166
Minter, Nelson John, 92
Mitchell, Christopher, 36
Mitchell, Sheri, 173
Mobley, Arthur, 26
Mobley, Bessie
Mobley, Cornelia Carter Stang, 92
Mobley, Ernest D., 158
Mobley, Ernest Dorsey, 92
Mobley, Flora F. Pope, 228
Mobley, Frank, 26
Mobley, George, 26
Mobley, George W., 180
Mobley, Henry, 26
Mobley, Hester, 180

Mobley, Howard, 64
Mobley, Howard S., 92
Mobley, Howard Victor, 92
Mobley, John, 26
Mobley, Laura Cole, 26
Mobley, Laura E., 48
Mobley, Lillian Johnson, 158
Mobley, Mahlon F., 26
Mobley, Mary E., 158
Mobley, Mary J. Selby, 26
Mobley, Mary Kuster Nicholson, 92
Mobley, Mollie, 64, 92
Mobley, Nina, 64
Mobley, Rosie Ellen, 19, 180, 182
Mock, John, 11
Mockbee, Dorcas, 92
Mockbee, Maggie Sumner Jones, 92
Mockbee, Richard, 92
Mockbee, William Thomas, 92
Moe, Mary Jane, 91
Molby, Frank Lewis, 92
Molby, Grace Kelly, 92
Molby, Richard VanDyke, 92
Moler, Anna Newton, 122
Moler, Audrey Lee, 92
Moler, Edna D., 92
Moler, Helen Gertrude Byrnes, 71, 92
Moler, Ronald G. 92
Moler, Sarah Frances, 71
Molesworth, Albert, 208
Molesworth, Asbury, 228
Molesworth, Eleanor R., 228
Molesworth, Elizabeth, 228
Molesworth, Florence Elizabeth, 225, 235
Molesworth, Harriet C. Williams, 193, 196
Molesworth, J. Raymond, 228
Molesworth, James F., 228, 234
Molesworth, James William, 228
Molesworth, Joshua, 193
Molesworth, Martha, 203
Molesworth, Mary E., 229
Molesworth, Mary F., 216
Molesworth, Matthew, 229
Molesworth, Minnie L. V., 228, 234
Monard, Bessie Violet, 86
Monard, J. Nicholass, 36, 86
Monard, Mary A., 36, 86
Monard, Mary Christine, 49, 53, 60
Monard, Michael Terry, 143
Money, Franklin J., 92
Money, James E., 92
Money, James H., 92, 93
Money, Rose Anna Jarvis, 92, 93
Monroe, Howard, 143
Monroe, Sheila M., 92
Monroe, Tommy Ray, 208
Monroe, William Henry, 92

Montgomery, John, 113
Montgomery, Nettie Niten, 113
Moore, Alfred H., 150
Moore, Alvin, 92
Moore, Alvin Dean, 92
Moore, Barbara, 86
Moore, Carrie B., 150
Moore, Charles H., 135
Moore, E. Louise, 208
Moore, Edna Donohoe, 92
Moore, Elizabeth Titus, 92
Moore, Elizabeth Virginia, 92
Moore, Ethel, 85
Moore, Ethel M., 135
Moore, George H., 135
Moore, George L., 150
Moore, Harold Lynn, 158
Moore, Harry L., 135
Moore, Helen, 128
Moore, Henrietta E., 135
Moore, James, 36, 86
Moore, James C., 158
Moore, James S., 75, 92, 128
Moore, James Victor, 158
Moore, Joan E., 158
Moore, John William, 92
Moore, Joseph Collinson, 92
Moore, Kathleen, 92
Moore, Larry D., 158
Moore, Linda, 82
Moore, Lola, 135
Moore, Luther H., 208
Moore, Luther W., 215
Moore, Lydia R., 215
Moore, Mildred, 75
Moore, Milward F. 92
Moore, Minnie, 86
Moore, Pearl E. Pearce, 208
Moore, Raymond, 193
Moore, Susan Ann, 75, 86, 92, 128
Moore, Zed, 158
Moore, Virginia White, 92
Moore, William F., 208
Moore, William L., 135
Moran, Edward J., 143
Moran, Ethel M., 143
Moran, Helen Louise, 55
Moran, Kathleen, 107
Moran, Katie Lindig, 92, 107
Moran, William J., 92
Morehead, Harriet, 86
Morehead, Mazie, 18
Morgan, Alfred L., 150
Morgan, Alice L., 150
Morgan, Alice Laverne, 150
Morgan, Cornell Prather, 135
Morgan, Dorothy R., 229
Morgan, Lucille, 150
Morningstar, Algie, 75
Morningstar, Algie Thomas, 92

Morningstar, Agnes Honore Manion, 65, 93
Morningstar, Anna Mary Geisler, 83
Morningstar, Anna Mary Larman, 93
Morningstar, Annie Mary, 92
Morningstar, Amanda, 93
Morningstar, Archie M., 92
Morningstar, Archie Michael, 92
Morningstar, Arthur Sylvester, 92
Morningstar, Bessie I., 93
Morningstar, Bessie Mobley, 79
Morningstar, Beulah K., 78
Morningstar, Catherine, 65
Morningstar, Charles W., 92
Morningstar, Clark, 92
Morningstar, Claudia F., 193
Morningstar, Daniel, 93
Morningstar, Della Virginia, 92
Morningstar, Dorothy I., 79
Morningstar, Edgar J., 89, 93
Morningstar, Edgar John, 65, 93
Morningstar, Elizabeth M., 93
Morningstar, Emma M. J. Reich, 93
Morningstar, Fannie Maude, 75, 92
Morningstar, Fannie Orme, 86
Morningstar, Florine, 92
Morningstar, George H., 93
Morningstar, Grace, 89
Morningstar, Harriet, 75
Morningstar, Harriet E., 94
Morningstar, Hazel Edgar, 93, 192
Morningstar, Herbert V., 93
Morningstar, Infant, 92
Morningstar, Mary, 52
Morningstar, Mary Agnes, 93
Morningstar, Marshall C., 93
Morningstar, Mary Florine, 89, 93
Morningstar, Minnie Irene, 93
Morningstar, Murrel J., 79, 93
Morningstar, Ollie, 93
Morningstar, Philip, 83
Morningstar, Rosa Virginia, 15, 39, 120
Morningstar, Sarah A. Buckey, 15, 92
Morningstar, Sarah Ann, 83
Morningstar, Sarah Jane,
Morningstar, William H., 15, 92
Montgomery, Baby, 26
Moreland, Edward T., 26
Morris, Clayton, 93
Morris, Clementine Knight, 93
Morris, Jesse James, 93
Morris, John W., 161
Mossir, Martha, 126
Morris, Nettie Ola Shifflett, 93
Morris, Sebert, 93
Morrison, Catherine V., 100
Morrison, Charles, 93
Morrison, Charles V., 93
Morrison, Emma J., 135
Morrison, Esther, 93

Morrison, George, 93
Morrison, George W., 93
Morrison, James, 93
Morrison, Mary Frances Money, 93
Morrison, Mary McGlue, 93
Morrison, Roberta Gertrude, 155
Morrison, Sarah A., 93
Morrissey, Kitty, 118
Morsell, Rachel, 7, 225, 236
Mort, James M., 78
Mort, Sophia, 78
Mortimer, Catherine Jane Bennett, 17
Mortimer, Franklin Lee, 17
Morton, Claude David, 93
Morton, Eugene J., 93
Morton, Frank Edwin, 93
Morton, George W., 229
Morton, Lola E. Jackson, 93
Morton, Nancy M., 229
Moser, Sarah Maughlin, 158
Moses, Charles C., 52
Moses, Mary Jane Moyer, 52
Moses, Mary Magaline, 52
Mossburg, Agnes Beatrice Cropper, 93
Mossburg, Alice L., 93
Mossburg, Ann Elizabeth, 91
Mossburg, Ann Elizabeth Benson, 93
Mossburg, Anna Genevieve, 125
Mossburg, Annie Mary Griffith Hyatt, 93, 125
Mossburg, Annie Sibyll, 90
Mossburg, Carolyn Irene, 110
Mossburg, Carrie May, 93, 110
Mossburg, Clara Bell Hillard, 93
Mossburg, Claude Eugene, 93
Mossburg, Edward Clinton, 93, 110
Mossburg, Ella, 58
Mossburg, Esther Mary Compher, 58, 94
Mossburg, George LeRoy, 93
Mossburg, George P., 93
Mossburg, H., 93
Mossburg, Harry, 91
Mossburg, Henry William, 93
Mossburg, Ida V., 26
Mossburg, Infant, 26, 93
Mossburg, Irving E., 93
Mossburg, Isabel E., 63
Mossburg, Jesse Kurtz, 93
Mossburg, Josephine, 75
Mossburg, Lela Marie, 93
Mossburg, Margaret L. Philips, 63, 90, 93
Mossburg, Mary, 93
Mossburg, Maurice C., 93
Mossburg, Maurice Milton, 58, 93
Mossburg, Peter Kurtz, 63, 90, 93
Mossburg, Philip Francis, 93, 125
Mossburg, Raymond Hyatt, 93

Mossburg, Reuben G., 93
Mossburg, Rose, 112
Mossburg, Samuel, 26
Mossburg, Sarah Elizabeth Hoyle, 93
Mossburg, Sarah Lucretia, 91
Mossburg, Thomas Gilbert, 93
Mossburg, William E., 93
Moulden, Elias, 55, 94
Moulden, Grace Magaha Jewel, 94
Moulden, Mary C., 166
Moulden, Mary E., 55, 94
Moulden, Mary Lilly, 94
Moulden, Melissa, 48
Moulden, R. Etna, 94
Mount, Alice Duvall, 197, 213
Mount, Edith P., 197, 213
Mount, Ernest Gaver, 208
Mount, Ethel W., 203
Mount, Frances, 231
Mount, James Monroe, 208, 231
Mount, John R., 208
Mount, Nona A., 208
Mount, Sarah Baker, 193
Mount, Susanna C., 208
Mount, Wilford C., 208
Mount, Wilford Edgar, 208
Mount, William, 193, 197, 213
Mount, Zeru Alverda Gue, 208, 231
Moxley, Alcinda, 227, 235
Moxley, Alice Virginia Brown Thompson, 229
Moxley, Allie May, 224
Moxley, Alvie Arville, 224, 229
Moxley, Ann Jeanette, 188, 189, 192, 207
Moxley, Ann Wilson, 223, 235
Moxley, Anna Clay, 229
Moxley, Anna D, Brashears, 229
Moxley, Annie Belle, 226, 227
Moxley, Annie Brown, 229
Moxley, Annie E. Riley Ridgway, 94, 226
Moxley, Asbury, 229
Moxley, Basil Edward, 224, 229
Moxley, Bessie Allie, 231
Moxley, Bessie K., 231
Moxley, Betty Mae, 231
Moxley, Catherine, 49
Moxley, Catherine Ann, 179, 180
Moxley, Catherine Beatrice, 229
Moxley, Charles, 230
Moxley, Charles Merhrl, 229
Moxley, Charles Robert, 229
Moxley, Clytie Belle Thompon, 229
Moxley, Cornelius Edward, 229, 230
Moxley, Daisy Viola, 225
Moxley, David, Samuel, 94
Moxley, Della Madeline Haines, 229
Moxley, Della May, 229, 230
Moxley, Delma Valinda, 223

Moxley, Donald Monroe, 229
Moxley, Donald Ray, 231
Moxley, Edgar Maynard, 229
Moxley, Edna Virginia, 229, 230
Moxley, Effie Jane Beall, 230
Moxley, Effie Madeline Day, 230
Moxley, Eileen, 231
Moxley, Eleanor Hyatt, 200, 225, 230
Moxley, Elizabeth Brown, 229, 230
Moxley, Ellen, 229, 231
Moxley, Elsie Leonie Moxley, 166
Moxley, Emily Lorraine, 200
Moxley, Emma S. Magaha, 94
Moxley, Emory Dorsey, 229
Moxley, Ernest Monroe, 229, 230
Moxley, Esther Leith, 225
Moxley, Everest Monroe, 229
Moxley, Everett Glenwood, 94
Moxley, Ezekial, 179, 229, 230, 231, 233
Moxley, Fannie A., 225
Moxley, Fannie R. D., 230
Moxley, Florence A., 229
Moxley, Florence Estelle Poole, 229, 230
Moxley, Floyd Simms, 229
Moxley, Frances Mount, 231
Moxley, Frank, 94
Moxley, Garrison, 229
Moxley, George B., 94
Moxley, George Buckingham, 94
Moxley, George Clyde, 229
Moxley, George Crawford, 229
Moxley, George M., 229, 230
Moxley, George Washington, 222, 225, 229, 230
Moxley, Gladys Louise, 230
Moxley, Gladys Virginia, 229
Moxley, Gloria Alvin, 234
Moxley, Gordon R., 231
Moxley, Gustavus, 229
Moxley, Harold Mount, 231
Moxley, Harriet Valinda Thompson, 229, 230
Moxley, Harry Alan, 229
Moxley, Harry B., 200, 225, 230
Moxley, Harry Edward, 229
Moxley, Harvey Webster, 230
Moxley, Hattie Virginia, 222, 225, 226, 227, 230, 231, 233
Moxley, Hazel Virginia Ratliff Kisner, 229
Moxley, Helen Irene, 225
Moxley, Henry, 229
Moxley, Hilda Lee, 230
Moxley, Howard C., 229
Moxley, Ilda Mae, 230
Moxley, Inez, 232
Moxley, Infant, 229, 230

Moxley, Isaac, 229, 230
Moxley, Isaac Webster, 230, 232
Moxley, James Arthur, 225, 226, 230
Moxley, James Oscar, 229, 230
Moxley, James William, 230
Moxley, Jesse William, 230
Moxley, Jonathan Eldridge, 225, 230
Moxley, John W., 230
Moxley, Joseph Ezekial, 223, 230
Moxley, Juliet Moxley Sheckles, 230, 233
Moxley, Larry Leon, 229
Moxley, Laura Catherine, 226
Moxley, Laura Virginia, 223
Moxley, Lelia Alvin Merson, 230
Moxley, Lena Elizabeth Watkins, 229
Moxley, Lena May, 226
Moxley, Lester, 230
Moxley, Lille May, 232
Moxley, Lillie May Watkins, 229, 230
Moxley, Louisa Hamilton, 224
Moxley, Lottie May Burdette, 230
Moxley, Madeline Beatrice Buxton, 230
Moxley, Maggie Jane Burgee, 223, 230
Moxley, Mahlon T., 230
Moxley, Mamie Estelle, 226, 233
Moxley, Margaret, 232
Moxley, Margaret Baker, 229, 230
Moxley, Margaret Catherine Bowman, 229
Moxley, Margaret Leola, 224
Moxley, Margaret M., 230
Moxley, Marion, 43
Moxley, Marion E., 94
Moxley, Marion F., 49
Moxley, Martha A. Bellison, 229
Moxley, Martha V., 231
Moxley, Mary Annabelle Shell, 230
Moxley, Mary Adella Burdette, 229
Moxley, Mary Brown, 230
Moxley, Mary Edna, 235
Moxley, Mary Etta Webb, 229
Moxley, Mary Naomi Brandenburg, 229
Moxley, Mary R., 224
Moxley, Mary R. Brashears, 229
Moxley, Maud May Hurley, 224, 229
Moxley, May B., 229
Moxley, Minnie Jane Bellison, 230
Moxley, Nannie Estelle, 43, 49, 94
Moxley, Nora H. Young, 230
Moxley, Ollie Washington, 230
Moxley, Oliver G., 94
Moxley, Oradie M. Easton, 230
Moxley, Orpha Iona Engle, 229
Moxley, Orville, 229
Moxley, Ottie Lee, 230
Moxley, Raymond Eldridge, 230, 231
Moxley, Raymond Merson, 230
Moxley, Rebecca, 224, 230
Moxley, Risdon, 229, 231

Moxley, Robert B., 224
Moxley, Robert Bromwell, 227, 229, 230
Moxley, Robert Hyatt, 229, 230
Moxley, Robert Sylvester, 230
Moxley, Rosco, 229, 230
Moxley, Roy, 230
Moxley, Ruth Elizabeth Bussard, 229
Moxley, Sarah E. Baker, 222, 225, 229, 230
Moxley, Sarah Katherine Glover, 230
Moxley, Sarah Mullinix, 179, 229, 230, 233
Moxley, Sophia Forney, 230
Moxley, Susan A., 230
Moxley, Susan Baker, 224, 227, 229, 230
Moxley, Susannh, 233
Moxley, Thomas Edward, 94, 226
Moxley, Tressie Lee Young, 230
Moxley, Vernie Lansdale, 230
Moxley, Viola, 43
Moxley, Viola Adelyn, 231
Moxley, Virginia Fletcher Baker, 225, 230
Moxley, Virgie B., 229
Moxley, Virgie Estelle Beall, 230, 231
Moxley, Vivian Belle, 223
Moxley, Walter Franklin, 230
Moxley, Walter M., 230
Moxley, Webster, 230
Moxley, William A., 230
Moxley, William Burton, 230
Moxley, William Cornelius, 230, 231
Moxley, William Seymore, 229
Moxley, William T., 230
Moxley, Willie Anna Branenburg, 230
Moyer, Ethel G., 163
Moyer, George, 163
Moyer, John A., 166
Moyer, Laura V., 166
Moyer, Mary F., 166
Moyer, Mary Jane, 52
Moyer, Stanley G., 166
Mueller, Audrey L. King, 174
Mueller, Edward Joseph, 174
Muir, Dorothy Troth, 94
Muir, Helen Drapray, 36
Muir, Jean L., 97
Muir, Wallace, 94
Muldoon, John P., 36
Muldoon, Michael C., 36
Muldoon, Patricia, 36
Muller, John L., 17
Muller, Rachel Ann, 17
Mullican, Annie B. Norwood, 193
Mullican, Archibald, 185
Mullican, Blanche E., 174
Mullican, Carl Oscar, 193
Mullican, Carroll Lee, 193

Mullican, Cordelia B. Mullinix, 193
Mullican, Edith Helen, 145
Mullican, Effie May Soper, 174
Mullican, Ernest Walter, 17
Mullican, George Thomas, 17, 25, 145, 193
Mullican, Helen Mildred Day, 193
Mullican, Herbert, 193
Mullican, John Spencer, 174
Mullican, Margaret E., 91
Mullican, Mary Catherine Eunice King, 17, 25, 145, 193
Mullican, Mary Etta Kinna, 17
Mullican, Mary T. Thrift, 185
Mullican, Oscar Thomas, 193
Mullican, Pearl L., 185
Mulligan, Helen, 52
Mulligan, Goldie F., 158
Mulligan, Pearl Rebecca, 94
Mulligan, Thomas C., 158
Mulligan, Susannah, 91, 94
Mullineaux, Agnes Myrtle, 17
Mullineaux, Aubrey P., 208
Mullineaus, Carson C., 231
Mullineaux, Charles Edward, 193
Mullineaux, Clara M., 173
Mullineaux, Claude F., 17
Mullineaux, Delma Jane Hood, 143
Mullineaux, Elaine Virginia, 231
Mullineaux, Elizabeth M., 17
Mullineaux, Ella V., 13
Mullineaux, Elsie E., 193
Mullineaux, Eveline, 231
Mullineaux, Hobart M., 231
Mullineaux, Ida Mae, 208
Mullineaux, Infant, 143
Mullineaux, J. Thomas, 208
Mullineaux, Joseph Dulaney, 143
Mullineaux, Laura J., 231
Mullineaux, Leslie Eugene, 17
Mullineaux, Lucy B., 208
Mullineaux, Lucy Jane Buxton, 231
Mullineaux, Lynder L., 231
Mullineaux, Myrtle L., 193
Mullineaux, Myrtle May Hood, 143
Mullineaux, Nellie M. Watkins, 231
Mullineaux, Paul T., 193
Mullineaux, Robert B., 231
Mullineaux, Robert Dulaney, 231
Mullineaux, Robert Lee, 231
Mullineaux, Rosalie O., 143
Mullineaux, Roy B., 193
Mullineaux, Sarah E., 200
Mullineaux, Sarah Jemima, 193
Mullineaux, Sue Ann, 208
Mullineaux, William D., 231
Mullinix, Alice, 216
Mullinix, Alice Flavilla, 216
Mullinix, Alice M., 209
Mullinix, Annie D., 193

Mullinix, Bertha, 154
Mullinix, Bertha E. Day, 209
Mullinix, Bessie Allie Moxley, 231
Mullinix, Caroline Virginia, 199, 222
Mullinix, Cecelia, 215
Mullinix, Cerita May, 187
Mullinix, Claudia Marie, 191, 192
Mullinix, Clifton, 231
Mullinix, Clyta Beatrice, 214
Mullinix, Cora B., 197
Mullinix, Cordelia B., 193, 197
Mullinix, David H., 208
Mullinix, Edith L., 166
Mullinix, Eldridge, 231
Mullinix, Elizabeth H., 231
Mullinix, Ella W., 195
Mullinix, Ellen, 229
Mullinix, Elsie Leonie Moxley, 166
Mullinix, Emma E. Johnson, 144
Mullinix, Emma Rena, 194
Mullinix, Emma V., 185
Mullinix, Emory E., 208
Mullinix, Ethel Duvall, 208
Mullinix, Ethel Virginia, 190
Mullinix, Everette, 193
Mullinix, Francis E., 231
Mullinix, Frona, 144
Mullinix, G. Roland, 208
Mullinix, Gaver, 231
Mullinix, George B., 174
Mullinix, Granville, 213
Mullinix, Guerney E., 231
Mullinix, H. Leroy, 208
Mullinix, Harold W., 215
Mullinix, Helen, 209
Mullinix, Helen M., 208, 209
Mullinix, Herman W., 208
Mullinix, Howard O., 231
Mullinix, Infant, 209
Mullinix, Ira W., 166
Mullinix, James Alby, 166
Mullinix, James L., 209
Mullinix, James P., 209
Mullinix, Janet, 166
Mullinix, Janice Watkins, 193
Mullinix, John G., 231
Mullinix, John Thomas, 214
Mullinix, John Webster, 208
Mullinix, Joseph H., 209
Mullinix, Julia E., 193, 195
Mullinix, Kathryn A., 166
Mullinix, Lawrence F., 166
Mullinix, Leone W., 215
Mullinix, Lester E., 231
Mullinix, Lillian V., 208
Mullinix, Lillie E., 208
Mullinix, Louisa, 209
Mullinix, Louise C. Etchison, 208
Mullinix, Lucy B., 231

Mullinix, Lucy B. Brandenburg, 214
Mullinix, Mabel E., 174
Mullinix, Mamie D., 193
Mullinix, Mamie Elizabeth, 203
Mullinix, Mamie L., 231
Mullinix, Mary, 190, 213
Mullinix, Mary C. Hilton, 209
Mullinix, Mary E., 194
Mullinix, Mary Ellen, 209
Mullinix, Mary Exeline, 191
Mullinix, Maudy P., 231
Mullinix, Melvin E., 193
Mullinix, Mildred E., 231
Mullinix, Mollie E., 209
Mullinix, Norah Lawson, 209
Mullinix, Norman, 231
Mullinix, Pauline Hartsock, 231
Mullinix, R. Eugene, 193
Mullinix, R. Murrell, 193
Mullinix, Rachel L. Poole, 231
Mullinix, Reesce, 193
Mullinix, Rezin Granville, 209
Mullinix, Rezin Thomas, 195
Mullinix, Rhoda Ann, 234
Mullinix, Robert Monroe, 215
Mullinix, Robert T., 194
Mullinix, Rosa E. Merson, 231
Mullinix, Rose Ethel, 213
Mullinix, Russell, 144
Mullinix, Samuel Edward, 166
Mullinix, Samuel Eugene, 166
Mullinix, Sarah, 179, 229, 230, 233
Mullinix, Sarah E., 222
Mullinix, Sebastian M., 209
Mullinix, Sheldon W., 209
Mullinix, Shirley M., 193
Mullinix, S. Louise Williams, 166
Mullinix, Sterling Lansdale, 194
Mullinix, Urner R., 194
Mullinix, Vernon A., 144
Mullinix, Verta K., 146, 212
Mullinix, Vertie A., 168
Mullinix, Violet Geneva, 223, 224
Mullinix, Walter Clifton, 231
Mullinix, Webster E., 209
Mullinix, Willard, 193, 209
Mullinix, William C., 231
Mullinix, William E., 166
Mullinix, William T. S., 193
Mullinix, Winfred E. Pearce, 208
Mumford, Dorothy L., 94
Mumford, John M., 94
Mumma, Minnie Pearl, 94
Mundy, Charles S., 59
Mundy, Elva G., 59
Mundy, Martha Frances Humphries, 59
Mundy, Ruby, 90
Munger, A. Beulah Mae, 94
Munger, Cora Ellen, 94

Munger, Effie C., 66, 76
Munger, Eliza, 94
Munger, John B., 94
Munger, Mary, 94
Munger, Myra, 66
Munger, Ormand Surber, 94
Murdock, Ellen Medairy, 175
Murdock, Richard Howard, 175
Murdock, Sallie Lavania, 175
Murphy, Alice C., 114
Murphy, Anna, 36
Murphy, Annie E., 146, 197
Murphy, Ara Gertrude Thompson, 17
Murphy, Caroline R., 34
Murphy, Carrie, 12
Murphy, Charles Basil, 17
Murphy, Charles Hill, 17, 140, 144, 146
Murphy, Charles Richard, 144, 145, 186
Murphy, Charlotte D. Thompson, 12, 114
Murphy, Donald T., 36
Murphy, Dorothy, 36
Murphy, Effie, 231
Murphy, Eliza Rebecca Manakee, 144, 145, 186
Murphy, Elizabeth Burnside, 11
Murphy, Elsie, 17
Murphy, Eugene Shriner, 8
Murphy, Florence Wooten, 144
Murphy, Frances Windsor, 144
Murphy, George Washington, 8, 13, 17
Murphy, Grace, 94
Murphy, Harry L., 166
Murphy, Helen, 144
Murphy, Herman B., 231
Murphy, Horace L., 12, 114
Murphy, Julia Ann Richardson, 17, 140, 144, 146
Murphy, Julia Ann Shriner, 8, 13, 17
Murphy, Katie L., 145, 175
Murphy, Lizzie J., 166
Murphy, Louis W., 166
Murphy, Marie C. Wood, 8
Murphy, Mary E., 144
Murphy, Mary E. Richardson, 144
Murphy, Mary Gertrude Holland, 166
Murphy, Mary Lucinda, 71, 140, 143
Murphy, Mildred E., 231
Murphy, Minnie Moore, 13
Murphy, Rebecca, 37
Murphy, Regina V. Bacher-Freeman, 231
Murphy, Thomas M., 231
Murphy, Virginia Clara, 186
Murphy, Walter, 144
Murphy, William, 36, 37
Murray, Arthur T., 231
Murray, Donald A., 231
Murray, Donald Ryan, 231
Murray, Elsie R., 231

Murray, Viola Adelyne Moxley, 231
Muscat, Evelyn G., 144
Musgrove, Amy Jane, 142, 145, 165, 168, 181
Musgrove, C. Mervin, 144
Musgrove, Charles H., 144
Musgrove, Doris E., 144
Musgrove, Frances, 167
Musgrove, Hiram D., 193
Musgrove, J. Howard, 231
Musgrove, Margaret A., 177
Musgrove, Nellie W., 144
Musgrove, Nora, 231
Musgrove, Ora D., 194
Musgrove, Rachel, 231
Musgrove, Robert, 194
Musgrove, S. Joshua, 231
Musgrove, Virginia, 144
Musgrove, Walter C., 144
Musser, John, 94
Musser, Carl R., 94
Musser, Sarah, 59
Musseter, Anna Mary, 186
Musson, James Edward, 174
Musson, Joan Marie Watkins, 174
Myerly, Elizabeth P. Anderson, 94
Myerly, Harry Stockton, 94
Myerly, Jesse Gilbert, 94
Myerly, Minnie Louise Bodmer, 94
Myerly, Robert Upton, 144
Myers, Laura, 117

Nail, Anna Paulina, 159
Nahr, Douglas Leonard, 194
Nailor, George, 28
Nash, Geneva M., 94
Naylor, Richard C., 161
Neal, Andrew B., 94
Neal, Hubert Sherman, 94
Neal, Ida Wynn, 94
Neal, Margaret, 71
Neal, Mary E. L. Willson, 109
Neal, Sally Sarver, 94
Neal, Thomas, 109
Nealon, Jack T., 94
Nealon, Mitchell Lee, 94
Neel, Archie Clifton, 94
Neel, Catherine Hoyle, 36
Neel, Clarence Sidney, 94
Neel, Della M. Stowers, 94
Neel, Helen Rose, 36
Neel, Herbert O., 94
Neel, Julia L., 94
Neel, Lewis Wiley, 94
Neel, Mary M., 94
Neel, Samuel Robert, 94
Neel, Sarah Isabelle, 109
Neel, Thompson Gregory, 94
Neer, Margaretta C., 73
Nehouse, Annie, 163

Nehouse, Bessie G., 167
Nehouse, Bessie L., 166
Nehouse, Catherine A., 166
Nehouse, Charles E., 182
Nehouse, Edward H., 166
Nehouse, Eleanor L., 166
Nehouse, Elwood H., 166
Nehouse, George E., 166
Nehouse, Harry N., 166
Nehouse, Hilton Boyer, 225, 231
Nehouse, Infant, 166
Nehouse, Ivy G., 182
Nehouse, Jacob P., 167
Nehouse, Lillian A., 167
Nehouse, Nettie V., 181
Nehouse, Sterling Ralph, 167
Neitzey, Hammett D., 30, 36
Neitzey, Louise M., 30
Neitzey, Nannie, 30, 36
Nelson, Mildred, 28
Nelson, Richard, 28
Neri, Joseph, 17
Neri, Rachel Ann McDonough Muller, 17
Nesbitt, Olivia E., 150
Neville, Nora Edith Giovennella, 36
Nevin, David John, 94
Nevin, James Hoyle, 94
Nevin, Katherine Hoyle, 94
Newel, Harriet, 99
Newman, Billie Corby Dillon, 182
Newman, Claude Hutspeth, 94
Newman, Elizabeth Williams Jones, 94
Newman, Everett E., 182
Newman, Thomas E., 94
Newton, Ann Odell, 42
Newton, Joseph, 42
Newton, Rebecca, 50
Newton, Sarah Odell, 42, 64
Newton, Thomas N., 94
Nicewarner, Sean Russell, 94
Nickelson, B., 144
Nicholls, Henry, 209
Nicholls, John B., 36
Nicholls, John T., 29
Nicholls, Sarah Ellen, 32
Nichols, Ann M., 25
Nichols, Arthur W., 143, 144
Nichols, Barbara Spring, 14
Nichols, Beulah, 111
Nichols, Camden R., 17, 36
Nichols, Carrie Ellen, 14
Nichols, Charles E., 25
Nichols, Charles S., 94
Nichols, Clarence F., 209
Nichols, Clarence N., 95
Nichols, Clinton R., 95
Nichols, Daisy Louise, 94
Nichols, Della Estelle Nicholson, 16, 17, 95

Nichols, Delma Bridget, 95
Nichols, Edward Alton, 94
Nichols, Elsie M. Andrews, 143, 144
Nichols, Florence Ellen, 95
Nichols, George Frederick, 95
Nichols, George W., 26, 158
Nichols, Gertrude F., 227
Nichols, Gladys E. Arnold, 144
Nichols, Gladys Estelle, 95
Nichols, Harriet Ann, 118
Nichols, Harriett Lucretia, 26
Nichols, Hattie E., 26
Nichols, Hilda M., 95
Nichols, Hubert Lance, 17
Nichols, Jacqueline Darrieulat, 95
Nichols, Jacob E., 29, 118
Nichols, Janie, 17
Nichols, John Wesley, 16, 17, 95
Nichols, John Wilford, 16
Nichols, Joseph Deets, 95
Nichols, Joseph W., 14, 17, 95
Nichols, Julian Andrew, 144
Nichols, Kenneth D., 95
Nichols, Laura E., 15
Nichols, Lee Andrew Francis, 13, 17, 144
Nichols, Leo Thomas Sr., 17
Nichols, Louise H., 94
Nichols, Lucille F., 143
Nichols, Margaret, 17
Nichols, Margaret Ella Thompson, 13, 17, 144
Nichols, Marie V. Spring, 17
Nichols, Martha M., 29
Nichols, Mary Elizabeth, 57
Nichols, Nellie Ivy Ballenger, 95
Nichols, Ruth Virginia, 16
Nichols, Sarah Catherine "Katie" McDonough, 14, 17, 95
Nichols, Sarah D., 158
Nichols, Sarah Ellen, 29, 122
Nichols, Sarah Jane, 58, 108
Nichols, Sarah R., 158
Nichols, Sarah Rawlins, 29, 118
Nichols, Thomas, 158
Nichols, Wilbur L., 95
Nicholson, A. Rosetta Thompson, 17
Nicholson, Addie May, 145
Nicholson, Alice Rebecca, 120
Nicholson, Ann M. Purdy, 17
Nicholson, Anna Blanche Brown, 231
Nicholson, Anna Brown, 158, 167
Nicholson, Anna E., 167
Nicholson, Anna Mary, 137
Nicholson, Annie Eleanor, 120
Nicholson, Annie Elizabeth, 24
Nicholson, Annie Ellis, 95
Nicholson, Annie Maria Dillehay, 14, 17

Nicholson, Annie Marie Crown, 17
Nicholson, Annie Mary, 24, 80
Nicholson, Annie Rebecca, 26
Nicholson, Annie V. Heffner, 95
Nicholson, Arthur, 167
Nicholson, Arthur Baker, 95
Nicholson, Arthur Pernell, 95
Nicholson, Asa, 23
Nicholson, B. Geraldine, 158
Nicholson, Baker, 32, 95
Nicholson, Baker W., 158
Nicholson, Betty J., 158
Nicholson, Betty Mae Moxley, 231
Nicholson, Caroline Cornelia Andrews, 17, 25
Nicholson, Carrie Roberson, 95
Nicholson, Carson Edward, 174
Nicholson, Cassandra, 23, 25
Nicholson, Charlotte Werking, 95
Nicholson, Constance Beulah,
Nicholson, Cordelia Basford, 10, 23
Nicholson, Della Estelle, 16, 17, 95
Nicholson, Donald E., 158
Nicholson, Donald, Edward, 231
Nicholson, Donald Hubert, 95
Nicholson, Dora Estelle, 20
Nicholson, Dorothy A., 158
Nicholson, Dorsey, Monroe, 17
Nicholson, Earl Thomas, 158
Nicholson, Edith W., 157, 158
Nicholson, Edward Vent, 17
Nicholson, Edward Wallace, 17, 25
Nicholson, Eleanor Nettie White, 101
Nicholson, Elizabeth Ann Cooley, 95
Nicholson, Elizabeth White, 95
Nicholson, Ellen Maria Medley, 95
Nicholson, Eva May, 167
Nicholson, Florence Edward Watkins, 167, 174
Nicholson, Frances, 84
Nicholson, Franklin B., 95
Nicholson, Franklin Smith, 17
Nicholson, Forney A., 17
Nicholson, George Edward, 95, 120
Nicholson, George Emory, 158
Nicholson, George Richard, 158
Nicholson, Gladys Estelle Nichols, 95
Nicholson, Harry L., 167
Nicholson, Isabelle Clair Bennett, 156, 158
Nicholson, James A. S., 24, 95, 165
Nicholson, James Brawner, 95
Nicholson, James Farhney, 17
Nicholson, Jennie, 154, 159
Nicholson, Jennie Marie, 199, 222
Nicholson, Jesse Randolph, 158, 167, 231
Nicholson, John L., 80, 95, 101
Nicholson, John T., 17, 26, 222
Nicholson, John Thomas, 144, 145, 158

Nicholson, John Vernon, 95
Nicholson, John W., 17, 24
Nicholson, Laura Jane, 14, 18
Nicholson, Jennie, 142, 158
Nicholson, Julia A. Daymude, 158, 222
Nicholson, Lawrence Baker, 95
Nicholson, Lester, 18
Nicholson, Linwood Burton, 95
Nicholson, Lydia E. Andrews, 167
Nicholson, Lloyd H., 17
Nicholson, Lloyd S., 26
Nicholson, Lorenzo Dall, 17, 182
Nicholson, Lydia Andrews, 25
Nicholson, Martha Jean "Jennie" Dillehay, 95
Nicholson, Martha Johnson, 80, 95, 101
Nicholson, Marie Ann, 45
Nicholson, Marjorie Mae Smith, 18
Nicholson, Mary Ann Cropley, 32, 95
Nicholson, Mary Catherine, 32, 35
Nicholson, Mary Cornelia Whipp, 95, 120
Nicholson, Mary Elizabeth Kuster, 158
Nicholson, Mary Elizabeth Pickens, 17, 144, 145
Nicholson, Mary Myrtle, 120
Nicholson, Mary Rebecca Johnson, 17, 24
Nicholson, Maude Ann, 12
Nicholson, May Louise, 19
Nicholson, Minnie Viola Hessie, 18, 182
Nicholson, Mortimer Clinton, 25
Nicholson, Naomi Knill, 158
Nicholson, Naomi R., 155
Nicholson, Nora C., 25
Nicholson, Opal A., 103
Nicholson, Prad Mortimer, 167
Nicholson, Rebecca, 14, 82
Nicholson, Reuben Mortimer, 167, 174
Nicholson, Rhoda Johnson, 158
Nicholson, Richard H., 158
Nicholson, S. Ellen, 25
Nicholson, Sadie, 17
Nicholson, Sadie Estelle White, 18
Nicholson, Sallie Blanche Watkins, 174
Nicholson, Samuel R., 158
Nicholson, Stanley R., 158
Nicholson, Susie Virginia Oland, 95
Nicholson, Vernon Leroy, 95
Nicholson, Walter, 17
Nicholson, Walter Wilson, 167
Nicholson, Wilfred Donald, 95
Nicholson, William Douglas, 95
Nicholson, William Meredith, 95
Nicolaisen, Jane Allnutt, 95
Nicoll, Henry Harvey, 209
Nicols, Jacob,
Nicols, Sarah Ellen Nicholson,
Niten, Nettie, 113
Nolan, Lula, 133

Nolan, Verreda, 133
Norris, A. Mabel Mae, 56
Norris, Adrean Scott, 231
Norris, Ann R. Fyffe, 95, 96
Norris, Annie G., 48, 96
Norris, Barnett T., 95, 96
Norris, Carol LaRue, 65, 96
Norris, Charles Homer, 231
Norris, Charles J., 95
Norris, Charles L., 231
Norris, Charles Oland, 96
Norris, Charles William T., 95
Norris, Clarence L., 95
Norris, Clifton Hershey, 96
Norris, Clinton A., 96
Norris, Cora, 71
Norris, Cora Ellen Bowman, 95
Norris, Curtis Wayne, 231
Norris, Dorothy Mae, 95
Norris, F. M., 96
Norris, Harriet A., 105
Norris, Hazel Hickman, 95
Norris, Heather Jo, 234
Norris, Henry James, 96
Norris, Henry Josiah, 95, 96
Norris, Ida M., 96
Norris, Inez Moxley, 232
Norris, Infant, 95
Norris, James C., 96
Norris, James Elmer, 96
Norris, James Henry, 61
Norris, James Lawson, 95
Norris, James Marshall, 48, 96
Norris, James Walter, 96
Norris, John E., 95
Norris, John L., 77
Norris, John T., 56, 96
Norris, Joni Lynn, 95
Norris, Josiah "Jocyrus," 95
Norris, Kathleen S., 96
Norris, Laura B. Imlay, 95
Norris, Lillie Ashby, 96
Norris, Lutie A., 77
Norris, Margaret, 77
Norris, Margaret A., 95, 96
Norris, Margaret Ann, 70
Norris, Margaret Ann King, 56, 96
Norris, Marion A., 96
Norris, Martha Ellen, 232
Norris, Mary Magdeline, 95
Norris, Mary Magdeline Imlay, 96
Norris, Mary S., 231
Norris, Nonie E. Dutrow, 61, 96
Norris, Norrine, 61
Norris, Pauline C., 232
Norris, Rosemary H., 96
Norris, Sarah C. Lowe, 96
Norris, Sarah Elizabeth, 88
Norris, Shirley Ann Cubitt, 95
Norris, Thomas A., 96

Norris, Thomas Howard, 96
Norris, Vera DeEtte Dahl, 95
Norris, Wallace E., 232
Norris, Zurah S., 231
Norson, Grace D., 144
Norson, Henry T., 144
North, Naomi W., 55
Norwood, Addie A., 209
Norwood, Almeada, 18
Norwood, Annie, 17
Norwood, Annie B., 193
Norwood, Annie M., 11, 17
Norwood, Audella P., 209
Norwood, B. Edward, 96
Norwood, Benjamin Franklin, 25
Norwood, Bradley, 96
Norwood, Brian Kirk, 209
Norwood, Carmye Day, 11
Norwood, Catherine Kemp, 19
Norwood, Clarence W., 18
Norwood, Daisy M., 209
Norwood, Edith, 17
Norwood, Edna May, 142
Norwood, Edward, 11
Norwood, Effie Bell, 18
Norwood, Eleanor, 9
Norwood, Elizabeth Bowman, 209
Norwood, Elvira Miles, 17, 25
Norwood, Emily, 17
Norwood, Eunice E., 194
Norwood, Frances Elizabeth, 96
Norwood, George W., 17
Norwood, Gilbert D., 17
Norwood, Hattie E. Beall, 17
Norwood, Herbert, 138, 142
Norwood, Herbert A., 144
Norwood, Howard Donald, 144
Norwood, Ida Leonida Cecil, 25
Norwood, Ida J., 138, 142, 144
Norwood, India Beatrice, 13
Norwood, Infant, 96
Norwood, Jacob C., 17
Norwood, Jeremiah, 17, 25
Norwood, Jeremiah B., 25
Norwood, Joshua, 11
Norwood, Lelia M., 96
Norwood, Libbie Ordean, 191
Norwood, Margretta, 96
Norwood, Martha Jane, 7, 20
Norwood, Martha Kemp, 11
Norwood, Mary A., 194
Norwood, Mary Agnes Cecil, 25
Norwood, Mary Ann Hyatt, 9
Norwood, Mary E., 199
Norwood, Mary Ellin, 11
Norwood, Mary G., 138
Norwood, Matida R. Watkins, 194
Norwood, Maugie M., 17
Norwood, Norvell Lester, 209
Norwood, Otis C., 18

Norwood, Pearl, 25
Norwood, Ralph, 9, 194
Norwood, Richard T., 13, 17
Norwood, Robert A., 209
Norwood, Robert N., 209
Norwood, Roxye M., 11
Norwood, Sadie J., 25
Norwood, Sarah Ann, 8, 9
Norwood, Sarah J., 197
Norwood, William Henry, 96
Norwood, Willie, 194
Novach, Bonnie Mueller, 174
Noyes, Alfred Dunkin, 96
Noyes, Anna Fawsett, 96
Noyes, Catherine Spear, 96
Noyes, Edmond S., 96
Noyes, Jeanette Dunkin, 96
Nunn, Muad, 119
Nunnally, Brick, 96
Nunnally, Frances W. Fields, 96
Nutter, James Richard, 8
Nutter, Mary Frances Wolfe, 8
Nutter, Richard Wolfe, 8

Oagle, Ada M., 228
Oaks, George Lawrence, 96
Oaks, Forrest, 96
Oaks, Twin, 96
Ochs, Karl William, 96
Ochs, Hazel Wood, 96
O'Connell, Daniel Edward, 36
O'Connell, Genevieve Kingsbury, 36
Odell, Ann, 42
Oden, Caroline Carter, 174, 175
Oden, Charles F., 96
Oden, Edwin Leslie, 17
Oden, Lena Ballenger, 96
Oden, Mary Annette, 174
Oden, Mary Minnie, 17
Oden, Maude V., 175
Oden, Sadie E., 174
Oden, Sarah Ella, 194
Oden, Thomas W., 174, 175
Oden, William T., 174
O'Donnell, Minnie S. Ryman, 96
O'Donnell, Patrick, 96
Offutt, Agnes Jane, 80
Offutt, Ann E. Poole, 70
Offutt, Ann Willett, 81
Offutt, Annie E. Jarboe, 36
Offutt, Annie Rebecca Jones, 36, 96
Offutt, Catherine Gloyd Slicer, 36
Offutt, Charles E., 96
Offutt, Clarence Colemore, 36
Offutt, Clarissa Ann, 77, 116
Offutt, Claudia A., 114
Offutt, Colmore, 29, 70, 82, 123
Offutt, Delia, 118
Offutt, Elizbeth Ann Poole, 123
Offutt, Elmer, 96

Offutt, Elsie Lusher, 96
Offutt, George Edward, 96
Offutt, Harry, 36
Offutt, Helen Celeste Walter, 96
Offutt, Infant, 96
Offutt, John Bernard, 96
Offutt, Jerome Stephen, 36
Offutt, Leonard Jerome, 36
Offutt, Linwood T., 96
Offutt, Lucille Clements, 36
Offutt, Lucy Burgess,
Offutt, Lucy Morrissey, 96
Offutt, Margaretta Loretta, 36
Offutt, Marjorie B., 96
Offutt, Martha Maria Jones, 96
Offutt, Marie Moore, 96
Offutt, Mary Anne, 29
Offutt, Mary E., 70, 102, 116
Offutt, Mary Emma, 36
Offutt, Mary Florence Conroy, 35, 36
Offutt, Mary Loretta Davis, 36
Offutt, Mattie Marie Mobley, 96
Offutt, Roger, Delano, 96
Offutt, Raphael Thomas, 36
Offutt, Russell E., 174
Offutt, Sarah Aldah, 123
Offutt, William Ernest, 96
Offutt, William Jerome, 36, 96
O'Hanlon, Ardie Patrick, 96
O'Hara, Evelyn Gertrude, 227
O'Hare, Lillie M., 232
O'Leary, Josephine, 31
Olsen, Anders, 103
Olsen, Asta Bekk, 103
Olsen, Eva Kristina, 103
Olson, Ardell, 194
Olson, J. E., 194
O'Neil, Melissa, 158
Onley, Atlee F., 41
Onley, Brooks McKinley, 41
Onley, Clarence R., 41
Onley, David E., 41
Onley, Goldie B., 41
Onley, Henry, 41
Onley, James, 41
Onley, John A., 41
Onley, John T., 41
Onley, Laura, 41
Onley, Lawrence C., 41
Onley, Olive, 41
Onley, Oswald Jerome, 41
Onley, Sarah, 41
Onley, Sarah E., 41
Onley, Sarah Eleanor, 41
Onley, Thelma E., 133
Onley, Thomas Eugene, 41
O' Nufrey, Marion Jeane, 158
Orem, Carson Vincent, 219
Orem, Debra Denise, 183
Orem, Dorothy A., 219

Orem, Edward Lowell, 219
Orem, Elsie A., 219
Orem, Gaver B., 219
Orem, Infant, 219
Orem, Lowell, 219
Orem, Sterling R., 219
Orem, Vincent, 219
Orme, Allen S., 97
Orme, Ann, 96
Orme, Arthur T., 97
Orme, Bertha, 97
Orme, Catheran Eliza, 97
Orme, Charles C., 163, 174
Orme, Charles Clinton, 86, 96, 97
Orme, Charles Henry Crab, 97
Orme, Charles Elmer, 97
Orme, Charles Lindburgh "Lindy," 97
Orme, Charles M., 97
Orme, Daisy D. Miles, 86, 96, 97
Orme, Deborah Brook Pleasants, 97
Orme, Edgar Thomas, 97
Orme, Ethel L. Poole, 163, 174
Orme, Fannie, 86
Orme, George Irwin, 97
Orme, Harriet A., 97
Orme, Irene V. Bosley, 97
Orme, Jean L. Muir, 97
Orme, Laura E., 97
Orme, Mahalia Ann King, 17
Orme, Mary A., 97
Orme, Maurice, 97
Orme, Nettie Mae, 86
Orme, Phoebe Annie, 97
Orme, Richard I., 97
Orme, Richard J., 96
Orme, Robert S., 97
Orme, Vivian Matthews, 97
Orme, William A., 97
Orme, William Homer, 18
Orme, Ursula P., 11
Orr, Julia, 90
Ortman, Francis Joseph, 36
Ortman, Regina Weston, 36
Osborn, Harry Oscar, 97
Osborn, Louise H., 97
Oularf, Laurence U., 150
Owden, Caroline Carter, 174
Owden, Mary Annette, 174
Owden, Sadie E., 174
Owden, Thomas W., 174
Owen, Annie V., 40
Owens, Annie, 97
Owens, Augusta H., 41
Owens, Charles Edward, 41
Owens, Clarence, 133
Owens, Dennis, 40, 41
Owens, E. H., 97
Owens, Elizabeth, 74
Owens, Ethel Pauline Graham, 41
Owens, Frank T., 135

Owens, Gary L., 41
Owens, George H., 41
Owens, Gwendolyn H., 135
Owens, Harry L., 135
Owens, Lula, 133
Owens, Mae I., 135
Owens, Martha Dorsey, 41
Owens, Mozella, 40, 41
Owens, Rhoda, 156
Owens, Richard S., 97
Owens, Sarah E., 133
Owens, Solomon, 41, 133
Owens, William R., 158
Ownes, Thomas E., 158
Owings, Hannah M., 231
Oxley, Ann Virginia Branson, 97
Oxley, Annie E. Wampler, 97
Oxley, C. Gilbert, 97
Oxley, Catherine A. Brown, 97
Oxley, Charles W., 97
Oxley, Edgar F., 97
Oxley, Edward, 97
Oxley, Elizabeth, 51
Oxley, Elizabeth C., 97
Oxley, Emily Byron Williams, 97
Oxley, Emily J. C., 97
Oxley, John E., 97
Oxley, John Edgar, 97
Oxley, Katherine E., 87
Oxley, Louisa V., 97
Oxley, Mary A., 97
Oxley, Robert W., 97
Oxley, Sallie E., 97
Oxley, Thomas, 97
Oxley, Thomas Cummings, 97
Oxley, Viletter, 97
Oyers, Henry, 41

Padgett, Algernon, 98
Padgett, Algernon James, 97
Padgett, Ann Virginia Reintzell, 97, 98
Padgett, Arthur J., 97
Padgett, Bettie Lorene, 73
Padgett, Bettie Maude, 44, 98
Padgett, Clara J. Ford, 44, 98
Padgett, Della M., 97
Padgett, Dora M., 125
Padgett, Dunbar D., 97
Padgett, Edwin Earl, 97
Padgett, Elizabeth, 97, 98, 113
Padgett, Elsie, 97
Padgett, Fannie M. Stephens, 97
Padgett, Frank H., 97
Padgett, Ida Margaret, 18
Padgett, Infant, 97
Padgett, Isabel, 113
Padgett, James, 97
Padgett, James Alonzo, 97, 125
Padgett, Jane R., 97, 125
Padgett, John E., 97, 98, 113

Padgett, Madeline Layton, 15
Padgett, Mary Frances, 98
Padgett, Maymie, 97
Padgett, Rachel A. Whalen, 97
Padgett, Thomas Edgar, 44, 98
Page, Alice M., 145
Page, B. Haller, 167
Page, Ethyl Violet, 167
Page, George W., 167
Page, Grover W., 167
Page, James W., 144
Page, Louisa W. Smith, 167
Page, Rebecca Williams, 167
Page, Roland, 144
Page, Sarah L. 144
Page, William H., 167
Page, Zachariah W., 167
Painter, Ambrose, 98
Painter, Anne Elizabeth Daniel, 98
Painter, Bertha Helen Hildebrand, 98
Painter, Claire Elizabeth, 107
Painter, Clarence E., 98, 107
Painter, Elmer Lee, 98
Painter, Garland Edward, 98
Painter, Infant, 98
Painter, Nancy Alger, 98
Painter, Nellie Pearl, 98, 100
Pallotta, Nancy, 30
Palmer, Carrie E., 150
Palmer, David Rulison, 98
Palmer, Fannie, 150
Palmer, Joan Gamble, 98
Palmer, Larrington L., 150
Palmer, Norwood S., 28
Pangle, Frederick Newton, 98, 104
Pangle, Grace Pearl, 98, 104
Pangle, Helen Louise, 98
Pangle, Pearl Elizabeth, 104
Park, Frances Lavinia, 194
Park, John MacKenzie, 194
Parker, Cassie, 116
Parker, Charles C., 232
Parker, Jean W., 232
Parker, Lee Blanche, 48
Parker, Sharon Lee, 98
Parker, Theodore C., 98
Parks, Albert Frederick, 98
Parks, Billie Gene, 98
Parks, George C., 98
Parks, Kathy D., 98
Parks, Minnie Ross, 98
Parks, Ona, 98
Parrish, Eldon Matron "Skip," 98
Parrish, Elmyra, 201
Parrish, Glenda Lee, 98
Parrish, Mary Jones, 98
Parsley, Clarence, 98
Parsely, Estelle Ray, 98
Parsley, James R., 98
Parsley, Mary E., 144

Parsley, Sarah E., 98
Pasti, Hilda Marie Hagan, 98
Pasti, Nicholas, 98
Patterson, Charles R., 98
Patterson, Ruth Kyle, 98
Patton, Edna Allnutt, 98
Paulsen, Johanna, 63
Paulsgrove, Harry Martin, 144
Paulsgrove, Teresa Coleman, 144
Pavel, George A., 194
Pavel, Janet, 194
Paxson, Betty A. Pearson, 98
Paxson, Robert L., 98
Paxton, Ann, 179
Paxton, Edward T., 158
Paxton, Evelyn B., 158
Paxton, Wilma Hunter, 209
Payne, Alberta, 136
Payne, Appleton, 100
Payne, Bainum, 136
Payne, Clarence, 174
Payne, Eleanor V., 162
Payne, Emma Nora, 100
Payne, Ethel, 77
Payne, Ethel L., 100
Payne, Garnett, 133
Payne, George Lewis W., 133
Payne, Harold R., 162
Payne, Janie Marie Woodfield, 174
Payne, Jimmie, 144
Payne, Julia Anna, 133
Payne, Martha E., 133
Payne, Michael Jerome, 136
Payne, Ruby Cubitt, 98
Payne, Ruth H., 167
Payne, Virgie M., 133
Payne, Wilhelmina O., 133
Payne, William Wilson, 98
Payton, Louise R., 162
Pearce, Blanche, 214
Pearce, George C., 209
Pearce, Glenwood Boyer, 209
Pearce, Harry Ford, 209
Pearce, Helen, 179, 205
Pearce, Leland S., 209
Pearce, Leonard G., 209
Pearce, Levi, 205, 208, 209, 213, 214
Pearce, Marian Jones, 205, 208, 209, 213, 214
Pearce, Mary Catherine, 213, 234
Pearce, Pearl E., 208
Pearce, Ruth Ann Sheckles, 209
Pearce, Winifred E., 208
Pearman, John Parks, 194
Pearre, Alexander N., 144
Pearre, Alice S., 137
Pearre, Alice Spring Hickman, 144, 146
Pearre, B. Edmonia, 146
Pearre, Carrie Virginia, 25

Pearre, Charles, 36
Pearre, Elvira E., 36
Pearre, George Alexander, 25, 98
Pearre, George C., 144
Pearre, Hickman Commodore, 144
Pearre, James Graham, 25
Pearre, James S., 144
Pearre, John Alexander, 25
Pearre, Katherine Maria Springer, 25, 76
Pearre, Lillian Barr, 144
Pearre, Marie Dade Sellman, 98
Pearre, Mary Tabitha, 45, 76
Pearre, Mary Worthington, 25
Pearre, Regina, 137
Pearre, Regina Bell, 144
Pearre, Sarah Ellen, 25
Pearre, Sarah F., 17
Pearre, Sarah M. Thompson,, 144
Pearre, Tabitha Brashears, 25
Pearre, William, 25, 76, 137
Pearre, William Horace, 144, 146
Pearson, Alfred, 71, 98, 127
Pearson, Alfred Lee, 98
Pearson, Charles Harold, 98
Pearson, Elsie Mae, 71
Pearson, Ernest H., 98
Pearson, Eugene H., 98
Pearson, Grace Martz, 98
Pearson, John A., 98
Pearson, Lillian Ann Joy, 98, 127
Pearson, Lily Ann, 98
Pearson, Lula May, 127
Pearson, Margaret Louise Kidd, 98
Pearson, Mary Frances, 71
Pearson, Myrtle, 98
Pearson, Robert B., 98
Pearson, William R., 98
Pearthree, Evelyn McGovern, 98
Pearthree, Frank Gerald McGovern, 98
Peddicoart, Synthia, 145
Pendergast, Helen H., 36
Pendergast, William R., 36
Pendleton, Dan, 36
Penn, Albert C., 194
Penn, Ethel N., 209
Penn, Infant, 98
Penn, James, 194
Penn, Jerusha A., 198, 203, 204
Penn, Margaret Antoinette Watkins, 194
Penn, Marianne L., 194
Penn, Mary C., 194
Penn, Mary F., 209
Penn, Mary Virginia, 204, 226
Penn, Melvin Stanley, 98
Penn, Minnie May Fyffe, 98
Penn, Miss, 226
Penn, Nellie Grace, 209
Penn, Sarah Ethel Price, 98
Penn, Thomas, 209

Penn, William G., 209
Pennington, Bertha Mae, 59
Penrod, Shirley June Eaton, 98
Perell, Susie F. Sullivan, 98
Perkins, Thomas Eldridge, 98
Perkinson, Albert John Wesley, 232
Perkinson, Lillie Mae Moxley, 232
Perrey, F. Anett, 174
Perrey, Ursula, 174
Perry, Ada Ruth, 43
Perry, Ann, 125
Perry, Christiana A., 109
Perry, Elizabeth, 73
Perry, Emily Jane Williams, 98
Perry, George R., 194
Perry, Jane Dawson Allnutt, 98
Perry, John, 98
Perry, Laura,
Perry, Mary Alice, 98
Perry, Pierce,
Perry, Sallie Fontaine, 98
Perry, Thomas W., 98
Perry, Walter E., 98
Perry, William Griffith, 98
Perry, William H., 98
Perry, Willie Greene Day, 98
Perry, Winifred, 158
Pescon, Molly Z., 124
Pessou, Carrie Newsom, 99
Peters, Anna M., 18
Peters, Caroline Frances, 25, 128
Peters, Cassandra Nicholson, 18, 20, 25
Peters, Charles Otis, 18
Peters, Florence, 40
Peters, Horace Thomas, 25, 65, 106
Peters, Jemima Druscilla James Ellen King, 65, 106
Peters, John, 18, 23, 25
Peters, John R., 18
Peters, John Thomas, 25
Peters, Maria Louise Waters, 141
Peters, Sarah F. Pearre, 18
Peters, Zora Viola, 65
Pettitt, Charles F., 99
Pettitt, Maria Cole, 99
Petzman, Zourie, 127
Peyton, Lucy, 118
Phebus, Floyd, 232
Phebus, Fuller E., 232
Phebus, Mary Hines, 232
Phebus, Millie Jane, 232
Phelps, Andrew Wilson, 59, 99
Phelps, Annie E., 59, 99
Phelps, Archie C., 99
Phelps, Edna, 99
Phelps, Estella L., 99
Phelps, George Herbert, 99
Phelps, Larry W., 232
Phelps, Leroy H., 232

Phelps, Margaret Verna Lewis, 99
Phelps, Martha Ann, 59
Phelps, Patricia Ann, 99
Phelps, Richard Martin, 99
Phelps, Sarah, 167, 168
Phelps, Sarah Ellen, 23
Phelps, Sarah Jane, 232
Phelps, Sophronia R., 167, 168, 213
Phillips, Algye Poole, 99
Philips, Annie Pearl Luhn, 232
Phillips, Benjamin Franklin, 17
Phillips, Bruce P., 99
Phillips, Clarinda Beecher, 74, 75
Phillips, Douglas Eugene, 99
Phillips, Edgar, 99
Phillips, Edwin W., 232
Phillips, Eleanor Swearingen, 14, 18
Phillips, Elsie Fink, 99
Phillips, Eugene M., 162
Phillips, Hazel H., 99
Phillips, Helen Savilla, 23
Phillips, Infant, 99
Phillips, Irvin W., 232
Phillips, Isabell, 99
Phillips, James Arthur, 99
Phillips, James E., 99
Phillips, Jane A., 93, 155
Phillips, Jennings Bryan, 99
Phillips, Jessica C., 126
Phillips, Josephine, 232
Phillips, Julia Etta, 105
Phillips, Julia Sterett, 10
Phillips, Levi, 14, 18
Phillips, Lucille C., 99
Phillips, Margaret L. 63, 90, 93
Phillips, Margaret Priscilla Beall, 18
Phillips, Maria K. Frances, 99
Phillips, Martha A., 17
Phillips, Mary Ann, 10, 14, 20
Phillips, Mary Brunner, 99
Phillips, Mary Elizabeth, 99
Phillips, Mary Lucile Kessler, 36
Phillips, Matilda, 99
Phillips, Milton W., 99
Phillips, Noah W., 232
Phillips, Patricia W., 99
Phillips, Philip L., 99
Phillips, Sarah Rebecca, 55
Phillips, Sonja T., 162
Phillips, Susan, 99
Phillips, Viola M., 99
Phillips, William E., 18
Phillips, Willie G., 99
Phillips, Wilson Lee, 17
Pickens, Jacob, 15, 144
Pickens, Jane Rebecca, 11, 12, 14, 15, 46,
Pickens, Louisana Thompson, 15, 144
Pickens, Mary E., 17
Pickens, Mary Elizabeth, 144, 145

Pierce, John James, 99
Pierce, Mildred, 39
Pierce, Robert G., 99
Pierre, Nellie Tommie Dixon, 99
Pifer, Betty Lou Reed, 99
Piles, Catherine Jane, 61, 66
Piles, Matilda Brunner, 66, 99
Piles, Hilleary, 66, 99
Piles, Huldah, 123
Piles, Margaret Emma, 79
Pillette, Charles V., 64
Pillette, Mary B., 64
Pipernpo, Edith W. Nicholson Lent, 158
Piquette, Annie L., 209
Piquette, Arthur P., 209
Piquett, John T., 188, 194
Piquett, Lillie Mae, 188, 189
Piquette, N. Marie, 209
Piquett, Pink Priscilla, 194
Piquett, Sarah Lawson, 188, 194
Piquette, William E., 209
Pirrone, Austin A., 158
Pitts, Ann, 22
Plater, Jane, 50, 99
Pleasants, Basil B., 97
Pleasants, Basil Brook, 99
Pleasants, D. S., 99
Pleasants, Deborah, 99
Pleasants, Deborah Brook, 97
Pleasants, Elisha Williams, 99
Pleasansts, Harriet Newel, 99
Pleasants, James Snowden, 99
Pleasants, Jane Plater, 99, 124
Pleasants, Miflion, 99
Pleasants, Phebe, 97
Pleasants, Snowden, 99
Plummer, Alma, 209
Plummer, Ann "Nancy", 145
Plummer, Ardell G., 209
Plummer, Cordelia, 29
Plummer, Edith E., 167
Plummer, Edna S., 133
Plummer, Elizabeth, 145
Plummer, Ewell R., 167
Plummer, George, 133
Plummer, George G., 134
Plummer, Harriet Ann, 20, 144, 145
Plummer, John, 29
Plummer, John Jr., 145
Plummer, Katie G., 167
Plummer, Mary, 29, 36
Plummer, Mary A. E., 167
Plummer, Mary Cecil Price, 145
Plummer, Mary Price, 144
Plummer, Mary V., 134
Plummer, Perry T., 134
Plummer, Philemon, 29
Plummer, Richard C., 209
Plummer, Richard Glenwood, 167
Plummer, Rosa E.,

Plummer, Sarah A.,
Plummer, Sarah Ann, 29
Plummer, Solomon, 29, 36
Plunkard, Anna Elizabeth, 108
Plunkard, Dorothy Perry, 108
Plunkard, Felix Lorenzo, 108
Plunkard, Mamie Cutsail, 108
Podojil, Jerome, 36
Podojil, Kareen L., 36
Poe, Carrie Norma Price, 99
Poe, Elias, 99
Poe, Mary Frances Price, 99
Poetzman, Margery L. Ford, 99
Poetzman, Melanie Joy, 99
Poetzman, Robert L., 99
Poffinberger, Mary Ann, 108
Polen, Frances, 99
Polen, Lillian, 48
Pollatos, Patricia A., 232
Pollock, Cora Lee Williams, 99
Pollock, George Findlay, 70, 99
Pollock, Grace Amelia Dutrow, 70, 99
Pollock, Jane, 70
Ponton, Mary Oden, 174
Poole, A. Myrtle, 101
Poole, Adaline G., 101
Poole, Aletha V., 100
Poole, Algernon, 67, 99, 120
Poole, Algye, 99
Poole, Alice Hyde, 72
Poole, Alta Bertha Young, 54, 67, 100
Poole, Alvida Ann Allnutt, 102, 115, 122
Poole, Ann E., 70
Poole, Ann Elizabeth, 77
Poole, Ann Priscilla Woodward, 71, 109
Poole, Ann R., 163
Poole, Ann Willett, 69, 100
Poole, Anna Cost, 125
Poole, Anna Lee, 70
Poole, Anna Mae, 100
Poole, Anna Elaine Elgin, 101
Poole, Annie Elgin, 100
Poole, Annie Evelyn Jones, 101
Poole, Annie Hoskinson, 100
Poole, Annie Lucille, 232
Poole, Annie M., 59
Poole, Aubrey G., 209
Poole, B. E., 100
Poole, Benjamin, 69, 100
Poole, Benjamin F., 100
Poole, Benjamin R., 100, 101
Poole, Benjamin T., 100
Poole, Blanche, 100
Poole, Blanche L., 232
Poole, Blanche Pauline, 82
Poole, Carrie L., 175
Poole, Carrie Lucille Williams, 102, 119
Poole, Catherine V., 100
Poole, Charles E., 100
Poole, Charles Edgar, 100

Poole, Charles Edward, 100
Poole, Charles Irving, 100
Poole, Charles J., 101
Poole, Charles, L., 102
Poole, Charles Wade, 100
Poole, Child, 99
Poole, Christie E. Fisher, 102
Poole, Clara Virginia, 67
Poole, Clarence Robert, 167, 182
Poole, Clarke R., 209
Poole, Claudia K. Ellen Johnson, 101
Poole, Cumberland Willson, 100
Poole, Daisy Lynn, 100
Poole, Deborah Jane, 101
Poole, Dora Irene Beall, 182
Poole, Dorothy Lou, 16
Poole, Edgar W., 232
Poole, Edna Mildred Beall, 100
Poole, Edward, 99
Poole, Eleanor Leonard Hays, 99, 102
Poole, Eleanor W. Nicholson, 101
Poole, Eleanor Willson, 101
Poole, Elgin, 101
Poole, Eliza, 29, 102, 115
Poole, Elizabeth, 84, 85
Poole, Elizabeth Ann, 82, 123
Poole, Elizabeth Dickerson, 100
Poole, Ella Murray Miles, 182
Poole, Elsie May, 100
Poole, Emily W., 116, 119
Poole, Emily Wailes Hyde, 72
Poole, Emma Gertrude Young, 100
Poole, Emma R., 100
Poole, Ernest Bollen, 100
Poole, Essie H., 232
Poole, Essie H. Sheckles, 182
Poole, Essie Roberta, 232
Poole, Esther B., 194
Poole, Ethel L., 163, 174
Poole, Ethel Payne, 100
Poole, Evalina Wailes Hyde, 102
Poole, Eveline H. B., 167, 174, 182
Poole, Eveline K., 210
Poole, F. W., 100
Poole, Fannie E., 100
Poole, Filmore N., 175
Poole, Florence Estelle, 229, 230
Poole, Florence Priscilla, 101
Poole, Frances, 125
Poole, Frances Ellen Keith, 18
Poole, Frances Marion, 66
Poole, Francis Marion, 100
Poole, Frank Leven, 100
Poole, Franklin E., 99
Poole, Frederick H., 100
Poole, Frederick Sprigg, 100, 101
Poole, Georgia Rebecca, 102
Poole, George B., 209
Poole, George W., 158
Poole, Gertrude, 179

Poole, Gertrude A., 102
Poole, Gertrude J., 181
Poole, Gladys, 103
Poole, Grace Clark, 67
Poole, Granville, 232
Poole, Grafton Eugene, 100
Poole, Hannah E. Miles, 167
Poole, Harold, 194
Poole, Harriet Ann R., 168
Poole, Harriet Hempstone, 102
Poole, Harriet Thomas, 102
Poole, Harry L., 102
Poole, Harry M., 232
Poole, Harvey E., 167
Poole, Helen, 100
Poole, Hepsie Gertrude Purdum, 181
Poole, Howard Eugene, 100, 101
Poole, Ida B. Brown, 232
Poole, Imogene, 185
Poole, Infant, 100, 101
Poole, Isaac Richard, 100
Poole, James, 185
Poole, James Alfred, 100
Poole, James Franklin, 100
Poole, James Harvey, 101
Poole, James Robert, 102
Poole, Jane Clark, 102
Poole, Jane Elgin, 100, 101, 111
Poole, Jessie H., 210
Poole, John, 102
Poole, John I, 100, 101
Poole, John II, 29, 84, 100, 102, 109
Poole, John III, 100
Poole, John Dickerson, 101
Poole, John E., 100
Poole, John Elgin, 100, 101
Poole, John Ethan, 101
Poole, John Franklin, 101
Poole, John Frederick Sprigg, 100
Poole, John Hanson, 101
Poole, John Sprigg, 101, 102
Poole, John W., 102
Poole, John William, 93, 100, 101
Poole, Joseph, 102
Poole, Kathryn K., 232
Poole, Katherine L., 175
Poole, Katherine Riggs, 101
Poole, Katie Dorsey, 119
Poole, Katie Dorsey Davis, 101
Poole, Laura Ellen Reed, 101, 111
Poole, Laura Virginia Hays, 100
Poole, Lelia Ellinor, 93
Poole, Leonard Hays, 102
Poole, Lewis W., 101
Poole, Lillian Mae Beall, 167
Poole, Lois Vera Willson Saunders, 102
Poole, Lucretia W., 99, 100, 101
Poole, Lucy, 181
Poole, Lula Blanch, 179
Poole, Lyde Griffith, 167
Poole, Lyttleton Stewart, 18, 101
Poole, M. Virginia Young, 100
Poole, Mabel, 120
Poole, Mabel Rebecca Hungerford, 16, 101, 102, 114
Poole, Mabel V., 119
Poole, Mamie L., 100
Poole, Mamie R., 232
Poole, Margaret D., 101
Poole, Margaret Fox, 101
Poole, Margaret L., 175
Poole, Martha, 102
Poole, Martha Deborah, 100
Poole, Martha Sprigg, 101
Poole, Martin Leroy, 100
Poole, Mary, 232
Poole, Mary Ann, 54
Poole, Mary C., 100, 101
Poole, Mary Cecelia Cooley, 100
Poole, Mary E., 100
Poole, Mary Effie Allnutt, 93, 100, 101
Poole, Mary Frances, 66
Poole, Mary Gertrude, 100
Poole, Mary M., 101
Poole, Mary Priscilla Woodward Sprigg, 29, 84, 100, 102, 109
Poole, Mary S., 69, 80
Poole, Mary Sarah McCauley, 102
Poole, Mary Thomsey, 84, 101
Poole, Mary Tillard Douglas Willson, 100, 101
Poole, Mary Virginia, 101
Poole, Mary Virginia Young, 66
Poole, Mary Wilson, 102
Poole, Mary Willson Waters, 67, 99, 102, 120
Poole, Mary Waters, 51
Poole, Maude V. 175
Poole, Maynard S., 102
Poole, Melvin C., 232
Poole, Melvin D., 232
Poole, Melvin M., 101
Poole, Mildred, 99, 111, 114
Poole, Nannie Dickerson, 122
Poole, Nathan Dickerson, 101
Poole, Nettie, 101
Poole, Nettie White, 101
Poole, Oscar K., 101, 119
Poole, Osie Bertha, 108
Poole, Pauline, 232
Poole, Priscilla John Hays, 102
Poole, R. Newton, 210
Poole, Rachel Ann, 102
Poole, Rachel L., 231
Poole, Rachel Virginia Houfe, 100
Poole, Raymond, 101
Poole, Raymond Benjamin, 101
Poole, Raymond E., 101
Poole, Raymond Jerome, 101
Poole, Raymond Lee, 101
Poole, Rebecca Dickerson, 100, 101, 102
Poole, Reuben Newton, 181
Poole, Reginald, 102
Poole, Reginald D., 101
Poole, Richard, 101
Poole, Richard K., 99, 100, 101
Poole, Robert Willson, 100, 101
Poole, Roger F., 209
Poole, Roger Raymond, 54, 67, 100
Poole, Rosa Lee Hopkins, 101
Poole, Rosa M., 232
Poole, Rosa S., 232
Poole, Rosalie, 115
Poole, Rosie Emma, 75
Poole, Rufus Greenberry, 182
Poole, Sally Dickerson, 102
Poole, Samuel Dixon, 101
Poole, Sarah, 103
Poole, Sarah A., 194
Poole, Sarah Agnes, 102
Poole, Sarah Agnes Beall, 100
Poole, Sarah Ann E. Willson, 102
Poole, Sarah Ann Fisher, 102
Poole, Sarah Anna Beall, 101
Poole, Sarah Dickerson, 99, 100, 101
Poole, Sarah E., 137, 179, 223, 224
Poole, Sarah Elizabeth, 84
Poole, Sarah Gertrude Matthews, 101
Poole, Shirley White, 102
Poole, T. W., 102
Poole, Susie Gue, 209
Poole, Thomas, 102, 119
Poole, Thomas H., 102
Poole, Thomas Hempstone, 102
Poole, Thomas Jefferson, 101
Poole, Thomas Sprigg, 102
Poole, Thomas W., 102
Poole, Thomas William, 72
Poole, Virginia, 119
Poole, Virginia Lee Hopkins, 101
Poole, W. Walter, 101
Poole, Walter Stone, 16, 101, 102, 114
Poole, Warner F., 210
Poole, Wilbur D., 167
Poole, William, 102
Poole, William Alfred, 100
Poole, William Dennis, 100, 101, 102
Poole, William E., 182, 232
Poole, William Harvey, 210
Poole, William Henry, 167
Poole, William S., 167, 174, 182
Poole, William Thomas, 99, 102
Poole, William Trail Hempstone, 102
Poole, William Vernon, 102
Poole, William Wallace, 102, 115, 119, 122
Poole, Willis, 167
Poole, Willson, 100

Poole, Wilson Clarke, 102
Poole, Windsor C., 175
Pope, Beatrice V., 14, 82, 83
Pope, Benjamin Franklin, 102
Pope, Charles M., 210
Pope, David, 210
Pope, Doris, 210
Pope, Flora F., 228
Pope, Florence A., 232
Pope, Ira M., 232
Pope, Janette, 210
Pope, Jennifer Doris, 210
Pope, Joseph Earl, 210
Pope, Louise Souder, 210
Pope, Mary Gertrude Fyffe, 102
Pope, Virginia Duvall, 210
Pope, Warner, 210
Porter, David William, 102
Porter, Mary E. Catlett, 102
Porter, Wilhelmina, 102
Potter, Texanna Elkins, 102
Potts, Amelia, 220
Potts, Caleb, 220
Potts, Caleb G., 220
Potts, Henry, 220
Potts, Joe, 220
Potts, Lillie M., 220
Potts, Luther, 220
Potts, Margaret, 220
Potts, Mary E., 220
Potts, William E., 220
Power, Elizabeth, 142, 144
Power, Howard, 144
Power, Isaac N., 142, 144
Power, Martha J., 142
Power, Mary Louisa, 144
Power, Robert T., 36
Power, Virginia Lee, 102
Power, William H., 144
Power, Winfield Scott, 102
Prater, Nelson L., 134
Prather, Anna E., 134
Prather, George, 134
Prather, Richard, 134
Prather, Sarah, 22
Pratt, Charles E., 102
Pratt, Mary Brown, 122
Pratt, Mary Elizabeth White, 102
Pratt, Mary Everline, 122, 123
Pratt, Julian, 122
Price, Algerene Turner, 102
Price, Alice E., 8, 181
Price, Alice Hilda Kinna, 18
Price, Ann R., 26
Price, Anne, 116
Price, Arnold S., 18
Price, Benjamin Franklin, 18
Price, Bessie Helen, 145
Price, Beulah Wright Brown, 232
Price, Cada, 8

Price, Cappie M., 8
Price, Carrie Norma, 99
Price, Charles, 8
Price, Charles Jasper, 8
Price, Charles N., 27
Price, Clara L., 103
Price, Clarence, 102
Price, Cora, 103
Price, Cora D., 7
Price, Cora Dorothy, 180
Price, Daisy Irene, 233
Price, Daniel, 26, 233
Price, Deborah Jane Burdette, 103, 113
Price, Edith Helen Mullican, 145
Price, Edna Adelia, 8
Price, Eli, 8
Price, Elias, 70, 99, 103
Price, Elijah, 8, 9
Price, Elizabeth, 7
Price, Emeline, 26
Price, Ernest, 8
Price, Ethel M., 8
Price, Eunice Ann Day, 18
Price, Frances H., 18
Price, George Carvington "Carve," 18
Price, George Thomas, 103
Price, George Wolfe, 18
Price, Gertrude Florence, 9
Price, Gertrude V., 103
Price, Hazel Rebecca Kinna, 18
Price, Herbert Plummer, 145
Price, Hilda Mae Hannum, 18
Price, Ida M., 102
Price, Jesse Virginia Hilton, 103
Price, Joseph Howard, 18
Price, Joseph Webster, 8
Price, Kate A., 210
Price, Laura V. McElfresh, 8
Price, Laura E., 8
Price, Laura Estelle, 140
Price, Laura Virginia McElfresh, 140
Price, Lawrence Hilton, 103, 113
Price, Levi, 8, 140, 145
Price, Lilly Belle, 64
Price, Linwood, 232
Price, Linwood Samuel, 103
Price, Littleton E., 210
Price, Lucy Mae Wilt, 8, 18
Price, Luellen Kinna, 18
Price, Lula F., 27
Price, Mary E., 102
Price, Mary Cecil Plummer, 145
Price, Mary "Ellen", 17
Price, Mary Frances, 71, 99, 103
Price, Mary Rebecca Burdette, 8
Price, Melvin Stanton, 8
Price, Merhle Kinna, 18
Price, Mildred, 8
Price, Nina Kinna, 18
Price, Raymond P., 18

Price, Rebecca Burgee, 8
Price, Rena Victoria Kinna, 18
Price, Robert Vernon, 8, 18
Price, Rose Mary Elizabeth Tabler, 18
Price, Sadie, 8
Price, Sarah Ann Wolfe, 8, 9
Price, Sarah E., 232
Price, Sarah Elizabeth, 89, 90, 106, 168
Price, Sarah Ethel, 98
Price, Sarah F., 27
Price, Sarah H., 8
Price, Sarah W., 8
Price, Sterling, 18
Price, Thomas, 18
Price, Thomas H., 8, 18
Price, Virgie Estelle, 179, 195
Price, Virginia E. Lewis, 8, 18
Price, W. D, 27
Price, Wilford, 102
Price, William, 9
Price, William H., 26
Price, William T., 103
Price, Willie Wade, 18
Pridgen, Sallie Sutphin Tolbert, 103, 116
Prince, Cyanne, 64
Pritchard, Audrey M., 36
Pritchard, Jane Marie, 36
Pritchard, Walter, 36
Proctor, Charles D., 37
Proctor, David L., 37
Proctor, Edward D., 36
Proctor, Laura V., 36
Proctor, Sarah E., 37
Profitt, Mary Elizabeth 64
Pryor, Minnie L., 184
Pugh, Annie Jennie, 138
Pugh, Carrie L. Poole, 175
Pugh, David, 103
Pugh, Emily J. R. Purdum, 170, 188
Pugh, Grace Lillian, 156
Pugh, Jerry R., 167
Pugh, Laura T., 45
Pugh, Lewis N., 156
Pugh, Mary E., 188
Pugh, Mary Stewart, 103
Pugh, Nannie Witt, 156
Pugh, Samuel T., 170, 188
Pullium, Tracy Van, 232
Pullum, Glen Allan, 103
Pullum, Joseph B., 103
Pullum, Opal A. Nicholson, 103
Punchak, Aimee Elizabeth, 37
Purdom, Emma C., 232
Purdom, John R., 167
Purdom, Julia Mae Barber, 167
Purdom, Nora Elaine, 167
Purdom, Washington J., 232
Purdum, Adelaide M., 210
Purdum, Alice B., 82, 173

Purdum, Alma C., 211
Purdum, Arthur B., 175
Purdum, Avondale M., 121, 174
Purdum, Benjamin F., 194
Purdum, Cassandra, 182, 187, 188, 194
Purdum, Charles R., 171, 175
Purdum, Charles Riggs, 172, 175, 177
Purdum, Charles Thomas, 173, 174
Purdum, Claude Rufus, 145
Purdum, David Burk, 210
Purdum, Dora Estelle Johnson, 175
Purdum, E. Jennie, 175
Purdum, Ed, 145
Purdum, Edith E., 195
Purdum, Edith L., 137
Purdum, Eleanor M. Riggs, 170, 175, 204
Purdum, Elizabeth Eleanor, 172
Purdum, Elizabeth Washington, 163, 200, 201, 213, 214
Purdum, Emily, 216
Purdum, Emily J. R., 170, 188
Purdum, Emma A. Davis, 175
Purdum, Esther Hough, 175
Purdum, Ethel M., 194
Purdum, Eveline Webster, 187, 188
Purdum, Florrie J., 192
Purdum, George M. Dallas, 175
Purdum, George Rufus, 175
Purdum, Harriet Blunt Hobbs, 173, 174, 175
Purdum, Harriet Elizabeth, 203, 204, 214
Purdum, Harry, 175
Purdum, Hattie A., 171
Purdum, Hepsie Gertrude, 181
Purdum, Ida May Whittington, 171, 175
Purdum, Infant, 194
Purdum, James Elliott, 175
Purdum, James F., 145
Purdum, James Henning, 145
Purdum, James Mordecai, 175
Purdum, James William, 145
Purdum, Jamima Elizabeth, 142
Purdum, Jane Dorsey, 173, 176, 177
Purdum, Jemima King, 188, 194, 196, 207, 234
Purdum, John, 170, 175, 204
Purdum, John Dorsey, 181
Purdum, John Lewis, 188, 194, 196
Purdum, John Rufus, 170, 175
Purdum, Joseph J., 175
Purdum, Josephine, 181
Purdum, Joshua, 182, 185, 188, 194
Purdum, Joshua Hinkle, 193
Purdum, Julia, 21
Purdum, Julia E., 145
Purdum, Julia Elizabeth Watkins, 175
Purdum, Katie L. Murphy, 145, 175

Purdum, Keziah, 177, 198
Purdum, Keziah Darby, 170
Purdum, Keziah Riggs, 178
Purdum, L. M., 170
Purdum, Laura May Davis, 175
Purdum, Leroy May, 175
Purdum, Louis W., 194
Purdum, Luther M., 175
Purdum, Lizzie, 145
Purdum, Margaret Hobbs, 175
Purdum, Margaret L., 182
Purdum, Marietta, 175
Purdum, Martha Ann, 147
Purdum, Martha Brown, 193
Purdum, Martha Brown Burdette, 194
Purdum, Martha Rebecca Burdette, 145, 194
Purdum, Mary Elizabeth, 188
Purdum, Mary Ellen Lewis, 190, 194
Purdum, Mary Evelyn, 145
Purdum, Mary Jane, 171, 173
Purdum, Mary L., 192, 193, 228
Purdum, Mary Shaw, 171, 172, 175, 177
Purdum, Mary Shaw P. Watkins, 170, 175
Purdum, Maurice E., 175
Purdum, Myrtle, 145
Purdum, Nancy, 9, 19
Purdum, Nettie Estelle Burdette, 145
Purdum, Ollie Burdette, 145
Purdum, Philip Roy, 175
Purdum, Priscilla, 185, 186
Purdum, Rachel Browning, 182, 185, 188, 193, 194, 195, 196
Purdum, Roberta Grant, 190
Purdum, Rosa Belle, 200
Purdum, Roscoe F., 210
Purdum, Rosie Lee, 170
Purdum, Rufus D., 175
Purdum, Ruth Griffith, 171
Purdum, Sallie, 170
Purdum, Sallie L., 200
Purdum, Sallie Lavania Murdock, 175
Purdum, Sarah A. Baker, 181
Purdum, Sarah Edith Lewis, 194
Purdum, Sybelle Madusky Browning, 194
Purdum, Urner S., 145
Purdum, Velma Ray, 145
Purdum, Virginia, 174
Purdum, William, 145
Purdum, William H., 194
Purdum, William Henry Harrison, 190, 194
Purdum, William L., 175
Purdum, William Rufus, 171, 175
Purdum, William S., 145, 175
Purdy, Ann M., 17

Purdy, Martha S., 13
Purdy, Mary Frances, 106, 116
Pyle, Donald E., 194
Pyle, Roberta F. Linthicum, 194
Pyles, Ann Elizabeth Williams, 103, 122
Pyles, Annie E., 103, 123
Pyles, Beatrice Howard, 103
Pyles, Benjamin Franklin, 103
Pyles, Catherine Beall, 103
Pyles, Catherine S., 158
Pyles, Charles Thomas, 103
Pyles, Claggett, 103
Pyles, Emma Talbott Williams, 61, 103
Pyles, Enon Kenneth, 103
Pyles, Florence, 122
Pyles, Frances Ellen, 103
Pyles, Francis T., 158
Pyles, Helen W., 61
Pyles, Ida, 47, 58
Pyles, Isaac Jones, 103
Pyles, James Edward, 103
Pyles, John O., 103
Pyles, John R., 103
Pyles, Joseph Brunner, 103
Pyles, Laura Anna Darby, 103
Pyles, Laura V. Hawkins, 29
Pyles, Lotta V., 103
Pyles, Lucinda Rebecca Heffner, 103
Pyles, Mary, 29
Pyles, Mary Elizabeth Griffith, 103
Pyles, Mary Florence Williams, 103
Pyles, Mary V., 103
Pyles, Mary Virginia, 103
Pyles, Michael Thomas, 103
Pyles, Nellie Jenkins Brewer, 103
Pyles, Percy Lee, 103
Pyles, Richard, 103
Pyles, Richard Grover, 103
Pyles, Richard T., 29, 103
Pyles, Ruth Elizabeth Beall, 79, 103
Pyles, Ruth Olive Roberts, 103
Pyles, Sara R. Dade, 103
Pyles, Sarah Ellen Brewer, 103
Pyles, Susan Benson, 103
Pyles, Thomas, 122
Pyles, Thomas Walter, 103
Pyles, Walter Williams, 61, 103
Pyles, William Clagett, 103
Pyles, William Darby, 103
Pyles, William Francis, 79, 103
Pyles, William Griffith, 103

Quang, Georgette Phan, 37
Queen, Floyd, D., 74
Queen, Josephine Griffith, 74
Queen, Neva Blanche, 74
Queen, Verna, 120

Raab, Margaret, 203

Rabbitt, Jerusha Ann, 30
Rabbitt, Pauline Almabelle King, 145
Rachel, Emma White, 103
Rachel, Gladys Poole, 103
Rachel, James, 103
Rachel, Russell James, 103
Ragsdale, Violet Adair Heming, 19
Ragsdale, Wilson G., 19
Railly, Harry, 162
Raines, Jennifer, 210
Rakusja, Eva Kristina Olsen, 103
Rakusja, Joseph, 103
Ramey, Dorothy R., 9
Ramey, Harrison, 9
Ramey, John Hamilton, 9
Ramseur, Eleanor V., 103
Ramseur, Ervin, 103
Ramsey, Charles E., 158
Ramsower, Elizabeth, 172, 175, 177
Randall, Beverly M., 220
Randall, Ernest, 104
Randall, Leslie Jackson, 104
Randall, Rona M., 220
Randolph, Alice Poole, 151
Randolph, Benjamin F., 41
Randolph, Dorothy Ann, 40
Randolph, Ellen Lee, 151
Randolph, Howard O., 151
Randolph, Pearl E., 41
Randolph, Walter B., 151
Rankin, Matilda May, 72
Ransone, Alexander L., 18
Ransone, Infant, 18
Ransone, John E., 18
Ransone, Mary, 18
Rasbornick, William, 194
Rasin, Martha Davis, 104
Rasin, Unit, 104
Ratliff, Elizabeth Catron, 104
Ratliff, Joseph Sidney, 104
Ratliff, William E., 104
Rau, Amanda, 232
Rau, Beverly K., 175
Rau, Conrad J., 232
Rau, Donald Preston, 175
Rau, Minnie, 232
Rau, Norman, 232
Rawlings, Harriet Elizabeth, 76
Rawlins, Anna, 29, 46, 76
Rawlins, C. Jane, 104
Rawlins, Ellen, 79
Rawlins, Jane R., 104
Rawlins, Joshua Hamilton, 104
Rawlins, Laura Lee Chiswell, 104
Rawlins, Margaret C., 104
Rawlins, Medora C., 104
Rawlins, Sarah, 29, 118
Rawlins, Thomas, 29, 104
Ray, Douglas Riggs, 175
Ray, Eleanor M., 157

Ray, Elizabeth, 76
Ray, Estelle, 98
Ray, Harriet R., 234
Ray, Infant, 175
Ray, Janie Adelle Riggs, 145, 175
Ray, Lola Annie, 104
Ray, Mamie, 156
Ray, Margaret Jane, 175
Ray, Marian V., 226
Ray, Mary Catherine Fraley, 175
Ray, Velma, 145
Ray, William Lanning, 145, 175
Raynor, Walter, 167
Reamy, Elvira M., 104
Reberet, Albert F., 232
Reberet, Mazie B., 232
Reddick, Addie May Spurrier, 104
Reddick, George W., 104
Redmon, Lash, 27
Redmond, Arthur, 27
Redmond, Elisha, 27
Redmond, George, 37
Redmond, Mary E., 210
Redmond, Mollie E. J., 27
Redmond, Rebecca Murphy, 37
Redmond, Thomas, 194
Reed, Ada, 104
Reed, Amanda, 105
Reed, Ann West, 129
Reed, Annie M. Allnutt, 104
Reed, Belle, 124
Reed, Benjamin Franklin, 104
Reed, Bertha Jackson, 88
Reed, Bertie, 104
Reed, Betty Lou, 99
Reed, Cecil Layman, 105
Reed, Charles C., 104, 105
Reed, Charles H., 104
Reed, Charles Thomas, 104
Reed, Clara I., 104
Reed, Clifford, 105
Reed, Clownie E., 104
Reed, Clownie Russell, 104
Reed, Dewey Alton, 105
Reed, Dorothy Beatrice, 104
Reed, Effie, 201, 224
Reed, Etta Mallie, 104
Reed, Etta Prescott, 104
Reed, Ezekial, 72
Reed, Fidelia E., 234
Reed, Frederick A., 72, 99, 104
Reed, George L., 104
Reed, George Lawrence, 104
Reed, Gertie, 104
Reed, Grace V., 104
Reed, Greeta I., 105
Reed, Harriet A. Norris, 104, 105
Reed, Harriet L., 46, 119
Reed, Helen Louise, 104
Reed, Helen Smallwood, 104

Reed, Infant, 104, 105
Reed, James Thomas, 104
Reed, James W., 104, 129
Reed, Jennie L., 104
Reed, Julia Etta Phillips, 105
Reed, Laura Ellen, 101, 111
Reed, Leona Josephine Lilly, 104, 105
Reed, Lena L. May, 105
Reed, Lewis T., 104
Reed, Luella Eader, 99
Reed, Martha Ellis, 104
Reed, Martha L., 72
Reed, Mary Arlene Lowe Griffith, 105
Reed, Nena, 44
Reed, Ollie Ann, 206, 213
Reed, Philip, 105
Reed, Rachel A., 232, 234
Reed, Rhoda J., 232
Reed, Richard Randolph, 105
Reed, Russell Clownie, 105
Reed, Ruth Elizabeth, 105
Reed, Ruth M., 104
Reed, Samuel P., 232
Reed, Sarah Ann, 105
Reed, Susan Rebecca, 104
Reed, Thomas J., 104, 105
Reed, Twins, 104
Reed, Upton D., 104
Reed, Wayne D., 105
Reed, William E., 232
Reed, Woodrow Wilson, 104
Reed, Zachariah F., 105
Reeder, Katherine Windsor Spring, 145
Reesch, Albert D., 105
Reesch, Betty Warnetta White, 105
Refitt, Beulah F. Hawkins, 9
Refitt, William Harold, 158
Reiblich, Carrie C., 200
Reid, Alice C. Reid, 35
Reid, Alice E. Browning, 37
Reid, Alice Irene Young, 105
Reid, Annie R. Cooley, 88, 105
Reid, Aloysius, 37
Reid, Ambrose B., 37
Reid, Amelia Mae, 89
Reid, Ann Sophia Austin, 37
Reid, Anna Grace, 37
Reid, Anna Mary Browning, 37
Reid, Bernard T., 37
Reid, Clifton S., 105
Reid, Deborah Jane Israel, 158
Reid, Delma G., 158
Reid, Dorothy, 36
Reid, Edna Staples, 36
Reid, Elfonso, 158
Reid, Eliza A. White, 105
Reid, Eliza Estelle Young, 67, 105
Reid, Ellen, 67
Reid, Ethel Rose, 88

Reid, Francis R., 37
Reid, Gilbert S., 37
Reid, Henry Lee, 105
Reid, J. Gilbert, 158
Reid, James, 37, 158
Reid, James B., 37
Reid, James C., 37
Reid, Jay H., 37
Reid, John A., 37, 105
Reid, John Henry, 105
Reid, John T., 88, 105
Reid, John W., 105
Reid, Joseph, 36
Reid, Lillian M., 37
Reid, Lucy E. Fitzsimmons, 37
Reid, Mamie Soper, 210
Reid, Marion M., 105
Reid, Mark, 105
Reid, Martha A., 37
Ried, Mary, 37
Reid, Mary Ann, 37
Reid, Mary E., 34
Reid, Mary G., 67
Reid, Mary R., 37
Reid, Mary Rosa Carlin, 37
Reid, Myrtle I., 37
Reid, Nina Gertrude, 105
Reid, Paul X., 37
Reid, Rhoda C. Stewart, 105
Reid, Richard S., 158
Reid, Rosa R., 37
Reid, Roy O'Dell, 105
Reid, Samuel E., 37
Reid, Sally L. Darby, 37
Reid, Sarah Ann, 37
Reid, Stephen A., 37, 67, 105
Reid, Thomas Darby, 37
Reid, Vergil A., 37
Reid, Virginia Galliher, 37
Reid, William, 37
Reid, William O., 105
Reid, William Oakley, 105
Reintzell, Ann Virginia, 97, 98
Remick, Jane Dent, 16
Remick, Joseph, 16
Remick, Mary Etta, 12, 14, 20
Remsberg, Clara, 105
Remsberg, Daniel Steven, 105
Remsberg, Daniel T., 105
Remsberg, George Brewer, 105
Remsberg, Samuel Young, 105
Remsberg, William, 105
Renneberger, Evelyn G., 37
Renneberger, Robert H., 37
Repass, Barbara, 90
Repass, Betty, 153
Repass, John Robert, 158
Repass, Marjorie M. Loy, 105
Repass, Mary Virginia, 158
Reynolds, Lois, 105

Reynolds, Patricia Ann, 158
Rhinehart, Anntonie, 210
Rhinehart, Ida Dorcas, 210
Rhinehart, Louis E., 210
Rhinehart, Rezin Wright, 210
Rhoderick, Derroll Eugene, 194
Rhoderick, Gary Wayne, 194
Rhoderick, Roberta Marjorie, 194
Rhodes, Ann Maria, 18, 19
Rhodes, Catherine E., 27, 105
Rhodes, Charles Cunningham, 19
Rhodes, Clinton Monroe, 105
Rhodes, Elizabeth, 18, 117
Rhodes, Elizabeth A., 117
Rhodes, Florence Ann Eisele, 116
Rhodes, Frank, 158
Rhodes, George, 18, 19, 117
Rhodes, Honora, 24
Rhodes, John C., 27, 105
Rhodes, Lottie V., 158
Rhodes, Mary Ann Welsh, 19
Rhodes, Mazie Morehead, 19
Rhodes, Nicholas Jr., 19
Rhodes, Oscar G., 105, 116
Rhodes, Warner Welsh, 19
Rhodes, William M., 105, 210
Rhodes, Willis O., 19
Rhoton, Isaac T., 105
Rhoton, Laura Louise, 105
Rice, Ann C., 23
Rice, Anna Beall, 105
Rice, Annie C., 105
Rice, Catherine A. L., 24
Rice, Craig Shelby, 105
Rice, Esther Lentz, 210
Rice, John Andrew, 105
Rice, Joseph A., 210
Rice, Leona, 105
Rice, Lillian, 235
Rice, Margaret A., 105
Rice, Mary E., 67, 111
Rice, Perry, 24
Rice, Rebecca Hartshorn, 105
Rice, Richard Alonzo, 106
Rice, Therza M., 158
Rice, William O., 106
Rice, Winfield Scott, 105, 158
Richards, Charlotte Hyatt, 9
Richards, Cornelia, 7
Richards, Florence E., 9
Richards, Helen Burton, 9
Richards, John, 8, 9
Richards, Joseph J., 9
Richards, L. H., 9
Richards, Lavinia Hyatt, 9
Richards, Maranda, 19, 20
Richards, Mary, 39
Richards, Meshach, 9, 19
Richards, Nancy Purdum, 9, 19
Richards, Sarah Ann, 8, 9

Richards, Susan Ann Norwood, 8,
Richards, Susan L., 7, 192
Richards, William Jr., 9
Richards, William Sr., 9
Richards, William Clark, 9
Richardson, F. Marian, 138, 141, 142
Richardson, James Augustine, 106
Richardson, James L., 27
Richardson, Julia Ann, 140, 146
Richardson, Louise H., 106
Richardson, Maggie, 134
Richardson, Mary E., 27
Richey, Sarah Rebecca White, 106
Richey, Stephen Olin, 106
Ricketts, Allen S., 136
Ricketts, Annie Laurie, 106
Ricketts, Bertha Sedonia Warfield,
  82, 106
Ricketts, Catherine, 49
Ricketts, Charles E., 106
Ricketts, Dorothy E., 41
Ricketts, Emma H., 136
Ricketts, Kathryn, 79
Ricketts, Marvin, 136
Ricketts, Mary Elizabeth, 82
Ricketts, Maurice E., 82, 106
Ricketts, Percy T., 135
Ricketts, Rosie P., 16, 143
Ricketts, Sterling M., 135
Ricketts, Wilbur A., 41
Ricketts, Worthington, 135
Riddle, Bessie Benton, 9
Riddle, E. G., 9
Riddle, Robert L., 167
Riddle, Sadie S., 167
Ridenour, Bertha O. Burdette, 159
Ridgley, James, 145, 210, 213
Ridgley, Mamie Browning Watkins, 210
Ridgley, Melvin Preston, 215
Ridgway, Annie E. Riley, 94, 226
Riggleman, Edna R., 210
Riggleman, John J., 210
Riggs, Ann, 9
Riggs, Amon, 170
Riggs, Asenath R., 169, 177
Riggs, Bessie Jones, 174
Riggs, Bradley Clark, 175
Riggs, Bradley J., 174, 175
Riggs, Carroll C., 170
Riggs, Daisy D., 159
Riggs, Daisy I., 167
Riggs, Edith A. Lewis, 170
Riggs, Eleanor M., 170, 175, 204
Riggs, Elizabeth A., 180
Riggs, Ida Catherine Watkins, 174, 175
Riggs, Janie Adelle, 145, 175
Riggs, Joshua, 170
Riggs, Joshua Lanning, 175
Riggs, Keziah, 170
Riggs, Laura M. Young, 167

Riggs, M. Iriedella, 167
Riggs, Mabel L., 19
Riggs, Mary, 62
Riggs, Mary Ellen, 160
Riggs, Mary Ellen King, 167, 170, 175
Riggs, Mary M. Beall, 175
Riggs, Matilda, 216
Riggs, Myrtle E. Lewis, 175
Riggs, Melissa D., 163, 171
Riggs, Mollie E., 175
Riggs, Rachel Griffith, 101
Riggs, Reuben H., 167
Riggs, Robert T., 159
Riggs, Ruth Griffith, 170
Riggs, Samuel, 41
Riggs, Sarah T., 184
Riggs, William B., 167
Riggs, William E., 167, 170, 175
Riggs, William O., 175
Riggs, William Walter, 170
Riggs, Zelfa M., 151
Riley, Agnes, 106
Riley, Effie Savilla, 106
Riley, Infant, 106
Riley, Marguerite A., 222
Riley, Marion, 106
Riley, Richard John, 106
Rine, Catherine, 137, 163
Rinehart, David, 159
Rinehart, Evelyn Margaret, 210
Rinehart, Lucy M., 210
Rinehart, Mary, 157
Rinehart, Robert, 159
Rinehart, Sarah, 153
Rinehart, Wilbur S., 210
Rinehart, William Thomas, 159
Rinehart, Zilpa R., 159
Rinker, Alice Virginia, 27
Rinker, Grace Belle, 106
Rinker, Margaret V., 27
Rinker, Samuel P., 26
Rinzel, Joshua Matthew, 106
Rippeon, Annie Laurie Ricketts, 106
Rippeon, Evelyn, 193
Rippeon, Flora A., 212
Rippeon, Floyd Leslie, 106
Rippeon, Francis, 233
Rippeon, Mamie Estelle Moxley Gue, 233
Rippeon, William Maurice, 106
Rinehart, Emma Williams, 106
Rinehart, Henry, 106
Ritchey, Charles A., 106
Ritchey, Jessie Virginia Elgin, 106
Ritchie, Edna J., 215
Robbins, Eloise Mattie, 89
Robbins, Ethel Wells, 89
Robbins, Rufus Ayers, 89
Robinson, Agnes Jane, 167
Roberson, Anna Elizabeth, 125

Roberson, Barabara Ann Thompson, 106
Roberson, Benjamin Franklin, 106, 116
Roberson, Benjamin Howard Calvin, 125
Roberson, Charles L., 106
Roberson, Charles Otho, 106
Roberson, David Franklin, 106
Roberson, Edith E., 106
Roberson, Edward Virts, 106
Roberson, Elizabeth Hicks, 106
Roberson, Ellis Lee, 106
Roberson, Grace Elizabeth White, 83, 106
Roberson, Helen Grace Woodward, 106
Roberson, Howard Calvin, 106
Roberson, Iva Jane Ruffner, 106
Roberson, James Sedrick, 106
Roberson, June, 49
Roberson, Kevin Ellsworth, 106
Roberson, Leo, 106
Roberson, Marie Louise, 116
Roberson, Marshall Knill, 106
Roberson, Mary Ann Butcher, 106
Roberson, Mary Elizabeth, 82
Roberson, Mary Elizabeth Bussard, 106, 125
Roberson, Mary Frances Purdy, 106, 116
Roberson, Mary Heffner, 106
Roberson, Newton Gilbert, 82, 106
Roberson, Paul, 106
Roberson, Rosa May Virts, 106
Roberson, Ruth Margaret Tobery, 106
Roberson, Vada Amanda Knill, 106
Roberson, William Edgar, 106
Roberson, William Walker, 106
Roberson, Winona, 106
Roberts, Annie H., 25
Roberts, Barbara Anne, 106
Roberts, Caroline Frances Peters, 25, 106, 128
Roberts, Cleta Alma Dove, 107
Roberts, Charles E., 46
Roberts, Charles Edward, 106
Roberts, Charles William, 106, 107
Roberts, Clara V., 106
Roberts, David E., 162
Roberts, Ethel Irene, 46
Roberts, George Allan, 107
Roberts, Joseph Edward, 106, 128
Roberts, Infant, 106
Roberts, Lorraine, 89
Roberts, Madeline Louise, 128
Roberts, Maggie Bussard, 46, 107
Roberts, Maggie May, 106
Roberts, Mildred Luhn, 106
Roberts, Frances M., 25
Roberts, Joseph Edward, 25
Roberts, Ruth Olive, 103

Robertson, Amy, 107
Robertson, Annie L. Hillard
Robertson, Atlee R., 107
Robertson, Eliza, 174
Robertson, Elizabeth Cameron, 77
Robertson, George, 107
Robertson, James Milton, 107
Robertson, Lillie Middleton, 107
Robertson, Mary H., 107
Robertson, Robert, 77
Robinson, Arlene Gertrude, 187
Robinson, Charles E., 134
Robinson, Emma G., 134
Robinson, Hilda D., 134
Robinson, Laura I., 134
Robinson, Louretta S., 134
Robinson, Paul, 134
Robinson, Ravenelle G., 151
Robinson, Sallie E., 134
Robinson, Stella M., 127, 128
Robinson, William A., 134
Robinson, William H., 134
Rockenhauser, Jessie R., 9
Rockenhauser, Louis H., 9
Roco, Rufina V., 37
Roderick, Bernice LaRue, 225
Roderick, Mary Frances, 98
Roderick, William L., 98
Rodewig, Edna M., 177
Rodgriquez, Allan Peter, 159
Rodgriquez, Susan Barnwell, 159
Roelke, Charles William, 210
Roelke, Christian Friedrich Wilhelm, 23
Roelke, Hilda Mae Hyatt, 210
Roelke, Sarah Ann Sier, 24
Roelke, Sarah Jane, 9, 12, 24
Rogers, Augusta, 55
Rogers, Emily Hartley, 107
Rogers, Henry Joseph, 233
Rogers, Jacob S., 228, 233
Rogers, Joy Young, 107
Rogers, Kathleen, 227
Rogers, L. Louise, 228, 233
Rogers, Lucille Angela, 233
Rogers, Mary R. Cator, 107
Rogers, Merrill, 107
Rogers, William J., 107
Rohman, Edna Ann Chisolm, 107
Rohrer, Christina, 22
Rollin, Cora, 48
Rollins, Fannie, 220
Rollins, Stephen H., 21
Rollinson, Audrey Marie, 107
Rollinson, Charles Edward, 107
Rollinson, Harriet, 107
Rollinson, John Carter, 107
Rollinson, Laura Bell, 107
Rollinson, William H., 107
Root, Arthur L., 134

Ropp, Kathleen Moran, 107
Root, Eva May, 114
Rose, Eunice B., 220
Rose, Harvey R., 220
Rosenberger, Blanche, 215
Ross, Daisy E., 134
Ross, Leslie Lee, 107
Ross, Minnie, 98
Roszell, Sarah, 141
Roth, Emily, 210
Rotruck, Edythe Orme, 107
Rotruck, Gerald Marvin, 107
Rotruck, Harry, 107
Rotruck, Lucy Jackson, 107
Roux, Marie Louise, 32
Rowe, Earl William, 107
Rowley, Gladys, 191
Ruble, A. Bertie, 107
Ruble, Anna Paulina Nail, 159
Ruble, Carl R., 159
Ruble, Jacob, 159
Ruble, Jacob Albert, 159
Ruble, John Daniel, 159
Ruble, Claire Elizabeth Painter, 107
Ruble, Elbert Kyle, 107
Ruble, Elvira Rudasill, 107
Ruble, Martha E., 159
Ruble, Nora E. Walker, 107
Ruble, Ralph Walker, 107
Ruby, Martha Virginia, 107
Rudasill, Betty G., 107
Rudasill, Elizabeth Frances, 78
Rudasill, Elvira, 107
Rudasill, Lewis S., 107
Rudasill, N. Elizabeth Slusser, 107
Ruffner, Eva Maxine, 102
Ruffner, Iva Jane, 106
Ruffner, Mary, 106
Ruffner, Maxine E., 122
Ruhe, Joyce S., 37
Rullman, Ollie D., 107
Rullman, William, 107
Runion, Annie Rebecca, 19
Runion, David Franklin, 19
Runion, Minnie Catherine, 20
Runkles, Arthur, 210
Runkles, Audrienne M., 233
Runkles, Ella May, 210
Runkles, Eric D., 233
Runkles, Frances, 210
Runkles, Janet E., 233
Runkles, Lester R., 233
Runkles, Lewis, 210
Runkles, Margaret C., 182
Runkles, Minnie, 229
Runkles, Raymond J., 233
Runyan, Dorothea, 205
Rupert, Sandra, 128
Rush, Emerson Stone, 107
Rush, Florence E., 151

Rush, Rachel Gott, 107
Rush, Walter, 151
Rusher, 37
Rushing, Michela, 210
Russell, Everett James, 107
Russell, Mervale B., 107
Rutter, Charles Henry, 107
Rutter, Lucy Frances, 47
Rutter, Helen, 47
Rutter, Gertrude Downs, 107
Rutter, John W., 107
Rutter, Nellie Beall, 107
Rutter, Phillip Henry, 107
Rutter, Stella Elizabeth, 107
Ryan, Amanda, 233
Ryan, Annie C., 233
Ryan, Catherine M., 233
Ryan, Charles P., 8, 9
Ryan, Eliza E., 233
Ryan, Jesse, 233
Ryan, Jesse W., 233
Ryan, John H., 233
Ryan, Maggie Boone Dorsey Wolfe, 8, 9
Ryan, Rebecca J., 233
Ryba, Mary A., 37
Ryba, Vincent J., 37
Ryman, Cora A., 107
Ryman, Homer K., 107
Ryman, Zada Florence, 49
Rysavy, Jeanne Dorsey Higgins, 194
Rysavy, Shawn J., 194

S., T., 28
S., W. H., 19
St. Laurent, Joseph, 37
Salena, Esther Ursula, 233
Santee, Cecelia L., 159
Santee, Larry G., 159
Sasse, Kathryn, 115
Sauerwein, Catherine S., 106, 107
Sauerwein, George W., 106, 107
Sauerwein, George William, 107
Sauerwein, Grace I., 106
Sauerwein, Howard C., 106
Sauerwein, Lucille F., 107
Saunders, Catherine Verell, 102
Saunders, Lois Vera Willson, 102
Saunders, Virginia, 107
Saunders, William, 102
Sarver, Sally, 94
Savage, Donald, 108
Savage, Charles P., 108
Savage, George D., 89
Savage, George F., 108
Savage, Gloria K., 107
Savage, Harry Randolph, 108
Savage, Joseph M. "Bunny," 108
Savage, Kenneth S., 108

Savage, Leonard Michael Upton, 108
Savage, LeRoy Edward, 108
Savage, Margaret M., 108
Savage, Marshall C., 159
Savage, Martha Virginia Ballenger, 89, 108
Savage, Mary Ann Poffinberger, 108
Savage, Melvin Randolph, 108
Savage, Osie Bertha Poole, 108
Savage, Rebecca Osie, 205
Savage, Samuel K., 108
Savage, Susie V., 89
Saxton, Nellie, 48
Sayer, Della, 67
Schaeffer, Agnes Virginia, 177
Schaeffer, Barbara Miller, 128
Schaeffer, Bertha, 51
Schaeffer, Edith Clugston, 108
Schaeffer, Elizabeth Della, 125
Schaeffer, Frank Gallion, 108
Schaeffer, Frank William, 108
Schaeffer, John Nicholson, 128
Schaeffer, Katie L., 108
Schaeffer, Mae Grace Watkins, 175
Schaeffer, Mahala C., 114
Schaeffer, Margaret Elizabeth, 108
Schaeffer, Margaret Elizabeth Young, 108
Schaeffer, Mary Catherine, 127, 128
Schaeffer, Mary Virginia, 125
Schaeffer, Richard T., 175
Schaeffer, Sallie Coleman, 108
Schaeffer, Thomas H., 108
Schaeffer, Thomas Murray, 108
Schaeffer, W. A., 125
Schaeffer, William A., 108
Schaeffer, William Light, 108
Schaum, Infant, 159
Scheel, George H., 200
Scheel, Margaret Elizabeth, 200
Schlenter, Alice, 49
Schlers, Charlotte,
Schmidt, Katherine H., 210
Schmidt, Robert J., 210
Schneider, Eleanor Stout, 108
Schneider, Norman Lee, 108
Schnopps, Edith May, 145
Scholl, Anna Mary, 47, 55, 71
Scholl, Caroline R. Murphy, 34, 71, 108
Scholl, Henry, 34, 71, 108
Scholl, Louis B., 108
Scholl, Mary Eloise, 34
Schools, Charles H., 41
Schools, Mabel L., 41
Schools, Willie L., 41
Schoppert, Edith, 189, 194
Schrader, Claire P., 37
Schram, Joseph, 210
Schubert, Virginia Ann, 178
Schultz, George J., 19

Schultz, Mary A. Haynie, 19
Schwartz, Anna Mary Geisler, 195
Schwartz, Basil Dorsey, 194
Schwartz, Benjamin F., 195
Schwartz, Catherine C. Beall, 194
Schwartz, Edward, 33
Schwartz, Hannah Marie, 33
Schwartz, Hannah Wade, 33
Schwartz, Pink Priscilla Picquett, 194
Schwartz, Richard T., 195, 197
Schwartzback, Nettie V., 32
Schwerin, Laura Effa Johnson, 108
Schwering, William Elmer, 108
Scott, Aaron Jarrod, 134
Scott, Albert Russell, 205, 210
Scott, Alice F., 134
Scott, Charles Elcon, 108
Scott, Clifton Harold, 108
Scott, Ethel Madeline, 205
Scott, Frances Columbia, 141, 209
Scott, Frances E., 210
Scott, Frances Musgrove, 167
Scott, Henry, 28
Scott, Macey, 28
Scott, Madeline Virginia, 205, 210
Scott, Marab, 20
Scott, Marguerite Martini, 108
Scott, Mary, 28
Scott, Mary A. Purdom, 167
Scott, Mildred Easton, 233
Scott, Owen Legrand, 108
Scott, Pauline Eleanor, 108
Scott, Samuel, 167
Scott, William, 167
Scott, William E., 134
Scott, William Henry, 167
Scott, William N., 210
Scott, William Woodrow, 210
Scrimeger, John, 108
Seabolt, Beverly Shry, 108
Seabolt, Samantha Jean, 108
Sears, Airy Victoria Duvall, 108
Sears, Ann Elizabeth, 26
Sears, Dorothy Perry Plunkard, 108
Sears, Edward Charles, 108
Sears, Ella, 66
Sears, Faith Virginia, 108
Sears, Florence Ellen, 108
Sears, Frances Ella Umstead, 108
Sears, Fulton Duvall, 108
Sears, Ira Thomas, 108
Sears, Lillie May, 58
Sears, Lottie V. Duvall, 108
Sears, Marjorie V., 108
Sears, Sarah Jane Nichols, 58, 108
Sears, William Henry, 108
Sears, William Linwood, 108
Sears, William Thomas, 58, 108
Sears, Willie Millard, 108
Seboda, Mabel M., 233
Seboda, Norman T., 233
Sedwick, Emanuel T., 233
Sedwick, Jerusha A., 233
Sedgwick, Keziah, 200
See, Daisy B., 233
Seelman, Linda, 195
Seelman, Robert, 195
Selby, Annie S. R., 27
Selby, Brenda Lou, 54
Selby, G. W., 27
Selby, H. H., 27
Selby, Helen Wilson, 108
Selby, Jessie M., 27
Selby, Kathryn Ricketts, 79
Selby, Mary J., 26
Selby, Nellie, 79
Selby, Sarah Catherine, 108
Selby, William, 79
Sellman, Ada May, 108
Sellman, Alonzo, 109
Sellman, Alvin Gassaway, 109
Sellman, Amanda C. Summers, 108
Sellman, Ann M. Hempstone, 98, 109
Sellman, Ann Priscilla Woodward, 66, 71, 109
Sellman, Anne Estelle, 56, 109
Sellman, Anna Poole, 45, 78
Sellman, Annie Eliza Rebecca, 26, 89
Sellman, Benjamin G., 109
Sellman, Charles, 43, 78, 109
Sellman, Charles Byron, 109
Sellman, Charles Griffith, 109
Sellman, Damaris Almira, 91, 109
Sellman, Della Shaluly, 109
Sellman, Edward Jones, 109
Sellman, Elizabeth Gould, 109
Sellman, Elizabeth L. Young, 109
Sellman, Ellis Thomas, 109
Sellman, Florence May, 109
Sellman, Frederick Oliver, 91, 109
Sellman, Gassaway, 109
Sellman, Helen Gould, 109
Sellman, Howard Maynard, 109
Sellman, Hunton Dade, 109
Sellman, Ida May, 109
Sellman, Infant, 109
Sellman, Isabel Elizabeth, 109
Sellman, John, 108
Sellman, John Poole, 98, 109
Sellman, Juletta Gittings, 109
Sellman, Lewis L., 109
Sellman, Lizzie Gould, 109
Sellman, Lucy Veirs, 43, 78, 109
Sellman, Margaret Burns, 109
Sellman, Margaret Virginia Holland, 109
Sellman, Marian Louise, 109
Sellman, Marie Dade, 98
Sellman, Mary, 43, 50, 83
Sellman, Mary Isabel Jones, 109
Sellman, Mary Jane, 71, 120
Sellman, Mary Serena, 109
Sellman, Nannie Estelle, 66
Sellman, Nora Gittings, 112
Sellman, Oliver Gassaway, 109
Sellman, Richard Brooke, 109
Sellman, Richard Edward, 109
Sellman, Robert, 109
Sellman, Robert Townsend, 109
Sellman, Roger Brooks, 109
Sellman, Ruth Shipley, 50, 83, 109
Sellman, Ruth Simmons, 109
Sellman, Sarah Ann Dade, 109
Sellman, Sarah Isabelle Neel, 109
Sellman, Sarah Griffith, 109
Sellman, Serena Dade, 109
Sellman, Susan Gittings, 109
Sellman, Wallace, 109
Sellman, William, 50, 83, 109
Sellman, William Arthur, 109
Sellman, William Oliver, 66, 71, 109
Sellman, William Thomas, 109
Sellman, Willie, 109
Senat, Mary Ellen Elgin, 109
Senseay, Albert Newton, 233
Sensenay, Charles Albert, 233
Sensenay, Emma May Davidson, 233
Sensenay, Mamie Ollie Bellison, 233
Sewell, DeDe, 220
Sewell, John, 220
Sewell, Laverna, 220
Sewell, Pete, 220
Sewell, Shirler, 220
Sexton, Richard, 110
Seyferth, Oswald, 110
Seymour, Carolyn Irene Mossburg, 110
Seymour, William, 110
Shaff, Child, 110
Shaff, George P., 110
Shaluly, Della, 109
Shanks, Deborah, 29, 51
Shanks, Nancy, 129
Shannon, Adam S., 110
Shannon, Catherine Fry, 110
Shannon, James Lee, 110
Shannon, Margaret B., 110
Sharkey, Eleanor McKay Allnutt, 110
Sharkey, Thomas Leo, 110
Sharp, Margaret, 70
Sharpe, Esme Edythe, 63
Shaw, Anna H. Bennett, 145
Shaw, Anna R., 110
Shaw, Annie E., 163
Shaw, Charles H., 25
Shaw, Elizabeth, 147, 168
Shaw, Ginnie, 147
Shaw, Infant, 147, 168
Shaw, Jane L., 25
Shaw, John, 167

Shaw, John Eleven, 147
Shaw, John H., 25
Shaw, Julia King, 143, 157
Shaw, Kaci L., 159
Shaw, Leonard Dent, 145
Shaw, L. J., 147
Shaw, Martha H.,
Shaw, Mary, 171, 175
Shaw, Mary Elizabeth, 51
Shaw, Mary Ellen Amanda, 47, 128
Shaw, William, 147
Shawver, Alice L., 110
Shawver, Charles Stephen, 110
Shawver, Samuel Stephen, 110
Shawver, Saunders Lee, 110
Shawver, Vannie Elizabeth Leffel, 110
Sheckles, Anna E., 195
Sheckles, Charles T., 210
Sheckles, Edith May Bowen, 168, 195, 202, 210
Sheckles, Essie H., 182
Sheckles, Florida W., 168
Sheckles, Harriet, 204
Sheckles, John T., 230, 233
Sheckles, Juliet Moxley, 230, 233
Sheckles, Nathan, 168, 195, 202, 210
Sheckles, P. Charles, 210
Sheckles, Rena, 202
Sheckles, Roy W., 210
Sheckles, Ruth Ann, 209
Sheckles, Sarah E., 210
Sheckles, Smith R., 210
Sheets, Charles E.,
Sheets, Leroy Thomas, 233
Sheets, Preston C., 233
Sheets, Theda M., 233
Shekells, Eleanor, 100
Shelton, Sally, 74
Shepard, Richard Wayne, 210
Sheppard, Hilton Lawson, 110
Sheppard, Minnie Brooks, 110
Sheppe, Mary, 126
Sherman, Druscilla, 210
Sherman, John F., 210
Sherman, Sadie M., 210
Sherman, William E., 210
Shern, Sarah E., 21
Sheron, Mary Ann, 110
Sheron, Walter D., 110
Shern, G. W., 21
Shewey, Barbara D., 159
Shewey, Dennis G., 159
Shifflett, Elmo, 145
Shifflett, Evaleen V., 145
Shifflett, Flemings, 211
Shifflett, Linda, 211
Shifflett, Mary A., 145
Shifflett, Melvin, 145
Shifflett, Melvin William, 145

Shifflett, Robert L., 182
Shifflett, Siebert, 145
Shifflett, Welford, 211
Shipey, Addie E., 196
Shipley, Alonza E., 195
Shipley, Anna E. Sheckles, 195
Shipley, Cora M., 195
Shipley, Doris Roberta, 208
Shipley, Edward Lewis, 195
Shipley, Frank Sterling, 110
Shipley, Frank Wilson, 137, 211
Shipley, Gassawy, 168
Shipley, Georgetta, 216
Shipley, Harry A., 195
Shipley, Helen Belle, 137
Shipley, Helen May Hilton, 137, 211
Shipley, Infant, 195
Shipley, Iris Rebecca, 211
Shipley, John W., 195
Shipley, Lelia Eloise, 211
Shipley, Martha Ann, 154
Shipley, Mary Ann, 141, 143
Shipley, Mary Elizabeth Grimes, 186, 195
Shipley, Mary Elizabeth, 211
Shipley, Mary Ellen Snowden, 195
Shipley, Maurice Alton, 195
Shipley, Nora, 110
Shipley, Nora May Brown, 195
Shipley, Ruth, 50, 83, 109
Shipley, Samuel L., 186, 194, 211
Shipley, Violena, 142
Shipley, Violet Louise, 211
Shipley, Walker M., 211
Shipley, Zerah Belle, 186
Shriner, Julia Ann, 8, 9, 13
Shoemaker, Floria Kidmell, 110
Shoemaker, Infant, 110
Shoemaker, James William, 110
Shoemaker, Louise M. Fawley, 110
Shoemaker, Owen, 110
Shoemaker, Pamela Sue House, 110
Shoemaker, W. S., 27
Shorter, Irene, 220
Shorter, Raymond, 220
Shorter, Robert, 220
Shover, Gladys Marie, 114
Shreve, Annie Elizabeth Jones, 37
Shreve, Annie Gertrude, 37
Shreve, Arthur Bernard, 38
Shreve, Benjamin Franklin, 37, 38, 110
Shreve, Carroll Austin, 38
Shreve, Charles Elgin, 37
Shreve, Charles William, 37
Shreve, Claudia Estelle Heffner, 110, 124
Shreve, Daniel Herbert, 81, 110
Shreve, Daniel Lee, 37
Shreve, Daniel T., 32, 37, 38, 110

Shreve, Earl Thomas, 110
Shreve, Edna Louise, 124
Shreve, Effie Charity Hammond, 110
Shreve, Ella Beall, 37
Shreve, Emma R., 37
Shreve, Grafton Louis, 37
Shreve, Henry Jones, 37
Shreve, Ida Ann, 81
Shreve, Laura Simpson, 110
Shreve, Margaret E. Jarboe, 37, 38
Shreve, Margaret E. Jones, 32, 110
Shreve, Margaret Eulalia, 32
Shreve, Margaret N. Brewer, 81, 110
Shreve, Mary E., 32, 38
Shreve, Mary Elizabeth, 110
Shreve, Mary Elizabeth Trundle, 110
Shreve, Mary Elizabeth Trundle Jones, 37, 38
Shreve, Nancy Thrift, 110
Shreve, Nora Blake, 38
Shreve, Richard Florence, 38
Shreve, Thomas Bradley, 37
Shreve, Thomas Jefferson, 110, 124
Shreve, Virginia Evelyn Foster, 110
Shreve, William A., 37
Shriner, Emma, 145
Shriner, Fillmore W., 145
Shriner, Sarah J., 145
Shriner, Stella L., 145
Shuggars, Katherine I., 233
Shuggars, William T. P., 233
Shry, Bessie Mae, 110
Shry, Beverly,, 108
Shry, Flora Elkins, 79
Shry, Infant, 110
Shry, Laura I., 110
Shry, Nelson Fillmore, 110
Shry, Shirley J., 159
Shry, Sydney W., 110
Shumaker, Carrie, 27, 110
Sibley, Alcinda J., 159
Sibley, Ann Fowler, 9
Sibley, Emma R. G., 168
Sibley, Flora, 195
Sibley, Hettie K., 168
Sibley, Joanna, 190
Sibley, John W., 168
Sibley, Joseph Russell, 168
Sibley, Joshua, 159
Sibley, T. Benson, 168
Sibley, Thomas, 9
Sibley, William J., 168
Sidney, Douglas F., 151
Sidney, Edith, 151
Siegrist, Louise Stanley, 211
Siegrist, Rudolph, 211
Sier, Robert L., 211
Sier, Sarah Ann, 23
Sier, Willie L. 211

Silance, James W., 19
Silcott, Elizabeth, 110
Simmons, Abigail, 29
Simmons, Abraham, 29
Simmons, Abram R., 23
Simmons, Eleanor, 29, 80
Simmons, Eliza P. Harris, 22
Simmons, Helen Savilla Phillips, 23
Simmons, James S. W., 23
Simmons, Jane Elese, 22
Simmons, John R. G., 23
Simmons, Mary M., 23
Simmons, Ruth, 61, 109, 119
Simmons, Samuel Gassaway, 23
Simmons, Sarah A., 23
Simmons, Sarah E., 23
Simmons, Susanna, 23
Simmons, Victor, 23
Simmons, William H., 22
Simms, Andrew T., 21
Simms, Gladys, 28
Simms, William, 28
Simon, Catherine Ann, 110
Simon, Peter, 110
Simpson, Annie Eliza, 110
Simpson, Elizabeth, 200, 202, 204
Simpson, Henry R., 110
Simpson, Laura, 110
Simpson, Mary A. Clark, 159
Sims, John I., 134
Sims, Marion Hall, 134
Simsar, Louis Dean, 110
Simsar, Mehmed A., 110
Sipes, John William, 145
Sirk, Arthur E., 215
Sirk, Dorothy Claire, 46
Sirk, Ethel, 233
Sirk, Eunice F., 215
Sirk, Herman C., 233
Sirk, Jasper Lee, 215
Sirk, Lynn Alison, 110
Sirk Mary E., 233
Sirk, Sarah R., 215
Sirk, William C., 215
Sirk, Willis H., 215
Slade, Elizabeth, 111
Slicer, Catherine Gloyd, 36
Slicer, Clara Gloyd, 36
Slicer, Harry, 36
Slocomb, Elizabeth, 211
Slocomb, Emerson P., 211
Slocomb, Martha, 211
Slusser, N. Elizabeth, 107
Small, Andrew F., 110
Small, Richard H., 162
Smeltzer, Airy E. Zeigler, 9, 19
Smeltzer, Benjamin Franklin, 9, 19
Smeltzer, Jacob Richard, 9, 19
Smeltzer, Jacob R. Thomas, 19

Smith, Addie Beall, 18
Smith, Addie Mae, 182
Smith, Allen B., 159
Smith, Ann, 21
Smith, Ann Elizabeth Willson, 145
Smith, Anna A. Anderson, 63
Smith, Anna Bell, 105
Smith, Anna Elizabeth, 52
Smith, Anna Jane Claggett, 20
Smith, Annie E., 111
Smith, Anthony, 195
Smith, Arra Elizabeth, 20
Smith, Arra Gaither, 19, 24
Smith, Arthur A., 233
Smith, Barbara Lee, 111
Smith, Bennie L., 110
Smith, Beulah Isabel, 111
Smith, Beulah Nichols, 111
Smith, Carrie Dowell, 19
Smith, Carrie E., 233
Smith, Carrie E., 54, 57
Smith, Charles Edward, 110
Smith, Charlotte, 20
Smith, Cleveland C., 111
Smith, Cora, 234
Smith, Corrie Ida Kegley, 110, 111
Smith, Daisy Irene Price, 233
Smith, Darlene Mills, 111
Smith, Dorothy Jane, 195
Smith, Eleanor, 42
Smith, Eliza Ann Young, 182, 227, 233
Smith, Elizabeth, 42
Smith, Elizabeth C., 111
Smith, Elizabeth Nancy, 111
Smith, Elizabeth Slade, 111
Smith, Elizabeth Waters, 18
Smith, Ella W. Mullinix, 195
Smith, Ellsworth McCullough, 18, 182
Smith, Ernest J., 111
Smith, Esther J., 175
Smith, Eugene O., 182
Smith, Evelyn Tascher, 111
Smith, Fannie, 233
Smith, Flora S. King, 145, 182
Smith, Floyd, 111
Smith, Franklin, 111
Smith, Franklin Lee, 111
Smith, George Washington Hunter, 67, 111
Smith, Gordon Murdoch, 111
Smith, Guy Murdoch, 111
Smith, Haddie Donagan, 55, 114
Smith, Harriet, 16, 20
Smith, Harry, 184
Smith, Harry McKinley, 184
Smith, Helen Douglas, 67, 90, 106
Smith, Henrietta Dols, 38
Smith, Herbert W., 233
Smith, Hester Ellen, 29

Smith, Howard M., 111
Smith, Ida A., 138
Smith, Ida L. Kegley, 111
Smith, Infant, 234
Smith, Irene, 111
Smith, Irvin C., 136
Smith, James Preston, 111
Smith, James W., 233
Smith, Jeanette, 111
Smith, Jesse B., 145, 182
Smith, Jethrow M., 175
Smith, John, 20, 29
Smith, John H., 19
Smith, John Henry, 111
Smith, Joseph F., 111
Smith, Joseph I., 111
Smith, Joseph R., 19
Smith, Keith A., 111
Smith, L. A., 236
Smith, Larston B., 233
Smith, Lee, 111
Smith, Lee F., 111
Smith, Lela, 183
Smith, Lillian Hubble, 111
Smith, Louise E., 182
Smith, Louisa W., 167
Smith, Lucille F. Beall, 182
Smith, Manzella E., 90
Smith, Maranda Richards, 19, 20
Smith, Margaret, 85
Smith, Margurite, 184
Smith, Maria Cecelia, 35
Smith, Marjorie Mae, 18
Smith, Martha Norma, 111
Smith, Mary, 233
Smith, Mary E., 12, 24, 55, 233
Smith, Mary E. Rice, 67, 111
Smith, Mary Ellen Gardner, 19
Smith, Mary Elizabeth Dowell, 20
Smith, Mary M., 233
Smith, Mattie Sue, 195
Smith, Mildred Poole, 111
Smith, Milton, 233
Smith, Milton B., 233
Smith, Minnie Pearl, 57
Smith, Nacey W., 63
Smith, Philemon McElfresh 19, 20, 24, 145
Smith, Phyllis, 195
Smith, Rachel McElfresh, 19
Smith, Reuben, 233
Smith, Rhoda E., 159
Smith, Richard, 195
Smith, Roderick Gordon, 111
Smith, Robert, 20
Smith, Robin Ellis, 111
Smith, Rosie Mabel, 180, 227
Smith, Russell Franklin, 111
Smith, Sarah F., 200
Smith, Sarah Frances, 37

Smith, Stephanie A., 233
Smith, Susannah Moxley, 233
Smith, Susie J., 143
Smith, Timothy Eugene, 182
Smith, Victorine, 63
Smith, Virginia D., 134
Smith, Virginia R., 195
Smith, Walter, 195
Smith, Welsey R., 233
Smith, Willard E., 182
Smith, William 111
Smith, William Alfred, 182, 227, 233
Smith, William F., 110, 111
Smith, William J., 195
Smith, William Leo, 38
Smolley, Donald M., 111
Smolley, Therese R., 111
Smoot, Brian William, 111
Smoot, Charles Wood, 38
Smoot, Elizabeth Jones, 111
Smoot, Harriet Ann, 111
Smoot, Heidi D., 111
Smoot, Henry G., 111
Smoot, Julia Fillebrown, 111
Smoot, Margaret Ann White, 38, 111
Smoot, Richard Florence Shreve, 38
Smoot, Robert Wood, 38, 111
Smoot, Thomas C., 111
Smoot, William S., 111
Smoot, William Sothoron, 111
Smythe, Anna E., 38
Smythe, George H., 38
Smythe, Gloria Leggett, 38
Smythe, John W., 111
Smythe, Laura, 111
Snapp, Grace E., 211
Snapp, Linda, 211
Snapp, Raymond B., 211
Snapp, Rebecca A., 211
Snapp, Samuel James, 211
Snapp, Samuel T., 211
Snelley, Arthur Robert, 234
Snouffer, John H., 115
Snouffer, Julia McKindless, 115
Snouffer, Mary J., 115
Snow, Infant, 134
Snowden, Annie May, 195
Snowden, Burma A., 220
Snowden, Davie, 184
Snowden, Emma J. Gray, 151
Snowden, Ettie J., 151
Snowden, Florence A., 184
Snowden, Franey R., 151
Snowden, John Wesley, 151
Snowden, Lydia, 151
Snowden, Madessa O., 151
Snowden, Marshall, 151
Snowden, Mary Ellen, 195

Snowden, Myrtle J., 151
Snowden, Nicholas B., 195
Snowden, Octavia, 220
Snowden, Rachel, 151
Snowden, Robie E., 151
Snowden, Sheridan, 183
Snyder, A. N., 27
Snyder, Addie V., 189
Snyder, Ann R. Poole, 163
Snyder, B. A., 195
Snyder, B. M., 195
Snyder, Bernice K., 38
Snyder, Betty Ellen, 171
Snyder, Carol, 195
Snyder, Catherine E., 163
Snyder, Dorothea M., 79
Snyder, Edith E. Purdum, 195
Snyder, Elsie, 192
Snyder, Fidelia Seward Walker, 195
Snyder, Florence Brooks, 111
Snyder, Forrest B., 195
Snyder, Frances Rebecca, 79, 103, 114
Snyder, Godfrey C., 168
Snyder, Harriet Ann R. Poole, 168
Snyder, Infant, 195
Snyder, Iona M., 12
Snyder, Jacob H., 111
Snyder, Jacob R., 79
Snyder, John L., 186, 195
Snyder, Louise, 27
Snyder, Margaret, 27
Snyder, Mary C., 168
Snyder, Maurice M., 195
Snyder, Myrtie I. Thompson, 195
Snyder, Newton G., 195
Snyder, Nicholas, 168
Snyder, Norman L., 168
Snyder, Perepa Sennie, 186
Snyder, Preston L., 195
Snyder, Rhynaldo P., 163, 168
Snyder, Robert F., 111
Snyder, Sarah R., 195
Snyder, Sennie E., 186, 195
Snyder, William H., 38
Soblotne, Joan Spring, 159
Sollitto, Martha Louise Welling, 19, 22
Sollitto, May Louise Nicholson, 19
Sollitto, Robert Frank Jr., 19
Sollitto, Robert Frank Sr., 19, 22
Solomon, Cora W., 234
Solomon, Irving C., 234
Soper, Alice Louise Haller, 111
Soper, Ann Browning, 12, 19
Soper, Blanche, 171
Soper, Catherine Jemima King, 175, 176, 177
Soper, Charles Wooton, 175
Soper, Cornelius, 111
Soper, Dora Higgins, 175

Soper, Effie May, 174
Soper, Elias Perry, 111
Soper, Elizabeth A., 12, 139
Soper, Georgia K., 111
Soper, Henry Elias Perry, 111
Soper, Ignatius P., 12, 19
Soper, Infant, 111
Soper, James M., 111
Soper, John Thomas, 111, 176
Soper, Kathryn, 60
Soper, Laura Jane, 177
Soper, Lingan Dow, 111
Soper, Marguarette D., 175
Soper, Mamie, 210
Soper, Mary Belle Davis, 9
Soper, Mary E. Baker, 111
Soper, Mary Priscilla White, 111
Soper, Nellie Howse Benson, 175
Soper, Oliver, 111
Soper, Sarah A., 19
Soper, Sarah A. Layton, 111, 176
Soper, Spencer Jones, 175
Soper, Susan E., 19
Soper, William Franklin, 9
Soper, William Oscar, 60
Soper, William Wooton, 175, 176, 177
Souder, Archie W., 200, 211
Souder, Charles W., 211
Souder, Cora E., 234
Souder, Delma, 205
Souder, Earl M., 211
Souder, Evelyn Elizabeth, 44
Souder, Hazel E., 234
Souder, Helen Warfield, 200
Souder, Infant, 211
Souder, Louise, 210
Souder, Mary Emma Warthen, 205, 211
Souder, Nora V., 211
Souder, Norman T., 211
Souder, P. Raymond, 211
Souder, Philip B., 205
Souder, Ruth Purdum, 205, 211
Souder, Sallie L. Purdum, 200, 211
Souder, Sallie Rebecca, 211
Souder, Violet S., 211
Souder, W. Lansdale, 234
Souder, Willard, 234
Southwick, Paul, 111
Southwick, Susan B., 111
Sowers, Betty, 22
Sowers, Sarah, 22
Sowers, William, 22
Spagenburg, Wesley, 211
Spahr, Isabel, 111
Spahr, M. R., 111
Spalding, Christiana A., 54
Sparks, Elmeada, 126
Sparrough, Benjamin Franklin, 111
Sparrough, Catherine A., 111
Spates, Alfred W., 111

Spates, Ann Boyd Field, 69, 112, 114, 116
Spates, Annie Essie, 112
Spates, Amelia, 129
Spates, Clara C., 112
Spates, Clara Elizabeth Karn, 112
Spates, George W., 69, 112, 114, 116
Spates, Georgia A., 114
Spates, Howard Jetson, 112
Spates, Janet, 74
Spates, Jeanette C., 112
Spates, John R., 112
Spates, Joseph Roger, 112
Spates, Lulu Boyd, 116
Spates, Nellie Elizabeth, 112
Spates, Richard Fremont, 112
Spates, Richard P., 129
Spates, Roger William, 112
Spates, Sarah Ann, 68, 69
Spates, William Outerbridge, 112
Spear, Kathryn M., 96
Specht, Abbie May, 105, 122
Specht, Alice M., 112
Specht, Lewis Altha, 112
Specht, Lewis Edward, 112
Spencer, Viola Clarihe, 112
Spillman, Adam Harris, 159
Spinner, Emma, 116
Sprankle, Heather Jo Norris, 234
Spratt, Harvey George, 112
Spratt, James Perry, 112
Spratt, Sarah D. A., 112
Spreadbury, Elizabeth, 52
Spreadbury, Harry, 112
Sprigg, Amanda E., 203, 204
Sprigg, Mary Priscilla Woodward, 100, 102, 109
Spring, Barbara, 14
Spring, Barbara Jean, 19
Spring, Catherine "Mollie" Edwards, 19
Spring, Dennis M., 19
Spring, Dorothy Louise, 120
Spring, Earl D., 145
Spring, Helen Maye, 17, 19
Spring, James, 19
Spring, James Elias, 120, 145
Spring, Joan, 159
Spring, Katherine Windsor, 145
Spring, Mamie Cariolen Alexander, 159
Spring, Margie M., 145
Spring, Marie V., 17
Spring, Mary Catherine Edwards, 120, 145
Spring, Raymond Kenneth, 17, 19
Spring, Rupert W., 159
Spring, Sallie V., 141, 144
Springer, Katherine Maria, 25
Springer, Mary Hauer, 25
Springer, William, 25

Sproul, Harriette, 45
Spurrier, Addie May, 104
Spurrier, Ethel Grubb, 112
Spurrier, Guy H., 112
Spurrier, Howard Wilson, 112
Spurrier, John Edgar, 112
Spurrier, John H., 104, 112
Spurrier, Margretta C. Neer, 112
Spurrier, Martha J., 104, 112
Spurrier, Mary, 200
Spurrier, Mary A., 200
Spurrier, William Brunner, 112
St. Laurent, Delia Lesard, 30
St. Laurent, Joseph, 30
St. Laurent, Laurette J., 30
Staggs, Erwin Brown, 112
Staley, Blanche Jane, 159
Staley, Dora Ulalia, 159
Staley, Fleet, 159
Staley, Isabella, 159
Staley, Mary Jane, 159
Staley, Maud Mary, 159
Staley, Millie Margaret, 159
Staley, Nellie M. Clagett, 159
Staley, Ralph Fleet, 159
Stallins, Eleanor, 112
Stallings, Child, 112
Stallings, John S., 112
Stallings, John William, 112
Stallings, Lucy, 112
Stallings, Mary A. "Nannie," 58
Stallings, Rebecca, 79
Stallings, Richard, 112
Stallings, Richard S., 112
Stallings, Robert F., 112
Stallings, Robert L., 112
Stang, Anna Olive Hoffman, 112
Stang, Annie May Joy, 112
Stang, Cornelia Carter, 92
Stang, Edward Ludwig, 112
Stang, Frederick A., 112
Stang, Henrietta, 112
Stang, Infant, 112
Stang, Joseph F., 112
Stang, Joseph H., 112
Stang, Martin, 92
Stang, Martin J., 112
Stang, Oscar Francis, 112
Stang, Peter Joseph, 112
Stang, Robert L., 112
Stang, Rose Mossburg, 112
Stang, Walter Hoffman, 112
Stanley, Alma C. Purdum, 211
Stanley, Blanche Warfield, 211
Stanley, Charles E., 211
Stanley, Charles Edward, 211
Stanley, Clinton K., 211
Stanley, Daphne M., 211
Stanley, Fannie G., 211
Stanley, Grover M., 211

Stanley, Harry Clifton, 211
Stanley, Henry S., 211
Stanley, John, 158
Stanley, Julia L., 211
Stanley, Lola Leanna Watkins, 211
Stanley, Lottie S., 211
Stanley, Louise, 211
Stanley, R. Harry, 211
Stanley, Ray F., 211
Stanley, Robert L., 211
Stanley, Roland Victor, 211
Stanley, Rosa L. Boyer, 211
Stanley, Ruth A., 180
Stanley, Sadie Linder, 211
Stanley, Willard F., 211
Stantle, Rev. C. W., 162
Stanton, Dorothy Meem, 112
Stanton, Stanley, 112
Staples, Edna, 36
Starkey, George Andrew, 113
Starkey, Joseph Napolean, 113
Starkey, Sarah Rebecca Price, 113
Staub, George A., 113
Staub, Isaac Newton, 113
Staub, Jennie C. Butler, 113
Staub, Mary Ann Brunner, 113
Staub, Newton, 113
Staub, William E., 113
Steadman, George H., 212
Steele, Clarence Fogleman, 113
Steele, Edward Wade, 113
Steele, Frank E., 113
Steele, Joyce Ann, 113
Steele, Mary A., 113
Steele, Mary Lambert, 113
Steiner, Charles J., 113
Steiner, James E., 113
Steiner, Winifred, 86
Stephens, Cabble Carr, 113
Stephens, Catherine T., 113
Stephens, Charles E., 113
Stephens, Edith Virginia, 113
Stephens, Essie F. Gardner, 66
Stephens, Esther Cooley, 113
Stephens, Isabel Padgett, 113
Stephens, James A., 113
Stephens, Lola Lee, 113
Stephens, Mabel C., 113
Stephens, Mary Lou, 113
Stephens, Mollie E., 113
Stephens, Nora Blake Talbott, 113
Stephens, Robert, 113
Stephens, Robert Edgar, 66, 113
Stern, Donna Ann, 182
Stevens, Charles, 113
Stevens, Infant, 113
Stevens, Mary E., 113
Stevens, Robert T., 113
Stevens, Rufus W., 113
Stevers, George Rilley, 159

Stever, Lucy J., 159
Steward, Mary Louise, 113
Steward, Willard Gilbert, 113
Stewart, Alice Oden, 176
Stewart, Alwida, 212
Stewart, Ann Pitts, 22
Stewart, Catherine Augusta, 156, 165
Stewart, Eleanor, 22
Stewart, Eleanor Crummine, 113
Stewart, Jonathan, 156
Stewart, Joyce Jones, 220
Stewart, Laura Belle, 234
Stewart, Lyman Robert, 113
Stewart, Marne, 115
Stewart, Mary, 103
Stewart, Mordecai, 22
Stewart, Rhoda A., 30
Stewart, Rhoda Owens, 156
Stewart, Susan, 22
Stewart, Walter W., 234
Stinson, Clarence F., 159
Stinson, Elizabeth, 124
Stinson, Madeline, 159
Stipe, W. V., 212
Stock, Charles Edward, 113
Stock, Edward Lilley, 113
Stock, Mary H. Wright, 113
Stocklinski, Edward, 38
Stocklinski, Margaret, 38
Stokes, Larry D., 113
Stokes, Sally Ann, 113
Stone, Charles R., 9
Stone, Louise, 198
Stone, Lillie Burdette, 9
Stone, Maria Harriet, 141
Stoner, Alfred W., 113
Stoner, Doris Bodmer, 113
Stonestreet, Gertrude Worthington, 71, 113
Stonestreet, Joseph Harris, 71, 113
Stonestreet, Mae Montgomery, 113
Stonestreet, Virginia Mae, 71, 113
Storm, Howard William, 113
Storm, Katie May, 113
Storm, Martin L., 113
Storm, Nellie M., 113
Story, Edward, 113
Story, Frank W., 114
Story, Henry Wingert, 113
Story, Lillian, 113
Story, Mary, 68
Story, Mary W., 113
Story, Sadie Wilds, 113
Story, Sidonia Frances Hilton, 68, 113
Story, Thomas, 68
Story, Thomas S., 113
Stottlemyer, Alice C. Murphy, 114
Stottlemyer, Carlton E., 159
Stottlemyer, Grayson, 114
Stottlemyer, Harry, 64

Stottlemyer, Harry F., 114
Stottlemyer, Harry J., 114
Stottlemyer, Louise, 114
Stottlemyer, Louanna, 64
Stottlemyer, Mahala C. Schaeffer, 114
Stottlemyer, Martin L., 114
Stottlemyer, Mildred Poole, 64, 114
Stottlemyer, Milton Urner, 114
Stottlemyer, Roland K., 114
Stottlemyer, Rosalie Marie, 114
Stottlemyer, Vada Virginia Fitzwater, 159
Stottlemyer, Viola Agnes Thompson, 114
Stottlemyer, William L., 114
Stouffer, Albert F., 114
Stouffer, Charles Henry, 114
Stouffer, Georgia A. Spates, 114
Stouffer, Grace, 114
Stout, Addie May Nicholson, 145
Stout, Annie Rebekah, 114
Stout, Bessie M., 114
Stout, Claudia C., 108
Stout, Claudia C. Offutt, 114
Stout, Eleanor, 108
Stout, Frances,
Stout, Harry L., 114
Stout, John Samuel, 145
Stout, Mamie F. Willard, 114
Stout, Margaret, 114
Stout, Robert W., 108, 114
Stoutsenberger, Ella T., 159
Stowers, Charles Wade, 114
Stowers, Della M., 94
Stowers, Edna Warfield, 114
Stowers, George, 114
Stowers, John 114
Stowers, Olie Leffel, 114
Stowers, Ollie I., 114
Strange, Andrew, 114
Strange, Andrew Roscoe, 114
Strange, Susan, 114
Strassberger, William, 212
Straughn, Ellen, 46
Stream, David Franklin, 114
Stream, Gladys Marie Shover, 114
Stream, Margie Tubbe, 114
Stream, Marilyn A., 114
Stream, Mary Louise, 57
Stream, Paul Henry, 114
Stream, Paul Luther, 114
Stream, Robert Andrew, 114
Stream, Ruth V., 73
Stream, Sarah Catherine Taylor, 114
Stream, Tom Henry, 114
Strong, Gordon, 27
Strong, Henry, 27
Strong, Louise Snyder, 27
Strong, Mercy Comstock, 27
Strothers, Florence A., 179

Stuart, Elizabeth Ann Fought, 114
Stuart, Leonard D., 114
Studebaker, Rebecca, 27, 114
Studin, Dr., 130
Stull, Anna B., 234
Stull, Luther B., 234
Stump, Kathleen Viola, 171
Stunkle, Infant, 114
Stunkle, William, 114
Stup, Maude A., 153
Suddath, Ann Elizabeth, 172
Suddath, Benjamin Franklin, 172, 176
Suddath, Elizabeth, 96
Suddath, Elizabeth Ann, 176
Suddath, Elizabeth M., 172
Suddath, Emory, 126
Suddath, Evelyn G., 176
Suddath, Hilda May, 126
Suddath, Howard B., 176
Suddath, Marie, 126
Suddath, Mary G., 176
Suddath, Robert S., 176
Suitor, Margaret M., 50, 71
Sullivan, Alexandra W., 114
Sullivan, Eugene, 195
Sullivan, Ida, 195
Sullivan, John M., 114
Sullivan, Louisa J., 114
Sullivan, Lucy Elizabeth, 58
Sullivan, Robert, 195
Summers, Amanda C., 108
Summers, Ann E., 137
Summers, Cephas, 137
Summers, Leah, 145, 146
Summers, Mahala E., 17, 181, 184
Summers, Mary A., 137
Summers, Ursula, 184
Summers, Walter, 184
Summerville, Morris, 134
Summerville, Raymond, 134
Summerville, Walter E., 134
Surratt, Mary Victoria 39, 50, 121
Suter, Cora M., 234
Suter, Rosa S., 234
Sutherland, Viola, 114
Sutphin, Sallie, 105, 116
Swain, Frederick, 114
Swain, Patricia, 114
Swain, Robert L., 114
Swain, Virginia M., 114
Swank, Cariolen L., 14, 19
Swank, Harry S., 14, 19
Swank, Infant, 114
Swank, Jessie Irene Hilton, 114
Swank, Mary Carter, 114
Swank, Roy William, 114
Swank, William, 114
Swartzbeck, Donald E., 159
Sway, Anice K., 41
Swearingen, Eleanor, 18

Sweeney, Kathryn Leigh Chiswell, 114
Sweeney, Wayland Whitney, 114
Sweitzer, Chelsea Lou, 195

T., J., 28
Tabler, Addie M., 19
Tabler, Albert B., 176
Tabler, Albert Sidney, 212
Tabler, Andrew Jackson, 7, 20
Tabler, Annie M. B., 19
Tabler, Catherine A., 19
Tabler, Charles A., 19
Tabler, Charles Deets, 168
Tabler, Charles R., 168
Tabler, Edwin Leslie, 19
Tabler, Ella Belle, 12
Tabler, Emily C. E. Leather, 19
Tabler, Ethel Virginia Hessie, 19
Tabler, Eva Elizabeth Care, 212
Tabler, Florida W. Sheckles, 168
Tabler, George W., 19
Tabler, Gwen Duvall, 212
Tabler, Hattie Lorraine King, 176
Tabler, Harriet Smith, 16, 19
Tabler, Howard Lafayette, 176
Tabler, Infant, 176
Tabler, Irene Alverta, 16, 174
Tabler, Jacob, C., 19
Tabler, James L., 19
Tabler, James Milton, 168
Tabler, Jessie P. Watkins, 168
Tabler, John H., 18, 19
Tabler, John Lewis, 19
Tabler, Lewis Jr., 19
Tabler, Lewis F., 19
Tabler, Martha Jane Norwood, 7, 20
Tabler, Mary, 19
Tabler, Mary Catherine Leather, 18, 19
Tabler, Mary E., 19
Tabler, Mary Elizabeth Cook, 19
Tabler, Mozella, 38
Tabler, Nora B., 203
Tabler, Otis V., 19
Tabler, Peter, 19
Tabler, Rose Mary Elizabeth, 18
Tabler, Rosie R., 19
Tabler, Sarah L. Bowman, 176
Tabler, William, 16, 19
Tabler, William F., 19
Talbott, Nora Blake, 113
Tadlock, Charles Guy, 114
Tadlock, Edna F., 114
Talbott, Anna Mariah, 124, 125
Talbott, Emma Gertrude, 114
Talbott, Ernest Linwood, 114, 115
Talbott, Fannie B., 115
Talbott, Hattie M., 115
Talbott, Henrietta, 115
Talbott, Henry W., 115, 124

Talbott, Hilda Virginia, 115
Talbott, Infant, 115
Talbott, Jonathan, 115
Talbott, Joseph Nathan, 115
Talbott, Mary J. Snouffer, 115
Talbott, Nathan J., 115
Talbott, Nathan T., 115
Talbott, Rose Elizabeth, 114, 115
Talbott, Roy Linwood, 115
Talbott, Sarah Benson, 115, 124
Talbott, Sarah Pauline Hays, 115
Talley, Alice Nevin, 115
Talley, Alfrieda B., 162
Talley, Darryl X., 162
Talley, Emma, 162
Talley, Robert E., 162
Talley, Viola E., 41
Talley, William H., 162
Tanner, Adam S., 115
Tanner, Eva Barduch, 115
Tanner, Gladys B., 115
Tanner, Harold James, 115
Tanner, Patricia Sara Alise, 115
Tascher, Evelyn A., 111, 115
Tascher, Wendell Russell, 115
Taylor, Ann Mary, 115
Taylor, Asbury, 115
Taylor, Benjamin, 67
Taylor, E. May, 195
Taylor, Flora A. Rippeon, 212
Taylor, Howard Greenwood, 212
Taylor, James William, 115
Taylor, Joe Early, 115
Taylor, John, 195
Taylor, John T., 220
Taylor, John W., 115
Taylor, Judi W., 115
Taylor, Leona Madelin Ward, 115
Taylor, Martha A., 195
Taylor, Mary E., 75
Taylor, Nancy, 67
Taylor, Rhoda, 115
Taylor, Robert M., 41
Taylor, Robert W., 115
Taylor, Sarah, 67
Taylor, Sarah Catherine, 114
Taylor, Sarah Jane, 115
Taylor, Sarah R., 115
Taylor, Stella V., 220
Taylor, Stephen Lloyd, 212
Taylor, William, 229
Taylor, William A., 195
Tedore, Bessie Cole, 115
Tedore, Dorothy Louise, 115
Tedore, Genevieve, 115
Tedore, Joseph, 115
Tedore, Thomas E., 115
Temple, Marcus L., 115
Temple, Virginia Beall, 115
Tennant, Christian Emmanuel, 38

Tennis, Diana, 126
Terley, Virgie, 28
Terry, Paul E., 151
Testerman, Diana Marie, 159
Testerman, Flora, 159
Testerman, Herbert Lee, 115
Testerman, Scotty, 159
Tetlow, Albert G., 195
Tetlow, Dola J., 195
Tetlow, Margaret, 80
Tetlow, Nora R., 80, 115
Tetlow, Sarah J., 195
Tetlow, Stanley C., 80, 115
Thierles, Fannie, 115
Thom, Gertrude Emma, 115
Thom, Laura Meyers, 195
Thom, William, 195
Thomas, Albert Melvin, 115
Thomas, Albert R., 184
Thomas, Allen H., 41
Thomas, Anna Hays Trundle, 115
Thomas, Annie M., 25
Thomas, Annie Matilda Jones, 44
Thomas, Asher, 188
Thomas, Berthina E., 41
Thomas, C. O., 176
Thomas, Callie, 136
Thomas, Charles Purnell, 115
Thomas, Charles W., 192
Thomas, Donald E., 41
Thomas, Elizabeth, 188
Thomas, Ella Stoutsenberger, 159
Thomas, Ella Virginia, 44
Thomas, Frances Clark, 192
Thomas, Franklin Charles, 44
Thomas, Harriet Elizabeth Rawlings, 76
Thomas, Henry, 115
Thomas, Infant, 176
Thomas, Jacob N., 159
Thomas, John C., 115
Thomas, Katherine Lee Leaman, 115
Thomas, L. A., 176
Thomas, Lavonia Mae, 220
Thomas, Lewis Walter III, 16
Thomas, Lottie, 134
Thomas, Margaret Inez, 188
Thomas, Mary, 67, 220
Thomas, Mary Alice, 43, 44, 45, 88, 110
Thomas, Mary Elizabeth, 134
Thomas, Mary J., 25
Thomas, Mary Rebecca Luhn, 115
Thomas, Matilday, 184
Thomas, Otho, 76
Thomas, Reason P., 184
Thomas, Robert G., 41
Thomas, Rosalie Poole, 115
Thomas, Sarah A., 76, 124
Thomas, Sarah Frances, 192
Thomas, Sarah T. Riggs, 184

Thomas, Truman H., 136
Thomas, Will, 220
Thomas, Willie, 220
Thompkins, Nannie Dutrow, 19
Thompson, A. Rosetta, 17
Thompson, Albert B., 145, 176, 192
Thompson, Albert E., 234
Thompson, Alexander C., 122, 212
Thompson, Alice A., 192
Thompson, Alice M. Page, 145
Thompson, Alice Virginia Brown, 229, 234
Thompson, Amanda J., 39
Thompson, Ann E., 140
Thompson, Ann R., 38, 114
Thompson, Ann Waters, 116
Thompson, Anna, 81
Thompson, Anne Price, 116
Thompson, Annie Elizabeth, 75
Thompson, Annie Lee, 180
Thompson, Ara Gertrude, 17
Thompson, Arthur, 176
Thompson, Aubra Virginia, 51, 61
Thompson, B. Edmonia Pearre, 146
Thompson, Bertha Louise McDonough, 19
Thompson, Bowie Franklin, 115
Thompson, Byron Walling, 115
Thompson, C. Dempsey, 27
Thompson, Cassie Parker, 116
Thompson, Catherine Virginia Bennett, 146
Thompson, Charles A., 234
Thompson, Charles E., 145
Thompson, Charles Edward, 176
Thompson, Charles Waters, 115
Thompson, Charlotte D., 12, 114
Thompson, Clara, 80
Thompson, Clara Barnard, 122
Thompson, Clara E., 154
Thompson, Clara R., 176
Thompson, Clytie Belle, 229
Thompson, David H., 9, 12, 17, 140, 146
Thompson, Dorothy M. Walter, 116
Thompson, Edgar Eugene, 146
Thompson, Edna L., 146
Thompson, Eleanora, 19, 20, 229
Thompson, Elijah J., 134
Thompson, Elizabeth, 87
Thompson, Elizabeth Hamilton, 180
Thompson, Elizabeth May, 87
Thompson, Elizabeth Nichols, 115
Thompson, Elizabeth Plummer, 145
Thompson, Elizabeth R., 38
Thompson, Ella Nora, 19, 20, 229
Thompson, Ellen S. Belt, 234
Thompson, Elmer E., 234
Thompson, Elsie N., 146
Thompson, Emanuel M., 151

Thompson, Esther Mae, 181
Thompson, Etta Wagner, 116
Thompson, Evan C., 176
Thompson, Fannie O., 85, 115
Thompson, Fay L., 234
Thompson, Florence Lillian Bennett, 145
Thompson, Florence M. Appleby, 140
Thompson, Florence Maude, 55
Thompson, Freddie F., 212
Thompson, Garrnett C., 212
Thompson, Georgia B., 151
Thompson, Georgia Gray, 85
Thompson, Georgia S., 146
Thompson, Gertrude, 145
Thompson, Gertrude Florence Price, 9
Thompson, Gilbert W., 234
Thompson, Harriet, 20
Thompson, Harriet Ann Plummer, 20, 144, 145
Thompson, Harriet R. Ray, 234
Thompson, Harriet Valinda, 229, 230
Thompson, Harry, 145
Thompson, Helen, 212
Thompson, Hester, 39
Thompson, Horace, 20, 144, 145
Thompson, Horace Melvin, 20
Thompson, Infant, 115, 116, 176
Thompson, James, 87
Thompson, James B., 38
Thompson, James M., 85, 116
Thompson, Jane E., 235
Thompson, John H., 38
Thompson, John L., 116
Thompson, John Perry, 20
Thompson, Joseph Douglas, 19, 20, 229
Thompson, Joseph Lawn, 116
Thompson, Joshua, 234
Thompson, Josiah, 145
Thompson, Julia A., 9
Thompson, Julia A. Duvall, 176
Thompson, Julia Mae, 12, 145
Thompson, Katherine Walling, 115, 116
Thompson, Kathryn Sasse, 115
Thompson, Leroy, 116
Thompson, Leslie, 180, 212
Thompson, Lola, 176, 212
Thompson, Lola Thompson, 115, 201
Thompson, Louisiana, 15, 144
Thompson, Lula Maranda Bennett, 20
Thompson, Luther Marshall, 19
Thompson, M., 145
Thompson, Mae, 59
Thompson, Mamie C., 145
Thompson, Margaret E. Purdum, 176
Thompson, Margaret Ella, 13, 14
Thompson, Magin, 176
Thompson, Marian Phyllis, 177
Thompson, Marne Stewart, 115

Thompson, Martha E., 212
Thompson, Mary "Ellen", 17, 19
Thompson, Mary G., 25
Thompson, Mary V., 176
Thompson, Matilda, 122
Thompson, Meredith Leroy, 20
Thompson, Mildred Adele King, 20
Thompson, Mildred Ardean King, 11
Thompson, Millard F., 176
Thompson, Milton, 9, 145
Thompson, Myra E., 176
Thompson, Myrtie I., 195
Thompson, Nacy W., 145
Thompson, Nannie, 212
Thompson, Nathan, 145
Thompson, Nettie G., 27
Thompson, Nettie Lee, 115
Thompson, Neva L., 201
Thompson, Oliver R., 38
Thompson, Pauline L., 234
Thompson, Powell S., 146
Thompson, Richard, 9, 114, 145
Thompson, Richard R., 146
Thompson, Richard T., 38
Thompson, Robert, 81
Thompson, Robert Bruce, 116
Thompson, Rose Mary E., 18
Thompson, Rosetta, 145, 146
Thompson, Ruby Mabel, 20
Thompson, Sadie Agnes, 176
Thompson, Sarah A., 176
Thompson, Sarah C., 39, 137, 186
Thompson, Sarah Jane Hawkins, 9, 12, 17, 140, 146
Thompson, Sarah L., 145, 192
Thompson, Sarah L. Bowman, 176
Thompson, Sarah M., 144, 176
Thompson, Sidney, 113, 115, 116
Thompson, Susan, 146
Thompson, Susan Virginia, 140
Thompson, Synthia Peddicoart, 145
Thompson, Thomas B., 145
Thompson, Thomas E., 146
Thompson, Thomas William, 145
Thompson, Veda B., 234
Thompson, Vergie Mae, 171
Thompson, Viola Agnes, 114
Thompson, Washington, 212
Thompson, Wayne Eugene, 115
Thompson, William, 145
Thompson, William Earl, 146
Thompson, William Franklin, 115, 201
Thompson, William H., 27, 212
Thompson, William Jefferson, 145, 146
Thompson, William N., 9
Thompson, William Prad, 229, 234
Thore, Effie, 89
Thornton, Ella T., 41
Thornton, Julia, 66
Thrift, Ara Matilda, 120, 173

Thrift, Mary T., 185
Thrift, Nancy, 110
Thurston, Mary Eleanor White, 116
Thurston, Robert Lamont, 116
Tibbs, Alice L. Hamilton, 42
Tibbs, Charles H., 42
Tibbs, Clarence R., 42
Tibbs, Flora Edna Atwell, 82, 125
Tibbs, Glaytha Virginia, 82
Tibbs, Herman, 42
Tibbs, James C., 82, 125
Tibbs, Viola E., 42
Tighe, Charlotte S., 116
Tighe, John Gilman, 116
Tillett, Annabel Lee, 116
Tillett, Isabella Dean, 116
Tillett, John W., 116
Tindal, Roby H., 136
Tipton, Charles Muzzy, 116
Tipton, Elizabeth Ann, 116
Tipton, Sarah Elizabeth White, 116
Tipton, Wellstood White, 116
Titlo, Jeanette M., 177
Titus, Alice Gertrude, 74
Titus, Anna Mary, 51
Titus, Annie Viola Frye, 51, 116
Titus, Cinderella, 53
Titus, David, 116
Titus, Edward W., 116
Titus, Elizabeth, 92
Titus, George Randolph, 116
Titus, Gertrude, 86
Titus, James G., 116
Titus, John Franklin, 51, 116
Titus, John McKimmy, 116
Titus, Margaret Merithew, 116
Titus, Mary C., 84
Titus, Mildred Geisbert, 116
Titus, Nellie Jane, 84
Tobery, Dorothy Marie L., 116
Tobery, George Basil, 116
Tobery George Prentice, 116
Tobery, Marie Louise Roberson, 116
Tobery, Otho, 106
Tobery, Ruth Margaret, 106
Tobias, Priscilla, 116
Tobias, Priscilla Ann, 116
Tobin, Audrey L. King, 176
Tobin, Walter V., 176
Tolbert, Jeanette Dean, 116
Tolbert, Leonard, 103
Tolbert, Leonard M., 116
Tolbert, Sallie Sutphin, 103, 116
Tolle, Bettie Fyffe, 116
Tolle, Henry C., 116
Totten, Sara, 90
Trail, Abigail, 29
Trail, Elizabeth E., 116
Trail, Hannah Lawrence, 116
Trail, Harriet Morehead, 47, 86, 91

Trail, Henson Edward, 70
Trail, Ida Mae Dora Andrews, 70
Trail, Mary Jane, 29
Trail, Mary L., 91, 143
Trail, Nathan L., 116
Trail, Nina E., 70
Trail, Richard F., 116
Trail, Sarah E., 116
Trail, William, 29
Trammell, Benjamin, 215
Trammell, Betty Gertrude Deshazor, 215
Trammell, Joseph E., 215
Trammell, Josie C., 215
Travers, Elizabeth Henry, 34, 129
Tregoning, Harold E., 168
Tregoning, John M., 168
Tregoning, John W., 168
Tregoning, Mabel A. Brown, 168
Tressler, Leora, 153
Trout, Bettie E., 215
Trout, Charles H., 215
Trout, Elsie, 195
Trout, Ernest, 195
Trout, Florence Ann Eisele Rhodes, 116
Trundle, Americus Dawson, 116
Trundle, Andrew J., 130
Trundle, Ann Belt, 111, 123
Trundle, Ann Trail Hempstone, 39
Trundle, Anna Hays, 115
Trundle, Anna Virginia, 116
Trundle, Barbara E. Dawson, 49, 78, 116, 117
Trundle, Barbara Jennings, 116
Trundle, Christiana Whitaker, 130
Trundle, Clara Brunner, 116
Trundle, Clara I., 116
Trundle, Clara Jennings, 116
Trundle, Clarissa Ann Offutt, 77, 116
Trundle, David Henry, 77, 116
Trundle, David, 116
Trundle, David J., 39
Trundle, Della, 78
Trundle, Della Brunner, 78
Trundle, Druscilla, 127
Trundle, Eleanor Ann, 38
Trundle, Elizabeth Ellen, 65
Trundle, Elizabeth Eleanor Hays, 30, 121
Trundle, Elizabeth Hays, 29, 114
Trundle, Ellen Chiswell, 116
Trundle, Emily Ann Jones, 34, 38, 80
Trundle, Esther Belt, 110, 117
Trundle, Gail Dawson, 116
Trundle, Helen Kessler, 117
Trundle, Hester E. W., 130
Trundle, Hester Ellen, 121
Trundle, Hezekiah William, 34, 38, 80, 130
Trundle, Horatio, 116

Trundel, Idella Rebecca Brunner, 117
Trundle, James E., 116
Trundle, James Otho, 38
Trundle, James Thomas, 116
Trundle, John IV, 34, 117
Trundle, John A., 29
Trundle, John Alexander, 30, 114, 121
Trundle, John Horatio, 116
Trundle, John Lewis, 72, 116, 130
Trundle, John R., 116
Trundle, Laura Virginia, 30, 31, 34, 51, 79
Trundle, Linda R., 117
Trundle, Lulu Boyd Spates, 116
Trundle, Margaret E. Butler, 117
Trundle, Mamie E., 117
Trundle, Martha Jane, 77, 110
Trundle, Mary Eleanor, 34
Trundle, Mary Eleanor Jones, 38
Trundle, Mary Eliza, 38, 120
Trundle, Mary Elizabeth, 72, 110
Trundle, Mary Ida, 78
Trundle, Mary Sarah Veatch, 72, 116, 130
Trundle, Otho Wilson, 64, 65
Trundle, Perry Lewis, 49, 78, 116, 117
Trundle, Rachel Ann White, 64
Trundle, Robertus, 117
Trundle, Ruth A., 130
Trundle, Ruth Lewis, 34, 117
Trundle, Samuel Daniel, 110, 117
Trundle, Sarah A., 130
Trundle, Sarah Elizabeth, 34
Trundle, Sarah "Sallie" M., 88
Trundle, Sarah White, 64, 65
Trundle, Susan Ellen, 49
Trundle, Thomas Newton, 38
Trundle, William, 78
Trundle, William Beauregard, 117
Trundle, William Bryan, 117
Truscott, David, 113
Truscott, Jean, 113
Trussell, James, 80
Trussell, Sarah, 80
Trussell, Virginia, 80
Tschiffley, Cecil, 181
Tsing, Chang Liu, 117
Tubbe, Margie, 114
Turgeon, James J., 159
Turgeon, Linda L., 159
Turlington, Dorothy S., 33
Turlington, Mary Fitzpatrick, 33
Turlington, William B., 33
Turnbull, Margaret, 65, 100, 102
Turner, Adeline G., 150
Turner, Algerene, 103
Turner, Annie L. Aud, 117
Turner, Catherine E. Keziah, 181, 198
Turner, Charles, 136
Turner, Ella Florence, 188, 201

Turner, Florence T., 162
Turner, Gladys, 150
Turner, Harry, 162
Turner, Harry A., 162
Turner, Harry W., 162
Turner, Isabel Irene, 117
Turner, John William, 117
Turner, Keziah, 207
Turner, Keziah E. Gue, 195
Turner, Louise, 162
Turner, Luther Ellsworth, 195
Turner, Mamie C., 195
Turner, Margaret, 85
Turner, Marie, 136
Turner, Mary B., 162
Turner, Mary Frances, 38
Turner, Oliver P., 117
Turner, Oscar W., 162
Turner, Robert Lowellen, 162
Turner, Ruth E., 136
Turner, Vernon, 136
Turner, William T., 195
Turner, Zelma Catherine, 117
Tuthill, Mary Cornelia, 73
Tuxhorn, D. Bruce, 117
Tuxhorn, Roma O'Hanlon, 117
Twenty, Amos, 212
Twenty, Mary Emma Burdette, 212
Twyman, Albert, 28
Twyman, Grace L., 134
Twyman, Lucille, 134
Tyler, Frank Ames, 117
Tyler, Ruby Gott, 117
Tyson, Annie E., 42
Tyson, Charles E., 42
Tyson, John T., 42
Tyson, Raymond, 42

Uhl, Alexander Herbert, 117
Uhl, Gladys, 85, 117
Umberger, John W., 196
Umberger, Lilly M., 196
Umstead, Frances E. Austin, 38, 117
Umstead, Frances Ella, 108, 117
Umstead, Grace, 80
Umstead, John J., 117
Umstead, Lois M., 38
Umstead, Richard S., 38, 117
Umstead, Russell A., 38
Umstead, Sallie E. White, 117
Unglesbee, Beall G. W., 212
Unglesbee, Carl W., 212
Unglesbee, Edith, 234
Unglesbee, Edward L., 212
Unglesbee, Lillie V., 212
Unglesbee, Maude I., 205
Unglesbee, Mina Burns, 205, 212
Unglesbee, Minnie W., 212
Unglesbee, Robert W., 212
Unglesbee, Walter M., 234

Unglesbee, William Robert, 205, 212
Unglesby, Lawrence B., 212
Urner, Margaret Caroline, 123

Van DerCook, Helen Butler, 117
Van DerCook, Wesley M., 117
Van Der Sloot, Fahnesta, 236
Van Hoozer, Lorena Mae Jones, 117
Van Hoozer, Joseph Robert, 117
Van Horn, Sadie, 117
Van Sise, Margaret Jane Magruder, 63
Van Sise, Walter, 63
Vail, Holis Brock, 117
Vail, Ruth M., 117
Vance, James F., 117
Vance, Janet H., 117
Vance, Sarah, 117
Vance, William Foust, 117
Vann, Homer King, 117
Vann, Mary Beall Bridges, 117
Vaughn, Bettie I., 117
Veach, Esther Blanche, 9
Veatch, Mary Alice, 73, 74
Veatch, Mary Sarah, 72, 116, 130
Veatch, Peter, 74
Veatch, Sarah, 74
Veihmeyer, Albert, 117
Veihmeyer, Susie Emma Jones, 117
Veirs, Ann, 121
Veirs, Ann E., 130
Veirs, Ann E. Hall, 109
Veirs, Ann T., 117
Veirs, Anna, 102
Veirs, Benjamin Franklin, 117
Veirs, Cleyland, 92
Veirs, Elizabeth A. Rhodes, 117
Veirs, Elijah, 117
Veirs, Emiline, 117
Veirs, Emma V., 64
Veirs, Franklin, 109, 130
Veirs, Georgia Lee, 117
Veirs, J. Montgomery, 117
Veirs, Jesse, 46, 117
Veirs, L. Dorcas, 117
Veirs, Lavinia C., 117
Veirs, Levi, 130
Veirs, Lorenzo, 117
Veirs, Lucy, 43, 109
Veirs, Luta, 130
Veirs, Luta C., 130
Veirs, Mary Elizabeth, 121, 122, 123
Veirs, Mary Louisa, 117
Veirs, Michael Edward, 117
Veirs, Minerva Jane, 117
Veirs, Mollie E., 117
Veirs, Rose Ann, 117
Veirs, Samuel Edward, 117
Veirs, Sarah Anne Riley, 117
Veirs, Sarah "Sallie" T., 92

Veirs, Sophia, 117
Veirs, Susan Ann, 45, 46, 117
Veirs, Tephenas, 66
Veirs, Turner, 117
Veirs, Valeria Wailes Allnutt, 117
Veirs, William A.W., 130
Veirs, William S., 117
Veirs, William Turner, 118
Veitch, Carrie Virginia Pearre, 25
Veitch, Fletcher Roberts, 25
Veitch, Willie, 25
Verell, Catherine, 102
Viands, Lucy, 175
Vickers, Ben F., 118
Vickers, Beryl F., 118
Vickers, Kathryn, 118
Vickers, Michael G., 118
Vinson, Ann, 118
Vinson, Annie E., 118
Vinson, Benjamin Franklin, 118
Vinson, Elias, 146
Vinson, Eliza W., 118
Vinson, Frances Ann, 77
Vinson, Harriet, 118
Vinson, John T., 118
Vinson, John William 118
Vinson, Mary, 118
Vinson, Thomas W., 118
Vinson, William R., 118
Vinton, Laura, 155
Violette, Arthur, 68, 118
Violette, Helen, 68
Violette, Katie Howard, 68, 118
Virts, Arthur Granville, 159
Virts, Betty K., 159
Virts, Georgianna Daymude, 159
Virts, Rosa May, 106
Virts, William H., 159
Viviani, Anthony J., 38
Viviani, Debbie, 38
Viviani, Denise, 38
Viviani, Diane, 38
Viviani, Donna, 38
Viviani, Modelle B., 38
Viviani, Toni Lee, 38
Viviani, Yvette, 38
Vogel, Hall, 118
Vogel, Judith Ann, 118
Vogel, Kathryn "Trini" Lynne, 118
Vogt, Michael, 196
Volk, Frank M., 234
Volk, Viola Wilson, 234

Wacker, John Frederick Herman, 118
Wacker, Kitty Morrissey, 118
Waddell, Annie E., 118
Waddell, Auria Elmeda, 118
Waddell, Dorothy, 118
Waddell, Elmeada, 126
Waddell, Isabella, 101

Waddell, Julia Blakenhorn, 118
Waddell, Leona L., 57
Waddell, Mariah Isabell, 90
Waddell, Mary, 119
Waddell, Mary Virginia, 126
Waddell, Perlina Elizabeth, 72, 121
Waddell, Prentice, 90
Waddell, Prentice Clements, 118
Waddell, Reese, 126
Waddell, Reese A., 118
Waddell, Sara Totten, 90
Waddell, Sarah Anderson, 118
Waddell, Sofronia E., 118
Waddell, Stewart, 118
Waddell, Woolwine Monsey, 118
Wade, Alice, 118
Wade, Crawford Francis, 118
Wade, Delia Offutt, 118
Wade, Emma A., 30
Wade, Emma Francis, 118
Wade, Evelyn, 38, 118
Wade, Finley V., 38
Wade, Gail, 65
Wade, Gertrude P., 38
Wade, Hannah, 33
Wade, Harriet Ann Nichols, 29, 118
Wade, J. Paul, 38, 117
Wade, James Perry, 29, 118
Wade, John C., 38
Wade, Lucy Anna, 121, 128
Wade, Marcellus Eugene, 38, 118
Wade, Mary E., 30
Wade, Mary Eliza, 118
Wade, Philemeia M. McNeil, 118
Wade, William Wallace, 118
Wade, Zourie P., 118
Waesche, Alice Lakin, 118
Waesche, Charles E., 119
Waesche, George Ernest, 118
Waesche, Henry Theodore, 118
Waesche, Hugh Henry, 118
Waesche, Infant, 119
Waesche, J. Richard, 118
Waesche, John F., 118
Waesche, John William, 119
Waesche, Lucy Peyton, 118
Waesche, M. Elizabeth, 118
Waesche, Mamie A., 119
Waesche, Margaret, 119
Waesche, Margaret Elizabeth Belt, 118
Waesche, Martha, 45
Waesche, Thomas, 119
Waesche, William H., 119
Waesche, William L., 119
Waggoner, Fannie S., 8
Wagner, Etta, 116
Wagner, Jo Ann, 168
Wagner, John, 168
Wagner, Maud, 35
Wagner, Paul, 196

Wailes, Emily, 81
Wailes, Evelina, 108, 123
Wainwright, Mabel C. Long, 119
Walden, Ilene A., 119
Walden, Maud Nunn, 119
Walden, Richard Edward, 119
Walden, Robert E., 119
Waldhuetter, Corrine C., 48
Walker, Ann Martha Bryan Gray, 196
Walker, Barbara J. Gosbee, 119
Walker, Bessie Pauline, 196
Walker, Charles E., 119
Walker, Dorothy Annette Chiswell, 119
Walker, Edsel, 196
Walker, Eliza Virginia, 78, 80, 83, 106
Walker, Elizabeth Ellen, 137, 188
Walker, Ethel Virginia Day, 196
Walker, Eugene Samuel Wesley, 196
Walker, Eunice Burdette, 196
Walker, Fannie, 110
Walker, Fidelia Seward, 195
Walker, Fletcher A., 196
Walker, Frances Willard Hughes, 119
Walker, George, 196
Walker, George Bryan, 196
Walker, George Washington, 193, 195, 196
Walker, Hallie G., 119
Walker, Harriett E. Hobbs, 196
Walker, Hattie Susan, 78
Walker, Henry Canfield, 134
Walker, Infant, 196
Walker, J. R. Gwinn, 196
Walker, John L. E., 196
Walker, Laura Arvilla Day, 196
Walker, Laura Elizabeth, 119
Walker, Mabel V. Poole, 119
Walker, Margaret, 90, 196
Walker, Margaret Boyer, 196
Walker, Margaret Jemima Roberta, 190, 192, 193
Walker, Mary D., 196
Walker, Mary F., 119
Walker, Mary Margaret, 16, 143
Walker, Mary Ravenal, 196
Walker, Nathan Asbury, 119
Walker, Nora E., 107
Walker, Perepa, 186
Walker, Perepa Wesley Reed, 190
Walker, Rachel Browning Purdum, 193, 195, 196
Walker, Richard Garrott, 119
Walker, Rosabelle, 196
Walker, Rufus Wesley, 196
Walker, Sarah A., 190
Walker, Stewart Eugene Day, 196
Walker, Wesley Day, 196
Walker, Wilbur, 196
Walker, William Alfred Baker, 196
Walker, William Hughes, 119

Walker, Willing W., 196
Wall, Helen Wessel, 119
Wall, Lawrence Dade, 119
Wall, Malcolm, 119
Wall, Mary Catherine Dade, 119
Wall, Mazie, 119
Wall, Nena J., 119
Wall, Robert Dade, 119
Wall, Virginia Blanks, 119
Wall, William Edward, 119
Wall, William Guy, 119
Wallace, Carrie Lucille Williams, 119
Wallace, Columbus F., 38
Wallace, Virginia Poole, 119
Wallach, Bessie T., 168
Wallach, Donaline Mae Baker, 119
Wallach, Edward H., 119
Walling, Byron W., 116, 119
Walling, Emily W. Poole, 116, 119
Walling, Infant, 119
Walling, Katherine, 116
Walling, Sarah E., 234
Walsh, Mary Astlin, 82
Walsh, Nora McGrath, 82
Walsh, Thomas, 82
Walter, Abbie, 85
Walter, Agnes Jeanette, 39
Walter, Agnes Mae, 38
Walter, Ann Elizabeth Hall, 130
Walter, Catherine, 38
Walter, Catherine Kingsbury, 38
Walter, Charlotte E., 34, 38
Walter, Daniel, 119
Walter, Dora, 119
Walter, Dorothy M., 116
Walter, E., 119
Walter, Elizabeth, 56, 119
Walter, Elmer B., 38
Walter, Ethel, 38
Walter, Ethel B., 160
Walter, Ethel M. Zimmerman, 38
Walter, Genevieve G., 39
Walter, George Benjamin Franklin, 119
Walter, George C., 38
Walter, George M., 34, 38
Walter, George T., 119
Walter, Harriet L. Reed, 46, 119
Walter, Ida, 50
Walter, Ida May, 37
Walter, Infant, 119
Walter, James P., 46, 119
Walter, Jesse, 119
Walter, John, 39
Walter, John L., 160
Walter, John R., 38
Walter, Luta C., 119
Walter, Mary Ann, 119
Walter, Mary Hobbs, 39
Walter, Mary E., 92
Walter, Maurice, 119

Walter, Myrtle Elizabeth, 34
Walter, Nellie Hobbs, 39
Walter, Nettie, 119
Walter, Nettie W., 46
Walter, Norman Oswald, 38
Walter, Robert B., 38
Walter, Robert E., 39
Walter, Robert V., 39
Walter, Sabie Olevia, 38
Walter, Sarah D., 38
Walter, Stella, 119
Walter, Thelma Virginia Bosley, 38
Walter, Thomas, 119
Walter, William T., 119, 130
Walters, Bretania "Annie," 48
Walters, Katherine, 212
Walters, Mary, 50
Walters, Theresa, 57
Walters, William, 48, 212
Walther, David F., 39
Walther, Lucile E., 39
Walton, Carolyn J. S., 182
Walton, Ray D., 182
Wampler, Annie, 97
Ward, Addie Sarah Bennett, 39
Ward, Albertis, 173
Ward, Alice Rebecca Nicholson, 120
Ward, Amanda J. Thompson, 39
Ward, Annie Eleanor Nicholson, 120
Ward, Annie Elener, 120
Ward, Ara Matilda Thrift, 120, 173
Ward, Arthur Harry, 119
Ward, Augusta, 173
Ward, Austin Louis, 119
Ward, Avie C. Watkins, 146
Ward, Bernard Lee, 20
Ward, Byron LeRoy, 120
Ward, Carl Anthony, 9
Ward, Carlton W., 146
Ward, Carson Williams, 120
Ward, Cedelia V., 212
Ward, Charles E., 39
Ward, Charles Mortimer, 39
Ward, Claudia, 120
Ward, Clay E., 196
Ward, Daniel Richard, 39
Ward, David L., 212
Ward, David Silas, 39, 120
Ward, David Thomas, 120
Ward, Dorothy Louise Spring, 120
Ward, Eleanor M., 39
Ward, Elmer Charles, 120
Ward, Eva I., 160
Ward, Fairy Brandenburg, 196
Ward, Flora Belle Woods, 119
Ward, G. Roland, 39
Ward, Gail Kelly, 9
Ward, Gary Lynn, 120
Ward, Harrison Gilmore, 120, 173
Ward, Hattie E., 205

Ward, Hazel A. Larman, 119
Ward, Henrietta Rebecca, 201
Ward, Ida V., 212
Ward, Ignatius Hanson, 205
Ward, Infant, 120, 212
Ward, Irene Ola, 120
Ward, James Earl, 146
Ward, John Henry, 120
Ward, John Newton, 120
Ward, Joseph B., 20
Ward, Joseph L., 39
Ward, Joseph Watkins, 146
Ward, Leona M., 84, 115
Ward, Margaret, 205
Ward, Martha, 39
Ward, Martha E., 154, 157
Ward, Mary Eliza Trundle, 39, 120
Ward, Mary M., 39
Ward, Mary Myrtle Nicholson, 120
Ward, Mary Sybelle, 207
Ward, Mary Virginia Darby, 120
Ward, Matilda Knott, 39
Ward, Michael Wayne, 120
Ward, N. H., 212
Ward, Nellie, 212
Ward, Pearl J. Keith Carlin, 20
Ward, Robert, 39
Ward, Rosa Virginia Morningstar, 39, 120
Ward, Sabrina Lynn, 120
Ward, Sandra N., 146
Ward, Sarah John Williams, 120
Ward, Silas, 39
Ward, Thomas H., 39, 120
Ward, Thomas J., 39
Ward, Thomas Newton, 120
Ward, Verna Queen, 120
Ward, Vernon E., 120
Ward, Vernon Eugene, 120
Ward, William Harrison, 120
Ward, Wilson Stewart, 120
Wardlaw, Evelyn, 72
Ware, Alice, 234
Ware, Clayton Ellms, 120
Ware, Edward F., 129
Ware, Elizabeth Elgin Black, 49, 120
Ware, Harriet Arrington, 120
Warfield, Alice Mullinix, 216
Warfield, Alice Flavilla Mullinix, 216
Warfield, Alice Roberta Baker, 234
Warfield, Annie Elizabeth Lewis, 20
Warfield, Basil T., 216
Warfield, Basil Thomas, 216
Warfield, Bertha Sedonia, 82, 106
Warfield, Bessie M. Allnutt, 216
Warfield, Bettie E., 120
Warfield, Bettie E. Harding, 67, 106
Warfield, Blanche, 211, 216
Warfield, Caroline Lewis, 19
Warfield, Carrye O., 12

Warfield, Charles E., 20
Warfield, Charles G., 212
Warfield, Charlotte, 9
Warfield, Chloe Annie, 72
Warfield, Cost J., 216
Warfield, David Donald, 120
Warfield, Donald E., 212
Warfield, Dorothy E. Watkins, 212
Warfield, Edna, 114
Warfield, Edward, 184
Warfield, Edward Dorsey, 146, 212
Warfield, Effie A., 216
Warfield, Eli, 9
Warfield, Elisha S., 212
Warfield, Elizabeth A., 206
Warfield, Ella Belle Tabler, 12, 20
Warfield, Ella M., 140
Warfield, Ellis King, 212
Warfield, Emma, 213
Warfield, Emma C., 213
Warfield, Estella B., 213
Warfield, Ethel P., 212
Warfield, Eunice Etchison, 184
Warfield, Fairy Elizabeth Burdette, 234
Watkins, Fillmore C., 216
Warfield, Frances Elizabeth Bolton, 216
Warfield, Frances L., 212
Warfield, Garrison, 20
Warfield, George W., 212
Warfield, Georgetta Shipley, 216
Warfield, Gertrude B., 168
Warfield, Hamilton Deets, 234
Warfield, Hamilton G., 193, 196
Warfield, Hannah, 120
Warfield, Horace, 202
Warfield, James Latimer, 20
Warfield, James Paul, 146
Warfield, Jessie W., 212
Warfield, John, 212
Warfield, John Thomas, 72
Warfield, Joshua D., 212
Warfield, Julia K., 212
Warfield, Katie Lee Johnson, 216
Warfield, L. L., 120
Warfield, Laura A., 225, 228
Warfield, Laura J., 168
Warfield, Lena, 66
Warfield, Lewis A., 212
Warfield, Louis Fillmore, 216
Warfield, Lola Leanna, 211
Warfield, Louisa E. Lyddard, 216
Warfield, Louise B., 67
Warfield, Lucetta, 212
Warfield, Lucretia, 200, 207
Warfield, Luther D., 20
Warfield, Mabel Poole, 120
Warfield, Mahlon H., 20, 184
Warfield, Margaret, 213
Warfield, Margaret JoAnn, 212
Warfield, Martha, 202

Warfield, Mary Ann, 9, 14
Warfield, Mary E., 212
Warfield, Mary Elizabeth Leishear, 216
Warfield, Merhl Basil, 216
Warfield, Mildred, 46
Warfield, Rachel Virginia Dorsey, 72
Warfield, Raymond C., 216
Warfield, Raymond Lafayette, 216
Warfield, Robert Leroy, 120
Warfield, Rose Hilton, 213
Warfield, Samuel Dorsey, 234
Warfield, Sarah Ann Beall, 20, 184
Warfield, Sarah Rebecca King, 202
Warfield, Shirely Ann, 120
Warfield, Verta K. Mullinix, 146, 212
Warfield, William, 168
Warfield, William H., 213
Warfield, William G., 120
Warfield, William Garrett, 67
Warfield, William M., 213
Warner, Margaret, 74
Warner, Mildred, 68
Warthen, Albert E. B., 234
Warthen, Alfred C., 213
Warthen, Augustus T., 213
Warthen, Bessie Vierna, 180, 227
Warthen, Edith A., 213
Warthen, Edward E., 206
Warthen, Emma Augusta, 213
Warthen, Emma J., 213
Warthen, Emma Warfield, 213
Warthen, Forest G., 213
Warthen, Harold, 213
Warthen, Gurney, 213
Warthen, Jestina, 205
Warthen, Louise H., 234
Warthen, Marie C., 213
Warthen, Mary Emma, 205, 211
Warthen, Mary Jane, 213
Warthen, Mildred Augusta, 213
Warthen, Minnie M., 213
Warthen, N. Benjamin, 213
Warthen, Nathan B., 213
Warthen, Nathan Reed, 213
Warthen, Ollie Ann Reed, 206, 213
Warthen, Raymond, 213
Warthen, Rebecca J., 213
Warthen, Rhoda Ann, 213
Warthen, Vivian, 206
Warthen, William Edward, 213
Warthen, Willie B., 213
Warther, Charlotte Schlers, 39
Warther, Edmund G., 39
Warther, Fred, 39
Warther, Kathleen B., 39
Waugh, Ellen A. Johnson, 160
Waugh, James A., 160
Washburn, Delihna Elizabeth Horine, 9
Washington, Bessie M., 219, 220

Washington, George W., 151
Washington, Gladys M., 219
Washington, Henry W., 220
Waters, Acshah D., 85
Waters, Alice May Allnutt, 120
Waters, Allnutt Hess, 120
Waters, Altazero, 21
Waters, Andrew J., 146
Waters, Ann, 116
Waters, Bertha, 201
Waters, Bowie Barton, 120
Waters, Bowie Jennings, 120
Waters, Catherine Lorraine, 39
Waters, Charles, 21, 56
Waters, Charles Clark, 120
Waters, Charles H., 120
Waters, Charles Lewis, 120
Waters, Cornelius Etchison, 39
Waters, Doris Hammond, 120
Waters, E. M., 168
Waters, Earl S., 20
Waters, Eleanor, 71
Waters, Eleanor Allnutt, 120
Waters, Elinor, 236
Waters, Elizabeth, 19
Waters, Ella Yates, 120
Waters, Emily Howard Griffith, 120
Waters, Fannie F., 213
Waters, Frances Rufus, 181, 235
Waters, Godfrey, 146
Waters, Henry W. Dorsey, 120, 124
Waters, John, 220
Waters, Joseph Henry, 120
Waters, Joseph Horace, 39
Waters, Kesiah Ann Windsor, 146
Waters, Laura S., 176
Waters, Laura W., 169
Waters, Leonidas, 146
Waters, Lillian Marguerite "Marjorie," 56, 119
Waters, Lucy, 88
Waters, Maria Elizabeth, 120
Waters, Marie E. Harris, 146
Waters, Maria Willson, 146
Waters, Martha Maria Dawson, 120
Waters, Mary E., 164
Waters, Mary E. L., 99
Waters, Mary Elizabeth, 123
Waters, Mary Ercel McDonough, 12, 20
Waters, Mary Lee, 74, 127
Waters, Mary Hoyle, 39
Waters, Mary E. L. Willson, 120
Waters, Mary Waters, 120
Waters, Mary Willson, 99, 102
Waters, Maud A. Gingell, 56
Waters, Maud Estelle Getzendanner, 120
Waters, Mildred, 65
Waters, Nacy, 19

Waters, Norma Marie Lilly, 120
Waters, Perry Davis, 120
Waters, Prudence Jane, 43, 97, 124
Waters, Rufus Francis, 181
Waters, Samuel, 120
Waters, Samuel Devers, 120
Waters, Sarah E., 21
Waters, Susan R., 168
Waters, Thomas, 120
Waters, Uriah, 201
Waters, William, 120
Waters, William A., 39, 213
Waters, William Augustus, 99, 120
Watkins, Addie E. Shipley, 196
Watkins, Addie S., 168
Watkins, Agnes Jeanette Walter, 39
Watkins, Agnes Virginia Schaeffer, 177
Watkins, Airy C., 204, 213, 214
Watkins, Alexander F., 182
Watkins, Albert B., 196
Watkins, Alburn H., 196
Watkins, Alfred Woodfield, 176
Watkins, Alice M., 235
Watkins, Alonzo Claggett, 204, 213
Watkins, Alpha, 168, 169, 170, 176, 177
Watkins, Alta Lee Davis, 9
Watkins, Ann Elizabeth, 174
Watkins, Ann Wilson Moxley, 223
Watkins, Amanda, 196, 197
Watkins, Amanda C., 200
Watkins, Amanda E., 235
Watkins, Amanda Marie King, 176
Watkins, Amelia A. Kinder McClure, 235
Watkins, Amy C., 197
Watkins, Ann Wilson Moxley, 235
Watkins, Anna May Jones, 176
Watkins, Annie Ellen, 169
Watkins, Annie Estelle Hall, 176, 177
Watkins, Antonia, 191
Watkins, Ara Ann, 200, 213
Watkins, Archibald Brett, 176
Watkins, Arthur L., 168
Watkins, Arthur Leonard, 169
Watkins, Avie C., 146
Watkins, Barry Kenneth, 213
Watkins, Belle P., 172
Watkins, Bernard Lee, 235
Watkins, Bertha, 172, 204
Watkins, Bertie B., 182
Watkins, Bertie Olivia Bellison Watkins Hurely, 234
Watkins, Bessie, 168, 177
Watkins, Bessie K., 172
Watkins, Bessie Lee King, 168
Watkins, Bessie May, 222, 226
Watkins, Bessie T. Wallach, 168
Watkins, Blanche Pearce, 214
Watkins, Bradley, 188, 196, 229

Watkins, Brenda, 177
Watkins, Byrd E., 197
Watkins, C. E., 169
Watkins, Caleb H., 234, 235
Watkins, Carlton T., 197
Watkins, Caroline E., 222
Watkins, Caroline Hazel, 176
Watkins, Catherine C. Beall 186, 192, 195, 197, 213
Watkins, Celeste Pearl, 171
Watkins, Charles A., 160
Watkins, Charles Edward, 177
Watkins, Charles Jefferson Lee, 171, 172, 173, 176, 177
Watkins, Charles V., 196
Watkins, Charity A., 200, 201
Watkins, Charity King, 176, 213
Watkins, Charlotte Haller, 169
Watkins, Charlotte J. Williams, 165, 168, 169, 177
Watkins, Christopher Eugene, 176, 177
Watkins, Clarence Gordon, 196
Watkins, Claude, 160
Watkins, Claudia Lucille, 172
Watkins, Clinton C., 168
Watkins, Cora, 228
Watkins, Cora B., 196, 197
Watkins, Cordelia B. Mullinix, 193
Watkins, Cornelius, 234
Watkins, Cornelius Alfred, 176, 177
Watkins, Dallas D., 196
Watkins, Darius Franklin, 234
Watkins, David W., 234
Watkins, Dorothy A. Hilton, 235
Watkins, Dorothy B., 213
Watkins, Dorothy E., 212
Watkins, Dorsey Milton, 177
Watkins, Earl Wheeler, 177
Watkins, Edith P. Mount, 197, 213
Watkins, Edith Pauline King, 213
Watkins, Edna B., 196
Watkins, Edna Estelle, 209
Watkins, Edna M. Rodewig, 177
Watkins, Edna V., 196
Watkins, Edward E., 196, 197
Watkins, Edward King, 167, 168, 213
Watkins, Edward Levi, 225, 234
Watkins, Eleanor, 194
Watkins, Eleanor Jane Brewer, 173, 175, 176, 177
Watkins, Eleanor Norwood, 9
Watkins, Elbert L., 235
Watkins, Elenore C. Hitchcock., 196
Watkins, Elizabeth Ann, 173
Watkins, Ella May, 155
Watkins, Elmore Everett, 234
Watkins, Eloise Nadine, 197
Watkins, Elsie Beall, 197
Watkins, Emma, 169
Watkins, Emma Jane Lewis, 176, 177

Watkins, Emma Rose, 214
Watkins, Emma Rose Buxton, 235
Watkins, Emory Thomas, 210, 213
Watkins, Enoch S., 235
Watkins, Esther Pearl Luhn, 168
Watkins, Ethel B. Gue, 169
Watkins, Etta May, 177
Watkins, Eudolphia Claggett, 235
Watkins, Eva Lee King, 146, 172, 175, 176
Watkins, Evelyn Eader, 213
Watkins, Evelyn G., 176
Watkins, Evelyn S., 235
Watkins, Evie, 169
Watkins, Fannie E. Brown, 177
Watkins, Fannie Leannah Hyatt, 213, 222, 225, 235
Watkins, Fannie Wagner McElfresh, 197
Watkins, Fat Huntington, 204
Watkins, Fidelia E. Reed, 234
Watkins, Fillmore C., 213
Watkins, Florence Edward, 167
Watkins, Florence Elizabeth Molesworth, 225, 235
Watkins, Frances Marion, 168, 171
Watkins, Frederick Bartgis, 176
Watkins, Garrett Webster, 168
Watkins, Gassway, 235
Watkins, George Lacy, 176
Watkins, George Orlando, 168
Watkins, Gladys D., 176
Watkins, Gladys Irene, 225, 234
Watkins, Grafton, 234
Watkins, Granville W., 168
Watkins, Guy Dallas, 177
Watkins, Harold Hall, 176
Watkins, Harriet Ann Lewis, 168, 169, 170, 176, 177
Watkins, Harry G., 235
Watkins, Harry Lorenzo, 176, 177
Watkins, Harvey Lansdale, 227, 234
Watkins, Helen E. Buxton, 235
Watkins, Herbert, 168, 177
Watkins, Hilda, 166
Watkins, Howard Raymond, 196
Watkins, Ida Belle, 189, 197
Watkins, Ida Catherine, 174, 175
Watkins, Ida Louise, 176
Watkins, Ida M. Merson, 234
Watkins, Ida Virginia C. Day, 174, 177
Watkins, Infant, 197
Watkins, Ira Dorsey, 225, 235
Watkins, Ira H., 235
Watkins, Iris, 142
Watkins, Irvin B., 235
Watkins, Isabella Virginia, 188, 189
Watkins, James A., 235
Watkins, James Gilford, 177
Watkins, James Henning, 235
Watkins, James Haller, 169

Watkins, James Oliver, 196
Watkins, James W., 169, 196
Watkins, James Willard, 165, 168, 169, 177
Watkins, Jane Dorsey Purdum, 173, 176, 177
Watkins, Jane E. Thompson, 235
Watkins, Jane Eleanor, 172
Watkins, Janice, 193
Watkins, Jennie Elizabeth, 173
Watkins, Jeremiah, 213, 234
Watkins, Jeremiah Columbus, 223, 235
Watkins, Jesse, 176
Watkins, Jessie I., 189
Watkins, Jessie P., 168
Watkins, Joan Marie, 174
Watkins, John, 194, 197
Watkins, John Lester Clark, 168
Watkins, John Norman, 176
Watkins, John Oliver Thomas, 146, 172, 175, 176, 177
Watkins, John T., 196
Watkins, John W., 196, 235
Watkins, John W. C., 235
Watkins, Jon Parker, 196
Watkins, Joseph Dallas, 174, 177
Watkins, Joseph Grant, 196, 197
Watkins, Joseph S., 196
Watkins, Josephine Lee, 182, 197
Watkins, Joshua W., 197
Watkins, Josiah W., 179, 196, 197
Watkins, Julia Ann Linthicum, 163, 165, 168
Watkins, Julia Elizabeth, 175
Watkins, Julia Norwood, 177
Watkins, Julius L., 196, 197
Watkins, Julius Monroe, 197
Watkins, Katie M., 197
Watkins, Kenneth Ray, 177
Watkins, Laura Dorcas, 190
Watkins, Laura Rebecca Woodfield, 176
Watkins, Laura V., 171
Watkins, Lavander, 208
Watkins, Leah Jane, 165
Watkins, Laura Jane Soper, 177
Watkins, Lavander W., 213
Watkins, Lelia Edward, 234
Watkins, Lena, 9
Watkins, Lena Elizabeth, 229
Watkins, Leroy Webster, 168
Watkins, Lester B., 235
Watkins, Lester Steele, 197
Watkins, Leven Belt, 197
Watkins, Lillie Mae, 230
Watkins, Lois Lillian Davis, 196
Watkins, Lorenzo Dallas, 173, 176, 177
Watkins, Lorenzo Dow, 200, 213
Watkins, Louisa E. Lyddard, 213
Watkins, Louisa J. Brown, 234
Watkins, Louise L., 197, 213

Watkins, Lucinda A., 165
Watkins, Lucretia A., 235
Watkins, Luther M., 9, 171, 177
Watkins, Lyde A., 235
Watkins, McKinley, 176
Watkins, M. T., 213
Watkins, Mae Grace, 175
Watkins, Mamie Alice, 225
Watkins, Mamie Cleveland, 186
Watkins, Mamie Elizabeth Watkins, 213
Watkins, Manovia E. 165
Watkins, Margaret, 68
Watkins, Margaret A. Brown, 235
Watkins, Margaret Antoinette, 194
Watkins, Margaret C. Runkles, 182
Watkins, Margaret E. Becraft, 234
Watkins, Margaret Florence, 173
Watkins, Margaret L., 168
Watkins, Margaret Lucinda, 185, 186, 191
Watkins, Margaret N. C., 185
Watkins, Marjorie B., 214
Watkins, Martha Ann Burdette, 197
Watkins, Martha P., 197
Watkins, Martha R. King, 197
Watkins, Martha T., 171
Watkins, Marian Phyllis Thompson, 177
Watkins, Marshall Crittendon, 235
Watkins, Marshall J., 196
Watkins, Marshall T., 235
Watkins, Mary Ann Beall, 179, 196, 197
Watkins, Mary Avondale, 165
Watkins, Mary Belle Hawkins, 177
Watkins, Mary Catherine Pearce, 213, 234
Watkins, Mary E., 173
Watkins, Mary E. Burdette, 235
Watkins, Mary E. Wharton, 197
Watkins, Mary Edna Moxley, 235
Watkins, Mary Ellen, 7, 8, 173
Watkins, Mary Luana, 204, 213
Watkins, Mary M., 197
Watkins, Mary Mae Burns, 177
Watkins, Mary R., 177, 179
Watkins, Mary Rebecca, 188
Watkins, Mary Rebecca Eller, 177
Watkins, Martha Rebecca King, 197
Watkins, Mary Shaw P., 170, 175, 176
Watkins, Mary Virginia, 197
Watkins, Matilda R., 194, 197
Watkins, Mattie E., 235
Watkins, Maude C., 9
Watkins, May Belle, 173
Watkins, Maynard Dorsey, 176, 177
Watkins, Maynard Wilson, 197
Watkins, Maysie Nadine Brandenburg, 197
Watkins, Mazie Marie, 172, 177, 178
Watkins, Mildred V., 234

Watkins, Minnie A. C. King, 171, 172, 173, 176, 177
Watkins, Minnie, 200, 222
Watkins, Minnie Gertrude, 172
Watkins, Minnie Hazel, 171
Watkins, Morgan H., 197
Watkins, Morgan Herbert, 213, 234
Watkins, Myra Lavinia, 214
Watkins, Myrtle Bryan Burns, 172, 177
Watkins, Myrtle Estelle King, 197
Watkins, Nannie G. Copeland, 177
Watkins, Nellie Cosgrove, 169
Watkins, Nellie Evelyn, 169
Watkins, Nettie B., 196
Watkins, Nettie Dorsey Etchison, 177
Watkins, Nettie F., 196, 197
Watkins, Nicholas O'Bryan, 39
Watkins, Noah, 163, 165, 168
Watkins, Noah Luhn, 168
Watkins, Nora King, 168
Watkins, Nora Linthicum, 163
Watkins, Nona M. Burdette, 213
Watkins, Norman D., 176
Watkins, Olive M., 192
Watkins, Oliver, 222, 235
Watkins, Oliver Augustus, 177
Watkins, Oliver Talmadge, 177
Watkins, Oliver Thomas, 175, 176, 177
Watkins, Olivia Jane Brown, 235
Watkins, Otis L., 197
Watkins, Otto, 177
Watkins, P. Madge, 196
Watkins, Paul Winstead, 213
Watkins, Perry G., 213, 235
Watkins, Philemon G., 235
Watkins, Philip Charles, 177
Watkins, Rachel A. Hobbs, 177
Watkins, Ralph W., 213
Watkins, Ray Mount, 196
Watkins, Raymond Ridgely, 169
Watkins, Rebecca, 11, 229
Watkins, Rebecca Zerah Burdette, 188, 196
Watkins, Reuben E., 235
Watkins, Rhinaldo, 204, 213, 214
Watkins, Rhoda Ann Mullinix, 234
Watkins, Rhoda J., 223
Watkins, Richard, 9, 235
Watkins, Richard A., 182
Watkins, Richard Morgan, 213
Watkins, Robert Bart, 213, 234
Watkins, Robert Lee, 197, 234
Watkins, Roberta E., 188
Watkins, Roby Selman, 182
Watkins, Rodolphus Grafton, 235
Watkins, Rosa A. Duvall, 160
Watkins, Rosa L. Matthews, 168
Watkins, Rosa Mae Johnson, 176
Watkins, Rosalie V. Duvall, 235
Watkins, Rose Ethel Mullinix, 213

Watkins, Rosetta May, 188, 189
Watkins, Royce Maynard, 197
Watkins, Royce Talmadge, 177
Watkins, Russell C., 197, 213
Watkins, Ruth, 222
Watkins, Ruth E., 180
Watkins, Ruth Evelyn, 185
Watkins, Ruth Selby King, 39, 176, 177
Watkins, Sallie Blanche, 174
Watkins, Sallie Merson, 234
Watkins, Samuel B., 188, 190, 194, 197
Watkins, Samuel C., 182, 197
Watkins, Sarah C., 235
Watkins, Sarah E., 165, 185, 213, 235
Watkins, Sarah Elizabeth, 223, 224
Watkins, Sarah Elizabeth Williams, 192, 196, 197
Watkins, Sarah J., 188, 190, 194, 197
Watkins, Sarah J. Lovejoy, 235
Watkins, Sarah J. Norwood, 197
Watkins, Sebastian W., 197
Watkins, Shirley Thames, 177
Watkins, Silas B., 165, 185, 213
Watkins, Sophronia R. Phelps, 167, 168, 213
Watkins, Susan, 213, 234
Watkins, Susan G. Williams, 160
Watkins, Susanna Ruth Etchison, 213, 235
Watkins, Sylvester, 235
Watkins, Talmadge Lorenzo, 172
Watkins, Thomas, 176, 213
Watkins, Tobias Calvin, 186, 192, 197, 213
Watkins, Uriah Thomas, 235
Watkins, Vernon Thomas, 197, 213
Watkins, Vertie A. Mullinix, 168
Watkins, Vivian Myrtle, 192
Watkins, Vivian R. Woodfield, 176
Watkins, W. Maurice, 197
Watkins, Walter Wilson, 168
Watkins, Wilbur Day, 39, 176, 177
Watkins, Wilbur E., 235
Watkins, Wilbur Noah, 168
Watkins, Wilfred Morgan, 213
Watkins, William, 106, 177
Watkins, William Dorsey, 177
Watkins, William E., 222
Watkins, William Edward, 213, 225, 235
Watkins, William Eldridge, 214, 235
Watkins, William Ernest, 197
Watkins, William Maurice, 197
Watkins, William S., 214
Watkins, William Thomas, 192, 196, 197
Watkins, Willie, 169
Watkins, Willis B, 214
Watkins, Winifred, 186
Watson, Freda Bryant, 120

Watson, George Hugh, 120
Watson, Helen Davis, 203
Watson, Nancy, 203
Watson, Paul W., 203
Watts, Butchie, 39
Wease, John Rodgers, 235
Weaver, Hettie, 47
Weaver, Jacob, 157
Weaver, Mary, 157
Weaver, Susan Witmer, 157
Webb, Beulah, 180
Webb, Denver, 180
Webb, Mary Etta, 229
Webb, Sereta, 180
Webber, Nicole Maria, 120
Webber, Sue Ann, 120
Weber, Charles A., 214
Weber, Emma F., 214
Weber, Malcolm D., 214
Weber, Mary A., 214
Weber, Philip C., 214
Weber, Remus G., 214
Webster, Alice V., 121
Webster, Annie M., 120, 121
Webster, E., 121
Webster, George, 120
Webster, Harvey, 120
Webster, M. W., 120
Webster, Maggie L., 120
Webster, Raymond E., 121
Weems, Howard G., 151
Weems, Mamie P., 151
Weidman, Mary Catherine, 225
Weinlein, Anthony Gerard, 121
Weinlein, Mary Elizabeth, 121
Weinlein, Robert Andrew, 121
Welch, Betty, 121
Welch, Evangeline, 121
Welch, Ida M., 17`
Well, T. C., 146
Weller, Amelita Alfaro, 121
Weller, Frank Harlow, 121
Weller, Geno D., 121
Weller, Lelia M., 227
Weller, Louis Parker, 39
Weller, Lucille B., 50
Weller, Mary Victoria Surratt, 39, 50, 121
Weller, Parker L., 39, 50, 121
Weller, Vivian V. Boswell, 39
Welling, Addie, 76
Welling, Elmer, 22
Welling, Martha, 19, 22
Welling, Mary Dillow, 22
Wells, Alma Burlison, 177
Wells, Clifton F., 121
Wells, Elizabeth, 121
Wells, Etta May Watkins, 173, 177
Wells, Hallie, 169
Wells, Judson, 177

Wells, Norman Foster, 177
Wells, Norman Louis, 177
Wells, Ovid L., 169
Welsh, Aaron, 220
Welsh, Anna Jane Claggett Smith, 14, 20
Welsh, Asa Hyatt, 20
Welsh, Beatrice A., 235
Welsh, Benjamin F., 220
Welsh, Edith, 122
Welsh, Elbert, 235
Welsh, Herbert, 20
Welsh, Infant, 121
Welsh, James H., 220
Welsh, Lettie C., 220
Welsh, Marab Scott, 20
Welsh, Martha Eloise, 235
Welsh, Mary Ann, 19
Welsh, Mary Ann Hyatt, 20
Welsh, Mary E., 220
Welsh, Mary J. Miller, 19
Welsh, Mary M., 14
Welsh, Mary Milton, 14
Welsh, Ollie Brooks, 20
Welsh, Susan Elaine, 235
Welsh, Turner Wootton, 19
Welsh, Urner, 220
Welsh, Warner, Jr., 20
Welsh, Warner Sr., 20
Welsh, Warner Miller, 19
Welsh, Warner Wellington Jr., 20
Welsh, Warner Wellington Sr., 20
Welsh, Wellington Forest, 20
Werner, John H., 214
Werner, Stella B., 214
Wessells, Laura Goldin, 31, 58
Wessells, William H., 31
West, Ann, 129
West, Eliza C., 47
West, Melba Ann, 197
West, Rex, 197
West, Elizabeth Ann, 68
Westesson, Jenny Katherine, 122
Weston, Marie, 39
Weston, Regina, 36
Wetherell, Joanne Louise Woodfield, 177
Wetherell, Thomas A., 177
Wetherell, Thomas L., 177
Wettengel, Lucy Ann Young, 121
Whalen, Blanche, 82
Whalen, Blanche McCloud, 82
Whalen, Columbia, 58, 126
Whalen, Fannie F., 121
Whalen, John, 82
Whalen, John A., 121
Whalen, John C., 121
Whalen, Mary C., 121
Whalen, Rachel A., 97
Whalen, William, 121

Whaling, Mary, 124
Wharton, Mary E., 197
Wheeler, Sarah Odell, 56, 122
Whetzel, Emma, 20
Whetzel, Minnie Catherine Runion, 20
Whipp, Alice V. Webster, 121
Whipp, Amos, 121
Whipp, Beulah Isabel, 121
Whipp, Carol Sue, 146
Whipp, Daniel, 146
Whipp, Ella B. Edwards, 146
Whipp, Hester Ann Catherine, 56, 77, 78
Whipp, Inez Rebecca Ballenger, 146
Whipp, J. Floyd Donald, 146
Whipp, Jerry Ray, 146
Whipp, Joseph Roy, 146
Whipp, Mary, 146
Whipp, Mary Cornelia, 120
Whipp, Mamie Cole, 121, 146
Whipp, Mattie Arbanna, 121
Whipp, Myrtle Derry, 146
Whipp, Nancy, 146
Whipp, Paul Cole, 121
Whipp, Raymond, 146
Whipp, Stanley D., 146
Whipp, William W., 121, 146
Whisman, Annie Harrison, 121
Whisman, Clarice, 72
Whisman, Flora Mae Gravley, 46, 81
Whisman, Frank, 121
Whisman, Frank W., 121
Whisman, Lulu, 86
Whisman, Mae Seline, 45
Whisman, Marco Marion, 72, 121
Whisman, Perlina Elizabeth Waddell, 72, 121
Whisman, Rose Anne May, 121
Whisman, Ruth, 121
Whisman, Stewart C., 46, 81, 121
Whisman, Viola Elizabeth, 46
Whisner, Charles W., 121
Whisner, Mae Elizabeth Mills, 121
Whisner, Phillip W., 121
Whitaker, Algernon L., 121
Whitaker, Beulah, 121
Whitaker, Christiana, 129
Whitaker, Cora John, 62
Whitaker, Harriet Elizabeth, 121
Whitaker, Hester Ellen Trundle, 121
Whitaker, Theresa, 121
Whitaker, Virginia M., 54, 81
White, Abbie May Specht, 105, 122
White, Albert, 123
White, Alda Brent, 80, 82
White, Aletha Brewer, 83, 122
White, Alice V., 122
White, Alvin E., 122
White, Alvin H., 121

White, Amy R., 122
White, Ann Belt Trundle, 111, 121, 123
White, Ann Ellen Grace Boteler, 122
White, Anna Dade, 121
White, Anna Frances Duke, 80, 122, 125
White, Anna Veirs, 102, 121, 122
White, Annie Duvall, 68
White, Annie E. Dawson, 125
White, Annie E. Pyles, 123
White, Annie Oliver Belt, 68, 72, 83, 123, 124
White, Arthur, 121, 123, 125
White, Benjamin, 42, 83, 121, 122, 125
White, Benjamin Franklin, 121, 122, 123, 124
White, Benjamin Rush, 121
White, Benjamin Stephen, 29, 50, 122
White, Bessie S., 123
White, Betty Warnetta, 105
White, Beulah, 74
White, Byron Dyson, 122
White, Catherine B., 81
White, Catherine Boland, 122
White, Charles Ernest, 102, 105, 122
White, Charlotte E. Kilgour, 121
White, Cora V. Hoyle, 160
White, Crezensa Dorothea Lauterwasser, 122
White, Donald Copland, 122
White, Edith Blanche, 122
White, Effie Thore, 89
White, Eleanor, 42
White, Eleanor Chiswell, 22, 42, 50, 56, 121
White, Eleanor Smith, 43, 44, 83, 121, 127
White, Elijah, 122
White, Elijah Wootton, 122
White, Elizabeth Smith, 42
White, Elizabeth White Gott Chiswell, 123, 125
White, Ella Clarke Bouic, 123
White, Ella Roberta Whitmore, 61, 116, 122, 123
White, Elsie Lee, 61
White, Emma, 103
White, Emma Frances, 122
White, Emma Katherine Rachel, 124
White, Estelle, 51
White, Eva, 123
White, Eva Maxine Ruffner, 102
White, Evelina Wailes, 44, 108, 123
White, Evelyn Wardlaw, 72
White, Frances E., 146
White, Frances R., 85
White, Frankie Alberta, 125

White, Flora Darnell, 121
White, Florence, 72
White, Florence Jones, 90
White, Florence May Williams, 123
White, Florence Pyles, 122
White, Frank, 124
White, G. M., 122
White, George T., 182
White, Gertrude H. Ganley, 122
White, Grace Elizabeth, 83, 106
White, Harold, 214
White, Harry, 122
White, Harry B., 122
White, Harvey Jones, 122
White, Helen V., 122
White, Henry, 123
White, Henry Boteler, 106
White, Henry Whitmore, 122
White, Herndon, 123
White, Hester Chiswell, 44, 125
White, Howard, 122
White, Huldah A. Piles, 123
White, Ida, 50, 73, 103
White, Ida D., 122
White, Ida Dyson, 122
White, Infant, 121, 122, 123
White, Jenny Katherine Westesson, 122
White, John Collinson, 122
White, John Russell, 122
White, Joseph, 102, 121
White, Joseph Chiswell, 106, 122
White, Joseph Furr, 122
White, Joseph Meade, 122
White, Joseph Newton, 42, 122, 123
White, Joseph Roger, 122
White, Joseph T., 123
White, Joseph Thomas, 80, 122, 123, 125
White, Julia Nanette, 124
White, Julian Newton, 123
White, Kathryn Elizabeth, 76
White, Laura Annette McGarry, 122
White, Laura R. Gott, 123
White, Laura V., 123, 157
White, Lawrence Allnutt, 68, 72, 83, 123, 124
White, Leonard D., 123
White, Lois T., 146
White, Lottie Eleanor, 83
White, Lutie, 121
White, Mabel, 125
White, Mansfield Smith, 61, 116, 122, 123
White, Margaret Ann, 38, 111
White, Margaret Ann Allnutt, 121, 123, 124
White, Margaret C., 122
White, Margaret Caroline Urner, 123
White, Margaret Chiswell, 123

White, Margaret Eleanor, 43, 44, 117
White, Margaret Eleanor Linthicum, 123
White, Margaret Lucille, 123, 124
White, Margaret Presbury Chiswell, 44, 121, 123
White, Marie Louise Hilleary, 122
White, Marshall, 121
White, Martha Priscilla, 122
White, Mary, 61, 182
White, Mary Collinson Gott, 106, 122, 123
White, Mary E., 89
White, Mary Eleanor, 116
White, Mary Elizabeth, 102, 123
White, Mary Elizabeth Sprigg, 76
White, Mary Elizabeth Veirs, 121, 122, 123
White, Mary Elizabeth Waters, 123
White, Mary Ella Florence Matthews, 121
White, Mary Estelle, 109
White, Mary Ethel Garner, 122
White, Mary Everline Pratt, 122, 123
White, Mary J., 160
White, Mary Lucile Jones, 122
White, Mary Priscilla, 111
White, Mary Virginia Bowman, 116, 123
White, Matilda Thompson, 122
White, Maurice, 123
White, Maxine E. Ruffner, 122
White, Michael, 123
White, Myra Eliza Compton, 44
White, Myrtle King, 123
White, Nannie Dickerson Poole, 122
White, Nathan Smith, 44, 108, 121, 123
White, Nathan Smith V., 123
White, Nellie Boteler, 58
White, Oliver Collinson, 123
White, Ollie Miles, 123
White, Rachel Ann, 43, 44, 122, 123
White, Rachel Chiswell, 121, 122, 125
White, Rebecca Odell Whiswell, 122
White, Richard Gott, 123
White, Richard Thomas, 76, 123
White, Robert Newton, 122
White, Ronald, 214
White, Rosalie Carr, 123
White, Sadie Estelle, 18
White, Sallie E., 117
White, Sallie Estella, 123
White, Samuel Chiswell, 123
White, Sarah, 67, 83, 103, 120, 125
White, Sarah A., 169
White, Sarah Aldah Offutt, 123
White, Sarah Ann, 169
White, Sarah Eleanor, 72, 124
White, Sarah Elizabeth, 116
White, Sarah Elizabeth Bowman, 106, 122
White, Sarah Elizabeth Jones, 121, 122

White, Sarah Ellen Nicols, 29, 122
White, Sarah Graves, 121
White, Sarah Griffith, 125
White, Sarah Louise, 122
White, Sarah Rebecca, 106
White, Shirley, 102
White, Stephen Newton,
   121, 122, 123
White, Stephen Newton Chiswell,
   111, 121, 123, 125
White, Susan Ann, 60
White, Thomas, 122
White, Thomas Henry, 122, 123
White, Thomas Oliver, 123
White, Virginia Cordell, 124
White, Walter, 89
White, Walter H., 160
White, Washington Waters, 123
White, Wellstood Whitmore, 123
White, William B., 123, 169
White, William Lingan, 116, 123
White, William Marshall, 123
White, William Rodney, 123
White, Willis, 123
White-Vaughan, Indika Nicole, 136
Whitehead, Florence M., 160
Whitehead, M. Leyden, 160
Whitman, Emma, 46
Whitmore, Ella Roberta, 61, 116,
   122, 123
Whitmore, Sarah, 66
Whittaker, Florence Allnutt, 124
Whittaker, Marilyn, 82
Whittington, Ida May, 171, 175
Whorton, Bradford, 124
Whorton, Edna Louise Shreve, 124
Wiese, Faye Patnaude, 197
Wiese, Keith Irwin, 197
Wiggins, Joseph St. Clair, 124
Wiggins, Mary Emma Hays, 124
Wilds, Francis, 113
Wilds, Mary H., 113
Wilds, Sadie, 113
Wiles, Carrie Melissa, 49
Wilhide, George Raymond, 146
Wilhide, Mary M., 146
Wilkenson, Dean Sylvester, 124
Wilkins, Katherine Sue, 124
Wilkins, Maud, 8
Willard, Annie Catherine Cubitt, 124
Willard, Charles Victor, 124
Willard, Delmah Dutrow, 124
Willard, Dewalt Josephus, 124
Willard, Earnest Garfield, 124
Willard, Ellis A., 124
Willard, George D., 124
Willard, Harry L., 124
Willard, Laura, 68
Willard, Mamie F., 114
Willard, Mary F., 114

Willard, Mary M. Farr, 124
Willard, Maurice, 124
Willard, Sarah Etta, 124
Willett, Annie M., 59
Williams, Ada Duvall, 160
Williams, America, 124
Williams, Alice M., 236
Williams, Ann C., 236
Williams, Ann Elizabeth, 67, 103
Williams, Ann Perry, 125
Williams, Anna Cost Poole, 125
Williams, Anna Louise, 76
Williams, Anna Mariah Talbott,
   124, 125
Williams, Annie Belle, 48
Williams, Annie E. Dawson, 124
Williams, Archilbelle Annette, 125
Williams, Arnold Melvin, 125
Williams, Arthur, 124
Williams, Arthur McGill, 124
Williams, Arthur White, 124
Williams, Avondale M. Purdum, 177
Williams, Bea, 125
Williams, Beatrice Matthews, 177
Williams, Belle Reed, 124
Williams, Bernard D., 124
Williams, Bessie L., 216
Williams, Bettie, 50
Williams, Blanche, 216
Williams, Brown Osborne E., 214
Williams, C., 146
Williams, Charles Wellington, 169
Williams, Carrie Lucille, 102
Williams, Carrie Wheeler, 43
Williams, Catherine Amelia, 124
Williams, Charles, 124
Williams, Charles Calvin, 197
Williams, Charles McGill, 43, 44, 97
   124
Williams, Charlotte Carolyn Larned,
   103
Williams, Charlotte J., 165, 169, 177
Williams, Claire, 76
Williams, Cora Lee, 99
Williams, Cordelia Elizabeth Baker,
   215, 216
Williams, Colmore W., 124
Williams, Daniel M., 216
Williams, Donald H., 169
Williams, Dorsey Waters, 124
Williams, Downey M., 214, 216
Williams, Edward E., 162
Williams, Eleanor Holland, 137
Williams, Elisha, 99, 124
Williams, Elisha W., 50
Williams, Elizabeth, 124
Williams, Elizabeth E., 165
Williams, Elizabeth Della Schaeffer,
   125
Williams, Elizabeth Stinson, 124

Williams, Emily Byron, 97
Williams, Emily Jane, 98
Williams, Emma, 106
Williams, Emma Katherine Rachel
   White, 124
Williams, Emily Howard, 124
Williams, Emily Lydanne, 74
Williams, Emma Talbott, 103
Williams, Everline, 236
Williams, Ethel Leone, 197
Williams, Florence M., 203, 208
Williams, Florence May, 123
Williams, Florence Ray, 124
Williams, Frances Elizabeth Bolton,
   214, 216
Williams, Frances Poole, 125
Williams, Francis G., 124
Williams, Francis T., 125
Williams, Francis Thomas, 124
Williams, Frank, 124
Williams, Frankie Atwell, 127
Williams, Fred, 146
Williams, George Griffith, 124
Williams, Golden Ellsworth, 124
Williams, Harry McGill, 72, 124
Williams, Harriet C., 194, 196
Williams, Hattie W. King, 169
Williams, Hazel, 215
Williams, Helen, 125
Williams, Henry, 66
Williams, Henry Ralph, 124
Williams, Hepsie Anne Burdette, 214
Williams, Hesta B., 134
Williams, Hester Chiswell White,
   44, 125
Williams, Hilda, 166
Williams, Hilda M., 169
Williams, Humphrey, 56, 130
Williams, Ida Frances Beall, 124
Williams, Infant, 124, 125
Williams, James Dawson, 124
Williams, James E., 66, 99, 123, 160
Williams, James H., 236
Williams, James Henry, 125
Williams, Jane Plater, 50, 99, 124
Williams, Jane R., 7
Williams, Jeremiah Lewis, 215, 216
Williams, Jerry Thomas, 216
Williams, John H., 103, 134
Williams, John Henry, 120, 125
Williams, John Thomas, 124, 125
Williams, John W., 160
Williams, John Wilson, 160
Williams, Joseph, 169
Williams, Joseph Crawford, 169
Williams, Joseph F., 168, 169
Williams, Joseph W., 169
Williams, Josephus, 169
Williams, Julia Elizabeth, 125
Williams, Julia May, 124

Williams, Julia Nanette White, 124
Williams, K. E., 146
Williams, Karen S., 125
Williams, Kelly Orville, 125
Williams, Kelly Prevo, 125, 127
Williams, Kitty, 193, 197
Williams, Leah Marie, 140
Williams, Lee Blanche Parker, 48
Williams, Lola Imogene, 127
Williams, Louise, 75
Williams, Lucie White, 43, 44
Williams, Lulu Belle, 66
Williams, Mabel White, 125
Williams, Margaret, 72
Williams, Margaret Dronenburg, 146
Williams, Mariel H., 124
Williams, Martha M., 20
Williams, Martha Plater, 50
Williams, Mary C., 168
Williams, Mary Chiswell, 125
Williams, Mary E. Browning, 216
Williams, Mary Emma, 54, 63, 78
Williams, Mary Florence, 103
Williams, Mary Jane Dyson, 103
Williams, Mary Louise Dawson, 124
Williams, Mary Ruth, 169
Williams, Mary Shaw Brown, 125
Williams, Mary V., 125
Williams, Mary Virginia Schaeffer Getzendanner, 125
Williams, Mary Whaling, 124
Williams, Milo Woodbridge, 125
Williams, Molly Z. Pescon, 124
Williams, Myrtle Marie Tibbs Catron, 125
Williams, Nancy Ann, 137
Williams, Nettie E., 215
Williams, Norman, 166
Williams, Norman L., 169
Williams, Ola G., 166
Williams, Pauline, 125
Williams, Priscilla Lewis, 169
Williams, Prudence Jane Waters, 43, 44, 97, 124
Williams, Rachel Sarah, 56, 129
Williams, Rebecca Gott, 125
Williams, Richard Raymond, 48
Williams, Richard Poole, 125
Williams, Richard Walter, 44, 103, 125
Williams, Robert Lansdale, 169
Williams, Robert McKendree, 125
Williams, Rodger Walter, 125
Williams, Samuel, 197
Williams, Samuel B., 193
Williams, Sara, 160
Williams, Sarah Ann, 124
Williams, Sarah Beall, 56, 130
Williams, Sarah Eleanor White, 72, 124
Williams, Sarah Elizabeth, 196, 197
Williams, Sarah Florence, 125

Williams, Sarah Griffith White, 76, 125
Williams, Sarah Jane, 66
Williams, Sarah Jane Burdette, 123, 160
Williams, Sarah John, 120
Williams, Sarah Newton Cissel, 125
Williams, Sarah White, 67, 103, 120, 125
Williams, Sophronia, 168, 169
Williams, Sophronia Anderson, 169
Williams, Sophronia Louise, 166
Williams, Stephen, 125
Williams, Susan G., 160
Williams, Thompson, 169
Williams, Vernon, 125
Williams, Virginia Ruth, 188, 189
Williams, Walter, 125
Williams, William, 137, 165, 169
Williams, William Edward, 125
Williams, William F., 177
Williams, William Jeremiah, 125
Williams, William L., 216
Williams, William McKendree, 76, 125
Williams, William V., 169
Williams, William White, 125
Willis, Richard, 125
Willson, Ann Elizabeth, 145
Willson, Catherine, 146
Willson, Eleanor, 125
Willson, Eleanor Sheckles, 100
Willson, Gustarvus, 147
Willson, Horace, 145, 146
Willson, John, 146
Willson, John Clark, 147
Willson, Leah Summers, 145, 146
Willson, Leonidas, 146
Willson, Maria Willson Waters, 146
Willson, Mary, 120
Willson, Mary E. L., 99, 109, 120
Willson, Mary Tillard Douglas, 100, 101
Willson, Priscilla, 24
Willson, Ralph, 197
Willson, Richard, 100
Willson, Robert, 125
Willson, Sarah Ann E., 102
Willson, Sarah Jupine Clark, 146
Willson, William, 146
Willson, William Clark, 146
Wilmoth, Frances, 171
Wilmoth, Leonard J., 171, 177
Wilmoth, Loree Iglehart, 177
Wilmoth, Mamie M. Iglehart, 171, 177
Wilson, Asenath E., 225
Wilson, Flora M., 162
Wilson, Maude, 220
Wilson, Mrs., 21
Wilson, Viola, 234
Wilt, Cora Hawes, 54
Wilt, John William, 54
Wilt, Lucy Mae, 8, 18

Wilt, Maude, 54
Wiltshire, Kenneth Woodrow, 177
Wims, Amanda, 134
Wims, Benjamin F., 148, 151
Wims, Claggett, 134
Wims, Clifton E., 151
Wims, Dorothy E., 134
Wims, Eleanor E., 134
Wims, Eliza M., 148, 151
Wims, Emily E., 151
Wims, Emma M., 151
Wims, George, 134
Wims, George W., 151
Wims, George William, 134
Wims, Grace, 151
Wims, Glenwood F., 151
Wims, H., 151
Wims, Herbert Lee, 151
Wims, James H., 151
Wims, John W., 151
Wims, Lajanie Elizabeth, 152
Wims, Leonard N., 151
Wims, Lillie M., 151
Wims, Manzella V., 148
Wims, Maria E., 151
Wims, Mary Sophronia, 152
Wims, Maude Etta, 151
Wims, Maynard C., 151
Wims, Rena D., 151
Wims, Robert W., 151
Wims, Rusia Wilson, 151
Wims, Shirley G., 151
Wims, Theodore, 151
Wims, Theodore R., 152
Wims, Wallace O., 151
Wims, Warner, 151
Wims, Wayne, 151
Wims, William H., 134
Wims, William N., 152
Winchell, Emma A., 160
Winchell, William R., 160
Windolph, Emma Virginia, 39
Windolph, John Francis, 39
Windson, Ollie May, 160
Windsor, Alexander, 20, 236
Windsor, Ann E. Murphy, 146
Windsor, Antonia, 236
Windsor, Caroline, 24
Windsor, Catherine A. Hall, 125
Windsor, Catherine E., 147
Windsor, Columbus W., 235
Windsor, David W., 146
Windsor, Edgar R., 20
Windsor, Edward R., 125
Windsor, Elmer B., 146
Windsor, Georgia Blanche King, 235
Windsor, Georgia S. Thompson, 146
Windsor, Harry Winfield, 235
Windsor, Henry, 146
Windsor, Ida M., 13

Windsor, Ida P. Burdette, 137, 146
Windsor, Ida P. Burkett, 169
Windsor, Jackson F., 235
Windsor, James H., 20
Windsor, Kesiah Ann, 146
Windsor, Leslie H., 197
Windsor, Lonnie Hall, 197
Windsor, Lucinda W., 214
Windsor, Lula, 137
Windsor, Madeline W., 169
Windsor, Mary, 20, 146, 157, 184, 185
Windsor, Mary J., 13, 20
Windsor, Mary Julia King, 235
Windsor, Randolph, 169
Windsor, Randolph H., 137, 146
Windsor, Rebecca, 20, 187, 236
Windsor, Robert Leo, 214
Windsor, Russell, 169
Windsor, Sophia Catherine Cain, 235
Windsor, Susie B. Thompson, 147
Windsor, William R., 197
Windsor, William Randolph, 146
Windsor, Willis T., 147
Windsor, Zachariah, 13, 20
Windsor, Zachariah Thompson, 235
Wingate, Rebecca, 125
Winn, Maggie, 85
Winner, Donald V., 39
Winner, Dora Lorretta, 39
Winner, Harry Edward, 39
Winner, Laura,
Wire, Bessie May, 47
Wire, Clara Hall, 147
Wire, Franklin J., 147
Wire, Mary B., 147
Wire, Minnie G., 147
Wire, Paul Franklin, 147
Wise, Anna Genevieve Mossburg, 125
Wise, Martin Irenius, 125
Wiseman, Anna Elizabeth Roberson, 125
Wiseman, Nellie Cook, 125
Wiseman, Martin Andrew, 125
Witmern, Susan, 157
Witt, Nannie, 156
Wolfe, Ann Clarinda, 8
Wolfe, Anna Mary Linthicum, 9, 10
Wolfe, Caroline Ann Hyatt, 7, 8, 9
Wolfe, Catherine Davis, 8
Wolfe, Dora M. Padgett, 125
Wolfe, Eli, 7, 8, 9
Wolfe, Eli Jr., 9
Wolfe, Ethel, 9
Wolfe, Garrott Davis, 9
Wolfe, George Jr., 9, 198
Wolfe, George Sr., 9
Wolfe, Hester A., Lawson, 16, 198
Wolfe, Infant, 9, 125
Wolfe, James Clifford, 198
Wolfe, Janie Roelke, 9

Wolfe, Jesse Hyatt, 9, 125
Wolfe, Joel Hamilton, 9, 10
Wolfe, Laura Dorcas Hyatt, 9, 125
Wolfe, Lavinia Hyatt Richards, 9
Wolfe, Letricia Leah, 203
Wolfe, Lillian Gertrude Cecil, 9
Wolfe, Maggie Boone Dorsey, 8, 9
Wolfe, Mamie Lucille Johnson, 160
Wolfe, Martin Dwight, 160
Wolfe, Martin Lester, 160
Wolfe, Mary Davis, 9, 198
Wolfe, Mary Dorcas, 7, 11
Wolfe, Mary France, 8
Wolfe, Minnie Catherine Martin, 160
Wolfe, Myrtle Mayfield, 9
Wolfe, Norman Dorsey Hyatt, 125
Wolfe, Ollie Ruth, 16
Wolfe, Robert W., 198
Wolfe, Sarah Ann, 8, 9
Wolfe, William E., 16, 198
Wolfrey, Bert B., 125
Wolfrey, Leona F., 125
Wolfrey, Patricia, 126
Wolfrey, Philip Lee, 126
Wolfrey, Reubin C., 126
Wolfrey, Willliam T., 126
Wood, Ada C., 126
Wood, Albert Worth, 96, 126
Wood, Benjamin Franklin, 129
Wood, Bettie L., 52
Wood, Betty Columbia, 49, 58
Wood, Charles Worth, 58, 126
Wood, Claude M., 126
Wood, Columbia Whalen, 58, 126
Wood, Diana Tennis, 126
Wood, Ernest P., 126
Wood, Ethel Fenwick, 71
Wood, Frances, 54, 68
Wood, George Thomas, 126
Wood, Hazel, 96
Wood, Henry G., 9
Wood, Ida Cole, 126
Wood, Infant, 126
Wood, Jessica C. Phillips, 96, 126
Wood, Joeann Miles, 20
Wood, Joseph, 126
Wood, Katie, 126
Wood, Lewis Franklin, 20
Wood, Marie Clark, 8
Wood, Martha, 126
Wood, Martha Morris, 126
Wood, Mary Agnes Hipkins, 8, 9
Wood, Mary L. G., 126
Wood, Mary Virginia Waddell, 126
Wood, Ollie Virginia, 126
Wood, R. Vinton, 71, 126
Wood, Rachel, 235
Wood, Robert William E., 126
Wood, Stanford Edward, 126
Wood, Teresa Cary, 126

Wood, Virginia Ann, 71
Wood, Virginia Ann Worthington, 126
Woodfield, Albert Waters, 169
Woodfield, Bradley Milton, 214
Woodfield, Charles E., 214
Woodfield, Clyta Beatrice Mullinix, 214
Woodfield, Della Waters, 213
Woodfield, Edward, 214
Woodfield, Elizabeth Biser Zimmerman, 177
Woodfield, Elizabeth Cassandra, 172
Woodfield, Emma Cassandra Boyer, 214
Woodfield, Emma Rose, 172
Woodfield, Emory Cross, 214
Woodfield, Ernest Fenton, 178
Woodfield, Evie Watkins, 169
Woodfield, George W., 214
Woodfield, Gloria, 172
Woodfield, Grace Louise, 177
Woodfield, Grant E., 214
Woodfield, Hazel Rebecca Brown, 172, 177
Woodfield, Katie M. Grimes, 178
Woodfield, Katie M. Purdum, 178
Woodfield, Kezia Riggs Purdum, 170, 178
Woodfield, Laura S. Waters, 169, 176
Woodfield, Laura Rebecca, 176
Woodfield, James M., 169, 176
Woodfield, Janie Marie, 174
Woodfield, Joanne Louise, 177
Woodfield, John Dorsey, 172, 177, 178
Woodfield, John Griffith, 177
Woodfield, John R., 176, 177
Woodfield, Joseph, 170, 177, 178
Woodfield, Joseph Leslie, 214
Woodfield, Joseph Waters, 169
Woodfield, Keziah Purdum, 177
Woodfield, Margaret Elizabeth, 177
Woodfield, Marietta "Nettie" Young, 177

Woodfield, Mazie Marie Watkins, 172, 177, 178
Woodfield, Marian Norman Howard, 214
Woodfeild, Mary L., 214
Woodfield, Myra Lavinia Watkins, 214
Woodfield, Nettie, 176
Woodfield, Paul Boyer, 172, 177
Woodfield, Richard Thomas, 178
Woodfield, Ruby E., 178
Woodfield, Rufus S., 170
Woodfield, Russell T., 178
Woodfield, Sarah A., 214
Woodfield, Sarah Jane King, 178
Woodfield, Thomas Dorsey, 178
Woodfield, Thomas Griffith, 214
Woodfield, Thomas F., 214

Woodfield, Va. A Schubert, 178
Woodfield, Virginia DeMoss, 169
Woodfield, Vivian R., 176
Woodfield, William E., 178
Woodfield, William G., 177
Woodfield, Zaccheus, 178
Woods, Flora Belle, 119
Woods, Mary Waddell, 119
Woods, Robert E., 119
Woodward, Charles W., 126
Woodward, Clarine Fletchall, 126
Woodward, Helen Grace, 106
Woodward, Mary Elizabeth, 126
Wootton, Albert, 126
Wootton, Dorothy, 64
Wootton, Edith Chiswell, 126
Wootton, Edward, 126
Wootton, Eloise, 56
Wootton, Emma V., 126
Wootton, Josephine Dawson, 126
Wootton, Lola H., 126
Wootton, Mary Sheppe, 126
Wootton, Norman, 126
Wootton, Norman Douglas, 126
Wootton, Tah-Wee-Nah, 126
Wootton, William Turner, 126
Worthington, Henrietta, 126
Worthington, Mary, 25
Worthington, Reuben, 25
Worthington, Thomas, 126
Worthington, Virginia Ann, 126
Worthmiller, Mary Elizabeth, 39
Wright, Anna Mae, 134
Wright, Aubrey, 160
Wright, Berry Thurman, 126
Wright, Catherine France, 126
Wright, Charles F., 147
Wright, Claude C., 147
Wright, Clifton W., 126
Wright, Delmas, 28
Wright, Donald Brooks, 182
Wright, Dora Hall Cooley, 126
Wright, E. Nisbet, 126
Wright, Ellen, 182
Wright, Elwood C., 182
Wright, Florence Hamilton Irvin, 126
Wright, Frances M., 126
Wright, Frenchie M., 160
Wright, Gertrude M. Beall, 182
Wright, Ida Marie, 68
Wright, Infant, 126
Wright, Irvin N., 126
Wright, J. Henry, 160, 182
Wright, Jack C., 126
Wright, Jacob Franklin, 126
Wright, James E., 160
Wright, Jane Francis, 126
Wright, Jesse Eugene, 126
Wright, John Robert, 126
Wright, Joyce B. Pearre, 140

Wright, Laura L., 126
Wright, Lena Mae, 88
Wright, Leslie E., 182
Wright, Lillian Rice, 235
Wright, Lula A. Cordell, 146
Wright, Lulu Bee, 126
Wright, Margaret Ann, 68
Wright, Margaret Kimball, 126
Wright, Mariah, 28
Wright, Margaraet America Ann, 127
Wright, Martha Greene, 88
Wright, Mattie, 147
Wright, Nettie E., 126
Wright, Norman E., 146
Wright, Owen F., 126
Wright, Rachel Ella, 127
Wright, Rella Grace, 126
Wright, Robert Silas, 126
Wright, Rose Claggett, 127
Wright, Roy Leslie, 126
Wright, Rush Lee, 127
Wright, Samuel, 68
Wright, Samuel P., 127
Wright, Sarah Elizabeth, 192, 193
Wright, Solomon, 160
Wright, Steve, 88
Wright, Virginia S., 147
Wright, Welthy Clifford, 147
Wright, William F., 235
Wu, Johnson, 39
Wynkoop, Lewis D., 147
Wynn, Irene Darby, 127
Wynne, Edward Buford, 127
Wynne, Edward Johnson, 127
Wynne, Ella Mae LEster, 127
Wynne, Ethel, 127
Wynne, Eula L., 89
Wynne, Harriet J., 127
Wynne, Ida, 94
Wynne, Ida Lake, 127
Wynne, James Wiley, 127
Wynne, Lewis B., 127
Wynne, Lola Imogene Williams, 127
Wynne, Ralph W., 127
Wynne, Ruth, 73
Wyvill, C. V. Harrison, 214
Yates, Adelaide Reed, 127
Yates, David Alan, 198
Yates, Dorothy Haddox, 127
Yates, Edwin Langhorn, 127
Yates, Ella, 120
Yeager, Lillian Estelle, 173
Yellot, Emily, 67
Yokley, James O., 160
Yokley, John W., 160
Young, Agnes E., 128
Young, Albert Edward, 128
Young, Aletha T., 50
Young, Alfred, 100
Young, Alice Irene, 105, 128

Young, Alta Bertha, 54, 100
Young, Amanda Grace, 216
Young, Amos Schaeffer, 127
Young, Anna Laura, 225
Young, Annie M. McPherson, 134
Young, Annie Mary, 127
Young, Ardell Rebecca, 127
Young, Asenath R. Riggs, 167, 169, 177
Young, Atwood Gwinn, 214
Young, Augusta, 72
Young, C. Byrtle, 199
Young, C. T., 128
Young, Carol Ann, 127
Young, Caroline C. Etchison, 199, 201, 214
Young, Caroline Thomas, 47
Young, Catherine S., 81
Young, Charles LeRoy, 127
Young, Charles T., 169
Young, Charlotte, 214
Young, Charlotte K., 39
Young, Clifford F., 160
Young, Courtney Richard, 127, 160
Young, David, 127, 128
Young, Dora Alta, 127
Young, Druscilla Trundle, 127
Young, Edwin M., 127
Young, Eleanor Maughlin, 127, 160
Young, Eliza A., 233, 235
Young, Eliza Ann, 182, 227, 233
Young, Eliza Estelle, 105
Young, Elizabeth L., 109
Young, Ella Lee, 127, 128
Young, Emily A., 127
Young, Emma D. Campbell, 127
Young, Ernest A., 128
Young, Ernest Lee, 127
Young, Esther I. Carlisle, 127
Young, Etta Brown, 128
Young, Eugenia, 64
Young, Eugenia T., 128
Young, Fannie Mae, 214
Young, Frances M. Davis, 236
Young, George Llewellyn, 128
Young, Harold Alfred, 127
Young, Harold B., 214
Young, Harriet Oden, 128
Young, Harvey T., 169
Young, Henry, 81, 108, 127, 233, 235
Young, Henry Cissel, 127
Young, Horace E., 225, 235
Young, Howard, 143, 147
Young, Irene, 127, 128
Young, Irene May, 127
Young, Irving Rodney, 127
Young, Isaac, 56, 127, 128
Young, Isla May, 199
Young, James Dallas, 199, 214
Young, James Mortimer, 147
Young, Jane Hunton, 127

Young, Jemima, 147
Young, Jessie Lowe,
Young, John, 78, 127
Young, John Artemus, 147
Young, John Dulles, 201
Young, John Franklin, 214
Young, John L., 127
Young, John Mortimer, 71, 127
Young, John Rodney, 127
Young, John William, 127
Young, Josephine, 215
Young, Josephine Lewis, 199
Young, Joy, 107
Young, L. Downey, 214
Young, Laura M., 167
Young, Lavinia Darr, 100
Young, Leonard Upton, 127
Young, Lenora Duvall, 214
Young, Lester Shaw, 128
Young, Llewellyn, 127, 128
Young, Lola, 201
Young, Louise Bayard, 128
Young, Lucinda M., 147
Young, Lucy Ann, 121
Young, Lucy Anna Wade, 121, 128
Young, Ludwick II, 128
Young, Ludwick III, 128
Young, Ludwick Craven, 107, 128
Young, Lula May Pearson, 127
Young, Luther H., 214
Young, M. Virginia, 100
Young, Madeline Louise Roberts, 128
Young, Margaret Chiswell, 81, 108, 127
Young, Margaret Elizabeth, 108
Young, Margaret R., 56, 127, 128
Young, Marguerite E. Knott, 127
Young, Marietta, 177
Young, Martha Ann Cissel, 127
Young, Martha Ann Purdum, 143, 147
Young, Matilda Riggs, 216
Young, Mary, 128, 200
Young, Mary Bertha, 128
Young, Mary Catherine Schaeffer, 78, 127, 128
Young, Mary E., 64
Young, Mary Ellen, 160
Young, Mary Ellen Amanda Shaw, 47, 127, 128
Young, Mary Ethel, 128
Young, Mary G., 214
Young, Mary Magdelene Simons, 128
Young, Mary Ryan, 128
Young, Mary Virginia, 66
Young, Matilda, 164
Young, Matilda Chilton, 127, 128
Young, Matilda Nesbit, 128
Young, Minnie Hunton Leache, 127
Young, Mortimer Theodore, 47, 127, 128
Young, Naomi Bogley, 128

Young, Nellie Virginia Hickman, 128
Young, Nora H., 230
Young, Paul Thompson, 128
Young, Paul, 128
Young, Phoebe R. Donohoe, 128
Young, R., 214
Young, Rachel, 214
Young, Ralph D., 214
Young, Richard, 164, 167, 169, 177, 200, 214, 216
Young, Richard Thomas, 128
Young, Robert L., 121, 128
Young, Roy Ernest, 128
Young, Ruth, 200
Young, Ruth G., 164
Young, Samuel, 50, 64, 127, 128
Young, Samuel C., 128
Young, Sandra Rupert, 128
Young, Sarah, 214
Young, Sarah A., 214
Young, Sarah A. White, 169
Young, Sarah Annie, 214
Young, Sarah Ellen Allnutt, 127
Young, Sophia V., 50, 127, 128
Young, Stella M. Robinson, 127, 128
Young, Theodore Hazel, 128
Young, Thomas, 214
Young, Thomas M., 199, 215
Young, Verlinda Catherine Lucretia 55, 56
Young, Victoria Amelia, 78
Young, Victoria Hampton, 127
Young, Virginia Craven, 128
Young, Virginia Saunders, 107
Young, William, 169
Young, William Alfred, 182, 227
Young, William Leroy, 128
Young, William Malcolm, 128
Young, Zane Harris, 134
Young, Zora Dove, 128
Young, Zourie Petzman, 127
Youngerman, Carl G., 160
Youngerman, Lucille H., 160

Zajdel, Mary Richards, 39
Zajdel, Michael R., 39
Zajdel, Thomas J., 39
Zeigler, Airy E., 9, 18
Zeigler, Alice Victoria, 7
Zeigler, Allie E., 184
Zeigler, Asa Hamilton, 20
Zeigler, Archie T., 220
Zeigler, Arra Elizabeth Smith, 20
Zeigler, Asbury, 220
Zeigler, Bertha Bowins, 220
Zeigler, Bertha M., 220
Zeigler, Charles T., 184
Zeigler, Christopher, 10, 19
Zeigler, David Alexander, 7, 8, 10, 20

Zeigler, David Irene, 10
Zeigler, Dock, 220
Zeigler, Edward O., 10
Zeigler, Eleanor Ann Hyatt, 7, 10, 20
Zeigler, Eleanor I., 220
Zeigler, Elizabeth Ellsworth, 220
Zeigler, Elsie, 220
Zeigler, Ernest A., 10
Zeigler, Flordie, 220
Zeigler, Gladys N., 220
Zeigler, John Wilson, 10
Zeigler, Julia S., 10
Zeigler, Julia Sterett Phillips, 10
Zeigler, Levi Christopher, 10
Zeigler, Lillian Lee, 10
Zeigler, Lucille, 220
Zeigler, M. Catherine, 220
Ziegler, Mary Ellen, 8, 10
Zeigler, Mary Thomas McElfresh, 10
Zeigler, Quintice, 10
Zeigler, Rick, 221
Zeigler, Samuel T., 221
Zeigler, Sarah F., 221
Zeigler, Ulysses G., 221
Zepp, Anna Louise Lehman, 181
Zepp, Covington Benjamin, 181
Zepp, Ethel Mae, 181
Ziebarth, Thomas Arthur, 39
Zimmerman, Amanda M. E., 38, 129
Zimmerman, Charles J., 128
Zimmerman, D. Howard, 128
Zimmerman, Edward J., 38, 128
Zimmerman, Elizabeth Biser, 177
Zimmerman, Ethel M., 38
Zimmerman, Harriet F. S., 128
Zimmerman, Helen Moore, 128
Zimmerman, Margaret A., 128
Zimmerman, Maurice H., 128
Zimmerman, Susan B., 128
Zittle, Bertha, 159
Zittle, Jessie Vernia, 128
Zoebelein, Dorothy Reid, 36

www.ingramcontent.com/pod-product-compliance
Ingram Content Group UK Ltd.
Pitfield, Milton Keynes, MK11 3LW, UK
UKHW051301180426
11947UKWH00020B/1835